U0052589

增訂六版

國際貿易實務

羅慶龍 著

International Trade

International Trade

International Trade

三民書局

國家圖書館出版品預行編目資料

國際貿易實務／羅慶龍著.－－增訂六版三刷.
－－臺北市：三民，2015
面；　公分

ISBN 978–957–14–5447–4　（平裝）
1.國際貿易實務

558.7　　　　　　　　　　　　　　100001143

© 　國際貿易實務

著　作　人	羅慶龍
發　行　人	劉振強
著作財產權人	三民書局股份有限公司
發　行　所	三民書局股份有限公司
	地址　臺北市復興北路386號
	電話　(02)25006600
	郵撥帳號　0009998–5
門　市　部	(復北店) 臺北市復興北路386號
	(重南店) 臺北市重慶南路一段61號
出版日期	初版一刷　1989年10月
	增訂六版一刷　2011年3月
	增訂六版三刷　2015年6月
編　　　號	S 551540

行政院新聞局登記證局版臺業字第○二○○號

有著作權·不准侵害

ISBN　978–957–14–5447–4　（平裝）

http://www.sanmin.com.tw　三民網路書店
※本書如有缺頁、破損或裝訂錯誤，請寄回本公司更換。

三民網路書店
www.sanmin.com.tw

增訂六版序

　　本書自民國 95 年 6 月修訂五版以來，歷經約五年，未曾增、修訂，100 年之增訂重點在於將第一章至第五章內容作更完善的增補，有關國際貿易最新之概念，諸如增加第三章〈貿易商之角色與地位〉，面對今日資訊發達，去中間化之趨勢下，貿易商之功能有必要增加分量討論。第七章〈報價條件與進出口價格之計算〉，第一節報價條件之解析，則配合國際商會國貿條規 2010 年之修訂版作全部更新。至於第十三章〈信用狀之理論與實務〉，則以 UCP 600 更換信用狀之內容及統一慣例之最新規定以符實際。第二十章〈貿易糾紛與索賠〉，作大幅修改，使其內容更充實。

　　本次增訂六版，最值得大書特書之處在於增加第二十一章〈網路貿易實務〉，而對網路貿易時代之來臨及貿易便捷化的發展，網路貿易突破傳統貿易方式的革命性改變，更需作先期導入，再作進一步詳細著述，增加第二十二章〈相對貿易概述〉，能使本書在敘述國際貿易實務層面更完整而充實。

羅慶龍　謹識
中華民國 100 年 2 月

序

國際貿易實務之學，旨在研究國際間交易之如何進行，藉此而獲得經營國際貿易之知識與技術。其核心原理包括有國內外市場調查、工廠交貨與接洽、貿易商廠商管理、進出口貿易手續及貿易糾紛與處理等五大部門，旁及銀行、運輸、保險、報關及沖退稅等相關要論，甚而涵蓋三角貿易，國際採購、投標，多國性企業，國際行銷管理及貿易經營哲理等，可謂相當之廣泛，內容亦各自深邃淺出而不同，欲其融會貫通，拈手運手，實不易為。

本書之主要目的，在於構思適當的方法與原則，將國際貿易實務作--有系統且實用性之論述，以補一般認為經營貿易只偏重於「理論實務」之研究與切磋，而疏忽「實際操作」技術之精熟練達，以致貿易經營面臨勝負決策之時，思慮偏頗、直接武斷，終遭致損失。他方面，就現在正從事國際貿易人員，以及將來可能擔任國際貿易工作的人士（特別是包括學此科者與否），「理論實務」與「實際操作」之配合運用，實乃邁向學習效果突破之重要環節。

國際貿易實務知識已不斷推陳出新，廣泛而涉及複雜之國際事務，學者似應費更多之時間與精力作深入之探討。惟為發揮即學即用之功能，勢需有更多實用之方法來治學不可。是則，透過有系統及實用性之縷述使其瞭解到對從事貿易的影響，於運籌帷幄中去採取對策與因應，相信能為貿易之經營帶來較美滿之成果。

國際貿易經營本身也比以前複雜。傳統的貿易經營，不再是良好的方法，一向為貿易廠商親自操作的實務性工作，例如：貿易商廠商登記、洽船、簽證、檢驗、報關、裝船、押匯及外銷品沖退稅實務，都已從工作環境中迅速地失去了蹤影，而由報關行作「服務到家」之獻替（此類書請揭拙著《國際貿易經營與實務》一書）。因此，貿易廠商所追求的需要是新的、更加練達的經營方法，以及投注時間專精於國外市場調查，尋找交易對象，接洽供應廠商，詢價，報價，接受訂約，信用狀之接受與開發，貿易糾紛之預

防與解決，商務仲裁，三角貿易，國際投標、採購，多國性企業，國際行銷管理，貿易經營哲理等知識與技術之瞭解、吸收與運用，這無疑是面臨市場導向及經濟循環變動之際，最重要之決斷，更是達到「登上高樓，望斷天涯路」的經營境界。

　　循手此，本書在內容安排方面，理論與實務並重，理論方面，深入各章節可提供學者就貿易之經營作多層次的探討；實務方面，則參酌著者多年來從事貿易的經驗，增添平素講授國際貿易實務之講義及研究之心得，依序闡明：

　　㈠國際貿易經營策略之一般理論。㈡出進口廠商管理。㈢國際貿易定價、報價與貿易契約。㈣信用狀之理論與實務。㈤出口貿易處理實務。㈥進口貿易處理實務。㈦報關行與報關實務。㈧貿易糾紛之預防與解決。

　　本書之整理與編彙，所用參考書以及文獻來源，詳錄於全書之末或揭示於討論之標題，或明見於敍述之文字。中有少數著作，引述較多竊欲特為彰表，不敢掠美，且示欽崇。其餘屢承有關貿易公司、外銷廠商等貿易界友人及先進專家提供寶貴意見及資料，情殊可感，併此申謝。

　　著者學識有限，疏漏遺誤，在所難免。誠盼國內宏達多予指教，專家學者不吝賜正是幸。

羅慶龍　謹識

中華民國 78 年 9 月

國際貿易實務

目　次

第十一章　國際貿易契約條件

第十二章　代理契約總論

第二十三章　報關業務經營管理

第一章
國際貿易實務導論

第一節　國際貿易實務之本質

　　國際貿易自供需聯繫以迄其完成，其間程序層出，手續繁雜，牽涉雙方國家貿易政策、貿易行政、外匯金融、運輸、保險、倉儲、關稅稅務、財務工程及科技概念等法令，旁及雙方所應共同遵守之國際性合約與慣例等不一而足。處理國際貿易業務，自須具有廣泛的 (Comprehensive) 專門學識（原理）與技能（實務），始能勝任愉快。運用此種學識（原理）技能（實務）以處理國際貿易所有之程序與產生之問題者，即為國際貿易實務 (Practices of International Trade)。

　　國際貿易實務內容包羅萬象，如上所述，其與銀行、運輸、保險、倉儲、貿易法令、貿易行政、關稅、財務及科技等均有密切關係，乃係融會銀行、運輸、保險、倉儲、報關、財務及科技管理等各項實務之一種綜合業務。但國際貿易實務在本質上復有其獨立之性格，與前述之關係是一種分立之交易 (Separate Transactions)，並非某一事業之附庸，研究此者自須分門別類去各自探討，體會對國際貿易經營之技巧及心得，然後加以綜合融會貫通，這樣始能晉至精熟練達之程度。

第二節　與國際貿易有關係之當事人

　　國際貿易之進行，涉及之關係人相當之多，就其舉舉大者不外乎買賣雙方、銀行、報關行、海關、保險公司及運輸公司，惟旁及之關係人時仍會影響交易之成敗盈虧及將來買賣中貿易索賠對象之判定。本節特依國際貿易之流水線，說明其相對（關）之當事人。

一、貿易準備階段

貿易準備階段之工作項目包括：國內外市場調查、國外市場開發策略、出進口廠商登記及貿易洽商。前二者皆無具體的相對當事人，出進口廠商可列入實質定義下之買方與賣方。

(一)出進口廠商登記

出進口廠商登記，係指國內公司行號，欲從事進出口貿易之業者，須向經濟部國際貿易局依「出進口廠商登記管理辦法」之規定完成登記，始能依「貿易法」之規定經營進出口業務之謂。

1.出口廠商 (Exporter and Manufacturer)

經營出口業務之生產業者及營利事業。其中，廠是指生產工廠，商是指出口商或貿易商，是我國對經營貿易業者之總稱。出口廠商須依「出進口廠商登記管理辦法」之規定向經濟部國際貿易局辦理登記，取得資格。

2.進口廠商 (Importer and Manufacturer)

從事進口業務之生產業者及營利事業。依前述相關貿易法規之規定，並無特別區分出口或進口，只要完成登記程序，即可取得經營進出口業務權，統稱之為「出進口廠商」。

(二)貿易洽商之當事人

國際貿易進入貿易洽商階段時，其相對之關係人就產生，且以涉及買賣契約為主。

1.報價人與接受者 (Offeror and Acceptor)

國際貿易報價，是一種法律上的要約行為，要約人發出要約之後，即受到拘束。要約俟相對要約人提出與要約內容相同之承諾後，契約即成立。前者要約人即所謂的報價人；後者相對要約人當然就屬報價中的接受者了。

2.買方與賣方 (Buyer and Seller)

國際貿易無論是直接交易或間接交易，如果是以本人名義從事交易並負責因此而生之盈虧損益者，其交易之主體即一般買賣合約所謂之買方或賣方。或者說買方即進口商 (Importer)，賣方為出口商或製造商 (Exporter or Manufacturer)。

3.代理商與供應商 (Agent and Supplier)

此兩者係存在於代理契約 (Agency Contract) 之場合，其當事人有公司行號、企業機構或國營事業等，惟就代理人 (Agent) 而言，即所謂之代理商。授權給予代理人就其產

銷擁有代理權益者，即為本人 (Principal) 或供應商 (Supplier)。

 ## 二、貿易實務處理程序

貿易實務處理程序，包括：洽船、簽證、檢驗、報關、裝船、押匯及裝船通知等程序。

(一)與洽船有關之當事人

洽定船位，係指進出口廠商於接到國外買方之訂單或開到之信用狀，確定交易已完成後，即須向運送人傳輸裝船單 (Shipping Order, S/O)，告知所裝貨物之貨名、數量、金額及重量材積等，以便運送人安排裝貨事宜，其關係人如同後述與裝貨有關係之當事人。

(二)與簽證有關之當事人

貨品之輸出入如涉及列入「限制輸出（入）貨品表」內貨品，則輸出（入）人均須依規定向主管機關辦理許可簽證。

1. 簽證機關 (Approval Authorities)

依規定辦理輸出入許可證之核發機關。目前負責輸出入許可證之簽審單位為經濟部國際貿易局。另委託中央銀行外匯局授權之國家行局、公立銀行、商業銀行及中華民國紡織業外銷拓展會代辦簽證工作。

2. 簽證銀行 (Authorized Banks)

受經濟部國際貿易局之委託，代辦輸出入許可證簽審工作之銀行。進出口簽證可由貨主親自辦理或委由報關行簽證。出進口廠商另得透過網際網路 (Internet) 以電子資料傳輸方式辦理簽證。

(三)與檢驗有關之當事人

貨品輸出入檢驗，分為政府檢驗及非政府檢驗。前者依經濟部公告之「應施檢驗品目表」實施檢驗；後者依買賣契約規定進行進出口公證或檢驗。

1. 檢驗機關 (Inspection Authorities)

由政府指定或委託，對於貨物實施內外銷檢驗之機關。一般貨品之輸出入由經濟部標準檢驗局負責檢驗。動植物及其產製品之輸出入，則由行政院農業發展委員會動植物防疫檢疫局執行檢疫工作。

2. 檢定人或公證人 (Surveyor or Inspector)

公證公司（公證人）為技術服務業 (Professional Service)，專門對海事保險及貨物作

估價及鑑定業務，依公司法組織由經濟部頒發公司執照之營利事業。公證制度是一種良好的制度，應用於進出口貨物，尤能收到預防損失，阻遏糾紛及確保貨款之良好效果，故為國際貿易經營中重要關係人之一。

3.認證機構 (Certified Authorities)

科技產品之代工與環保意識抬頭，世界各國開始注意科技對環境的影響，尤其歐盟訂定相當多的指令，例如危害物質管制 (ROHS)，能源產品生態化設計 (Ecodesign Requirements for Energy-using Products, EUP)，化學產品註冊，評估及授權 (REHCH)，以及太陽光電產業的 IEC 標準等，均需經過例如德國萊因 (TUV Rheinland) 公司等專業驗證之檢測與認證，才能在當地市場銷售。

四與報關業務有關之當事人

進出口貨物報關為國際貿易業務很重要之一環，由於報關手續繁雜，海關法規不易瞭解，報關業務又相當專業，其所涉及之關係人就很多。除了簽證、檢驗與裝船已另述外，其關係人如下述：

1.海關 (Customs House)

乃是一個國家的稅務行政機構之一，多隸屬於財政部。英國稱 Customs House，美國稱 Customs Service，日本及韓國稱稅關。海關負責關稅稽徵及查緝業務。我國目前設有關稅總局職司上述業務，下設有臺北、基隆、臺中及高雄四個關稅局及所屬分支單位。

2.關貿網路 (Trade Van)

在通關自動化 (Cargo Clearance Automation) 制度下，相關業者及相關單位，並非直接與海關連線，而是另設置一個「通關網路」，亦即關貿網路 (Trade Van, T/V。VAN 係指 Value Added Network 之縮寫)，連線者透過該網路成為其用戶，彼此傳輸資料，完成通關作業。通關網路係一獨立主體，以民營公司組織型態經營之。

3.出進口廠商 (Importer and Exporter)

指已向經濟部國際貿易局辦妥登記經營進出口業務之廠商而言。相關單位查驗廠商是否具有出進口資格時，係以經濟部國際貿易局傳輸之名單為準。

4.報關行 (Customs Broker House)

指經營受託辦理進出口貨物報關納稅業務之營利事業。由於海關業務法規繁複，報關手續瑣雜，不容易為一般廠商所瞭解，為順利通關，均委由報關行辦理。

5.專責報關人員 (Certified Employees)

依關稅法第二十二條規定，報關行向海關遞送之報單，應經「專責報關人員」審核簽證。而出口貨物報關驗放辦法第五條引關稅法也有相同規定。另依報關業設置管理辦法第三條之規定，申請設置報關行，其員工應有一人以上具有專責報關人員之資格。

專責報關人員，須經「專門職業及技術人員普通考試專責報關人員」考試及格。但曾經海關所舉辦之專責報關人員資格測驗合格、領有合格證書者，得繼續執業。

6. 金資中心（銀行）(Finance Information Center)

海關經由關貿網路（或／及金資網路）與金融機構連線，提供「臨櫃繳納」、「EDI線上扣繳」等繳納進口貨物稅費、退款及出口押匯查詢之訊息單位。有關出口貨物代收費用則到銀行駐關收稅處繳納。

7. 保險公司 (Insurance Company)

亦叫保險人或承保人 (Insurer)，通稱「保險公司」。指經營保險事業之各種組織，在保險契約成立時，有保險費之請求權，在承保危險事故發生時，依其承保之責任範圍，有負擔賠償之義務。反之，要保人 (Insured) 則指對保險標的具有保險利益，向保險人申請訂立保險契約，並負有交付保險費義務之人。要保人可能即為被保險人（買方或進口商），或被保險人之代理人或受益人（出口商代買保險之場合）。

8. 保稅工廠 (Custom's Bonded Factories)

依公司法組織登記設立之股份有限公司，其實收資本額在新臺幣 5 千萬元以上，設有登記合格之工廠，並具備海關管理保稅工廠辦法所規定條件，向海關申請核准登記之工廠為保稅工廠，其進口之原料存入保稅工廠製造或加工產品外銷者，得免徵關稅。

9. 倉儲業 (Business Warehouse)

倉儲業，係指在商港設施中，經營有關貨物裝卸、倉儲、駁運作業及服務旅客等業務之公私事業機構，包括碼頭、倉庫、貨棧及貨櫃場等。

(五)與裝貨有關之當事人

一般指託運人、運送人及收貨人而言，其關係如次：

1. 託運人 (Shipper)

指將貨物交予承運人運送至其指定目的地之貨物所有人，一般均為出口商或製造商。惟在配額 (Quota) 之場合，裝貨人可能有二人，一人為超限額之裝貨人。

2. 運送人 (Carrier)

指於貨物確實裝船後，承認收到託運貨物而簽發正式載貨證券（提單）給託運人之

輪船公司或其代理人。依國際商會 2000 年 Incoterms 之定義，乃指在運送契約下，擔任執行或者取得貨物經由鐵路、陸路、海運、空運、內陸水運或複合運送之各種運送方式。如係未指定運送方式，則運送人泛指貨物交付運送人或其他以其名義執行之人。

3.收貨人 (Consignee)

指提貨單或進口艙單記載之收貨人（關稅法施行細則第三條）。通常為買賣契約之買方、貨物之進口業者、信用狀之開狀申請人，若為航空運送時，收貨人往往是開狀銀行。

4.受通知人 (Notify Party)

運送人於貨物運抵目的地時，應予通知之人，為買賣契約之買方、國內買主、開狀銀行或信用狀之開狀申請人。就法律觀點而言，受通知人並不就是受貨人，但實際上往往是同一人。輪船公司會依據託運人之指示，將受通知人記載於提單上，而以信用狀付款時，信用狀上會指明何者為受通知人。

5.運送承攬人 (Forwarding Agent; Freight Forwarder)

運送承攬人，可分為「海運承攬運送業」及「空運承攬運送業」兩種，一般「海運承攬業」，即為無船公共運送人 (NVOCC)，它是居於託運人與運送人（船主）之間，接受運送人或託運人之委託，辦理收貨、攬貨、報關及交運等工作，取得報酬之人。在海上貨物之運送，運送承攬人向貨主攬貨之後，以託運人之立場將貨物交付運送人，取得運送人所發行之提單 (Bill of Lading)。而對原貨主發行運送文件，稱為運送承攬人提單 (Forwarding Agent Bill of Lading; Forwarder's B/L)。若為航空貨物之運送，運送承攬人稱為併裝人 (Consolidator, Forwarder of Air Shipment)，其發行之航空提單稱為 "House Air Waybill (HAWB)" 或 "House Air Bill (HAB)"，與航空公司直接或由其授權之代理人所發行之 "Air Waybill (AWB)" 或 "Master Air Waybill (MAWB)" 有別。

6.複合運送營運人 (Combined Transport Operator, CTO)

接受託運人之貨物運送而簽發一系列各別「單一方式」之運輸單據之人 (the issue of a series of separate single model transport documents)，其簽發者必須為實際提供運輸服務之人或至少提供一部分運輸服務者或可能僅安排由他人提供全部或部分運輸之人。

7.第一運送人 (First Carrier)

又稱「原運送人」，係指在全部運送過程中，最初接受運送之人。Incoterms 2000 國貿條規中之 CPT、CIP 交易條件，即有所謂的第一運送人。

8.理貨行 (Tally Man; Checker)

又稱「計數人」或「計重人」，係指在港口從事於運送貨物重量及數量點檢工作之工作者，屬於計量業者。通常多由授受雙方（船方及貨方或倉庫）各自派代理在現場會同點數貨物件數，並檢查貨物狀況（例如包裝及標誌）。以公正立場核定貨物重量及才數後，發給證明文件之外，有時尚兼營裝載檢查、載貨檢查及一般海事檢定業務與報關業務。

9.裝卸業者 (Stevedore)

在港口承辦船舶貨物之裝運、卸載及船內貨物之整理等工作之業者。此業者可能專屬於船公司，亦可能非專屬於船公司而臨時受委託，負責在碼頭辦理運送貨物、裝卸及整理工作，並擔任在碼頭理貨及交付貨物給受貨人之全部工作。

(六)與押匯有關之當事人

以信用狀方式為付款條件之交易始稱押匯。在押匯業務中與信用狀有關係之當事人相當多，詳見後述（參見第十三章第三節）。押匯時有些 Case 的信用狀須由受益人開發匯票。而匯票則因順匯或逆匯方式之不同，其發票關係人所處之地位自亦有差異，本處單指逆匯方式下之關係人。

1.發票人 (Drawer)

即開發匯票的人，其主要責任為對匯票的受款及執票人擔保匯票的承兌及付款，但發票人得為免除擔保承兌的記載，一般都為賣方或出口商。

2.付款人 (Payer)

亦即被發票人 (Drawee)，為見票付款或匯票到期付款的人，一般為買方或進口商。

3.受款人 (Payee)

即匯票的受益人，也即可獲得匯票票面金額者，為匯票的主債權人，一般係指進口商向其申請開發信用狀之開狀銀行。

4.背書人 (Endorser)

是指為轉讓票據之目的而在票據黏單上簽名表示同意轉讓之人。背書人對於被背書人或其後手，在票據上負擔保承兌與付款之責任。一般原始背書人為賣方或出口商。

(七)與裝船通知有關之當事人

裝船通知之發起人由出口廠商依不同之目的進行，例如賣方必須循買方之要求提供其購買保險或額外保險 (CIF、CIP) 所需資訊 (Incoterms 2000)，則賣方須將船舶名稱、

裝船日期、所裝貨物及其價值，立即通知於保險人，不為通知者，保險人對未為通知所生之損害，不負賠償責任（海商法第一百三十二條）。由上述可知與裝船通知有關之當事人為：賣方、買方或保險人。

三、貿易糾紛與索賠

貿易糾紛與索賠，視其種類而定，如排除運輸及保險索賠，僅就買賣間之貿易索賠而言，有如下關係人：

1. 索賠請求人 (Claimant)

因糾紛而提出權利主張，請求損害賠償之人。在貿易索賠之場合，因契約之一方當事人有違約時，被害人之一方向違約者提出索賠，其提出索賠者稱為索賠請求人，亦為契約之被害人，而被請求之一方稱為「被索賠人」。

2. 被索賠人 (Claimee)

因糾紛而接受索賠請求之人。此人是違約之一方，亦為加害人。被索賠人，可能係買賣各方、運輸公司或保險機構等不定。

3. 商務仲裁機關 (Commercial Arbitration Authorities)

專事於處理商務糾紛案件之獨立公正機構,此機構大都是民間性質且以協會或中心之組織為主要。例如日本之「國際商事仲裁協會」，加拿大之「英屬哥倫比亞國際商業仲裁中心」，我國之「中華民國仲裁協會」等等，而國際商會亦設有「仲裁法庭」(Court of Arbitration)，以受理國際商務糾紛案件之仲裁。WTO 之前身 GATT 更設有「仲裁小組」(Panel)，作為國與國間爭端的解決機構。

4. 仲裁人 (Arbitrator)

經提起以仲裁方式解決糾紛之當事人所指定，或依仲裁協議之約定，以辦理仲裁案件者。仲裁人為仲裁案件之判斷者，其所為之判斷 (Award) 於當事人間，與法院之確定判決 (Judgement) 有同一效力（仲裁法第三十七條）。

依仲裁法第九條規定，「仲裁協議，未約定仲裁人及其選定方法者，應由雙方當事人各選一仲裁人，再由雙方選定之仲裁人共推第三仲裁人為主任仲裁人」。仲裁人以當事人親自選定為原則，但當事人無法選定時,可委任仲裁機關或法院代為選定。仲裁人，應為自然人。當事人於仲裁協議約定仲裁機構以外之法人或團體為仲裁人者，視為未約定仲裁人。

第三節 國際貿易經營結構之模式

經營國際貿易必須要有專門的技術和知識，靈活的情報，具有眼光和正確的判斷，冒險的精神以及按部就班而持續的經營。此外，能夠注意到下列事項和作法，對於拓展國際貿易之經營當有事半功倍之效果。

 一、貿易商情資訊之搜集與運用

貿易商情資訊之搜集與運用，可分為兩方面敘述。

㈠貿易商情資訊的取得

貿易商情初級資料之取得，可循以下各種途徑：

1.國際性經貿組織

國際性經貿組織如 OECD、IMF、UNCTAD 等機構所出版的研究報告及年鑑等資料，極具參考價值。

2.政府相關部門

政府相關部門如經濟部貿易委員會、國際貿易局、海關、中央銀行等所出版的公報、年鑑、進出口貿易統計及工商普查報告等。從中可找出甚具參考價值之資料。

3.貿易促進機構

貿易促進機構國內方面有中華民國對外貿易發展協會、進出口同業公會等，國外則如日本的貿易振興會社 (JETRO)、韓國的大韓貿易振興公社 (KOTRA) 所出版之市場研究報告或貿易商情快訊，可謂最貼近市場之寶貴資料。

4.各行業協會及貿易名錄

各行業所組成的協會或著名的貿易名錄如 Kompass、Dun & Bradstreet 所出版的協會名錄及電腦資料，從中往往可查閱到競爭者，供應商及客戶之資料，生產設備及原料供應等商情。

5.專業貿易期刊或報紙

國內外工商雜誌社所發行與貿易有關的專業期刊或報紙，內容包括該行業的生產及行銷等活動報導，重要統計，公司動態，及產業趨勢分析，是外貿業者必讀之次級資料。

6.國際專業展覽會的出版品

　　國際性展覽會主辦單位出版的展覽手冊、報價單、公司簡介、專刊以及大會所擁有的參展者名錄，均極富利用價值。

　7.競爭同業的產品型錄

　　目標市場當地郵購公司或競爭對手所出版的型錄及宣傳摺頁，應儘可能搜集。由這些資料可調查當地市場消費者的喜好，以及暢銷商品的賣點所在。

㈡貿易商情資訊之運用

　　運用是動態的，包含直接動態及間接動態兩方面：

　1.直接動態

　　也就是親自查訪、搜集、建檔及聯繫。

　　⑴利用外貿協會圖書館：該館是我國搜集國內、外貿易資料最豐富的專業圖書館。其收藏資料有：①圖書資訊，②電子資訊。

　　⑵重要產業公會及進出口同業公會圖書館：例如中華民國紡織業外銷拓展會的紡織及流行專業圖書館，內含全球重要的紡織期刊、統計、流行情報及參考書，是典型的專業圖書館。

　　⑶國外貿易機構的資料圖書館：赴國外開拓市場時，趁便前往當地重要貿易資料庫，例如英國的出口市場資料圖書館 (The Export Market Information Library)、日本貿易振興會社圖書館、香港貿易發展局資料圖書館、美國商務部圖書館等，駐足參閱，會有意想不到的收穫。

　2.間接動態

　　利用現有貿易資訊加以搜集、整理、建檔及聯繫。

　　⑴外貿協會商情出版服務：包括有國際商情、貿易雜誌、國外市場調查報告、海外市場經貿年報。

　　⑵國科會科技資料中心的電腦化資料檢索：該中心目前可提供的資料系統為美國 Lockheed 公司的 DIALOG 系統，SDC 公司的 ORBIT 系統，以及 BRS 公司的 BRS 系統，資料庫總共多達二百六十餘種。

　　⑶網路交易市場：網路交易市場 (Virtual Trade Mart)，是指廠商利用網路作行銷工具，也即所謂的「網路行銷」。例如：臺灣經貿網 (Taiwan Trade)、貿協全球資訊網、The World Factbook、全球電子貿易 (Global Sources) 及中經社 (Cens.com) 商貿網等均可善加利用。

二、國際貿易經營的核心哲理

從事國際貿易所涉及之技術智識與經營哲理相當廣泛且深邃,欲定出可行的原理原則實為不易,惟如能把握下列幾點並刻意地加以推動,相信對貿易經營原理已入木三分矣! 也就是秉持「我有別人無法取代的條件」之經營理念。

㈠需有諮商顧問

在從事國際貿易業務之前的首要工作是獲得有實戰經驗的顧問,對公司之成立伊始作全盤性之規劃與後續性經營上之諮商,以應付詭譎多變的國際市場及層出不窮的貿易問題。

㈡國外市場規劃與策略

欲進入國外市場,須有全盤的規劃與完整之策略,按部就班地進行,並能掌握市場機先 (Preemption)。

1.掌握國際市場之計畫

國際市場瞬息萬變,隨時搜集一切可能得到的市場情報,並加以研究分析,以掌握其脈動。

2.建立有利基的長程規劃

先從一、二個市場建立有盈利的營運及有秩序的成長作為基礎,再評估既有市場之技術與經驗, 然後才能成功地自動移植到其他市場,不必盲目的追逐 (Chasing) 全球性的訂單。

3.有效的市場開發策略

有效的市場開發策略,可從四方面切入: 適當利用外銷媒體、網際網路貿易 (Internet)、參加國際性商展、親自到國外市場作訪問與推銷。

4.行銷技術的組合

出進口廠商,彈性適切的運用諸如授權製造、合資事業、三角貿易或相對貿易等特殊的經營策略, 謂之行銷技術的組合 (Combination of Marketing Techniques)。

5.帶領市場風潮之能力

從經驗的累積中,建構出一套從研發、設計、生產到建立品牌的完整價值供應鏈,以帶領整個市場之風潮。此一概念已是國際貿易經營必走之路。

㈢差異化經營管理

經營國際貿易的價值核心，在於差異化管理 (Differentiation)，執行差異化管理時，必須知曉何者為強 (Strong)，何者為弱 (Weakness)。下列各點是貿易商的強項 (Strong Point)，其技術及專業能力都必須超越他人與他國，才能在面臨外部環境之變化時仍具有競爭力。

　1.商業書信之運用

　　要迅速回覆對方來函，妥善的文書管理及不斷地追蹤聯繫。

　2.充分及完整的報價

　　建立中心價格檔案，並隨市場及決策之變化，將外銷報價作機動調整，如此才能吸引買主認真的注意及考慮。

　3.嚴守買賣合約之規定

　　保持良好的品質管制，實施嚴格的出廠驗貨制度，迅速而準時的交貨，是掌握外銷事業的三大鐵則。

　4.避免產生貿易糾紛而陷入經營危機

　　必須尋找產品供應規律化、高級技術化的廠商提供貨源，若企業只專注於撿便宜的不穩定貨源，終將迅速潰敗關閉。

　5.提供迅速適當的售後服務

　　產品如無必要的售後服務，短期內商譽建立不起來，也可能遏止了未來市場的銷售。

㈣建立有效的代理商制度

　　代理商制度之建立，可分為進口貿易及出口貿易兩方面，其經營特性各自相異，惟如何有效建立其制度，是共同點。

　1.進口代理

　　進口代理之目標市場在國內，取得國外供應商之授權，給予代理及國內經銷通路的佈局是其重點。另外，投入充分的資源，以建立一、二個地理區域 (Geographic Areas) 的經銷代理商，俟其達到足夠業務作為真正代理時，再擴充到其他的地理區域。

　2.出口代理

　　出口代理的目標市場在國外，授權國外進口商給予採購代理權或接受國內生產工廠之委託，代理其產品或業務之出口，都是國際貿易經營結構的成功要件。

㈤培養國際貿易意識

　　國際貿易之經營如同前述，內容包羅萬象，欲其精熟練達、融會貫通，短期內實不

易為，長期作戰倒是正常。因此建立國際貿易意識之心理架構，對有志從事此行業的人而言，是基本的自我管理要素。

1.體會文化環境的差異性

文明的衝突 (Cultural Conflict)，是指文明與文明之間會因為種族、宗教、核心價值等不同而引起衝突，這對重視外部環境變化的國際貿易拓荒者而言，更顯得特別重要。

深入瞭解諸如宗教信仰、時間意識、合約及談判、語言文字、機構文化及賄賂行為等文化環境的不同對國際貿易的衝擊，是必要且嚴肅的課題。

2.培養國際貿易意識

從事國際貿易的意識涵養，包含有：精神圭臬的倣效、耐力與鬥志的自我訓練、經營決策選擇之突破力等，事實上甚不易為，無識者不應輕易嘗試也。

第四節　國際經濟金融關係

由於近年「管理貿易」之顯著推展，使得國家與國家之間，企業機構與政府，個人公司行號之間的依存性越來越大。各自謀利，相互依存之餘，還得注意培養他國的購買力，否則自己公司的業務成長也難能持久。是故，經由政府間協調談判，減輕貿易障礙，朝著「有組織的貿易體系」(Organized Trade System) 前進，乃是國際貿易的發展方向，它運用區域性的經濟結合，國際金融體制之建立及經貿關聯機構等影響力以助其效。從事國際貿易者需注意之，庶幾能加以因應。

 ### 一、國際性的經貿管理機構

國際性的經貿管理機構不是聯合國的正式組織就是其關聯機構，是十足「超越國家架構」的諮商網路。

(一)國際商會 (International Chamber of Commerce, ICC)

國際商會係由美國商業會於 1919 年所建議成立之組織，並於 1920 年設立總部於法國巴黎。其成立宗旨在於結合全世界各國商會之合作，以改善國際貿易，制定有關國際性工商慣例與規則，以從事於國際間有關商務糾紛之調解與仲裁，並增進各國商業團體之聯繫及互助。我國於 1931 年加入該會，成為其會員國，並於 1966 年在臺北市成立「國際商會中華民國委員會」(Chinese Business Council of the ICC in Taipei)。國際商會除每

二年在主要會員國舉行總會一次外，其下設有各種技術委員會，從事於有關各種國際商務性事項、制度及統一慣例或規則等之研究，以確立國際性之制度，發展國際貿易並加強國際金融與經濟之關係。除了共產主義國家外，世界主要國家已加入該會，共同謀求國際商務之發展，成為最重要之商業性國際組織。

㈡關稅合作理事會 (Customs Cooperation Council, CCC)

1950 年歐洲關稅同盟研究小組在布魯塞爾 (Brussels) 開會時所成立的機構，1952年正式運作，共有一百三十幾個國家的政府參與。該會成立宗旨，在於研究與海關徵稅有關的各種規定的發展與改革，謀求成員國關稅制度的統一。CCC 建立以來最顯著之成就為制定國際商品統一分類或稱調和制度及貨品暫准通關證制度。

㈢聯合國貿易和發展會議 (United Nations Conference on Trade and Development, UNCTAD)

於 1964 年 12 月 31 日由聯合國會員國簽署成立，主要目的在於加速經濟發展，協助開發中國家對外貿易之發展而提供市場研究與調查之任務，其下設有國際貿易中心 (International Trade Center) 以作為實際上之推廣服務與人才訓練。該會議之參加國，依地理分佈情形分為 A（亞洲、非洲及中近東等國家）、B（西歐各國）、C（中南美洲國家）、D（東歐國家）等四個區域。

㈣關稅暨貿易總協定 (General Agreement on Tariffs and Trade, GATT)

關稅暨貿易總協定，是根據美國之建議，由二十三個國家於 1947 年在日內瓦 (Geneva) 談判後訂立，原係國際貿易組織憲章 (Charter for the International Trade Organization, CITO)，在尚未經簽字國政府批准以前，臨時性的國際合作處理貿易及關稅問題的條約，嗣因該憲章已無批准生效之望，乃成為國際合作處理上述問題的一種長期性條約。亦是處理有關國際貿易之最重要國際機構，其決定對於國際貿易具有極大之影響力。GATT 之有關原則與規範包括：①最惠國待遇原則 (The Most Favored Nation Treatment, MFN)，②國民待遇原則 (National Treatment)，③廢除數量管制原則 (General Elimination of Quantitative Restrictions)，④關稅減讓原則 (Tariff Concessions)，⑤減少非關稅障礙原則 (Reduction of Other Barriers)，⑥諮詢原則 (Consultation)。

㈤世界貿易組織 (World Trade Organization, WTO)

世界貿易組織在於接替上述關稅暨貿易總協定 (GATT)，於 1995 年 1 月 1 日成立的架構較大、功能和 GATT 大致相同的國際貿易機構。總部設於瑞士日內瓦，在會員大

會下設有數個附屬機構，負責處理產品服務及智慧財產權等貿易問題。最重要的決策會議為每二年召開一次的部長級會議。WTO 繼續以 GATT 方式根據共識及會員國政府之間的相互協議運作。主要機能是成立協定並實行、管理、經營多邊貿易協定以及促成目標。WTO 對包括農產品及會計事務，採取較強勢、明確的規範；對有關的貿易紛爭經由準司法裁判的程序而強制執行，且不容許會員國阻撓 WTO 調查不利於己的證據。可以說，對全球幾乎無所不包的貿易項目均在 WTO 的運作範圍之內。

⑹經濟合作開發組織 (Organization for Economic Cooperation and Development, OECD)

　　係由歐洲經濟合作組織發展而成立的。歐洲經濟合作組織 (Organization for European Economic Cooperation, OEEC) 為 1948 年歐洲為配合美國歐洲復興計畫而成立之組織，成員包括歐洲十八國。此一組織對於會員國之經濟復興、貿易自由化以及恢復通貨的自由兌換，貢獻很大。1960 年 1 月美國、英國、法國及加拿大等十大國代表，在巴黎會議，與會各國鑑於歐洲經濟合作組織之任務大致已經達成，為了適應新形勢，各自由先進國家應以合作方式達成經濟成長與援助低度開發國家之目的，於是改組歐洲經濟合作開發組織擴大為國際性之機構。

⑺國際貨幣基金 (International Monetary Fund, IMF)

　　IMF 為 1944 年 7 月 1 日，經聯合國四十四個會員國代表於美國新罕布夏州 (New Hampshire) 的布列頓森林 (Bretton Woods) 舉行的「聯合國通貨金融會議」(United Nations Monetary and Financial Conference) 所簽發的布列頓森林協定 (Bretton Woods Agreement)，決定成立國際貨幣基金。此一協定於 1945 年 12 月經估計有總攤額 65% 以上會員國政府批准而正式生效，並於 1947 年 3 月開始營運。其目的在於建立一個永久性的國際貨幣機構，促進國際貨幣合作，擴大國際貿易與平衡發展，撤除外匯管制及維持匯率之穩定，調整會員國國際收支之失衡與縮短或減輕其不均衡之程度。

⑻國際復興開發銀行 (International Bank for Reconstruction and Development, IBRD)

　　國際復興開發銀行亦叫世界銀行 (World Bank)，係根據布列頓森林協定，於 1945 年 12 月 27 日成立的國際經濟合作機構。加入基金者，必同時加入該行成為會員國。其目的為：①提供以生產為目的之投資，以協助會員國的復興開發，②以保證或參加私人放款投資之方法，促進國際私人投資，③鼓勵國際投資，以開發會員國之生產資源，並協

助其國際貿易之長期均衡發展，維持其國際收支之均衡，協助其國內生產與勞動條件之提高。

(九)亞洲開發銀行 (Asian Development Bank, ADB)

簡稱亞銀，是以促使亞洲開發中國家之經濟發展為目的，於 1966 年成立之地區性國際融資機構。我國為創始國之一。其參加國家除亞洲各國之外，尚有美國等八個非亞洲國家之加入。主要業務在於對地區性、國家性之農工業計畫之融資及技術之支援等。

(十)多邊出口管制協調委員會 (Coordinating Committee for Multilateral Export Controls, COCOM)

由北大西洋公約組織 (North Atlantic Treaty Organization, NATO) 會員國於 1951 年所成立，其目的在於協調對有關出口產品及具潛在性策略價值之高科技資訊於輸往蘇聯及某些特定國家時，加以限制。目前該組織已於 1994 年 4 月結束。另由含俄羅斯、中共及東歐國家在內的新機構管制所謂的敏感項目產品，謂之「後 COCOM」。

(十一)國際智慧財產權組織 (World Intellectual Property Organization, WIPO)

WIPO 是屬於聯合國系統的一個特別部門。其目的在於尋求建立推動國際性智慧財產權的國際合作，並將具有國際性聯盟的組織如 1886 年設立以保護工業所有權為主旨的巴黎聯盟，1886 年成立以保護著作物及藝術品為主的波昂聯盟及其他功能性類似的組織條約、協定及會議加以整合，以改進國家性專利措施的差別待遇。

(十二)國際商品協定 (International Commodity Agreement, ICA)

為另一管制貿易之手段，係由若干有關政府就特定商品成立協定，對於其產銷予以分配或調節。此種協定較為重要者有：國際紡織品協定 (Multilateral Fiber Agreement, MFA)，為 GATT 總部紡織品部門之會員國所成立之一種協定。其目的為協助開發中國家紡織品之出口及有關國家紡織品進口設限措施之承認。我國之前已退出 GATT，自與MFA 沒有協定關係。

 ## 二、區域性的經濟整合集團

經濟整合 (Economic Integration) 在於將有關阻礙經濟之最適宜營運的人為障礙予以排除，導入調節與整合的所有有利因素，以創造最適宜的國際經濟構造。

(一)單一歐洲法 (Single European Act, SEA)

歐洲經濟共同體 (European Economic Community, EEC) 係由歐洲煤鋼共同體

(European Coal and Steel Community, ECSC) 與歐洲原子能共同體 (European Atomic Energy Community, EAEC) 合併而成,原始會員國為法國、義大利、西德、比利時、荷蘭、盧森堡等六國,英國、丹麥及愛爾蘭於 1973 年加入,希臘於 1981 年加入,西班牙與葡萄牙則於 1986 年加入。經過三次擴大後,歐洲經濟共同體會員國已達十二個國家,對世界的影響力亦大為增加,對外之代表性亦更增強。為消除會員國間彼此之差異性,加強共同體之運作並加速決策過程以應付瞬息萬變之世局,共同體會員國之外長乃於 1985 年 12 月初之盧森堡會議中,針對共同體二十八年來之運作加以檢討,決定草擬「單一歐洲法」,對「煤鋼共同體」、「經濟共同體」、「原子能共同體」等條約之部分條款加以修訂。

「單一歐洲法」經各會員國於 1987 年 5 月完成簽署,並自同年 7 月 1 日起生效。SEA 在 1992 年建造一個貨物、勞務、資金和人力完全自由暢通的泛歐洲市場,即後來所簽定的「馬斯垂克條約」(Masstricht Treaty)。由於馬斯垂克條約之成立,其後始發展為西元 2000 年前的歐洲聯盟 (European Union)。

㈡北美自由貿易區協定 (North American Free Trade Agreement, NAFTA)

由美國、加拿大和墨西哥三國簽署達成的北美自由貿易區協定,於 1992 年 8 月 11 日達成協議,並於 12 日完成簽署,1994 年 1 月 1 日生效。根據三國達成的協議關稅分十年消除,十年內北美所有紡織品及成衣貿易障礙要取消,而且用嚴格的原產地規定,確保貿易自由化的利益為北美製造商所享受。區內智慧財產權的保護程度高於其他雙邊或多邊協議。墨西哥封閉之金融市場開放,美國外銷到墨西哥市場之工農產品約 60% 可適用免稅待遇,或在五年內適用該優惠,墨西哥約 70% 產品可免稅進入美加市場。

㈢亞太經濟合作會議 (Asia Pacific Economic Cooperation, APEC)

1989 年初由澳洲總理霍克 (Bob Hauke) 提議成立的經濟合作機構,經由部長間的諮商會議,尋求亞太地區經貿政策的協調,以因應歐洲經濟共同體及美墨加自由貿易協定相繼結盟的區域經濟整合趨勢。APEC 在同年 11 月於澳洲坎培拉 (Canberra) 成立。APEC 成立之初的成員有汶萊、印尼、馬來西亞、菲律賓、泰國、新加坡、美國、加拿大、澳洲、紐西蘭、韓國及日本等十二國;1991 年 11 月在韓國漢城舉行的第三屆部長級會議,正式邀請臺灣、香港及中國大陸加入,使成員數增至十五國。迄 1994 年 11 月會員國含墨西哥、巴布亞新幾內亞、斐濟在內共有十八國。1998 年 11 月,秘魯、俄羅斯、越南加入,共二十一國。1994 年 11 月 APEC 領袖會議在印尼雅加達集會,發表茂

物 (Bogor) 宣言,各國領袖同意在西元 2020 年,完成亞太地區自由貿易化的目標。

 ## 三、共同市場發展類型

存在於區域性的經濟整合集團外的共利結盟,尚有由少數國家組成的共同市場。以下就運作上比較有效率者,加以介述。

(一)中南美洲地區經貿組織

1.拉丁美洲自由貿易協會 (Latin American Free Trade Association, LAFTA)

該協會於 1960 年 2 月簽約,1961 年 6 月生效。最初的會員國為阿根廷、巴西、智利、墨西哥、祕魯、烏拉圭、巴拉圭。但巴拉圭於 1961 年 6 月退出,而哥倫比亞與厄瓜多於 1961 年加入,委內瑞拉、玻利維亞又分別於 1966 年、1967 年加入為會員國。其主要目標在於逐漸廢除區域內關稅、減除貿易限制措施,在十二年內建立自由貿易區,以促進各會員國之貿易擴展與經濟開發,提高生活水準為目的。1980 年,已改組為拉丁美洲統合協會。

2.中美洲共同市場 (Central American Common Market, CACM)

於 1961 年 6 月簽約,1962 年 3 月生效。簽約國家有瓜地馬拉、宏都拉斯、薩爾瓦多、尼加拉瓜、哥斯大黎加等五國。其設立宗旨為:自條約生效日起五年內完成關稅同盟,亦即達成區域內的自由貿易化,建立對外共同關稅,成立共同市場,促進各會員國間之貿易擴大與經濟開發。

3.拉丁美洲統合協會 (Latin American Integration Association, LAIA)

1980 年於烏拉圭首都蒙特維多 (Montevideo) 成立,前身為 1961 年成立之拉丁美洲自由貿易協會。共同創立國家為阿根廷、玻利維亞、巴西、哥倫比亞、智利、厄瓜多、墨西哥、巴拉圭、祕魯、烏拉圭及委內瑞拉;此外,尚有觀察員身分之中美洲及加勒比海國家、西班牙、義大利、美洲國家組織、美洲開發銀行、拉丁美洲經濟委員會。涵蓋人口約四億。其目標為:透過各種關稅互惠協定,擴大會員國間之貿易關係。

4.南錐共同市場協定 (Mercosur)

於 1991 年 3 月 26 日由阿根廷、烏拉圭、巴拉圭及巴西共同簽署,涵蓋人口約二億。其成立宗旨期以緩慢降低關稅方式,直至 1995 年 1 月 1 日成為一完全開放之四國共同市場。

5.安地斯公約 (Pacto Andino)

於 1969 年 5 月 26 日成立於哥倫比亞之喀他基那 (Cartagena) 市，或稱為 Cartagena 協定。玻利維亞、厄瓜多、祕魯、哥倫比亞及委內瑞拉為其會員國。公約目標在於透過貿易、文化、交通、衛生及觀光等之相互統合，以獲得各會員國間之協調發展。

6.加勒比海共同市場 (Caricom)

1973 年 7 月 4 日各會員國在千里達簽訂加瓜拉馬斯 (Chaguaramas) 協定而成立。會員國有安地瓜島、巴哈馬、巴貝多、貝里斯、多明尼加、格瑞那達、蓋亞那、牙買加、聖露西亞、聖文森、千里達、托巴哥。期以農業發展為基礎，以獲得經濟成長，進而達成關稅一致之共同市場。1987 年，各會員國採取一致之外債政策，依經濟成長多寡決定外債償還金額及時間。1991 年於委內瑞拉首都卡拉卡斯之高峰會議中，決定實施單一貨幣政策，並成立共同基金，以協助區域發展。

7.墨西哥、智利兩國自由貿易協定 (Mexico, Chile Free Trade Agreement, MCFTA)

於 1991 年 9 月 22 日簽署，1992 年 1 月 1 日生效。會員國有墨西哥、智利，涵蓋人口○‧九六億。目標為增進兩國之貿易，促進投資及合作。兩國之非關稅障礙已於 1992 年撤除，1998 年起，關稅降為零。至於墨西哥之石油及智利之農產品，則排除在協定之外。

㈡非洲地區經貿組織

1.西非經濟共同體 (Economic Community of West African States, ECOWAS)

象牙海岸、茅利塔尼亞、馬利、上伏塔、貝寧、尼日等國家，於 1959 年成立西非關稅同盟。其宗旨在於建立對外共同關稅，廢除區域內之輸入數量限制，合作進行有關會員國間的產業調查，擴展貿易，促進經濟開發。1975 年 5 月各會員國鑑於關稅同盟之成就不符理想，乃決議成立「西非經濟共同體」，加速推動關稅、經濟與產業各方面的合作，以實現貿易自由化，人員財貨自由流通為目標。

2.南部非洲發展共同體 (Southern African Development Community, SADC)

SADC 係源自於 1980 年 4 月 1 日在尚比亞首都路沙卡 (Lusaka) 以簽署備忘錄方式成立「南部非洲發展協調會議」(Southern African Development Coordination Conference, SADCC)，共有安哥拉、波札那、賴索托、馬拉威、莫三比克、納密比亞、史瓦濟蘭、坦尚尼亞、尚比亞、辛巴威、南非、模里西斯、塞席爾及剛果共和國等十四國加入。其功能在於強調區域內各國之經濟合作，逐步達到區域整合。

3.中部非洲國家經濟共同體 (Economic Community of Central African States,

ECCAS)

ECCAS 成立於 1983 年 10 月 18 日，會員國家有蒲隆地、盧安達、薩伊、喀麥隆、中非共和國、查德、剛果民主共和國、加彭、赤道幾內亞、聖多美、普林西比及安哥拉。ECCAS 和西非經濟共同體 (ECOWAS) 的性質類似，都是以經濟統合為目標，在於設法消除區域間之各項關稅貿易障礙，平衡區域發展，增進會員國合作，並在 2000 年時建立中非共同市場。

4. 東非共同市場 (East African Economic Community, EAEC)

由肯亞、坦尚尼亞、烏干達等東非三國，於 1967 年 12 月成立東非共同市場。其主要目的為透過區域內關稅及輸入數量限制之減除，並建立對區域外的共同關稅，以擴大貿易、促進經濟發展、提高國民所得。

(三) 中東地區經貿組織

1. 阿拉伯共同市場 (Arab Common Market, ACM)

其前身為阿拉伯單一經濟理事會 (The Council of Arab Economic Unity, CAEU)。CAEU 正式成立於 1957 年 6 月，1964 年 5 月開始運作。參加國家為：科威特、伊拉克、敘利亞、約旦、葉門、蘇丹、阿聯大公國、索馬利亞、利比亞、茅利塔尼亞，及巴勒斯坦等十一國。成立宗旨在於增進阿拉伯區域之經濟團結與整合，以達到區域內之自由、進步及獨立為目標。在此目標下於 1964 年決議成立阿拉伯共同市場。阿拉伯共同市場成立於 1965 年 1 月，會員國有阿拉伯聯邦、敘利亞、伊拉克、迦多及約旦五國。其宗旨為廢除區域內之貿易障礙（關稅與數量限制等），建立對外共同關稅，樹立共同的運輸政策，並調整各會員國的經濟政策，以促使區域內之勞動、資本的自由移動，擴大貿易規模，促進會員國的經濟發展。

2. 阿拉伯海灣國家合作理事會 (Cooperation Council for the Arab States of the Gulf, GCF)

GCF 成立於 1981 年，會員國家有：巴林、科威特、阿曼、卡達、沙烏地阿拉伯及阿聯大公國。組織型態為區域性自由貿易區組織，並於 2000 年達成建立共同市場的目標。GCF 著重海灣六國之間經濟及政治的全面合作；並透過關稅之整合，消除區域內有形無形之貿易障礙，推動成立區域共同市場，達成經濟全面整合之目標。

(四) 20 國集團 (Group 20)

G20 成立於 1999 年 12 月，緣起於 1997 年亞洲金融危機的國際體認，即國際金融

問題的解決不能只靠西方工業國家，還需要有影響力的發展中國家參與；因而在既有的七大工業國（美、日、英、法、德、義、加）及歐盟之外邀集中國、俄羅斯、印度、巴西（後稱金磚四國）、澳洲、阿根廷、印尼、南韓、土耳其、南非、沙烏地阿拉伯、墨西哥等國的財政部長及中央銀行，在 IMF 框架內進行非正式的對話，以推動國際金融體制改革。

 ## 四、美國貿易談判機構

美國在 1975 年 1 月 1 日實施的 1974 年貿易法 (Trade Act of 1974)，第二百零一及三百零一條規定，美國是由以下三個機構掌管貿易設限及談判。1988 年綜合貿易法 (Omnibus Trade and Competitiveness Act of 1988) 更授予貿易代表署更具威嚇的報復及談判權力。因之，與美國貿易，除需充分瞭解其貿易法案之外，對於其主軸貿易協商談判的機構，更應有所認知。

㈠美國國際貿易委員會 (International Trade Commission, ITC)

美國國際貿易委員會的前身是美國稅則委員會 (The United States Tariff Commission)，稅則委員會是根據 1930 年關稅法所成立的機構，它的職權是處理有關美國外貿及稅則的業務。1975 年 1 月美國總統簽署「1974 年貿易法案」，根據該法案第七章第一百七十一條之規定，「稅則委員會」更名為「國際貿易委員會」，並繼續承辦原稅則委員會所職掌之業務。

ITC 於 1975 年 6 月 30 日由六位委員及三百七十五位幕僚人員所組成。其組織結構如下：

1. 委員會委員

根據 1930 年關稅法案之規定及修正案，ITC 之六位委員係由總統所派定，並經參議院之同意。委員任期九年，每十八個月為一任。

2. 委員會之行政幕僚

委員會之行政幕僚分為：

⑴行政室主任：向委員會報告及負責委員會所交予決策之施行。

⑵祕書：提供委員會一般商業處理及指定之官方聯繫。一般而言，他是與有關政府部門之代理及公共關係之橋梁。

⑶貿易協定法案特別顧問：為總統的貿易談判特使署與 ITC 貿易協定諮商的連絡

官。

⑷一般法律顧問：為與參眾兩院就法律問題進行研商之官員。

⑸調查室主任：一般法律顧問，經濟研究官員及工業貿易事務主管則協調並幫助委員會幕僚處理每天之事務，包括牽涉到有關法律、調查事件及通常的研究任務。

⑹自動資料處理官員：為增加與提供委員會幕僚可適用資料之利用與效率。

依 1974 年貿易法案第二百零一條的規定，ITC 有權在外國以不正當競爭而對美國國內產業產生危害時加以調查，如調查屬實，構成危害要件時，就可建議採取進口限額、禁止進口、提高關稅或制定關稅配額等保護措施，並呈經總統批准後，付諸實施。如調查結果認為未能構成危害要件，總統可宣佈不予理會。

㈡美國貿易談判代表署 (Special Representative for Trade Negotiation, STR)

按照美國 1974 年貿易法案第三百零一條規定，美國總統有權採取適當措施，以消除外國對美國商品進口的管制以及外國政府的補貼措施，實際上執行這項任務的，乃是美國貿易談判代表署。此單位具有高度政治性，凡政治上敏感的經濟問題，都由其向總統直接建議採取數量限制、提高關稅等保護措施。但 STR 並不是美國政府的正式機構，而只是一白宮幕僚單位，所以自法理上說，它本身並無取決權，而係將總統所作的決定轉請其他單位執行。總統如對 ITC 所作建議不表同意時，往往指示 STR 透過談判途徑與出口國家另商解決辦法。1988 年綜合貿易法案第一千三百零一條款為修正 1974 年貿易法第三百零一條款，重要的修正內容為：判定不公平貿易行為，應否採取行動，及應採取何種報復行動之權力，由總統移轉至貿易談判代表署。由此可見貿易談判代表署權力之大及影響之深遠。

根據 1975 年 1 月 3 日美國總統簽署之「1974 年貿易法案」（Trade Act of 1974，以下簡稱本法案）第四章第一百四十一條之規定：於總統行政辦公室內設立貿易談判代表署。

1. STR 之組織

貿易談判代表署之特使，由總統指定，並經參議院之建議及同意。如同參議院制定法律之權力運用，任何 STR 之任命須提交參議院有關委員會，即財政委員會之確認。STR 依總統之意決定人選，授予代表團之權力，並擁有特命全權大使之頭銜。

貿易談判代表署之代表有二位，其任命程序如上述，惟其職權僅係大使銜，並非特命全權大使。

2. STR 之任務

　⑴根據本法案第一百四十一及三百零一條之規定作為美國每次貿易談判之主要代表。

　⑵直接對總統及國會報告並負責管理，根據 1962 年貿易擴展法案 (Trade Expansion Act of 1962) 及 1930 年關稅法案 (Tariff Act of 1930) 第三百五十條規定所進行之工作計畫。

　⑶作為總統及國會有關非關稅貿易障礙之諮詢，國際商品協定及其他有關貿易協議工作計畫之事務。

　⑷向國會負責撰寫有關上述業務之報告。

　⑸作為 1962 年貿易擴展法案第二百四十二條⒜款所成立之貿易機構對內代表之負責人。

　⑹負責總統可能直接指定之其他職責。

　⑺根據本法案，每次 STR 之代表均需掌握貿易談判之主要職責及 STR 可能直接交辦事務之其他職責。

3. STR 之其他職責

　給予私人的服務、法律分析、選用、派定雇用人員及決定 STR 與雇員必要之補償費，勸說其責任與權力。

㈢美國商務部 (US Department of Commerce, USDOC)

　美國商務部，下設國際貿易管理局 (International Trade Administration, ITA)，負責推動美國出口貿易，保護美國企業不受不公平之貿易措施，提供貿易及投資資訊服務。ITA 係由美國國外商業服務、國際經濟政策、貿易開發及進口管理等構成其業務主幹。ITA 進口管理部門負責調查外國公司對美國企業之不公平貿易措施，此種調查可能導致對外國公司之輸入產品課徵反傾銷稅或平衡稅。換言之，美國企業欲對外國公司控訴反傾銷案時，可向 ITC 及 USDOC 提出申請。商務部裁定反傾銷案之程序為：決定調查→寄發調查問卷→初步裁定→公聽會→最終裁定→發佈反傾銷稅命令。

㈣美國財政部 (US Department of Treasury)

　依照美國 1974 年貿易法案第二百零一條規定，財政部可對不公平的貿易競爭課以平衡稅，在美國財政部內另設一個三○一小組專門處理此種問題。因為課徵平衡稅是一個行政上的措施，部長即有權核定付諸實施，或批駁予以取消。但財政部的平衡稅則不

能單以本國的產業受害，即決定調查與否，尚需調查對方是否確有補貼情事，才可據以課徵平衡稅。根據 1988 年綜合貿易法案第三千零零四條規定，財政部須就外國的「外匯匯率及國際經濟政策」作協調，並發表其評估報告。

第五節　國際貿易慣例及規則

國際貿易之進行，由於面臨不同國度之語言、風俗、習慣、政策與法律等差異，極易引致爭執。因之，買賣雙方均需有一共同遵循之國際貿易慣例與規則，藉免糾紛僵持，投訴無門。

國際貿易之慣例或規則，時隨環境之變遷而解釋亦異，例如 UCP 之十年修正一次，同時這些規則大部分尚未具備法律上之拘束力 (Binding Force)，成為各國之國內法者也不多見，所以買賣雙方於契約締結時，均先約定重要之權利及義務，於買賣契約內容未有約定者，始利用國際貿易慣例或規則解釋之。

國際間之貿易慣例與規則，種類繁多，有些標準條款如勞依茲 S. G. 保單之協會貨物條款歷經三百年不變，1928 年所公佈之華沙牛津規則在 1932 年修正後，一直延用至今，1924 年在布魯塞爾所制定之國際提單規則也經歷八十多年，足證其歷久彌新之影響力。本節特就上述貿易慣例與規則，擇其與國際買賣原理與技術有關者，並根據第十一章國際貿易契約條件順序分類，加以摘要介述，以切實用。

一、買賣交易條件

買賣交易條件指國際貿易契約中之報價條件而言，例有國際間之慣例及規則可作為訂約之循用。

㈠國際貿易條件釋義規則 (International Rules for Interpretation of Trade Terms, 2000)

國際商會於 1936 年制定了「國際貿易條件釋義規則」(International Rules for the Interpretation of Trade Terms，簡稱 Incoterms)，共分為十一種交易條件，其後經 1953 年修正，成為九種交易條件，1967 年、1976 年及 1980 年分別增訂五種條件，共計十四種交易條件，經國際商會於 1979 年 12 月 5 日所召開之第一百三十六次理事會通過採用，並訂定自 1980 年 3 月 15 日起實施。此十四種條件，目的在於解釋進出口價格條件，明

確規定買賣雙方之權利與義務之一種通用規則，通稱為國際商業語典 (Incoterms)，簡稱為「1980 年國貿條規」(Incoterms 1980) 或「國貿條規 1980 年版」(Incoterms 1980 Edition)。1990 年為適應當前國際貿易實務之需要，重新修訂本規則。而將 1980 年之十四種條件修訂為十三種條件，亦即 EXW、FCA、FAS、FOB、CFR、CIF、CPT、CIP、DAF、DES、DEQ、DDU 及 DDP。2000 年 Incoterms 循上述條件將其部分內容作修改。2010 年 Incoterms 則將其中 DAF、DES、DDU 及 DEQ 刪除，增加 DAT 及 DAP 成為十一種條件規則，2011 年 1 月 1 日正式實施。

㈡修正美國國際貿易定義 (Revised American Foreign Trade Definitions, 1941)

係由美國總商會 (Chamber of Commerce of the USA)、進口商全國協會 (National Foreign Trade Council Inc.) 及對外貿易聯席委員會 (Joint Committee) 於 1941 年 7 月 30 日通過實施，為解釋進出口價格條件之用。修正美國國際貿易定義已逐漸與 Incoterms 合併使用。

㈢華沙牛津規則 (Warsaw-Oxford Rules, 1932)

為國際法學會 (International Law Association) 於 1932 年在華沙制定之規則。該規則係以 1928 年之 Warsaw Rules 為基礎，經研究修正，1932 年於 Oxford 會議決定採用，為有關海上買賣之 CIF 契約統一解釋，共由二十一條規則所構成。

 ## 二、買賣交貨條件

買賣交貨條件為國際貿易契約中之裝船條件，蓋因國際貿易習慣裝船時間就是交貨時間，裝船地點就是交貨地點，要之統稱為交貨條件。

㈠提單規則統一國際公約 (International Convention for the Unification of Certain Rule of Law Relating to Bill of Lading, 1924)

為有關提單之解釋及適用等，而由各國於 1924 年在布魯塞爾 (Brussels) 所簽訂。並於 1978 年在漢堡市修訂為漢堡規則 (The Hamburg Rule, 1978)。

㈡聯合運送單據統一規則 (Uniform Rules for a Combined Transport Documents)

國際商會為配合複合運送貨櫃化運輸的發展，於 1975 年釐訂「聯合運送單據統一規則」，其目的是以商業眼光來解決提單之問題。該規則已為許多複合運送業者所採用，並經某些海事組織據以制定標準格式之複合運送提單。此種單據簡稱為 CTD。

1980 年在聯合國貿易和發展會議 (UNCTAD) 主導下通過「聯合國國際貨物多式聯

運公約」(United Nations Convention on International Multimodal Transport of Goods)，對多階段之運送，採運送人統一責任制，其單據簡稱為 MTD。1992 年合併為 UNCTAD/ICC Rules for Multimodal Transport Documents，並正式生效。

 三、買賣付款條件

　　買賣合約中之付款條件，主要有以信用狀方式成交者，有以託收方式訂約者，也各有規則及慣例可循，尤其前者更是顯著。

㈠信用狀統一慣例 (Uniform Customs and Practice for Documentary Credits 2007 Revision)

　　初版「信用狀統一慣例」由國際商會於 1933 年修正通過，並經各國銀行公會於 1934 年 1 月 1 日正式採行。為關於信用狀之定義、類型與通知、銀行義務與責任、相關單據、信用狀轉讓、解釋及爭議等有關規定如何加以適用之慣例。其後歷經 1951 年、1962 年、1974 年、1983 年及 1993 年五度修正，益臻完備，目前實施之信用狀統一慣例為 2007 年 7 月 1 日修正通過的 UCP 600。

㈡電子信用狀統一慣例 (Supplement for Electronic Presentation Version 1.1)

　　本出版物正式名稱為「信用狀統一慣例補篇：電子提示（1.1 版本）」，英文簡稱 "eUCP"。由於 UCP 600 起草過程中，鑑於 eUCP 1.0 版本之使用有限，國際商會各國委員會表示仍應保留 eUCP 作 UCP 之一項補充，因此 eUCP 1.1 版本之更新僅反映 UCP 600 有關提示用語及語法之修改而已。

　　eUCP 在於提供一些定義，使 UCP 600 之用語能配合等同紙面單據之電子提示，同時提供若干必要規範使兩套規則能並行不悖。eUCP 可適用於電子提示，或紙面單據與電子提示之混合。

㈢託收統一規則 (Uniform Rules for Collections, 1979)

　　國際商會為配合貿易業者與金融機構之實際需要，於 1956 年制定「商業票據託收統一規則」(Uniform Rules for Collection of Commercial Paper)，後經 1967 年及 1978 年兩次修訂，並於 1978 年修訂時，改名為「託收統一規則」(Uniform Rules for Collections, URC)，同時規定自 1979 年 1 月 1 日起生效，以解決各國銀行公會一體實施之有關銀行用語之差異及銀行實務處理之紛歧。1995 年另作大幅修正實施。

㈣國際擔保函證慣例 (International Standby Practices, 1998)

國際擔保函證慣例，是針對信用狀統一慣例（簡稱 UCP 500）中有關擔保信用狀 (Standby Credit) 的規定，做分離式的補充性規範。首由美國國際銀行評議會責成美國國際銀行協會 (United States Council on International Banking, USCIB) 透過「國際銀行法及實務協會」(Institute of International Banking Law & Practice) 草擬「國際擔保函證規則」(International Standby Practices Rules, ISP Rules)，標明 Draft ISP 1997 草案，國際商會 (ICC) 加以修正及採用，前後歷經五年努力，國際商會「銀行技術與執行委員會」於 1998 年 4 月 6 日同意認定，全名為 International Standby Practices，簡稱 ISP 98，並以第 590 號出版物發行，1999 年 1 月 1 日正式生效。全文除「序文」、「前言」外，共計十條規則，包括：①總則，②義務，③提示，④審核，⑤通知、拒付單據處理，⑥轉讓，⑦取消，⑧補償，⑨時效，⑩聯保、參與者。

㈤銀行與銀行間補償統一規則 (Uniform Rules for Bank-to-Bank Reimbursements)

　　國際商會為求「償付銀行」作業之單純化、明確化，經邀請專家，依照 UCP 500 第十九條條文規定之精神，研擬補償規則，名稱為「第 525 號出版物銀行與銀行間補償統一規則」(Uniform Rules for Bank-to-Bank Reimbursement, URR 525)，自 1996 年 7 月 1 日實施。在信用狀項下，銀行間之補償，若欲適用本規則 (URR 525)，則需在「補償授權（書）」中載入之。開狀銀行須在信用狀中敘明求償係依照本規則之規定。本規則之使用並未凌駕 (Override) 或改變國際商會信用狀統一慣例之條款（URR 525 第一條）。

㈥國際標準銀行實務 (International Standard Banking Practice, ISBP)

　　國際商會於 2002 年認可出版之「國際標準銀行實務跟單信用狀項下單據之審查」(International Standard Banking Practice, ISBP)，提供一份很實用的檢核表供外匯銀行負責審單人員 (Document Checkers) 作為參考，以判定 UCP 600 之國際商會跟單信用狀如何運用於日常實務。

　　ISBP 最大目的在於大幅減少單據提示因瑕疵而遭拒絕之情況以及信用狀款項被拒付之比率，而達到 ISBP 檢核表之預期效果。其主要內容有：預先應考量事項、一般原則、匯票及到期日之計算、發票、運輸單據、保險單據及承保範圍、產地證明書等之審核標準。

㈦國際應收帳款承購統一規則 (General Rules for International Factoring)

　　國際應收帳款業務 (Factoring) 在國際貿易付款方式中是屬於較新種的業務，為使此種業務能順利運作，由國際應收帳款管理聯盟 (Factoring Chain International) 制定適用於

商業發票發票日為 2002 年 7 月 1 日起之交易的「國際應收帳款承購統一規則」(General Rules for International Factoring)，以為會員國共同遵守的全球行為準則。主要內容有：總則 (General Provision)；應收帳款之讓與 (Assignment of Receivables)；信用風險 (Credit Risk)；應收帳款之收款 (Collection of Receivables)；資金之移轉 (Transfer of Finance)；商業糾紛 (Disputes)；聲明、保證及承諾 (Representations, Warranties and Undertaking) 及其他規定 (Miscellanceous) 等共三十二條。

 ## 四、買賣保險條件

保險條件在國際貿易契約中，列為交易的基本條款之一，其協會貨物條款更是買賣雙方訂約的重要依據。

㈠協會貨物條款 (Institute Cargo Clauses, ICC)

本條款係由英國倫敦保險協會 (Institute of London Underwriters) 所制定，適用於貨運水險的統一條款，隨同海上保險單〔仿用英國勞依茲 (Lloyd's S. G. Policy Form)〕於 1679 年開始使用，迄今已有三百餘年之久，其後經 1963 年之修訂，內容已含平安險 (FPA)、水漬險 (WA) 及全險 (AR) 等協會貨物條款。1982 年 1 月 1 日起，倫敦保險市場宣佈採用協會貨物保險新條款及新保險單，新條款使用 "Institute Cargo Clauses (A) (B) (C)" 取代原使用 "Institute Cargo Clauses (All Risks) (WA) (FPA)" 之名稱，此即為現今貨物海上保險最新之條款。

㈡約克安特衛普規則 (The York-Antwerp Rules, 1974)

本規則是理算「共同海損」(General Average) 的一種準則，雖說是聽任有關當事人自由採用與否，並無法律上的拘束力，但是根據本規則以理算「共同海損」，已是國際間一項普遍而公認的習慣。故這套規則對航運業、國際貿易及海上保險業而言，確是非常重要的一份文件。本規則已是經過數次修訂後之條文，於 1974 年 7 月 1 日採用。

 ## 五、買賣仲裁條件

商務仲裁為解決貿易糾紛的策略之一，雖然各國或頒定有仲裁規則，惟下述二項仍不失為參考之圭臬。

㈠國際商會仲裁法院仲裁規則 (Rules for the International Chamber of Commerce Court of Arbitration, 1975)

國際商會為解決國際間商務糾紛 (Business Dispute) 與貿易索賠 (Trade Claim)，特於 1955 年制定「國際商會調解暨仲裁規則」(The Rules of Conciliation and Arbitration, 1955)。1975 年 6 月 1 日起生效之「國際商會仲裁法院仲裁規則」，則取代 1955 年 6 月 1 日起生效之「國際商會調解暨仲裁規則」。本規則得由任何契約當事人之合意採用而適用之，但其施行機構則限於設在巴黎之國際商會，此不同於其他仲裁規則（如聯合國國際貿易法委員會仲裁規則），經當事人同意，得由任何非常設機構適用之。

㈡聯合國國際貿易法委員會仲裁規則 (United Nations: UN Commission on International Trade Law Devision on Arbitration Rules and the Text of the Rules, 1976)

聯合國國際貿易法委員會，鑑於仲裁已被證明為解決國際商務各種類型契約所引起糾紛之有效方法，深信建立一套能被在不同法律、社會、經濟制度之國家間從事貿易之商人接受之特別商務仲裁規則，對世界各民族間和諧經濟關係之成長，當有鉅大之貢獻，特訂定本規則，共計四十一條，於 1976 年 4 月 28 日通過實施。

六、買賣準據法條件

國際貿易契約條件中之準據法，主要為買賣當事人就其國內法作為引據外，國際貿易法之引用更能達兼收並蓄之效果。

㈠聯合國國際商品買賣公約 (Convention on the International Sales of Goods)

此項公約係由聯合國國際貿易法規委員會 (UN Commission on International Trade Law)，自 1967 年開始起草，曾於 1977 年訂定草案，經過多次修正，於 1980 年 4 月由聯合國祕書處公告，供各國參加簽署。

此項公約共一百零一條，比 1977 年草案的六十八條增加若干規定；其中第一及二十四條有關通用範圍、總則、契約成立部分，以及第六十五至一百零一條的解除效力、風險移轉、賣方與買方義務，均與 1977 年草案相同。由於此次參加起草國家已達六十二個國家之多，勢將成為國際貿易行為規循的法則。

㈡美國統一商法典 (Uniform Commercial Code, UCC)

美國法學會 (American Law Institute) 與全國統一州法委員聯合會 (National Conference of Commissioners or Uniform States Law) 於 1952 年共同制定，迄 1971 年除了路易西安那州外，其他四十九州均採行實施，屬統一商法第二章買賣篇，包括買賣商

業票據、託收及信用狀、提單以及其他物權單據等商事範圍。

 ## 七、有關商品及關稅之統一適用

國際貿易商品與稅則分類標準，各國採用之情形雖有差異，但已逐漸趨向調和制度之統一分類。

㈠標準國際貿易分類 (Standard International Trade Classification, SITC)

為 1947 年聯合國經濟社會理事會為促進國際貿易商品統計分類之統一運動，而由其所屬聯合國統計委員會於 1950 年通過「標準國際貿易分類」採十進分類法，計分十大類，五十二分類，一百五十組，五七〇頁。近年已為各國貿易統計之標準。我國係根據 SITC 再分類成中華民國進出口貨品分類 (Classification of Import and Export Commodities of the Republic of China, CCC Code)。

㈡布魯塞爾稅則分類 (Brussels Tariff Nomenclature, BTN)

為 1910 年國際關稅會議於比利時首都布魯塞爾召開國際統計會議擬訂草案，1913 年二十四國簽訂布魯塞爾公約 (The Brussels Convention of 1913)，依據該約，關稅分五大類，一八六項。後屢經修訂，迄 1977 年有一百三十幾個國家參加，是為關稅合作理事會稅則分類 (Customs Cooperation Council Nomenclature, CCCN)。BTN 是國際上唯一公認，特別為關稅稅則設計的標準貨品分類，目前細分為二十一類，九十九章，一千多項。我國海關進口稅則亦是以 BTN 為分類基礎。

㈢國際商品統一分類制度 (The Harmorized Commodity Description and Coding System)

國際商品統一分類制度，簡稱為調和制度 (Harmorized System, HS)。它是由關稅合作理事會所制定的，在國際貿易上供商品分類及編號之用。為可供海關、統計及與國際貿易有關人員共同使用的一種多功能分類制度。

國際商品統一分類制度 (HS) 是以 CCCN 四位數體系為基礎的分類架構。全部的分類共分二十一類 (Section)，再分成九十六章 (Chapter)，共計一二四一節 (Heading)，每節給予四位數的編號，其前兩位數，代表此節所屬的章數，後兩位數代表此節在該章中的位置。例如一〇〇三節（大麥），代表第十章「穀類」中的第三個節。節下再細分第一層分節及第二層分節。其中有三百十一個節，細分成兩個或多個第一層分節，通常給予一個破折號，此第一層分節，進一步再細分成兩個或多個第二層分節〔即目

(Subheading)〕，用六位數號碼加以註明。節下不細分的節，均於節號下另加○○，而成為六位數的目。節下之目全部共有五○一九個。譬如香草之 HS 號列為○九○五○○，表示○九○五節（香草）不再細分（其第五及第六位數均為○）；蕎麥之 HS 號列為一○○八一○，意指蕎麥的號列，包含在一○○八節之第一個破折號（第一層分節）內（第五位數為一），且此第一層分節不再細分（第六位數為○）；純種繁殖用馬之 HS 號列為○一○一一一，即此純種繁殖用馬，歸列在○一○一節之第一個第一層分節（第五位數為一）內之第一個目下（第六位數為一）。另外規定數目字「九」代表「其他」，而數目字「八」供各種「零件」使用。如此可供未來增添項目使用，而不致變動現有的編號。

第二章
國際貿易組織與管理

第一節　國際貿易交易之型態

國際貿易交易型態雖有各種不同的分類，惟大體上乃以直接交易、間接交易及佣金交易三種為骨幹。尤其現行之交易方式都採貨主與貨主間面對面 (Face to Face) 交易，間接交易方式難免式微，但尚未失其功能。茲將三種型態述之如後。

 ## 一、以交易主體區分

交易主體可以為個人、公司或行號，也可以為獨資、合夥或股份（有限）公司，只要以其主體名義出面，而能完成交易者即屬之。

㈠直接交易 (Business as Principal)

即以交易主體本人之名義從事國際間貨物之交流，負責交易所生之盈虧損益，謂之本人間之直接交易。例如製造商 (Manufacturer) 以其本身名義與國外買（賣）方接洽交易，接受（或開發）信用狀，而不經由貿易商之手者，即是本人間之直接交易的例證。

㈡間接交易 (Indirect Transaction)

凡非以本人名義來進行交易，並負擔交易所產生的盈虧損益及成敗者，謂之。間接交易之特質在於買賣各方雖涉及交易，以至完成，惟自始至終，在買賣合約或信用狀上，均未以本人名義表示，此自有別於直接交易係以交易主體本人之名義從事交易行為之不同。

㈢佣金交易 (Business on Commission)

佣金交易者，當然亦係以本人間之名義從事國內外貿易之交流，負責交易所生之風險與利得。其與直接交易之區別在於交易過程中有中間商（或稱佣金商）(Commission Merchants) 之加入，俟其交易完成，按實際裝船數額抽取部分佣金之交易方式，即為佣金交易。例如，貿易商（出口商）先出面與國外買方接談交易，以受益人本身立場接受

信用狀，再將信用狀交與製造商按規定條件裝船出貨，俟押匯後按成抽取佣金者，即是佣金交易之典例。特別注意的是，此種交易仍然屬於直接交易的範疇。

 ## 二、以法令界定區分

國際貿易之進行常因非經濟因素，如政治意識、貿易行政及貿易法令之干擾，而有直接貿易及間接貿易之分：

㈠直接貿易 (Direct Trade)

即兩國間之貿易行為或一國與多國間之貿易進行，可直來直往，而不必經由第三國者，謂之直接貿易。例如我國生產的紡織品，直接輸銷美國，美國用於消費；反之，美國亦可將其汽車產品直接銷往臺灣，則中美兩國之間的產品貿易就是直接貿易。

㈡間接貿易 (Indirect Trade)

兩國間之貿易行為或一國與多國間之貿易進行，須採經過第三國（或廠商）的迂迴方式始能完成之交易，謂之。也即兩國間的貨物輸出入透過第三國（或商人）之手而完成的貿易。例如，我國生產的工具機，透過香港的貿易商輸往印度，因我國輸出商與印度的輸入商並未直接接觸，而係透過第三國（或地區）的港商完成交易，所以屬間接貿易。間接貿易，又可分為：

1.轉口貿易 (Re-export Trade)

中間商在本國或第三國，將輸出國的商品實際進口至本國或經由第三國，商品原封不動或改包裝或略經加工，再出口運到輸入國之貿易方式屬之。

2.三角貿易 (Triangular Trade)

狹義的三角貿易中間商在本國，對於輸出國之貨品，先由第三國的中間商與輸入國之進口商訂立，再由輸出國的出口商與第三國的中間商分別訂定，以完成契約行為之交易方式。就第三國之中間商而言，因為僅涉及交易文件之往來，貨品實際並未在該國海關通關進出口，而係逕由生產國的出口商直接運交輸入國的進口商，故又可稱之為「文書作業」(Documents Process) 的貿易型態。

 ## 三、以契約形式區分

以契約簽訂權由何方主控加以分類，則有：

㈠直接契約交易 (Business as Direct Conclusive Contract)

　　無論本人間之直接交易抑係佣金交易,其交易完成的方式都屬以交易主體直接與國外買方簽訂契約而完成交易,或由交易主體常駐國外之採購代表簽約而履行交易內容,或由交易主體本人親赴洽談而簽約決定,要之均係法律上之「本人」(Principal),殆無疑義。此種交易方式為目前國際貿易交易型態之最普遍方式。

(二)委託契約交易 (Business on Appointed or Indirect Contract)

　　國內交易主體與國外交易主體間之交易須透過政府與政府間之協定 (Agreement),根據協定內容再由民間企業機構進行供需條件之契約簽訂,個別貿易主體即根據契約內容履行權利與義務,此種委託契約交易之顯著方式例如:雖由政府作統籌計畫進口,但實際是由民間企業機構進行,其中之一如早期我國從泰國進口玉米,先由經濟部國際貿易局與泰國貿易部簽好玉米雙邊貿易協定 (Bilateral Trade Agreement),約定每年期之供需量,再將此數量分配與中華貿易開發公司、臺灣省物資局、臺灣省飼料業同業公會等機構,分別與泰國之供應商簽約而由個別貿易商與上述機構簽約由其供應進口。此種方式,個別貿易商並無絕對主權決定,有似配額進口之性質,然卻為委託契約交易之獨特方式。

　　委託契約交易可以分為委託採購及委託銷售兩種,分述於下:

1.委託採購 (Indent)

　　國內廠商接受國外進口廠商的委託,以自己的名義向國內供應商採購特定的商品,運交國外進口廠商,從而收取採購手續費 (Buying Commission) 的交易方式。委託人(即國外進口廠商)稱為委託採購人 (Indentor),受託人(即國內廠商)稱為受託採購人 (Indentee)。在委託採購交易之場合,委託人與受託人之間,常有代理關係的建立或代理協議書的簽訂,受託的一方則係以自己的名義進行交易,所以不是代理交易。但習慣上卻將受託人稱為採購代理商 (Buying Agent)。

2.委託銷售 (Consignment)

　　又稱寄售,屬於一種信用交易。國內的賣方將貨物運往國外,委託國外廠商,尤其以自己的名義,將貨物出售之後,始將貨款匯結賣方之付款方式,稱為委託銷售。在委託銷售交易中,委託人稱為委託銷售人 (Consignor),受託人稱為受託銷售人 (Consignee)。委託銷售的盈虧由委託人負擔,受託人雖以自己名義進行交易,但基於行紀的法律關係,並不負盈虧責任,只以服務換取佣金而已。委託銷售交易,常使用於新市場的開發,出售新貨物,甚至推銷既有存貨之場合為多。

第二節　國際貿易之組織與管理

　　國際貿易在組織的結構上，與經營國內商業者完全不同。一方面由於本身條件的限制；如資本、人事、業務方針，與產品性質的不同，另一方面又受到國外市場的影響；如交易對方的個性、各國環境的特殊，以及世界競爭的應付等。凡此種種均足以使每一貿易組織產生了許多單獨的與個別的問題，其中尤以經營方式、業務方法與市場選擇等為每一單位在創立時急待解決與最不易確定的事項。因此，事實上關於貿易方法，組織方式比其他任何商業組織更為複雜，無法建立一般的理論及共同原則。為了對國內外貿易組織之外部型態及其內部管理有一梗概瞭解，分別詳述如次。

 一、國際貿易組織之外部型態

　　國際貿易組織之外部型態，可分為下列四大類型，類型中有些可歸屬於國際物流型態。

(一)直接交易類型

　　交易主體如以生產工廠為主，未經由貿易商途徑所進行之交易，謂之「直接交易類型」。其國際貿易組織及實體通路以此架構分類者是。

　1.製造業者之直接出口

　　製造業之出口部門屬於其直接指揮之內部架構，較乏獨立性。可分為：

　　(1)聯綜式之外銷部 (Built-in Export Department)：詳見後述。

　　(2)獨立自給出口部門 (Self-contained Export Department)：詳見後述。

　　(3)附屬出口公司 (Special Export Sales Subsidiary)：若干巨型企業，如奇異、西屋電器公司、US Steel、US Rubbers、Chrysler-Motors 等，於本公司之外，另行投資組設專業性質之外銷公司，將內外銷業務完全分開處理，使外銷另由專業人員主持，不受任何牽制，且可避免內外銷人事上之摩擦。國外業務中，如包括有工廠、裝配工廠、分支機構、代理商等，設置專業性質之外銷公司尤為必要。如在國外投資組設產銷性質之公司，則位於本國之專業外銷公司往往統籌其資金，綜核其業務。

　2.進口商 (Import Houses; Jobbers; Merchants)

進口商是位於進口國市場中的貿易公司，均以本身名義進貨，計算成本若干，各項費用並酌加利潤，轉售於境內之批發商或零售商。通常進口商專精於某些產品的買賣或供應來源的市場，故其營業方式顯然與代理商不同。

3.進口製造商 (The Import Manufacturers)

類似我國生產事業中所列之製造業，一方面從國外直接進口原料、器材或設備，一方面經營有關商品之外銷，交易所發生之盈虧損益全由自己負擔。開拓市場之方式有經由出口廠商之間接出口，惟大部分係直接出口，以免利潤外流。

4.進口批發商 (The Import-distributor Firms)

如打字機、計算機、電冰箱、柴油機以及辦公室、工場機械裝置等，通常由批發商進口轉售。

5.進口零售商 (The Import-retailers)

主要作用在於更接近消費用戶以便深入市場推廣銷售。標準化之實用品如牙膏、西藥、化妝品、自來水筆等，多採此直接進口方式，美國式之百貨公司、連鎖商店、一角商店（超級市場、雜貨連鎖商店）等為規模宏大之零售商店，即常以此方式直接進口。

㈡間接交易類型

製造業本身未設有外銷組織部門，或其國際貿易業務均委由中間商處理之分類型態，謂之「間接交易類型」。此種類型是以「本國為基礎」(Home-country-based) 的出口商或其出口代理所進行的銷售活動及實體通路。

1.出口商 (Export Merchants and Jobbers)

以輸出業務為主的本國貿易公司，其先自製造廠商或生產業者處買入貨品，然後再以其自己的名義,轉售給海外客戶,出口商負責接管所有與出口業務有關的活動及風險，其對當地製造廠商，提供產品流向國外市場的通路。選定海外市場、配銷通路、產品售價及銷售條件，對海外客戶給予信用，以及在海外從事促銷及廣告活動，都屬出口商之業務。有的時候，出口商也對製造商的生產予以融資協助（出貨前對訂單先行付款），以及向他們就有關產品設計、包裝、外銷市場中對標籤的特別要求事項，或其他類似的問題，提供建議。

大多數的出口商，多專精於某些國家或地區的市場，同時他們也多專精於處理某些種類的產品。在其勢力所涵蓋的外銷市場中，他們或者維持著自己的銷售組織，或在當地與代理商合作，其成功與失敗，完全取決於其對專精的外銷市場中，行銷情況的靈通

與否而定，所以他們通常可以提供兩方面的服務：①為一種產品找到銷售市場，以及②為一個市場找到其所需的某些產品。

2.出口佣金商 (Export Commission Houses)

這種交易類型在歐洲較美國普遍，尤以英國之出口佣金商歷史悠久，在國外著有信譽。此種商人獲利不在買賣間之差價，而在佣金，佣金之多寡不等，通常為售價之 2～6%。佣金商既不自營買賣，所以亦沒有獨立意志，且往往為國外買方如政府或公營鐵路礦廠之代理人收取採購佣金。但有時同一筆交易，兼收買賣雙方佣金致被認為有欠公道。其後，生產者自建外銷組織，迫使出口佣金商改就他業，此輩佣金商憤憤不平，說為生產者開闢了外銷市場，卻又被一腳踢開，有失公道。

3.出口經紀人 (Export Brokers)

在國際貿易上，尤以橡膠、棉花、羊毛、穀類、咖啡、可可、砂糖等之交易，居於重要地位，經紀人通常專營一、二種商品，但不實際經手，僅為買賣雙方拉攏交易，從中收取佣金。偶而代辦買賣及貨運，實為例外，經營此類業務必須為一商品專家，通曉世界商情。

4.製造商出口代理人 (Manufactures Export Agents)

與出口佣金商之為買賣代理相反，接受工廠之合約為其代理外銷，負責推廣市場，通常合約規定不得兼營同類商品。有些生產者無力自營外銷，委託代理較為經濟省事，也有些較大之生產者委託代理特定地區，而自營其他地區。此種專業性質之工廠外銷代理，其中不乏經營甚為得法者，頗得委託廠商之信託，若干小廠從無外銷經驗，亦因委託代理而得展開國外市場。此種性質類似我國之出口廠商。

5.聯合出口經理人 (Combination Export Managers)

通常稱為 CEM 或出口管理公司 (Export Management Company, EMC)，類似「一個人的出口部門」，替若干公司工作，這些公司通常製造不同但有關的產品。CEM 提供專門技術服務，透過其海外代理網而對廠方利於銷售之產品提出建議，並代為尋求市場，藉著廣告或其他方式推銷產品，再代辦出口押匯、裝船等手續。也許每年收取底薪，加上 12% 的佣金，亦有按銷售批發總價 12～20% 之報酬。必要時可以收取旅費或其他開銷之費用，而由服務廠商對象共同攤負。CEM 也許使用個別商家的頭銜，以其外銷經理之名義簽署或以自己名義執行。

6.進口經紀人 (Import Brokers)

與出口經紀人在法律地位、功能、服務以及報酬方法方面都相同。

7.佣金進口商 (Import Commission Houses)

經濟開發中國家如印度、東南亞、非洲、中南美洲等諸國，其進口商、批發商及零售商實為三位一體，主體與國外聯繫進口貨物者很少，其大多數係透過佣金代理商進行。佣金代理商在商場上非常活躍，數目亦很多，大多熟悉國際貿易，瞭解產品，有良好信譽，與買主關係亦良好，進口商對其依賴程度很大，採購貨品均由佣金代理商提供樣品，進口商比較一下貨色，看看價格，即決定訂貨數量。佣金多寡不一，視交易難易程度及交易金額而定，一般均在 3～7% 之間。

㈢合作輸出類型

合作輸出組織 (Cooperative Exporting Organizations)，橫跨直接或間接交易分類，前者並非製造業組織行政的一部分；後者則對該組織之運作政策有某些行政上之干涉作用。

1.出口聯營公司 (Alliened Export Selling Companies)

第一種為不相競爭之廠商所組成的聯營，在外銷方面，聯營組織為製造同類產品的廠商所組成，經營甚為成功。同類產品經由聯營組織推銷有若干方便之處，營業費用與運輸費用可以節省，用戶對各種同類商品的需要也可以一次通知，不必分別辦理。美國若干企業，尤其是食品及藥品業（兼營雜貨），無論內外銷，控制並吸收了許多經營同類或相關商品的公司，成為一個經營體系。第二種為互相競爭之廠商所組成的聯營，在此種方式之下，政府往往予以輔導協助，競爭得以消弭，費用得以減低，故在國外市場上面對他國的競爭可以形成堅強的陣線。比較言之，外銷聯營組織以農產品、食品及工業半成品為多，此類企業未達高度專業化，產品相當標準，各家生產費用亦多無出入，故易於進行，但在外銷總額中，所佔的比率甚小。民國 70 年以前，我國政府現行部分政策，對內提倡自由競爭，對外獎勵聯合一致。如紡織品、橡膠品、紙張、水泥等對外貿易現亦實行聯營，頗具成效。洋菇、蘆筍、鳳梨等農產品及農產加工品亦然，均係透過聯營出口公司，統一報價，統一銷售。

2.同業公會 (Trade Association)

是協同廠商輸出的一種機構，如美國的 Welb Pomerence Association、日本之業種別輸出組合及英國專業出口工會 (The British Export Houses Association) 等，民國 70 年之前臺灣洋菇罐頭及紡織品等輸出均須透過同業公會出口。

3.合作社 (Cooperation in Export)

為協同果農輸出之一種機構，由參加社員共同組成，其目的在於便利青果產運銷一元化制度之建立，加強青果及其加工品之外銷，並作市場調查等與外銷有關之業務，期為社員造福利。早期臺灣，香蕉、柑桔等之外銷須經由臺灣省青果運銷合作社聯合社出口，即其一例。

(四)國外機構類型

此種以「國外為基礎」(Foreign-based) 的銷售附屬公司，具有彈性的組織型態，以實體設施及營運活動觀之，其直接或間接之分類，則視其功能性而定。

1.建立國外機構之直接途徑

(1)國外分公司 (Foreign Branch Office)：為總公司之一部門，工作一如外國之經銷商，但直接對總公司負責。產銷機械裝置如打字機、計算機、縫紉機之公司，往往於國外設立分公司，備有相當數量之存貨、配件、訓練有素之售貨員，以及精於修理之員工。分公司主持區域內銷售及推廣工作，轉售於批發商及經銷商。通常惟有資力雄厚之公司，其國外市場已經由經銷商或代理商開拓至相當程度者，方在國外建立分公司。

(2)國外附屬公司 (Foreign Subsidiary)：為依照當地法律投資組設獨立性質之分公司，其目的往往為避免外國或本國政府之稅捐。有時與當地人民合組，而由總公司予以控制，其性質可以純為經銷，亦可就地製造產品推銷。

(3)發貨倉庫 (Distribution Warehouse)：發貨倉庫是以國外市場為導向的行銷據點，而非單純只是實體通路中的一座倉庫。其所涵蓋的功能有進口貨物、展示、轉運、接單、銷售、市場調查、售後服務、貯存、貨品處理及調節供需。屬公司國際物流體系中很重要的一種型態。

(4)國外工廠 (Semi-manufacturers Overseas)：為就地取材、就地產銷之開拓國外市場方式。第二次世界大戰結束後，各國管制外匯甚嚴，美國商人在國外資金與獲得之利潤無法還回本國，乃紛紛在國外設立分廠。著名之通用公司、福特、奇異、西屋、固特異、International Harvesters、Yales & Towns 等在國外均有大規模之工廠，就地產銷。

(5)國外發貨中心 (Foreign Distribution Center)：國外發貨中心大都設於保稅倉庫內，專供存儲自行進口或自行向地主國採購之貨物，並得辦理貨物之重整，包括對保

税貨物之檢驗、測試、整理、分類、分割、裝配及重裝等。發貨中心貨物之進儲，重整及出倉等作業均須依當地海關之規定辦理。

(6)國外物流中心 (Foreign Logistics Center)：係指經地主國海關核准登記、主要經營保稅貨物倉儲，轉運及配送業務的保稅場所。物流中心內得進行因貨物必需之重整及簡單加工。其設置場所大都位於國際港埠、機場、加工出口區、科學工業園區內及鄰近國際港埠、國際機場地區或經海關專案核准之地點。

2.國外經銷代理之間接途徑

(1)國外獨家代理 (Foreign Agent)：係指不同國家之廠商與代理商，雙方同意，由代理商代替廠商在代理地區內推銷其產品而簽訂商務代理契約而言，凡供應廠商在國外之分公司或其所指定在當地之代理商均屬之。目的在於新產品之推銷，新市場之開拓，原有市場之擴大，市場資料之搜集等等，如所覓代理商得人，對其產品之外銷，助益必大。且有些國家貿易法令規定，某些產品之輸入，必須經由代理商之手，在此情況下，代理商便成了不可或缺之推銷媒介也。

(2)國外經銷商 (Foreign Distributor)：以自己名義將商品購入，存放於一定場所，類似進口商，若給予限制，則不能銷售與本公司有競爭關係之商品，惟若解除限制，則可以自由價格或條件來從事再銷售。其限於一定地區給予銷售獨佔權時，就與上述獨家代理商 (Exclusive Agent) 相同。經銷商也從事於商品的展覽、宣傳等銷售促進工作。經銷時，並任服務與推廣工作，外銷廠商則供給廣告資料，協助推廣工作，提示有利之推銷方法。有時工廠代表實地訪問，加強其推銷及服務之效果。經銷商在經銷地區廣佈分銷代理店，直接指導控制，分配佣金，外銷廠商全權委託經銷商，付與 25～40% 之銷貨折讓。美國製造之若干特種產品，需要技術性之推廣及服務工作，經由國外經銷商推銷於海外市場，甚具成效。

(五)國內貿易組織型態

國內貿易組織型態依貿易法、貨品輸出（入）管理辦法及出進口廠商登記管理辦法規定之出進口廠商分為四大類：

1.出進口廠商

係指依公司法或商業登記法設立，並依貿易法核准經營出口、進口或出進口業務之公司行號。

2.非以輸出入為常業者

非以輸出入為常業之法人、團體或個人，得依經濟部國際貿易局規定辦理特定項目貨品之輸出入。

3.未辦妥工廠登記者

製造業未辦妥工廠登記前，得憑公司登記及省（市）建設廳（局）或縣（市）政府核發之工廠設立許可文件，申請簽證輸入相關自用機器設備或原料。

4.出進口廠商以外之出口人

輸出未列入「限制輸出貨品表」之貨品，應向經濟部國際貿易局申請簽證，始能出口。

二、國際貿易組織之內部架構

為維持順暢的、有效率的及有利潤的國際貿易業務，具備專業知識技能人員及相關部門 (Relevant Department) 之配置是需要的。人員及部門的配置與公司組織結構有密不可分的關係，在小型公司，同一人可兼任進口及出口業務之執行，而能達到有關的功能，則其部門組織可採聯綜式之外銷部；反之，在大型公司或有大量貿易業務的公司，則需有大量人員之配置，而分立式之外銷部門則頗能符合需要。

㈠聯綜式之外銷部 (Built-in Export Department)

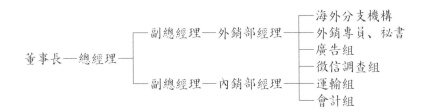

此制度為外銷組織中最簡便之形式，在公司組織之下增設一外銷部，派一經理主持其事，其地位與內銷平行。但外銷有關之市場開發、商業書信、文書處理及船務 (Shipping) 等事務內外銷合併處理，仍由原機構之職員兼辦。此種外銷與內銷聯綜組織之制度，優點在於運用自如、節省開支，縱使外銷業已相當發達，仍可採用，但外銷經理須取得原有機構之密切合作，為推廣外銷業務共同努力，此為成功之關鍵。原機構中辦理上述業務等人員必須熟習外銷細節，始能靈活運用。

㈡分立式之外銷部 (Separate Export Department)

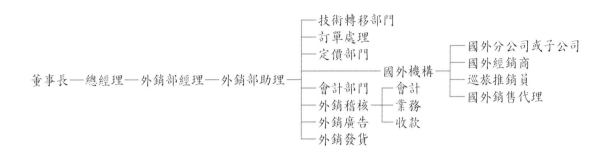

董事長—總經理—外銷部經理—外銷部助理——技術轉移部門／訂單處理／定價部門／會計部門（會計、業務、收款）／外銷稽核／外銷廣告／外銷發貨——國外機構——國外分公司或子公司／國外經銷商／巡旅推銷員／國外銷售代理

　　此制度為在外銷進一步開展、業務增加時，專責之外銷部門有其必要，外銷一切業務由外銷部自行處理，與內銷部不相關，責任分明。外銷部內部組織單位及用人之多寡視業務之繁簡而定，為表示公司重視外銷，常派副總經理一人監理，副總經理及外銷部經理時須赴國外實地考察實情，並視察海外機構之業務。較大公司之外銷部組織往往依產品性質分設單位主持，或依外銷地區分設單位，惟各地區業務之處理必須有人協調聯繫。

㈢進出口商業務組織

　　進出口業務一向繁雜，絕非一兩人所能處理，其間或有輪船公司、報關行等可代理一部分業務，但仍需多用辦事人員。人員既多，組織就複雜，管理上須講求人員之合理分派、分層負責、機動聯繫，庶幾能發揮「頭腦集團」(Teams Work) 之效果。

　　以上所介紹的是傳統進出口商的內部組織架構。在瞬息萬變的國際經貿環境下，貿易商在管理上會會面臨電子商務系統之運用；在廣告行銷方面則需考量與同業的策略聯盟；在國際競爭力層次更有全球運籌管理，是則在組織架構上如何設置，無疑很重要。

　　下舉業務組織圖，係適合較具規模之進出口商的一種標準業務組織，其與上述㈠、㈡兩種不同，便於比較參考。

 ## 三、國際貿易組織之內部管理

　　貿易公司內部的組織架構已如上述，茲以出口業務為主，進一步介紹一般貿易公司的內部管理流程。貿易公司的內部管理可從接洽交易開始，以迄裝運押匯止，其階段性的流程是這樣的；

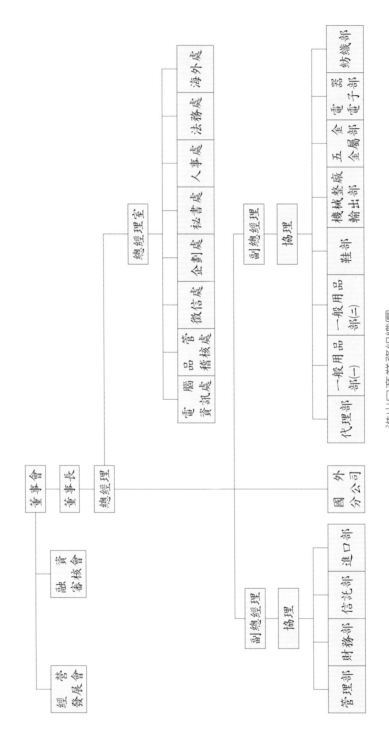

進出口商業業務組織圖
公司組織 (Corporate Organization)

㈠外銷經理人選

外銷部經理職務之重要性各個公司大不相同，外銷業務簡單之小公司派一中級職員處理已足，大公司之外銷部經理多由學驗俱豐之高級人員擔任。外銷部經理須具備下列條件：

1.語文能力

外銷經理人必須有能力推知 (Infered) 在個人談話及每天與國外往來溝通時的真正意思，交易對方有時候使用相當奇怪的用詞或甚至無法瞭解的句子結構，而他本人是既無耐心也不希望去瞭解吾方。很多從業者常以母語使用之名詞及動詞轉翻成不正確的外文書寫，使人很不易瞭解其所要傳達之訊息。又外銷部經理必須懂一種或數種外國語文，並且能達到聽、說、寫精熟練達之程度。

2.專業知識與技能

外銷經理人應具備的專業知識是指對其所負責業務之國外市場及產品的瞭解程度。經由閱讀、旅行以及親身體驗，對國外市場有充分認識，產品如屬於機械或高科技等，更須有專門知識與工程技術。

3.豐富的貿易經驗

貿易經驗是處理業務的實戰體驗，諸如國內銷售經驗、國外代理經銷管理、業務處理、貨款催收、教育訓練等。知識的累積也是經驗的一環，諸如嫻習經濟學、市場學、策略管理、經濟地理、財務分析、理則學。

4.瞭解公司且具忠誠度

必須詳悉公司之組織系統、負責職掌、業務方針與產品內容。經理人屬公司高層管理階級，參與公司決策，甚至有能力影響別人，掌控業務及客戶，故須對公司具忠誠度 (Loyalty) 且願接受新事物之挑戰及不斷自我突破。經理人如擅長於處理公司之銷售業務及對外談判策略者更佳。

5.商業習慣之認知

須通曉人情世故，並對國外地區人民之心理、觀點、生活風俗、商業習慣、宗教信仰、語言表達等有正確之瞭解。

事實上不可能所有的外銷部經理都具備以上條件，但若基礎良好，經過相當時間歷練，不難兼備各項條件。

貿易經營成功之道，為資金＋組織＋情報＋人才，其中人才之培養與訓練，甚具關

鍵性，尤其外銷部經理人選之物色，更是貿易組織管理上之首要環節。

㈡佈置樣品室

　　由工廠取回報價單及樣品後，應仔細過濾，選定適合開拓所需的樣品，每樣各準備數份，於公司闢出一角佈置樣品室。佈置要點如下：

　1.佈置應求精簡美化

　　樣品室是貿易商的主要武器，通常都列為公司最高機密，謝絕參觀，尤其是特重設計與樣式的產品，如成衣、鞋樣、新型品等更是如此。而通常買主來臺時，很多訂單均是在樣品室簽訂的，故而佈置時應特別注意，以求達到最高效果。

　2.樣品應分別編號掛牌

　　樣品之佈置，最好能以印就的樣品單，書明編號及特殊規格，掛在樣品身上，俾便容易查對。

　3.樣品應以暗碼寫明價格

　　免得在與買主洽談時，無法確定該項貨品的真確價格，致中斷談話再向工廠詢價，如此極易露出馬腳且喪失商機，所以最好辦法就是以自己的暗碼寫出價格，這樣可以顯示內行的姿態。

　4.樣品應最具代表性

　　如是流行品，就要隨時更換，以掌握顧客之需求。如非流行品，也應取具最有銷路者，才能爭取訂單。

　5.空間利用

　　小件樣品可以利用資料簿加以佈置，以節省空間的利用。

㈢印製產品型錄及價目表

　　型錄 (Catalogue)，亦稱產品目錄、產品介紹傳單 (Leaflet) 或銷售說明書 (Sales Brochure)，其作用在以輔助銷售的媒介。型錄也可能是促銷活動的能手，決定購買的關鍵所在。對於某些屬笨重品、精密品、貴重品等無法寄送樣品之產品，如能以目錄來代替，以顯示該產品之規格及特質，或能成為開拓新市場的先兵與拓展外銷的利器。因之型錄也曾被稱為 Salesman in Print，意指能替代推銷活動的印刷品。

　　印製商品目錄應注意事項：

　　⑴目錄中所列各種商品應與樣品一樣，並應編號相符，以便利國外買主詢價之用。

　　⑵目錄中所列的規格及說明等應與價目表一致，以便容易查對，而且千萬不能有錯

字，以示仔細，增加買主信心。

⑶目錄既屬廣告的一種，自應講究色彩的調和、內容的精美及圖解的精確，才能吸引買主，達成交易。

⑷印製目錄的份數，應與市場的現在買主和潛在買主互相吻合。

⑸目錄中最好不要附印價目表 (Price List)，價目表通常是出口商在寄發報價信時，隨函附寄的價格目錄表，屬於開價性質（估價性質），是僅供買主參考的價格標準而已，故又稱報價單 (Offer Sheet)。印製價目表須注意事項：

①對貿易商而言，價目表（或報價單、估價單、預約發票等）宜儘量以適用多變性的格式為佳，最好是如圖表格式者，其下半部均為空白，格式比較容易調整。如果另加欄線者，格式就不易調整了。

②價目表的內容應包括：編號、日期、買主姓名、商品名稱、商品編號、商品規格、商品單位、單價及貨幣種類、價格基礎及交貨地點、付款條件、交貨條件、包裝條件、報價有效期間、附註等。同時在最後註明 E & OE (Error and Omission Excepted)，以避免錯誤及遺漏而生之責任。

③為節省時間，可以考慮將價目表事先印就，但留下價格基礎與交貨地點的空白，以便日後針對不同買主，再分別補打報價，如此可節省很多時間。

㈣建立管理資訊系統

貿易公司在銷售產品或服務的過程中，定價、報價、訂單之接受與契約之簽訂，都是最主要的交易紀錄與憑證，不但是公司與顧客間溝通的一道橋梁，也是公司行銷情報系統的主要資訊來源，因而任何一家貿易公司對上述資料之處理均應非常慎重。然而由於顧客人數眾多、交易頻繁，以至於上述資料之處理速度常不能配合公司內部作業之流向及滿足顧客查詢之需要，因此將報價、訂單、契約由銷售點直線上即時輸入的電腦化處理作業，已為貿易公司內部管理之重要課題。以下是簡單的系統流程圖：

(五)信用狀管制

貿易公司對於信用狀之處理最妥切之方法為：設置專人負責（或可兼入船務 (Shipping) 部門），其工作項目包括審核信用狀、建立信用狀檔案、押匯、銀行聯繫、報關與船務之接洽。其中信用狀之審核為此部門最重要的工作，可設計一份信用狀檢查表 (L/C Check List)，詳細列出檢查項目，作為審核依據，其優點為：①預防信用狀糾紛，②業務之推進不受新舊人員更替之影響。

(六)工廠驗貨制度

驗貨是很重要的一個工作，驗貨工作失敗，很容易造成公司重大損失。為了減少因驗貨造成之錯誤，公司最好能親自作工廠評估，或對往來廠商藉由銀行做信用調查；此外，也要探聽同業間對其評價，這樣可減少風險。驗貨應注意事項為：

(1)設定一定統計抽樣公式，採用隨機抽樣方式，使可信賴度達到公司要求水準，如 95%。

(2)設立驗貨單制度，對於出貨的嘜頭、重量、數量等，都需由驗貨人員註明於驗貨單上，這樣至少使貨品外觀可符合要求。

(3)商品檢驗，有時驗貨人員需要專門學問，例如電子零件。所以對於驗貨人員的素質、經驗，要有一定的要求水準，必要時公司應給予一定訓練。

(4)切勿要求驗貨人員以量取勝，也就是說不要給予驗貨人員工作量過重。

(七)報關與船運部門

一般通稱 Shipping Department，負責貨物進出口報關、繳稅，內陸到港口之貨運，洽訂船位、船務工作之聯繫等。貨物進出口報關，須覓妥信用可靠之報關行（海關定期公告經評級報關行之名冊可供參考）辦理。在與國外買主洽談交貨期時，有關船運問題就得注意。對於船務代理行信用問題，要特別小心。最好是以運貨同盟船公司或規模較大、歷史較久的公司來承運。切忌貪便宜運費，造成慘重後果。

(八)貨款催收與管理

貨款催收分為押匯與託收。押匯工作如係信用狀，其收受及審核已由信用狀管制部門負責處理，本階段之任務在於順利押匯確保貨款之迅速取得，故必須做到：①押匯單據之自行審核，嚴格符合信用狀要求；②密切配合押匯銀行看單時間，免得單據改了又改，或未發現錯誤，致遭拒付。託收貨款，風險較大，宜投保輸出保險，並經由①催收，② Factoring，③ Forfaiting 等管道收回貨款。

貨款之管理，則泛指衍生性 (Derivaties) 金融商品的投資與理財，它蘊含規避匯率變動所可能造成公司經營風險的消極性意義及創造營業外收益以增強公司結構體質的積極性作用在內。是故，現代化的貿易公司，熟稔金融財務操作，其重要性已凌駕貨款的催收。換言之，貨款的管理應優於貨款之催收也。

㈨架構電子商務系統

電子商務 (E-commerce) 是指經由資訊網路進行的商務活動，包括商品交易、廣告、推銷、產品展示、資訊提供、金融匯兌、市場情報等活動。進出口廠商利用網際網路 (Internet) 與國外客戶進行線上傳輸圖說，產品設計意見交換及訂單作業，可節省開發費用、出差旅費，縮短買賣間之距離，加速貿易之進行，達到「在貨捷銷」(Excess Stocks) 之目的。

總之，貿易公司內部管理的重要性並不下於對外拓展業務，有效的管理方法，將可減少費用的損失，替公司賺取更多利潤。

第三節　國際貿易組織之關聯性

國際貿易組織分為國內貿易、國際貿易、跨國貿易及國際物流四種型態。國內貿易組織是指這個企業只從事半成品之加工或代工，或本身有單項產品，但無外銷經驗或純屬國內行銷公司；國際貿易組織之企業本身有外銷經驗或部分交易採間接出口；跨國貿易組織在國外投資設廠或設立分銷據點；國際物流型態是指出口商或國內的外銷工廠直接在國外投資經營發貨倉庫、發貨中心、物流中心、批發商或零售商。上述組織之關聯性在於其產品從出貨到進口地銷售途徑係經由國際貿易組織→跨國貿易組織→國際物流型態，一條龍式完成。國外機構之直接途徑係由出口商或製造商在國外設據點包括分公司、子公司、國外工廠、發貨倉庫、發貨中心及物流中心，由公司直接經營。間接途徑則透過國外代理商及經銷商將商品銷售到當地市場，舉例說明如下：

1. 國內貿易組織

   豐豐企業股份有限公司──各種五金加工，精密機械零件。

2. 國際貿易組織

   華華電子企業股份有限公司──印刷電路板出口，進口鍛造工具機。

3. 跨國貿易組織

   寶寶工業股份有限公司── 美國 NIKE OEM，在中國大陸、越南及印尼投資設廠，

生產鞋類產品。

4.國際物流型態

億億綜合工業股份有限公司——外銷各類百葉窗 (Blinds)，在美西設有發貨倉庫。

茲將上述國際貿易組織型態之關聯性加以分類如次：

型態 方式	國內貿易組織	國際貿易組織	跨國貿易組織	國際物流型態
直接交易	製造商（或出口商）	進口商、進口製造商、進口批發商、進口零售商		批發商（直屬經營） 零售商（直屬經營）
間接交易		出口商、出口佣金商、出口經紀人、製造商出口代理人、聯合出口經理人		
合作輸出	出口聯營公司 同業公會 合作社			
國外機構	製造商或出口商（直接）		國外分公司、國外子公司、國外工廠	發貨倉庫（直屬經營） 國外發貨中心（直屬經營） 國外物流中心（直屬經營）
	製造商或出口商（間接）		國外代理商、國外經銷商	國外代理商（特別契約） 國外經銷商（特別契約）

第三章
貿易商之角色與地位

第一節　貿易商之定義與功能

一、貿易商之定義

　　貿易商 (Trading Company) 屬於營利事業中之買賣業，它是民法中所謂之「居間人」或「行紀」，屬前者之居間人契約關係大致建立在以佣金給付為基礎的交易，後者之營業則以賺取交易價差 (Transaction Spread) 為主的買賣。

　　依出進口廠商登記辦法第二條之規定，貿易商也需向經濟部國際貿易局辦理登記，以取得「出進口廠商」資格，始能依貿易法第九條規定經營輸出入業務。

二、貿易商之功能

　　國際貿易的交易方式有直接交易及間接交易兩種，生產者採用間接方式，透過中間商的最主要目的在於善用其：①專門知識；②國際貿易具有相當基礎；③買賣雙方都認識；④明瞭市場及商業習慣；⑤有助於糾紛之解決及預防問題之發生。尤其對初期 (Neophyte Firm) 或尚無外銷經驗之中小型製造商或生產事業,利用間接交易開發國外市場，可說是種恰當的策略選擇。以下就貿易商之功能與價值作一說明。

㈠貿易商之功能

　　進入國外市場選擇中間商之優點為不會增加固定的財務投資、降低初期成本、低風險且能維持既有的銷售利潤。因此，貿易商之主要功能分為：

1.時間效用 (Time Utility)

　　經由出口商與遠方的潛在或實際客戶通信聯絡,不需親自走訪海外市場,節省時間,可心無旁騖的將全部資源用於研發、設計、採購及生產製造，以維持高品質及準時交貨之形象。

2.地域效用 (Place Utility)

利用空間優勢在國內交貨付款，所有特定的出口風險，包括出口成本及出口費用，完全由出口商承擔。

3.佔用效用 (Possession Utility)

中間商的買賣所有權作用，可創造產品所有權的變化價值，消化庫存，增強物流效率，甚至有可能是外國政府的代理商提供國營企業採購特殊產品之機會。

4.風險效用 (Risks Utility)

對中小企業而言，提供進入國外市場之途徑，而不必冒外銷經營的風險及面對國際市場的複雜性。

㈡貿易商之價值

貿易商之價值在於就國內供應者而言係為買方；對於國外需求者而言則為賣方。從普通買賣之角色，進而發展為專業仲介者之地位，其所能顯現之價值性在於：

1.專業性價值 (Professional Value)

貿易商之專業性包含其對某種產業之專業及某類產品之專業。

2.加值型服務價值 (Add-services Value)

國際貿易講求全球產業分工，從採購、生產、研發、設計、接單、配送、售後服務，甚至存貨管理、提供資訊、金融服務等一貫全包的全球運籌管理 (Global Logistics Management, GLM)，使貿易商之價值由傳統的買賣仲介關係轉變成加值型服務的提供者。

第二節　貿易商之類型

以國內貿易商之經營特性而言，大致可分為下列幾種型態。

一、以相關法令作縱的分類

依所得稅法第十一條第二項規定：營利事業 (Profit-seeking Enterprise)，係指公營、私營或公私合營，以營利為目的，具備營業牌號或場所之獨資、合夥、公司及其他組織方式之工、商、農、林、漁、牧、礦冶等營利事業。依出進口廠商登記辦法第二條規定：公司或行號經營出進口業務，除法令另有禁止或限制規定者外，得依本辦法向經濟部貿

易局申請登記為出進口廠商。由以上相關法規之規定可知,出進口廠商分為買賣業及製造業兩大類。

(一)買賣業貿易商

這是一般貿易商從供應商處取得貨源,將其產品銷售到國外,並負責接單、轉訂單、安排出口貿易流程、裝船報關、出口押匯到貿易糾紛之解決等純以買賣功能 (Buying and Selling of Technology) 為主體之貿易商。

(二)製造商業務部

生產工廠本身設有業務部統籌其製造商的外銷業務,屬工廠組織處理國際貿易的對外唯一窗口,性質如同獨立的貿易公司,只是它隸屬於工廠的一個部門而已。在運作實務上介於國外客戶與廠務之間,或貿易商與廠務間,以貿易商角色完成其國際貿易功能。

二、以經營特性作橫的分類

貿易商之經營特性,有以專業出口為主,兼具佣金商性質、出口商兼國外投資設廠、貿易商兼營通路商及專業進口商、進口商兼代理以及進口代理發展到國外市場等,可細分為下列五種型態:

(一)傳統專業貿易商

從事傳統業務之出口貿易與合作廠商彼此建立深厚的伙伴關係,本身沒有自己的工廠,但擁有全球豐沛的貿易資源與龐大的國際客戶群。對供應商佔有強大的議價能力。自設研發、設計部門,能瞭解市場趨勢,替客戶做產品分析、測試與市場調查,對客戶作周詳的服務。利用網路整合各地供應鏈加以執行,亦即以供應鏈取代所有權屬於香港利豐集團型的中介貿易商。

(二)專業進口代理商兼出口商

此類型公司係以信用良好,提供產品專業資訊與良好售後服務而能取得國際大廠的信賴,代理並經銷國際知名廠商的產品。為創造有利條件,須做好市場區隔與產品定位,並能積極拓展國內行銷據點,俟內銷基礎站穩有利優勢後,複製國內經營成功之模式在海外設立據點,以此據點再進行全球市場之開發而能水到渠成。

(三)駐臺採購代理兼製造商出口代理人

此類型貿易商首先取得國外廠商之指定為駐臺代理,專司其所委託採購產品之訂貨、驗貨、出貨之控管、貿易流程之安排及成本的估算,以國外客戶之立場作產品加值

型服務、接受酬勞；另一方面替國內生產工廠專責開發國外市場，安排出貨，解決貿易問題以專業經驗按出口實績抽取佣金，類似佣金商 (Commission House) 之性質。

㈣專業出口商於國外投資設廠

此類專業出口商於國外市場打穩基礎後，為求供貨來源無缺，接近市場，就地取得原料起見，於是跨國投資設立生產工廠，作為深入當地市場之需，亦可作為供應全球客戶之需求。換言之，此類貿易商已由傳統貿易業走入製造業。

㈤貿易商兼通路商

本身擁有專業研發團隊及供應鏈研發中心，專門進行產品開發及開模工作，以功能為導向，由專業研發中心設計、檢測，並與經銷及績優供應商進行各項品質模式、競爭力評估後，開模生產。

生產後之產品行銷以貿易商為中心，一方面經銷通路採一國一代理制度作實體銷售，另一方面設立物流中心，作為生產調配與庫存控管，將經銷商之存貨、銷售率、貨運及供應鏈備料、生產、包裝等環節，全部納入物流控管系統，以降低庫存，快速配送。

第三節　貿易商的新時代定位

在現今強調全球產業分工及網路通訊為基礎的競爭壓力下，國際貿易強調從採購、生產、研發，到接單、配送、售後服務，甚至存貨管理、提供資訊、金融服務等所謂的「全球運籌管理」。因而改變了貿易商的定位，使其由傳統產品交易之「仲介者」，轉變為產品與服務業貿易 (Business in Services) 為主的提供者。

一、從去中間化到整合轉型

在全球化的趨勢下，以往屬於中、小企業經營型態的貿易業，如今面對的是資訊透明化，競爭國際化，而「去中間化」的大浪潮來襲，更造成供應商與末端客戶的直接往來，以致貿易商須作更積極的轉型，透過上下垂直整合、創新與研發，以成功的轉型或升級模式來重新掌握未來的發展利基。

二、傳統貿易組織結構之改變

傳統貿易組織結構之改變，可遵循下列三階段進行改造。首先，臺灣貿易商之組織

架構，大都是貿易商＝人才＋資本＋時間，在資本方面也是小規模經營，必須將其改變為貿易商＝人才＋資金＋組織＋情報。第二階段在於著重專業人才的吸收、培訓、派遣及升遷均需有一套如日本綜合商社的訓練計畫。資金方面要具備相當規模、健全的財務，且組織架構完整。以國內外佈局點線面達成全球營運體系，貿易商要將產品銷售到國外，必須勤走國外，瞭解當地國情與客戶使用情境、操作習慣、流行趨勢、客戶生態改變等。尤其事前的市場調查更重要，為了保持領先市場，順應變遷，貿易資訊的掌握是不可或缺的課題。第三階段，貿易商＝產品＋創新＋品牌＋服務。貿易商本身對產品的開發能力強，從包裝設計、工廠篩選、驗貨、併裝、併櫃到 Door to Door 資源一氣呵成。創新與創意，不斷向市場學習。品牌行銷是貿易商須強化的一環，以往大都缺乏這方面的經驗。貿易商所提供的不只是「商品」而是「價值」，也是能提供與別人不同的完整性全套服務 (Total Solution)。

三、由中小型邁向綜合型

根據統計資料顯示，排名臺灣三百大貿易商前十名大貿易商有四家屬日系貿易商，而日資企業的特色是屬於綜合商社型，其業務經營也屬綜合型，由此可見臺灣貿易商今後的發展方向，無論就組織型態、商社金融、商情資訊、海外資源開發、船務運輸、與國際企業合作、策略聯盟、貿易營業額、三國間貿易等，日本綜合商社均可列為重要參考指標。

貿易商在由中小型邁向綜合型大貿易商階段，有兩項基本利器就是發展三角貿易及加速國際化腳步。第四節特就日本綜合商社及其成功經營三國間貿易之全貌作一縷述。

四、貿易商的經營策略

經營策略包含策略聯盟，中小型貿易商可透過同業或異業之策略聯盟來突破單打獨鬥的經營方式，透過跨國的行銷通路網才能擺脫在國內苦等國外訂單或是出國參展接受訂單的被動行銷方式。運用策略聯盟之集體力量來建立自主性的國際行銷通路，以分工整合之策略來達到供應鏈管理，降低「中間化」的不利因素。

貿易商的經營策略——永續迴圈 (Cycle of Continuation) 應是：

第一循環：①積極研發設計，以技術為強力後盾。

②加強開發新產品，提升其附加價值。

第二循環：①行銷通路整合，Time to Market。

②跨國供應鏈連結，Strategic Outsourcing。

第三循環：①加速網際網絡運作與綜效。

②投入設計管理與品牌行銷。

第四循環：①建立全球策略發展架構。

②深化全球行銷夥伴關係。

貿易商經營的永續迴圈

第四節　日本綜合商社

日本綜合商社早在 1615 年（日本元和元年），由三井商事創始人三井高俊開設「越後殿酒店」就已成形，正式發展為綜合商社則始自 1870 年，迄今也將近二百年歷史。在其浩瀚如海的發展過程中，自有其政經背景與複雜演變過程。由於綜合商社相當成功的掌控日本國際貿易，且三國間貿易之經營、開發更是全球未有之特色，適值國內貿易商轉型的關鍵時刻，本節特就其功能加以介紹。

一、日本綜合商社之定義

綜合商社 (Sogo Shosha) 係指結合國內貿易、國際貿易、財務、運輸、製造及資源開發等多項功能，並發揮其買賣仲介之一種商業組織，這也是綜合商社結構核心。

要為綜合商社下定義是很困難的一件事，以貿易事業而言，就可分割為更多的事業單位 (Business Unit)，每一單位都是一個利潤中心，不同的事業單位有不同的業務經營分類與方向。以三菱商事 (Mitsubishi Corporation) 而言，主要貿易部門有燃料、金屬、化學、紡織及一般商品群。住友商事則由四十二家公司組成，包含日本電氣、銀行、啤酒、船運及電子等，各商社可以說是一個複雜的綜合體。

總而言之，綜合商社是一種運用全球資源，以最靈敏的商情網路和系統，暢通無阻的國際物流網，並憑藉其綜合健全的組織及龐大的資金操作全球貿易而獲利的龐大事業體。

二、各國綜合商社

世界各國籌組的商社，有一共同特徵，大都仿效日本的綜合商社，而且以經營國際貿易為主要導向。例如韓國綜合商社、馬來西亞綜合商社及美國出口貿易公司 (Export Trading Companies, ETC) 等。

1.韓國綜合商社

韓國之綜合商社，其目標是以實現振興其輸出為基準之企業集團，經手商品則是標準化的大宗商品為主，可享政府行政、輸出金融、外匯管理及稅制優惠措施。

2.馬來西亞綜合商社

馬來西亞的綜合商社，其設立目標在於培育馬來西亞人所經營之企業，擁有豐富的天然資源，如橡膠、錫礦、棕櫚油及木材等，經營策略都採取合營型態。

3.美國出口貿易公司

美國的出口貿易公司，其目的有：振興美國的輸出及確保美國經濟安全保障，美國的出口貿易公司只從事輸出業務，並使不同企業、不同領域的企業之間共同合作，最後進行「貿易聯合」(Trade Associations) 及海外的資源開發，美國的國際行銷工具 (International Marketing Vehicles) 包括：聯合出口經理人 (Combination Export Manager, CEM)、出口貿易公司 (Export Trading Companies, ETC)、國外銷售公司 (Foreign Sales

Company, FSC)，統稱為出口管理公司 (Export Management Company, EMC) 等。

4.日本綜合商社

若以日本綜合商社委員會 (Members of the Sogo Shosha Committee of JETC) 分類，可歸為九大綜合商社：三菱商事 (Mitsubishi Corporation)、三井商事 (Mitsui Corporation)、住友商事 (Sumitomo Corporation)、伊藤忠商事 (C. Itoh & Co., Ltd.)、兼松江商 (Kane matsu-Gosho Ltd.)、丸紅飯田 (Marubeni Corporation)、日綿商事 (Nichimen Co., Ltd.)、日商岩井 (Nissho Iwai Corporation) 及東綿商事 (Toyo Menka Kaisha, Ltd.) 等。

 ## 三、三國間貿易與綜合商社功能

三國間貿易係日本綜合商社經營最成功之經驗，綜合商社之所以能將三國間貿易開發得有聲有色，自有其緣由，以下係就綜合商社之功能加以探討。

(一)密佈的國外分支機構及情報通訊網

從事如穀物等受國際商情變動影響之產品，具備各國商情之搜集與分析能力，通訊網之完備為絕對必要條件，缺此則三國間貿易無法進行。一般綜合商社輸入課與其國外各分支機構間，平均每天即有二萬五千至四萬通之 TELEX、海纜電報及普通電報相互交換情報。以正確、迅速地汲取國外買方之購買意向，決定那個市場有利，這都得依賴靈活的商情資料。

譬如，進行砂糖之三國間貿易，除了須隨時掌握世界各地供需關係及商情變動要因外，對於政治情勢（包含農業政策）、氣候、通貨準備、裝船、卸貨及其他狀況等資料，亦都要有相關機構作分析及判斷。又如中東諸國有購買意向時，各國供應之數量能立即提供。經營糖業之糖商 (Sugar Operator) 若擁有該貨源，而由總社決定其採購，其各支店間之作業立即密切配合。亦即利用完善之通訊網，在紐約市場關閉後，透過紐約當地拍來之電報經由東京轉給中東早晨之第一通電報，在倫敦市場開市前，即已收到倫敦當地之回電（此時間在紐約為翌晨五時），三國間之交易於焉完成。

(二)貿易人才之培養與配置

1.貿易人才之培養

三國間貿易所需之各地區專家及長期派駐人員等，對於輸出入貿易知識之累積有其必要性，故人才之培養為進行三國貿易之重要工作。在人才缺乏之情況下進行商業談判意味著巨大風險。貿易人才之訓練，不僅灌輸商品知識，有關各國之商業習慣、禮儀及

語言上優秀人才之培育亦很重要。這方面有賴長期培養及完整的訓練計畫。

　　2.貿易人才之配置

　　特別是從事商品行情較敏感之三國間貿易,貿易人才自培養以迄能獨立作戰約需十年時間,顯非一朝一夕所能成就。例如與開發中國家及中東諸國進行交易,需有精通當地商業習慣之地區專家。儘可能雇用熟知商品知識之當地職員為最佳辦法,此為不可或缺之一環。就補足地區專家之意義言,雇用已在當地落根之代理行,並促其作巡迴推銷活動,以習得商品知識,亦為養成當地人才之有效策略,目前各綜合商社正積極採行。

㈢商品處理要訣之累積

　　如何進行商業談判,各派駐國外人員皆須加以吸收累積,一方面將各人保有之商業訣竅納入總社檔案內,以建立完整資料,俾使各地派駐人員、總社職員、海外分支機構職員彼此轉調時能機動補足人員。

　　另一方面,印製商品處理要訣及地區性市場特性等手冊供作參考。儘管商品處理要訣可由總社印製取得,但有關延付貨款之清結、國際貿易外匯知識、租船契約、索賠之處理及各地區各商品之商業習慣等各有差異,其分野極為廣泛且深邃淺出而有所不同,故除了個人勤奮地努力外,尚需各地區派駐人員及相關部門之密切合作,此為不可或缺之一環。

㈣綜合性國外分支機構任務之發揮

　　1.綜合性商社國外分支機構之機能

　　三國間貿易之另一環節為各相關部門之交互聯繫。包括各地區派駐人員與總社管理部門、運輸、法務、國外、財務及人事等部門之密切合作。其意義為:三國間貿易可說是綜合商社機構之最佳發揮。具體地說:營業部門有商品知識專家,對採購及銷售交易對方之信用狀況能確實把握之管理部門,熟知當地特性(習慣)之國外市場部門,索賠糾紛發生時,能正確地依據法律處理之法務專家,擅長利用較低利率達到融資目的之財務部門,致力於內陸、海上運費之降低及順利通關之運輸部門,這些部門均由總社本身加以適當而有效率之配合運用,使圓滑之商業談判順利進行。換言之,三國間貿易為綜合商社人才運用,發揮頭腦集團,完成複雜交易之行動指揮機構。

　　2.綜合性商社國外分支機構之發展

　　近幾年來,綜合商社之國外分支機構與當地公司之交易開始有較頻繁之接觸。這是由於當地資金之參與,人員之雇用及其他活動範圍擴大之故。其所屬國外分支機構亦逐

漸成為獨立之法人（即依當地法律成立之公司），獨立法人資本來源較為充裕，就地取得商情資料亦較靈活，無形中與總社或其他地區之獨立分支機構間之三國間貿易亦大幅增加，形成一個堅實的貿易網。

㈤採購與行銷之相互代替

1.強化國際行銷與採購能力

為擴大三國間貿易，需強化國際行銷與採購能力。即進行三國間貿易之時，同時自採購地購買貨品輸入日本國內，購買數量增加，其發言權亦大，品質要求等能確實按照指示交涉。例如過去僅購買巴西生產之粗糖向日本輸入之商社，因同時進行與美國及中東諸國的三國間貿易，而獲得國際砂糖協會 (IAA) 之較強發言權。另外，如某一地區發生經濟不景氣 (Depression) 之時，亦能轉售其產品於其他地區，使對採購地之風險儘量減少。

2.發展當地產業合作

就輸入與輸出之替代觀點言，其與近年盛行之「整套工廠輸出」相同，若有堅強之行銷策略，則可採行與當地產業合作之方式加以完成。例如上述從韓國、新加坡購買水泥，自印度輸出鋼鐵材料，集合於曼古拉底斯建造水壩等計畫。另外，利用經年累月向中東產油國輸出油管交易進而建立中東各分支機構間與當地有力資本家之關係，使穀物、食用肉類、砂糖等三國間貿易亦成為可能。以此方式擴大三國間貿易，其前提為必須在輸出入交易上強化其行銷與採購能力。

㈥綜合金融調度能力

三國間貿易因為交易對手為二國以上，因此風險很大。必須具備較專門知識，除了前述情報網、行銷能力外，所謂之金融調度，亦是擴大三國間貿易之另一重要因素。換言之，需具備綜合金融調度能力，利用各國不同之金融制度及國際金融市場之變動，設法籌措信用優良之低利率貸款，提供銷售對方有利之期票期限融資，以促進其銷售。惟在提供對方票據期限融資之際，調查對方信用狀況是首要工作，必要時可要求銷售者就 L/C 加以確認保兌，以免到期付款遭拒付之風險。尤需注意的是，此種三國間貿易在簽訂契約時，買賣雙方對貨款結帳條件必須劃一，避免觸犯有關貿易法規。

四、拓展三國間貿易之策略

日本綜合商社開拓三國間貿易之主要策略，可歸納為下列各項：

(一)確保供應來源策略

1.慎重選擇並確定供應來源

在商業習慣及國情不同之國家進行推銷時，對於裝貨、品質、數量等交易契約問題需加以慎重選擇並確定其供應來源，避免事後發生契約上之糾紛時，解決大費周章，因此選擇熟悉當地情況之處所作為三國間貿易之供給來源顯為良策。

穀物等屬於初次產品，為不必過分加工之國際性商品，世界各國著名之供給者很多，其貨源不難尋找。在此種情況下較之供給來源，其發送地及銷售對方之選定以及商情之搜集，才是問題所在。亦即要先有需求對象，再選擇供給來源，加工製造品之情況，由於對貿易需有豐富經驗，始能將優秀製品，經由無受讓等契約方式加以考慮，選定可靠對手作供給來源。

2.確保銷售權

當然在此情形下，向特定第三國輸出之時，必須先請求對方瞭解，即必須確保銷售權。輸出較多的海外供給者在發送地均普遍有其銷售途徑，若欲就其已確定銷售途徑之發送地取得銷售權屬不當，所以向未開拓之市場獲取銷售權為重要途徑。銷售權之爭取，供應商常會要求一定期間（例如一年）購買量之保證。這當然沒問題，必須先調查發送地之市場消納程度，品質及價格和其他競爭商品比較，有競爭力時，始允諾有購買一定數量之可能性，不須受數字之拘束。

(二)國際市場活動力策略

1.商品資訊搜集與分析

對任何交易而言，行銷能力皆是最重要的，特別是三國間貿易以廣幅之國際市場活動力為成功之鑰，即使獲得多好之供應者，若無市場活動力，成功之希望亦屬渺茫。於是進行三國間貿易，首先必須掌握該商品之國際供需關係何處為供應地？何處為需求地？供需平衡情況如何？國際價格動向如何？以判斷正確之採購和供應來源。對於輸入國市場之詳細調查特別必要，例如該國之國產品供需情形如何？輸入管理制度如何？想開始交易之對手信用狀態如何？付款條件如何？等等應予周密分析研究。

2.具備商品相關的專業知識

在搜集這些商情資料時，其前提為必須對該商品或其相關商品有充分之專業知識，且選定與本公司有交易經驗之商品為基礎是最適當的。如此，當向第三國銷售時，應注意何項要點已胸有成竹。再者，由於具有豐富之國際商業交易經驗，散佈於世界各國之

長期派駐人員，鋪設其間之通信網，國際市場之活動力始能發揮得淋漓盡致。

(三)國外投資與開發策略

1.國外投資

日本綜合商社在第三國從事海外投資與開發計畫,動機大都是由於想獲取其進口資源或製造產品。這些資源或產品不僅向日本本國輸入，轉向第三國輸出者亦不少。即使只向日本輸入之情形下,有時候其計畫中所欲獲得之產品亦有不能購回或其主產品由日本買回，而副產品則轉往第三國者。

此時三國間貿易對該計畫之成敗具有重要意義，例如 1972～1973 年世界糧食危機期間，在食用油脂業界，原料不僅依賴輸入，而且價格亦有漲高之趨勢，商社為了確保市場所以多向海外投資；馬來西亞棕櫚油（油脂之一種）之再精製，加拿大 NATNAE 搾油工廠之分別設立等為其實例。

其次，同樣為使特定產品能穩定地輸入國內，而投資既存之海外企業及為圖謀投資企業之發展，提高投資效果，拓銷其企業之產品，在其國內之銷售市場無法消納時亦只有向第三國輸出。例如為了確保製糖果用原料能穩定供應，投資於東南亞之食品加工廠之公司，利用其公司之海外網狀組織，將工廠所生產之其他食品原料向第三國輸出，而有益於工廠之穩定經營。

2.國外開發計畫

由日本輸出之產品，由於人工費用上升及其他因素而成本提高，以致在輸出市場喪失其競爭力，這是因為勞力密集產業本身將逐漸喪失其在國內生產條件，反與國外當地工廠合作，在國外生產製造，而確保原有的輸出市場。例如纖維產業、化學工業、輪胎等皆可看到許多不同型態之事例。三國間貿易由於有此穩固基礎，其重要性益形增加。在實施國外開發計畫或國外投資之際妥善運用三國間貿易為不可或缺,因其經營關係到計畫成敗自不庸贅言。

(四)信用調查策略

1.瞭解對象國之政治外交關係

三國間貿易實務上應注意事項，基本上和輸出入業務並無不同。從國外輸入時，要充分研究供應國之情況。向國外輸出時，要瞭解輸入國之情形後，才進行交易。三國間貿易，亦需確悉採購、銷售兩者間之情形後始進行交易，但因為是以二個國家同時對手交易，所以對於瞭解二個對象國之政治外交關係是必要常識。例如現在日本欲與美國、

古巴兩國貿易是有可能的，問題是美國與古巴兩國間之貿易已停頓，日本欲介於其間來完成三國間貿易究屬困難。之前，南非共和國和黑色非洲諸國之間亦同。反之，社會主義諸國間貿易很活潑，然而日本商社確難介入其內。惟國際間政治外交情勢時起變化，如能巧妙運用，三國間貿易仍有可為。

2.瞭解對象國之信用

輸入國購買者之信用狀況要在交易前作一番調查。這與一般輸出之交易情形相同，最大困難是若輸入國購買者信用發生問題，無法支付貨款時，會對商社資金之運用造成壓力。所以對於輸入國購買者之信用問題，必須付以最大之關注與瞭解。進一步言，不僅對於輸入國個別購買者之信用須加以調查，對輸入國本身之政治情勢，也必須隨時加以關切。容易發生革命、政變或因獨裁而常有政治問題之國家，即使購買者之信用狀態多好，國家體制已變，則信用狀況亦將徹底崩潰，此點對欲向其採購國而言亦同，所以知悉當地政治情勢亦很重要，這種危險稱為政治風險 (Political Crisis)。

3.交易契約應包含仲裁條款

商業習慣、商業道德之不同，最容易發生交易契約上所謂之市場惡意索賠 (Malice Claim)。由買賣雙方接受並同意交貨給買方時，契約之一般交易條款應網羅包含解決爭端之仲裁條款 (Arbitration Clause)。買賣雙方交易意思確立後須迅速簽署契約書，送請對方簽署後寄回一份作為交易憑證。糾紛發生時，若只是因二個外國間之契約問題，而交易尚未進入實際階段時，契約書本身之仲裁條款即能完全發揮作用。

㈤利用商情減輕風險策略

1.商情資訊之掌握

在屬穀物第一次產品交易中，國際商情變動風險是無法避免的，這對於從事三國間貿易或是一般輸出入貿易者之風險而言其負擔並無不同。為減輕上述風險，各大商社不斷地試作各種努力，迄今尚未定妥有效之預防方法。構成商情風險之要素很多，諸如：商品本身供需情況之變動、商品市場動態以及一般政治經濟情勢等等均是。故迅速搜集廣泛之情報並加以研究分析為首要工作,自然商社本身必須具備市場反應機能及分析專家為不能或缺者。另外，採分散市場及商品多角化經營目標，瞭解買方之動向及採購地區，以掌握最有利之市場銷售亦屬良策。例如芝加哥穀物交易所之定期行情，能隨時利用其風險機能及商品特性來達成交易。

2.商情資訊之運作

在實務上，商社本身在原產地（輸出國）均擁有裝船及貯藏設施（諸如倉庫、貯藏室、大槽等）期能減輕與裝船有關之各種費用。在發送地則製置有貨物收受及貯藏設備，使其手續費 (Handling Charge) 費用減輕，同時能應付當地客戶之需要；並轉口至鄰近諸國再裝船輸出。長期僱傭船隻，有效率地裝船作業，能避免商情變動之風險。總之，此類商品之價格及其供需關係深受國際市場之變動而變動，在貨物移轉過程中，須注意搜集其行情變動資料，並加以研究、分析，進而能利用之最為上策。

五、三菱商事在臺灣之例證

三菱商事在國外經營三國間貿易的成功經驗，即是日本綜合商社最好的共同例證。

(一)龐大及嚴密的組織

三菱商事在日本國內和世界各主要都市都有龐大的分支機構。在東京都本社即設有一百個部、十八室及一事務局；大阪支社有七十一個部、五室及二個出張所；名古屋支社有十個部、二室、二個出張所和其餘四十個分支機構。國外則有遍及五大洲、三大洋的一百七十二個機構，布局於全球約七十餘個國家，整個組織架構甚為堅密。

(二)實力雄厚的營業總額

以 1983 年統計為例，九大綜合商社的營業總額達八十四兆日圓以上，其中三菱商事的營業額為十五兆日圓；三角貿易額亦達一兆七千五百億日圓，各佔九大綜合商社交易總額的百分之十八，三角貿易總額的百分之十三，為日本所有商社之冠。

(三)交易機能的充分發揮

綜合商社的交易機能（由各營業部擔任），在於促進國內輸出入與三國間貿易，將原料從生產地輸往需要地供應生產工廠，又將工廠所生產的產品運往消費地。該商社 1983 年的決算顯示，交易額中有百分之十一‧七係為三國間貿易。三菱海外工作人員除了貿易業務之拓展工作外，還負責推展日本文化的責任；三菱的海外投資更注意到穩定日本國內物資的供給與需求、穩定國際間物資供給與需求、對開發中國家經濟援助等數項目標。

為強化三角貿易貨源之穩定，三菱商事在國外，以直接或間接的方式與當地廠商合作投資，生產技術密集的產品。例如在臺灣與中華汽車合作生產汽車，與唐榮鐵工廠合作生產起重機，與中國菱電合作生產變壓器等，由日方提供部分資金、技術與人才。三

菱商事投資新光合成纖維所需的機器，加以改裝以適合工廠使用。三菱商事透過臺商管道及廠商直接連繫下，由三菱提供必要之技術、機器藍圖，或轉包大型整廠部分設備予我國承製，展開了雙方「整廠輸出」合作之進一步具體行動。

㈣靈活有效的商情系統

除了協助駐在國的經濟發展，隨著經濟結構的改變而調整企業的發展方向外，三菱的成功歸功於「有效的情報作業」。就整個三菱商事而言，在全球擁有四十萬公里（可繞地球十周）的通訊網，一年的通訊費用高達五十億日圓，舉凡天候的變化、穀物的收成、行情漲跌、世界各國政治、經濟動態無不搜集。即以三菱臺北分公司而言，網路資訊二十四小時不停的接受來自世界各地及三菱集團世界網的情報，而得以迅速掌握商機。在臺灣，三菱商事得以取得外銷的機會，實歸因於下列兩種方式：

1.快速的融資平臺與技術支援

三菱商事提供融資予中小企業，或扶持衛星工廠生產其所需產品，再將這些產品轉運至貨物的需要地。其所提供的融資較臺灣金融單位快速，甚或輔以技術支援，與臺灣銀行僅予經濟性融資比較更具成效。尤其在臺灣銀行界作風保守的情況下，小規模廠家極易傾向於日商，而為其充分掌握。

2.高效率的經營

憑其充分掌握之商情及對拓展的信心，向製造商以買斷方式，代銷貨物，賺取買賣的差價，或者以扣佣方式代廠商銷售商品。最重要的一點是商社的海外支店有自立經營的基礎，並實行利潤中心制度，為了提高經營效率，就必須直接進行海外支店間或支店與他國貿易之間的交易，而在世界各地尋求市場，擴大了三國間貿易的進行。日本政府鼓勵企業界及製造商海外投資暨設分支機構的政策，對於推動三國間貿易尤其有積極的鼓勵效果。

第四章
國內外市場調查

第一節　國內市場調查

　　國內市場調查其目的在於確定產品生產工廠之分佈區位，包括主體生產工廠、衛星工廠之分佈情況，以便透過市場調查方法，瞭解各類產品之類型、品質、價格、廠牌、供應數量、包裝、設計、專利權等情形，進而由國內既有之資料基礎推及於國外市場，以求能對該類產品國內外市場之全盤掌握。

一、國內市場調查之步驟

　　國內市場調查之步驟與國外市場調查大致相同，惟就從事出口貿易業者而言，發現並確定問題無疑更屬重要，其來源有二：一為目標市場及目標產品已確定，是指根據國外客戶之詢價來作事實之調查 (Factual Surveys)，當無困難。一為目標市場未定，先決定目標產品，大部分係受環境及教育之影響而定，也就是先有什麼產品再推銷什麼產品。

　　國外市場調查，就初期之出口商而言，因限於財力之關係大都只能做靜態的桌面上作業，而國內市場調查則可先確定，且受空間因素限制較小，故可採動態的事實調查。其實際進行程序如下：

　　發現並確定問題 → 擬定資料搜集計畫 → 實際搜集資料 →

　　資料整理與分析 → 具體結論與建議 → 決定採擇實施

二、國內市場調查之方法

　　依照上述程序，舉一實例說明經營出口貿易業者如何作國內市場調查工作：

㈠發現並確定問題

假定某一出口廠商已決定其外銷之目標商品為金屬手工具 (Hand Tools)。

㈡擬定資料搜集計畫

擬定資料搜集計畫之主要架構為下列方向:

1.資料來源

依據報章及雜誌之資料。

2.電話查詢

其主要來源為電話簿,臺灣區工廠採購電話簿、工商名錄等。

3.貿易資料圖書館

中華民國對外貿易發展協會各地貿易資料圖書館。

4.同業公會

各類產業同業公會(例如臺灣手工具工業同業公會)、工業及商業總會。

5.民間對外貿易促進機構

各種協會、學會、推廣中心、貿易促進會及拓展會等組織。

6.經貿網路

電子商務、入口網站、網路櫥窗或媒體網絡等。

㈢實際搜集資料

根據上述資料搜集計畫進行之實際步驟可分為主體步驟及輔助步驟兩種。

1.主體步驟

⑴走訪貿易資料圖書館查閱下列資料:

① 《臺灣地區產業年報》: 金屬手工具業,中華徵信所出版。

② 《中華民國經濟年鑑》: 經濟日報社出版(最新年度)。

③ 《中華民國、台閩地區——各行業工廠名錄》: 共五冊,經濟部工廠校正調查聯繫小組印行。

④ 《會員名冊》: 臺灣手工具工業同業公會印行。

⑵寄發廠商通函: 根據上述③、④項搜集到之工廠名址寄發通函或電話聯繫各有關廠商,請其提供樣品、目錄及報價單。

⑶親自訪問調查:各類廠商之目錄及報價單寄達之後,抽樣選擇兩、三家中等工廠,親自登門造訪,以進一步瞭解工廠之分佈區位、其產品之類型、品質、價格、供

應數量、廠牌、包裝及設計專利權等實況作為推銷依據。

2.輔助步驟

⑴設立產品分類專卷：就《經濟日報》、《工商時報》等設立產品分類專卷，隨時剪裁新資料並加以搜集歸冊，此部分須著重於一般分類廣告及廠商分類廣告欄之整理。另如中華民國對外貿易發展協會 (CETDC) 發行之《國際商情》周報與後頁廠商服務欄等亦是主要參考資料。此步驟之主要目的在於確定目標產品之來源。

⑵外銷統計資料：先查閱經濟部國際貿易局及財政部關稅總局聯合出版的《中華民國海關進口稅則》、《進出口貨品分類表》合訂本確定各類產品之 CCC Code 及 CTRN，根據查到之 CCC Code，再翻閱《中華民國海關進出口統計》(CETDC 出版) 或《進出口結匯統計》(中央銀行外匯局印行)，其主要目的在於進一步瞭解目標產品——金屬手工具之年度銷售額、歷年之出口實績、主要外銷市場以及市場佔有率 (Market Share)，以確定欲推銷之目標市場情況。

㈣資料整理與分析

將國內市場調查搜集到之資料作一大致分類，以金屬手工具業而言，其主要產品可歸為：

⑴農業園藝、林業用手工具 (8201–Agriculture, Horticulture, or Forestry)。

⑵手鋸 (8202–Hand Saws)。

⑶銼、鉗 (8203–Files, Pliers)。

⑷手用板手及板鉗 (8204–Hand-operated Spanners and Wrenches)。

⑸未列名手工具 (8205–Hand Tools N.E.S.)。

⑹動力操作手工具 (8207–Power-operated Hand Tools)。

㈤具體結論與建議

經由各種途徑搜集到之資料尚須根據下列項目加以分析研究：①該類產業之整體產銷狀況，②各別廠商配合度之評估，③接單出貨之實際運作，④國內外市場之發展趨勢等，以便對目標產品提出具體可行之結論與建議。

㈥決定採擇實施

上述分析後之結論與建議，如屬積極面，當可決定採擇實施。採擇實施的具體內容為佈置該類產品之樣品室，印製精美產品型錄及價目表，透過尋找交易對象之各種途徑，即可積極開拓國外市場。

第二節　國外市場調查

國外市場調查屬於一種歸納法，主要目的在於瞭解對方國家之有關貨物供需情形，由於買方及賣方之立場不同，其目的亦異。就買方而言，在於明瞭貨物的種類、品質、價格及供給之季節數量；就賣方而言，在於尋求最有利之市場，瞭解買方市場所需要之貨物種類、品質、數量及買方市場之購銷時期，使買賣雙方能在有利的客觀條件上配合真正的主觀條件和高明的手法，以達成國內產品開展外銷市場之目的。

 ## 一、國外市場調查之步驟

從一個實例說起，有一家成衣公司，計畫進軍美國服裝市場，於是依下列步驟進行美國市場調查：

1.發現並確定問題

美國市場如此廣大，不能將每一位消費者視為潛在的顧客，應先進行市場細分化 (Marketing Segmentation)，結果發現臺灣成衣最受美國十四歲至十九歲少女的歡迎，因為少女們對服飾的選擇，重視款式的變化而較不重視質料與作工，他們選購衣服多在 4 美元至 7 美元之間。

2.擬定資料搜集計畫

次一步驟則設計了許多產品，從男上衣襯衫、運動衫、夾克、女士的毛衣、洋裝一直到男女童裝等作為擬定資料搜集計畫的目標商品 (Target Goods)。

3.實際搜集資料

該公司採取了兩種選擇方式，一為由公司負責人執行，親赴國外搜集目標商品資料，一為委交第三者，由其國內外朋友協助搜集。

4.資料整理與分析

根據所搜集資料分析，當時這一個年齡階層的美國少女約八百萬人，每人每年平均購買四至五件衣服，每件衣服平均價格以 5.75 美元計算，每年消費額便達 2 億美元。因此，如果針對這一個市場拓銷產品，只要爭取到 1% 的市場佔有率，每年便有 2 百萬美元的生意，是個值得考慮的售價目標。

5.具體結論與建議

經上述分析，認為集中公司人力、財力去生產與推廣少數幾種特定產品，至少具有以下幾種利益：

⑴使自己公司產品處於有利的地位，選擇比較有利的推銷機會。

⑵運用市場細分化知識，使推銷預算集中在某一特定市場。

⑶就選定目標市場而言，使自己公司的產品在該一市場更具競爭力，推銷策略也能更為有效。

6.決定採擇實施

於是公司決策部門重新修訂產品路線，集中公司人力、財力及物力，生產與推銷此種美國少女喜愛穿著的服裝，結果業務迅速獲得推展。

 ## 二、國外市場調查之項目

在全球市場龐大的資料中，市場調查必須選定幾個地區、幾種商品，從最適於某一商品的外銷市場作深入調查。初步調查所得的資料應該儘速摒除那些最不利的地區及產品，不容浪費時間和努力，因此進行研究要有計畫、有順序，然後按部就班實施。

㈠初步調查

在初步調查時，首先考慮的應為：

1.地理的因素

諸如地形、緯度、氣候、港口結構等。毛皮、電爐等可銷往韓國，但絕不能銷往菲律賓、新加坡。草帽、麻紗、電扇、冰箱等也不必考慮銷往寒帶國家。對若干產品而言，氣候因素必須預加考慮，否則可能引起不良後果與糾紛。例如運銷熱帶地區的家具，必須使用耐熱膠，以防脫裂解體。高緯度寒帶地區氣溫特低，高山地區氣溫和氣壓都和平地不同，而且這些地區通常缺少加壓設備，故通常必須在攝氏 100 度高溫時才能發揮效用的染料，在這些地區自難以銷售。

2.政府規定

若干國家法令雖不禁止某些產品輸入，但常有若干限制條件。例如農牧產品，各國有其不同的檢疫規定與手續；有些當地政府對輸入的機器裝備要求附帶安全設備；有些國家則以差別關稅鼓勵進口零件裝配為成品後出售，使進口的整臺機器無法在當地競銷；英國對於含有合成纖維布料的成衣進口稅率特高，因而使成衣裡襯和廠商標誌也須改用天然纖維質料，才能以低稅率運銷當地市場。

3.人口統計資料

　　如國民所得、國民購買力、都市的大小及國家風險等，都是市場調查的重要資料，不利的地區須速即剔除，不予考慮。

　　⑴國民所得：它不但反映各該國的個人收入及國民生活水準，而且也是衡量一國經濟力量的最佳標準。

　　⑵國民購買力：國民所得高，購買力強；國民所得低，購買力弱，這是同方向的進行。印度、東南亞、非洲各國人口雖多，但購買力低，消費量不大，非洲人口雖然多，但由於大部分人生活程度甚低，其全部購買力總值僅與已開發國家某一國之購買力相等。例如加拿大曾有幾年購自臺灣的商品總值竟與非洲各國進口臺灣商品的總值相等。

　　⑶都市的大小：從上述各項條件來看，如果找到有希望的輸出對方國家，那麼次一步驟是在其國內，調查哪一都市是最好的輸出對手。一個國家的地域相當的廣大，分佈在其國內的許多都市中，究竟怎樣的都市才是對輸出最有前途的，可以從下列幾項條件選出：①屬於全國性的運銷中心地，②地方性商業中心地，③工業地帶的中心地，④內陸交通的中心地，⑤國際貿易港市，⑥人口的集中都市等。

　　⑷國家風險：國家風險大抵包括地主國政權更迭、政局騷動或政策轉向等，因而導致企業無法正常營運的各類風險。廣泛而言，又涵蓋區域性金融風暴，經濟衰退所引起的貿易及投資風險評估。國家風險是初步市場調查很重要的項目。

　　在初步調查時，參考的資料與考慮的因素愈多，則取捨之間愈精確適當，最後只留下幾個國家幾種商品待抉擇。

(二)進一步的分析研究

　　次一步驟，便是將初步調查選定的幾個國家幾種商品作進一步詳盡的分析研究，並根據研究的結果來設計外銷組織、廣告及推廣、運輸方法、資金周轉等等，資料須隨時補充修正，使能適應新的環境。詳盡的分析研究，考慮的項目如下：

1.國外市場的貿易情形

　　應先搜集各該市場最近三年至五年之進出口貿易資料，用以計算：

　　⑴其近年進出口百分比指數之變動情形。

　　⑵各供應國佔該市場貿易額百分比指數之變動情形。

2.國外市場的需要狀態

主要研究範圍包括消費習慣及下列諸要項：

(1)該市場近五年至十年各種重要國際商品之消費量。

(2)各該商品在其鄰近市場之消費量，即可能轉口情形如何？

(3)各該商品在世界各國之平均消費水準如何？

(4)各該市場之消費習慣及特殊風俗與愛好對於某一商品銷售之影響如何？包含：

　①消費習慣：例如我國果汁罐頭，味道太甜，不合日本人口味，最好能增加酸味。

　②特殊風俗：例如奈及利亞氣候潮熱，人民不方便貯藏食品，商品外銷，即應採取小型包裝，以足夠一人一日食用者為佳。

　③愛好：例如澳洲地大人稀，氣候溫和，人民所得高，假期多，所以休閒活動與體育非常發達，可以推銷運動器材。

(5)對於商品之式樣、包裝、顏色、圖案、品質、價格各方面需要之可能變動性如何？須進一步瞭解的是：

　①顏色：一般廠商每每忽視消費者對某些顏色有特別愛好的調查，其實產品顏色往往影響銷路，投其所好，常能增加銷售效果。

　②大小：產品的大小，必須能適應當地消費者的使用習慣。例如美國主婦每週只上市場採購食品一次，而多數歐洲國家的主婦，每週可去兩三次，所以銷往這兩個地區的食品必須採用不同大小的包裝方法。在低收入國家，便於零星發售，或者可用當地小額貨幣買賣。如以耐用消費品和工業製品為例，更須顧及一般使用者的身高、臂長乃至手指張距等生理因素，以便適應和增加競銷潛力。

　③使用理由：各國對使用同類產品的理由往往大相逕庭，例如在丹麥和荷蘭，自行車仍為主要的代步工具，但在北美各國多供小孩玩用。因此，雖屬同一產品，但在性能設計和樣式外表方面，須有顯著的差別。

　④刻度：由於各地區市場所用電壓或度量衡制度的不同，同類工業設備的刻度和調整操作，也需要不同的設計，以便安裝後可以立即使用。

　⑤口味：各國消費者有其特別愛好的口味，例如委內瑞拉人習慣一種帶有臭味的乳酪，新鮮乳酪反而不受歡迎。

　⑥包裝：適當的包裝，不但可以確保產品的安全運達，且可節省包裝費用。至於產品本身的包裝，不僅須具保護功能，並且須有刺激銷售的作用，因而必須針對產品特性詳加研究。

3.國外市場的供應狀態

　包括國外競爭者及本國競爭者兩方面之考量：

　(1)供應該市場的主要各外國產品之種類、品質、價格、數量、供應季節、消費情況
　　等如何？例如，家用電器在美國市場之上述情況如下：歐洲國家，因其歷史背景
　　及工業水準的接近，在美國擁有極大之市場。我國和韓國及香港，由於工業水準
　　尚低，而且尚未能取得 UL Approval，因此在美國僅佔有極小之市場。

　(2)供應該市場的本國產品對應上述各種情形如何？就上述家用電器而言，我國目前
　　輸往美國之產品，均以進入廉價市場中之下級品為多，今後欲擴大此一市場，非
　　得往高級品路線發展不可，而設法和美國現有廠家合作，以順利取得 UL
　　Approval，利用其原有之配銷通路以打開美國市場，是為捷徑。

4.國外市場的其他狀態

　這是專指國外市場分析之客觀因素，主要有：

　(1)人的因素：市場是「人」所組織，而非「地」所組織，國外市場所發生的問題，
　　基本的性質是屬於「人」的，人的行為不能免於傳統、環境及教育的影響，基於
　　人性如求生存、安全、舒適、享受、娛樂、好新喜奇，所有人類都是一致的，人
　　性一面習於故常，一面愛好新奇的事物，行銷專家認清此一事實，往往運用巧妙
　　的廣告宣傳，而將購買的習慣改變。吃口香糖與冰淇淋的習慣，因此而得由美國
　　傳至全世界。

　(2)金融情況：當地信用情形，一般付款條件、外匯匯率及匯兌手續等於市場調查時，
　　均應注意。例如：

　　①巴西盛行信用付款，自國外訂貨不開信用狀，而俟貨到後始付款給銀行。其他
　　　中南美洲及非洲國家亦甚流行此種付款條件。

　　②奈及利亞開出之 L/C 均需於貨到後九十至一百八十天並視外匯存底而定，往
　　　往需半年以上時間始能取得貨款。

　　③世界各國自能源危機 (Oil Crisis) 之後，國際貨幣體制紊亂，各國採行浮動匯率
　　　(Floating Rate) 及外匯管制，輸出入貨品均需依 System of Import & Export
　　　Licence 取得許可證始能進出口，例如南非、澳洲等國家如是。

　(3)法律制度：當地法律，尤其與商務有關之法律，於選擇外銷市場時應特加考慮，
　　海關稅則、投資條例、專利權與商標權之保護等均須計及。

⑷輔助服務：所謂輔助服務，對日用消費品而言，可能毫無意義，但對耐用商品及工業製品則極重要，且與產品本身具有同等重要性。付款條件常為輔助服務項目之一，此項服務常為最基本的推銷武器，例如某些國家，遠期付款常比低廉價格更受歡迎。推銷價格昂貴的機器設備、重工業製品，以及龐大的工廠設施時，付款期限每長達五至十年，致使融資服務趨於複雜，在此情形下，事先應獲得銀行或有關財團的支持。耐用商品及工業製品常須修理維護和不斷補充零件，此類售後服務，往往成為能否打進這個海外市場的先決條件。當然，某種程度的售後服務，可以委託當地代理商負責，但某些修理維護乃至更換零件工作，必須由廠商自設服務單位專司其事。例如提供人員訓練、保用期限、性能保證等服務項目，端視產品與市場情況而異，均須一一從實調查分析，惟有如此，才能在進軍時無往不利。

㈢國外市場調查綱要

1.初步過濾

凡足以阻礙打入該一海外市場的因素，如配額限制、關稅壁壘、專利保護、外匯管制等均應分別研究。此等不利因素確已存在時，繼續研究此一市場顯屬無益，宜暫時擱置。

2.市場潛力預估

對無上述不利因素存在的地區，宜就該國現在和將來的經濟情況進行廣泛分析，諸如某一特定產品的年消費量及成長率均須加以估算。除了全新產品以外，通常此項預估工作可利用現成資料作桌上研究，毋須實地調查。

3.初期市場劃分

凡影響市場大小的各項直接因素，例如價格、產品特點，以及可供利用的配銷通路等，均須先行列出，逐項分析。此項工作亦可在桌上進行，但對情況類似的幾個目標市場，仍以分別實地調查為宜。

4.銷售潛力估計

根據公司可用以打入某一特定市場的資源多寡，同時兼顧競爭情況，謹慎估計每一地區的佔有率，並預估各該目標市場今後五年的銷售量。

5.實地深入研究

如已確認某一海外市場值得開拓，為使產品順利推銷，必須作進一步的深入研究。深入研究的結果，常會發現產品本身需要修改，包裝必須改進，甚至某種服務有待加強，

這樣才能適應這一市場的需求。此項深入研究工作，應實地有計畫的進行，其結果應彙編成一有系統的報告，其中重要項目包括銷售預測、銷售預算、生產計畫、人力估計、廣告及推廣費用、財務預算與利潤預估等。

6.售後研究

研究作業並不止於如何打入市場，在市場開拓以後，仍須保持警覺，對推銷策略和推銷技術的效果，經常予以檢討改進。此類研究工作，可從當地代理商的定期報告以及來訪客戶的談話中，獲得寶貴情報。

 三、選擇國外市場的方法

選擇國外市場之參考資料與方法，程序宜分為資料來源，透過政府及民間企業機構，利用國外代表以及親自到市場調查等四個步驟進行，始能收事半功倍的效果，茲列述如次：

(一)資料來源

依據各種報章雜誌、小冊及現時的商業刊物設立分國專卷，隨時剪裁新資料，並研判其價值。此種資料分國外資料來源及國內資料來源兩種：

1.國外資料來源

各國百科全書、年鑑、專刊、各國經濟報表及宣傳品、國外有關國家之經濟貿易統計資料、聯合國國際貿易發展會議所屬國際貿易中心出版之刊物、世界貿易組織及世界貿易中心協會等所出版之刊物。

2.國內資料來源

(1)報章雜誌之資料，例如《經濟日報》、《工商時報》。

(2)各銀行國外部或調查研究處，指銀行發行之產業調查刊物。

(3)各徵信通信社，例如中華徵信社發行與產業有關之調查刊物。

(4)貿易資料圖書館，例如中華民國對外貿易發展協會各地之貿易資料館，最足以參研。

(二)透過政府、民間企業機構之提供與調查

其要者係指駐在本國之國外機構及本國駐國外機構而言，包括：

1.國外政府機構

各國駐本國使領館、各國駐本國銀行、美國商務部等。

2.國外民間企業機構

Booz Allen and Hamilton、McKinsey & Company、Dun & Bradstreet、日本貿易振興會社 (JETRO)、大韓民國貿易振興公社 (KOTRA)、A. C. Nielson Co.、MRCA、世界貿易中心協會 (World Trade Center Association) 等有關機構。

3.國內政府機構方面

本國政府駐外大使館及領事館、經濟部國際貿易局、行政院經濟建設委員會、中央信託局駐海外代表、各家銀行海外分支機構、我國派駐海外的貿易服務中心、國際貿易局資料組、行政院農業發展委員會、其他駐海外機構。

4.國內民間機構方面

中華民國對外貿易發展協會 (CETDC)、遠東貿易服務中心 (FETS)、中國生產力中心 (CPC)、臺灣手工業推廣中心、中華國貨推廣中心、各級商業同業公會、各級徵信社、徵信機構、各家商業銀行國外部、全國工業、商業總會、中華民國國際貿易協會、各種民間貿易促進會或協進會。

(三)利用國外代表之調查

1.政府機構派駐國外之代表

這些人有商務人員、經濟商務參事、外銷推廣官員、交易委員會代表。

2.民營機構派駐海外之代表

(四)實地訪問

實地訪問之採行方式：

(1)由自己公司單獨隨時進行。

(2)參加在海外舉辦的國際樣本展示會展出而進行調查。

(3)參加政府或業界派遣海外的市場調查團，或以考察團的一員進行調查等。

前往當地直接調查，雖然要支出一筆不少的旅費，但可以得到在資料上找不到的活的具體知識，以及最新的情報，尤其能做到適合自己公司的調查。另外，為使在當地的調查推行得更有效，調查人員須拜訪如下幾處機關團體，以便聽取其建議和收集資料：①當地的工商會，②對方國家的貿易促進機構，③我國駐外使館（大使館或領事館），④我國派駐海外的貿易服務中心，⑤我國設在海外的銀行分行。

(五)選擇市場之八項要件

(1)起先集中一、二個市場，不要分散了力量。

(2)別忽視了較小的、不顯著的、沒有多少人搶的市場。

⑶計畫花些錢及時間在造訪國外市場上,這些訪問可以把外銷上的難題折衝成可以 實際處理的問題。

⑷當接受訂單,要在能力範圍內服務客戶,不要牽纏到無法有效處置的國外事務上。

⑸一開始就要有信心, 認為出口事業會賺錢。

⑹尋找需要並滿足它, 一定會成功。

⑺避免那些進口限制或外匯管制, 會限制將來發展的市場。

⑻在接受第一批訂單之前,要確定本身的出口組織,能迅速的把事情做合宜的處理。

第三節　瞭解交易對象

運用上述各種方法,在海外的同一市場初步尋找數家交易對象後,接著就是依照下面所說明的方式,選擇優良的交易對方業者。但在選定貿易對方時,首先要就對方的營業狀態、財務狀況、經營者等作一番信用調查。其中有關營業狀態的調查,則包括業種、組織、規模、沿革、所辦理的商品、交易的顧客、營業額、交易活動等。財務狀況的調查,包括了資本額、資本狀態、貨款結帳狀況、與銀行的往來關係等。有關經營者的調查,則注重人格、能力、經驗、風評等。

 一、徵信調查方法

對國外交易對手之調查可分為自行調查與委託調查, 並細分為:

1.公司自己調查

可由駐在海外的分公司或辦事處人員,以及臨時派往海外考察市場的職員進行。這種方式可以在當地直接訪問對方, 進一步觀察和判斷。

2.委託往來銀行調查

首先把希望交易的對方公司名稱、地址、電話號碼寫明,委託與自己公司往來辦理外匯的銀行進行調查。接到委託調查的銀行,假使在其銀行的信用調查報告卡中,已有這家輸入公司最新的信用記載時,則可馬上印一份給你。但假使在它的手中沒有這種資料時,這家銀行即可透過海外的分行,或與它有交易關係的銀行去函委託調查,國外的銀行將透過對方業者的往來銀行,得到信用報告,然後寄到臺灣的銀行而交給委託者。因此,通常最快也需要二週才能得到消息。不過,通常銀行方面都把這種函詢信用調查,

作為對顧客的一種服務而免費辦理,即使不知道對方的函詢地址,銀行仍然會設法調查,所以非常方便,有許多貿易商都利用此方法調查對方的信用狀態。不過,假使急著要調查,則可委託銀行利用電報詢問比較快,但委託人需要負擔電報費。

3.委託商業徵信所調查

上面所述的派自己公司職員的調查,或委託同業者與銀行的調查,其調查的範圍均有限,因此,如需要作特別慎重的調查時,例如要給予對方總經銷權或簽約經銷後付款合同等,需要確實瞭解對方的開創能力與付款的可靠性時,則非委託專門性的調查機構不可。例如一般均委託全球商業徵信機構最有名之美國 Dun & Bradstreet 公司調查。

委託徵信所的調查確實詳細,且有參考研判價值,但需要相當的調查費,同時調查日數也要二十天至五十天,故可斟酌交易情況辦理。

4.函詢方式的調查

可以根據海外業者希望直接交易的來函,或由對方看到我國國貿局等主管貿易機關的貿易資料,而來函接洽時,假使在函中對方寫明了函詢信用的地址時,則可去函調查對方的信用狀態。這種函詢信用調查,通常是向同業或銀行調查的。

 ## 二、具有優良交易對手的條件

從上列所述的方法,在海外的市場物色適當的交易對手時,最重要的是找良好的對手,假使誤選了對手,儘管有多麼好的市場,營業成績絕不會上升,交易也不會有進展的。那麼優良的交易對手,應該指具備了何種條件?以下所列各項條件具備較多者,就是優良的交易對手。

1.具備交易經驗

對其商品的銷售具有多年的實務經驗與充分的專業知識、熟悉談判且慣於交易者。在某些市場,例如中南美洲的客戶,其對產品不一定有專業知識,但卻是幕後決策者,當然也不能忽略。

2.具銷售推銷網絡

重要的交易對手往往有廣泛而完整的銷售網絡,包括經銷代理、轉口貿易網絡、國際物流等,在廣泛的地區擁有廣大的客戶,且銷售能力特強,會寄來大量訂單者。

3.訂單樣少量大

下訂單的貨樣種類少,寄來的訂單數量卻相當可觀,能符合公司規模經濟之生產。

反之，肯接別人不做的併裝貨訂單，往往令對方心存感激，做起生意來很有感情，這是另一層思考。

4. 有永久性交易關係

擁有經常的顧客群聚，能在其國內保持永久性的交易關係，作細水長流之行銷，所以會不斷的寄來訂單。

5. 提供計畫性採購

可把一年的採購計畫預先通知，使廠商能作有計畫的生產。例如，南非萬宇科技公司 (Mustek Inc.)，年度採購個人電腦達 50 億美元。

6. 態度主動積極

交易活動敏速且活躍，折衝順利，同時對商品的宣傳和售後服務非常積極，對開拓新的銷售路線也非常熱心。

7. 貨款收回快速

國際貿易付款條件優良、資金充裕、融資管道暢通、經營安定，同時貨款的結帳快，具有主動性、且確實可靠。

8. 銷售穩定流暢

具有吸收庫存及消化庫存的充裕能力，或作即時庫存管理 (Just-in Time)，使銷售穩定流暢，避免造成市場混亂的濫售與賤售。

9. 不作無謂要求

交易風格高尚，令人激賞，首重信用，且有誠意，厚道而誠實，具人情味，不提出無理的要求或作缺德的行為。

10. 重視商業倫理

遵守相互緊密的交易關係，信守承諾，商業活動遵循舊典，保持一貫模式，產銷供應鏈一旦建立，會遵守商業倫理不輕易改變採購方式與流程或更換別的供應商。

11. 具市場敏感度

市場消費潛力雄厚，敏感度強烈，平時非常合作，對行情的變動，以及商品的批評與建議經常提供資料，保持通訊聯繫。

12. 擁有政經分量

在業界擁有傑出地位、成就及相當的政治實力，可影響政府的經貿政策者。尤其，涉及政府採購、國營事業招標及國家結構性調整計畫等龐大商機時,更須具備上述條件。

第五章
國外市場開發策略

第一節　消極開發策略

貿易是以許多國家為對象的國際交易，所以廠商或貿易商倘若希望向海外輸出製品或商品，首先要考慮的問題，就是尋找交易對象。蓋因物色交易對手就輸出業者而言，可以說是比探求交易市場更為切實的問題。尋找交易對象之方式大體上可分為消極、積極、特殊方式、策略聯盟及全球運籌管理等五種。

消極拓展方式，大都是利用現有的貿易資訊、雜誌刊物之介紹或以商業書信之推銷為主，較乏搶先商機 (Opportunity of Preempting) 之考量。但這卻是新公司初期最常採用的策略。

一、雜誌刊物之介紹

這是在國內，幾乎不費金錢就可以簡易地進行的方法。其方式有：

㈠利用國內發行之貿易專門性新聞、雜誌主動尋找交易對象

1. 政府機構

中華民國對外貿易發展協會出版之《台灣產品雜誌》月刊 (Taiwan Products)

2. 工商團體

⑴臺北市進出口商業同業公會發行之《貿易雜誌》。

⑵臺灣省進出口商業同業公會發行之《進出口雜誌》。

3. 民間企業機構

⑴中國經濟通訊社之《臺灣外銷快報》。

⑵ Trade Winds 之《商務資訊媒體網》。

⑶美商跨世紀資訊公司之《資料庫公司》。

⑷久大資訊網路股份有限公司之《電子商務服務》。

㈡查閱外國工商名錄

到中華民國對外貿易發展協會各地貿易資料館查閱各國工商名錄、電話簿等或從海外發行的新聞雜誌廣告，尋找外國的輸入業者。惟利用工商名錄時要注意的是，因為廠商名址每年都有變動，所以非找出最新出版者不可。例如，美國 *Directory of United States Importers & Exporters* 就是一本很有用的工商名錄。

 二、發佈之貿易機會

利用國際貿易局等主管貿易機關發表的來自海外貿易業者接洽貿易的機會，即是此種辦法。這種方法，因為對方特別希望與臺灣交易，且明示要輸入的商品，所以接洽起來比較容易，且頗方便。但在臺灣的其他出口商也都會看到這些接洽的消息，因此很可能同時蜂擁而至，向對方活動，而造成互相競售的局面。

 三、與訪臺買主接洽

這是等待海外的貿易業者的機會，以此接觸的方法，有兩種方式可採用：

㈠與來臺買主面談

近來有許多外國的買主直接來臺採購，趁此機會直接面談也是一種辦法。通常這些外國買主都是透過我國貿易主管機關及外貿協會等貿易促進機構，或銀行國外部的介紹，直接拜訪廠商，或邀約到他所住的飯店，也是尋找交易對手的一種方法。但因為不明瞭對方的信用狀況，所以不能立刻訂約。

㈡海外買主的來函

有時會接到透過國外的大使館、領事館或國內工商界名錄，而知道臺灣廠商名稱的外國輸入業者的直接來函，由此可以認識新的交易對手。

 四、商業書信式推銷

以上述消極方式尋找客戶，行動上要配合書函的攻勢才有效果。因此，成為成功出口商的要件之一，就是要學習適當地處理出口的信件。書信也是推銷員，它是把你帶到出口的門檻邊的第一個推銷員。它是國外市場推銷術上重要的一環，而且把你的公司、產品介紹出去，在代理商及客戶心理造成印象。因此要掌握住商業書信，使之發揮最大之效果。

要使商業書信對國際貿易業務的推展能發生積極的作用，有四個原則須遵守，那就是：

㈠有禮貌 (Be Polite)

要真正地合乎禮貌，給對方寫信，最好用當地語文。一般來說，語文問題的解決，有如下三種：

(1)用受信人的語文寫成：這是最令人滿意的解決之道。

(2)如果是一般普通流行的語文，讓代理商或客戶自由選擇一種語文答覆。

(3)唯一實際的解決方法：規定代理商及客戶用一種通用語文。

㈡要確實 (Be Precise)

一封完整的推銷函既不是簡簡單單形式化的文章，也不是詞藻華麗無謂的函牘，而應是：

第一段：經由哪個商業機構及朋友之引介或推薦。

第二段：介紹自己公司及在該企業界之地位。

第三段：敘述產品的優點及好處。

第四段：推銷的技巧，說服其訂貨。

第五段：隨函附寄目錄（或樣品）及價目表。

第六段：函件的宣傳術或結尾。

㈢要迅速 (Be Prompt)

一個貿易的經營者，在沒有確實的消息、或買賣不會有結果的時候，下列原則還是用得上：

(1)接到無法提供產品之函件時，要迅速地回函向他解釋。

(2)接到了一項訂單之履行需要花時間的函件要迅速處理。

(3)預備寄發時要確定是航空的，有否欠郵資，例如澳洲欠資以平信由海路郵寄。

㈣要有恆 (Be Persistent)

在出口貿易上更重要的是「要有恆」。連續的信件可以完成一個人辦不到的事情。一個想經銷你的產品，但又沒有採取任何行動的人，可能被你一連串友善的信件打動。下列四個原則是有恆的實踐：

(1)隔一段時間就寫信給對方或每三個月檢查一次對方寄來的函件。

(2)詢及產品或進一步要求資料之函件，應迅速的回寄。

⑶商業旅行回來，寫信給造訪過的人說明很高興能見他們，並樂意為之服務。

⑷商業步伐遲緩或業務過於繁忙而來不及回信亦係遲遲收到函件之主要原因。因此，處理貿易函件需要信心不輟、持之有恆，始能達成交易。

第二節　積極開發策略

所謂積極的物色方式是集中公司之人力、財力與物力，作主動尋找買主的方法。

 ## 一、外銷媒體刊登廣告

此處所謂之「外銷媒體」，係專指與貿易有關的新聞或專業性的貿易雜誌而言。這是由於廣告媒體 (Media Advertising) 執行了三個功能：報導 (To Inform)、說服 (To Persuade) 及提醒 (To Remind)，出口商購買經估計過的時間、空間，把本身產品之資訊，藉外銷媒體能快速地傳遞到交易對手手中。利用外銷媒體刊登廣告可分為下列兩種：

㈠在國外發行者

1.有關的新聞雜誌

⑴推銷美國玩具市場，可利用 Kids Today 刊登廣告。

⑵拓展亞洲珠寶市場，可利用亞洲珠寶雜誌社出版之 Jewellery News Asia 刊登廣告。

⑶開發英國玩具市場，可利用 Toys"n"Playthings 刊登廣告。

2.專業商品雜誌

⑴開發歐洲市場，可利用 Made for Export 月刊刊登廣告。

⑵拓展日本禮品市場，可利用 Monthly Gift 月刊刊登廣告。

⑶推銷義大利燈具市場，可利用 Italian Lighting 雙月刊刊登廣告。

㈡在國內發行並對海外銷售者

此類雜誌可分為週刊、月刊、季刊或年刊等：

⑴中華民國對外貿易發展協會發行之《臺灣經貿網》(*Taiwan Trade*)，臺灣經貿網已在全球重要搜尋引擎如 Google、Yahoo、MSN 等登入網站與網址，並且在超過五十個相關的搜尋引擎中可以搜尋到。

⑵一般雜誌社發行之刊物，例如：*Trade Channel*、*International Yellow Page*、*Business* and Industrial、Trade Winds、T.I.T.、Asian Sources、China Economic News Service 等。

(3)發行在國外之工商名錄及貿易指南，例如中華民國對外貿易發展協會出版之《臺灣出口商名錄》(Taiwan Exporters)。

 ## 二、參加國際性商展

貿易展覽扮演著兩種角色，它是許多的國家成千的廠商展覽自己之產品的大櫥窗 (Shop-windows)，也是買賣雙方接洽交易的市場 (Marketplace)。

參加國際商展雖然不一定能立即取得理想的訂單，但卻是提供出口廠商一個絕佳的場所來展示所生產的產品，訂定合同及迅速地瞭解市場最有效之方式。

㈠國際商展種類

國際性的貿易展覽主要劃分為兩類：綜合性的商展，有時稱之為「橫向的」；專業性的商展，亦叫「縱向的」。述之如次：

1.綜合性的商展 (Horizontal Exhibition)

在綜合性商展中展出的商品，概括許多不同的行業，從極專門的機器到建築材料、棉毛衫等不等，或許以國家為組合單位，比如分成中國館、德國館，或許在會場的某一個地區以產品為組合單位，比如化學類、推土機、機器類、紡織類、五金類等等。

綜合類型展覽適合於大眾，故展出的商品大都聯合幾個產業或不限產業的業者共同展出，以便擴大展覽規模。某些產業可以先打入一般性的商展認識一下市場，然後再選擇專門的商展。

2.專業性的商展 (Vertical Exhibition)

係集中於展出同一產業之上、中、下游產品或若干工業組合的產品，包括原料、零件、半成品、成品、機器設備或製造技術等，在這一類或這一工業組合的範圍內可以展出上千的產品。專業類型展覽適合於對產品有真正興趣和相當認知的專業買主，此種買主全部來自同一產業。此類型展覽較有名的，例如：德國杜塞道夫 (Duesseldorf) 秋季鞋展、漢諾威 (Hanover) 的 CeBIT 電子產品展、美國紐約 (New York) 促銷贈品展等。

㈡參加國際商展的幾點理由

參加國際商展就開發中國家新成立的廠商而言尤其重要，這可從以下幾點理由得知：

1.開發新客戶

經由國際商展，將可建立更多的新客戶關係。

2.建立代理商制度

透過國際商展尋找優秀代理商，在一個或數個國家經銷你的產品。

3.試探市場

藉此產品的展示，可以發現在代理地區有潛力的顧客們對產品的批評，交換彼此之觀點，這樣會帶給你更好的機會。

4.研究競爭對象

關於產品設計、實用新型、價格的幅度 (Range of Prices) 及符合品質使用的包裝形式等等。

5.接受訂單

國際性商展不論是看展的或參展的，都是從各地商號來的，可帶給你足夠的訂單，使某些經營有關產品之買主訂購一些樣品，最後成為永久性的買賣關係。例如參加展出的某類機器製造者，當場並未售出，但在商展上的接觸可能導致了以後接連不斷的訂單。

6.學習行銷技巧

在展覽會場可以發現競爭者提供什麼樣的產品，如何推出、展出的計畫，攤位的佈置，廣告宣傳等。

7.增進國際貿易關係

藉由參展拉近與國外客戶間之距離，並與參展廠商及地主國業界建立友誼，增進國際貿易關係。

㈢參加商展成功的要件

參加商展成功的要件包含正確的產品，完善的規劃及正確的展出方式：

1.正確的產品

正確產品之選定因素包括：①確定產品是否能有希望銷售出去，②負擔之稅負，③運輸成本，④外銷價格如何計算，⑤消費者出得起的價格，⑥接到訂單能否作迅速的履行並使買主滿意，⑦銷量可否抵銷參展之成本，需先經過市場調查以確定價格、稅負、銷售數量及該產品是否為有希望銷售之產品。

2.完善的規劃

為瞭解參加商展的必要，須搜集有關資料，以作事前籌備計畫之參考，事後的檢討

改進。次者，善加利用本國駐在舉辦重要商展地區的代表以提供最好之建議。對於決定參加商展時可以協助展出的機構應該保持密切的聯繫，這些機構諸如：

(1)政府外銷推廣機構或商展部門。

(2)外貿協會、駐外商務代表、商會。

進出口廠商初次參加國際商展可利用政府經貿單位或外貿促進機構所組成的團體展出方式，掌握了貿易展覽技術後再以個別參展或與當地代理商合作方式展出，擴大貿易推廣效果。

3.正確的展出方式

一旦正確的產品選定，正確的商展亦已推出，於是面臨了第三個問題，如何以正確的方式展出？它包括：

(1)預先計畫：一個完善的展覽，必須事前仔細的計畫，最好在一年以前就開始，免得臨陣忙亂。

(2)資料回覆：有關產品印在小冊子上，商展目錄上及展出前登在報刊雜誌或廣播電視中宣傳等資料，要儘快地送給詢問者。

(3)經管人：任何具有吸引力之展覽假如沒有人經管銷售事宜，不會得到半份訂單的。可能的話，經管人員中必須有一位是高級職員，以便當場做決定，記住這句格言"Don't send a boy on a man's errand"。

(4)代理商：利用當地代理商，本國留學生或本國僑民協助宣傳或推銷工作。

(5)售後服務：當展覽閉幕後，須拜訪當地代理商、零售商，回國以後，立即寫信給有把握成交的顧客，向他們保證並表示樂意與之進行交易。如有索取進一步推銷資料的須儘速寄出。總之，在一個商展過後「打鐵趁熱」繼續下去，是造成最後成功的一個很大的因素。

一般而言，初次參展的廠商，應以國際展為主；有經驗的廠商則選擇綜合展或專業展較佳；已建立密佈型零售網或有國外代理商可搭配之廠商，則參加地方展更能發揮其市場之滲透力。

 ## 三、利用產品展售中心

陳列的基本形式就是為達到吸引大眾注意的目的，而將物品公開展覽出來。換言之，陳列可以視為聯絡製造商與消費者的一種情報，也是一種最實際的溝通方法。尤其在目

前商業競爭日益劇烈的時代中，國外商品陳列已普遍的被承認是商品推銷更重要的手段，也是輸出推廣所必需的一種「看得見的交易」技術，在接近銷售要點上，以及顯示商品的特性上比其他宣傳媒介更有利，現在商品陳列已從僅僅為「裝飾業者」之領域，擴大為「看得見的貿易商」。近年來國內公民營企業機構設於國外重要商業城市之產品展售中心很多，其成效亦顯著，咸信能為國際商戰助一臂之力。

例如中華民國對外貿易發展協會在日本的東京、美國的紐約、荷蘭的鹿特丹等均設有臺灣貿易中心，為國內出口廠商欲拓展該國市場之最佳試探途徑。

四、世界貿易中心

世界貿易中心 (World Trade Center, WTC)，是協助國內外進出口商尋找交易對象、交易機會及從事進出口貿易活動之一項服務機構。其本身擁有一或兩座大廈，供國內外進出口商購買或租賃，以為營業人員辦公及陳列貨樣之用，其他如海關、郵局、銀行、航空公司、海運公司、保險公司、公證公司、報關行及領事館等與進出口貿易有關之政府機關與民間機構亦均賃屋其間，使國外進出口商得在同一大廈內完成其各個階段之交易活動，包括看樣、議價、訂約、付款、裝運、保險、報關、結匯等各個過程在內，同時此種組織並經常定期在其大廈特設之展覽場內舉辦分類產品展示交易會，使國際貿易之交易雙方獲得廣泛之接觸。

是故利用世界貿易中心定期舉辦之各類外銷推廣展售會，可達到推廣一國對外貿易之目的，同時由於促成大量買主與廠商直接洽談生意，也達成了推銷商品的任務。

五、委託第三者介紹

委託的對手可以找政府機關，或各地商工會。前者是函請委託各國經濟部的主管貿易部門，或駐在臺北的各國大使館、領事館，及我國駐各國的大使館介紹。後者是函請各國主要都市商工會予以介紹。這種方式只要花上郵費就行，輕而易舉就做得到，所以利用此方式的為數不少。不過，許多國外的商工會，有時只能在其發行的會報刊出這邊所希望交易的消息，而不直接介紹輸入業者。有關海外的商工會或廠商、貿易商的名稱和地址，在國內可洽中華民國對外貿易發展協會 (TAITRA) 貿易資料館，閱覽歐洲進出口國製造廠商名錄、日本工商企業指南等便知其詳。

六、往來銀行之促成

委託與自己公司有來往的銀行海外分行，或透過交易對方的銀行，介紹對方業者，也是可行的辦法。委託銀行介紹有一個好處，就是它所介紹的絕對是信用可靠的業者，至少在此方面大可放心，同時不必再作信用調查，所以頗為方便。

七、經由原來交易對手之推介

委託原有的海外交易對手介紹也是有效滲入海外市場的策略之一。如果要委託與原有交易對手在同一市場物色另一輸入業者時，必須是品種不同的商品，但如果是在地域上離得很遠的市場時，即使同一種商品亦可請予介紹。

八、親自訪問推銷

根據調查，目前國外貿易之推廣，絕大部分是實地推銷所獲得，語云「身歷其境」，想找尋一位好的國外顧客，想對國外市場作全盤瞭解，就必須提著行李，帶著「樣品」，親自到國外去推銷。但實地訪問之前，必須在國內已完成市場調查工作，對國外市場並有充分研究瞭解，提出尚待補充校正之點，然後出發，方有裨益。「不要無方向而盲目的射出許多箭，以為總有一支會中目標，它們可能全部落空。」(Don't shoot a number of arrows in various directions on the theory that one of them may find the target they may all miss.) 親自訪問推銷可採取下列方式進行：

1.貿易代表 (Trade Representative)

派職員駐在海外或派考察人員作為公司之貿易代表前往海外實地物色交易對手，是所有尋找交易對象中最積極有效之方式。這種辦法雖然要花經費，但除可直接在當地物色交易對手外，還可取得訂單，同時也可以兼行市場調查，所以其效果非常大。近來有許多廠商不斷地派員赴海外開拓銷路，均成果顯著。

2.貿易訪問團 (Trade Mission)

係由主管貿易官員率領，另包括數位工商代表，其人選則就有關各業專家及熟悉該地區情況者派充之。其主要目的是以出國考察的方式協助國內貿易商開闢貿易的新途徑，透過訪問團，國內主管貿易當局可以協助國內廠商尋覓國外代理商及經銷商；提供進出口貿易機會以及發掘投資門徑。以美國而論，曾組織很多訪問團前往各國促進貿易

關係，以便接觸國家與本國商人發生相互貿易的機會；我國近年來推展對外貿易方面，訪問團也是頗具成就的。

3.貿易採購團 (Procurement Mission)

貿易採購團亦係由政府及民間企業機構組成，赴各地區採購原料器材及設備，順便考察當地貿易投資環境，作為日後拓展外銷之參考。往年由經濟部國際貿易局所率領之各業採購團，絡繹於區際之間，均能達到促進邦交、平衡貿易收支、掌握國外重要原料市場之目的。

上述三種方式，出口廠商均可實際參與並善加運用以達成尋找客戶之目的。

第三節　特殊開發策略

國際貿易尋找對象之方式至為繁多，出口廠商在採行促銷策略時，務須先瞭解其外銷通路及各個國家有關行業的結構型態，方易打入國外市場。因此，下列拓銷方式將為今後國際行銷之趨勢，亦係無論新舊公司突破經營瓶頸的有效貿易通路 (Business Channel)，茲分別列述之。

 ## 一、利用自由貿易區作為轉售站

自由貿易區 (Free Trade Zones, FTZ) 就廣義而言，係指對進入區內之原料、零件、半成品及成品，不拘為加工或出（轉）口，皆不予徵收關稅。國外之出口商可將其貨品運往區內儲存、生產、加工、打標籤、包裝，不受地主國的關稅及進口管制，僅在貨物從自由貿易區內通關離開該一區域進入地主國時，方始繳納關稅。因此自由貿易區可說是地主國境內的一塊非稅地區 (Tax-free Zones)。而狹義之自由貿易區，依聯合國貿易及發展會議所下之定義則為：「外國原料、配件及零件等產品進入一國領域，不需要填報關稅，進口的產品在此區域內進行移轉，隨後向外輸出，不需要經過該國的關稅當局」，美國則稱之為對外貿易區 (Foreign Trade Zones)。

目前分佈於全球各地的自由貿易區分為五種主要型態：①即自由貿易區 (Free Trade Zones)，②自由港 (Free Ports)，③轉口區 (Transit Zones)，④自由貿易特區 (Free Perimeter)，⑤關稅特惠區 (Special Customs Privileges Facilities)。

一大型綜合貿易公司（廠商）可在設有自由貿易區之國家設立分公司，自進自銷，

或設裝配廠，特別是各類電器、電子產品、電子錶、電動玩具等，以裝配成產品分銷地主國或鄰近國家，達到開拓國外市場之目的。

自由貿易港區 (Free Trade Port Area)，是指在核定設置管制區域進行國內外商務活動之工業區、加工出口區、科學工業園區或其他區域。在自由貿易港區內，可從事貿易、倉儲、物流、貨櫃（物）之集散、轉口、轉運、承攬運送、報關服務、組裝、重裝、包裝、修配、加工、製造、展覽或技術服務。進出口廠商可利用自由貿易港區備料、生產、發貨及市場配銷，完成供應鏈之產銷功能。

 ## 二、經營現貨買賣之發貨倉庫

發貨倉庫 (Distribution Warehouse)，係指設在地主國 (Host Country) 境內之一種現貨買賣 (Sales in Inspection) 倉庫，可以是私人貨倉或公共貨倉，租用或購買均可，主要目的在於儲存各種現貨兼作展覽交易之用，有時尚可利用倉庫空間進行改包裝換標籤，甚至裝配成品再運往他國銷售，達到貿易轉銷之功能。

發貨倉庫之區位大都設於自由貿易區境內，如此可減輕進口國家所課徵之高關稅稅負，對於距國內遙遠之海外市場且能克服時空限制，及時供應當地市場所需之現貨，中南美洲之發貨倉庫即為明顯事例。另一種則設於進口關稅稅負較低之非自由貿易區境內，例如美國及日本等國之發貨倉庫。經營發貨倉庫成功要件包括：人才的訓練（尤其語文能力）、財力的負擔、貨品的選擇、品牌的建立、推銷策略以及放帳之收回與處理等相關因素均需密切配合始克其成。出口廠商開拓國外市場，發貨倉庫之經營是效果相當顯著之一種方式。

 ## 三、建立強而有力的代理商制度

代理商 (Agent) 制度，係指本人與代理人間基於代理契約 (Agency Contract) 所授予之權利或利益，並直接或間接涉及法律行為之一種制度。經由代理商制度推銷產品，就一般消費品及半製品而言極為有效，某些地區因訂貨數量零散，交易金額不大，如由代理商負責搜集小額訂單總其成，亦不失為推銷良策。此種銷售形式對於高度競爭而市場不大之產品，借助代理商之手行銷整個市場，自為理想。代理商制度亦給予出口廠商開拓海外新市場一條很有利之途徑。

四、自營國外分銷站或分公司

目前在北美及歐洲市場已陸續有廠商設立分銷站或分公司,將自己的產品以自己的名義進口存在倉庫裡, 然後直接向買主當面推銷。這種推銷產品打開市場的方式, 受到北美及歐洲市場的買主非常熱烈的歡迎, 也是最有效之市場拓展術。

其優點是買主親自看到產品, 選其認為好的, 不必花進口費用, 又可以支票 (期票) 付貨款, 買方可說是佔盡好處。

至於賣方雇用當地的人去推銷, 利用他們的關係能達到無孔不入的境界。

五、積極發展三角貿易

由於政治、金融、外匯、運輸及非關稅貿易障礙 (Non-tariff Barrier) 等因素之限制, 對於與某些國家間之貿易較為困難,出口廠商如能經由中間商或貿易機構先進行三角貿易 (Triangle Trade), 再發展為雙邊貿易 (Bilateral Trade), 對於國外市場之拓展將有其裨益。

三角貿易係指第三國的中間廠商,利用其從事國際貿易的經驗、技術以及商務關係, 對於生產國出口商, 以買方的立場, 對需要國進口商則以賣方的立場, 分別簽訂買賣契約, 從中獲取買賣差價, 不但增加外匯收入, 且能擴大貿易範圍的一種貿易方式。日本商社即靠這種三角貿易賺取鉅額利潤。過去我國從美國、巴西等國家進口的黃豆、小麥、玉米等產品, 以及出口到美國、歐洲等國家地區的紡織品、農產品等, 大部分即經由日本商社以及三角貿易方式來完成。此外, 英、法等國家的貿易商亦以這種貿易方式把持非洲及中東市場。

六、妥善運用相對貿易

相對貿易 (Counter Trade), 是指西方國家賣主 (出口商) 對東歐國家買主輸出技術、機器設備、製成品等, 並依合約向買方購回一項雙方同意之比例的其他產品。所謂相對貿易只是一個含義較廣的適用名詞,實際上它還分成幾種不同的形式,在西方國家也給予若干不同的名稱。

大體而言, 相對貿易運作之基本方式有:以物易物 (Barter System)、補償交易 (Compensation Transaction)、 產品購回協定 (Products Buy-back Agreement) 與轉換交易

(Switching Transaction) 等四種主要交易型態。

　　相對貿易交易方式之所以具有吸引力，係因部分國家面臨經濟不景氣，外匯存底減少，產品銷售價格下跌之際，為平衡其貿易收支，清償國內進口商向國外購貨之債務，在管制貿易政策上所採取的一種次要選擇。雖然，世界大多數之公司並不習慣此種交易方式而必須儘快適應，但如何善用相對貿易方式來解決其供給過剩問題，顯然已為各國所密切注意。例如比利時 Devetra 公司即曾以一批價值 5 千 5 百萬美元之軍事設備交予菲律賓國防部，以交換等值之菲國產品，並將這些產品轉售其他國家即為顯例。政府目前正配合民間廠商與非洲奈及利亞、中東伊朗等地區進行以貨易貨交易，以解決積欠之貨款當屬另一事例，事實上中南美洲之情況，尤需積極進行此種交易方式。廠商有必要加以認識並予妥善運用，以因應國際貿易的新局面。

 七、相對三角整合型貿易方式

　　所謂「相對三角」(Counter-tripartite Trade)，係指運用相對貿易方式進行三角貿易，謀取其利，以三角貿易完成相對承諾，獲得商機，兩種型態交互運用之一種整合型貿易方式。此種方式，就縱的方面而言，在於運用相對貿易及三角貿易的理論，提高貿易經營層次；就橫的方面而言，則結合健全的組織能力，訓練有素的專業人才，靈活廣密的商情系統，豐富的國際商務經驗，金融調度能力及圓熟談判策略，以擴大其貿易活動領域，結合兩者使相對貿易與三角貿易之發展能產生「協力效果」(Synergy Effects)。故努力發展此種貿易方式，將是廠商今後最重要的市場主導策略 (Market-driven Strategies)。

第四節　運用策略聯盟

　　進出口廠商在開拓國外市場之際，可運用策略聯盟 (Strategic Alliance) 與國外廠商合作，加速彼此在財務、科技、行銷及製造方面之交流，達到成功開發國外客戶之目的。

 一、策略聯盟之基本定義

　　策略聯盟是指廠商個體與個體間相互結成盟友，交換互補性資源，從而各自達成目標產品在各個階段的策略性目標，最終能夠獲致長期的市場競爭優勢 (Market Competitive Advantage)。

　　換言之,廠商個體為達成目標產品在特定階段之策略性目標而與另一企業個體而結盟者,即稱之為策略聯盟。

　　策略聯盟必須以目標產品之各階段性策略性目標 (Strategic Goals) 為導向。產品在特定的市場,其生命週期的每一成長階段,依先後順序有其固定的策略性目標,那就是①R&D,②技術領先,將新技術搶先應用在商業用途上,③打入新市場,④快速搶佔市場佔有率,⑤降低單位成本。策略聯盟是達成上述諸策略性目標的良好工具。

二、策略聯盟之結合方式

　　策略聯盟的結合方式,可大可小,可深可淺,以企業個體雙方介入程度的深淺,可粗分為:

㈠合資事業 (Joint Venture)

　　合資事業是國內外直接投資的一種。指投資人與國內外某事業的個人或企業共同出資設立新的合資企業並親自參與經營與管理之謂。換言之,合資事業除以獲取股利及利息為目的的間接投資外,尚且透過資本及技術合作,親自參與國內外企業的經營。

　　一般合資企業若以國外合資為對象,其目的在於建立國外的生產基地,以確保國際貿易市場,故國外合資事業,是開發海外市場策略聯盟的典型之一。

㈡購買另一企業之部分股權 (Corporate Venturing)

　　合資事業是以共同出資方式 (所謂出資指一方的資金及技術的直接投入而言),創立新企業或經營原有的企業;購買另一企業之部分股權,出資一方則以資金購買原有企業之部分股權,以達到控制原有企業經營的策略聯盟間接目標。

㈢異業結盟 (Conglomerate Alliance)

　　異業結盟係指結盟的廠商分屬不同的產品市場而言。異業結盟,不致引發市場集中度升高的問題;也不致像垂直整合一樣,有太大的競爭風險。慎選具發展潛力的產品,藉由行銷能力強的優勢,搭配打開國外市場,達到雙贏的局面。

㈣研究與開發 (Research & Development) 的相互支援

　　經由 R&D 的合作,可降低本身企業 R&D 的投資風險,得到新科技發展的最新動向及應用途徑之情報,以改善公司現有製程之缺點,彌補公司管理、技術及人力之不足,與外銷企業結盟,可以迅速打入國外新市場。

㈤特殊授權 (Licensing) 與協定 (Agreement)

特殊授權之策略聯盟形式，包含 OEM 協定、技術授權、行銷授權、聯合廣告協定及長期採購協定等。

㈥其他業務上之交流

其他業務上之交流有員工交叉訓練、業務情報交換，以及企業文化互通等，都是策略聯盟的另一形式。

三、國外市場開發之策略聯盟

具有下列一項或多項特質的市場，最適合尋找策略聯盟：①投資成本高，②科技變動快速，產品需要隨時更新作差異化，③市場規模已屆飽和或下降期，需要與同行作水平合併，以保障市場佔有率，④市場導入成本高、風險大，⑤市場競爭態勢發生重大變化，如合併或新的競爭者加入，⑥急需立即快速導入市場。因此，廠商個體如具備下列特質：①能與盟友交換具策略價值的資源，②體認獨立達成某項策略目標之風險太大或信心不足者，③目前處於競爭弱勢，想要重新取得領先地位，④公司上下均樂與外人合作，都可與海外企業結盟，藉以迅速打入海外新市場。

四、策略聯盟的正確運作

觀察一個合作案是否為理想的策略聯盟，可從下述幾個原則加以考量：

㈠互補技術 (Complementary Skills)

透過資源的互補與交換，結合國內中小企業組成共同行銷公司，運用分工整合策略，以共同行銷、共同運輸等方式，達到降低營運成本，爭取自主訂單的目標。

㈡合作文化 (Cooperative Culture)

國內廠商欲開發東南亞市場而與日本綜合商社合作，在於利用其技術，品質及管理能力。日本廠商或歐美廠商想打開中國大陸之市場，亦需借助臺灣廠商同文同種之優勢，且雙方相互擁有資金、經營技術，能夠發揮最好的經營效力，共同合作開發市場。

㈢相容目標 (Compatible Goals)

這是指策略目標相同，而競爭相異之結盟方式。美國低價工具機競爭強手哈斯 (Haas) 和德國工具機知名廠商米科旺 (Mikron) 進行策略聯盟，工具機上打出兩家公司之品牌聯合促銷，在技術上 Haas 為中等品牌，但 Mikron 卻是世界一流，若論市場行銷 Haas 則名列前茅，Mikron 卻是敬陪末座，因此兩者結合，其競爭實力亦相得益彰。

㈣相稱風險 (Commensurate Level of Risks)

以策略聯盟承擔市場開發的財務風險或競爭風險，謂之相稱風險。市場開發的高額費用有失敗之風險，製造廠商與貿易商利用聯合刊登廣告，參加商展等之整合行銷，可將相稱風險當作一黏著劑，結合企業成立策略聯盟。

第五節　全球運籌管理

國外市場開發策略自 1990 年代開始，產生了革命性的轉變。電子資訊產業之高科技產品，生產廠商在接受大量 OEM 訂單的同時，國外採購大廠常要求將供貨的庫存，成本與交貨期等責任轉嫁至製造廠商。此外，某些廠商已能逐漸以自有品牌行銷於國際市場，再加上生產工廠的外移，不論是原料之籌購或客戶多樣少量的需求，都使得廠商面對更複雜的供應鏈管理問題，致使全球運籌管理的產銷合作方式，變成為國外市場開發致勝的關鍵武器。

 ## 一、全球運籌管理之意義

全球運籌管理 (Global Logistics) 中 Logistics 的原意，乃是指後勤供應。全球運籌管理，起源於電腦業製造廠商與其國外採購商間之一種供貨及產銷系統關係。資訊高科技產品接單之廠商，不僅要負責產品的製造和組裝，還要把組裝好的產品運用自身分佈在全球的各個行銷據點，將產品行銷到各個國外市場客戶手中，並負責產品售出之後的維修服務。也就是從市場開發→接單生產→運籌供貨→售後維修一氣呵成的一種加值型外包流通服務 (Third-party Logistics Service)。

 ## 二、全球運籌管理運作模式

個人電腦 (Personal Computer, PC) 市場變動快速，產品生命線短，故當產品運交至客戶時，往往已被拋於市場潮流之後，因此個人電腦模組化生產線 (Modulized Manufacturing System, MMS) 的理念主要在於將組裝地點推進至市場，使海外銷售據點能確實依據各地市場特質，彈性靈活地決定產品樣式，改進由總公司統籌的僵化模式；另一方面，高價零組件的價格波動幅度極大，亦可由此降低庫存風險。

資訊科技公司針對此一趨勢，所採取的具體作法包括：

㈠產品設計

　　為了讓海外的組裝基地能在當地快速的組裝,在產品設計及內部零組件的安排上必須掌握方便簡單的原則,運用模組化製造的原理讓組裝基地可隨時依市場需要,快速裝配出不同的產品。

　　由於原先海外銷售單位只負責銷售業務,但是 MMS 要求將銷售單位提昇為地區性的組裝基地,除了原先的銷售能力外,物料管理與生產管理的能力是亟待加強的部分,因此資訊高科技公司在 MMS 轉型過程中,常需派遣專門人員至海外協助制度的建立。

㈡物料供應

　　物料供應的零組件分為三大類型,第一類組件變化不大,例如外殼、Power Supply等,各組裝基地可以預先大量訂購,以海運補給即可,此部分的組件一般均由在大陸或其他地區的工廠生產,在交貨日期前三星期出貨。第二類組件對於速度要求較高,例如主機板,由於其附加價值較高且變化較快速,生產需要許多的零組件,而臺灣的零組件供應充足,所以在臺灣生產後再以空運方式運送到各組裝廠。此類組件,只需於交貨日期前一星期出貨即可;至於第三類組件是屬於價格波動快速的高價零組件,為了降低庫存風險,所以由各組裝基地在當地自行採購,例如 CPU、DRAM、硬碟等。

㈢實際運作模式

　　全球運籌管理模式係以臺灣為運籌管理的調度中心,負責整體系統的運作。

　　國外的組裝廠主要的責任就是接收當地客戶的訂單,然後從臺灣、大陸與當地來的零組件組合成一部 PC,再將產品運送至客戶手中。資訊科技公司建立的海外組裝廠包括日本、澳洲、美國與墨西哥等地區,還有一些與當地合作的組裝廠,包括巴西與法國等地。以美國的組裝廠為例,電腦廠商接到 OEM 客戶的訂單後,從臺灣空運主機板、大陸海運機殼與電源供應器,加上當地獲取的 CPU、HDD 等關鍵零組件,平均到貨時間為三天,再經過三天的組裝,最快可以六天出貨,所以從接到訂單到出貨的時間平均是十天左右。

　　大部分的組裝基地(英國、美國)透過電腦連線,可讓臺灣方面能掌握存料的狀況,並事先備料排程,若是進行新產品第一次組裝時,則臺灣方面會派人前往輔導協助。組裝基地本身為利潤中心,其與生產基地彼此的關係為交易關係,如果對於生產基地的組件不滿意,組裝基地亦可向其他供應商購買。

三、全球運籌管理實例

宏碁電腦公司 (Acer Incorporated) 利用全球五大洲的電腦資源，在全球各地製造，直接配送當地市場。該公司已在歐洲、日本、美國、東南亞及中國大陸各地設有生產據點，以全球觀點來接單出貨。

大眾電腦公司 (First International Computer, Inc.) 為美國德州儀器公司 (Texas Instruments)、戴爾 (Dell) 的 OEM 電子專業代工廠商，其以「全球運籌供貨」的方式組裝，配送桌上型電腦，並為 NEC 等公司組裝配送筆記型電腦。

環隆電氣公司 (Universal Scientific Industry Co., Ltd.) 為電腦主機板之生產廠商，在 OEM 代工客戶美國國際商業機械公司 (IBM) 要求下，運用其全球十二個據點（包含行銷、維修及分公司），已逐步建立全球運籌管理模式。

神達電腦公司 (Mitac International Corp.) 是國內成功運用全球運籌管理最具代表性的公司。

第六節　開發併購行銷

併購已成為臺灣廠商提昇競爭力、擴大市場佔有率、提高獲利及全球化佈局的重要策略，不僅改變了製造業的面貌，也讓出進口廠商有一嶄新的開發市場的利器。

 一、併購的廣泛定義

廣泛定義下的併購，是指公司的合併、收購及分割，甚至股份轉讓 (Share Swap) 及母子公司 (Holding Companies) 等均是。透過收購，把公司的經營資源運用到最大極限的「外在成長 Model」，謂之開發 (Development)。以下是「企業併購法」對併購相關名詞之解釋。

㈠公　司

公司 (Company) 指依公司法設立之股份有限公司，未包括無限公司、有限公司及兩合公司。

1.股份有限公司 (Corporation Limited)

股份有限公司指二人以上股東或政府、法人股東一人所組織，全部資本分為股份；

股東就其所認股份，對公司負其責任之公司。

2.母子公司 (Join Subsidiary)

直接或間接持有他公司已發行有表決權之股份總數或資本總額超過半數之公司，為母公司；被持有者，為子公司。母子公司在稅制上可連結，適用盈虧互抵申報。

3.外國公司 (Foreign Company)

指以營利為目的，依照外國法律組織登記之公司。

(二)併　購

併購為「合併」、「收購」兩種財務活動的合稱。合併依合併後公司的型態，分為吸收合併 (被合併公司申請消滅) 和創新合併 (兩家公司同時消滅，另成立一家新公司)。收購依收購標的，分為股權收購和資產收購。分割是將公司的某個事業體與公司分割，使其成立與公司對等的組織。

1.合併 (Mergers)

指依併購相關法規或其他法律規定參與之公司全部消滅，由新成立之公司概括承受消滅公司之全部權利義務；或參與之其中一公司存續，由存續公司概括承受消滅公司之全部權利義務，並以存續或新設公司之股份、或其他公司之股份、現金或其他財產作為對價之行為。

2.收購 (Acquisitions)

指公司依併購法、公司法、證券交易法、金融機構合併法或金融控股公司法規定取得他公司之股份、營業或財產，並以股份、現金或其他財產作為對價之行為。

3.股份轉換 (Swap)

指公司經股東會決議，讓與全部已發行股份予他公司作為對價，以繳足公司股東承購他公司所發行之新股或發起設立所需之股款之行為。

4.分割 (Division)

指公司依併購法或其他法律規定將其獨得營運之一部或全部之營業讓與既存或新設之他公司，作為既存公司或新設公司發行新股予該公司或該公司股東對價之行為。

二、併購之市場開發策略

併購策略運用於國外市場開發是一種創舉 (Initiative)，對跨國企業而言，具有多重功能。

(一)品牌行銷

跨國公司併購一家國外老牌企業，可使公司立即取得新技術，沿用其品牌，不用自行費力地開發品牌。

(二)市場佔有率

併購國外公司後，其既有之市場佔有率可納為己用，合併公司之生產能量，在目標市場之佔有率能有效提昇。例如亞洲最大的水龍頭製造商成霖公司併購美國陶瓷批發大廠 Gerber Inc. 八成股權，其在美國市場之佔有率立即提昇約一倍左右。

(三)行銷通路

收買當地行銷公司，進行國際分工，由被收買之公司負責產品設計與行銷通路，母公司負責結構設計及製造，相輔相成。

(四)全球營運體系

企業全球營運體系之建立，是透過技術授權、策略聯盟、合資事業、設立國外據點、國外投資及國際併購等方式達成。

當一家公司由國際貿易走向跨國企業時，其全球營運體系只是剛開始，必須再經由設立國外據點、策略聯盟或國際併購方式，才能建構完整的營運體系，而併購是廠商進行全球佈局的必要策略之一。

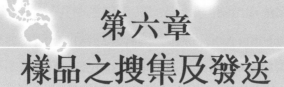

第六章
樣品之搜集及發送

第一節　對方業者來函觀察要點

　　利用上述方法尋找到了交易對手，在正式向其報價之前，如要就對方業者之屬性作大致的判斷時，則可從對方的函件，就如下各種原則觀察，綜合後便可知道大致的潛力性如何。

 ### 一、判斷公司名稱

　　公司名稱之判斷，主要在於瞭解交易對方的組織型態是獨資、合夥、公司組織或政府經營之企業機構等。由於各國語文之差異，表現在公司名稱上自也興味橫生。

⑴獨資事業在西班牙叫 SCP，日本稱 Shokai。

⑵股份有限公司組織在英國為 Co., Ltd.，意指 Corporation Limited，美國為 Company Inc.。在法國、義大利、西班牙、葡萄牙、比利時則以 SA 表示股份有限公司。其他表示股份有限公司的有：德國的 GmbH 或 AG、瑞典的 AB、丹麥的 AS、荷蘭的 NV、日本的 Kabushiki Kaisha、義大利的 SPA。

⑶中南美洲國家之公司慣以 LTDA 稱呼有限公司。東南亞國家、南非、澳洲由合作社員共同經營的合作社組織商店，其股權非公開之公司一般寫法為 Co. Pty. Ltd.（Proprietary Limited Company; Proprietary Company），指兩合公司或許多人之集資。

 ### 二、判斷營業種類

　　交易對手之營業性質及經營產品項目，是買方信用調查的重要標的之一，也是瞭解其經營何種行業的主要訊息。

⑴製造業輸入部門：信紙上印的是 Manufacturer，而簽署是 Import Division，則如

同國內生產事業的進口部門。

(2)輸出入業者：Importer & Exporter。即純粹經營進出口業務之公司。

(3)製造業之經銷店：Manufacturer's Representative or Agent。即第二章提及的製造商出口代理人或廠商代理。

(4)佣金商：Commission Merchant or Agent。

(5)輸入商兼銷售商：Importer and Distributor。

(6)綜合經銷商：General Merchant or General Merchandise。

 三、判斷營業規模

本項營業規模之判斷有異於實際去瞭解對方公司辦公室面積之大小、硬體設備之多少等，而僅是一種靜態的分析。

(1)從信紙（或 E-mail）上所印的有無分店及其數量以及電話的數量，就可判斷其規模的大小。

(2)有時公司名稱再加上著名地址，反而是小公司。

(3)打字的句號或逗號的打法，可以判斷是否有專門打字員。

(4)函件後頭是否有通信負責人的簽署。

(5)擁有簽名授權者的職稱來看，可以想像其大小。

 四、判斷經營資力

資力就是一家公司的實力，包含經營業績、財務結構、關係企業及銀行往來的紀錄等。

(1)信封上所印往來銀行的名稱及其數量之多寡。

(2)公司地址是在市內商業中心區，有名的大樓或銀行大樓內。

(3)有 Fax、E-mail 及網址或印好之漂亮信紙，即有資力。

(4)函文脫離文法太遠的話，則可推定為貧弱的商店。

 五、判斷交易經驗

交易對手是否具有豐富的業務經驗，除了實際接觸體會外，下列原則乃可作為初期交易的判斷標準。

⑴信紙（或 E-mail）印有創業年度的，就可知道它的經營歷史。

⑵沒有 Fax，表示不做國際貿易之內銷商店。

⑶信封信紙未印刷自己公司名稱和地址，而蓋上橡膠圖章的，為創業不久之商店。

⑷函中特別提到假如是經銷某種商品的業者一般所知道的常識時，就證明是沒經銷經驗之門外漢 (Layman)。

六、判斷性格或態度

有關經營者之調查在於瞭解其人格、能力、信用，即所謂的三 C (Character, Capacity, and Credit)，這是徵信調查的基本項目。

⑴函件上列有函件號碼、事由或在重要地方為了喚起注意劃線蓋上注意記號的是規矩公司。

⑵函文中白字連篇、錯別字特多的，無論如何都不能說是堅實的公司。

⑶信紙上排得過分擁擠，若是未開發國家尚可原諒，但如是紐約的業者的話，只能說是對方對金錢太精打細算，故會要求降價。

⑷頻仍地要求免費寄送樣品的對方，如果是未開發國家，大都是無意交易的所謂「要樣品者」(Sample Hunter)，尤其規模不大的商店卻暗示要大量訂貨時，更令人可疑。

第二節　樣品之意義與種類

從事國際貿易之買賣雙方，分處不同國度，兩地相距甚遠，進行交易時，往往賣方手中尚無貨物，有時純屬拋售性質，買賣契約訂立後，賣方才向市場補進。而工業品之訂購，普通亦需待契約訂立後，賣方始著手製造。因此，有許多種貨物在報價推銷時，習慣上必須提供樣品給客戶參考，例如手工藝品、家庭用品、玩具用品等。故國際貿易上買賣契約之訂立，普通多憑一個或數個或少量足以代表買賣貨品品質的現貨，議定品質進行交易，將來交貨時可減少低品質不符要求之爭論至最低限度，甚至可消弭品質糾紛於無形，此即所謂的「憑樣買賣」(Sales by Sample)。

一、樣品之意義

所謂樣品 (Sample)，是指買賣雙方洽商交易所認定之商品而言。它是指廣義之樣品，

此種廣義之樣品包括有貨物之實樣、圖樣照片、型錄、說明書及產品目錄等。其來源有下列幾種:

    ⑴出口商提供給國外顧客之樣品。

    ⑵工廠本身產製之產品。

    ⑶特地設立製模之樣品。

    ⑷庫存之原有樣品。

    ⑸借用他廠之產品充樣品。

    ⑹向市面上採購之樣品,如來自百貨公司。

    ⑺買方主動提供之樣品。

 ## 二、樣品之種類

樣品由其用途、發送者及發送時間之不同,而有下列種類:

1. 賣方樣品 (Seller's Sample)

買賣合約成立前由賣方發送給買方以表示品質者,賣方負保證日後所交之貨符合樣品之責任。

2. 買方樣品 (Buyer's Sample)

即買賣交易所使用之樣品,於買賣合約成立前由買方送與賣方,作為訂貨生產之樣品。賣方對買方所提供之樣品,宜由賣方提出確認用樣品 (Approval Sample),經買方確認後生效。

3. 存查樣品 (Original Sample)

是賣方發送樣品給買方,其中一件由賣方保存相同之品質,以作日後續接訂單、核對品質及處理品質糾紛等時之參考者。

4. 保留樣品 (Duplicate Sample)

是賣方發送樣品給買方,其中一件由貨物的供給者或製造者,保存相同之品質,以作日後之參考者。

5. 兜售樣品 (Sales Sample)

即買賣雙方進行交易所使用之樣品,通常報價時,為表示所報貨物之實樣,於報價時,由賣方寄交買方之樣品均屬之。

6. 裝船樣品 (Shipping Sample)

即買賣雙方進行交易所使用之樣品，於交易契約成立後，賣方於貨物裝船時，由貨物中抽取一定量寄送給買方，作為交貨時之一種品質標準。

第三節　樣品之搜集與發送

出口商利用尋找交易對象之各種方法探求國外買方，如得其反應，當會接到詢價 (Inquiry) 或索寄樣品 (Sample)、產品目錄 (Catalogue) 等函件。此時，出口商則需拜訪工廠作搜集樣品或產品目錄及報價單之工作，以便進行交易。

一、樣品之搜集

搜集樣品，應該根據市場調查的結果，及對方之要求，研判樣品種類及貨物之品質等選擇能代表產品之平均水準為宜。賣方如果是貨物製造商，可以就自己產品中選擇適當樣品，但如果屬於出口商，就應向外界搜集。此時大約有九種情形：

(1)直接向製造商搜集，這是出口廠商最常使用之方法。

(2)向代理商搜集，貨物如經代理商販賣而不能直接向製造廠商搜集時，應向其代理商搜集。

(3)經由如外貿協會出版之《國際商情》、《經濟日報》、《工商時報》等雜誌刊物刊登徵求產品之廣告，或透過廠商徵求合作外銷之訊息，獲得所要之樣品。

(4)來自百貨公司之搜集。

(5)透過貿易風 (Trade Winds) 雜誌負責人員之推介。

(6)時常參觀如中華民國對外貿易發展協會舉辦之展覽交易館。

(7)透過國內外親朋之介紹或提供。

(8)委託樣品中心或樣品專家訂製所需貨樣。

(9)從經貿網站 (Internet) 之搜集。

二、搜集樣品應注意事項

樣品之搜集包括實體商品、目錄及說明書之取得。除外，賣方如提供報價單可就下列要點先行瞭解，以便提供問題與對方討論。

1.同時獲悉貨物之價格

包括①基於工廠交貨價格 (Ex-works Price)，②基於 FOR 或 FOT 價格，③基於 FOB 價格，④基於 C&F (CFR) 或 CIF 價格。

2.同時取得有關買賣之條件

包括①交貨時期及可能供給數量，②包裝情形: 有關包裝方法及箱盒之材料、重量、容量，以供計算運費之參考，③有關最低數量條件，④其他條件: 貨物是否由樣品中選定，買方所指定之色彩、花樣等是否可採用等。

3.樣品數量應多備一份

樣品數量可多備一份於公司的 Showroom，或存檔於「出口貿易系統」的 Showroom，以備國內外客戶隨時搜尋，作線上採購或下單。

 ## 三、樣品之編號、裝訂及發送

樣品寄送前的編號及裝訂作業不能疏忽。樣品包裝是將產品由供應者帶給客戶，便利其推銷，保持其品質，促進交易成交的工具。

1.編　號

編號之工作在於使樣品能按其用途、種類、性質、製造商及品質等為標準，分門別類，有所歸屬，以便查詢。國際貿易如上述使用電報之機會很多，樣品經編號後可省記述之煩，亦簡化了不少工作。

2.裝　訂

按編號裝訂或包裝，務須保持樣品之美麗、清潔以吸引人 (Attractive)。

3.發　送

寄送樣品時，報價單一份同時寄出。樣品上應記明報價單之號碼，使對方隨時可以查詢。樣品之寄送，小者可利用航空郵包 (Air Parcel)，大者可用航空貨運 (Air Freight)，如屬高貴貨物，則應辦理保險以防萬一。目前各國海關例對樣品不課關稅，因此包裝外皮宜加註 (Sample of No Commercial Value)，以便順利通關。此外，尚須注意貿易、關稅及郵政法規對樣品寄送之規定。

 ## 四、樣品寄送之原則

報價時必須要附寄樣品，除非過於大型，如飛機、輪船、汽車等，過於貴重如鑽石、金銀器皿等，人人知曉之品牌如台糖 (Raw Sugar)，因此報價時，如小型貨物的樣品，

儘量設法寄去，對大型或貴重或種類很多的貨物，則以照片、目錄代替。其原則：

⑴報價時，可以供應的，如童子軍圍巾等質輕體小的貨品，應隨同報價單一同寄去，並在報價單上註明。

Sample: Attached or Enclosed. (By Air Cargo or Freight)

⑵在某一地區設有代理商的，事先都將樣品寄去存放於代理商那裡，客人要索取樣品時，通知他到代理商那裡去看。

Sample: Please contact with our agent Messrs. X.Y.Z. Company, III Street. Clif., USA.

⑶用照片或目錄代表，如要樣品，請付費用即刻寄去。

Sample: Photo or catalogue attached, for sample order available by mail. The above FOB price plus mail charges total US$100.00.

⑷樣品可以免費供應，但航空運費要由顧客自行負責。

Sample: For sample order, we don't request the cost but only the air freight charges in local currency at your account.

⑸來訂單即寄樣品。

Sample: For sample sperately by airmail but request with your order sheet.

 五、網路樣品系統之運用

前述樣品之寄遞是以實物樣品為考量。如今，網路運用普及，貿易商、供應商與買家均可透過電子交易市集方式，主動上網建立自家網站和更新產品目錄。只要填妥 Link 網站產品的既有表格，電腦程式會自動把這些產品資料轉換成展示產品的網頁，供應商可利用自家 Showroom 上的產品網頁展示產品，爭取訂單。也可在網頁上建構自己公司的首頁、簡介、廠房導覽、產品目錄等，使國內外客戶能隨時掌握所需要的資訊，而供應商也有一適當的資料上線表達平臺。

 六、其他注意事項

樣品之搜集與寄發，外部因素須留意國外客戶之 Sample Hunter 現象，內部管理則以下述為重點。

⑴假如買方主張根據其樣品之意甚堅，賣方亦可按照要求仿造或揀選，求其絕對近

似，提出對等樣品 (Counter Sample) 送交買方，要求其確認。

⑵選擇樣品時，應儘量避免價格競爭的產品，所謂價格競爭的產品，就是買方可以大概算出成本的產品。

⑶並非生產者的貿易商，應積極考慮以自己名義印製的商品目錄所給予買方的信心，特別是對於可以加上自己品牌 (Brand) 的產品。

⑷對於多樣但大量的報價，應考慮使用快速印刷，不但可以爭取時效，而且可以節省費用，如果精心設計，其效果甚至可以媲美電腦印製者。

第四節　貨物樣品進出口通關

貨物樣品進出口通關包含一般貨樣、貨品暫准通關證制度、展覽品通關及快遞貨物通關等方面。

一、貨物樣品進出口通關

外銷樣品之寄送及貨物樣品之進口，在報關時，均應檢附進出口報單、商業發票、包裝單及其他必須具備之有關文件，申請報關，以憑進出口。

㈠簽證規定

貨物樣品進出口需否簽證輸出入，規定於下列兩種法規：

1.貨品輸出管理辦法

廠商以外之出口人以海運、空運出口限制輸出貨品表外之貨品，其離岸價格 (FOB) 2 萬美元以下或等值者，得免證輸出。

2.貨品輸入管理辦法

廠商以外之進口人以海運、空運或郵包寄遞進口限制輸入貨品表外之貨品，其離岸價格 (FOB) 2 萬美元以下或等值者，得免證輸入。

㈡關稅課徵

廣告品、貨樣及郵包進出口報關課稅等相關規定有如下述。

1.廣告品及貨樣進口通關辦法

無商業價值之廣告品及貨樣，免徵進口關稅。

前者以外之廣告品及貨樣，其完稅價格在新臺幣 1 萬 2 千元以下者,免徵進口關稅。

2.郵包物品進口免稅辦法

⑴第二條：進口之郵包物品，其數量零星且其完稅價格在新臺幣 3 千元以內者，免徵進口稅。

前項免徵進口稅之郵包物品不包括菸酒在內。

⑵第三條：進口之郵包物品，其完稅價格已逾上述規定限額者，其已逾免稅限額部分，如屬零星物品，按海關進口稅則總則五規定之稅率課徵關稅；如非屬零星物品，則應分別按海關進口稅則所規定之稅率課徵之。

進口之郵包物品，其任一單項物品完稅價格超過新臺幣 3 千元者，即非屬前項所稱之零星物品。

㈢進出口檢驗

貨物樣品進出口檢驗，依商品檢驗法及其施行細則之規定辦理。商品檢驗法第九條規定：

⑴非銷售之物品經主管機關准予免驗者。

⑵輸出、輸入國境，未逾主管機關所規定免驗之數量者。

 二、貨品暫准通關證制度

為簡化國際貿易之展覽品、專業器材及商業推廣樣品等之進出口通關手續，使其能暫准免稅迅速通關，俾促進國際間商務及貿易交流，因而有貨品暫准通關證制度（Admission Temporaire-temporary Admission Carnet，簡稱通關證 ATA Carnet）。

㈠貨品暫准通關證制度之沿革

關稅合作理事會與國際商會以 1952 年簽訂之「關稅暨貿易總協定樣品公約」（GATT Convention on Samples），1961 年簽訂之「專業器材、設備公約」(Professional Equipment Convention) 及「商展暨展覽會展品公約」(Fairs and Exhibitions Convention) 等為規範，就合理數量之貨品得暫准免稅進出口。各締約國以此國際公約為架構，於 1961 年 12 月在布魯塞爾召開會議，成立一個國際性之保證組織——貨品暫准通關公約（ATA Carnet Convention，簡稱 ATA 公約）。並在國際商會之下，設立國際商會事務局 (International Bureau of ICC)，負責執行該公約之協調與管理。

㈡適用暫准通關證之貨品

一般而言，適用通關證之貨品於輸入之初，即被認定為必須復運出口之故，倘係易

腐壞或所謂之「消耗品」等，例如食品、飲料、菸酒、清潔用品、表演用化妝品、燃料、宣傳品等，不擬復運出口之貨品均不適用此制度。其適用貨品大致可分為以下三類：

(1)專業器材、設備（例如醫護人員、攝影記者、樂團人員等之專業設備、器材等）。

(2)供展覽會、國際商展、會議或類似活動陳列或使用之貨品（例如文藝活動之展示品、展覽會場之佈置用品、會議之視聽設備等）。

(3)為招攬交易而供展示或示範之商業樣品。

(三)通關證制度之運作

中華民國對外貿易發展協會 (CETDC) 已被指定為發證機構及保證機關。目前，凡居住在中華民國，並能充分履行暫准通關證義務之自然人或法人及其他經外貿協會認可之機構或團體均可提出申請。

通關證之有效期限自發證日起一年有效，不得延期。在通關證有效期限內，於貨品輸入時由輸入國海關核定其停留期限。一般商業樣品可長達十二個月，展覽品及專業器材設備則為六個月。部分轉運通關之貨品，則可能僅有數天甚或數小時。逾越上述期限，暫准通關貨品仍予復運出口，但須依規定繳納進口稅捐。

凡持用暫准通關證向海關辦理進出口手續時，不必另行繕具進口或出口報單，亦無需檢附輸入（出）許可證，所有通關均直接列載於暫准通關證上。雖不必繳納保證金或提供擔保，惟商港服務費及規費仍應依規定繳納。另者，持憑暫准通關證報關之案件，海關派有專人帶領「持用人」辦理進出口通關手續。廠商可利用上述既快速又便利之服務。（貨物暫准通關辦法）

(四)目前已採用之國家

凡關稅合作理事會會員國、聯合國大會會員國或聯合國專業組織會員國均得加入「貨品暫准通關證協定」而適用通關證制度。目前已與 CETDC 簽有協定之國家為：日本、韓國、馬來西亞、菲律賓、越南、新加坡、澳洲、紐西蘭、南非、歐盟、匈牙利、瑞典、瑞士、挪威、丹麥、冰島、美國、加拿大、捷克、保加利亞、羅馬尼亞、愛沙尼亞、拉脫維亞、立陶宛、斯洛伐克及塞普路斯等三十餘國。

 ## 三、快遞貨物通關

快遞貨物通關，包括快遞貨物專區，快遞業者及快遞貨物三者相互聯結之報關方式。

(一)快遞貨物之定義

依快遞貨物通關辦法規定之貨物為：

(1)非屬關稅法規定不得進口之物品、管制品、侵害智慧財產權物品、生鮮農漁畜產品、活動植物、保育類野生動植物及其產製品。

(2)每件（袋）毛重七十公斤以下之貨物。

快遞專差攜帶之快遞貨物，應符合下列各款條件：

(1)非屬關稅法規定不得進口之物品、管制品、侵害智慧財產權物品、生鮮農漁畜產品、活動植物、保育類野生動植物及其產製品。

(2)每件（袋）毛重三十二公斤以下之貨物。

(3)每次攜帶之數量不得逾六十件（袋），合計金額不得逾 2 萬美元。

快遞業者或快遞專差攜帶之貨物，不符前二項規定者，不得在快遞貨物專區或航空貨物轉運中心辦理通關。

(二)快遞相關業者

快遞相關業者，包括快遞業者、整合型航空貨運業者及快遞專差三者。

(1)快遞業者指經營承攬及遞送航空貨物快遞業務之營利事業。

(2)整合型航空貨運業者指經營承攬、運輸、倉儲、報關及遞送航空貨物快遞業務並加以嚴密控管整合之營利事業。

(3)快遞專差指受雇於快遞業者，並以搭乘飛機之方式為其攜帶快遞貨物之人。

(三)快遞貨物之通關規定

快遞貨物進出口應以電腦連線方式透過通關網路向海關申報。進出口快遞貨物得依其性質及價格區分類別，採取「簡易申報」方式辦理通關。

1.進口快遞文件

(1)進口低價免稅快遞貨物：完稅價格新臺幣 3 千元以下。

(2)進口低價應稅快遞貨物：完稅價格新臺幣 3 千零 1 元至 5 萬元。

(3)進口高價快遞貨物：完稅價格超過新臺幣 5 萬元。

2.出口快遞文件

(1)出口低價快遞貨物：離岸價格新臺幣 5 萬元以下。

(2)出口高價快遞貨物：離岸價格超過新臺幣 5 萬元。

3.應施檢驗品目

　　進出口快遞貨物其屬應施檢驗（疫）之品目者，應依有關檢驗（疫）之規定辦理。

　　轉口快遞動植物及其產製品，經發現有感染或散佈疫病、蟲害之虞者，檢驗機構得執行檢驗（疫），並作必要之處理。但其以密閉式貨櫃轉口者，不在此限。

第七章
報價條件與進出口價格之計算

第一節　報價條件之解析

國際貿易報價條件的解析與國際規則之引用有很密切之關係，介述國貿條規之目的，乃在於提供一套國際規則，藉以在國際交易訂定契約時，對於不同國家和不同價格術語的解釋，取得共同的見解，以減少買賣當事人在國際貿易上之摩擦、誤會、爭論乃至訴訟，造成時間、財務上的浪費與損失。

 ## 一、國際規則之引用

國際貿易報價條件，因各國習慣的不同，解釋上有相當的差異。基於事實上的需要，國際間有關機構認為有統一加以解釋的必要，乃先後制定了三種統一解釋的規則，無形中逐漸成為大家共同遵守的規則。

(一)貿易條件解釋的國際規則

由國際商會在 1936 年制定，並於 1953 年重加修訂，稱之為國際商業語典（International Commercial Terms，簡稱 Incoterms 1953）。Incoterms 1953 所解釋的貿易條件共九種，1967、1976、1980 年因實際需要補充解釋五種條件，共有十四種，1990 及 2000 年為適應國際貿易環境之改變，又重新修訂本規則，成為十三種，作為貿易條件解釋的國際規則，一稱「國貿條規」。ICC rules for the use of domestic and interpretation of trade terms 即 Incoterms ® 2010 國貿條規，2010 年將 DAF、DES、DEQ 及 DDU 四種條件刪除，新加入 DAT、DAP 兩種條件，成為十一種條件規則，並於 2011 年 1 月 1 日正式實施。相關條件規則之引用，請參閱 2010 國際商會制訂，國際商會中華民國總會發行的中、英文版《國貿條規》，本文不另敘述。

(二)美國對外貿易定義

於 1919 年在紐約舉行的泛美會議制定，經 1941 年修訂而成，修訂的美國對外貿易

定義 (Revised American Foreign Trade Definitions, 1941) 於 1941 年 7 月 30 日由代表美國商會、美國進口商全國委員會及全國對外貿易委員會組成的聯合委員會採行實施。這項規則所解釋的貿易條件共有六種，但其中的 FOB 條件，又分為六種，故實際有十一種之多，即：

1. Ex (point of origin) Ex-factory, Ex-mill, Ex-mine, Ex-plantation, Ex-warehouse, etc. (named point of origin)

2. FOB (Free on Board)

   ⑴ FOB (named inland carrier at named inland point of departure)

   ⑵ FOB (named inland carrier at named inland point of departure) Freight Prepaid to (named point of exportation)

   ⑶ FOB (named inland carrier at named inland point of departure) Freight Allowed to (named point)

   ⑷ FOB (named inland carrier at named point of exportation)

   ⑸ FOB Vessel (named port of shipment)

   ⑹ FOB (named inland point in country of importation)

3. FAS Vessel (named port of shipment)

4. C&F (named point of destination)

5. CIF (named point of destination)

6. Ex Dock (named port of importation)

㈢華沙牛津規則

　　由國際法學會於 1928 年在華沙制定，共有二十二條，旨在統一解釋 CIF 貿易條件。嗣於 1932 年在各國商會的協助下，在牛津開會，修訂為「華沙牛津規則」(Warsaw-Oxford Rules, 1932)，共有二十一條，是目前所通行的，這項規則僅解釋「CIF 買賣契約」條件而已。

　　上述三種規則所解釋的貿易條件，範圍不盡相同，且對同一條件的解釋也有出入。因這三種規則均未具備國際法或國際條約的效力，故制定機構均在序文裡建議買賣雙方，必須在契約裡約定根據何種規則，這樣才能對雙方當事人具有法律的拘束力。

　1. Incoterms 1990 在序文中有下列文字

　　"Merchants wishing to use these rules should now specify that their contracts will be governed by Incoterms 1990."（業者如擬採用這些規則，則應指明其買賣契約將受 Incoterms 1990 規定的約束。）

2. American Foreign Trade Definitions 有下列文字

"These revised definitions have no status at law unless there is specific legislation providing for them, or unless they are confirmed by court decisions. Hence, it is suggested that sellers and buyers agree to their acceptance as part of the contract of sale. These revised definitions will then become legally binding upon all parties."（美國定義除非經過特別的立法，或者經法院判決加以確定，否則不具法律地位。因此，特建議買賣雙方將其列為買賣契約的一部分，如此，美國定義對所有當事人即具有法律的拘束力。）

3. Warsaw-Oxford Rules 有下列文字

"In the absence of any express adoption of these rules in the manner hereinafter appearing, they shall in no case be deemed to govern the rights and obligations of the parties to a sale of goods on CIF terms." "Their adoption as herein provided shall be conclusive evidence that parties intend their contract to be a CIF contract."（在 CIF 條件的商品買賣中，如果未表明是採用本規則，則買賣雙方當事人的權利義務，絕不可視為是依照本規則處理。本規則一經採用，即可絕對證明當事人意指的契約即為 CIF 契約。）

目前一般所採用的解釋規則大多為 Incoterms ® 2010，故如買賣雙方願意採用該規則，則宜約定如下：

⑴ The Trade Terms shall be governed and construed under and by the latest Incoterms ® 2010.

⑵ This contract is, unless otherwise specially stated, subject to the condition of Incoterms ® 2010.

為使國際貿易業者容易研讀和瞭解國際商會 Incoterms ® 2010 之國貿條規，特將其歸納為二大類。（請參閱 p. 119）

 ## 二、報價條件之解析

報價條件，乃指買賣雙方所約定之價格，除貨價本身外，尚須視貨物交付之地點與方法，危險負擔之程度，以及運費暨其他費用之如何分擔等而繁衍出來的多種報價術語。目前國際貿易慣例上，對價格用語之詮譯，不盡相同。

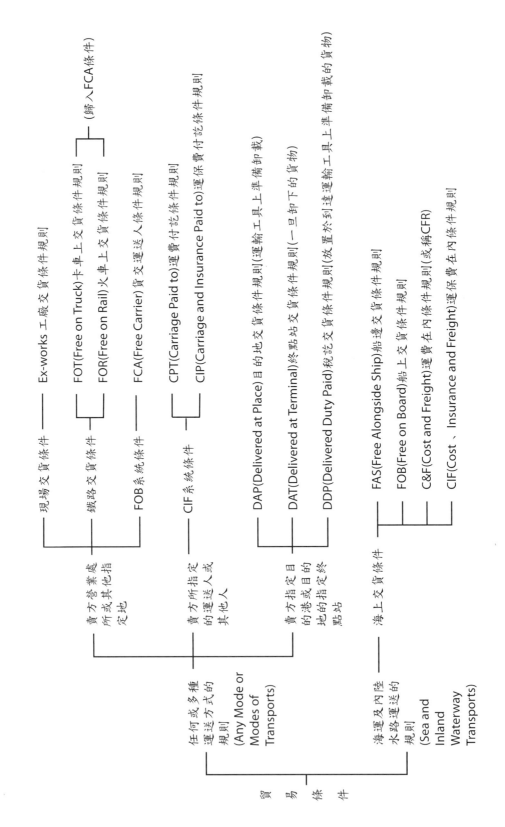

貿易條件

任何或多種運送方式的規則 (Any Mode or Modes of Transports)

　　現場交貨條件 ── Ex-works 工廠交貨條件規則

　　賣方營業處所或其他指定地 ┌ FOT(Free on Truck)卡車上交貨條件規則
　　鐵路交貨條件 ┤ FOR(Free on Rail)火車上交貨條件規則 ┐(歸入FCA條件)
　　FOB系統條件 ── FCA(Free Carrier)貨交運送人條件規則

　　賣方所指定的運送人或其他人 ┌ CPT(Carriage Paid to)運費付訖條件規則
　　CIF系統條件 ┤ CIP(Carriage and Insurance Paid to)運保費付訖條件規則

　　賣方指定目的港或指定地的港站 ┌ DAP(Delivered at Place)目的地交貨條件規則(運輸工具上準備卸載)
　　賣方指定目的地的指定終點站 ┤ DAT(Delivered at Terminal)終點站交貨條件規則(一旦卸下的貨物)
　　　　 └ DDP(Delivered Duty Paid)稅訖交貨條件規則(放置於到達運輸工具上準備卸載的貨物)

海運及內陸水路運送的規則 (Sea and Inland Waterway Transports)

　　海上交貨條件 ┌ FAS(Free Alongside Ship)船邊交貨條件規則
　　　　 ├ FOB(Free on Board)船上交貨條件規則
　　　　 ├ C&F(Cost and Freight)運費在內條件規則(或稱CFR)
　　　　 └ CIF(Cost、Insurance and Freight)運保費在內條件規則

報價條件因其性質不同而有下述十幾種價格術語。惟在國際貿易上，尤其國內廠商應用最廣泛者不外五、六種而已。茲就國際商會貿易條件解釋之國際規則頒佈順序 (Incoterms 1953, 1967, 1976, 1980, 1990, 2000, 2010) 說明如次：

㈠工廠交貨條件規則

工廠交貨條件規則 (Ex-works; Ex-W) 包含工廠交貨價 (Ex-factory)、礦場交貨價 (Ex-mine)、水泥廠交貨價 (Ex-mill)、倉庫交貨價 (Ex-warehouse)、農場交貨價 (Ex-plantation)，指貨物在賣方所在地工廠、倉庫、礦場或農場交付為條件之價格。或貨物在賣方所在地之工廠、倉庫、礦場或農場交貨其後之裝運以及運輸上之安全，則統由買方負責。若指買方的工廠、倉庫、礦場或農場交易，則在合約內必須加列買方兩字（即 Ex-buyer Works or Factory or Warehouse or Mine or Plantation)，這樣賣方就須將貨物負責運至買方的工廠、倉庫、礦場或農場，並負擔一切運輸及安全之風險。如無買方之文字，一般習慣係指賣方之工廠、倉庫、礦場或農場而言。以用於國內交易場合為多，若買方無法直接或間接辦理貨物出口手續時，此條件並不適用，須列出交貨地點 (Named Place of Delivery)。其報價表示方式：Sewing Machine NT$966.00 Per Set Ex-works Taichung.

㈡貨交運送人條件規則

貨交運送人條件規則 (Free Carrier, FCA)，意指賣方完成交運貨物於買方所指定之地點或場所交貨，以履行賣方義務。如果買方沒有指明正確的交貨地點，則賣方可以選擇在運送人將來收取貨物的地點或範圍內接管，賣方在買方自行承擔費用與風險下，依約協助運送人（諸如鐵路或空運時）。這種條件也可以使用在任何方式的運輸，包括複合運輸 (Multimodal Transport) 方式，亦即取代舊有 FOR、FOT 和 FOB Airport 等不同特殊運輸方式之交貨條件，其後須加列指定的交貨地點 (Named Place of Delivery)。

此條件係國際商會於 1990 年所修定，將原有 FOR、FOT 合併並擴大其運輸方式之運用。其報價方式可參考 FOR 或 FOT。國內工廠對貿易商報價，仍沿用此條件，故特別加以解釋如次：

所謂火車上交貨價格 (Free on Rail, FOR)、卡車上交貨價格 (Free on Truck, FOT)，是指於指定的發貨地點 (Named Place) 火車上交貨之價格，後者係於指定的發貨地點卡車上交貨的價格。賣方（工廠）將貨物裝上卡車或火車廂後，其後一切費用及責任由買方（出口商）負擔的條件。但實際情形係將貨物交與貨運公司或鐵路公司保管，並取得

運輸單據交與買主,並負擔該貨物的檢查品質、測量、過磅計算各項費用。如需發貨國或產地國各項證明文件時,應協助取得交與買主。其報價表示方式: Socket Wrench US$1.68 Per Kg FOR Cheng Kung, Taichung.

㈢終點站交貨條件規則

終點站交貨條件規則 (Delivered at Terminal, DAT),是指賣方於指定目的港或目的地的指定終點站,將到達運送工具的貨物一旦卸下 (Once Unloading) 交由買方處置並負擔將貨物卸載的一切風險時,賣方交貨責任即已完成。所謂的「終點站」(Terminals),包括任何地方,例如碼頭,倉庫,貨櫃場,貨棧或公路,鐵路或航空貨運站。至於雙方當事人有意將自該終點站至另一地方的貨物運送及處理之風險及費用亦歸賣方負擔時,應該使用 DAP 或 DDP。此種條件與國內廠商目前仍在使用的 FOR、FOT 條件相似,只是將貨物送達之目的港或目的地指定終點站明確指出而已 (named terminal at port on place of destination)。其報價表示方式: Sport Ball NT$ 62 Per PC DAT Taipei Harbor.

㈣船邊交貨條件規則

船邊交貨條件規則 (Free Alongside Steamer or Vessel, FAS),賣方須將貨物運至寄椿於輸出港之大船旁邊,直至裝貨上船之索具 (Tackle) 上為止。裝船費以及裝船以後之費用,裝船時以及裝船以後之風險,則由買方負擔之,普通情形下,貨物裝船費亦有包括於運費之內者,則與 FOB 差別甚微。所不同者: 在費用方面,如遇體積笨重之貨物需使用起重機 (Cranage) 時,因此類起重機使用費,慣例不包括在運費之內,故在 FOB 條件之下,賣方須負擔此項費用,而在 FAS 的場合,則歸由買方負擔。又如遇有不屬於運費以內之其他特殊費用,如滯延費、碼頭費等,情形亦復如此。在風險方面,裝船時之危險(如貨物墜入海中)在 FOB 之場合,歸由賣方負擔,而在 FAS 則由買方負擔。另在 Incoterms 2000 中,貨物輸出通關手續的義務則加諸於賣方。FAS 條件亦須加列裝貨港名 (Named Port of Shipment)。其報價表示方式: Bananas US$8.50 Per Ctn FAS Taichung.

㈤船上交貨條件規則

船上交貨條件規則 (Free on Board, FOB),係指賣方以自己之費用,按照契約所定之裝船地將貨物安裝於買方指定之船上為條件之買賣。此時賣方之責任是購買貨物,把貨物運送到裝船港並將貨物安裝於買方指定之船舶上為止的一切費用,包括包裝費、國內運費、檢驗及簽證費、倉儲費及至大船旁邊的駁船費及由船邊裝入船艙的裝載費

(Loading Charges)，並負擔至裝載完畢為止的一切風險。至裝卸完畢以後之各種費用（包括運費）及風險，則歸由買方負擔。本條件為現今國際貿易最常用之報價條件，且較適合於海運或內陸運輸之場合。若輪船無船舷欄杆之類，諸如駛上／駛下之貨櫃運輸，則以適用 FCA 條件為妥。FOB 條件，一定要表明其交貨地點的裝貨港名 (Named Port of Shipment)。其報價表示方式：Sunglass US$1.00 Per Piece FOB Keelung.

㈥運費在內條件規則

運費在內條件規則 (Cost and Freight, C&F 或 CFR)，在此條件下，賣方須負擔運至目的地之運費，並負責貨物裝上大船為止之一切風險，而水險、兵險以及以後之風險則歸由買方負責。貨物之交付地點則仍在輸出港大船船上，或輸出港埠其他交通工具上以交出清潔裝船提單為盡責。其後之責任全由買方負擔之，故貨物如在途中受損或短缺，賣方無補運之義務。本條件僅適用海運或內陸水運，若船舶無船舷欄杆之類，例如駛上／駛下 (Roll-on/Roll-off) 之貨櫃運輸，則適用 CPT 條件較為妥當。C&F 條件須附列輸入港名稱 (Named Port of Destination)。其報價表示方式：Watch Pen US$6.50 Per Dozen C&F Los Angeles.

㈦運費保險費在內條件規則

運費保險費在內條件規則 (Cost Insurance and Freight, CIF)，是指賣方負擔將貨物運到目的地港埠之運費、保險費及貨物成本價格。在此所謂之 Cost 係指 FOB Cost，亦就是包括至船上為止的一切費用之意，而 CIF 則係指 FOB 價格加上運至輸入港口為止的海運運費 (Ocean Freight) 及水險保費 (Insurance Premium) 的價格。但賣方之風險負擔，仍與 FOB 條件時相同，將貨裝上大船以後的風險即歸買方負擔。又所謂之保險 (Insurance) 若未與對照約定保險內容時，將依據協會貨物條款（英國倫敦保險協會）或任何類似條款最低承保。應不包括戰爭險 (War-risk)，但如有戰爭危險時，應由買賣雙方於合約上訂明，於 CIF 價格之後，加註包括兵險 (Including War-risk) 為妥。在運輸以海運或內陸水運之情況下，CIF 條件之適用毫無疑義，若輪船無船舷欄杆之類，諸如駛上／駛下，或者貨櫃運輸，則以 CIP 條件為妥。CIF 條件須附列輸入港口名稱 (Named Port of Destination)。其報價表示方式：Rice, Ponlai US$657.20 Per Metric Ton CIF Jakarta.

㈧運費付訖條件規則

運費付訖條件規則 (Carriage Paid To, CPT)，其條件與 FCA 條件一樣，相當於傳統的 C&F 條件。賣方於出口地交貨地點交貨，並預付至目的地的運價，而風險則於貨物

完成交付第一運送人保管時即移轉由第二運送人承擔。此一條件可適用於任何型態之運送方式，尤其為配合貨櫃與拖車一起駛上／駛下或貨櫃運輸 (Container Traffic) 等多種運輸工具的聯合運送。FCA 條件須加列輸入地名稱 (Named Place of Destination)。其報價表示方式：Toys Sunglass 3,000 dozen US$60.00 Per Dozen CPT Toronto.

(九)運保費付訖條件規則

運保費付訖條件規則 (Carriage and Insurance Paid To, CIP)，係國際商會於 1980 年補充之價格條件，1990 年加以修正，本條件約相當於傳統的 CIF 條件。賣方於出口地交貨地點交貨，並預付至目的地的運費與保險費，惟賣方風險於將貨物交付第一運送人保管時為止。本條件之主要特點：

(1)本條件買方與賣方之義務與 "Carriage Paid to" 大致一樣。

(2)在保險承保事故之範圍內，一旦貨損事實發生，買受人當然得自保險人處獲得損害賠償，然而其亦必須將得對抗運送人之權利轉由保險人代位 (Subrogation)，買受人須適時給予運送人以一切適當之貨損或滅失之通知，俾保險人日後不致失權而得以向運送人索賠。

(3)在 CIF 條件下，出賣人投保係以取得協會貨物條款之最低責任。但在本條件下，因可適用於任何形式之運輸，故除了海上運送之外的其他運送，並無與海上運送及海上保險或共同海損之概念相對稱之保險種類或概念，故當事人於簽訂契約時，對於保險種類須明白加以規定，如當事人對於保險事宜並未約定時，則出賣人得斟酌交易習慣，貨物之性質及其他影響風險之因素而投保適當之保險種類。本報價條件可以適用於包括複合運輸方式在內的任何運輸形式。亦須於條件之後加列輸入地名稱 (Named Place of Destination)。其報價表示方式：Ladies' Slip US$21.00 Per Dozen CIP Kuwait.

(十)目的地交貨條件規則

目的地交貨條件規則 (Delivered at Place, DAP)，意指賣方將到達指定目的地之運輸工具上準備卸載 (Ready for Unloading) 的貨物交予買方處理並負擔將貨物運至指定地的一切風險時，賣方之交貨義務即已達成。

其與 DAT 條件最大之不同點為前者 Once Unloading，而後者 DAP 條件則為 Ready for Unloading，且為新增的條件，為 Incoterms 2000 年版 DAF、DES 及 DDU 三種交易條件的組合。這是由於 DAF 及 DES 實務上，或因地理因素、貨物性質之差異，並非屬

正常交易之條件。而 DDU 則因賣方不需辦理貨物輸入通關手續或支付任何進口關稅，其性質與 DAP 交貨條件相似，故而整合成 DAP 交貨條件以符實際狀況須加列指定目的地 (Named place of destination)。其報價表示方式：Offer Mushroom Canned US$20.00 Per Case DAP New York.

㈡稅訖交貨條件規則 (Delivered Duty Paid, DDP)

稅訖交貨條件規則 (Delivered Duty Paid, DDP) 係指賣方已將貨物備妥，並負責將貨物運至輸入國境之標明地點。賣方負擔貨物之運費及風險，包括關稅、稅捐、及其他通關所需支付之規費，亦即賣方須支付貨物出口及進口通關所需費用。如賣方希望由買方負擔進口通關及支付關稅，則屬 DDU 條件。如賣方不希望負擔進口貨物的某些費用如加值型營業稅 (VAT)，則必須以書面表明 "Delivered Duty Paid, VAT unpaid...named place of destination"。此條件可適用於任何運輸方式。需加列指定目的地名稱 (Named Place of Destination)。其報價表示方式：Offer Mushroom Canned US$30.00 Per Case DDP New York.

㈢不包括在 CIF 及 CIP 價格內之各種費用

1.戰爭、罷工、暴動和內亂兵變風險之保險費用

依照 CIF、CIP 買賣規則，價格不包括戰爭、罷工、暴動和內亂兵變風險。在平時，因兵險保費甚為輕微，故事實上每多包括。惟在戰爭時，或者戰事瀕臨爆發之秋，則情形完全不同，為求貨物在運輸中的安全，則兵險變為非保不可，且保費費率亦將大為提高。此時出口商在報價中必須指出兵險保費按現行費率計算，並由買方負擔。而罷工、暴動和內亂兵變風險則屬於 ICC (A) 之除外險，自當由買方負擔費用，另行要求賣方投保。

2.領事簽證費

貨物出口時，目的地國家常有各種不同的規定，由派駐出口地之領事執行。故在領事簽證及簽證費用較高之場合，此項簽證費用自不屬 C&F 及 CIF 價格範圍，但仍應由買方負擔。故賣方在報價時，應向買方說明報價內不包括領事簽證費（或者尚須另加領事簽證費）。Incoterms 1990 各項條件中，買賣雙方責任與義務第十項有明確規定。

3. CIF 的各種附屬費用

⑴CIF&I (Cost Insurance Freight and Interest)：即 CIF 價格加利息。契約如以輸出國貨幣訂定，且係 CIF 時，其指定價格，普通係表示出口商之實收金額，銀行對

該匯票收取之利息,自須歸進口商負擔。在押匯時,須製發附息匯票 (Interest Bill of Exchange) 以收回貨款。利息若歸出口商負擔（即 CIF&I）時,就不開製附息匯票,出口商之實收金額是由契約金額扣除銀行應收利息之餘額也。契約如以輸出國貨幣訂定,而不用附息匯票者,出口商於押匯時可將押匯款金額（即發票金額）加上利息金額,作為匯票金額。

⑵ CIF&C (Cost Insurance Freight and Commission)：係 CIF 加上佣金之價格。對中東、非洲、中南美洲及東南亞地區之貿易多係採用此法。因這些地區之進口商,多係代理商,實際買主則為内地之批發商,因此常將自己應得之佣金加上,要求交易對方開製 CIF&C 價格之發票,而出口商即將發票總額悉數押匯。對進口商另退還佣金,此謂 Return Commission,或先將佣金由發票總額扣除,以餘額押匯收款。

⑶ CIF&E (Cost Insurance Freight and Exchange)：係 CIF 另加外匯匯費之價格。出口商向進口商開製的匯票,持向銀行貼現時,銀行所取之貼現利息與手續費等所謂之 Bank Charges。此種價格條件,係以輸出國貨幣表示,在第三國清償之匯票收款時的條件。因其價格包括銀行對該匯票預扣之諸種費用〔算至付款地往還所需郵寄日數及匯票期限 (Usance) 總共日數應計之利息及押匯所需手續費、代收費、郵費、印花等雜費〕在内,自然出口商實收之金額是為押匯金額扣除此等匯費之餘額也。

第二節　出口價格之計算方法

出口價格之結構,可分為四部分加以闡述：①國際規則之引用等；②報價條件之解析；③構成出口價格之項目；④出口價格之計算方法。

 ## 一、構成出口價格之項目

國際貿易決定買賣價格的因素很多,且因貨品種類及時地之不同而相異。惟大體言之,出口價格包括貨品成本 (Cost)、出口費用 (Charges) 及利潤 (Profit) 三大類。至於其詳細項目則可述之如下：

1. 原價 (Prime Cost)

指工廠之出貨價，包含礦場、水泥廠、倉庫及農場等指定交貨地點的出貨成本。

2.打包費 (Packing Charge)

包括①超過內銷之出口特殊包裝費；②商品以散裝送到出口商之倉庫內再由出口商負責打包之人工及裝箱材料費。

3.國內運輸保險費 (Insurance Premium, Inland Transportation)

係投保貨物國內運輸途中之危險，售價如以 CIF 價格成交，保險部分可引用倉庫條款 (Warehouse to Warehouse Clause) 延長至目的地之最終儲存處所。但內陸運輸危險，原則上需另附加保險費，惟保費率甚低。

4.鐵路運費 (Railway Charge) 或卡車運費 (Truckage)

間接交易方式之場合係指工廠報價條件中之 FOR 或 FOT 之費用。

5.碼頭倉棧費 (Storage)

包括進倉 (Receiving)、存倉 (Storing) 及出倉 (Delivery) 等所謂之 RSD 費用。

6.搬運費 (Shifting Charge)

係將貨件搬進碼頭上之貨車或駁船上的小搬運費，一般包括在碼頭裝卸費用。

7.駁船費 (Lighterage)

包括拖船費 (Towage Included)。

8.檢驗費 (Inspection Fee)

貨物出口檢驗有由買方指定者，有由輸出國檢驗單位公佈檢驗品目者，均需請檢驗機關檢驗後，取得證明書附件，一般檢驗費用為出口貨價 FOB 1‰。

9.報關費 (Customs Clearance Fee)

貨物委託報關行向海關報關因而產生之費用。

10.碼頭裝卸費 (Loadshoring Charge)

包括第 6.項之搬運費。

11.過磅丈量費 (Weighing & Measuring Charge)

出口貨物在碼頭倉庫，由宣誓度量衡公司，將丈量後的重量或尺碼數字記入 B/L 作為計算運費的基礎，或填製磅碼單 (Weight List) 與尺碼單 (Measurement List)。定期船條件 (Berth Terms) 時，丈量費概由輪船公司負擔，並由其指定度量公司。磅碼單或尺碼單費，概由貨主負擔。

12.起重機使用費 (Cranage)

FAS 條件下始發生此項費用之分擔問題，包括使用起重機因而發生之費用及風險。

13.裝貨費 (Loading Charge)

定期船條件下，FIO 全部由船公司負擔，不定期船條件 (Tramp Terms) 下，則分別視 FI、FO、FIO、FIOST 等約定條件而由貨主或船方負擔。

14.襯墊料費 (Dunnage)

為防止裝載貨物與艙底板面之摩擦碰撞、潮濕以及限制發汗等，鋪設於船底板上之木板、草蓆、粗帆布等謂之。

15.船上裝卸費 (Stewed Charge)

碼頭裝卸工人，無論使用機器設備或人工，將貨物自倉庫、碼頭、駁船裝於船上或貨艙中謂之。通常由輪船公司或代理委託當地輪船裝卸公司承辦，亦有由港埠管理機構統籌辦理者。

16.原產地證明書 (Certificate of Origin)

買方要求原產地證明書時，出口廠商須向公會或檢驗機構申請之費用。

17.領事簽證費 (Consular Fee)

買方要求領事發票時，向駐在國使館申請領事簽證單或海關發票時之費用。

18.銀行手續費 (Banking Charge)

出口商持信用狀向銀行押匯時，須扣除之費用，包括①出口押匯費，②郵電費，③匯費等。

19.利息 (Interest on Money)

以匯票清償貨款的交易，應依照匯票的期限 (Usance) 按週（年）息幾分 (～%) 計上利息，加算在匯率之內而由出口商負擔者，例如賣方遠期信用狀 (Seller's Usance L/C) 場合下所開發之匯票。

20.缺量預估 (Shortage to Be Estimated)

散裝貨物，常有在目的地起卸時發現缺量的情形，宜按照往例預估可能發生的減缺數量之價值，按照購進交貨地點所核算的總成本之百分之幾預計。

21.出口商佣金 (Exporter's Commission)

一般係按照出口商購進貨物時之交貨地點所接受之價格 FOR、FOB、C&F (CFR)、CIF 等為基礎預計百分之幾計算之，一般為 1～5% 之間。

22.海運運費 (Ocean Freight)

海運運費概以外幣列記，根據輪船公司之報價資料加以精算。空運之貨物須列計航空運費。

23.海上保險費 (Marine Insurance Premium)

係以 CIF 價格為基本，加算一成為投保金額，再以此金額乘保險費率，算出水險保費。

24.買方佣金 (Buyer's Commission)

買方有時係中間商 (Commission House)，以賺取佣金為營業標的，常要求給付百分之幾的佣金，應以 FOB 或 CIF 價為基礎計算。

以上 1.～4.項為工廠 FOR 或 FOT 價格。1.～20.項為工廠所報之 FOB 價格。1.～21.項為出口商所報之 FOB。1.～22.項為以上兩者所報之 C&F (CFR) 價格。1.～23.項為以上兩者所報之 CIF 價格。1.～24.項為以上兩者所報之 CIF C5% 價格。

上述各項出口價格之因素，除產品成本及利潤外，其他各項出口費用按其計算方式，可歸為四類，即比例費用 (Proportional Charges)，如倉儲費、包裝費、運保費、利息等；固定費用 (Fixed Charges)，如檢驗費、領事簽證貨單、產地證明書等費用；遞變費用 (Progressive Charges)，如購貨或保險超過某一限額，按特別折扣計算，則該項情況將由比例費用轉變為遞變費用；最低費用 (Minimum Charges)，即起運費用，如海運提單之最低運費等。

二、出口價格之計算方法

出口貨品價格之計算，視交易主體係直接交易或間接交易方式而定，一般出口價格均係採順算法之總價法合併，可分為：

㈠順算法

1.直接交易之計算方式

基本或邊際成本＋推銷成本＋出口費用＋出口利潤，按序計算而得之售價。

2.間接交易之計算方式

原價＋出口費用＋出口佣金，按序計算而得之售價。

㈡總價法

以整批貨品交易的成本＋出口費用＋出口利潤的總和除以數量而獲得之單位價格。無論是直接或間接交易，如計算無誤，則所得結果較為正確。

(三)單價法

以每件貨物單位價格計算，方法較為便利，但由於位數關係，尾數稍有進出，其總值相差必大，難於精確。除了郵貿業務 (Mail Order) 採用外，無論直接或間接交易均少使用。

為進一步瞭解出口價格之計算，以圖例方式說明如次：

(一)直接交易計算法（工廠報價）

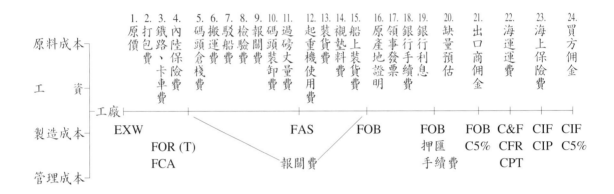

$$順算法之總價法 = \frac{\text{Ex-works 或 FOR} + 報關費 + 押匯手續費 + 預計利潤}{總數量}$$

$$= FOB（工廠之報價條件）$$

(1) FOB C5% = 〔FOB（1.至 20.）〕 +C5%

（工廠報給貿易商之報價條件）

(2) C&F (CFR) = FOB + F

（貿易商報給國外客戶之報價條件）

(3) CIF = FOB + I + F

（貿易商報給國外客戶之報價條件）

(4) CIF C5% = CIF + C5%

（貿易商報給國外客戶之報價條件）

上述直接交易之計算方式，係採傳統定價策略，其基本公式為：成本 + 費用 + 利潤。此種算法之優點在於計算簡單，缺點則是價格競爭力較弱。

(二)間接交易計算法（貿易商報價）

1.	1.～4.		1.～11.	1.～15.	1.～21.	1.～22.	1.～23.	1.～24.
EXW	FOR (T) FCA		FAS	FOB	FOB C5%	C&F CFR CPT	CIF CIP	CIF C5%

工廠報價給貿易商　　　　　　　　貿易商報價給國外買方

$$順算法之總價法 = \frac{\text{Ex-works 或 FOR} + 報關費 + 押匯手續費}{總數量}$$

$$= FOB$$

(1) FOB C5% = FOB + Commission 5%

（貿易商報給國外客戶之報價條件）

(2) C&F (CFR) = FOB + F

（貿易商報給國外客戶之報價條件）

(3) CIF = FOB + I + F

（貿易商報給國外客戶之報價條件）

(4) CIF C5% = CIF + C5%

（貿易商報給國外客戶之報價條件）

上述報價條件中給付買方之預計利潤或佣金之計算方法可分為兩種：

1. 理論上算法

假設 C&F (CFR) 之價格為 US\$20,000，C 為 5%，則報價應為：C&F (CFR) C5% = US\$21,052.63

〔計算：$C5\% = \dfrac{\text{C\&F (CFR)} \times 5\%}{1 - 5\%} = \dfrac{US\$20,000 \times 0.05}{1 - 0.05} = US\$1,052.63$〕

∴ C&F (CFR) C5% = US\$20,000 + US\$1,052.63

$$= US\$21,052.63$$

亦即銷售毛值 C&F (CFR) C5% 支付佣金，則

$$\text{C\&F (CFR) C5\%} = \frac{\text{C\&F (CFR)}}{1 - 0.05}$$

$$= \frac{US\$20,000}{1 - 0.05}$$

$$= US\$21,052.63$$

成交後，出口商實收 US\$20,000，應付佣金為 US\$1,052.63。

2. 實務上算法

報價常用者為 C&F (CFR) C5% = US\$21,000.00

〔計算：C5% = C&F (CFR) × 5% = US\$20,000 × 0.05 = US\$1,000〕

成交後，應付佣金為 US\$21,000 × 0.05 = US\$1,050。

出口商實收只有 US\$19,950，但可在報價單上另附註："The above price includes your commission 5% on C&F (CFR) (US\$20,000) basis"，如此出口商就不致吃虧。

佣金之計算以出口商立場而言，理論上按 FOB 價格計算較妥。按 C&F (CFR) 或 CIF 計算，無異連運費、保險費也給付佣金，大都依進口商之要求計算為多。另者，如非事先說明 FOB 價格為若干，對方無法確知將來可拿到多少佣金。

在國際貿易上，國外買方要求給付佣金之情況非常之多，其具體實例，如以信用狀付款方式而言，在信用狀中有如下列條款者即是。

Note: The negotiation bank must deduct 5% from total invoice as Agent's Commission reserved from and to be remitted to Agencias Gazal Hermanos S.A.P.O. Box 8951 Panama 5 Panama.

3. 佣金在各種條件之算法

國外買方要求給付佣金時，在各種報價條件之計算公式如下：

(1) FOB C5% = FOB × $\dfrac{1}{1 - 佣金率}$

(2) CFR C5% = (Cost + Freight) × $\dfrac{1}{1 - 佣金率}$

(3) CIF C5% = (Cost + Freight) × $\dfrac{1}{1 - (保險費率 \times 1.1 - 佣金率)}$

例如：某一項產品出口廠商報價為 US\$3,500.00 Per Set CFR Dubai，進口商要求改報 CFR C5%，則

CFR C5% = $\dfrac{US\$3,500.00}{1 - 0.05}$

= US\$3,684.21

正確報價為：（貨名）US\$3,684.21 Per Set CFR C5% Dubai.

第三節　海運運費之計算步驟與方法

國際貿易報價，以 FOB 條件對出口商較為有利，蓋因按 FOB 條件成交，船隻的洽定歸買方負責，此其一。在洽船不易的時節，如因無法洽得艙位致發生 Delay Shipment 時，其責任亦由買方負責，此其二。運費問題若歸買方負責，賣方不負擔運價漲跌之風險，此其三。故以 FOB 條件成交對出口商頗有好處，惟成交機會不大，因為須顧慮到某些地區之貿易習慣，例如中南美洲及中東、非洲地區宜以 C&F (CFR) 或 CIF 條件報價較易成交。因此，以 C&F (CFR) 或 CIF 條件出口報價時，運費的計算為一項重要的工作。如何使運費計算正確合理，最為出口商所關切，故不可不慎。茲將運費詢價及計算時應注意的事項及步驟，詳述於後。

 一、確定交易條件及查詢運費

出口廠商應事先與買方協調交貨條件，如係主動報價，亦應先行查明該國之目的港為何及有無船隻前往，是直達或轉船，在何處轉船，有幾家船公司前往，每月班次如何，以作為將來決定裝船期限之參考。

港口確定後可根據該港口所屬航線尋找有關的船公司查詢運費及船期。通常可在報紙的船期廣告、航貿週刊或台灣經貿網 (Taiwan Trade) 船期與貨櫃查詢網站上尋找通航船名，但船公司或船務代理之大小、規模及信用狀況等，則難以辨別，出口商需自行查詢。

關於選擇可靠之輪船公司報價，似可依下列原則決定：

⑴該航線有運費同盟組織者，以採用運費同盟船公司的報價為準，雖費率較高，但船期較為準確可靠。例如參加歐洲航線之各同盟輪船公司。

⑵無運費同盟的航線，應採用組織較具規模而可靠之船公司報價為準，但報價可能略高。

⑶已與某特定船公司長期往來者，如不準備另交其他船公司承運，則以該特定船公司之報價為準。但應特別注意該公司之營運情形及其船期之可靠性。

⑷運費報價過低的船公司，應特別注意其可靠性，不可貪圖低廉運費或非法退佣而遭無謂的損失。

二、查詢運費時應注意事項

向船公司查詢運費時，須先瞭解與運費有關的一些專用名詞及其費率結構，再就下列事項加以確認：

⑴確定欲裝運貨物之分類 (Cargo Classification)，可向船公司詳細述明貨物名稱、性質及使用質料，以確定運費率 (Rates)。

⑵問明運費基礎 (Freight Basis)，即按體積計算抑按重量計算？按體積計算時，以 1 立方公尺 (35.3 立方呎) 為 1 噸抑或以 40 立方呎為 1 噸？如按重量計算，以 1,000 公斤或 2,000 磅為 1 噸，抑按其他標準計算？皆應詢問清楚，否則極易造成計算錯誤。

⑶詳細詢明基本費率 (Basic Rate) 外之各種附加費用 (Additional Charges or Surcharges) 的名稱及計算方式，或應注意計算之先後次序。例如有些附加費如港埠費 (Port Charges)、港口擁擠附加費 (Port Congestion Surcharge)、轉船費 (Transhipment Additional) 等應與基本費率相加，而燃料附加費或美金貶值附加費如按百分率計算，則係將各種費用相加後的總和再乘以百分率計算，次序不同，計算的結果必有出入。

⑷如能向船公司取得書面報價，多少可作為實際交運時之依據（惟並無法律約束力），避免無謂糾紛。

理論上運費算出後，加上產品之 FOB 成本，即為 C&F (CFR) 報價之價格。在貿易實務上，根據以上兩例所算出來的運費，雖為交運時之實際負擔費用，但有時出口廠商仍須考慮市場狀況及買方的殺價習慣，以及運費可能之調整等因素，而預作適當而有利的安排。

 三、運費的計算方式

運費基準 (Freight Basis) 為船公司計算貨品運費之單位，通常採用重量（Weight，運費表中簡稱 W）或體積（Measurement，運費表中簡稱 M）為計算標準，或於二者中擇其運費較高者為準（運費表以 W/M 表示）。船公司度量貨品重量或體積採用之標準，分公制 (Metric System) 及英制 (British System) 兩種。過去僅歐洲及東、南、西非運費同盟採用公制，但目前大部分航線之運費同盟如美國、加拿大、澳、紐及新幾內亞、臺日

全貨櫃運費同盟等，均已改採公制。茲將公制及英制之海運運費基準分述如次：

㈠公制 (Metric System)

1.重量單位

按貨品之毛重 (Gross Weight) 以每 1,000 公斤（Kgs 或 Kilos）或 2,204 磅（Pound, Pd 或 Libras, Lbs）為一個重量噸，一般稱之為公噸。

2.體積單位

按貨品之毛體積 (Gross Measurement) 以每 1 立方公尺（Cubic Metre 或 m^3，亦叫 CBM、CUM）為一個體積噸，相當於英制 35.3145 立方呎。

㈡英制 (British System)

1.重量單位

英制之重量單位，可分為：

⑴長噸 (Long Ton)：以 2,240 磅 (Lbs) 為一個重量噸，相當於 1,016.06 公斤 (Kgs)。

⑵短噸 (Short Ton)：以 2,000 磅為體積噸，相當於 907.18 公斤 (Kgs)。

⑶擔 (CWT)(Hundred Weight)：以 20 CWT 為一個重量噸；但須注意採用長噸時，每 CWT = 112 磅，採用短噸時，每 CWT = 100 磅（使用時常以括弧註明 112 磅或 100 磅）。1 CWT（擔）= 50.8 公斤 (Kgs)。

2.體積單位

按每件或每一包裝單位之毛體積 (Gross Measurement) 計算，以每 40 立方呎（Cubic Feet，簡稱 Cuft, Cft）為體積噸，或稱 1 才噸。（按 40 立方呎 = 1.133 立方公尺，1 立方公尺 = 35.5 立方呎）航運界習慣上所稱之 1 才，即為 1 立方呎。

由於貨物體積長高寬不一，為使各包裝單位之才積能適用公式之需要，特舉例說明其換算方法如次：

⑴將貨物之長、高、寬化為吋：

$1'2'' \times 1'2'' \times 2'5'' = 5{,}684$ Cubic Inches

$5{,}684 \div 1{,}728$ (1 Cft = 1,728 Cubic Inches) = 3.30 Cft or

$5{,}684 \times 0.00058 = 3.29672$ Cft

$= 3.30$ Cft

⑵將貨物之長、高、寬化為呎之小數：

$1'2'' \times 1'2'' \times 2'5'' = 3.2893$ Cft = 3.30 Cft，結果與第⑴項相同

代入公式

$$運費 = \frac{運費率 \times 貨物體積（立方呎）（公噸）}{40 \text{ 立方呎（}35.3145 \text{ 立方呎）（}2,204 \text{ 磅）}}$$

(3)體積單位之換算：

1 立方呎 (Cubic Feet) = 1,728 立方吋 (Cubic Inches)

40 立方呎 (Cubic Feet) = 69,120 立方吋 = 1.1328 立方公尺

50 立方呎 = 86,400 立方吋，僅適用於出口之鋸木及木板量材使用

1 公分 (Centimeter = 0.3937 Inches) = 10 公釐 (Millimeters)

1 公尺 (Metre = 39.37 Inches) = 100 公分（Centimeters，簡稱 cm）

(4)單位換算單位之計算方法：

Pounds 換算為 Kilograms 乘以固定數 0.45

Kilograms 換算為 Pounds 乘以固定數 2.20

Inches 換算為 Centimeters 乘以固定數 2.54

Centimeters 換算為 Inches 乘以固定數 0.40

(5)臺尺求體積公式：

1 公尺 = 3.3 臺尺 = 3.281 呎

(6)木材容積計算：

木材容積 (Board Measure Foot, BMF)

$BM = BF$ (Board Foot) $= Bft$

$\quad = 1'' \times 12'' \times 12''$

$\quad = 144$ Cubic Inches

$\quad = \dfrac{1}{12}$ Cft

12 BM $= 12$ BF $= 1$ Cft

1 才噸 $= 40$ Cft

$\quad = 40 \times 12 = 480$ BM (BF)

$1,000$ BM $=$ (BF) $= \dfrac{1,000}{480} = 2.08$ 才噸

重量法與容積法如何加以正確判斷，可根據船公司之運費率表 (Freight Sheet) 查出或由出口商自行演算。為進一步說明再舉二例：

例一、銅鎖 60 mm（Millimeter，公釐）每箱 20 Doz，重 80 Kgs，體積 2.4 Cft，運費每噸 US$50.00，則應按重量法計算運費，這可由下列比較得知：

	重　量　法		體　積　法
每噸	1,000 Kgs – US$50.00	每噸	40 Cft – US$50.00
	10 Kgs – US$0.50		1 Cft – US$1.25
每箱	US$0.5 × 8 = US$4.00	每箱	US$1.25 × 2.4 = US$3.00
每打	US$4.00 ÷ 20 = US$0.20	每打	US$3.00 ÷ 20 = US$0.15

例二、一紙箱球鞋，工廠報價寫明一紙箱內裝 12 打，箱子尺寸是 71 cm × 40.5 cm × 30.5 cm，則每箱體積若干？

71 cm × 0.40 = 28.4 Inches

40.5 cm × 0.40 = 16.2 Inches

30.5 cm × 0.40 = 12.2 Inches

28″ × 16″ × 12″ = 5,376 立方吋

5,376 ÷ 1,728 = 3.11 Cft

5,376 × 0.00058 = 3.11 Cft

㈢從價計算 (Ad Valorem)

簡稱 Ad Val.，用於貴重貨品 (Valuable Cargo) 如金、銀、絲、銅等製品及某種電子製品等，係按該貨品之 FOB 價格百分率 3～5% 計算運費。此類貨品交運時，多應附送輸出許可證 (Export License)，以憑核算運費。

㈣論件計算 (Unit)

按照輸入或輸出地區之習慣，以件數為計算單位，如車輛、遊艇之按 Unit，牲畜之按 Head。

一般雜貨以按體積計算運費者居多，船方對貨物重量及體積之丈量，皆由指定之公證行施行，並根據公證行所報之重量及體積為計算運費之基準，此點應特別注意，以免運費計算偏頗。

四、海運運費計算範例

1. Company A (conference member) has 200 cartons of Jewel Box to be shipped for Hamburg, Germany via conference vessel and the size of each carton is $15'' \times 20'' \times 25''$ and the weight of each carton is 29.5 pounds. The freight calculation will be as follows:

$$\frac{(15'' \times 20'' \times 25'') \times 200 \ (\text{cartons}) \div 1,728 \ \text{cubic inches}}{35.3145 \ \text{cubic feet}} = 24.58 \ \text{m}^3$$

24.58 (m^3) $\times$ US\$53.00 per m^3 = US\$1,302.74 ⸻(1)

$$\frac{29.5 \ \text{pounds} \times 200 \ (\text{cartons})}{2,204 \ \text{pounds}} = 2.68 \ \text{metric ton}$$

2.68 metric ton $\times$ US\$53.00 (per metric ton) = US\$142.04 ⸻(2)

Because of (1) > (2), take (1) as basic chargeable freight：

24.58 m^3 $\times$ US\$53.00 per m^3	= US\$1,302.74
less 9.5% Conference Rebate	123.76
	US\$1,178.98
Plus Currency Adjustment Factor 6%	70.74
Plus Bunker Adjustment Factor 7%	82.53
	US\$1,332.25
Plus LCL charges US\$6.00 per m3	147.48
Total Ocean Freight for the Shipment	US\$1,479.73

2. Company B has 200 cartons of Toy to be shipped for New York, USA via container vessel and the size of each carton is $11'' \times 16'' \times 16.5''$ and the weight of each carton is 57.2 pound.

The freight calculation will be as follows:

$$\frac{(11'' \times 16'' \times 16.5'') \times 200 \ (\text{cartons}) \div 1,728 \ \text{cubic inches}}{35.3145 \ \text{cubic feet}} = 9.52 \ \text{m}^3$$

9.52 m^3 $\times$ US\$53.00 = US\$504.56 ⸻(3)

$$\frac{57.2 \ \text{pounds} \times 200}{2,204 \ \text{pounds}} = 5.19 \ \text{metric ton}$$

5.19 metric ton $\times$ US\$53.00 per metric ton = US\$275.07 ⸻(4)

Because (3) > (4), take (3) as basic chargeable freight:

9.52 m³ × US\$53.00 per m³	= US\$504.56
Plus Bunker Surcharges US\$2.70 per m³	25.70
Plus Destination Delivery Charge US\$0.85 per m³	8.09
Plus LCL Charges US\$6.00 per m³	57.12
Total Ocean Freight for the Shipment	US\$595.47

3.某成衣出口商擬外銷尼龍男襪 (100% Nylon Men's Socks)，欲以 C&F 向沙烏地阿拉伯達曼港 (Dammam) 某進口商報價，經向船公司查詢運費為每體積噸（40 立方呎）US\$46.00，另加達曼港口擁擠附加費 20%，已知該出口商使用外銷紙箱之大小為 15″×18″×23″，每箱裝 60 打，求每打運費。

解：

(1)先求每噸運費（即每 40 立方呎）：

US\$46.00 + (US\$46.00 × 20%) = US\$55.20

(2)次求每立方呎（或每才）運費：

US\$55.20 ÷ 40 = US\$1.38

(3)再求紙箱的立方呎數：

15″×18″×23″= 6,210 立方吋

則 6,210 ÷ 1,728 = 3.59 立方呎

(4)則每箱的運費 = US\$1.38 × 3.59 = US\$4.95

(5)因每箱裝 60 打，則每打的運費如下：

US\$4.95 ÷ 60 = US\$0.083（約 8 美分餘）

4.某電子計算機出口商擬以 C&F Liverpool 條件向英國某進口商報價，該出口商所使用之包裝紙箱為 15″×23″×35″，每箱 2 打，求每一電子計算機之運費（設該出口商已與遠東／歐洲運費同盟簽約，可享受特約費率優待）。

解：

(1)經向船公司查詢，所得資料如下：

①基本費率為每立方公尺 US\$81.06，特約者費率減 9.5% 計。

②燃料附加費 (BAF) 7%，美元貶值附加費 (CAF) 6%，分別按基本費率加收。

③如係併櫃，每立方公尺收併櫃服務費 US\$6.00。

④往英國 Liverpool 貨物，船公司係將貨櫃卸於貨櫃港 Southampton，再用拖車運往 Liverpool，並向貨主加收內陸轉運費每 2 立方公尺收 1.25 英鎊（或每立方公尺 0.625 英鎊），因此以 C&F Liverpool 報價時，應包括此一費用。

⑵計算：

　①特約基本費率 = US$81.06 – (US$81.06 × 9.5%)

　　　　　　　　 = US$73.36

　②燃料附加費及美元貶值附加費 = US$73.36 × (7% + 6%)

　　　　　　　　　　　　　　　 = US$9.54

　③併櫃服務費 = US$6.00

　④內陸轉運費（每立方公尺）= US$2.23（按匯率）× 0.625

　　　　　　　　　　　　　　 = US$1.39

　①＋②＋③＋④ = 每立方公尺（噸）運費 = US$90.29

⑶使用之紙箱體積 = 15″ × 23″ × 35″

　　　　　　　　 = 12,075 立方吋 ÷ 1,728 = 6.99 立方呎 (cuft)

$$F = \frac{6.99 \text{ cuft} \times US\$90.29}{35.3145 \text{ cuft}} = US\$17.87$$

⑷每箱之運費 US$17.87，每箱裝 2 打，則每一電子計算機之運費為：

US$17.87 ÷ 24 = US$0.74

五、航空貨運運費的計算

航空貨運包括 Air Cargo 與 Air Post Parcel 兩種。Air Cargo 各空運公司的費率均相同，惟有 Service 與 Rebate 的差異而已。

㈠航空貨物運費構成項目

航空貨運運費計算的基準包括計費重量 (Chargeable Weight)、適用的運價 (Applicable Rate) 以及對航空公司申報交運貨物之價值 (Declared Value for Carriage) 三大部分。

　1.計費重量

運費係依據運價表所訂不同種類貨物，以每一單位重量（公斤或磅）適用之運價，乘以計費重量求得。計費重量除了以較低運價之較高級距重量作為收費重量外，係以實

際毛重與體積重量相比，兩者取其大者作為收費重量以計算運費。

2.適用之運價

空運貨物運價，依運送區域及貨物種類之不同，可分為最低運價 (Minimum Charges)，一般貨物運價 (General Cargo Rates, GCR)，特種商品運價 (Specific Commodity Rates, SCR)，分類貨物運價 (Commodity Classification Rates，簡稱 Class Rates，或 CCR)，貨櫃運價 (Bulk Unitization Charges, BUC 或 Unit Load Device, ULD)。以上最低運價 (貨櫃運價之最低收費額除外)、一般貨物運價、特種商品運價及分類貨物運價，均屬散裝運價 (Bulk Rate)。由起運地至目的地兩點間適用之運價，可由各航空公司準則及 TACT (The Air Cargo Tariff) 運價手冊中查得。

3.對航空公司申報貨物之價值

託運人於交運時向航空公司申報之貨物價值，如果依貨物實際毛重計算，每公斤超過華沙公約所規定之 250 金法郎 (French Gold Francs)，則航空公司將依規定收取報價費 (Valuation Charge)。另依據國際空運協會 (IATA) 現行規章，對申報貨物之價值超過每公斤 20 美元（或每磅 9.07 美元）部分收取 0.50% 報價費。

㈡航空貨物運費計算公式

國際空運貨物之運價都以出發國之貨幣單位為主，因此，外銷商品以外幣報價時，必須考慮到匯率變動的因素。為避免以美元報價之信用狀於押匯時遭受匯率差價損失，可考慮以出貨收款時之遠期匯率作為報價參考,按報價時之匯率酌加某一百分比率之貨幣貶值附加費或稱貨幣調整因素 (Currency Adjustment Factor, CAF)。

1.重量單位

空運貨物不同計費重量之計算公式:

⑴散裝空運運費 = 每公斤運價 (NT\$/Kg) × 貨物總實際毛重

⑵散裝空運運費 = 每公斤運價 (NT\$/Kg) × 貨物以較高級距重量計費之總重量

2.體積單位

⑴散裝空運運費 = 每公斤運價 (NT\$/Kg) × $\dfrac{總體積\ (\mathrm{cm}^3)}{7{,}000\ \mathrm{cm}^3}$

（公制 7,000 cm³ = 1 Kg）

⑵散裝空運運費 = 每公斤運價 (NT\$/Kg) × $\dfrac{總體積\ (\mathrm{in}^3)}{427\ \mathrm{in}^3}$

（英制 427 in³ = 1 Kg or 194 in³ = 1 Lb）

3.混合貨物

　　散裝適用不同運價混合貨物 (Mixed Consignment) 之空運運費 = 每公斤適用之運價 (GCR, SCR, CCR, NT$/Kg) × 各適用運價之計費重量。

(三)航空貨物運費計算實例

　　茲以 Air Cargo 的運費計算實例，說明如下：某出口商擬外銷 Gentlemen's Wrist Watch，欲報 C&F (CFR) Dubai，經查詢空運公司運費為 45 Kgs 以下者每 Kg 是 NT$380.00，已知該出口商每紙箱可裝 150 只男錶，每箱皮重是 1.5 Kgs，每只錶約重 80 Gram，問每只男錶的空運費若干？ (US$1 = NT$30.15)

　　解：

　　(1)先求每箱的毛重：

　　　(80 Gram × 150) + 1.5 Kgs = 13.5 Kgs

　　(2)次求每箱（150 只）的運費：

　　　NT$380 ÷ US$30.15 = US$12.60

　　　US$12.60 × 13.5 = US$170.15

　　(3)每只男錶的運費：

　　　US$170.15 ÷ 150 = US$1.13

第四節　水險保費之計算步驟與方法

　　貨物海上保險費之計算，是出口報價的重要部分，也是某些必要形式的保護工具，因此投保金額之精確計算也需有一套公式來適用，庶免失其正確。國際貿易，買方在信用狀中，習慣上多要求按 CIF 價格加一成投保，目的在於確保預期利潤及防止預期損失。故出口商在報出 CIF 價格或 C&I 價格條件中，例須將保險公司之報價，換算成本身所欲加入之保險費，作為上述報價之基礎始稱允當。

 ## 一、保險金額之確定

　　保險金額 = 貨價 + 預付費用（運費或其他）+ 預期利潤

　　亦即等於 $\dfrac{(C\&F) + 10\%}{100\% - （保險費率 + 10\%）}$ 或

　　$\text{Insurance Value} = \dfrac{(C\&F\ Value) + 10\%}{100\% - (Insurance\ Rate\ Plus\ 10\%)}$

例如：貨價 US$200,000 (C)

　　　預付運費 US$6,000 (F)

　　　保險費率 0.85% (R)

　　　預期利潤 10%

則：保險金額 $= \dfrac{1.1 \times (\text{US\$200,000} + \text{US\$6,000})}{1 - 1.1 \times 0.85\%}$

　　　　　　 $= \dfrac{\text{US\$226,600}}{0.99065}$

　　　　　　 $= \text{US\$228,738.70}$

二、保險費之算出

保險費 = 投保金額 × 保險費率

亦即 Premium = Insured Value × Insurance Rate

茲有成衣 (Garments) 一批，以紙箱裝運，目的地韓國釜山港，保險金額 US$11,000，保險條件 ICC (A)。船名長運輪（1967 年建造，700 總噸位，非定期班輪）。

保險費之計算方式：

ICC (A) + 兵險 + 逾齡加費 + 不足噸位加費 = 總費率

I = US$11,000 × (0.34% + 0.0275% + 0.0938% + 0.095%)

　= US$61.19

三、直接求出保險費之方式

保險費 = (C&F + 保險費) × 110% × 保險費率

保險費以 X 代表，C&F 以 A 代表，保險費率以 R 代表

則：$X = (A + X) \times 1.1 \times R$

　　$X - 1.1RX = A \times 1.1R$

　　$X = A \times \dfrac{1.1R}{1 - 1.1R}$

例：C&F 價為 US$7,128.60

　　全險費率為 0.5000%

　　兵險費率為 0.0375%

　　合計保險費率為 0.5375%

則： $US\$7,128.60 \times \dfrac{1.1 \times 0.5375\%}{1 - 1.1 \times 0.5375\%}$

$= US\$7,128.60 \times \dfrac{0.0059125}{0.9940875}$

$= US\$7,128.60 \times 0.005948$

$= US\$42.40$

四、直接求出 CIF 之計算方式

假設 X = 貨物成本加運費 (FOB + F = C&F)

R = 保險費率

V = 保險金額對 CIF 價格之百分比

P = 擬報出之 CIF 價格

則 $P = X + P \times V \times R$

移項 $P - P \times V \times R = X$

$P[1 - (V \times R)] = X$

$\therefore P = \dfrac{X}{1 - V \times R}$

代換回來： $CIF 報價 = \dfrac{C\&F}{1 - 保險費率 \times 保險金額對 CIF 價格之比率}$

第五節 機動匯率下出口報價之計算

外匯匯率之變動，對出口廠商之報價屬結構性影響，除了可能造成匯兌損失之外，亦容易喪失商機，削減競爭力，故出口廠商須做好避險措施以資因應。將操作遠期外匯成本反映在出口報價上是必然的方式之一。

先假設：報價 = 生產成本或公司營運成本 + 利潤

以出口商為例──在現行機動匯率下，把外匯預售給指定銀行時將有下列幾種成本會產生：

⑴工廠報價係基於 US\$1 = NT\$32.75 為標準。

⑵預測報價後，一個月內可以收到訂單及 L/C。

⑶預定收到訂單及 L/C 二個月內準時出貨裝船押匯（即報價後六十～九十天內）。

⑷設利息為年息 8.5%（利息係以報價當時之利率為準）。

假設——工廠報價：Sport Bags (pvc) US$42/Per Doz FOB Taiwan Net。

時間——民國 99 年 3 月 18 日。

第一種成本預估：

出口商在報價時係用 3 月 18 日公佈之六十一天期之遠期外匯為：買入匯率 (US$1 = NT$31.45) 為報價基礎。其與工廠所報價格之差別為：

NT$32.75 − NT$31.45 = NT$1.30

NT$1.30 ÷ NT$31.45 = 0.041 = 4.1% ·· ①

①為匯率差別成本之百分比，出口商報價時應加在報價單上。

第二種成本預估：

出口商辦理預售外匯給指定銀行，需繳出口金額 5% 之保證金。

該保證金利息負擔之成本為：（預定 5 月 18 日前可預售外匯給指定銀行而於 3 月 18 日所做之利息成本預估）

US$42 × 5% × 60/360 × 8.5/100 = US$0.02975 = US$0.03

其百分比：US$0.03 ÷ US$42 = 0.07% ·· ②

②利息負擔視情形而定，有些指定銀行對好客戶並不收取。

第三種成本預估：

貼現利息之成本。即出口商將貨物裝船出口後，備齊所有 L/C 要求文件持向外匯銀行押匯（貼現）時，所必須計算之貼現利息，目前規定為十二天計算。

其計算：US$42 × 12/360 × 8.5/100 = US$0.119 = US$0.12

US$0.12 ÷ US$42 = 0.002857 = 0.29% ·· ③

③在不急需貨款之情況下，可等銀行收到貨款後再押匯，即可不計。

綜合上述成本百分比① + ② + ③即 4.46%。

假如：出口商之營運成本為　　　　3%

　　　利　潤　　　　　　　　　2%

　　　機動匯率下之成本　　　　4.46%

　　　合　計　　　　　　　　　9.46%

US$42/Per Doz × 9.46/100 = US$3.9732 = US$3.97/Per Doz

US$42 + US$3.97 = US$45.97/Per Doz（出口商報價）

附註：①每種成本每次報價均需加以計算，在目前機動匯率下比較妥當之作法約計 5% 以上之
　　　利潤收入加上原價是為良策。

②上面所列百分比如果不同意或者不預售不貼現時，可自行增減調節。

第六節　如何計算出口價格實例

　　本節所提供之出口價格計算實例，對出口廠商初期外銷報價之計算甚具實用性。至
於略具規模之廠商，可自行設計適合公司使用之「進出口貿易作業系統」套裝軟體，自
動上下演算存檔備用。

出口價格計算實例

貨品價格：Transistor Radio Phonograph AM-33	付款條件：Sight L/C
	日　期：January 30, 2011
製造廠：GM Electric Co.	訂單號碼：PDC-WS09576
買　方：Pardain Co.	報價條件：CIF New York
數　量：6,000 Sets	包　裝：12 Sets Per Case
	體　積：$2' \times 52' \times 55' = 20$ Cuft/Case

項　目	摘　要	小　計	合　計
基　價	Ex-Factory NT\$600/Set × 6,000 Sets···Ex-works　　　EXW →		NT\$3,600,000
包裝費用	@NT\$100 × 500 Cases	NT\$ 50,000	
搬運費用	@NT\$10 × 500 Cases	5,000	
預期損失	按 0.1% 計算 NT\$3,600,000.00 × 0.001	3,600	
內陸搬運	每卡車 NT\$5,800 自臺北至基隆載運量 100 箱		
	NT\$5,800 × 5············FOT →	29,000	3,687,600
檢驗費用	按 FOB 千分之三每部 NT\$0.2 × 6,000	1,200	
報關費用	倉儲費用（免）		
	裝船費	8,000	
	出口稅（免）		
	推廣貿易服務費 0.0425%（完稅價格計算之）	1,567	
	商港服務費（依商港服務費收費等級費率表）·········FAS →	1,844	3,700,211
郵電雜費	本批交易預支之郵費及傳真費················FOB[1] →	2,000	3,702,211
銀行費用	1.押匯手續費按預估 L/C 金額 US\$144,275 折算 NT\$30.50 為 NT\$4,400,387.5 × 0.1%	4,400	
	2.郵電費按開狀銀行之地區別微收，此 L/C 為美國開來	300	
	3.押匯利息 NT\$4,400,387.5 × 6.5% × 12/365·········FOB[2] →	9,404	3,716,315
外銷退稅	預估貨品出口後可申報退回原料進口稅捐		(100,000)
			3,616,315
預計利潤	10% on FOB: FOBC10% = NT\$3,616,315 × 10%		361,631
	FOB KEELUNG 折合 US\$1.00 = NT\$30.50···········FOB[3] →		US\$130,424.45
海洋運費	US\$30/CBM, US\$10.10/CBM (DDC)		
	US\$1.50/CBM (BAF), NT\$650 (B/L)		
	F = [(US\$30 + US\$10.10 + US\$1.50 + US\$0.35) × 500 × 20		
	Cuft]/35.3145 Cuft = US\$11,878.97············F →		11,878.97
	C&F NEW YORK·····················C&F →		US\$142,303.42
水險保費	All Risked & War Risks, Rate 0.2%		
	C&F Plus 10% (US\$142,303.42 × 110% × 0.2%)/(1 − 110% × 0.2%)·····················I →		317.20
單　價	CIF NEW YORK·······················CIF →		US\$142,620.62
	US\$142,620.62/6,000 Sets		US\$23.77

說明：一、銀行費用中之押匯利息，自中央銀行公佈機動利率之後，各外匯銀行之計算利率並不相同，出口商於計算報價時，須以當時之利率為標準。

二、新臺幣折算外幣匯率須以當時各外匯銀行所公佈之銀行買入及其匯率或遠期匯率為準隨時調整之，本表使用匯率只供作參考。

第七節　進口價格之計算方法

進口價格之估價與計算，最主要之考慮因素在於進口稅費及營業稅捐之正確估計，因其影響實際售價甚大，另外銀行費用及利息之負擔也不能忽略，以免計算之結果有誤，影響進口成本之估算。

 一、構成進口價格之項目

進口價格包括貨品成本，進口費用，進口稅費與利潤四大類，詳如：

1. 原價 (Prime Cost)

即在國外成交之價格，有 FOB、CIF、C&F (CFR) 之別。FOB 時須加算海運運費及水險保費，C&F (CFR) 時須加算水險保費，按順算方式核算至輸入港口之 CIF 價格，換算成國幣（新臺幣）作為原價。

2. 卸貨費用 (Landing Charges)

指櫃裝、散裝及大宗散裝等由進口廠負擔之 DDC、FO 等卸貨情況。

3. 碼頭裝卸費 (Longshoring Charges)

大宗，散裝貨物或傭船契約運送之貨物。

4. 檢驗費 (Inspection Fee) 及檢疫費 (Quarntine Fee)

經濟部公告列入「應施檢驗品目表」內之貨物。

5. 報關費 (Customs Clearance Fee)

包括報關費及代繳之進口稅費、商港服務費及推廣貿易服務費等稅費。

6. 進口稅費 (Import Duty, Habor Duty and Additional Fee)

包含進口稅、貨物稅、營業稅、商港服務費、推廣貿易服務費、菸酒稅等稅捐。

7. 撰別標籤打包費 (Packing Sorting and Labelling Charges)

適用於罐頭類，其他貨物並無。

8. 碼頭倉棧費 (Storage Storing and Unstoring Charges)

包括貨物出入倉庫及貨棧費用。

9. 搬運費 (Shifting Charge)

由港區倉棧移至運輸工具之費用。

10.鐵路、卡車運費 (Rail, Truck Freight)

　　指內陸之鐵路、卡車、貨櫃運輸之運費。

11.內陸運輸保險費 (Inland Transportation Insurance Premium)

　　包括內陸之鐵路、卡車、貨櫃運輸之保險費。

12.銀行手續費 (Banking Charges)

　　包括①結匯保證金；②結匯手續費；③郵電費；④保兌費及⑤墊款利息等五項。

13.銀行利息 (Interest on Money)

　　屬於買方遠期信用狀 (Buyer's Usance L/C) 之場合而產生應由買方負擔之利息。

14.電報費 (Cable Charge)

　　交易往還洽商之費用，包括 Fax、E-mail 及國際電話費用等。

15.營業稅捐 (Business Tax)

　　係指內銷的營業稅、貨物稅及營利事業所得稅三項。

16.進口利潤 (Import Profit)

　　給付進口商預計之佣金或利潤。

 ## 二、進口價格之計算方法

　　進口價格係以國內售價為基礎，扣除進口稅費，營業稅捐，其他進口各項費用與預計利潤等來算出。其方法有：

(一)逆算法之總價法

　　進口貨物價格之計算，亦須視交易主體係直接交易或間接交易方式而定，可分為：

　　1.直接交易之計算方式

　　以國外售方之報價條件或成交價格 + 進口運費及保險費 + 進口關稅 + 商港服務費 + 推廣貿易服務費 + 進口費用 + 進口利潤按序由國內售價扣除計算而得之購價。

　　2.間接交易之計算方式

　　成交價格 + 進口運費及保險費 + 進口關稅 + 商港服務費 + 推廣貿易服務費 + 進口費用 + 進口商佣金 + 進口利潤按序由國內售價扣除計算而得之購價。

(二)順算法之總價法

　　以整批貨品之成本價格 + 進口運費及保險費 + 進口關稅 + 商港服務費 + 推廣貿易服務費 + 進口費用 + 進口利潤之總和除以數量而獲得之單位價格。

　　一般進口方式最常用者均以順算或逆算法之總價法合併計算以決定進口價格,便於討價還價或決定國內售價。

　　為進一步述明進口價格之項目,茲以圖例說明如次:

㈠直接交易計算法(製造商直接進口)

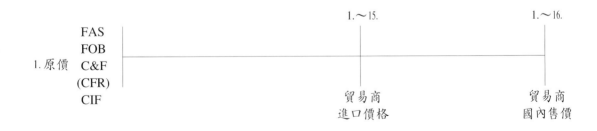

1.原價 FAS FOB C&F (CFR) CIF	2.卸貨費 3.碼頭裝卸費 4.檢驗(疫)費 5.報關費	6.進口稅費 7.標籤費 8.碼頭倉棧費 9.搬運費	10.鐵路、卡車運費 11.內陸運輸保險費 12.銀行手續費	13.銀行利息	14.電報費 15.營業稅捐	16.進口利潤
	進口稅費及報關費		進口費用	進口利息	營業稅捐　進口價格	國內售價

1. 順算法之總價法

$$= \frac{進口原價 + 報關費用 + 進口稅費 + 進口費用 + 銀行利息 + 營業稅捐 + 進口利潤}{總數量}$$

= 製造商在國內實際可以銷售之價格(或 DDU、DEQ、DDP 報價條件)

2. 逆算法之總價法

$$= \frac{國內售價 - (進口利潤 + 營業稅捐 + 銀行利息 + 進口費用 + 進口稅費 + 報關費)}{總數量}$$

= 國外進口原價及可以接受價格(或用以討價還價之基礎)

㈡間接交易計算法(貿易商進口)

1.原價 FAS FOB C&F (CFR) CIF	1.～15. 貿易商 進口價格	1.～16. 貿易商 國內售價

1.順算法之總價法

$$= \frac{\text{進口原價} + \text{報關費用} + \text{進口稅費} + \text{進口費用} + \text{銀行利息} + \text{營業稅捐} + \text{進口佣金}}{\text{總數量}}$$

= 貿易商在國內實際可以銷售之價格

2.逆算法之總價法

$$= \frac{\text{國內售價} - (\text{進口利潤} + \text{營業稅捐} + \text{銀行利息} + \text{進口費用} + \text{進口稅費} + \text{報關費用})}{\text{總數量}}$$

= 國外進口原價及可以接受價格（或用以討價還價之基礎）

上面圖示之進口稅費係指——關稅（進口稅）及海關代收之推廣服務費、貨物稅、公賣利益、營業稅、滯報費、滯納金、特別關稅、各種規費及商港服務費而言，其計算方式如次：

(一)從價徵稅 (Ad Valorem Duty)

完稅價格 (Duty Paying Value, DPV) = 進口貨物的交易價格 × 匯率

(1)進口稅 = 完稅價格 × 進口稅率 ⋯⋯⋯⋯⋯⋯⋯⋯⋯⋯⋯⋯⋯⋯⋯⋯⋯ A

(2)貨物稅 = （完稅價格 + A）× 貨物稅稅率 ⋯⋯⋯⋯⋯⋯⋯⋯⋯⋯⋯⋯ B

(3)推廣貿易服務費 = 完稅價格 × 0.0425%

(4)營業稅 = （完稅價格 + A + B + 菸酒稅）× 營業稅稅率 (5%)

(5)商港服務費

註：依「海關代徵營業稅稽徵作業手冊」第參點之八規定：進口貨物免徵關稅、貨物稅、菸酒稅者，其免徵之稅額，應免予列入計算營業稅之稅基。

(二)從量徵稅 (Specific Duty)

(1)進口稅 = 進口數（重）量 × 稅率（即從量徵稅額）⋯⋯⋯⋯⋯⋯⋯ A

(2)貨物稅 = $\left(\dfrac{\text{進口稅}}{\text{原稅率}} + A\right) \times$ 貨物稅稅率 ⋯⋯⋯⋯⋯⋯⋯⋯⋯⋯ B

(3)推廣貿易服務費 = 完稅價格 × 0.04%

(4)營業稅 = （完稅價格 + A + B + 菸酒稅）× 營業稅稅率 (5%)

(5)商港服務費

(三)從價或從量從高課徵（選擇稅）

美爾耐實業股份有限公司進口乾鮑魚 (Abalones, Dried) 一批 100 公斤（海關稅則

03079922，第一欄稅率為 NT$225/Kgm 或稅率 15%，從高徵稅，第二欄未列稅率）：

　1. 假定申報 DPV NT$200,000 時，

　(1)關稅應從價計徵 NT$30,000，因為：

　　①從量關稅：NT$225 × 100/Kgm = NT$22,500

　　②從價關稅：NT$200,000 × 15% = NT$30,000（從價較高）

　(2)商港服務費 = NT$200,000 × 0.4% = NT$800

　(3)推廣貿易服務費 = NT$200,000 × 0.04% = NT$80

　(4)營業稅 = (NT$200,000 + NT$30,000) × 5% = NT$11,500

　2. 假定申報 DPV NT$100,000 時，

　(1)關稅應從量計徵 NT$22,500，因為：

　　①從量關稅：NT$225 × 100/Kgm = NT$22,500（從量較高）

　　②從價關稅：NT$100,000 × 15% = NT$15,000

　(2)商港服務費 = NT$100,000 × 0.4% = NT$400

　(3)推廣貿易服務費 = NT$100,000 × 0.04% = NT$40

　(4)營業稅 = (NT$100,000 + NT$22,500) × 5% = NT$6,125

第八節　如何計算進口價格實例

　　本節提供的進口價格計算實例，適合於進口廠商初次進口尚未付諸行動前「預估進口成本」之用。至於後續的進口貿易，亦可引用此實例作精確之演算。

　　實例中分為進口原價（基價），即買賣雙方經談妥之貿易條件，例如 FOB、CFR、CIF 等。在 FOB 條件下，進口商須預估運達輸入口岸前之海運運費及水險保費，構成該批進口貨物的完稅價格，作為計算進口稅費之基礎。進口稅費含進口稅、貨物稅、營業稅、菸酒稅及商港服務費、推廣貿易服務費等。進口結匯費用則有開狀手續費，郵電費及墊款利息等，另加報關、卸貨、雜項費用等合併為進口費用，再加進口利潤算出該批貨物的進口總成本。上述結構並未含內銷時之營利事業所得稅，一般以進口總成本的 6% 預估，然後轉嫁於其批發單價內。

進口價格計算實例

貨品價格: Transistor Radio...AM/FM 　進口日期: March 1, 2011
供應廠商: Curmed International Co., Ltd.　貨品包裝: 10 Sets/Per Carton
價　　格: US$25/Set FOB Los Angeles　重　量: 20 Lbs G/W Per Carton
數　　量: 1,000 Sets　　　　　　　　　　18 Lbs N/W Per Carton
付款條件: Usance L/C 90 Days　　　　　體　積: 12″ × 12″ × 22″ = 3 Cuft/Ct'n

項　目	摘　要	小　計	合　計
基　價	FOB Los Angeles US$25 × 1,000 = US$25,000 × NT$30.55·············· FOB →		NT$763,750.00
海洋運費	Los Angeles to Keelung US$910/Ctrn, US$320/Ctrn (DDC). US$62/Ctrn (BAF), 7% (CAF), NT$500 (B/L) F = US$910 + US$320 + US$62 + US$63.7 + US$14.47 　= US$1,370.17 × NT$30.55	NT$41,858.69	
	C&F Keelung·························· →		805,608.69
水險保費	All Risk&War Risks for 110% of C&F value Rate: 0.15% + 0.05% = 0.2% $I = \dfrac{C\&F \times K \times r}{1 - K \times r} = \dfrac{NT\$805,608.69 \times 1.1 \times 0.002}{1 - 1.1 \times 0.002}$	1,776.25	
	CIF Keelung························· →		807,384.94
報關費用	卸貨、倉儲、提貨及報關		5,000.00
進口稅捐	完稅價格＝CIF × 匯率 進口稅＝NT$807,384.94 × 20% 商港服務費＝NT$807,384.94 × 0.4%（預估） 貨物稅＝(NT$807,384.94 + NT$161,477.00) × 15% 推廣貿易服務費＝NT$807,384.94 × 0.0425% 營業稅＝(NT$807,384.94 + NT$161,477.00 　　　　　+ NT$145,329.00) × 5%	161,477.00 3,230.00 145,329.00 343.00 55,710.00	(+366,089.00)
銀行費用	墊款利息＝US$25,000 × 90% × 7.5% × 90/365 × @30.55 開狀費＝US$25,000 × 0.25% × @30.55 郵電費＝按歐美地區計收 　　　　　NT$100.00（郵寄 L/C）	12,712.00 1,909.00 100.00	(+14,721.00)
雜項費用	按 FOB 價 1% 計		7,638.00
	基隆碼頭出貨總價		1,200,833.00
	基隆至臺北運費		5,800.00
預計利潤	按碼頭出貨費		120,083.00
批發單價	進口總成本		NT$1,326,716.00
	NT$1,326,716.00 / 1,000 = NT$1,327.00		NT$1,327.00

說明: 一、銀行費用中之押匯利息，自中央銀行公佈機動利率之後，各外匯銀行之計算利率並不相同，出口商
　　　　於計算報價時，須以當時之利率為標準。
　　　二、新臺幣折算外幣匯率需以當時各外匯銀行所公佈之銀行買入及其匯率或遠期匯率為準隨時調整之，
　　　　本表使用匯率只供作參考。

第八章
報價與接受

第一節　報價與發價

國際貿易交易的成立，大都經過報價 (Quotation)、發價 (Offer) 與接受 (Acceptance) 等階段。而寄發價目表 (Price List) 與樣品 (Sample)、接洽交易上一般條款 (General Terms and Conditions) 等階段概屬於報價。因此，它是對外貿易第一類接觸的第一行為，必須有一番的運用與瞭解，始能發揮自如。以下闡述如何定價、報價及發價。

一、報價之約束力

在國際貿易上，提出報價必須以電話、函件、Telex、Fax 或 E-mail 送達被發價人處始能發生效力。而發價與接受，係處於兩個不同的國度，各有其應遵行的一般性的原則慣例與法律規定，但就一般解釋：

(1)報價係屬於「要約」，要約人發出要約後，即受其約束。惟該項要約，須俟相對要約人提出與要約內容完全相同之承諾後，契約始告成立。當要約被接受後，報價人不得中途撤回，這是國際貿易通例。

(2)在要約當時聲明不受拘束或依其情形，或事件之性質，可認為當事人無受其拘束之意思者，不受其限。如要約人附有條件或期限，其拘束力就有所限制 (例如要約人聲明他的報價有效期限是一個月，則超過一個月，這個報價就對他沒有拘束力了)。

(3)在報價有效期間過後，相對人再提出承諾，則這個遲到之承諾，應視同新的要約。故要約發出後，相對人拒絕，要約人即不再受要約之拘束 (例如要約人所提之報價，雖然規定是一個月期限，相對人完全予以拒絕，但在未滿一個月的期限內，又表示願意接受，這時候要約人並不受拘束)。

二、報價之種類

就理論上而言，報價可分為報價與發價，而實務上則交互運用，所不同者在於市場情況及貨品種類之差異，報價之方式亦異耳。

㈠報價 (Quotation)

指僅給對方價格標準而已，通常不是實際買賣價格而屬於估價性質，此項報價單所報價格，對方可以討價或還價 (Counter Offer) 以求價格之一致。此種價格有時用於公開或定期報價。

㈡發價 (Offer)

指較確實價格，近於買賣之價格，非經雙方同意或所附條件具備者外，發價之價格不得變更。此種價格多半附有二至三天之有效期間或確定日期。又可分為：

1.穩固發價 (Firm Offer)

為賣方自行約束在一定期限內不悔約之報價，亦即報價人在報價單或 Fax 內敘明有效期限規定至某年某月某日止，逾期即告失效者，而買方在期限內接受時，交易即行成立，故對買方而言甚為公平合理，亦為目前國際貿易中最適用者。惟發價人發出此價格後，在未被接受前，如因貨價急劇變動、運費保險費率的提高，或匯率變動等特殊情形時，自可撤其發價，追加或更改其條件。但為維持信譽與顧客的關係，除萬不得已外，應儘量避免，此種發價亦稱為「限期內有效發價」。穩固發價具有下列效力：①對方作有效接受後，不能拒絕訂立契約，②在有效期限內不能撤銷，③不得變更其報出之一部分或全部條件。常用詞語如：We would remind you that this offer is firm within twenty days.

2.無約定發價 (Offer without Engagement)

是一種並無規定接受期限，而賣方並不受任何約束力之發價。因隨時可以改變，概為對市場變動激烈的商品發價之用。嚴格而言，僅可作為參考或價格通知之用。常用詞語如：We offer the following goods: ① Subject to markets fluctuation. ② Subject to change without notice.

3.賣方確認後有效發價 (Subject to Seller's Confirmation)

報出的價格，必需經賣方確認後生效。這種報價賣方較無風險，但如遇特殊理由時，也可述明不能供應之原因，而不作確認。此價雖經被發價人接受，若無發價人之承認，

合約仍不能成立，其發價方式：We offer the following goods subject to our final confirmation.

4.有權先售的發價 (Subject to Prior Sales) 或未售時有效發價 (Subject to Being Unsold)

賣方可以一批貨物同時向兩個以上顧客發價，如其中一人接受，則後到接受者，即不生效力，雖在規定期限內接受，發價人亦無義務將貨物留待其購買。其報價方式：We make you an offer for these goods, subject to being unsold.

三、報價之運用實例

由於國際間通訊之便捷，各物市價瞬息萬變，除項目繁多，規格複雜之貨品交易，必須以書信為報價之工具外，一般情形多利用電話、Fax、E-mail 報價為多，以下所舉實例即以 E-mail 為主。

(一)討價還價 (Counter Offer)

討價還價是國際貿易實務中最重要的一項技術，因為任何一筆買賣，不可能一次談成，其間須經過雙方多次洽商，才能成立契約，茲舉例說明之。

1.賣方向買方報價

出口商 3 月 5 日拍出之 E-mail：

「謹向貴方發穩固價，限本月 25 日敝處接受覆信 (有效)，玩具 200 箱，每箱 3 籮，CIF 紐約，每箱 76 美元，4 月份裝船」。

We offer firm subject to your reply received here by 25 instant, 200 cartons of Toys, 3 gross per carton, each US Dollars 76 CIF New York, shipment during April.

2.買方認為價格過高希望減價

進口商 3 月 21 日回 E-mail：

「關於貴公司 3 月 5 日來 E-mail，茲還價為玩具 200 箱，每箱 3 籮，CIF 紐約，每箱 70 美元，4 月份裝船，回覆限本月 25 日到達本公司」。

Referring to your E-mail of March 5, we make counter offer subject to reply received here by 25 instant, 200 cartons of Toys, 3 gross per carton, each US Dollars 70 CIF New York, shipment during April.

3.賣方答覆有幾種情形

出口商 3 月 25 日回 E-mail：

(1)承諾答覆：「關於貴公司本月 21 日來 E-mail，茲承諾貴公司還價，每箱 70 美元」。

Referring to your E-mail of 21 instant. We accept your counter offer US Dollars 70 per carton.

此一答覆即如同 Counter Offer + Acceptance = Contract。

(2)折衷報價：賣方欲改為每箱 75 美元，則其回 E-mail 內容：「關於貴公司本月 21 日之還價，茲以最低售價為每箱 75 美元」。

Referring to your counter offer of 21 instant, best we can do is US Dollars 75 per carton.

此例即賣方提出減價，則又變成一個新要約，須視買方是否同意而成交。

(3)迂迴報價：如賣方仍想維持原價 76 美元，但又怕失去生意，則回覆延長有效期，以利對方考慮：「關於貴公司本月 21 日之還價，不能承諾，最低售價仍為 76 美元，回覆限 4 月 2 日前到達敝公司」。

Referring to your counter offer of 21 instant, we cannot accept, best we can do is US Dollars 76 per carton, subject to reply here by April 2.

(4)拒絕承諾：如賣方因貨價看漲，賣意不濃厚，其回 E-mail 內容：「貨價業已上漲，貴公司所提價格不可能」。

Market has mark up, your price is impossible.

此例等於拒絕要約。亦即 Counter Offer + Rejection ≠ Contract。

4.買方要求確認之情形

(1)原報價經多次交涉與修改，買方（即進口商）有時因向國外訂貨做期貨拋售，怕賣方或有變動，故在反報價接受後，再請對方確認，以資穩妥：「關於貴公司 3 月 5 日來 E-mail，茲承諾玩具 200 箱，每箱 76 美元，CIF 紐約價，4 月裝船，請來電確認」。

Referring to your E-mail of March 5, we accept 200 cartons of Toys per carton US Dollars 76 CIF New York, shipment during April. Please confirm by E-mail.

(2)本例是買方怕賣方有變動，除要求確認回 E-mail 外，尚且限定回覆期限：「關於貴公司 3 月 5 日來 E-mail，茲承諾貴公司報價，但視確認 E-mail 能否於此地時間 3 月 25 日前到達敝公司」。

Referring to your E-mail of March 5, we accept your counter offer subject to your confirmation being in our hand by March 25, our time.

在法律上，反要約與承諾是有分別的，按 Acceptance 在國際貿易上是專有名詞，它與一般所謂的承諾意義不同。比方：有條件的承諾 (Conditional Acceptance) 一如出口商報價「出口玩具 200 箱 CIF 紐約，每箱 76 美元，4 月交貨」，然而進口商卻提出分二批交貨，4 月份只要 100 箱，其他條件不變，這種就叫做有條件的承諾，在法律上只算是一種反要約。又如「關於貴公司 3 月 5 日來 E-mail，茲承諾貴公司之報價，但有下列之變更：即改為 5 月 30 日前裝船」，這即是反要約，並非法律上的承諾，非經對方確認，契約不能成立。

Referring to your E-mail of March 5, we accept your offer subject to following alternation: shipment before May 30.

(二)更新報價 (Renewed Offer)

報價有效期已經過了，對方還要就原來的報價條件，更新發價。

(1)「茲按照本公司 3 月 5 日之 E-mail，以同樣條件，更新發價」。

Referring to our E-mail of the 5th March, we renew our offer on the same terms and conditions.

(2)「本公司按下列條件，更新 3 月 5 日的報價，但每箱改為 75 美元」。

We renew our offer of the 5th March subject to following alternation: US Dollars 75 per carton.

以上所述二種 E-mail，第一個是原有報價繼續有效。第二個是變動報價條件，即等於是新要約。

(三)再複報價 (Repeat Offer)

經一批交易成交後，如尚有一批品質、數量等完全相同，願以前發價條件銷售或購進時，可用此發價。「請照本公司 3 月 5 日之 E-mail，謹再複發價，回覆限 4 月 10 日到達本公司」。

Referring to our E-mail of March 5, we repeat our offer on the same terms and conditions, subject to reply here by April 10.

(四)聯合報價 (Combined Offer)

如欲銷售貨物係一批易售，一批難售，為使被發價人一併購買，避免易售者售出，

不易售者留存，可用此發價「本公司提出聯合報價，視 5 月 17 日前是否收到回覆而定。8 吋老虎鉗 5,000 臺，每臺售 3.5 美元，3 吋老虎鉗 3,000 臺，每臺售 2.3 美元，二者均為 FOB 價，6 月份裝船」。

We make a combined firm offer, reply here by May 17, 8 inches Heavy Duty Bench Vise 5,000 pieces, each US Dollars 3.50, 3 inches Heavy Duty Bench Vise 3,000 pieces, each US Dollars 2.30, both on FOB Kaohsiung basis shipment during June.

四、國際貿易報價要點

國際交易之成立，其過程有因市場變動，手續費時，電文錯誤及同業競爭等因素而困難重重，如能對報價與接受之技巧及習慣加以瞭解，當更能應付裕如，茲將其要點列述如下：

(1)報價發出後，原則上在有效期限內，報價人不能予以撤回，亦不能修改條件或提高價格。如萬不得已，必須撤回報價時，撤回通知應於買方發出接受報價通知前到達買方，無論如何，以不撤回報價為宜，避免予買方不良印象。

(2)世界各地時間不同，報價之有效期應說明以何地時間為準，通常採到達主義，以報價人所在地之時間為佳 (Subject to reply received here by our time...)。

(3)如購方在報價有效期內未能決定要求展期時，售方可斟酌情況予以展延 (Extent) 或雖逾期亦可予以更新 (Renew)。

(4)為保障售方利益，應付實際困難起見，報價時可以附加條件。如以取得船位時為準 (Subject to shipping space available) 以及獲得出口許可證為準 (Subject to approval of export license) 等，如非必要，亦少用為宜。

(5)必要時，報價電文內可加註市況堅挺 (Market Strong) 等理由，極力建議購方接受 (Strongly recommend to accept offer)，如確無減價餘地，亦可註明不必還價 (Counter offer unacceptance)。

(6)如一批貨品成交後，另有一批品質、數量完全相同之貨品，擬出售予同一購方時，可以再次報價 (Repeat Offer)。

(7)茲值世界各國幣值不定之時，如以可能貶值之貨幣報價，可註明此係按某某匯率計算，如有漲落，歸購方負擔 (This price is on the based of...exchange rate. Any fluctuation is for buyer's account) 的逃避條款 (Escalation Clause)。

(8)如預計裝船時運費等將漲價，可加入 Escalation Clause。

(9)報價並非必須由售方主動，購方亦可要求售方報價 (We cable probably work...please firm offer)。

(10)購方如認為售方報價並不合己意，可予還價 (Counter Offer)。

(11)接受報價時，其電文應重複貨品、規格、數量、交貨期等條件，以防來電電文傳遞有誤而能及時發現。

(12)接受報價時，以全部接受購方條件為宜，勿為微枝末節討價還價，蓋接受報價附有任何要求或條件，售方可以其為藉口而拒售。

(13)萬不得已接受報價時可附帶條件，如：報價接受以獲得進口許可證為準 (We accept offer subject to approval of import license)。此項接受電文必須請購方回電確認 (Confirm) 或同意 (Agree) 方為有效。

(14)接受報價電報雖未附帶任何條件，亦可要求售方確認，俾能確知是項接受電報已遞達售方手中。

(15)報價經接受雖已完成交易，但通常雙方仍補簽合約或以購方之購貨確認書 (Purchase Confirmation) 或以售方之售貨確認書 (Sales Confirmation) 予以書面確認，並詳列交易條件。

五、報價單應具備之內容

報價單份數通常為四份；一份附於樣品，一份附於信內，一份附於信之存根，一份為存根。報價單不宜單獨寄出，以免發生遺失。其主要內容應包括如次：

(1)接受訂貨之貨品明細要儘量說明清楚而不含糊。

(2)售價條件及付款方式、交貨條件，包括包裝、發票、裝船及保險之指示。

茲就一般報價單主要項目，在實務上填寫方法舉例說明：

1.編號 (Reference Number)

通常有兩種編號方式：

(1)對方編號：即在 Your Ref: No:＿＿＿ 或 Your Inquiry No:＿＿＿ 空格中，填入對方號碼。國際交易往來頻繁，如不把對方請求報價之號碼寫上，則對方可能無法查明究竟何件報價，查對費時。

(2)我方編號：即在 Our Ref: No:＿＿＿ 也有稱為 Quotation No:＿＿＿ 空格中，填寫自己

所編號碼。

2. 對方名稱及地址 (Inside Address)

報價單上致顧客（To Messrs. ×××）空格，應寫明清楚。如：To: M&I Enterprise Co., Ltd.。

3. 日期 (Date)

如填寫⑴ April 4, 2010。⑵ 4th April, 2010。

4. 貨物名稱 (Description)

報價貨物不多者，即將其名稱與簡單規格，在貨物名稱空格上填寫。如項目繁多，則報價單上附有空白表格，另行填寫。

5. 貨價 (Amount of Price)

例如基隆港船上交貨價格每打 10 美元，則填寫為 US$10.00 Per Dozen FOB Keelung。

6. 付款條件 (Terms of Payment)

如係不可撤銷信用狀，則寫 By a prime bank's Irrevocable L/C at sight in our favor。

7. 裝船日期 (Time of Shipment)

比方收到 L/C 後一個月後交貨，則填寫 One month after receipt of L/C，或收到 L/C 六十天之後交貨，則填寫 Within 60 days after receipt of L/C。如為確定信用狀開發日期，則於 Receipt of L/C 之後，加列 Which is to be opened with 2 weeks after the offer accepted 等條款。

8. 包裝 (Packing)

通常填寫出口標準包裝，即 Standard Export Packing 或其他包裝方法，例如裝入紙箱等。

9. 交貨地點 (Place of Delivery)

國內交貨 FOR Taiwan；國外報價如鹿特丹 CIF 交貨，則填寫 CIF Rotterdam。

10. 檢驗 (Inspection)

如需經獨立公證，則填寫 Goods is to be inspected by an independent inspector and whose certificate inspection of quality and quantity is to be final。

11. 報價有效期 (Time Validity)

如填寫 Validity: Until 3rd May, 2010 或者 Within 30 days。

12.其他條件 (Other Conditions)

　　視實際需要情形填寫之。如承製廠商名稱，必須填入；日後遇到災難可引用不可抗力條款 (Force Majeure Clause) 等等。

 ## 六、報價單之另一形式——預約發票

　　預約發票 (Proforma Invoice, P/I)，為形式發票之意，亦有謂「估價發票」或「預期發票」者，係賣方在推銷貨物之際，供買方預計進口貨物價格參考之用，亦有用於申請核配外匯者，主要內容為貨物特點之記述，以及各項成本之估計，其形式與商業發票無異，但不作付款之憑證，故與貨物交運時開發之商業發票 (Commercial Invoice) 實質不同，可視為賣方的半個契約行為 (Half of the Contract)。其有關概念如次：

　　⑴此一文件，原先是賣方循買方之要求而提供者。

　　⑵買方之目的，是想在成交前預先估計擬購貨物之進口成本及費用。

　　⑶事實上賣方也往往主動提供此文件給買方，旨在於誘使買方訂購。

　　⑷由於此文件詳載進口成本及費用，故有些國家規定，必要時可憑以①申請輸入許可證，②申報進口貨物價格。

㈠預約發票之效力

　　⑴按正規之作法，先由出口商報價經進口商接受後買賣契約即告成立，跟著是簽立書面的進出口契約 (Import and Export Contract) 或以 Sales Confirmation 或 Purchase Confirmation 代替進出口契約。

　　⑵國內很多貿易商的作法是以預約發票代替報價單或進出口契約，故出口廠商所簽發之預約發票只要經進口商接受，在實務上視同契約，買賣雙方亦都應遵守。如果不遵守，在此時若向法院提起訴訟，是否將其視為契約，有待法庭之解釋。

㈡預約發票之適用

　　⑴若干外匯管制國家規定進口商申請輸入許可證時，須提出賣方之預約發票——具有 Offer Sheet 之性質。

　　⑵就國內出口廠商所簽發之預約發票內容來看，不僅將商品名稱及其他交易條件都列入，尚載明有效期限——具有 Firm Offer Sheet 之性質。

　　⑶有的出口廠商則先發出報價，經買方接受後，再發出預約發票以代替 Sales

Confirmation──具有 Sales Contract 之性質。

(三)預約發票成交注意事項

以預約發票成交，因實質上未具備契約要件，不足以保障出口廠商權益，進口商雖在其上簽字確認，但若不開發 L/C，則該項確認即無價值可言。出口廠商固可循國際貿易慣例提出交涉，但交涉有無結果殊成疑問，且提出交涉勢將花費金錢與時間，自屬費事。故以預約發票報價須注意下列原則，以資穩妥。

(1)須俟信用狀開到始可向製造商訂貨：出口廠商接到信用狀之後再向工廠下訂單，為最適當之交易方式，亦可彌足預約發票契約要件之缺失。

(2)依約定日期交貨：此為預防貿易糾紛之重要條件，自不以預約發票交易為特殊。

(3)交貨前須經過公證檢驗：以確保交貨商品之品質、數量、價格及包裝符合買方要求。

(四)使用預約發票之地區

目前仍以中東、非洲及拉丁美洲國家及地區為多。出口廠商於簽發預約發票時需注意其正確性，買方之信用情形，以免無意中提供對方逃稅或其他非意料所及之意外 Case，尤其在其要求簽發空白預約發票時，更應謹慎將事，以免引致不必要的麻煩 (Troublesome)。

第二節　報價之方式

國際貿易報價方式很多，但由於進出口雙方遠隔重洋，或需要對商機的迅速掌握，自不能單靠書信的往返來達成目的。因此利用電話 (Telephone)、傳真 (Fax)、電報交換 (Telex)、電子郵件 (E-mail) 或網際網路 (Internet) 來進行交易的情形相當普遍。諸如詢價、報價、還價簽約、開發（通知）信用狀乃至交涉貿易糾紛或索賠等等，都可以選擇參用。茲將報價之各種方式介述如後。

 一、書信報價方式

郵寄 (Mail) 書信式報價費用較省，需時不急，多為新成立出口廠商普為採用者，適用於報價之貨品項目繁多、規格複雜，通常都以印妥固定格式或書信式報價，例如後舉之報價單實例即是。

二、國際電話報價方式

國際電話 (International Telephone)，乃指雙方當事人用國際電話洽談交易（生意）之方式，買賣雙方之間雖有距離，惟發話與聽到的時間卻在同時，故在時間上甚為經濟。然而電話中報價，費用較為高昂，有時尚得受國際時差之限制。採用國際電話報價，要特別注意的是，為恐日後空口無憑，最好能加以錄音。

三、國際電報交換報價方式

國際電報交換 (International Telex) 是指國與國之間的電報交換往來而言。以 Telex 進行報價或貿易洽商，除了大宗買賣或少數報價內容繁瑣冗長之類的商品外，在國際貿易業務上已少見。

四、國際電話傳真報價方式

國際電話傳真 (Fax) 之使用為最近幾年來甚為普遍之報價方式，其優點為正確詳盡及迅捷方便。

五、電子郵件報價方式

電子郵件 (E-mail) 報價方式，就是透過電腦的 Internet 發送和接收信件，發信人只要輸入收件對方的網路郵箱地址，就可一次完成所有的傳遞任務。以此種方式報價，省錢、省時又方便管理。為求對報價有一完整概念，以電子郵件例示如次：

㈠國外客戶詢價

假設貿易商好耐貿易股份有限公司 (Hornet Trading Co., Ltd.) 接到新加坡客戶 Wessex Trading (pty) Ltd. 發來擬向其採購香菇精 (Forestern Mushroom Extract) 之 E-mail 詢價：

From: wessex@traty.com.sg
To: <hornet@tom.com.tw>
Sent: 2011 03 10 9:00 AM
Re: Forestern Mushroom Extract   (Buyer Inquiry E-mail)
Tommy Wang,

We are now actively planning our introductory sales companing for Forestern Mushroom Extract and to enable us to place our initial orders. Please E-mail the FOB Keelung and Kaohsiung prices for each carton containing 30 bots.

To assist with the heavy initial sales costs please quote as low as possible so that we can build up a reserve fund for promotional expenses.

Is it possible to obtain further copies say 100 of book in English by Dr. More entitled mushrooms as a health food also can we have additional quantities of your magazine.

We are convinced there is a very good potential market for Forestern and it is most pleasing to be associated with you in the promotion of the product in the Asia market. Warm Regards

---

(1)發信人：Wessex Trading (pty) Ltd. 之 E-mail: wessex@traty.com.sg。

(2)收信人：Hornet Trading Co., Ltd. 之 E-mail: hornet@tom.com.tw。

(3)發函日期：2011 年 3 月 10 日。

(4)函文內容：請報 FOB Keelung and Kaohsiung 交貨價格每箱裝 30 瓶之香菇精 (Forestern Mushroom Extract)，價格希望能儘量低廉，以便本公司能積極開發本地市場。另外請附寄 100 本英文說明書及報導此類健康產品之有關雜誌。

㈡賣方報價

Hornet Trading Co., Ltd. 接到上封 E-mail 後，即刻接洽生產工廠，並根據生產工廠之報價單，作成出口價格之計算，於 3 月 12 日向新加坡之買方發出 E-mail，其內容如下：

Re: offer the quotation
Hornet Trading Co., Ltd. <hornet@tom.com.tw>   (Sell Quotation E-mail)
2011 03 12 9:30 AM
Sorry for long delay to answer since it is the season harvesting.

Mushroom during this stage I used to stay as instructed my staff that I tried to give you special price so my factory's staff hesitating to offer you the price US$122.40 per ctn FOB Kaohsiung we'll awaiting your good news. Regard Tommy

---

㈢討價還價

新加坡之 Wessex Trading (pty) Ltd. 接到臺灣出口商 Hornet Trading Co., Ltd. 之 E-mail 報價後，正好當地市價下跌，認為所報價格偏高，除非能就原報價格再行檢討，否則無法購買。其函文：

Re: Review your offer quite substantially
Wessex Trading (pty) Ltd. <wessex@traty.com.sg>　　　　　　　　(Buyer—Counter Offer)
2011 03 14 2:20 PM
　　Thanks you for your E-mail 12 March 2011, unfortunately the price in the market have reduced quite considerably. We are now unable to purchase Forestern Mushroom US$122.40 per ctn FOB Kaohsiung that meaning price is far higher than we are currently enjoying. Therefore, unless you can review your offer quite substantially. Then your quoted of no immediately interest.

㈣堅持原價

　　臺灣出口商 Hornet Trading Co., Ltd. 仍想維持原價每箱 122.40 美元，但又怕失去生意，故再回覆 E-mail，請對方再行考慮後覆函。其函文：

Re: Best price and reply
Hornet Trading Co., Ltd. <hornet@tom.com.tw>　　　　　　　　　　(Seller—Keeping)
2011 03 20 3:00 PM
　　We are in receipt of your E-mail of 14 March 2011, however, we regret to be unable to cut our price down as requested, we have made it as low as possible to help you to open up the market. So best we can do is US Dollars 122.40 per ctn. Please kindly reconsideration in this matter and reply by E-mail.

㈤接受原價並訂貨

　　新加坡進口商接到臺灣出口商之 E-mail，經仔細研究後接受，並簽發訂貨單數量為 300 箱之香菇精，裝船日期 2011 年 4 月 30 日，並要求出口商告知其往來銀行，以便開出信用狀。其函文：

Re: Enclosed Order
Wessex Trading (pty) Ltd. <wessex@traty.com.sg>　　　　　　　　　　(Buyer—Accept)
2011 03 27 10:10 AM
　　Referring to your E-mail of 20th March 2011. We accept please find enclosed order WR–2011014 covering the offered 300 ctns of Forestern Mushroom Extract.
　　Required for shipment April 30 2011 kindly tell us the name of your bankers to enable us to establish the covering L/C.

㈥確認訂貨，附寄售貨合約書

　　臺灣出口商接到新加坡進口商之 E-mail 後，即將已備妥之售貨合約書 (Sales Note) No. HT–2011–09 二份寄予進口商簽署確定交易之成立，並示知進口商信用狀開到後即能儘速裝船。

> Re: Enclosed Sale Note
> Hornet Trading Co., Ltd. <hornet@tom.com.sg>　　　　　　　(Seller—Contract)
> 2011 03 30 10:30 AM
> We acknowledge your E-mail of 27th March 2011. Enclosing your purchase order, to confirm this order. We are glad to enclose here with our sale note No. HT–2011–09. Signature and sent back your order will be shipped as soon as the covering L/C arrived here.

㈦通知開出信用狀

　　新加坡進口商接到臺灣出口商寄來之售貨合約書二份後,即予簽署並寄回一份給臺灣之出口商, 完成簽約手續, 根據售貨合約書規定期限, 進口商向其往來銀行新加坡國家銀行申請開發信用狀, 完成開狀手續後, 即電知臺灣出口商開狀銀行名稱, 信用狀號碼及交易數量, 以便出口商能依信用狀規定準時裝船交貨完成報價工作。電文:

> Re: Established with L/C
> Wessex Trading (pty) Ltd. <wessex@traty.com.sg>　　　　　　(Buyer—Open L/C)
> 2011 04 12 11:00 AM
> We have the pleasure to inform that L/C has been established with the Singapore National Bank under No. SNB–110236 and covers 300 ctns of Forestern Mushroom Extract. We enclose is copy of your sale note completed with signature. Kindly requested you to make the goods ready for shipment as soon as possible in order to ship the goods upon receiving the L/C.

第三節　如何報價實例

　　報價單給買賣雙方在大約預估 (Ballpark Estimates) 其交易成本而言, 顯已具足夠資訊。但是, 假如國外進口商或代理商所要的是確定而完整的報價單, 則出口商須提供預約發票。事實上, 報價單與預約發票, 無論在形式上或實質內容方面, 均稍有差異, 這是報價時要注意的地方, 此其一。報價時的轉換原則也要掌握, 此其二。

一、報價的轉換原則

　　報價的轉換 (Switch) 原則, 以出進口廠商 (中間商) 立場言, 自有其實質意義。中間商在轉作報價時, 其重要原則是: 賺取 (Earn) 合理利潤, 協調 (Compromise) 正確條款作忠實的報價。

㈠賺取合理利潤

　　出口廠商從國內製造商 (或國外買方) 接獲 Firm Offer 之後, 在轉換其 Firm Offer 予

國外買方（或製造商）時，其出售價格（或購入價格）當可變動，以獲取應得利潤或差額。反之，進口廠商之情況則與之相反。

㈡協調正確條款

出口廠商從國內製造商（或國外買方）接獲 Firm Offer，並轉換其 Firm Offer 予國外買方（或國內製造商）時，報價有關條款，例如價格條件、付款條件、交貨條件、包裝條件及樣品、佣金等，須作必要之修正或補充，以符正確條款要求。反之，進口廠商之情況亦與之相反。當然，條款之更動以不違左進右出 (Backward and Forward) 之方式進行，而貨品明細等內容則可保留不動，以防杜日後之爭論與糾紛。

二、報價單格式概略

報價方式見前述第二節，此處以書信報價實例條分縷析。當然書信報價亦可以國際電話傳真 Fax 拍出或以電子郵件 E-mail 寄出，以求時效。書信報價有書信式 (Letter Form) 及印定格式 (Printed Form) 兩種，前者於交易函件中將所欲報價之內容列出，繁簡不一；後者，則印有固定格式，較具正格，然其設計則須參酌各家優點，力求完整精美而適用於各類產品之報價。包括信頭、本文、內容及附註之打字，亦需整齊劃一。一張完整報價單給予國外客戶之印象是：經營具規模、資力雄厚、有良好制度的正規公司，自然成交機會也就大。以下（第 169～170 頁）就預約發票及報價單列舉多種供參研比較。個案實例中，需加補充修正之處，可依上述原則自行斟酌。

報價單實例之一

輪發工業股份有限公司

Long Far Industry Co., Ltd.

16 REN YIH LANE, HEH MING VILL, SHIOW SHOEI,
CHANG HUA HSIEN,Taiwan, R.O.C.
TEL: (047)697766   FAX: (047)695025   E-Mail: Justang@langfar.com.tw

Messrs.: 萬奔企業有限公司	Date:12 September 2010
	Ref. No.: VT-023M95

Quotation

It is a pleasure to offer you our Victor CNC Machining Center under the following conditions:

1. shipment   : Subject to our final confirmation
2. Payment   : By confirmed and irrevocable L/C at sight or T/T
3. Price basis   : F.O.B. Taiwan
4. Delivery   : Within 3 months after receipt of your formal order
5. Warranty   : One year on parts, FOB Taiwan. Including installation in Mexico
6. Validity   : Within 90 days

Description	Unit price(USD)
a. AAA **Dcenter-80/I** with Fanuc OM-C control system Including rigid tapping	USD 57,530.-
b. AAA **Dcenter-75/GI** with Fanuc OM-C control system & Spindle Gearbox (*full power at 357 rpm.*)	USD 61,500.-

Optional Accessories

Controller options:

a) Graphic display card	USD 1,190.-
b) Conversational control system OM-F	USD 3,370.-

Machine Options:

a) Fully enclosed splash guard	USD 2,460.-
b) Chip conveyor with cart	USD 2,390.-
c) 4th Axis Control to be used in conjunction with CNC rotary table	USD 3,170.-
d) CNC rotary table *(see table specs.)*; **Takusino #200**	USD 9,930.-
Takusino #250	USD 11,990.-
e) Auto tool length measurement system; Metrol:T/20B/19/09 for drilling & taping	USD 870.-
Renishaw: TS-27 (UK made)	USD 2,780.-
f) High pressure coolant	USD 1,780.-
Through Spindle Coolant System complete with Filtration Unit.	USD 10,320.-
10,000 rpm spindle without thru spindle coolant	USD 5,560.-
10,000 rpm spindle with thru spindle coolant	USD 14,280.-

Installation & Training (Travel & accommodation to be paid to be paid by customer):

a. Training in Taiwan	USD 100/day/engineer
b. Training outside Taiwan	USD 200/day/engineer

Quoted by :

Long Far Industry Co. Ltd.

報價單實例之二

元豐工業股份有限公司

YUAN FENG INDUSTRY CO., LTD.

臺中縣大里市沙田路二段 26 號

26 Sa-Tien Road, Sec. 2, Ta-Li City, Taichung County, Taiwan, R.O.C.

Tel: 886-4-223-1678　　Fax: 886-4-223-5392

NO.Q060240

DATE: July 10, 2010

OFFER SHEET

MESSERS: 建台豐股份有限公司

Dear Sirs,

We take pleasure in offer you the following commodity at the prices and on the terms and conditions set forth below:

COMMODITY & DESCRIPTION	QUANTITY	UNIT PRICE	
ALLOY WHEEL (FOR SUZUKI)			
With cap, logo, without value, nut.			
PART NO.　　　SIZE		美金價格	日幣價格
A.43210-78G10　14×4.5	One pce	USD24.72	¥3,262
B.43210-76F10　13×4	One pce	USD21.61	¥2,852
C.43210-77G00　13×4	One pce	USD22.45	¥2,963

Price: 1. F.O.R. Taichung port.

　　　2. Rate: based on USD: ¥131.97.

　　　3.以上價格僅適用於 99 年 11 月底前出貨.

Tolling Charges: A. 14×4.5: ¥3,700,000/2 SETS. Tooling life: 50,000EA.

　　　　　　　　B. 13×4: ¥3,000,000/2 SETS. Tooling life: 50,000EA.

　　　　　　　　C. 13×4: ¥3,000,000/2 SETS. Tooling life: 50,000EA.

Tooling leadtime: Within 60 days after receipt of your final confirmation.

Payment: By cash within 7 days after delivery.

Packing: 1. 14×4.5: 48pcs/pallet (1×40': 1,848pcs, 1×20':888pcs)

　　　　2. 13×4: 63pcs/pallet (1×40':2,520pcs, 1×20': 1,260pcs).

Minimum quality: For 1×20 container.

Shipment: 45 days after receipt of your firm order.

Validity: November 30, 2010

Yours faithfully,

Yuan Feng Industrial Co., Ltd.

J.C.HUANG/V.G. MANAGER

報價單實例之三

克威機械股份有限公司

************************CALLWAY MACHINE CORP.************************
* NO.113 FIVE ROAD. TAICHUNG INDUSTRIAL PARK, TAIWAN, R.O.C. *
* TEL: (04)27091226   FAX: (04)27090536 *
****

PRICE LIST

TO:

Wind Stone Enterprise   REF. NO.: CWMC-061977-HS
Co., Ltd.   DATE: September 23, 2010

SHIPMENT: WITHIN   60   DAYS AFTER RECEIPT OF YOUR L/C.
PLACE OF DELIVERY: FOB TAIWANESE PORT.
VALIDITY: 60   DAYS FROM THIS DATE.
TERMS OF PAYMENT: BY IRREVOCABLE L/C PAYABLE AT SIGHT.
PACKING: BY SEAWORTHY WOODEN CASE.

MODEL	DESCRIPTION		UNIT PRICE
	HIGH SPEED PRECISION LATHE		FOR TAIWAN
1.	GW-1740 WITH STANDARD EQUIPMENTS AND MOUNTED WITH D1-6 (A1-6)	1)	NT$221,200.
2.	GW-1760 SPINDLE NOSE, 201/4" (58MM) SPINDLE BORE DIA. 3POINTS	2)	262,900.
OPTIONAL ACCESSORIES:			
1.	CAP BED.	1)	3,700.
2.	4-WAY TOOLPOST.	2)	2,170.
3.	AMERICAN TOOLPOST.	3)	1,150.
4A.	3-JAW UNIVERSAL CHUCK 7" W/BACK PLATE.	4A)	7,400.
4B.	3-JAW UNIVERSAL CHUCK 9" W/BACK PLATE.	4B)	9,180.
5A.	8" 3-JAW UNIVERSAL CHUCK (D1-6 CAMLOCK DIRECT MOUNTING).	5A)	9,560.
5B.	10" 3-JAW UNIVERSAL CHUCK (D1-6 CAMLOCK DIRECT MOUNTING).	5B)	12,620.
6.	4-JAW INDEPENDENT CHUCK 10" (D1-6 TYPE).	6)	5,360.
7.	4-JAW INDEPENDENT CHUCK 12" (D1-6 TYPE).	7)	7,780.
8.	4-JAW INDEPENDENT CHUCK 14" (D1-6 TYPE).	8)	9,820.
9.	CHUCK BACK PLATE 7" (D1-6 TYPE)	9)	1,790.
10.	CHUCK BACK PLATE 9" (D1-6 TYPE)	10)	2,170.

WITH   % DISCOUNT
註：   買方負擔　商港服務　＋　報關費

                                        CALLWAY MACHINE CORP.

                                        Ewand Yang

                                        EDWAR YANG, PRESIDENT

預約發票實例之一（視同報價單）

Mazim Electronic Industrial Co., Ltd.

美琪電子工業股份有限公司

臺北市忠孝東路六段1293號
TEL: (02)27850081-5
FAX: (02)27850009

NO. 1293 CHUN-HSIAO E. RD., SEC.6.
TAIPEI, TAIWAN, R.O.C.
E-mail: service@meico.com.tw

PROFORMA INVOICE

Messers: Milland Industrial Co., Ltd.

Ref. No. MEI-1549

Date: March 27, 2011

Dear Sirs,

We have the pleasure to submit our offer based on terms and conditions as follows:

Shipment : Within 45 days after receipt of your L/C.

Payment : By irrevocable and confirm at sight L/C in our favor.

Validity : Within 30 days.

Item	Commodity/Description	Quantity	Unit Price	Total Amount
			FOB TAIWAN	SAMPLE CHARGE:
ME-841TR	QUEEN PHONE WITH TAPE DECK RECORDING TELEPHONE		US$22.00	US$40.00
ME-841TR-A	DITTO WITH AUTO ANSWERING BY ENDLESS TAPE		US$27.00	US$45.00
	ADAFTOR: AC 110 or 220 V DC6V/300MA		US$ 1.50	
ME-841TR-B	QUEEN PHONE WITH ANSWERING. MACHINE AND CASSETTE RECORDER BY PRERECORDER TAPE		US$32.00	US$50.00
	ADAPTOR: AC 110 or 220 V DC6V/500MA		US$ 1.50	

COLOR: IVORY, BROWN, RED AND GREY.
MIN. ORDER: 1,000PCS PER SHIPMENT.
PACKING: EACH IN PORTABLE BOX, THEN 10 PCS IN OUTSIDE CARTON.
　　N.W.: 15KG　　G.W.: 16KG　　MEASUREMENT: 2.5'

Mazim Electronic Industrial Co., Ltd.

Tony Lenon

Manager Director

E. & O.E.

預約發票實例之二（視同買賣契約）

REFF TECH ENTERPRISE CO., LTD.

NO.556 LANE 116, SECTION 4 TA YUAN ROAD, DA DU HSIANG

Taichung Hsien, Taiwan, R.O.C.

Tel: 886-4-2709513

Fax: 886-4-2709430

PROFORMA INVOICE

Messrs.: SAM SUNG TRADING CO., LTD.   No.: PTPI001103

9ho. 2F. NAMDAEMUN SANG-GA NAMCHANG-DONG. JUNG-GU. SEOUL. KOREA   DATE: February 09, 2011

Your Ref No.:

Shipment: AS BELOW

Payment: T/T AFTER SHIPMENT

Packing: STANDARD EXPORTING CARTON

Terms: F.O.B. GUANG-ZHOU

Remarks:

ITEM	DESCRIPTION	QUANTITY	UNIT PRICE USD	AMOUNT FOB
COREY PAVIN	Full set including:	300 sets		
42-011	3 pieces Wood	900 pcs	10.00/pc	$ 9,000.00
DELIVERY:	9 pieces Iron	2,700 pcs	8.22/pc	$22,200.00
SHIPPED BY	1 piece Putter	300 pcs	6.00/pc	$ 1,800.00
DEC. 05, 2010	All assembled with blue graphite shafts			
BY SEA				

SAY TOTAL: US DOLLARS THIRTY THREE THOUSANDS ONLY

	TOTAL:	300 SETS		$33,000.00

CONFIRMED BY: PEEN TAYEH ENTERPRISE CO., LTD.

第四節　接受與確認

一、接受的意義

接受 (Acceptance) 法律上稱為承諾，即指被要約人 (Offeree) 同意要約人 (Offeror) 的條件後，所作的表示。在法律上，有效的合約，必須雙方的報價與接受完全一致，始生效力；換言之，接受必須對要約中所有內容與條款全部同意，如有少許不滿，則就不能稱之為承諾，而僅能算是反要約 (Counter Offer)。反要約在法律上是屬於一種新要約，這種新要約，若經過對方同意，雙方意見一致買賣始告成立，原有的報價，則因新要約之提出而告消滅。

二、接受通用的法則

在國際貿易買賣雙方的交易過程中，一定先有報價（法律上稱要約為 Offer）經被要約人同意承諾以後，就表示受法律上的約束。通常國際貿易接受法則如下：

(1)接受者必須為被報價人，報價人不受被報價人以外的第三人之拘束。

(2)接受必須完全符合原報價條件 (如變更原有條件，則成討價還價，發價人即不受原要約之約束)。

(3)接受報價通知已送達報價人處所後,除非事前有特別規定外,否則不得任意撤回。

(4)報價有規定期限者，應於其限期內接受之，若未規定期限者，亦應於合理期限內接受之，否則易生糾紛。

(5)接受之方式須依要約所指定者。

三、接受的通知方式

所謂接受的通知方式，乃指接受之傳達方式或工具，報價人在報價中得指定對方接受之方式，如以電話、E-mail、Fax、普通信、限時專送信、航空信和快遞等方式傳達與承諾。

如接受方式已於要約中指定，則被要約人在接受時，應嚴格遵守所指定之方式，如與所指定的方式不同，則非經報價人之承諾，該接受不生效力，而契約不能成立。例如

要約時限定以航空信接受，而被要約人卻以電話承諾，雖然後者速度較快，但卻與要約之條款有所不符，故該承諾僅得視為反要約。總之，貿易實務上，對接受方式，以採取下列作法為宜：

(1)要約中如已明示承諾方式，應視為要約條款之一，嚴格遵守，不可以不同之方式承諾。

(2)要約中如未明示承諾方式，則最好與要約採同一傳達方式。如要約係以 Fax 發來者，被要約人即以 Fax 承諾；以航空信發來者，以航空信承諾為宜。

上面所說的承諾方式，大陸法系國家之民法對此多未予明訂，而英美法系的國家，一旦承諾方式發生糾紛，則必採上述接受原則。

 四、接受操作實例

國際貿易買賣雙方間交易之洽談以 E-mail、Telex 或 Fax 往來為主，電文之誤解亦非常多，Acceptance 一詞，乃指明確允諾之意思表示，應用明確字句，若對方的 "We accept"、"Accepted" 等回電是 "Accepting" 或 "Can accept" 或 "Acceptable" 等字句，則只是表示 "We are going to accept" 或 "We are probably acceptable" 等意思而已，應特別加以注意，不可貿然誤解契約已經成立；如認為有必要的話，應請對方回電證實有無確定意思 (Definite Intention)。所以說，雙方函電來往，千萬不可使用模稜兩可的字句，以免誤解，而導致糾紛。

㈠一般接受電文

1.出口商發電

「貴公司 2 月 20 日 E-mail 敬悉，茲接受鑽床 5 部，FOB 高雄港 4 月份裝船」。

Referring to your E-mail of February 20, we accept for 5 sets Drilling and Milling Machine FOB Kaohsiung shipment during April.

此為經與進口商討價還價後，由出口商表示接受之電文。

2.進口商接受電文

「貴公司 2 月 9 日穩固發價，鑽床 5 部，每部 450 美元，高雄（臺灣）CIF 交貨，4 月間裝船，業由本公司接受」。

We accept your firm offer of February 9, for 5 sets Drilling and Milling Machine per set US Dollars Four Hundred and Fifty CIF Kaohsiung (Taiwan) shipment during April.

進口商有時為求掌握貨源、控制交貨時間和處理預售貨品，可要求賣方覆電確認，其實例：

⑴報價條件曾經多次修改，最後被發價人接受時，為免誤會，請原報價人覆電確認。如：「關於貴公司 2 月 16 日來 E-mail，本公司承諾鑽床 5 部，每部 450 美元，CIF 價高雄，4 月裝船，請來 E-mail 確認」。

Referring to your E-mail of February 16, we accept offer for 5 sets Drilling and Milling Machine CIF Kaohsiung shipment during April, please confirm by E-mail.

⑵進口之貨已經轉賣，為免發生脫節，由對方確認後，可以控制貨源。如：「關於貴公司 2 月 9 日來 E-mail，茲承諾貴公司之報價，但視貴公司確認電報能否在此地時間 2 月 24 日前到達敝處而定」。

Referring to your E-mail of February 9, we accept your offer subject to your confirmation being in our hand by February 24, our time.

㈡接受期限實例

由於承諾何時發生效力，因法律不同易生爭執，所以買賣雙方對接受期限在交易協議時，也有預為規定者。就是出口商於報價後，進口商必須於「若干日內答覆或立即接受」。惟在實務上值得檢討者：

⑴過於硬性，對買方不便，允宜富有機動性，並參酌商品種類及市場情況而定。

⑵在方法上所謂若干日答覆，究竟是採發出主義或是到達主義，各國法律規定不同。

⑶不論採取何種方式，都要顧到二國之間的時差問題。

　①採若干日答覆者：「回覆限××日抵達敝處」，Subject to reply received here by ××，習慣上 Here（敝處），也有用 Our Time（敝處時間）。

　②採回覆限××日抵達者：「回覆必須於星期五收到以敝處時間為準」。

　Subject to reply received by Friday our time.

　③採立即回覆接受有效 (Subject to Immediate Acceptance)，未約定接受之通知方式：「本公司以確定報價購買，視是否立即承諾而定，需鑽床 5 組，每組 450 美元，4 月間裝船」。

　We offer firm (to buy) subject to immediate acceptance, for 5 sets Drilling and Milling Machine, per set US Dollars 450 CIF Kaohsiung, shipment during April.

　④採立即 E-mail 回覆接受有效 (Subject to Immediate Acceptance by E-mail)，另約

定接受通知方式:「願購鑽床 5 部，每部 450 美元，至奈及利亞拉哥斯，運費、保險費在內，4 月間裝船，謹發價如上，立即以 E-mail 回覆接受有效」。

We offer firm (to buy) subject to immediate acceptance by E-mail, for 5 set Model OP-97 Drilling and Milling Machine per set US Dollars 450 CIF Nigeria Lagos, shipment during April.

上述③、④兩種無確定時間，最好由買賣雙方加以明確協定。

(三)附條件接受

附條件接受 (Conditional Acceptance)，與雙方合意契約始生效的意旨相悖，自不具備真正的「接受」效果。所以實際上乃是「還價」的一種，反而有使原報價失去效力的催化作用，並不因為使用 "Accept" 字樣而合意也。例如:

(1)附帶修改船期:「關於貴公司 2 月 9 日來 E-mail，茲承諾貴公司報價，但有下列之變更: 即 3 月底前裝船」。

Referring to your E-mail of February 9, we accept your offer subject to following alternation: shipment before the end of March.

(2)獲准輸入許可:「關於貴公司 2 月 9 日來 E-mail，茲承諾貴公司報價，但以獲准輸入許可為條件」。

Referring to your E-mail of February 9, we accept your offer subject to approval of import licence government.

(四)附請求接受

被報價人於接受報價時，附帶請求 (Acceptance Accompanied by Request) 期望變更若干條件，但語氣平凡而不強烈，則此種「接受」在法律上是有拘束力的，其與「附條件接受」之最大差異點在於後者算是一種「還價」動作，屬我國民法第一百六十條之新要約行為。所以，報價人是否允其請求，並不影響契約的有效成立。

(1)出口商附有 L/C 條件承諾:「本公司承諾，倘貴公司立即用電報開出信用狀」。

We accept provided your cable letter of credit immediately.

(2)如一面接受，一面請求賣方保證品質與貨樣一致:「發價已接受，應請保證品質與樣品一致」。

We accept your offer subject to quality guaranteed equal to sample.

(3)對價格提出若干增減洽商者:「發價已接受，如可能價格請酌減」(如對買方發價

時則改為酌增）。

We accept offer subject to prices reduce do better if possible.

(4)接受有效期已過，買方仍希望成交：「關於貴公司 2 月 9 日來 E-mail，茲承諾貴公司報價，如不同意，請即電覆」。

Referring to your E-mail of February 9, we accept your offer please fax us immediately if not in order.

(5)接受有效期已過，買方希望延期：「敝公司尚在當地接洽，報價請留在敝處，有效至 2 月 28 日」。

We are working leave offer in our hand firm until February 28.

第九章
訂單之接受與簽發

第一節　訂貨單之接受

　　當國外之進口商向本國之出口商或工廠購貨時,依照貿易習慣,需簽發訂單予後者,述明詳盡的內容及符合交易條件要求之有關裝船交貨的必要指示。很多進口商在簽發訂單時,忽略了製造商之立場,而未將細節交代清楚以致反覆修改蹉跎商機。因此,一張完整的訂單對出口商及製造商而言可減少日後之紛爭,重要性自不待言。

一、訂貨單之意義

　　訂貨單 (Order Sheet; Order Form; The Purchase Order; Indent; Purchase Memo) 為買賣合約的一種,於交易成立後,由買方寄交賣方的確認書,作為嗣後履行買賣合約之先行契約。其應記明的事項如次:

1.訂單號碼 (Order)

　　訂單號碼可依公司英文字母簡寫或以貨名、廠名等再加阿拉伯數字,依流水帳號碼編成。

2.發單年月日 (Date)

　　填打簽發訂單之日期,以便日後引據及查對之參考。

3.商品明細 (Specification)

　　貨品之詳細內容,包括品質、商標、尺寸、規格及分析化驗等之詳盡說明。

4.數量 (Quantity)

　　訂購貨物數量須正確規定,類似假定語句勿用。例如,約定購買數量以噸為單位,則須言明,是長噸、短噸或公噸,一般常用者為公噸。

5.包裝 (Packing)

　　嚴格說明包裝單位及裝運包裝材料。尤其出口商應禁止使用含糊不清之條件,例如

「適當之出口包裝」，它容易讓對方猜疑不解。

6. 價格 (Price)

出口商出售之價格基礎是 FOB、C&F (CFR)、CIF 須註明之。

7. 付款條件 (Payment Terms)

買賣雙方約定之條件，例如現金交易，D/P、D/A、L/C 或分期付款等方式之約定。

8. 裝運日期 (Shipping Date)

製造商同意交貨之日期，即為裝運日期，惟事實上雙方早已約定，此處重複以為慎重。

9. 裝船嘜頭 (Shipping Marks)

清楚的描繪裝船嘜頭，應於外包裝何處印刷或特別要求以聯繫雙方意思者。

10. 責任條款 (Responsibility Clause)

明確說明供應商之應有責任須符合訂單所載明之要求與指示。此條款中，進口商大都規定由於供應商無法履行訂單要求之責任。雖然如此附加之警告對供應商而言是無意義的，然而它確具有法律效力。就出口商言，此條款對製造商在法律上之拘束力要來得有用。

11. 備註 (Remarks)

包括提供貨樣之規定，信用狀號碼之記述及裝箱之嘜頭等內容可於此欄補充說明。

 ## 二、訂貨單之處理

當接到買方寄來之訂貨單時，賣方應立刻對照所開列事項是否符合規定條件，如發現有不符事項時，必須採取適當方法予以更正。訂貨單必須與報價單及往來函件裝訂妥存，以備查對。訂貨單寄給工廠簽章時，最好附信一封，除應有的禮貌詞句外，並須強調①交貨前十天，必須通知出口商可能交貨的日期，以便安排船隻，②交貨前五天，必須將裝箱單和重量表寄來，以便向船公司洽訂船位和辦理簽證手續，③應申辦何種出口證明文件，④工廠有無指定的報關行，⑤統一發票收執聯。

如工廠有指定的報關行，則一切出口簽證手續，應通知該報關行來辦理。

統一發票收執聯，應加印影本一紙，一同持往押匯銀行簽字，影本上備註欄內要寫「與正本相符」，由開發票的廠商加蓋印章。

第二節　訂貨單之簽發

賣方本身如果是屬於間接交易性質，此時接到來自買方訂單後，須向製造商洽定生產檔期 (Space)，此時訂單之轉交有兩種方法，一是將買方之訂單由公司負責人簽署後，直接交與工廠並請工廠簽章，賣方可多留一份，以備查考。一是將買方之訂單 "Compilation" 為賣方本身立場向製造商所下之訂單並加註必要之條款，以確保工廠如期交貨及產品出廠前之檢驗，免日後層生糾紛。蓋貿易習慣常以 Proforma Invoice 或 Quotation 成交者，賣方與國外買方間並無契約約束雙方之責任義務，賣方與工廠之間亦因循不簽契約，則日後交貨引致之問題，可以提訴之文件既薄弱，糾紛之解決也不易之故。

除本章之後所附訂單實例中之 Special Instruction 及 Terms of Contract 外，茲再舉一些「訂貨條款」作參考：

(1) All goods are subject to inspection and approval by us or any party appointed by us.

(2) If embargo is put on the goods by the government or if there is a boycott of these goods at the place of destination, the Buyers reserve the right to cancel the within mentioned purchases.

(3) Should any claim due bad quality, wrong packing, poor workmanship, shortage, and/or colour and/or size and/or any condition(s), the Seller should take the responsibility and pay for the penalty.

(4) We take no responsibility for any devaluation of foreign exchange rate.

(5) In the event there being no sailings for the Places for which the within mentioned goods are contracted, the Buyers reserve the right to cancel without making any compensation to the Sellers.

第三節　接單後生產

生產工廠接到貿易商下訂單或自行接單後，隨即安排生產檔期，這種先接單後生產之交貨模式是傳統產業的作業流程。高科技產業諸如個人電腦，原廠委託製造 (Original

Equipment Manufacture, OEM) 或原廠設計製造 (Original Design Manufacture, ODM) 等，其傳統作法是由電腦公司根據以往之經驗自行預測未來一季產銷數量，產製出來的產品集中存放，再依消費者訂單狀況出貨之方式稱之為 Build to Forecast。惟此種先生產後接單之交貨方式，面臨了電腦產品生命線 (Product Life Cycle) 變化快速之挑戰，必須改弦更張，而以「接單後生產」之方式，始能取得競爭優勢。

 ## 一、接單後生產之意義

接單後生產 (Build to Order, BTO) 一詞，係由美國康栢電腦公司所發展出來，其意就是根據最終消費者 (User) 實際的訂貨要求從事生產及銷售；亦即唯有接到消費者之訂單才開始生產，而且生產出來的產品立即出貨，成品庫存天數為兩三天左右（傳統約一個月）。BTO 除了會降低成品庫存，零組件備料作業也可根據消費者下單狀況準備、庫存天數降到十五天以內，達到降低供貨庫存、生產成本與 JIT (Just in Time) 的製程能力。

BTO 之外的另一種方式叫做接單後組裝 (Configure to Order, CTO)，消費者可以選擇其想要的組件，組裝工廠要有辦法一臺一臺的做，以滿足消費者多樣化的需求。以上兩者基本上都是用 EDI 接單的方式進行。

 ## 二、接單後生產之模式

以美國戴爾 (Dell) 電腦公司之 BTO 運作為例說明之。首先由戴爾公司將部分的系統配置能力下放給通路業者，讓通路業者相對於戴爾公司的角色從原本單純的買賣採購，轉變成為肩負對最終使用者的諮詢、系統配置、售後服務等較具有附加價值的工作，而戴爾公司也可以從通路業者的訂單上追蹤到最終使用者真正的需求，這使得戴爾公司與通路業者的關係更加密切，達成所謂的雙贏 (Win-Win) 策略。

為了面對 BTO 執行層面的許多挑戰，戴爾公司借重資訊管理系統 (Management Information System, MIS) 的力量，建置一個連接八十餘國的網外網路 (Extranet，稱為 Dell on Line)，能有效將其上下游協力廠商的企業網路 (Intranet) 整合在一起。透過這個網網相連的系統，戴爾公司的客戶將可以從網際網路 (Internet) 上，及時取得有關戴爾公司的產品及服務資訊，而戴爾的合作通路商可直接從已經整合後的自己公司內部 Intranet 中，替客戶下單或查詢訂單的處理過程，甚至可直接取得每八小時自動更新的

生產計畫及排程，戴爾公司的上游供應商也可透過網路，收到最新的訂單生產或更新訂單的配送狀況。

戴爾公司這套橫跨全球的網路系統，是結合 Internet、Intranet 及 Extranet 三者作一種嘗新應用的最佳典範。利用網路資訊化的技術，將加速廠商內部的溝通並降低成本，使公司可以專注於本身具競爭力的核心業務上（如研發及行銷），而將本身不具競爭力的業務（如製造及後勤支援）外包給上下游的協力廠商——例如系統前段組裝交給具全球運籌式生產基地的臺灣合作伙伴，而系統後段組裝則交給合作的通路業者負責，達到接單後生產 (BTO) →接單後組裝 (CTO) 之最適化配銷模式。

總結戴爾公司 BTO 模式是：零件供應商下單給從事 OEM/ODM 的代工廠，代工廠以 BTO/CTO 組裝出貨給企業/SOHO/最終消費者。BTO 運作的明顯事例，大都以生產桌上型電腦或筆記型電腦之廠商為主軸，其與傳統產業原本就是接單後才生產的所謂 BTO 在內涵上有所區別，特此註記。

第四節　如何接受及簽發訂單實例

在實務上，賣方報價後，買方若按報價條件下訂單，則可視為契約已成立。若賣方未報價卻先收到訂單者，除非雙方事先已建立某種習慣作法 (Practice) 或依法有回答義務者外，不視為賣方已接受 (Accepted) 訂單。

簽發訂貨單並無一定格式，但至少須繕打三份，一份留底，二份寄交賣方（生產工廠）確認簽署後再寄回一份，交易始告成立。

訂貨單實例之一

Zentralverwaltung
Frankfurt/Main
Bürostadt Niederrad

Telefon 0611/6621
Telex 411244 und 412128
Fax: 411257

HERTIE Waren-und Kaufhaus GmbH, Postfach H0210 D-6000 Frankfurt/Main 1

Messrs.

International Handbag

31-1, Sec. 1, Wan Ho Rd.

Nantung Distr.

Taichung (400) Taiwan / ROC

Ihre Zeichen	Unsere Zeichen	Telefon/Durchwahi	Datum
		662-7183	September 25, 2010

Gentlemen:

You receive our order no. 182923 (Additional-Order for 182803)

dated 10-08-25

ORDER INSTRUCTION:

Department: 331

Shipment: December 25, 2010

Shipping Line: Panatlantic Forwarding Ltd., Taipei / Taiwan

Terms of Payment: L/C at sight

Distribution: Hertie Gütersloh / Store 51

Marking: MAIN MARK: SIDE MARK:

                          H-IMP   store name as per

                          Order-No.   our distribution

                          Dep. No.   list

                          Hamburg

Remarks: (   ) EXPORT LICENCE (Certificate of Purchase A + B) is required

            (x) FOB-VALUE must be stated in invoice

            (x) DISTRIBUTION PACKING LIST is required in shipping documents

            (x) WEIGHT LIST is required in shipping documents

            (x) CERTIFICATE OF ORIGIN is required in shipping documents

            (x) 2 ADVANCE SAMPLES required urgently to be airshipped direct to central buyer.

When enquiring on this order, please state always order no. and department no.

Aufsichtsratsvorsitzender: Hans-Georg Karg

Geschäftsführer: Leo Coeppicus, Hans Ludwig Grüschow, Rudolf Masengarb, Willy Menger, Walter Röhrkasten, Dr. Christoph Schwierholz, Hans-Georg Watzel.

Firmensitz: Frankfurt/Main und Berlin; Handelsregister; Amtsgericht Frankfurt/Main–HRB 9810; Amtsgericht Berlin-Charlottenburg–HRB 3582

Bankkonto: Dresdner Bank AG. Frankfurt/Main Nr. 931214, BLZ 50080000–Postscheckkonto; Frankfurt/Main Nr. 234460–605, BLZ 50010060

1. ORDER CONFIRMATION

    Please send immediately to HERTIE, Frankfurt/Main, Importdepartment, in 3-fold, your order confirmation stating:

    a. details of this order (commodity name in GERMAN also)

    b. shipping port

    c. special instructions / terms, if stated on order sheet and 1st page of this instruction

    d. please mention whether transferable / not transferable L/C is required and what bankers (with address) you prefer.

2. TERMS OF PAYMENT

    LETTER of CREDIT: Please note that L/C will never be opened without your order confirmation and COP Form A, if necessary

3. PACKING

    If distribution list is attached to order sheet or is to be sent later you are requested to pack merchandise according to the list and to mar the resp. store name on the cartons.

4. SHIPMENT

    a. All shipments must be effected in containers and we ask you to contact Messrs. Panatlantic Forwarding Ltd., No. 137, Nanking East Rd. Sec. 4, 3rd Floor, Taipei for arrangement of containers. Panatlanti is assigned to SOLE SHIPMENT AGENT of HERTIE / bilka and consolidatin all HERTIE / bilka cargo into FCL containers. Please take into consideration that we do not allow Panatlantic to ship the goods later than exact shipping date mentioned in the L/C without our written notice.

    b. 4 weeks prior shipment you have to inform Panatlantic of exact shipping date, enabling Panatlantic to secure sufficient space for our cargo on vessels prescribed by Panatlantic.

    c. Any delays in shipment must be advised to us and Panatlantic at least 2 weeks prior the intended shipping date by telex and needs the approval in written from us upon confirmation of buyer.

5. COUNTRY OF ORIGIN

    a. All merchandise must not be marked or labelled "Made in Taiwan".

    b. All certificates of origin must be certified by authorities.

6. SHIPPING ADVICE

    Sea Shipment: 1/3 original documents are to be sent per registered / express airmail to HERTIE, Frankfurt, Importdepartment, and negotiations are to be made with remaining original documents.

    Air Shipment: Upon shipment we need your advice by cable stating order no./ dept. no./ flight no./ date / airwaybill no.

We remain,

yours faithfully,   Remarks:

HERTIE   We also need your Sales Confirmation

Waren-und Kaufhaus GmbH   for this additional order at your earliest

Importdepartment   convenience.

(Mathey)   (Galle)

encl.

訂貨單實例之二

美爾耐實業股份有限公司

台中市台中港路二段智光巷二弄 83 號　　　　　　Tel:04–2702495 Fax:04–27050385

採購單
(Purchase Order)

供應商: 輪發工業股份有限公司　　　　　　　　　　　　　　　頁次: 1/1
　　　　彰化縣秀水鄉鶴鳴村仁義巷 16 號　　　　　　　　　採購日期: 02/03/11
　　　　電話: 04–769766　傳真: 04–7695025　　　　　　　供應商號: LF167

序號	產品 / 供應商產品	規格 / 說明	數量	單價	金額
1	小五金配件	材質: 冷軋鋼 (COLD Rolled Steel) 電鍍: 電著 (Electro-coating), 烤漆 (Paint black) 尺寸:依據圖面及客戶最終確認樣品進行生產 包裝方式: 1. 100PCS/CTN 2.包裝材料的要求: 　紙箱 (12.5"×14"×7.5") 　棧板 (40"×48"×5.12")	45,200PCS	(US$) 0.365	(US$) 16,498.00
TOTAL			45,200PCS vvvvvvv		US$16,498.00 vvvvvvvvvvvv

交貨日期: 2009/5/10
貿易條件: FOB KAOHSIIUNG
交貨條件:

1. 賣方應依買方最後確認之樣品為品質依據，按訂購之數量、規格、包裝、交貨日期出貨，且賣方須負完全品管檢驗之責。
2. 賣方如欲修改訂單上之條款，須以書面告知，且經本公司同意後，方為有效。
3. 雙方遇有爭議時，必須交付 "中華民國仲裁協會" 台中辦事處仲裁。
4. 鑑於利潤微薄，買賣雙方責任明確，出口樣品確認及驗貨以一次為限，多出的部分為違者，須負全責承擔所有的費用，以單據為憑，買賣雙方謹慎下單及生產。
5. 產品包裝: 產品包裝之良好，包含於此產品契約。產品之包裝應可安全的保護產品至目的地。若運輸途中，因該包裝結構受損或包裝損壞而製產品破損，應由生產方負責。
** 本通知表單，簽回本公司台中辦公室。
** 第一次出貨，請務必要注意品質 (以客戶確認之首樣為標準) 及本公司派員驗貨後，再行出貨。
** 上述價格含 5% 營業稅。
** 出貨前請提供 1. 檢驗紀錄表 2. 包裝明細表，經確認後出貨。**

** 請注意美國植物保護組織 (NAPPO) 宣佈之 ISPM15 (國際木材包裝植物防疫檢疫標準) 已開始實施，所有木製包裝材料必須經過特定的簡易處理，例如熱處理或薰蒸處理。若是違反此項法令者，貨物將會被銷毀，或拒絕入境，或被退回原出口國。

訂貨單實例之三

弘真貿易有限公司
弘強貿易股份有限公司

臺北市大安區 10655 安和路 98 巷 5 號 5 樓
電話：(02)27091651 傳真：(02)270912282

採 購 單

致：**緯西企業股份有限公司**

訂單編號：C-3393G

訂單日期：January 21, 2011

貨 號	品 名	數 量	單 價	金 額
H321 (TC-00529)	GIRL'S SHOES SIZE: 28-35 CLR: BLACK LAMI C/NO.271-300 五型同上，但改為扣環式一片魔術帶， 並加鬆緊帶的鞋帶如 SPORT SHOES	720PRS	@2.10	US$1,512.00
H322 (10864)	---DO--- C/NO.301-330	720PRS	@2.10	US$1,512.00
H322 (10864A)	---DO--- C/NO.331-360 同上圓形，三角形，橢圓形， 高週波棕色皮印 I.M.H.	720PRS	@2.10	US$1,512.00
H323 (10864B)	---DO--- C/NO.361-390	720PRS	@2.10	US$1,512.00
H325 (10864C)	---DO--- C/NO.391-420	720PRS	@2.10	US$1,512.00
TOTAL:		10,080PRS		US$21,168.00
		vvvvvvvvv		vvvvvvvvvvvv

1.中底燙金（印刷）：I.M.H. SIZE, MADE IN CHINA。
2.包裝方式：每雙一 I.M.H.內盒，紅底白字，24 雙一外箱，外加 4 條打包帶。
3.出貨後，如因品質或包裝等發生貿易糾紛，賣方仍應負賠償責任。
4.包裝及報關資料於結關前三日寄達報關行，憑發票及裝船樣品每型 1 雙領取貨款。
5.匯率：押匯日；商港服務費，報關費，押匯費，由賣方負擔。
6.材積：2.9 才/24 雙，整櫃裝運，本訂單共 1218 才，如太小或超過，請通知本公司。
7.側嘜加印客人阿文。

COLOR/SIZE: 28 29 30 31 32 33 34 35
BLACK   3 3 3 3 3 3 3 3

賣方簽章：

買方簽章： 弘真貿易有限公司
統一編號 60251178
彰化縣大村鄉
中正西路 284 號

請立刻用傳真
簽回：陳 正

訂貨單實例之四

北 東 實 業 股 份 有 限 公 司
NU EDDI INDUSTRIAL CO., LTD.

臺中市臺中港路 3 段 89 巷 1 弄 9-1 號　　　　TEL: 886-4-3589161
NO.9-1, 1 NUNG 89, LANE, 3 SECTION　　　　FAX: 886-4-3589440
TAICHUNG KANG ROAD, TAICHUNG, TAIWAN.

訂 貨 單

10/04/25

製造廠商：建奧木業股份有限公司　　　　訂單號碼：99403CCW
地址：南投縣草屯鎮芬草路 1209 之一號　　交貨日期：99 年 05 月 25 日
電話：049-316467　傳真：049-316626　　電腦編號：1019-1802-1021
聯絡人：MR. 邱　　　　　　　　　　　　付款方式：結關後 14 天期票

品名代號	規格摘要	數量	單價	總價
			FOR KEELUNG	
#435 22×18×28 1/2"	扶手餐椅	60 PCS	@NT$　630.00	NT$　37,800.00
#436 18×20×28 1/2"	餐椅	60 PCS	750.00	45,000.00
#620 53×31 1/2"×29"	長方形餐桌	30 PCS	1650.00	49,500.00
	TOTAL:	150 PCS		NT$132,300.00
		vvvvvvvv		vvvvvvvvvvvvvv

REMARK: 1. 上述所有木質材料均需經燻蒸處理並提供證明 FUMIGATION CERTIFICATE.
　　　　　　產品木質為 SOLID WOOD 顏色如目錄所示
　　　　　　請注意包裝用五層紙箱密集包裝避免碰撞破損
　　　　2. 領/托櫃費由建奧公司支付一半
　　　　3. 每 1PC 產品均需附上一張英文組合說明書

遵守事項：1. 所交貨品必須與經買方認可之樣品相符，如因品質不良，數量不符或延誤交貨遭客戶拒收或要
　　　　　　求賠償時，由賣方負完全責任。
　　　　2. 出貨前一星期內賣方應通知本公司驗貨，未經檢驗合格不得發貨。
　　　　3. 凡依照買方所提供之樣品或設計製造之產品，未經買方同意或授權，賣方不得生產及提供其他
　　　　　客戶。

發票開立地址：北市吳興街九巷五號四樓　　　　統一編號：89711017

(SHIPPING MARK:)　　　　　　　　　　　　(SIDE MARK:)
主嘜頭　　　　　　　　　　　　　　　　　側嘜頭

ITEM NO.:
Q'TY.:
N.W.:
G.W.:
MEAS'T:

附註：1. 交貨地點：貨櫃場。
　　　2. 讓貴公司收到訂單後於五日內簽回第二聯確認。

第十章
國際貿易契約

第一節　貿易契約之意義及其特性

　　國際貿易之重心，一如普通交貨，在於足為交易證明之買賣契約，良以國際貿易上一切手續行為，皆以締結與履行此項買賣契約為目標。

　　至於如何使一宗交易於己有利，則須視契約所具列之條件，能否於己有利以為斷。蓋契約乃買賣雙方所應共同遵守及履行之約定。因此簽訂買賣契約時，切莫忽視契約條件可能在法律上產生之效果，既不可草率成約，尤不宜謙讓為文，在法律上套牢自己，致造成日後難以估計的損失。

 ### 一、契約與契約書之意義

　　契約 (Contract) 係指二人或二人以上當事人間之合意，謂之契約。這種合意，是建立於契約自由原則之上，依當事人之自由意志自主決定，並經由意思合致而規範彼此之間的法律關係。契約之成立，各國法律規定不盡相同，而對契約之履行自亦有「輕信寡諾」與「一言九鼎」之別。

　　契約書 (Contract Note)，乃指二人或二人以上當事人間就法律上可能強行 (Enforceable at Law) 之權利義務達成合意 (Agreement) 所訂定之書面證據 (Written Evidence)。換言之，將當事人間合意之事項記載於書面之文件，稱為契約書。

　　契約書之特性，在買賣行為上，契約之成立不必具有契約書，只要當事人間對於某一特定內容有合意即可。惟國際貿易之習慣，買賣雙方尚須簽訂書面契約，蓋國際貿易與國內交易於契約成立同時交貨的完成買賣 (Excuted Sales) 或一般買賣契約不同，是附有合約成立應履行的許多條件的未完成買賣 (Un-excuted Sales)，為了能順利完成應履行的條件，將已成立的買賣條款，由買賣雙方另以書面來確認的就是買賣契約。另者，如成交金額大或契約內容較為複雜，為承認買方寄來之訂單內容無誤，先行寄去售貨單或

售貨確認書予以確認後，再具體的，詳細的作成售貨合約書，經雙方簽署的就是較為完整的合約書 (Contract)。是以合約書之簽訂，極宜特別慎重。茲將其重要性述之如次：

(一)就證據法上而言

雖然不少國家之訴訟法採用所謂「自由心證主義」，但如有書面上之證據，除非它為違法或經強迫而作成者外，當然被認為最正確且優先被採納之證物，尤其在英美，一旦簽訂合同，整個交易協商過程即已完結。在阿拉伯國家，一旦口頭應承，即等於簽了書面協定，與書面契約具有同等的法律效力。

(二)就確定履行契約之內容而言

貿易契約，無論是買賣契約或代理契約或其他貿易契約，自契約之成立至其履行完畢，皆需相當時間，尤以長期合約 (Long-term Contract) 為然，並且其內容亦相當複雜。如交易當事人未將其所意圖之事項或有關雙方之權益予以明確地書面化，則事過境遷，在履行時雙方當事人難免發生爭議。

(三)就解決糾紛的觀點而言

契約書之協議內容如已明確規定當事人間的權利義務及在履行時所發生之問題如何解決之方法及依據，則發生違約或不履行時，當可按契約書之內容以迅速妥適的方式解決，而可防止當事人間無謂的糾紛之產生。

二、國際貿易契約之定義

在各種國際貿易契約中，以買賣契約最為普遍也最為重要。所謂「買賣」(Sale) 乃當事人約定一方移轉財產權與他方，他方支付價金的契約（民法第三百四十五條），約定移轉財產權的一方，稱為賣方 (Seller)，約定支付價金的一方，稱為買方 (Buyer)。所謂財產權，即有金錢上價值的權利，諸如物權、債權、準物權（如礦業權、漁業權），無體財產權（如商標專利權、特許權）均屬之，我國民法所規定的「買賣」即指這種廣義的買賣而言。然而，狹義的「買賣」則僅指貨物 (Goods) 買賣而言，例如美國統一商法第二之一百零六條規定：

UCC 2–106 "Contract for sale includes both a present sale of goods and a contract to sell goods at a future time. A sale consists in the passing of title from the seller to the buyer for a price."

英國物品買賣法 (Sales of Goods Act) 第一之一條也規定：

SGA §1-1 "A contract of sale of goods is a contract where by the seller transfers or agrees to transfer the property in goods to the buyer for a money consideration, called price." (買賣契約是以稱為價金的貨幣為對價，由賣方將貨物所有權移轉或約定移轉予買方的契約。)

至於國際買賣契約，則指國際間商品 (Goods)、服務業貿易 (Business in Service)、技術移轉 (Technical Transfers) 及創新價值 (Innovation) 等之相互移動而簽署之一種契約。其傳統的定義，依 Clive M. Schmithoff 在其所著 *The Export Trade* 第十四章中之定義如次：

A contract of international sales is defined as a contract of sale of goods entered into by parties whose place of business are on the territories of "different states" in each of the follow cases:

(a) Where the contract involves the sale of goods which are at the time of the conclusion of the contract in the course of carriage or will be carried from the territory of one state to the territory of another.

(b) Where the acts constituting the offer and the acceptance have been effected in the territories of different states.

(c) Where delivery of the goods is to be made in the territory of a state other than within whose territory the acts constituting the offer and the acceptance have been effected.

為求整體理念上之一致性，本書概以國際貿易契約或貿易契約稱之。

三、國際貿易契約之特性

國際貿易契約為屬於不同國度或國家的居民、企業機構或政府相互間，以貨物作國際移動為內容或標的而締結的契約。因此，與純粹的國內買賣契約有許多不同的地方。茲就其特性略述於下：

1. 貿易契約與運輸

關於貨物的國際移轉，就島嶼經濟型的國家地區而言，買賣契約的內容，在大多數情形下，必然與海上航空運輸發生關係。所以，國際貿易契約與海上航空運輸契約有密切不可分的關係。

2. 貿易契約與保險

貨物的國際移動與海上航空運輸有密切的關係，在契約上，關於危險的移轉時期──即貨物交付地點──如何決定一節，比起國內買賣，更為當事人所重視，同時為投保海上保險，國際貿易契約又與海上保險契約發生信用狀關係。

3.貿易契約與押匯

海上運輸需較長的時間，因此，為期貨款的早日收回及為使貨物在運抵以前即可處分，俾獲得資金融通之便，有關提單、押匯及信用狀制度乃應運而生。所以，國際貿易契約又與信用狀押匯發生密切的關係。

4.貿易契約與法律適用

國際買賣乃為隸屬於不同法域之國家的人民彼此間的買賣，所以又發生契約的成立、履行及解釋等究應適用哪一國法律的準據法問題。實際上，現在尚乏規範國際買賣的法規，在此情形下，以同業公會的標準規則或 Trade Terms 為基礎的交易反而成為一般國際買賣的慣例。

5.貿易契約之自動性

貨物的國際移動（即輸出入行為），如無對方的協助，縱非不可能，也相當困難。因此，在契約中，常規定此項協助為對方的義務。例如在 FOB 契約，就賣方而言，雖不必投買保險，但（依據 Incoterms）賣方卻有協助買方辦理貨物保險的義務，即為一例。

6.貿易契約與政府政策

由於政策上的關係，對於國際貿易契約的締結、契約內容等，予以或多或少的限制。因此，所謂契約自由的原則，比起國內買賣，要受到更多的限制。

7.貿易契約之複雜性

國際貿易契約關係到一個經濟主體與另一個經濟主體等不同之人，彼此間的關係，且伴隨上述各種契約關係，所涉及之法律層面頗為複雜。因此，很容易引起糾紛，並且一旦發生糾紛，則不易解決。

第二節　貿易契約之種類

貿易契約之種類甚多，需視國際交易之性質及其方式如何，而訂定不同條款性質之契約。

一、一般貿易契約

通常所稱之貿易契約，在廣義方面而言，包括買賣契約 (Sales or Purchase Contract)、寄售契約 (Agreement on Consignment)、委託購買契約 (Indent)、委託加工契約 (Contract for Processing)、經銷契約 (Distributorship Agreement)、售貨代理契約 (Selling Agency Contract)，及外銷代理契約 (Export Agency Agreement) 等等；在狹義方面，則專指輸出入合約 (Import and Export Contract)、代理契約 (Agency Contract) 及經銷契約 (Distributorship Agreement) 等而言。

如就狹義之輸出入合約而言，其名稱有下列各種表示方式：

Order, Indent	Confirmation
1. Seller's Sales Order	1. Sales Confirmation
Buyers Purchase Order	Buying Confirmation
2. Order Sheet	
3. Indent	
4. Purchase Order Acknowledges	

Contract	Agreement
1. Sales Note	1. Agreement
Purchase Note	2. Specific Agreement
2. Contract Note	3. Sales Agreement
3. Export Contract	Purchase Agreement
Import Contract	
4. Sales Contract	
Purchase Contract	
5. Sales and Purchase Contract	
6. Export and Import Contract	
7. Contract for Purchase Sales	

有的則更進一步，將交易貨品名稱或條件也一併標示出來，例如：Sales Agreement for Grain 或 FOB Contract for Purchase and Sales。

就代理契約而言，其名稱有：Sales Agreement、Contract、Appointment 等。

就經銷契約而言，其名稱有：Agreement、Distributorship Agreement (Contract) 等。

二、運輸保險契約

運輸保險契約，嚴格而言，應屬於商品買賣的配套合約，不直接關連於貿易契約，例如貨物海上保險契約 (Marine Insurance)、海上貨物運送契約 (Contract of Affreightment)、航空貨物運送契約 (Air Transport Contract)。

 ## 三、特殊貿易契約

特殊貿易 (Specialized Trade) 包含商品買賣以外的服務業貿易，技術合作，OEM 代工，整廠輸出，國外投資，相對貿易及合資事業等，其契約名稱有：服務業貿易契約 (Service Contract)、技術合作契約 (Technical Assistance Agreement)、原廠委託製造契約 (OEM Contract)、整廠輸出合約 (Turn Key Job Contract)、國外投資契約 (Investment Agreement)、相對貿易契約 (Counter Trade Contract)、合資事業契約 (Joint Venture Agreement)。

就技術合作契約而言，其名稱尚有：Agreement, Technical Assistance Agreement, Technical Collaboration Agreement, Licence Agreement, Patent Licence Agreement, Technical Information Agreement, Exchange of Technical Information Agreement 等。

就整廠設備輸出合約而言，其名稱更有：General Conditions for the Supply of Plant and Machinery for Export NO. 188; for Import and Export NO. 188A; for the Erection of Plant and Machinery Abroad NO. 188D; for the Supply of Plant and Machinery for Export NO. 574; for Import and Export NO. 574A; for the Erection of Plant and Machinery Abroad NO. 574D 及 for Supervision of Erection of Plant and Machinery NO. 574B.

相對貿易合約，其名稱則有：Barter Contract, Compensatory Agreements, Product Buy-back Agreements, Counterpurchase Agreements, Bilateral Trade Agreements, Protocols 等。

國外合資事業契約，是國外投資契約的一種，其名稱為：Foreign Joint Venture Agreement, Overseas Joint Venture Agreement, International Joint Venture Agreement 等。

第三節　製作貿易契約書的基本原則

貿易契約當事人製作契約書時，須掌握下列基本原則，循序漸進，自能完成妥善的契約書。

一、掌握當事人的意思

在簽訂貿易契約時，應先將當事人訂定契約的真意及目的加以研究，當事人的真意可經由談判過程中訊息、交易的動機及背景以及其堅持要求事項內容間接得知。對當事人的真意，獲得充分瞭解後，才能訂定完善的契約，否則缺失必多，日後易滋糾紛。是故，契約內容在法律許可之範圍內可基於雙方之合意而決定，以能表達雙方之真意為已足。

二、把握全盤性條件

由前述貿易契約之特性得知，貿易契約雖然以某一特定事項為對象，但往往會受到其他事項之影響。因此在訂約以前，應先將其他事項也一併考慮，瞭解其前後關係，以免有直接或間接不利於其他事項或因其他事項的不合理而影響到日後契約的履行。

三、未來的變動因素之考慮

國際貿易環境瞬息萬變，契約訂立後，在契約有效期間內常因主觀或客觀因素的變化，使得契約的履行發生困難或糾紛。因此，在簽約時，應將未來可能發生的問題及後果予以考慮，並將預防或解決的方法訂入契約中，以便一旦事情發生，雙方有所遵循。

四、檢核訂約前往來函電的內容

在當事人簽訂正式合約書前的洽商過程中，常有相當數量的書信或文件往還，例如，「意向書」、「預行合約」、"Letter of Indent"、"Memorandum Agreement" 等文書的交換。訂立契約書時，對於這些洽商交易條件的函電，不論直接的或間接的，均需加以全盤的研究。同時應注意這些往來函電中所提出的事項及洽商的最後結果，也即雙方所獲致的協議，予以訂入契約中，成為契約條款的一部分，俾免因遺漏而遭受意外損失。

五、注意簽約手續的完整

簽約手續的完整性,包含簽約當事人是否具備權利能力及行為能力、法人簽約資格、相對給付的要因、契約的合法性及買賣雙方之簽署等要項。在草擬契約書時,應先將上述有關事項綜合列出,然後加以整理,並依其類別區分,俾免發生重複或遺漏。此有賴於經驗,平時對有關書類之研究與法律知識之吸收而得其要領。

六、就契約書作全盤的覆核

擬就契約書後,為求謹慎,應就①契約名稱,②契約成立要件,③有效期限,④契約內容,⑤契約各條款,⑥使用的文字、用語等項,再予檢討。如果是重要的契約,則宜由有經驗之業者、企管顧問公司或法律專家等再詳加覆核 (Double Check)。

第四節　貿易契約書之簽立方式

國際間貨物買賣,雙方對於交易的意思表示,常以電報為之,有時為爭取時間,甚至利用國際電話接洽,而電報、電話中有關交易條件,往往僅限於交易貨物、規格、數量、價格及交貨期限而已。至於其他關係雙方權益的條件往往略而不提,即使利用書信交易,也往往如此。因此,買賣雙方為避免日後發生爭執,多於成交後另以書面互為確認或簽立書面契約,以保證契約成立的內容,俾資雙方共同遵循。此項以書面互相確認或另訂的書面契約,不拘其形式如何,均視為契約書。以下就實務上簽立契約書的方式,加以介紹。

一、以確認書方式簽約

買賣雙方交易條件談妥後,由當事人的一方將交易內容製成確認書 (Confirmation),寄交對方,請對方簽署後寄回一份,一份由對方留存。這種確認書可由當事人的任一方製作。

⑴確認書由賣方製作的, 稱為售貨確認書 (Sales Confirmation; Confirmation of Sale; Acknowledgement of Sales) 或稱為售貨單 (Sales Note)。

⑵確認書由買方製作的, 稱為購貨確認書 (Purchase Confirmation; Confirmation of

Purchase) 或稱為購貨單 (Purchase Note) 或訂單 (Order; Order Sheet; Purchase Order; Indent)。目前以確認書方式訂約者相當普遍。

二、以契約書方式簽約

契約書 (Contract) 之訂約方式較上述確認書方式慎重，內容也較完備。其製作程序可由任一方擔任，但必須經對方簽署後才具法律上效力。

⑴契約書由賣方草擬製作的，稱為售貨契約 (Sales Contract; Contract of Sale) 或稱為輸出契約 (Export Contract)。

⑵契約書由買方起稿製作的，稱為購貨契約 (Purchase Contract) 或稱為輸入契約 (Import Contract)。

⑶如由買賣雙方互派代表會同起草製作，並由其當場簽署，則可稱為購銷契約 (Sales and Purchase Contract) 或輸出入契約 (Export and Import Contract)，但這種情形較少見，通常採前兩種形式者較多。

三、以事先簽訂的協議書為根據簽約

為避免契約書由對方先發動而對本方有不利的約束條款，將之載入契約書的意圖，謹慎的出進口廠商，在與對方取得聯繫並經信用調查滿意後，即以書面與對方磋商「主要交易條件」簽訂協議書 (Agreement)，雙方各執一份，作為日後個別交易的「主約」(Master Contract)。協議書簽訂後，雙方即可以電報或書信進行細部交易條件之討論，而這種電報或書信則僅言及交易貨品名稱、品質、數量、價格、裝運期限以及協議書未規定的事項。俟每次成交後，或互以書面確認，或另行簽立個別契約 (Specific Contract)。上述確認書或個別契約則由協議書連結其完整性。在雙方簽有協議書的場合，買賣雙方進行交易，即毋須每次重複主要交易條件，這對雙方都頗為省事。即使日後交易，未簽訂個別書面契約，而是採取換文或確認方式訂立契約書，也不致因某些交易條件未訂明而影響及個別契約的效力。嚴格而言，Agreement 比較著重於買賣兩造之間的一種協議或合意，此協議不一定產生法律上的效力；而 Contract 則具有法律效力，法院確認其內容可以執行。因此，在英美法，Agreement 只是 Contract 成立要素之一。至於 Confirmation，只要具備了契約應有的內容，且與先前之合意文件相符，即構成正式契約，殆無疑義。

第五節　貿易契約書應具備之內容

契約書應具備之內容，可概分為正面應「記載內容」及背面的「一般條款」兩部分。前者為一般正式契約書內，約定重要權利義務的主要記述；後者則為買賣契約特有的條款約定。

 一、貿易契約書正面記載內容

契約書內容與結構，雖因交易性質及交易條件的不同而有繁簡之分，但以力求簡明、完整為原則。較完整的貿易契約書，通常由下列各項構成：

1. 參考文號 (Reference)

買賣雙方任何初步之協議條件，電報、Fax 或 E-mail 等之引述。

2. 貨品名稱 (Commodity)

貨品詳細名稱、品質標準、型錄及規格成分等之明確說明。

3. 數量 (Quantity)

契約成立之貨物正確數量，尤其須加以特別分類其重量、體積或容量。例如，簡單載明 1,000 噸是不明確地，因為噸有長噸及短噸之別，結果全然不同。契約同時應規定提出重量證明之要求，以確定是裝船重量或卸貨重量，此重量證明宜依契約條件而定。

4. 價格 (Price)

銷售貨物中由賣方售予買方之貨物單價。

5. 價格基礎 (Price Basis)

價格約定方式如 FOB、C&F (CFR)、CIF、FOB C5% 及貨幣單位如 US$、£、€ 等。

6. 裝船日期 (Shipping Date)

裝船日期用詞須謹慎而由買賣雙方所明確瞭解。詞語如隨即裝船 (Immediate Shipment) 或即期裝船 (Prompt Shipment) 應儘可能避免，蓋因各地之解釋迥異，易滋糾紛。

7. 包裝 (Packing)

裝船時外包裝之方法須明示，類似「有規則的出口包裝」等詞語，除非買賣當事人對其涵意均有共識，否則不用為宜。

8. 裝船嘜頭 (Shipping Marks)

此點須嚴格遵循買方要求，除非買方同意以賣方之嘜頭，否則賣方不宜擅作主張。

9. 付款條件 (Terms of Payment)

買賣契約中的付款方式，究係以現金、信用狀、即期匯票或 D/A、D/P 等須表示清楚。

10. 保險 (Insurance)

若海上貨物危險之投保事宜由買方負責的話，應於契約中明示。賣方如有意投買保險，其投買險類及對於特殊貨物適用之附加險等均須規範於買賣契約內。這些形式之預防措施，無論按重量或體積，價值或總括之貨物，都應於訂約時說明清楚。

11. 解決糾紛之條款 (Provision for Settling Disputes)

契約須有拘束當事人雙方萬一發生糾紛之條款。如商務仲裁條款或適用法律。

 ## 二、貿易契約書的一般條款

國際貿易契約買賣雙方必須就買賣的內容有所約定，俾資雙方共同遵守。買賣雙方對於買賣內容的約定，稱為「交易的一般條款」(General Terms and Conditions)。買賣條款的簡繁，端視貨物種類、買賣習慣以及事實需要而定。國際間每一筆買賣通常應具備的條款有八項：即商品名稱、品質條件、數量條件、價格條件、包裝及刷嘜條件、交貨條件、付款條件以及保險檢驗。這八項條件，在報價時，是為報價的基本條件，是構成有效報價的基本要素。報價一經有效接受，買賣契約即告成立。而這八項基本條件則轉成為貿易契約的主要架構，原則上為每一貿易契約所應具備。至於其他條款則屬一般性條款，除另有特別約定外，雖未具備也不致嚴重影響契約的履行（民法第一百五十三條第二款）。

一般訂定書面貿易契約採用的格式不外兩種，一為印定格式，另一為逐案訂定有關條款方式。稍具規模的進出口廠商，平常都備有印定的契約格式，以備交易時使用，堪稱簡要方便。但對一些特殊性質的交易，或數額鉅大的買賣，買賣雙方對於交易內容為求慎重起見，較乏採用印定格式，而由雙方逐一訂定契約條款。茲將契約條款的性質說明於後。

㈠基本條款

基本條款是貿易契約中最基本且最主要的事項，包括貨品名稱、規格、品質、數量、價格、交貨、付款、包裝、嘜頭及保險等項目。在印定的契約格式，通常在正面預留空位，訂約時，即將雙方商洽的結果，逐項填入。如非採用印定格式訂約，也須將這交易基本事項逐一訂入契約書中。

(二)一般條款

一般條款是對於基本條款的補充說明或一般貿易契約書所共有的一般記載事項,包括貿易條件的解析、匯率變動風險的負擔、採購法規、佣金問題、索賠期限及手續、不可抗力的免責事項、仲裁、適用法律條款等項目。在印定的契約格式,都事先印於契約書背面,訂約時無需臨時加填。如採用非印定格式,則須將各項條款逐一訂入契約書中。買賣雙方若已就一般交易條件加以協議,則可省略重複訂定此條款。

(三)條款效力的優先問題

國際貿易契約條款的效力,恆以契約書正面的基本條款最為優先,而以背面的一般條款居次,如前後有所牴觸,以基本條款為準。

在契約書無論採用印定或非印定格式,為免日後解釋上引起爭議,提供契約書的一方通常在契約背面一般條款的開頭註明如下文字:

The sale specified on the face hereof shall be subject to the following terms and conditions, unless otherwise stipulated thereon or agreed elsewhere between buyer and seller. (除本契約書正面所定或買賣雙方間另有協議或約定者外,本買賣受下列各條款的拘束。)

第六節　如何簽訂貿易契約書實例

契約書之格式雖然因交易的性質及交易條件之不同而有差別,但較完全者不外乎正式契約書與確認書兩種。兩者的格式,就結構而言,除前文與結尾文句有所不同外,契約本文部分並無甚大出入。通常應具下列條件及項目:

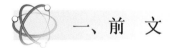

一、前　文

契約書之前文 (Preamble) 或開場白 (Prelude),係指位於契約書之開頭,表明下列各項目者: 契約訂定之日期、訂定契約之地點、契約當事人之名稱及地址、訂定契約之經過及有關契約內容之說明事項。茲將其各項概述於下:

1.訂定契約日期

通常以西曆日期表示之。一般契約如不以經其他主管機關或其他第三者之批准為生效條件者,則訂定日期與生效日期同。

2.訂定契約之地點

訂約地點將成為決定該合約法律關係準據法及訴訟管轄之要素，其重要性可見一斑。但屬於不同國家之貿易契約，因當事人不一起訂定時，究以何地為訂約地不容易決定，在此場合均省略其記載。

3.契約當事人之名稱及地址

應將當事人之全部名稱及地址說明，當事人究係個人或哪種組織，如獨資、合夥、公司或關係企業，均應以全名正確表明其法律身分，並註明其執照號碼、成立日期及地點名稱。地址為契約發生糾紛時，決定訴訟管轄之重要因素，必須明白而詳細記入；並且，地址亦為發出通知時所需，不可省略。

4.訂定契約之緣由及其內容之說明事項

較簡單之契約有時不予記載，但較重要或正式性契約均有明示契約之訂定目的（例如某甲為代理某乙在某地區獨佔販賣某貨品等等）。在英美之契約書，記載此種說明事項已成為一般慣例（較常見者如貨物保險契約），通常以 "Whereas" 開始，故亦稱為 "Whereas Clause"。

 二、定義條款

在契約書各條件及項目中如有重複表示之名稱、重要或可能引起爭議的文字，或對於某一定字句需要加以說明者，或法律文字之規定等均有必要於契約書中設定義條款 (Definition Clause)，一一分別加以說明，俾能有統一而確定之解釋。

例如：DEFINITIONS

1. The plural to include the singular.

2. The word "goods" as used in this contract means that which in described in Clause 1.

3. Hides mean skins of bovine, equine and other large animals, including calf skins.

4. Days of months mean calendar days or months.

5. The first day for shipment to be the day following the date of this contract otherwise stated.

6. All references to steamer or steamers in this contract shall include steamer/s or, where applicable, any other principal means of conveyance by water, air and/or land. When steamer refers to a sea-going vessel., steamer mean any vessel classified

Lloyd's 100AI(or the equivalent of other Registers)which issues the bill of lading and suitable for the stowage and transportation of goods. (INTERNATIONAL CONTRACT No. 6-HIDES & SKINS)

三、基本條款

基本條款 (Basic Condition) 係構成契約之主要項目。表示當事人相互間之權利及義務關係，為買賣交涉之重點。依契約之目的而異，包括貨物名稱、品質、數量、價格、包裝、裝船、付款及保險等八要項。

四、一般條款

契約之一般條款 (General Terms and Condition) 係指對於契約之主要條件及項目之補充說明或一般契約通常有記載之共同項目。

1.契約有效期間 (Duration)

即指契約有效之期間。契約有效期間之表示方法：①定期契約：自某年某月某日起至某年某月某日止，②不定期契約：自雙方簽字之日起幾年，③自經主管官署批准之日起若干年等。

2.契約之終止 (Termination)

契約因其期間滿了而終止，故訂定有效期間之契約不另記載契約之終止日期，但契約亦因解除條件之具備、約定解除權之行使及法定解除權之行使而終止。故應將有關終止契約之條件明白記載。

3.不可抗力 (Force Majeure)

依國際慣例及各國法律，對於契約履行期間，如發生不可歸責於當事人之事由（即不可抗力事故），致使不能履約或部分不能履行時，債務人原則上不必負任何賠償責任。惟須有兩項前提：一是不可抗力原因應具備一定條件，二是契約中應明白規定不可抗力事故之具體內容。至於，不可抗力原因發生時應如何處理其善後，則更要約定明確，以免產生爭論。

4.契約之轉讓 (Assignment)

如屬不可轉讓之契約，應明白記載，如得轉讓者，應將有關轉讓之事項記載，以確定因轉讓所生之權利及義務之負擔問題。例如，相對貿易合約中的對等採購承諾移轉性條款。

5. 仲裁條款 (Arbitration)

仲裁為解決國際間因契約所生糾紛之最重要而常用的方法。仲裁條款係屬當事人間約定以「私」之機關解決其糾紛，而不藉「法院」裁判解決之條款，通常記載下列各點：①仲裁機關名稱或選定，②仲裁人之選定方法，③願受仲裁裁斷之拘束，④仲裁費用之負擔。

6. 裁判之管轄 (Jurisdiction)

契約書內如無仲裁事項之約定，則因契約而生之糾紛，雙方無法私下解決時，最後只有訴之於法庭。因此，當事人應明定有關將來因契約而生之訴訟管轄事項，如訴訟地、訴訟法院等，此稱之為合意管轄法院。定合意管轄之時機，僅限於起訴前，且書立合意之法院全稱為宜。

7. 契約所依據之法律 (Applicable Law; Proper Law)

契約所依據之法律係指契約之成立、履行、解釋等有關契約之條件及項目本身所依據之法律，如依中華民國法律、日本法、美國紐約州法等等（但訴訟管轄係依前項「裁判管轄」而定），當事人得自由選擇約定。

8. 與其他契約之關係 (Integration)

在訂定契約前如有約定其他有關契約事項時，其效果是否因訂定契約而被吸收消滅，如其約定事項尚存在時，其效果如何，與本契約之關係如何，均應明確記載以確定彼此間之效力及關係。

9. 契約之修正 (Amendment)

契約本來不需有一定格式，亦不一定限於書面契約，故其修正亦同。但如經訂定契約書後，其修正手續均須明確約定並記載於契約書內，或以其他書面明訂，以免發生糾紛。

10. 通知 (Notice)

契約履行期間，如有任何通知、請求、同意、申請或其他要求答覆等意思表示而須為他方當事人所知悉或一方當事人為特定行為以前，依規定應預先通知為先決條件時，應以何種方法為通知，通知送達的地址以及通知生效時期等，當事人須於契約內事先約定。

五、結　語

契約書之本文（前述一至四各項）記載完畢後，應加以契約之結語 (Witness)，以示

契約書文句之終結。結語之內容，因契約書之種類而異，大致有二：

   1.非屬封印證書方式之契約書

   僅記載「本契約書於前記　年　月　日訂定，經雙方法定代理人簽署之」，然後署名。

   2.屬於封印證書方式之契約書

   即記載「本契約書經雙方法定代理人訂定，於　年　月　日簽署並加封印」，然後署名並加以封印。

六、署名及封印

   契約書之署名 (Signature)，應將署名人之職稱記明，如屬代理者應將代理事項記入，如有證人時，應對證人之名字記入並經署名。封印 (Seal) 如屬個人之契約書，通常在署名處一邊貼以圓形紙片或書寫 "Seal" 字樣；如屬公司時，即加蓋公司之印信 (公司及法人都有登記其印信)。

貿易契約實例之一

GLOBAL-IN TRADING CO., LTD.

NO.3, 70 ALLEY, CHIH HUI STREET,
TAICHUNG, TAIWAN, R.O.C.
TEL: 886-4-20724795
FAX: 886-4-27050385

企國貿易股份有限公司

臺中市西屯區智惠街 70 巷 3 號
TEL: 886-4-20724795
FAX: 886-4-27050385

SALES CONFIRMATION
****

DATE: March 26, 2011
P/I NO.: F-5576
MESSRS.: NAITO CO., LTD.
PRICE: F.O.B. TAIWAN.
PAYMENT: BY T/T IN OUR FAVOR. (US$10,000.00 PREPAID BY APRIL 05,2011)
          BALANCE AMOUNT BY APRIL 25, 2011
DELIVERY: BY SEA FREIGHT ON APRIL 25, 2011

MODEL NO.	DESCRIPTION	Q'TY	PRICE	AMOUNT
S12-C	WOOD: #1, 3, 5. "LEGEND" S/S	200 SETS	@US$ 160.	US$ 32,000.
	IRON: #3-9, PW, SW. "LEGEND"			
"MAN"	SHAFT: CARBON SHAFT.			
	GRIP: RUBBER BRIP.			
A10-C	WOOD: #1/15, #3/21, #5/25.	200 SETS	@US$ 135.	27,000.
	"CUSTOM LADY" ALUM.			
"LADY"	IRON: #5, 6, 7, 8, 9, PW, SW.			
	SHAFT: CARBON SHAFT.			
	GRIP: RUBBER.			
A12-C	WOOD: #1, 3, 5. "JUMBO" 250	200 SETS	@US$ 150.	30,000.
	CC ALUM.			
	IRON: #3-9, PW, SW.			
	"BROSNAN" S/S.			
	SHAFT: CARBON SHAFT.			
	GRIP: RUBBER.			
TOTAL:		600 SETS		US$ 89,000.

SAY TOTAL US DOLLAR EIGHTY NINE THOUSAND ONLY.

OUR BANK INFORMATIONS:

TAIWAN BUSINESS BANK HIS-TUN BRANCH.
NO.107, TAICHUNG KUNG ROAD, SEC. 3, TAICHUNG CITY, TAIWAN R.O.C.
BENEFICIARY: GRAND MIND INTERNATIONAL CO., LTD.
A/C NO. 006-12-009856.

ACCEPTED BY NAITO CO., LTD.   CFMED BY GRAND MIND INT'L

_____   _____

MITUSISHI YOSHIFUMI/ GENERAL MANAGER   DENNY HSIU/PRESIDENT
(Please sign and return one sheet as soon as possible)

TERMS & CONDITIONS OF BUSINESS

1. Shipment:

    Unless otherwise agreed, partial shipment/s and transhipment/s shall be allowed. The date of Bill/s of Lading shall be taken as the conclusive proof of the date of shipment/s. Ten (10) days grace shall be allowed for shipment/s earlier or later than the time agreed upon by the parties. In the event of the goods for one order being shipped in more than one lot, each lot shall be deemed to be a separate sale or contract.

    Seller shall not be responsible for non-shipment/s or late shipment/s of the contracted goods due to Force Majeure or causes due to failure of Buyer to provide in time a letter of credit or other instructions requested by Seller. Should any extension of expiry date of a letter of credit be occasioned, the time of shipment/s shall be postponed to the same degree, or contract shall be cancelled at Seller's option.

2. Marine Insurance & Ocean Freight:

    Marine Insurance shall be effected by Seller at one hundred and ten percent (110%) of the invoice amount in case of CIF contract. Any unforeseen increase in ocean freight and/or marine & war risk insurance preminum subsequent to conclusion of the contract shall be on Buyer's account.

3. Inspection:

    The goods which Japanese Government regulates to be inspected before shipment/s will be inspected according to the Japanese Government regulations. Such inspection shall be final. Any goods not regulated by Japanese Government will be inspected by the manufacturer/s according to the manufacturer/s standard and such inspection shall be final.

    No warranty express or implied is given as to the quality, finish, accuracy or tolerance, code of electric, hydraulic, pneumatic or other unit/s or part/s, efficiency, productivity, performance, merchantability, conditions of the merchandise being suitable for any particular use or intended purpose, or otherwise.

4. Make-up, Packing and Marking:

    Unless otherwise specified, make-up, packing and marking shall be at Seller's option.

5. Force Majeure:

    Seller shall not be responsible for non-performance or late performance of all or part of the contract due to orders, regulations, and/or ordinances by Government, Act of God, war, blockade, insurrection, mobilization or due to any other causes or circumstances beyond Seller's control.

    All contracts are subject to Export Permit by Japanese Government.

6. Claims:

    No claim shall be entertained before the payment is made in full or the draft is duly honoured. Each claim shall be advised by telegram or cable to Seller within fourteen (14) days after the arrival of the goods at destination, and shall be confirmed by airmail with Surveyor's Report within fifteen (15) days after telegraphing or cabling. No claim shall be entertained after the expiration of the above period.

7. Arbitration:

    Any complain/s, dispute/s, or claim/s by Buyer, its distributor/s, its dealer/s or local representative, or end user/s or consumer/s, arising out of or relating to this contract or the merchandise sold under this contract shall be settled amicably as far as possible.

    But incase of failing, it shall be settled only by the arbitration pursuant to the regulation of The Japan Commercial Arbitration Association, Osaka, Japan at Seller's option.

    The arbitration will be performed only in Japan. The decision of the said association shall be final and enforceable to the parties concerned, and the loser shall bear all the costs including request fee, arbitration fee and administrative fee.

    Buyer agreed that any complaint/s, dispute/s, claim/s, or any notice/s or summons against Seller by Buyer's distributor/s, dealer/s, enduser/s, consumer/s and/or their lawyer/s or the Court/s arising out of or relating to this contract or the merchandise sold under this contract shall be transfered to Buyer for the above arbitration.

8. Seller and manufacturer shall be entirely free from liabilities or responsibilities of any problem due to patent infringement, trade mark, design registered, marking or stamp or otherwise on the goods supplied in accordance with buyer's instruction. Buyer hereby agrees to assume whole responsibility, to pay royalty or expenses if any, for any disputes resulting from such use.

9. The price specified in this contract, unless otherwise agreed in any particular Sales Contract, shall be based upon the current exchange rate. In case of any change in such rate on the day of payment, the losses there-from, if any, of Seller's income in Japanese yen shall be borne and paid by Buyer and shall be computed with the difference between the yen rate

on the day of payment and the lowest yen rate to U.S. dollar, or other currency on the sales-note, at the Seller's bank on the day of this contract.

This adjustment shall be made to the prices of all the other items notwithstanding of the same makers or any other products of the different makers, not included in this contract, too.

10. Waranty:

Unless specially agreed upon, the goods sold under this contract carry the manufacturer/s' warranty for three (3) months after sold to end-user/s (consumers) but does not exceed one (1) year after shipment from Japan in any case. However, unless specially agreed read upon, manufacturer/s and Seller are only responsible for replacing any defective part/s by the original means of transportation if proved defective due to material or workmanship by Seller or its againt agent.

Seller or manufacturer/s are not responsible for any accident/s, damage/s, injury, or death, due to defectiveness of the goods, complete or parts, supplied under this contract. Seller or manufacturer/s is entirely free from any accident resulting from defectiveness of the goods supplied under this contract.

Any goods supplied under this contract do not carry products liability insurance. Buyer should get product liability insurance at destination.

11. L/C Letter of credit must be opened within 10 days after Buyer's receipt of Seller's "request for L/C" by phone, wire, or letter, or within 10 days after specially arranged date. In case L/C openings delayed more than 10 days, bank interest at current rate in Japan and storage may be charged to Buyer. D/P or D/A If import licence is required, such licence must be sent to Seller within 10 days after specially arranged date or Buyer's receipt of Seller's "request for L/C" by phone, wire or letter, sent to Seller. If it delays, the same conditions as L/C's will apply.

12. Cancellation:

If the contract shall be cancelled by the Buyer's option or the opening of a letter of credit shall be delayed and such delay shall not be agreed by the Seller, the Buyer shall pay cancellation penalty to the Seller at the rate of 30 (thirty) percent to 50 (fifty) percent by cash or telegraphic transfer in U.S. Dollars as mutually arranged at the time of cancellation.

13. For C&F contract, the Buyer should get insurance at destination. All the insurance claims must be filed at destination by the Buyer.

14. This contract is duly made between the Buyer as described in the column of To Messrs. and Seller, YAMAZEN CORPORATION Osaka, Japan.

Therefore, any formal or legal notice/s, advice/s, or summons of Buyer, its distributor/s, dealer/s, end-user/s, consumer/s, or their lawyer/s or court/s should be sent directly to YAMAZEN CORPORATION Osaka, Japan.

Overseas representative/s, foreign office/s, or subsidiary corporation/s in foreign countries of YAMAZEN CORPORATION Osaka, Japan cannot be party concerned in any case and delivery of any legal documentation to other than YAMAZEN CORPORATION Osaka, Japan will not be effective.

All the above articles are hereby accepted by the Buyer and the Seller.

貿易契約實例之二

力 煌 企 業 有 限 公 司 **Lihuang Development Corporation** 2nd F1., no.1-1 lane 426 Chin Chou St., Taipei, Taiwan, R.O.C. TEL:886 2 25034359 FAX:886 2 25031189	合約號碼：11-528　　　日期：10/Feb/11 **To**: 鼎林製衣股份有限公司

FTY: QUILTED JACKET STYLE: QUOTA CAT.5	DESCRIPTION: MEN'S 100% POLYSTER "POLAR FLEECE" IN COL: BLACK/HOLLY, 75% POLYESTER 25% COTTON IN COL: SILVER QUILTED JACKET, ZIP THROUGH FRONT, ZIP THROUGH COLLAR, LONG SLEEVES,DROP SHOULDERS, RIBBED CUFFS, 2×VERTICAL INSET WAIST POCKETS, SPANDEX WAIST RIB. EXACTLY AS O/9298 S/# HAIGH/C 本布碼重 WT:350/YDS QUILTED: 40GM LINING: 100% NYLON TAFFETA 190T COL: BLACK

SHIPPING DATE:15/APRIL/11　FROM: TAIWAN　TO: MANCHESTER　　　BY SEA

COLORS & ASSORTMENT:

	COL						
BODY	REF	S	M	L	XL	=	TTL/PCS
BLACK	BLACK (1)	65	265	310	160	=	800
HOLLY	GREEN (2)	26	118	135	71	=	350
AS HGIGH/C							
SILVER	SILVER(3)	26	118	135	71	=	350

門襟拉鍊 – 塑鋼拉鍊 NO.5

SIZE SPECIFICATION: AS ORDER NO. 9298/9992	PRICE:FOBC TAIWAN　　　QTY: US$12.20/PCE　　　　　1500 PCS L/C AT SIGHT 佣金 5 個百分比
LABEL/HANGTAG/POLYBAG/: "LIVING" LABEL COLOUR　　CODE BLACK GREEN	PACKING: CRS 副料 – 待通知

REMARK:
SPECIAL ORDER – 9992 – FOR CRS

SHIPPING MARK: T.K.D. ORDER NO.　1192 MANCHESTER C/NO.1-UP MADE IN TAIWAN R.O.C.	1.凡客人要求提供核可之尺碼及本公司留底樣品敝公司一律不付費。 2.每個內盒必須在盒外標示內裝之數量、尺碼、顏色及型號。 3.請於出盒前 3 天通知本公司驗貨時間及地點。

貿易契約實例之三

CONTRACT NO. 1102135

Seller:	Bulter Garment Factories (Taiwan) Ltd.
Buyer:	Bulterl Bekleidungswerke Gmbh
Goods:	Men's Rain Coats: (Category No. 14B)
Quantity:	125,000 pcs.
Style:	Styles along with patterns should be given to the seller by the buyer in 2011 at least 60 days before production.
Price:	From US$9.00 per piece up to US$30.00 per piece to be fixed basing on mutually consluded materials with styles before production.
Currency Devaluation:	In the event of any official devaluation of US Currency, the Seller reserves the right to readjust the contract price in proportion to the devaluation ratio.
Payment:	D/A 180 days or T/T
Shipment:	to be effected by hanging containers from Taiwan in 2010
Destination:	Bemerhaven/Frankfurt, Germany
Conditions:	The seller should immediately submit the buyer the Original "Certificate of Purchase Form-A" for the buyer's application to import license of 2011 quota in Germany and also "Certificate of Purchase Form-B".
Colour:	To be assorted.
Packing:	20 doz (same item, color assorted)/Ctn of about 7.50 cft.
Performance Guarantee:	The Seller shall send a 3% deposit or Bank's Guarantee to the Buyer within 14 banking days upon receipt of the Letter of Credit from the Buyer. If the Seller fails to carry out the contract, the performance guarantee will be forfeited to the Buyer.
Other Conditions:	Inspection of quality, quantity and weight can be carried out at the port of loading. If other related documents are needed, the formalities and consular charges incurred shall be borne by the Buyer.
Remarks:	(1)Quality of the merchandise must to the same as per the samples submitted to us.
	(2)Should there be any delay or fault, the sighted maker must take full responsibility for the compensation of our loss.

This contract shall be made in duplicate and shall bind both Parties to the terms and conditions stipulated herein upon being signed in the presence of witnesses.

Confirmed by Buyer

Kindly sign and return one copy.

For BULTEL GARMENT FACTORIES (TAIWAN) LTD.

貿易契約實例之四

MURAKEN SHOJI CO.,
HEAD OFFICE: NO.62-3, 1-CHOME, KITAKYUHOJIMACHI
HIGASHI-KU, OSAKA, JAPAN.
TELEX "MURAKEN J64566"
CABLE "MURAKEN SHOJI"
PHONE: OSAKA (06) 261-3665-7
TAIPEI OFFICE: 2ND FLOOR, NR. 67, TA CHENG STREET,
TAIPEI, TAIWAN.
FAX: (02)27789087

CONTRACT NOTE

Contract No. MSC-10-9914
Osaka: August 5, 2010

To: Messrs. ST Paul Garment & Textiles Co., Ltd.

Dear Sirs:

We confirm having booked your order for the following goods on the terms and conditions as specified hereunder.

DESCRIPTIONS	QUANTITY	UNIT PRICE CIF KEELUNG	AMOUNT
T-20846-B 100% Polyester High Count Palace Dobby. (Dyed)			
Size; 36″×50 yds.			
Quantity;	5,650 yds.	@US$2.53	US$14,294.50

PACKING: By standard export cartons.
SHIPMENT: End of Octorber/December , 2010.
DESTINATION: Keelung.
PAYMENT: By irrevocable L/C at sight in our favor full cable and partial shipment allowed.
REMARKS: Shipping port; From any Japanese port.

Yours faithfully,
MURAKEN SHOJI., CO.

Confirmed by buyer

K. Murata, President.

Kindly sign and return one copy.

TERMS & CONDITIONS

1. BASIS: All business shall be transacted between the Buyer and the Seller on Principals to Principals basis.

2. QUANTITY: Quantity set forth on face hereof is subject to a variation of ten percent (10%) plus or minus.

3. SHIPMENT: Date of Bill of Lading shall be accepted as a conclusive date of shipment. Partial shipment and transhipment shall be permitted unless otherwise stated on face hereof.
   The Seller shall not be responsible for non-shipment or late shipment of the contracted goods due to causes beyond the Seller's control and causes due to failure of the Buyer to provide in time the relative letter of credit or other instruction requested by the Seller.

4. PAYMENT: An irrevocable letter of credit shall be established within 25 days from the issuing date of this contract and such letter of credit shall be maintained at least 10 days after shipment for negotiation of the relative draft.
   If the Buyer fails to provide such letter of credit for the Seller as prescribed on face of this contract, the Buyer should compensate 30% of contract amount to the Seller.

5. DELIVERY: When delivery covers two or more months, shipment shall be made in equal monthly proportion as far as possible unless otherwise previously instructed.

6. INSURANCE: To be effected by the Seller for 10% over the invoice amount in the case of CIF basis, unless otherwise previously instructed.

7. CLAIMS: Any claim by the Buyer regarding the goods shipped shall be notified to the Seller within 30 days after the arrival of the goods at the destination specified in the relative bill of lading, otherwise Seller shall not be responsible for any claims.

8. INSPECTION: Unless otherwise instructed by the Buyer, export inspection by Authorities, Manufacturers or the Seller be considered as final. When the Buyer requires special inspection by appointment, the Buyer must inform the Seller of such name of inspector at the time of contract and such inspection fees shall be borne by the Buyer.

9. PATENTS TRADE MARKS, ETC.: The Seller shall be held free from any dispute regarding infringements of patent, design, trade mark or copyright of the goods contracted for.

10. FREIGHT & WAR RISK INSURANCE: Increase of Freight and War Risk Insurance rates from the current rates available at the time of contract shall be on the Buyer's account.

11. CARRYING VESSEL: As a general rule the Buyer shall not appoint any steamship company or steamer for shipment. But in the case of such appointment, the Seller shall not be responsible for late shipment due to delay or cancellation of such carrying boat. Further the Buyer shall agree to the Seller's requests, such an amendment of letter of credit, and any other procedure for fulfilment of such shipment.

貿易契約實例之五（美國北美穀物出口協會標準契約 No. 2）

NORTH AMERICAN EXPORT GRAIN ASSOCIATION, INC.
FREE ON BOARD EXPORT CONTRACT U.S.A./CANADA

NO. 2

Revised as of May 1, 2000

Contract No. _____

New York, N.Y. _____ 20_____

1. Sold by _____

2. Purchased by _____

3. Broker/Agent _____

4. Quantity

in bulk, including dockage, 5% more or less at buyer's option, and at market price (per Clause 10) as follows: If the first delivery under this contract is for a quantity between contract minimum and contract maximum (both inclusive), no further deliveries shall be made. If this contract is to be executed by more than one vessel, the loading tolerance of 5% more or less shall apply on the difference between the mean contract quantity and the quantity that has been delivered on all prior vessels. Any delivery which falls within this difference, plus or minus 5%, shall complete the contract.

5. Weight

Quantity to be final at port of loading in accordance with customary weight certificates. 1,016 kilos shall be equal to 2,240 lbs.

6. Commodity _____

in accordance with the official grain standards of the United States or Canada, whichever applicable, in effect on the date of this contract.

7. Quality

Quality and condition to be final at port of loading in accordance with official inspection certificates.

In case of delivery at St. Lawrence ports, quality and condition to be final in accordance with Lake and/or loading ports official inspection certificates; Lake inspection certificates to be properly identified at ports of shipment.

Each party hereby authorizes the other party to request in both parties' names an appeal inspection under the U.S. Grain Standards Act at any time prior to or during the loading of the vessel, and whether or not such request was filed before commencement of loading. The cost of such appeal inspection, unless otherwise stipulated in this contract, shall be borne by the party requesting it.

Delivery of higher grades of grain of the same type and description is permissible. The commodity is not warranted free from defect, rendering same unmerchantable, which would not be apparent on reasonable examination, any statute or rule of law to the contrary notwithstanding.

8. Delivery

Delivery shall be made between _____, and _____, both inclusive (the "delivery period"), at discharge end of loading spout, to buyer's tonnage in readiness to load, in accordance with custom of the port and subject to the elevator tariff to the extent that it does not conflict with the terms of this contract. Incorporation of a loading rate guaranty in this contract shall not entitle seller to delay delivery.

Buyer shall give vessel nominations ("preadvice") in accordance with Clause 15, in time for seller to receive minimum _____ days notice of probable readiness of tonnage and quantities required (the "preadvice period"). Buyer to keep seller informed of changes in expected date of vessel readiness.

Time for the preadvice shall be deemed to commence to count at 1200 noon, local time at place of receipt, on the business day of receipt by seller and shall be counted in consecutive periods of 24 hours.

Seller shall, if applicable, declare port and berth of loading within a reasonable time (but not later than _____ days) after receipt by seller of the preadvice, except that seller shall not be obligated to make such declaration earlier than (a) the 8th day prior to commencement of the delivery period for port declaration and (b) the 5th day prior to commencement of the delivery period for berth declaration.

The vessel shall not be prevented from filing and from taking its place in the vessel line-up at the designated port/berth during the preadvice period or before commencement of the delivery period, notwithstanding which, seller shall not be obliged to effect delivery to the vessel before the expiration of the preadvice period or before commencement of the delivery period. For the purposes of this contract a vessel shall be considered filed when it (a) has tendered valid notice of readiness to load to the charterer or its agent, at the port of loading, (b) has given written advice of such tender to the loading elevator, complete with all customarily required documents, such advice having been presented between the hours of 0900 and 1600 local time on a business day or between the hours of 0900 and 1200 noon on Saturday (provided not a holiday) and (c) is ready to receive grain in the compartments required for loading under this contract.

Buyer shall be allowed to make one substitution of a vessel, provided the substituting vessel is of the same type and approximately the same size and position. If the original or the substituting vessel is unable to lift the commodity by reason of the vessel having sunk or having suffered incapacitating physical damage, an additional substitution shall be made of a vessel of the same type and approximately the same size, and with a position agreeable to buyer and seller. Such agreement shall not be unreasonably withheld. The nomination of the substituting vessel shall be subject to the preadvice requirements of this clause, regardless of any preadvice previously given, unless the estimated time of arrival of the substituting vessel is the same as the estimated time of arrival of the original vessel when nominated. No substitution of vessels other than as provided in this clause shall be made. If this is a "named vessel" contract, no substitution other than after a casualty as described above shall be permitted.

Bills of lading and/or mate's receipts to be considered proof of date of delivery in the absence of evidence to the contrary. Any delivery in part fulfillment of this contract shall be considered as if made under a separate contract.

9. Days

In any month containing an odd number of days, the middle day shall be reckoned as belonging to both halves of the month.

10. Price _____ **_____** per _____

free on board buyer's tonnage at _____

If this contract is for a flat price, any variance in quantity from the mean contract quantity shall be settled basis the FOB market value (as defined in paragraph (a) and (b) below).

If the contract price is to be established on an exchange of futures, futures shall be exchanged prior to delivery of the commodity or at least 5 calendar days prior to the last trading day of the applicable futures month, whichever is earlier, to the nearest 5,000 bushels of the mean contract quantity. If deliveries under this contract result in a variance from the mean contract quantity, there shall be another exchange of futures as soon as possible after the last date of loading to bring the resulting amount of futures exchanged to the nearest 5,000 bushels of the quantity delivered. All exchanges of futures shall be made within the range of prices prevailing on the futures market on the date of the exchange. The variance from the mean contract quantity shall be settled basis the market value of the premium (as defined in paragraph (a) and (b) below).

(a) The FOB (flat price) market value, or the market value of the premium, as the case may be, shall be that prevailing on the close of the appropriate market in the country of origin of the commodity on the last date of loading, if such be a business day, otherwise on the close of such market on the previous business day.

(b) In the event the parties do not agree on the market value by the time the shipping documents are ready to be transmitted to buyer, seller shall invoice the entire shipment provisionally at contract price. Thereafter, final invoice for the difference between contract price and market value shall be presented as soon as possible and payment shall be made immediately.

11. Payment *(a) Net cash by irrevocable divisible letters of credit issued or confirmed by a prime U.S. bank in New York (or _____ by mutual agreement), available by sight drafts accompanied by shipping documents per Clause 12 (or warehouse receipts if option (c) of Clause 18 is exercised). Such letters of credit, in a form acceptable to seller, shall be established not later than 5 days prior to the beginning of the delivery period, and shall be valid at least until the 30th day after expiration of the delivery period. Should delivery be delayed beyond the delivery period, buyer, if requested by seller, shall amend letters of credit accordingly and buyer shall increase the amount of the letter of credit to provide for carrying charges, if applicable. All bank charges shall be for buyer's account.

—or—

*(b) Net cash in U.S. Dollars, by telegraphic transfer to the bank designated by seller, against presentation of and in exchange for shipping documents per Clause 12 (or warehouse receipts if option (c) of Clause 18 is exercised). Such presentation shall be made in the city of _____

All bank charges in connection with payment shall be for buyer's account.

—or—

*(c) _____

_____ ____ _____

_____

*Delete paragraphs which are not applicable.

12. Shipping Documents Payment to be made against bills of lading or mate's receipts (at seller's option), and weight and inspection certificates. However, if practicable, seller shall follow instructions of buyer in establishing bills of lading containing such clauses as buyer's/vessel's agents or owners usually endorse or attach. Buyer shall accept such bills of lading but seller assumes no responsibility for their correctness.

13. Notice of Delivery Notice of delivery stating vessel's name, dates of bills of lading (or mate's receipts), quantities and qualities loaded (including percentage of dockage if applicable) shall be given or passed on by seller to buyer without undue delay. Notices of delivery shall be subject to correction of any errors.

14. Insurance Marine and war risk (plus strikes, riots, civil commotions and mine risk) insurance, covering seller's/buyer's interests as they may appear, is to be covered by buyer with first-class approved companies and/or underwriters and to be confirmed by such companies and/or underwriters to seller at least 5 days prior to the expected readiness of the vessel. If this confirmation is not received by seller by such time, seller may place such insurance for buyer's account and at buyer's risk and expense.

15. Communications All notices under this contract shall be given by letter, if delivered by hand on the day of writing, or by cable, telex or other method of rapid written communication. Any notice received after 1600 hours (local time at place of receipt) on a business day shall be deemed to have been received on the following business day, except that for notices given and received by parties which are both located in the Continental United States and/or Canada, the reference herein to 1600 hours shall signify 1600 hours New York City time (E.S.T. or E.D.T., as in effect on date of receipt of the notice).

16. Circles (a) For the purposes of this clause, a circle shall consist of a series of contracts in which each seller is also a buyer of a commodity of the same description and quality, for delivery at the same ports and with compatible delivery periods.

(b) If this contract forms part of a circle, each party may agree with the other parties in the circle to forego actual delivery and to participate in a clearing agreement for the settlement of contract price differences. Monies due and owed to parties in the circle shall be payable on the middle day of the contract delivery period.

(c) If a circle can be shown to exist but no clearing agreement has been reached by the 10th calendar day following the last day of the delivery period, actual delivery shall not be made and payment shall be made by each buyer to its seller of the excess of seller's invoice amount over the lowest invoice amount in the circle. Such payments shall be made promptly after the 10th calendar day following the last day of the delivery period.

(d) Should any party in a circle fail to make payment on the due date as required under paragraph (b) or (c) above for reasons cited in Clause 23 or for any other reason, payment shall be made between each buyer and its seller of the difference between the seller's invoice amount at contract price and the market value of the commodity on date of insolvency or default, as the case may be. Such payment shall be made latest on the 2nd business day after the due date under paragraph (b) or (c) above.

Payments already made under paragraph (b) or (c) above shall be refunded.

(e) All circle settlements shall be based on the mean contract quantity.

If a circle under paragraph (b), (c) or (d) above exists, Clause 21 shall not apply and Clauses 18 and 20 shall not be invoked.

Payments due on a non-business day shall be made not later than the following business day.

All payments made after the delivery period shall include carrying charges from the day following the last day of the delivery period, to the date of payment, at the rates stipulated in this contract. These carrying charges shall be settled individually between each buyer and its seller.

(f) The parties agree that any dispute arising out of the voluntary clearing agreement entered into in accordance with paragraph (b) above shall be subject to arbitration as to any party thereto. Such arbitration shall be conducted in accordance with the provisions of Clause 30.

17. U.S./Canadian Government Rules and Regulations

Buyer and seller agree to comply with the U.S. and Canadian regulatory prerequisites applicable to this contract, including, but not limited to, those governing any export subsidy, destination controls, government financing of agricultural commodities and the monitoring of export purchases and sales. Any losses, fines, penalties, expenses, costs or damages incurred as a result of failure to perform in accordance with this provision shall be borne by the party responsible for such failure.

18. Failure to Take Delivery

If vessel fails to file before the end of the delivery period, buyer shall be in breach of contract and seller shall carry the grain for buyer's account and risk as provided in Clause 19. In the event that buyer has not given vessel nominations conforming to the applicable provisions of Clause 8 by the 15th calendar day following the last day of the delivery period, or if the vessels having been nominated within such time, fail to file by the 35th calendar day following the last day of the delivery period, seller may, in its discretion: (a) continue to carry the commodity for buyer's account and risk, (b) declare buyer in default, or (c) tender to buyer proper warehouse receipts in a quantity equal to the mean quantity open under this contract, in exchange for which buyer shall pay at contract price plus accrued carrying charges, but less out-elevation and outbound weighing and inspection charges. Such tender of warehouse receipts shall be deemed due performance of the contract by seller.

SPECIAL PROVISIONS FOR CONTRACTS PROVIDING FOR DELIVERY AT ST. LAWRENCE, GREAT LAKES OR HUDSON BAY PORTS:

(1) Seller shall be barred from declaring option (b) above while the navigation in the designated delivery area is officially closed for the ice season, and for 20 days thereafter.

(2) However, if options (a), (b) and (c) above become available to seller only while the navigation is officially closed, the seller may declare option (b) during the first 10 days it becomes available to him; thereafter, he shall be barred from declaring it, until the 21st day after the official opening of navigation.

(3) If seller carries the grain into the new season for buyer's account, buyer shall have the right to nominate vessels per Clause 8, regardless of whether vessels were already nominated during the delivery period.

19. Carrying Charges

If the commodity is being carried for buyer's account and risk as provided in Clause 18, it is mutually agreed that carrying charges, consisting of storage, insurance and interest, shall accrue as follows:

(a) Storage and insurance from the day following the last day of the delivery period up to and including the dates of delivery (or if seller exercises option (b) or (c) of Clause 18, the date applicable thereto), both dates inclusive, at the following rates:

_____ U.S. cents per bushel per day _____

_____ U.S. cents per bushel per day _____

(b) Interest from the day following the last day of the delivery period up to and including the last day of delivery (or if seller exercises option (b) or (c) of Clause 18, the date applicable thereto), both dates inclusive, at the following rates:

Carrying charges for the delivery completing this contract shall be computed on the mean contract quantity less the amounts previously delivered (if any), irrespective of whether or not buyer has availed himself of the loading tolerance option under Clause 4. It is further expressly agreed that carrying charges as provided herein are to be construed in the nature of liquidated damages and, as such, that no further proof of damages shall be required in substantiation thereof.

20. Strikes or Other Causes of Delay in Delivery

(a) This clause shall apply if delivery by seller of the commodity, or any part thereof, is prevented or delayed at the port(s) of delivery and/or elevator(s) of delivery or elsewhere, or if the forwarding of the commodity to such port(s) and/or elevator(s) is prevented, by reason of the causes enumerated in paragraph (b) below; PROVIDED that seller shall have sent notice to buyer not later than 2 business days after the date of commencement of the causes, or not later than 2 business days after the 1st day of the delivery period, whichever occurs later (except that subsequent sellers shall not be bound by these deadlines, provided they pass along the notice to their buyer, without delay); and PROVIDED further that seller shall, at buyer's request, furnish a certificate of the North American Export Grain Association, Inc., certifying the existence and the duration of the causes. Such certificate shall be final.

(b) The causes of delay and/or prevention ("causes") referred to in paragraph (a) above shall be:

(1) Riots, strikes, lockouts, interruptions in or stoppages of the normal course of labor,

(2) Embargoes or exceptional impediments to transportation,

(3) Action by Federal, State or local government or authority.

(c) The obligation of seller to make delivery shall be suspended while the causes are in effect, until the termination of the causes and/or the resumption of work after the termination of the causes, whichever is later. Seller shall not be responsible for further delays after resumption of work (whether such termination or resumption of work occurs prior to, during or after the delivery period) except that, if a vessel nominated under this contract is not loaded in the proper rotation but is bypassed by vessels (other than liners) which had filed after the vessel nominated under this contract, seller shall pay to buyer damages equal to the actual working time lost (weather working days, Saturdays, Sundays and holidays excluded) to buyer's vessel during the loading of the bypassing vessels, at the demurrage rate in the Charter Party for the vessel nominated under this contract.

If the Charter Party of the vessel under this contract does not indicate a demurrage rate, the damages are to be calculated at a reasonable demurrage rate predicated on the then current market, to be agreed upon amicably or to be determined by arbitration.

(d) (1) If the causes commence before or during the delivery period and terminate during or after delivery period, then the delivery period shall be deemed to be extended by a number of days equivalent to the period starting with the commencement of the causes or the commencement of the delivery period, whichever is later, and ending with the termination of the causes, and/or the resumption of work after the termination of the causes, whichever is later.

(2) If the causes commence during the additional time afforded to buyer under Clause 18 with respect to vessel nominations and filings, then the right of seller to exercise option (b) or (c) under Clause 18 shall be deemed to be delayed by a number of days equivalent to the period starting with the commencement of the causes and ending with the termination of the causes and/or the resumption of work after the termination of the causes, whichever is later.

(e) Carrying charges, if due under Clauses 18/19, shall begin to accrue on the day following the last day of the delivery period, as extended by paragraph (d)(1) above; however, if this clause becomes operative while carrying charges are already accruing, then such charges shall continue to accrue as they would in the absence of the causes.

21. Prohibition   In case of prohibition of export, blockade or hostilities or in case of any executive or legislative act done by or on behalf of the government of the country of origin or of the territory where the ports of shipment named herein are situate, restricting export, whether partially or otherwise, any such restriction shall be deemed by both parties to apply to this contract and to the extent of such total or partial restriction to prevent fulfillment and to that extent this contract or any unfulfilled portion thereof shall be cancelled without prejudice to seller's entitlement to carrying charges. Seller shall advise buyer without delay of the reasons therefor, and if required by buyer, seller shall provide certification of the North American Export Grain Association, Inc., as sufficient evidence for cancellation under this clause.

22. Default   In case of default by either party, the other party shall be at liberty, after giving notice, to resell or repurchase, as the case may be, without undue delay and the defaulting party shall make good the loss, if any, to the other party but the defaulting party shall not be entitled to any profit. If the non-defaulting party has not repurchased or resold the commodity by the 10th calendar day after the giving of notice of default, the market value on the said 10th day shall be used for settlement purposes. If such 10th day falls on a non-business day, the market value on the previous business day shall govern. In the event of a default by buyer, the sale price under this contract shall automatically be increased by the value of carrying charges calculated up to the date of resale, or the 10th calendar day after the giving of notice of default, whichever is applicable.

23. Insolvency   Either party shall, at any time after sending notice, have the right to terminate this contract and to recover the loss (if any) in the event that:

(a) the other party suspends payment or commits an act of bankruptcy;

–or–

(b) reasonable grounds for insecurity having arisen with respect to the financial capacity of the other party to perform under this contract, and a written demand for adequate assurance of due performance having been made, such assurance is not received within a period of time not exceeding 5 days.

24. Construction   For the purposes of this contract, except as otherwise expressly provided or unless the context otherwise requires, plural terms include the singular.

25. Passage of Title   Anything in this contract to the contrary notwithstanding, seller shall retain title to the commodity until seller has been paid in full (per Clause 11), it being understood that risk of loss shall pass to buyer on delivery at discharge end of loading spout (per Clause 8).

26. Limitation of Liability   The liability of the seller under the contract, except as expressly stated herein, shall be limited to its actions in delivering the commodity at discharge end of loading spout and to presentation of the contractually required documentation. Any claims, losses, costs, damages, etc. arising from events or actions thereafter shall be the responsibility of the buyer, who shall indemnify seller for all costs (including attorney fees) and damages thereby incurred.

27. International Conventions   The following shall not apply to this contract:

(a) the Uniform Law on the International Sale of Goods and the Uniform Law on the Formation of Contracts for the International Sale of Goods;

(b) the United Nations Convention on Contracts for the International Sale of Goods of 1980; and

(c) the United Nations Convention on the Limitation Period in the International Sale of Goods, concluded at New York on 14 June 1974, and the Protocol Amending the Convention on the Limitation Period in the International Sale of Goods, concluded at Vienna on 11 April 1980.

28. Governing Law   The parties agree that this contract shall be governed by the laws of the State of New York, notwithstanding any choice of law provision to the contrary.

29. Other Conditions

30. Arbitration   Buyer and seller expressly agree that any controversy or claim arising out of, in connection with or relating to this contract, or the interpretation, performance or breach thereof, shall be settled by arbitration in the City of New York before the American Arbitration Association (AAA), or its successors, in accordance with the International Arbitration Rules of the American Arbitration Association, as those Rules may be in effect at the time of such arbitration proceeding, which Rules are hereby deemed incorporated herein and made a part hereof, and under the laws of the State of New York. The number of arbitrators shall be three. Each party shall designate one arbitrator, and those two shall name a third, with the AAA making appointments if the tribunal is not formed by this procedure. The arbitrator named by the party-appointed arbitrators shall be from the list of grain arbitrators maintained by the AAA. Any arbitrator appointed by the AAA may be from the list of grain arbitrators maintained by the AAA or the AAA Commercial Arbitration Panel. The language of the arbitration shall be English. In disputes involving a "string" of contracts, two or more arbitrations may be consolidated before the same tribunal, at the written request of any party. The tribunal in consolidated arbitrations shall be mindful of differences in terms between the various contracts and in the action of the parties, and vary the award from contract to contract, if indicated. The arbitration award shall be final and binding on the parties and judgment upon such arbitration award may be entered in the Supreme Court of the State of New York or any other court having jurisdiction thereof. Buyer and seller hereby recognize and expressly consent to the jurisdiction over each of them of the American Arbitration Association or its successors, and all of the courts of the State of New York. The parties agree that arbitration awards may be released by the AAA to the North American Export Grain Association, Inc., for distribution to the interested public. Buyer and seller agree that this contract shall be deemed to have been made in New York State and be deemed to be performed there, any reference herein or elsewhere to the contrary notwithstanding.

BUYER   SELLER

NORTH AMERICAN EXPORT GRAIN ASSOCIATION, INC. FREE ON BOARD EXPORT CONTRACT U.S.A./ CANADA. http://www.uswheat.org/(2003/3/10).

貿易契約實例之六（俄羅斯貿易契約實例）

Accepted and agreed to for
V/O Metallurgimport by:

_____

N. P. Maximov

_____

O. P. Eliseev

FORM OF CONTRACT FOR THE SALE OF OIL PRODUCTS
Contract No...
For Oil Products in Bulk, CIF Terms

Moscow   Date

....

This contract is made between Vsesojuznoje Objedinenije "So·juzexport", Moscow, hereinafter called "Sellers" and...hereinafter called "Buyers", whereby it is agreed as follows:

1. SUBJECT OF THE CONTRACT

Sellers have sold and Buyers have bought CIF...

....

2. QUALITY

The goods sold under the present contract shall be of the following specification: ....

3. PRICE

....

4. TIME OF DELIVERY

The goods sold under the present contract are to be delivered by Sellers and accepted by Buyers ....

....

The date of the Bill of Lading to be considered as the date of delivery.

5. PAYMENT

Payment for the goods sold under the present contract is to be effected out of an irrevocable confirmed Letter of Credit to be opened by Buyers in...with the Bank for Foreign Trade of the U.S.S.R., Moscow, or with...in favour of Sellers for the value of each lot of the goods to be shipped plus 10%. The Letter of Credit to be valid 45 days.

The Letter of Credit to be opened not later than 15 days before the agreed time of shipment of each lot of the goods. Expenses in connection with the opening, amendment and utilization of the Letter of Credit to be paid by Buyers.

Should Buyers fail to open the Letter of Credit in time, they are to pay Sellers a fine for each day of the delay, but not more than for 20 days, at the rate of 0.1 per cent of the amount of the Letter of Credit and in that case Sellers shall have the right not to load the tanker until the Letter of Credit has been opened. Should the delay in the opening of the Letter of Credit exceed 20 days, Sellers shall have the right to refuse to deliver the goods which were to be paid for out of this Letter of Credit. And in all the above cases demurrage and dead freight paid by Sellers in connection with the delay in the opening of the Letter of Credit are to be repaid by Buyers. Payment out of the Letter of Credit is to be made against presentation by Sellers to the Bank for Foreign Trade of the U.S.S.R. in Moscow of the following documents:

Commercial invoice.

Insurance Policy or Certificate of Ingosstrakh of the U.S.S.R..

In case of the opening of the Letter of Credit with another Bank, payment is to be made against a telegram of the Bank for Foreign Trade of the U.S.S.R., Moscow, acknowledging the receipt of the above documents.

The rate of exchange of U. S. dollars into ....

....

6. DELIVERY AND ACCEPTANCE

The goods are considered to be delivered by Sellers and accepted by Buyers in respect to quantity: as per weight indicated in the Bill of Lading in conformity with the measurements of the shore tanks at the port of loading, and in respect to quality: as per certificate of quality issued by a laboratory at the port of loading. The weight stated in the Bill of Lading is to be considered final and binding upon both parties.

Previous to the loading of the goods, 4 arbitration samples are to be taken from each of the shore tanks from which the goods are to be loaded in the carrying tanker. These samples to be sealed by Sellers as well as by the Captain of the tanker; 2 samples to be handed over through the Captain of the tanker at the port of unloading to Buyers or to another person according to Buyers' instructions and the other 2 samples to be retained by Sellers. Both parties shall keep these samples for 2 months from the date of delivery. Should, however, a claim be presented by Buyers, the parties shall keep these samples longer until final settlement of the claim.

In case of a dispute on the quality of the goods in connection with divergencies in the analyses of the arbitration samples made by the Sellers' and Buyers' laboratories, an analysis which is to be final and binding upon both parties is to be made by a neutral laboratory agreed upon by the parties.

7. INSURANCE

Sellers are to insure the goods for their account against usual marine risks including risks of leakage exceeding 1% with Ingosstrakh of the U.S.S.R. in accordance with the Transport Insurance Rules of Ingosstrakh for the amount of the invoice value of the goods plus 10 per cent. The goods may be insured against war and other risks upon special request of Buyers and for Buyers' account. The Insurance Policy or Certificate of Ingosstrakh of the U.S.S.R. is to be made out in the name of Buyers or another person according to their instructions and is to be sent together with the other shipping documents.

8. TERMS OF TRANSPORTATION

(1) Sellers are to inform Buyers by telegraph or by telex not later than 5 days before the starting of loading of the name and capacity of the tanker, the date and port of shipment of the goods.

Furthermore, the Captain is to advise Buyers or their agent by cable of the forthcoming arrival of the tanker at the port of discharge 4 days before her arrival.

Sellers have the right to substitute one tanker for another informing Buyers thereof by cable or telex.

(2) On arrival of the tanker at the port of discharge, the Captain is to give Buyers' representative at this port a written notice of readiness of the tanker for discharging. The Captain is entitled to hand in the above notice at any time of the day or the night.

(3) Lay time to commence 6 hours after such notice of readiness is handed in by the Captain, berth or

no berth. Sundays, holidays, time of stormy weather preventing discharging as well as time during which discharging operations could not be carried out owing to technical and other conditions depending on the tanker are not to be included in the lay time.

(4) Time allowed for tanker's discharging is fixed at 50 per cent of the time stipulated in the Charter Party for loading and unloading.

The time allowed for unloading, however, is not to be less than:

for tankers of 1,000 tons deadweight and less—18 running hours

for	tankers	from	1,001	up to	2,000 tons	deadweight	——24—— ≫ ——
≫	≫	≫	4,001	≫ ≫	8,000 ≫	≫	——60—— ≫ ——
≫	≫	of	8,001	tons	deadweight	and over	——72—— ≫ ——

(5) Demurrage is to be paid at the rate stipulated in the Charter Party per day and pro rata for any part of the running day but not more than:

for	tankers	of	1,000	tons	d.	w.	and	less	——	£	175.0.0
≫	≫	from	1,001	up	to	2,000 tons	d.	w.	——	£	200.0.0
≫	≫	≫	2,001	≫	≫	3,000 ≫	≫	≫	——	£	225.0.0
≫	≫	≫	18,001	≫	≫	21,000 ≫	≫	≫	——	£	725.0.0

9. CLAIMS

In case of non-conformity of the quality of the goods actually delivered by Sellers with the contract specification, any claim concerning the quality of the goods may be presented within two months of the date of delivery.

No claim shall be considered by Sellers after expiration of the above period.

No claim presented for one lot of the goods shall be regarded by Buyers as a reason for rejecting any other lot or lots of the goods to be delivered under the present contract.

10. CONTINGENCIES

Should any circumstances arise which prevent the complete or partial fulfilment by any of the parties of their respective obligations under this contract, namely: fire, ice conditions or any other acts of the elements, war, military operations of any character, blockade, prohibition of export or import or any other circumstances beyond the control of the parties, the time stipulated for the fulfilment of the obligations shall be extended for a period equal to that during which such circumstances last.

If the above circumstances last for more than 20 days, any delivery or deliveries which are to be made under the contract within that period may be cancelled on the declaration of any of the parties, and if the above circumstances last more than 40 days, each party shall have the right to discontinue any further fulfilment of their obligations under the contract in whole and in such cases neither of the parties shall have the right to make a demand upon the other party for compensation for any possible losses.

The party for whom it became impossible to meet its obligations under the contract shall immediately advise the other party as regards the beginning and the termination of the circumstances preventing the fulfilment of its obligations.

Certificates issued by the respective chamber of commerce of Sellers' or Buyers' country shall be sufficient proof of such circumstances and their duration.

11. ARBITRATION

Any dispute or difference which may arise out of or in connection with the present contract shall be settled, without recourse to courts of law, by the Foreign Trade Arbitration Commission of the U.S.S.R. Chamber of Commerce in Moscow in accordance with the Rules for Procedure of the said Commission.

The awards of this Arbitration shall be considered final and binding upon both parties.

12. OTHER CONDITIONS

(1) Neither party is entitled to transfer its rights and obligations under the present contract to a third party without the other party's previous written consent.

Besides, Buyers are not entitled to resell or in any other way alienate the goods bought under this contract to any third country without Sellers' previous written consent.

(2) After the signing of the present contract all previous negotiations and correspondence between the parties in connection with it shall be considered null and void.

(3) All amendments and additions to the present contract are valid only if they are made in writing and signed by both parties.

(4) All taxes, customs and other dues connected with the conclusion and fulfilment of the present contract, levied within the U.S.S.R., except those connected with the Letter of Credit, to be paid by Sellers, and those levied outside the U.S.S.R. to be paid by Buyers.

(5) The U.S.S.R. is regarded as the place of conclusion and fulfilment of the contract.

13. JURIDICAL ADDRESSES

Sellers:..

Buyers:..

SELLERS　　　　　　　　　BUYERS

(Signatures)　　　　　　　　(Signatures)

第十一章
國際貿易契約條件

第一節　國際貿易契約書

　　國際貿易契約應具備之條件很多，無一不與買賣雙方有利害關係，諸如買賣雙方的徵信調查，一般交易條件的協議等，均為訂立買賣契約的預備過程，必待契約之訂立，交易才告確定。

　　契約的內容，因各別交易的情況不同而異，不過，基本的要求，原則上大致相同。本章所要討論的是，貿易契約的內容，在完整性上應具備的是什麼？這裡，不妨再舉一個實例作為基礎，然後進一步研究其重要條件中之有關內容，以明其詳細。

國際貿易契約範例

CONTRACT

This contract is made this 15th day of February, 2011 by Wind Stone Enterprise Co., Ltd. (hereinafter referred to as "**SELLER**"), a Chinese corporation having their principal office at 290, Chung Hsan Road Taichung Taiwan, Republic of China, who agree to sell, and Crane Industries, Inc. (hereinafter referred to as "**BUYERS**"), a Chicago corporation having their principal office at 20, North Wacker Chicago, USA who agree to buy the following goods on the terms and conditions as below:

1. COMMODITY: P.E. Travel Bags KH–803U.

2. QUALITY: Travel Bag with P.E. inject plate Tennis Bag with two outsidebags on the back.

As per sample submitted to **BUYERS** on February 2, 2011.

3. QUANTITY: 1,000 (one thousand) dozen only.

4. UNIT PRICE: US$40.25 per dozen CIF New York.

　　　　　　　Total amount US$40,250 (Say US Dollars Forty Thousand Two Hundred and Fifty only) CIF New York.

5. PACKING: One dozen to a carton.

Shipping Marks:

New York

C/No. 1−1000

6. SHIPMENT: To be shipped on or before May 31, 2011, subject to acceptable L/C reached SELLERS before the end of March, 2011, and partial shipment allowed, transhipment allowed.

7. PAYMENT: By a prime banker's irrevocable at sight L/C in seller's favor, for 100% invoice value of goods.

8. INSURANCE: SELLERS shall arrange marine insurance covering ICC (B) plus TPND and War Risk of 110% invoice value and provide for claim, if any, payable in New York in US currency.

9. INSPECTION: Goods is to be inspected by an independent inspector and whose certificate inspection of quality and quantity is to be final.

10. FLUCTUATIONS OF FREIGHT, INSURANCE PREMIUM, CURRENCY, ETC.:

⑴ It is agreed that the prices mentioned herein are all based upon the present rate of NT$30.45 to one US Dollar. In case, there is any change in such rate at the time of negotiating drafts, the prices shall be adjusted and settled according to the corresponding change so as not to decrease SELLERS proceeds in NT Dollars.

⑵ The prices mentioned herein are all based upon the current rate of freight and/or war and marine insurance premium rate at the time of shipment shall be for BUYERS' risks and account.

⑶ SELLERS reserve the right to adjust the prices mentioned herein, if prior to delivery there is any substantial increase in the cost of raw material or component parts.

11. INTELLECTUAL PROPERTY RIGHTS: Nothing herein contained shall be construed as transferring any patent, utility model, trade mark, design or copyright in merchandise; all such rights are to be expressly reserved to true and lawful owners thereof.

In case any dispute and/or claim arises in connection with the above right and/or rights, SELLERS reserve every and all rights to cancel, make null and void this contract at his discretion and holds himself free from any liability arising there from; BUYERS shall be responsible for every loss and/or damage caused thereby.

12. CLAIMS: In the event of any claim arising in respect of any shipment, notice of intention to claim should be given in writing to SELLERS promptly after arrival of the goods at the port of discharge and opportunity must be given to SELLERS for investigation. Failing to give such prior written notification and opportunity of investigation within twenty-one (21) days after the arrival of the carrying vessel at the port of discharge, no claim shall be entertained. In any event, SELLERS shall not be responsible for damages that may result from the use of goods or for consequential or special damages, or for any amount in excess of the invoice value of the defective goods.

13. ARBITRATION: Any disputes, controversies or differences which may arise between the parties, out of, or in relation to or in connection with this contract may be referred to arbitration. Such arbitration shall take place in Taipei, Taiwan, Republic of China, and shall be held and shall proceed in accordance with the Arbitration Law of the Republic of China.

14. FORCE MAJEURE: Non-delivery of all or any part of the merchandise caused by war, blockage, revolution, civil commotions, riots, mobilization, strikes, lockouts, act of God, sever weather, plague or other epidemic, destruction of goods by fire or flood, obstruction of loading by storm or typhoon at the port of delivery, or any other cause beyond SELLERS' control before shipment shall operate as a cancellation of the sale to the extent of such non-delivery. However, in case the merchandise has been prepared and ready for shipment before shipment deadline but the shipment could not be effected due to any of the abovementioned causes, BUYERS shall extend the shipping deadline by means of amending relevant L/C or otherwise, upon the request of SELLERS.

15. PROPER LAW: The construction, validity, and performance of this contract shall be governed by the law of the Republic of China.

IN WITNESS WHEREOF, the parties have executed this contract in duplicate by their duly authorized representative as on the date first above written.

BUYERS   SELLERS

Crane Industries, Inc. _____   Wind Stone Enterprise Co., Ltd. _____

Manager   Manager

國際貿易契約範例（中譯）

契約書

本契約由萬奔企業有限公司——總公司設於中華民國臺中市中山路 290 號（以下簡稱賣方）與卡拉尼企業公司——總公司設於美國芝加哥市北瓦克街 20 號（以下簡稱買方）於 2011 年 2 月 15 日訂定，雙方同意按下述條件買賣下面貨物：

1.貨物：P.E. 旅行袋編號 KH-803U。

2.品質：P.E. 旅行袋，薄金屬拉鏈；網球袋兩旁附有球拍袋；P.E. 浮雕花紋袋，附袋傘設備。依 2011 年 2 月 2 日提供予買方的樣品為準。

3.數量：1 千打。

4.單價及總金額：每打 40,250 美元 CIF 紐約，總金額 US$40,250 CIF 紐約。

5.包裝：1 打裝 1 紙箱。

裝船嘜頭

New York

C/No. 1-1000

6.裝運：2011 年 5 月 31 日前裝運，但可接受的信用狀於 2011 年 3 月底前開到賣方為條件，容許分批裝運及轉運。

7.付款：憑一流銀行所開發的不可撤銷、即期的信用狀付款，信用狀以賣方為受益人，並照貨物金額百分之百開發。

8.保險：賣方應洽保水險，投保協會貨物條款 (B) 並加保遺失竊盜險及兵險，保險金額按發票金額的 110% 投保，並須規定如有索賠應在紐約以美元支付。

9.檢驗：貨物須經一家獨立公證行檢驗，其出具品質及數量檢驗證明書應為最後認定標準。

10.運費、保險費、幣值等的變動：

⑴兹同意本契約內所列價格全是以目前國際貨幣基金平價匯率新臺幣 30.45 元兌換 1 美元為準。倘若這項匯率在押匯時有任何變動，則價格應根據這項變動比照調整及清償，俾賣方的新臺幣收入不因而減少。

⑵契約中所列價格全是以目前運費率及（或）兵險和水險保險費率為準。裝運時運費率及（或）保險費率如有增加，應歸由買方負擔。

⑶交貨前如原料及組成配件的成本增加甚鉅，賣方保留調整契約中所列價格的權利。

11.智慧財產權：本契約不能解釋為本商品專利權、實用新型權、新式樣權、商標權或版權的轉讓。所有這些權利由真正法律上的所有權人保留。如上述有關權利發生糾紛索賠情事，賣方得任意取消本契約或使其失效，並免除因此所生的一切責任，而由買方負責。

12.索賠：對所裝貨物如有索賠情事發生，則請求索賠的通知必須於貨物抵達卸貨港即刻以書面提示賣方，並且必須給賣方有調查的機會。倘若運送船隻到達卸貨港後二十一天內沒有提示這項預先的書面通知以及提供調查機會，則索賠應不予受理。在任何情況下，賣方對於使用貨物引起的損害、或對於間接或特別的損害、或對於超出瑕疵貨物發票金額的款項均不負責。

13.仲裁：有關本契約買賣雙方間所引起的任何糾紛、爭議、或歧見，可付諸仲裁。這項仲裁應於中華民國臺北市舉行，並應遵照中華民國仲裁法處理及進行。

14.不可抗力：因戰爭、封鎖、革命、暴動、兵變、民眾騷擾、動員、罷工、工廠封鎖、天災、惡劣氣候、疫病或其他傳染病、貨物因水災或火災而受毀壞、在交貨港因暴風雨或颱風而阻礙裝船，或在裝船前任何其他賣方所無法控制的事故發生，而致貨物的全部或一部分未能交貨，這未交貨部分的契約應予取消。然而，在裝運期限截止前，如貨物業經備妥待運，但因前述事故之一發生而致未能裝運，則買方於接到賣方請求時，應以修改信用狀方式或其他方式延長裝運期限。

15.準據法：本合約之解釋，效力及履行均受中華民國法律管轄。

本契約書兩份業經雙方法定代理人訂定，於前文日期簽署。

買方	賣方
卡拉尼企業公司	萬奔企業有限公司
經理	經理

第二節　商品名稱

商品名稱，就狹義而言，僅代表商品本身之名稱而已，惟就廣義解釋，則尚包含商品之種類、品質或規格等，由提供者或報價人於提供樣品或報價時，一併記明。茲就決定買賣契約之商品名稱時，其應注意事項說明於下。

一、商品名稱應為國際間通用者

交易所使用的商品名稱應為國際市場上一般慣用者。特殊商品名稱則以學名表示，免生不便與困擾，尤其新產品更宜注意。國際間普遍採用的「國際商品統一分類制度」之商品名稱，可作為參考。

二、注意同物異名的問題

商品的名稱，有時由於各地習慣不同，同一種商品用同一種文字也有幾種不同之稱謂。為了避免誤解，在契約中應該採用多數人都知曉的名稱，不應標奇立異。例如同屬塑膠繩，就有 PVC Tube、PVC Vinyl Tube、Twine Rope 等名稱；Raisins（葡萄乾）也稱為 Dried Grapes；Maize（玉蜀黍）又稱為 Corn、Indian Corn；Oil Coke（石油焦）又稱為 Petroleum Coke（含油焦煤）。故在訂約時需擇定其中一名稱，在信用狀中或所有往來文件及單據都應使用同一名稱，切勿交互使用。這對於申請輸出許可證及以後辦理退稅均有很大關係，不得不謹慎。

三、注意同名異物的問題

有些商品名稱雖同，但實質上卻是迥然不同的兩種東西。例如 Coke 有焦炭及 Coca Cola 兩義；Elevator 有升穀機及電梯等意思；Babydills 意思是「小蒔蘿」（蒔蘿是製泡菜的作料），另外一個意思是嬰兒用，在這種情形下對交易商品名稱的解釋或瞭解有誤會，而草率成交，則日後交貨必然引起無謂的糾紛。

四、考慮商品名稱與關稅的關係

在決定交易商品名稱時，應參考進出口國之商品分類及其名稱。因為有時雖然是同一種商品，卻因名稱的不同，關稅稅率大有不同。就進口關稅稅率而言，銷美的 Mild Steel Channel Bar（槽鋼），如改稱為 Mild Steel Channel，稅率就要低得多；銷美家具，如用 Furniture，則其稅率為 15%，但如改為 Furniture K.D.（即 Knock Down，組合式之意），則其稅率降為 8%；單項家具零件如桌腳、桌椅，更可改為 Lumber Products，進口稅又低於桌腳、桌椅；銷售巴拿馬的彌勒佛 (Lucky Buddha)，如改稱為東方藝術品（Oriental Arts 或 Artede Oriental）則進口關稅也大為降低；銷售非洲的 Nylon Rope 改稱 Rubber

Rope 稅率也較低。又如 Walkie-talkie（袖珍對講機）如改為 Toy Telephone（玩具電話），不僅稅率降低，而且在有些國家，本為管制進口的，卻變成准許進口了。本來是 Used Machinery，如將其改稱為 Iron Scrap，那麼不但稅率可降低，本來禁止進口的也變成准許進口。我國冷凍蝸牛罐頭，如用 Escargot 的名稱，即無法銷往法國（1975 年），但如用 Escargot Achatines 的名稱，又可銷到法國。

　　有些進口商訂貨是理髮椅 (Barber's Chair)，開來之信用狀卻要求用 "Hospital Chair" 一詞，當然所有出口文件，都要與信用狀上之替代貨名相同，此時，出口商可要求買方簽回一張更名的保證書 (Letter of Undertaking) 如下：

To Exporter:

　　This is to certify that the undersigned shall take the full responsibility of any and all legal consequences arising out of or incidental to the import of 1,000 sets Barber's Chair to be purchased from your company under the L/C no..., which requires the shipping documents to indicate the goods as 1,000 sets Hospital Chair in our customs clearance and taking delivery of same without involving your company in any way.

　　於申請輸出許可證時，在真實貨名之下加一括弧將更名之貨名填在括弧內，輸出許可證即可持之向海關報關，然後持進口商的保證書影本附給船公司，換取更名的提單。至於其他單據可根據信用狀之貨名製作，即可順利押匯取款。

 ## 五、考慮商品名稱與運費的關係

　　商品名稱與運費成本也有很大的關係。例如 Brass Cylinder Pad Lock（銅掛鎖）更名為 Hardware Cylinder Pad Lock（五金掛鎖），運費即可減少將近一半。凡此例子，吾人若欲加以使用，可隨時搜集資料，並與船務代理或有經驗之報關行研究，或可獲得一些機會利益。

 ## 六、商品名稱應具有代表性

　　有些商品依國際慣例，其所使用的名稱必定含有該物相當比例以上者。例如 "All Wool" 必須含有 90% 以上的 "Wool"，而國際羊毛局規定的 "All New Wool" 則必須含有 97% 以上的 "Virgin Wool" 才可使用此名稱，否則即違反國際慣例，可能導致違約糾紛。

第三節　品質條件

品質為交易中最重要的條件，如品質不合，無論價格如何低廉，交易亦無法成立。所以在進行買賣時，第一步須先確定貨物之品質。貨物品質之確定，不若國內交易，可以「看貨買賣」(Sales by Inspection)，常因其標準不同而異，同時其確定時間亦因交貨地點而不同，不能一概而論。以下是常用方法。

 ## 一、憑樣品買賣

係由賣方先送貨樣，買方憑貨樣以決定此項品質是否符合其需要，並判定其價格，或由買方先送出其所需貨物的樣品，賣方根據其所送樣品接受訂貨。它是代表買賣貨物之一部或全部，是國際貿易上最常用者。因為它可以表明貨物之實際狀態，同時可以表示花樣、顏色、厚薄、手感以及五官所不能感到的一切事項，謂之 "Sales by Sample"。

關於貨樣買賣就我國民法相關規定列述於下：

1.貨樣買賣

按照貨樣約定買賣者，視為出賣人擔保其交付之標的物與貨樣有同一之品質（民法第三百八十八條）。

2.物之瑕疵擔保責任與效果

物之出賣人對於買受人，應擔保其物依第三百七十三條之規定危險移轉於買受人時無滅失或減少其價值之瑕疵，亦無滅失或減少其通常效用或契約預定效用之瑕疵。但減少之程度，無關重要者，不得視為瑕疵。

出賣人並應擔保其物於危險移轉時，具有其所保證之品質（民法第三百五十四條）。

3.標的物利益與危險之承受負擔

買賣標的物之利益及危險，自交付時起，均由買受人承受負擔，但契約另有訂定者，不在此限（民法第三百七十三條）。

4.物之瑕疵擔保責任之免除

買受人於契約成立時，知其物有第三百五十四條第一項所稱之瑕疵者，出賣人不負擔保之責。

買受人因重大過失，而不知有第三百五十四條第一項所稱之瑕疵者，出賣人如未保

證其無瑕疵時，不負擔保之責。但故意不告知其瑕疵者，不在此限（民法第三百五十五條）。

5.買受人之檢查通知義務

買受人應按物之性質，依通常程序從速檢查其所受領之物。如發見有應由出賣人負擔保責任之瑕疵時，應即通知出賣人。

買受人怠於為前項之通知者，除依通常之檢查不能發見之瑕疵外，視為承認其所受領之物。

不能即知之瑕疵，至日後發見者，應即通知出賣人，怠於為通知者，視為承認其所受領之物（民法第三百五十六條）。為比較買賣雙方之責任，說明於下：

(1)英國物品買賣法 (The Sales of Goods Act)：英國物品買賣法對於憑樣買賣，交貨與貨樣相同之含義有如下解釋：

①其所意含之情況是指正貨（Bulk，即日後交付的整批貨物）在品質上應與貨樣一致。(There is an implied condition that the bulk shall correspond with the sample in quality.)

②其所意含之情況是指買方得有合理的機會比較正貨與貨樣。(There is an implied condition that the buyer shall have a reasonable opportunity of comparing the bulk with the sample.)

③其所意含之情況是指貨物應無任何對貨樣加以合理檢查時致使其有不合商銷的缺點。(There is an implied condition that the goods shall be free from on any defeat, rendering them unmerchantable, which would not be apparent on reasonable examination of the sample.)

(2)交易協定之約定 (Promised on Agreement)：買方為求確切之保障，加強賣方對於品質應負之責任，在交易協定中，訂有以下條件：

①賣方將保證所有輸出貨物在品質上、狀態上，與貨樣完全一致。(The seller shall guarantee all shipment to be conformable to sample with regards to quality and condition.)

②憑樣出售之商品，應由賣方保證貨物到達目的地時與貨樣完全一致。(Merchandise sold on sample shall be guaranteed by sellers conform to sample upon arrival at destination.)

(3)時空因素之影響 (Effect by Situation Change)：國際貿易交易標的物常因時日之經過及氣候的激變，在運輸途中品質可能發生變化，致使正貨到達目的地無法完全與貨樣一致時，賣方可在交易協定中修改條款：

①品質與貨樣大致相同。(Quality to be considered as being same equal to the sample.)

②貨物到達目的地時，如發現與樣品不同，而此項差異並未使貨物變質，或仍合商銷，不過品質稍遜於貨樣，買方仍應照常提貨，惟得按合約價格，雙方以後協議,酌給合理折扣,除賣方同意外,該貨不得退回。(Should the goods be found, on their arrival at destination, to be different from the sample, if by that difference their character is not altered, or if they are in merchantable condition though slightly inferior in quality to the sample, the buyers shall take delivery of the goods on condition that a reasonable allowance be made on the contract price by subsequent mutual negotiation. Goods must not be returned except by permission of the sellers.)

(4)品質證明方法 (Quality Identity)：國際買賣合約中，關於運出之正貨，賣方是否需要提出品質證明，視情況而定，如需，其方法有二：

①在正貨起運前，由賣方自待運之正貨中，抽出一小部分裝船樣品 (Shipping Sample)，用最迅速方法寄送買方，以為隨運正貨之證明。

②賣方在貨物裝運前，可委請第三者，居於公正人之地位，普通為商會、同業公會、商品檢驗局、化驗所等就交貨之品質、規格等予以抽樣檢驗，發給品質證明書 (Quality Certificate)、檢驗證明書 (Testing Certificate)、化驗證書 (Analysis Certificate) 或公證證書 (Surveyors Certificate)。

二、憑規格買賣

　　規格 (Type) 係指某種貨品的正確性,所含某種質量或成分或某種功能而言,常見於農產品或工礦業產品之交易。此種規格或由國家制定或由公認之機關承認。例如：Fair Broach 係指印度 Broach 地區出產之棉花，依利物浦之棉花經紀人公會 (Liverpool Cotton Brokers Association) 之分級，屬於 Fair 者。又如，歐洲單一市場自 1992 年起實施新 "CE" 標誌的產品認證制度，既完全採自 ISO 9000 系列所規範的品質保證制度標

準，也是一種品質規範。

 ## 三、憑標準品買賣

標準物 (Standard) 並不是交易中的實際貨品或樣品，乃是一種公認的品質標準，通常由公會、交易所、檢驗局等公共機構來選定，表示一定品質之商品。如農產品中之穀物、大豆、棉花、煙草等，其品質因受自然的影響，難期一致；又工業製品中之生絲、礦產等，其產品構成之條件，甚為複雜，如有一項條件不合，即能影響整個品質，故此類品質變度較大之商品，或按各該商品交易之習慣，或用公定之通用標準，作為品質評定之基礎。

(一)標準物與正貨之規定

作為憑標準物交易的買賣，由於其標的物之特性，買賣雙方有一項共同的認知，就是對正貨與貨樣之一致性會採取較有彈性規則 (Elastic Rule) 之解釋。

(1)按標準物買賣時，其正貨除有特別規定，且具有可能與標準物完全相同者外，不必一定與標準物絕對一致。

(2)當正貨與標準物品質有差異時，得視其相差級等，增減其價格。至級等差異之評定，即最後計價品質之決定，如買方能完全接受賣方之意見，則即順利確定，否則可取決於收貨地檢驗所之檢定或同業公會之裁斷。

(二)一般農產品表示標準品質之方法

按標準物買賣，在等級差異之評定上，除了較有彈性外，尚可參考以科學方法，國際公認品質標準，例如 ISO 9000 等，作為評定依據。惟一般農產品約定品質條件之方式有以下兩種。

1.平均中等品質 (Fair Average Quality, FAQ)

其含義是指賣方所交貨物之品質，乃裝運時及裝運地之該季節產銷之平均中等品質。按照此條件發價或訂貨者，普通以上年度的平均中等品質為標準物而決定其價格，如所交貨物品質較標準物為差時，則以該項商品同業公會公定之例規，以增減其價格。亦有在合約中特別表明係本年 (New Crop) 或某年 (Crop of Year 20–) 之 FAQ 品質者 (The goods must conform to the quality standards that are normal for the products of the origin indicated in the contract)。

2.優良商品品質 (Good Merchantable Quality, GMQ)

係指賣方所交貨物，品質優良合乎商銷，如木材或冷凍魚蝦之類，如果在起貨地檢查結果，屬於無市場性者，應由賣方負責之條件。

㈢農產品運輸風險之歸屬

除外，屬大宗散裝貨物之農產品運輸途中因貨物變質而發生損失之風險，究屬何方負擔，在買賣契約中，可選擇以下特別規定：

1.現況條件 (Tale Qual; Tequal)

即賣方對所交貨物，只保證裝運時之品質符合合約規定，運抵目的地的現況如何，則不負責，是以運輸中所產生之一切損耗或損害，概由買方負擔，貨物於到達目的地時，買方應按到達時現況接受。

2.海水漬條件 (Sea Damaged)

係為賣方負責運輸中所發生海水漬之損害。此項海水漬損害，視報價條件而定，如賣方報出之條件為 CIF、CIP 者，自可投保協會貨物條款 ICC(B) 險，以求保障，否則貨物遭海水漬之損害時，買方得拒絕提貨。

3.裸麥條件 (Rye Terms)

賣方對於貨物運達目的地之現況，須全部負責。

 # 四、憑廠牌或商標之買賣

某些貨物經長期買賣後，其品質成為固定化，經關係者承認並確定一標準者，即為商標品，目前國際貿易採用此條件者甚為普遍，例如：Philips 電燈泡、G.E. 電冰箱、LV 皮包、BenQ 手機、Klim 奶粉等，以其牌名或商標 (Brand or Trade Mark)，就能明確表明其品質，無須寄樣品亦無需說明。英國物品買賣法有如下之說明：

⑴憑表記買賣時，有一項默許，即貨物必須與表記一致。

⑵如憑樣之外亦認表記者，則正貨不僅與貨樣一致為滿足，且須與表記一致。

⑶憑表記買賣：當貨品以認表記方式向賣方購買時，不論賣方是否為製造商，買賣雙方另有一項默許，即該項貨品必須具有合乎商銷之品質。但該批貨品，買方已經檢驗，縱有缺點而為檢驗時應發覺者，不在此限。

(Sale by description: Where there is a contract for sale of goods by description, there is an implied condition that the goods shall correspond with the description; and if the sale be by sample as well as by description, it is not sufficient that the bulk of goods corresponds with the sample if the goods do not also corresponds with the description, where goods are bought by description from a seller who deals in goods of the description (whether he be the manufacturer or not), there is an implied condition that the goods shall be of merchantable quality, provided that if the buyer has examined the goods, there shall be no implied condition as regards defeats which such examination ought to have revealed.)

 五、憑說明書買賣

對於某些特種商品及工業製品，如機器、檢測設備、精密儀器及運輸工具等之買賣，每由賣方或買方提出詳細說明書，說明其操作、材料、構造、效率等，根據此項說明書以簽訂買賣合約者屬之。憑說明書買賣 (Sales by Specification)，賣方所交之貨，必須與說明書所載條件相符，固不待言，且有時並須向買方負責該項貨品之能圓滿發揮其預定之效果，責任才算終了。依據英美法之規定，若契約約定以說明書為買賣標的物作為品質標準者，賣方應保證貨物須符合該標準，若以說明書及樣品併用者，貨物應符合兩者之標準。

第四節　數量條件

商品交易的數量亦為貿易契約的主要條件之一，目前世界各國採用的度量衡制度尚未統一，有萬國制者：係採十進位；有英國制者：係採十二進位，使用於英國國家。是故對於數量單位之選定，究應採用何制，在合約中事前須予約定。此外，國際貿易在運輸途中因時日之經過及天候之激變，損耗在所難免，裝運貨物的重量亦可能發生增減之變化，故在此條件中，應考慮到三個問題：①數量單位之選定；②交貨數量之決定；③交付數量超過與不足之處理。

 一、數量單位之選定

數量單位之選定因商品的性質及種類而定，國際貿易上通用之數量單位大別如次：
㈠重量條件
⑴部分工業製品、礦產、油類以及若干農產品等均按重量買賣。
⑵其使用單位有：磅 (Pound, Lbs)、公斤 (Kilogram, Kg)、公擔 (Quintal, Q)、公克

(Gram, gm)，噸又分長噸 (Long Ton, L/T)、短噸 (Short Ton, S/T)、公噸 (Metric Ton, M/T) 等三種。

㈡個數條件

⑴一般百貨及工業製品如成衣、紙張、手工具等用之。

⑵其使用單位有：

①件 (Pieces, Pcs)、單位 (Unit)──藥品及工業另件。

②套 (Set)──機器、手工具等。

③籮 (Gross)──12 打為 1 籮，即 144 個。

④大籮 (Great Gross)──12 籮為 1 大籮，即 1,728 個。

⑤令 (Ream)、捲 (Roll; Coil)──用於紙張，全開 50 張為 1 令。

㈢長度條件

⑴織物、電線電纜、繩索、布疋、塑膠合成皮類。

⑵其使用單位有：碼 (Yard, Yd.)、公尺 (Meter)、英尺或呎 (Foot)。

㈣面積條件

⑴木板、皮革、平板玻璃及紡織品類。

⑵其使用單位有：平方碼 (Square Yard, Sq. Yd.)、平方公尺 (Square Metre)、平方英尺（呎）(Square Foot, Sq. Ft.)。

㈤體積條件

⑴木材油類及化學氣體如 SM、EG、SBR 等。

⑵其使用單位有：立方碼 (Cubic Yard, Cu. Yd.)、立方公尺 (Cubic Meter, M^3)、立方呎 (Cubic Feet, Cft, Cuft)、立方吋 (Cubic Inch)。

㈥容積條件

⑴穀物如小麥，流質如汽油、酒精、礦泉水等（但非全部）。

⑵其使用單位有：公升 (Liter)、加侖 (Gallon)、浦式耳 (Bushel)、立方公分 (Cubic Centimeter)。

㈦包裝單位條件

⑴雜貨、棉花、麵粉、工業藥品、罐頭、染料、油類、水泥、肥料等。

⑵其使用單位有：箱 (Case, C/S)、包或捆 (Bales, Bls)、桶 (Barrels, Brls)、袋 (Bags, Bgs)、鼓桶 (Drum)。

二、交貨數量之決定

國際貿易,需經長途運輸,以重量單位交易之商品,在運輸途中受自然因素之影響,致在不同時間或地點,重量均可能發生增減變化,故計價之重量即交付之重量 (Shipping Weight; Intake Weight) 應如何決定,必需訂定於買賣契約中。普通有以下兩種處理方法:

㈠以運出重量(即裝船時的重量)為準

運出重量或裝船時的重量 (Shipping Weight Final or Intake Weight Final) 意指賣方將貨物裝上輪船或載上火車、卡車、飛機時實際秤得之重量。採用此項條件作計價數量者必需:

1.買　方

應承認裝運時之重量為交付重量,運輸途中所發生之缺失由買方承擔,對買方甚為不利之條件。

2.賣　方

⑴得按照運出重量開製發票結算貨價,為對賣方最有利之條件,惟限用於缺量程度不大的商品。

⑵由賣方本身提出重量單 (Weight List,俗稱碼單) 或由第三者鑑定人 (Surveyor)、公共重量檢定人 (Public Weighter) 所發出之重量證明 (Certificate of Weight) 附於發票之後。

⑶如需上述重量證明,則費用是歸賣方負擔計作貨價成本,抑歸由買方負擔,買賣雙方事前須予協議。例如: Soybean 1,000 M/T, subject to net shipped weight final.

㈡以運入重量(即卸貨時的重量)為準

運入重量或卸貨時的重量 (Landed Weight Final or Delivery Weight Final),係指輪船到達目的地港口起卸上岸時,或飛機、卡車、火車到達運入地點後,實際秤評之重量。採用此條件者:

1.買　方

買方應具備何種重量證書向賣方提出,或關於運入數量之證明,亦須由買賣雙方事前協議。

2.賣　方

負責對運輸途中所發生缺失之全部責任。例如: Cotton 100 M/T, subject to net landed

weight final.

　　如上所述關於交貨重量之決定有運出及運入兩種，並且牽涉到是以毛重抑淨重為準之問題，在契約中亦須作一說明，作為交貨數（重）量之依據。

㈢交付數量決定之原則

　　買賣合約之約定，最好以運出淨重為準 (Net Shipping Weight Final)，其理由：

　⑴在運輸途中所發生之損耗，係受自然之影響，賣方無法控制，究將損耗若干，事前亦無法預知。

　⑵此類商品在運輸途中所發生之損耗，為不可避免。

　⑶如按運入淨重計算，賣方易受意外之損失，顯不公平。

 三、交付數量超過與不足之處理

　　按重量條件買賣時，運出數量與交付數量間可能發生差額，致合約訂售數量與交付數量，難免發生過與不足的情形。按其他種類單位買賣時，原非絕不發生差額，不過大抵為故意的或預知的，即為賣方因某種原因自動增減者或責任分明如屬於可數之包裝等，買方得提出證明向賣方、運送人、保險公司要求賠償。但按重量買賣時發生之差額，則多為一種耗損或溢重，賣方無法控制，買方亦不可能負責，故須在買賣雙方間求取合理之解決。其方法如下：

㈠折衷辦法

　　在協定或契約中預為訂定一定比率的損耗限度，在此限度以內歸買方負責，超過部分由賣方負擔。例如："In bulk, including dockage, 5% more or less at buyer's option." 依此條件，運出淨重與運入淨重之差額在 5% 限度以內者，由買方作選擇，此項限度稱之為免賠限度 (Franchise)，買方應將其加入成本計算。惟免賠限度，如失之過高對買方不利，失之過低則對賣方不利，故必須訂定一個合理之標準。實務上，係按照各業習慣而定，亦可依照買賣雙方合理折衝之結果或受貨物海上運輸及保險之慣例所拘束。

㈡溢重或超過時之處理

　　一般慣例對於此項溢重，自不屬買方之應得。但貨物以耗損為常理，以溢重為例外，而溢重又常為濕度或水分增加之結果。故在實務上，每由買方向賣方提出貨物含水量過多而免計溢餘貨值者。

㈢商品在本質上不能絕對一致者

　　賣方應在數量前冠以約 (Approximately)、大約 (About)、大概或概約 (Circa) 字樣以表示訂售之數量係屬一個近似的數目，對此種商品在買賣合約訂立時，交付數量可能會有若干的增減，或者乾脆訂明賣方得有百分之幾之溢交或短交。日後交貨數量若較合約原訂數量在某種限度之差異時，買方必需承認接受。關於「大約」一字的含義，國際貿易習慣上有各種不同的解釋可作為訂定買賣契約之參考。

1.倫敦一般農產品經紀人公會

　　對於 About 或 More or Less 在合約中之含義解釋為賣方應交付之公平合理的最近似數量，不得超過或不足 2.5%。(It is understood that the words "About" or "More or Less" applied to quantities contracted for, mean the nearest amount which seller should fairly and reasonably but not excess or deficiency to be greater than 2.5%.)

2.美國加州小麥買賣合約

　　對於 About 一詞之詮釋，用於表示數量時其含義為：

⑴整批時指 5% 上下。

⑵分件時 2%。

(The word "About" when referring to quantity shall mean:

⑴ in the case of cargo, five percent more or less.

⑵ in the case of parcel, two percent more or less.)

3.紐約銀行商業信用會議

　　依該會決議之標準商業信用條例對於「近乎」、「約」以及其他類似詞類，應被解釋為可准許金額或數量上之改變，以不超過所訂數額或品質 10% 為限。(The term "Approximately"、"About" or words of similar impart, shall be construed a variation of not exceeding ten percent from the named sum or quality.)

4.信用狀統一慣例

　　依該慣例第三十條規定：⑴詞語如「大概」、「約計」或其他意義類似者，用於有關信用狀金額、貨物數量及單價時，解釋為容許有未超過多 10% 或少 10% 之差額；⑵除非信用狀規定：所訂貨物之數量不許超過或減少，否則多 5% 或少 5% 之伸縮應屬許可，但以支用之總金額不超過信用狀金額為限。數量若以包裝單位或個別件數計數者，則上項差異額度並不適用。

第五節　價格條件

　　貨品價格，為貿易契約應載各項條件中最重要之條件之一，買賣雙方往還折衝亦多為價格問題，一筆交易之能否營利在斯，雙方所爭者亦在斯，故絕不容有所含糊。凡與價格有直接關係之條件，必須有明確之瞭解與規定。

　　有關價格條件之解析第六章已言及，本節係就簽約時有關之價格內容加以說明。

 一、價格之種類

　　國際貿易上所採用的價格，較常見者約有下列幾種：

㈠淨價與含佣價格

　　所謂「淨價」即 Net Price，指賣方所開出價格為實價，不含任何佣金或折扣，一經成交，買方即須按契約價格支付貨款。通常為工廠對貿易商的交易中採用，其表示方法為在價格後加上 Net 一字。例如 "US$10 per dozen FOR net"，或者在報價單或買賣契約上註明 "The above price is net without any commission"。

　　而「含佣價格」即 Price Including Commission，價格中含有售貨佣金 (Selling Commission) 或購貨佣金 (Purchasing Commission)，是交易成立後付給中間商的回佣 (Return Commission)。普通為供應商對代理商或佣金商的交易中採用。佣金的多寡，視商品種類、行業習慣、交易數量大小、經辦手續繁簡與競爭是否激烈而定。通常多在 1～5% 之間。在報價或訂約時，最好將價格條件與佣金分開，價格條件用正統的 FOB、CIF 等條件表示，而佣金另以文字約定，例如：

⑴ The above mentioned price includes 5% commission (calculated) on FOB basis.（價格包含 5% 佣金，按 FOB 值計算。）

⑵ Sealing & Cutting Machine €500.00 per set FOB Taichung including your commission 5% on FOB basis.

⑶ Tape Deck US$22.00 per pcs. CIF Rotterdam including your commission 3% on FOB basis.

　　實務上常見以 FOB C5% 或 CIF C3% 等方式表示買賣價格包含佣金 5% 或 3%。但必須預先聲明佣金性質及其計算基礎，否則事後可能發生爭執。因為此項佣金到底是表

示買賣價格內已包括賣方佣金抑或表示已包括應退回買方佣金,在實務上的解釋不盡一致。同時佣金 5%(或 3%)的計算基礎究竟是 FOB(或 CIF)的 5%(或 3%)抑 FOB C5%(或 CIF C3%)的 5%(或 3%)也不明確。例如在 FOB C5% 的情形,假設 C5% 表示應給買方的回佣,那麼就理論而言,應以 FOB 金額為計算回佣的基礎,但是實務上卻常按 FOB C5% 金額計算回佣。

另外賣方為預防無法收到貨款,卻又得支付佣金的雙重損失,可約定付佣金以收到全部貨款為條件,如: The commission shall be payable only after seller has received the full amount of all payment due to seller.

㈡平均價格與直接價格

所稱「平均價格」即 Average Price,有些貨物品質、花色、尺碼不一,如分別計價,則不勝其煩,並可能使其中一類貨物滯銷,因而有平均價格的產生。例如某種貨物,A 級品質的有 4,000 公斤,B 級品質的有 9,000 公斤,而 C 級品質的有 3,000 公斤,貨主將三種品質的貨物按其價格、數量算出平均價格,而以這種平均價格搭配三種品質貨物一併出售。這種平均價格在農林漁產品及出售存貨時常用。又如工業產品中之鞋類,買賣是以每雙若干元成交,而每雙的尺碼配合 (Size Assortment) 均有固定的比例。例如約定 Color/Size 28/2, 29/2, 30/2,如買方要求比例為: Color/Size 28/4, 29/4, 30/4,則價格自需調整。

至於「直接價格」即 Direct Price,則是按個別貨物直接計算其價格,不涉及他類貨物,所以與平均價格不同。國際貿易上的貨物,絕大多數是以直接價格進行買賣。

㈢基價與推算價格

國際貿易中有些貨物,如棉花、生絲等,是以某種品質標準規格的價格作為基礎價格,其他等級的價格則與基礎價格有一個公定的差距。報價時,毋需將各等級品質的價格全部列出,而只報出標準品質的基礎價格即已足夠。至於其他各級品質價格可從基礎價格推算出來,標準品質的基礎價格,即所謂「基價」(Base Price),而由基價推算出來的各級品質價格,即所謂「推算價格」(Computed Price)。

㈣限價與底價

所謂「限價」(Ceiling Price),是指一國經濟面臨不穩定的情況,為防止物價急遽上漲,釀成惡性通貨膨脹;或使國產商品處於不利的競爭地位,而由政府出面干預市場商品價格,例如澳洲進口之牛肉。尤其民生必需品及重要工業物資,限制其按某種規定價

格出售。所謂「底價」(Floor Price; Check Price)，是指廠商間為穩定某項產品的外銷市場，避免同業間相互殺價競銷，而共同協議最低的銷售價格。例如以往銷東南亞的蔬果、合板輸義大利、西德洋傘以及自行車、鑽床等。底價如由輸出同業公會制定並執行者，稱為統一報價或統一價格 (Uniform Price)，其效果與實施底價相同。又限價通常見於進口貨物方面，而底價及統一價格則常見於出口貨物方面。

㈤指示價格與交易價格

出口商向進口商初次進行洽銷，或在進口商尚未提出具體的詢價時，通常並不立刻提供穩固報價，而是先寄產品目錄、價目表等供對方參考，俟對方指示屬意某項產品，方始正式報價進行交易。此種價目表上所列價格，實際上只是一種「指示價格」(Indication Price)，旨在便於對方衡量產品售價而已。至於報價時所開示的價格，則為賣方願意銷售的「交易價格」(Dealing Price)，這種價格一經有效接受，即成為契約價格，雙方均同受其拘束。

二、價格的幣制

在國內買賣，用來表示價格的貨幣，都是本國幣，但是在國際買賣，用來表示價格的貨幣卻可能為下列三種之一：

⑴出口國家的貨幣。

⑵進口國家的貨幣。

⑶第三國的貨幣。

在國際金融相當穩定的時期，採用上面任何一種貨幣計價，對進出口商而言，並無差別。但在國際金融動盪不安的情況下進行交易，買賣雙方只有採用本國貨幣交易，才能免除匯率變動的風險。1994 年 12 月 20 日墨西哥「新披索」貶值 15%；1997 年 7 月亞洲金融風暴，引起新加坡、泰國、馬來西亞、印尼、韓國及日本等各該國貨幣的大幅貶值，即是顯例。

我國對外貿易，不論進口或出口，進出口商用以交易的貨幣，絕大多數採用美元，故不僅限對美貿易時採用，對其他地區亦然。例如我國與日本貿易，即以第三國貨幣美元計算貨款。在此情形下，一旦美元升值（相對日幣及新臺幣而言），則出售貨物而尚未收取貨款的出口商，即將因匯率變動而獲得額外利益，但在進口商，則將因而遭受損失。反之，如美元貶值，則蒙受其害的，是為已售出而尚未收取貨款的出口商，但已購

買而尚未付款的進口商卻因此而獲得額外利益。

此外，同一名稱的貨幣，其幣值未必相等。例如與香港貿易，有時使用 HK$，有時用 US$，如果在契約中將單價寫成 "$10 per dozen..."，假如買方將 "$" 解釋為 HK$，而賣方則將其誤解為 US$，那就麻煩了。

因此，一種貨幣名稱，如有混淆或被誤解的可能，宜冠以國名或明確說明其貨幣種類。例如：

⑴ The currency manifesting the price shall be the basic currency of payment, unless otherwise specified, $ means the US Dollar, £ means the Pound Sterling....

⑵ Unless otherwise specified, all quotations and offers shall be understood CIF Bombay in Pound Sterling.

三、價格的計算單位

買賣雙方約定商品價格時，首先應確定該價格是何種數量單位的價格，也就是說應約定「價格的計算單位」。這種交易價格的計算單位，是表示 1 單位價格所能購得的商品數量。例如在 "US$25 per dozen CIF Baltimore" 中，每打 (Per Dozen) 是計價數量單位，"US$25" 是每打的價格，"CIF Baltimore" 是價格基礎。這種交易價格的計算單位，普通是應用本章第四節所述的數量單位作為計價單位。例如洋傘數量單位是以「打」計，則價格計算單位也用每「打」若干元計。同時，按重量決定交易數量的商品，其價格的計算單位也按重量表示。

不過計價單位有時與訂約的數量單位並不一致，例如契約中交易數量為 10 公噸，其訂約數量單位為「公噸」，但計價單位則不採用「公噸」，而用「公斤」表示，茲舉若干商品為例：建材磁磚買賣數量單位為箱 (Carton)，計價數量單位為件 (Piece)，鋼條買賣數量單位為捆 (Bundle)，計價數量單位則為每長噸 (Per L/T)。

第六節　包裝條件

國際貿易上無論任何條件之交易，賣方常應買方之要求，供給貨物以習慣上之包裝 (Conventional Packing) 或標準外銷包裝 (Standard Export Packing)、充分的包裝 (Sufficient Packing)、賣方標準包裝 (Vender Standard Packing) 等，或照契約規定供給指

定之包裝。所謂習慣上之包裝又稱為合理包裝 (Reasonable Packing)，多為經驗、研究與環境要求之結果，而為各該行業一般所採用者。輪船公司在運價表 (Tariff Sheet) 上列有各種貨物之包裝，亦為以習慣包裝為根據。故在若干合約中，亦有不特別表明採用何種之包裝方法，而僅用按慣例包裝 (To be packed in the usual way) 字樣者。惟不論如何，對於包裝費用、包裝方法、所用材料等須視貨物性質之不同而在合約中有明確之規定。茲就有關包裝條件說明如次。

一、習慣包裝應具備之條件

習慣包裝是種含糊而抽象的名詞，怎樣才能做好包裝，並符合「標準外銷包裝」的要求，端賴貨主和包裝公司之經驗來判斷。以下所述係原則性之參考：

⑴包裝須堅固完整。海牙規則 (Hague Rules)、英美日等國海上貨運法規及我國海商法或在運送契約 (Freight Contract) 或提單 (Bill of Lading) 內均明文規定貨物包裝不良而致發生短損，運送人概不負責任 (Ship not accountable for leakage or loss though frail or unsufficied packing)（海商法第六十九條）。

⑵包裝材料應乾燥強韌適用貨物品質及特性，並注意運輸途中氣候之變化，以免因包裝材料不適宜，而影響貨物品質。

⑶包裝應儘量減少重量與體積，並避免過長或過大。

⑷包裝費用在安全原則下，應儘量節省，以減輕貨物成本。

⑸包裝上之標誌，應力求清晰完備，歷久而不脫落，以便識別。

⑹包裝應考慮到出口對方國家港口之規定。

二、包裝費用之分擔

包裝費用可在合約中規定，不包括於售價以內，如說明包裝費用由買方負擔 (Export Packing for Buyer's Account) 則應另在發票中加計之。如不另由買方負擔，則應在合約價格內註明，包括出口包裝 (Including Export Packing) 等字樣。

三、包裝之種類

外銷商品的保護，由商品包裝之時開始，其保護功能必須持續至消費者不需要該包裝時為止。故對於不同商品採用不同包裝方式是需要的。

包裝方式的種類繁多，但大致可分下列各種：

1.個體包裝 (Unitary Packing)

直接接觸商品主體的包裝，並不限於紙類製品，可使用其他種種材料。最重要的必備條件是保護商品主體的品質和外形。包裝的形體也必須最適合被包裝之商品。液體商品可使用玻璃瓶、金屬罐和樹脂容器等。

2.捆包 (Bale Packing)

最有代表性者係運輸用的捆包。大型捆包有專門適用於船舶、貨車等的形狀、大小。箱子也可列為捆包之一種。

包裝有如上的區分，但依商品的種類，有個體包裝兼捆包者，也有只用捆包者，主要是根據商品的性質而改變包裝方式。

3.內部包裝 (Interior Packing)

就是將貨品一個一個的加以包裝，來保護商品，能以完整的狀態，交給最後消費者的方法，目的在便於銷售，以裝飾美觀醒目為主。

4.外部包裝 (External Packing)

是為出口包裝的主要部分，以保護貨物利於運輸保管為目的。因貨物在運輸途中，受損傷的機會特多，諸如車馬卸貨、裝上輪船時的跌落、碰撞的破損、車馬與船舶運輸中的搖動損傷、裝卸時的淋雨鉤損、海上運輸中受氣溫濕氣之變化而發生的霉濕與運送中或倉庫內的鼠蟲及竊盜等，為防止發生各種損害的危險，自應以最牢固的方法來包裝，此即外部包裝也。

 四、常用之包裝方法

常用的包裝方法專指包裝貨 (Packing Cargo) 而言，有下列多種：

1.箱裝 (Case)

為最普遍之包裝方法之一。大部分質輕、價高、易偷損、件小之雜貨均取箱裝方法。又可分為：箱 (Case, C/S)、茶箱 (Chest)、板條箱 (Crate, Crts)、紙箱 (Paper Case; Carton Box, CTN)。

2.捆包裝 (Bales, BLS)

適用於蓬鬆貨物，經壓縮體積加以捆紮而成之包裝，如羽毛、紙張、布匹等。

3.袋裝 (Bays, B/GS)

凡屬粒狀貨物多用袋裝方法包裝。

4. 木桶裝 (Barrel, BRLS)

除液體貨物或半液體貨物，多使用桶裝外，粉狀或粒狀貨物亦有使用桶裝者。

5. 金屬桶 (Can)

凡揮發性之液體或半液體、粉狀、粒狀貨品、危險品、易腐品均以金屬桶為包裝。

6. 瓶罐裝 (Bottle)

用以包裝容易起化學作用及危險性液體。

7. 簍 (Basket, B'kts)

多用以裝運蔬菜、水果、陶瓷器及乾魚等，其外部多以草繩捆紮。

8. 包 (Mat)

指以草蓆或草包包裝者，如礦砂、肥料、竹竿、地毯、中藥材、乾魚等用之。

9. 其他包裝

⑴籠 (Cage)：裝鳥類家禽等用。

⑵捆 (Bundle)：鋼筋、籐、竹、木板等多用繩索、鐵絲捆紮包裝。

⑶檻 (Pen)：裝家禽野獸類用。

⑷軸 (Reel)：電線、鋼索等繞於車輪形之圓軸內。

⑸套 (Nest)：大管內套以小管。

⑹捲 (Roll)：紙類、油毛毯、地毯等捲成筒形。

⑺圈 (Coil)：鐵絲、鉛絲、麻繩等繞成圈形。

10. 非包裝貨

非包裝貨指無法包裝之貨物，多按其計件單位稱謂之，例如：頭 (Head)、塊或錠 (Ingot)、板 (Slab)、張 (Sheet)、條 (Bar)、件 (Piece)、輛 (Unit)、套 (Set)。非包裝貨又分：

⑴散裝貨 (Bulk Bar Cargo, BBC)：為不加包裝，散裝於船舶上或船艙中，如木材、煤等不易包裝或無包裝之價值者。

⑵裸裝貨 (Nude Cargo)：亦為不加包裝之貨，但在型態上自成件數，如錫塊、鐵塊、大理石塊等。

五、裝船嘜頭

　　貨件上之標誌 (Marks) 俗稱裝船嘜頭 (Shipping Marks; Case Marks)，是國際貿易上用以代表託運人、收貨人及貨物簡名、品質等之標誌。常用簡單之幾何圖形配以英文字母及阿拉伯數字而便於識別者。

　　除散裝貨物無法刷嘜外，普通貨物多應刷印此種標誌，甚至於裸裝貨如錫塊、鐵絲等亦應刷有標誌及色漆或繫以印有標誌之鐵片、布條，而發票、提單、保險單及花色碼單等貨運單據，亦必須記載有同一標記。

　　關於標誌之形式與大小，一般規定不得小於 2 平方吋，並須以鏤空花板用墨漆刷於包裝二面或三面明顯之處，力求清晰，不易脫落，內容並須簡單完備，易於辨識，亦有烙印 (Brand) 火燙於箱面者。其他注意事項：①標誌不可隨手以墨水筆塗畫，應按前列標準圖形放大製作空心模板，以毛刷刷塗或以噴漆噴塗；②包裝作業或儲存作業為清點而加上之鉛筆或粉筆記號或數字應擦拭乾淨，以免混淆而生錯誤；③同一批貨有許多箱時，可在各箱箱角塗刷同色同形之顏色標誌，以利辨認；④在運輸容器上應避免標示內裝貨物之圖片、名稱、型號等，而以密碼取代，以免遭竊。標誌之主要形式：

　　例一：一般運輸容器必須標示的項目

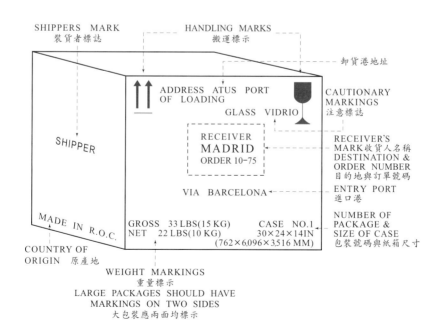

例二： Additional marking as required on face sheet

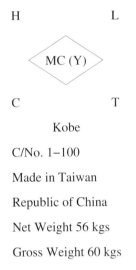

Kobe

C/No. 1–100

Made in Taiwan

Republic of China

Net Weight 56 kgs

Gross Weight 60 kgs

1. 主嘜頭 (Main Mark)

為構成嘜頭之最主要部分，以記號表示貨物種類、裝貨人及收貨人，如例二中之 HL (收貨人)。圖中之 CT，表示裝貨人，普通由裝貨人及／或收貨人英文名稱之第一個字母及貨物編號組成，並加以適當形狀劃分之。最常見之圖形有三角形、長方形、圓形、井形、十字形、心形等。

2. 副嘜頭 (Sub-mark; Counter Mark)

記載裝貨人或製造商之名稱記號者，即上圖之 MC (Y)（製造廠商），但此部分有時未記入裝貨人或製造廠商名稱，而以收貨人或買方之名稱記之。此時 MC (Y) 部分則記入契約號碼及貨物號碼。

3. 目的港嘜頭 (Port Mark; Destination Mark)

說明貨物運送的目的地，有時係經由某到達港轉運鄰近地點者，為免在中途其他港誤卸，多在生產地之上標明如： Los-Angeles or Toronto via Vancouver.

如貨物由目的港再轉運他地時： Manila in Transit to Cebu.

如轉運地點不明者： in Transit Manila.

4. 箱號 (Case Number; Bale Number)

指貨物件數、批數及件號，都由 1、2、3⋯連續編號，此時可以將總箱數一併表明

如 1/30，即表示總箱數 30 箱中之第 1 箱之意。

5. 原產地 (Country of Origin)

標明貨物生產國家及地點。美國進口貨嘜頭規定，所謂產地係指一政治體，母體以外之疆域，如殖民地、屬國或保護國為另一產地，而原產地則專指製造、生長或生產商品之國家而言。

6. 重量及尺碼 (Weight and Measurement)

標明本件貨物之總重、淨重及尺碼以為裝卸及艙位識別之用。

7. 品質嘜頭 (Quality Mark)

此為表示貨物之品質、等級之記號，標明於主嘜頭之右邊。同一貨物，如品質等級有不同者，應附以記號以資識別。如 A 級 50 件，B 級 50 件，共 100 件時，可對 A 級貨品訂以 A1、A2，又對 B 級貨可訂以 B51、B52。此 A、B 即表示該貨件所屬等級之標記，1、2、51、52 則係貨件號碼。

六、安全裝卸嘜頭

安全裝卸嘜頭 (Case Marks; Side Marks)，多在箱側以鮮紅標誌或適當文字說明其安全裝卸方法，以促使搬運時注意，避免損害貨物。此等文字主要有：①小心安放 (Handle with Care)；②由此打開 (Open Here)；③放置冷處 (Keep in Cool Place)；④此端向上 (This Side Up)；⑤不可平放 (Never Lay Flat)；⑥當心破碎 (Fragile)；⑦不得用鉤 (Use No Hooks)；⑧嚴禁煙火 (No Smoking)；⑨保持乾燥 (Keep Dry) 等等。

七、裝船嘜頭之功用

國際貿易外包裝所印刷之裝船嘜頭，除了作為進出口通關時，查驗核對所申報貨物是否相符之主要作用外，尚有下列功用：

⑴易於識別尋找：可避免在箱件上書寫冗長之商號、姓名、地址，簡單明瞭、易於識別。

⑵製作單據時節省手續時間：避免顯露收貨人之商號姓名，減少貿易上的同業競爭，易為收貨人識別，而外人則不知其詳。

⑶便於理貨裝卸及堆積等工作：進出口貨物外箱箱件之標誌，有助於理貨裝卸及堆積平艙等作業之進行。

(4)具有商標之功用：世界各地各大進出口商，多採用一定基本之嘜頭，應用於一切貨物之包裝上，而在基本嘜頭之外，另加其他字母，以表示各批裝運貨之特點，故嘜頭除了暗記作用之外，對於若干商品有時還具有商標之功用。

第七節　裝船條件

在貿易契約履行過程中，賣方交貨，即產生買方付款的義務，是故裝船交貨為買賣雙方風險的分界點，亦為貿易契約中重要之條件。當貿易條件為 FOB、CFR 或 CIF 等屬於輸出地交貨條件者；所謂交貨係指裝船，而交貨時間 (Time of Delivery) 多以裝船時間 (Time of Shipment) 代替之，是以非有特別規定之條款，賣方如能在約定的時間或期限中，將全部貨物裝船完畢，即解釋為已履行交貨的義務。裝船所應注意的要點，通常為裝船的時間、地點以及遲延之預防與處理，茲分述如次。

一、裝船時間

在國際貿易習慣上，交貨日期意即裝船日期，除特別條款外，賣方如能在約定時日或期限，將全部貨物裝船完畢，即已履行交貨義務。若出口商不能如期裝出，不但喪失信用，進口商有要求賠償損失之權，甚至可拒絕收貨及付款。故出口商對於裝船期限必須審慎接受，遇有不能如期裝船之情形，應預為洽得買方同意延改。茲將重要裝船期限之種類略述如後：

㈠隨即裝船 (Immediate Shipment)

通常指自合約有效日期起，如以電報或 E-mail 成交者，自電報或 E-mail 成交日起算，二個星期內賣方應將貨物裝運出口。

㈡即期裝船 (Prompt Shipment)

指自合約有效日、電報或 E-mail 成交日起三個星期內裝船。但因商業習慣或其他理由，各地解釋亦並不一致，有以隨即裝船解釋為三個星期，而以即期裝船解釋為四個星期內裝船者。紐約銀行界商業信用會議 (The New York Bankers' Commercial Credit Conference) 則對兩者曾解釋均為三十日內裝船。是以應用上述條款時，買賣雙方應事前在交易協定中預為闡明，以免發生事後爭執。

㈢限期裝船 (Timed Shipment)

此在國際貿易中應用最為廣泛，其通常的表示方法，約有以下各種：

1. 限定於某月內裝出

例如 5 月裝船 (Shipment during May) 指賣方可在 5 月 1 日至 5 月 31 日內任何一日裝船。

2. 限定於某月份之相當時期內裝出

例如 10 月下半月至 11 月上半月間裝船 (Shipment during second half of October and first half of November)，指在 10 月 16 日至 11 月 15 日內裝出。

3. 限定於數月內裝出

例如 6、7 月內裝船 (Shipment during June and July)，則指 6 月 1 日至 7 月 31 日任何一天裝船。

4. 限定於某日前裝出

例如 12 月 15 日前裝出 (Shipment on or before December 15)，這是指最遲必須在 12 月 15 日裝船，在此項條件之後，通常附加買方之信用狀何時會抵達賣方之約定文字。

5. 限定於幾週內裝出

例如第四十八週內裝船 (Shipment from forty-eight weeks year 20–)，則指當年度起算之第四十八週內裝出。

㈣不限期即期裝船 (Untimed Prompt Shipment)

此種條件未明確規定裝船日期，易造成賣方將來有規避推諉之可能,故就買方而言,較乏保障。

常見於買賣合約中之表示方式有：

1. 儘速裝船 (Shipment As Soon As Possible)

此與前述隨即裝船或即期裝船相類似,美國紐約銀行界商業信用會議之解釋為三十日裝船。

2. 裝第一艘輪船 (Shipment by First Available Steamer)

裝第一艘輪船，就賣方而言，較不受時間之限制，但因其語意不明，在簽訂契約時最好少用為宜。

3. 有機會即裝船 (Shipment by First Opportunity)

同一時間內，假如其他同業有貨自輸出港運往輸入港，則賣方之貨，其未能如期運出之理由，不論為未能獲得船位或其他情況，買方照理可向賣方提出遲延裝船之質詢。

(五)限期不定期裝船 (Timed Indefinite Shipment)

此為「有條件」之限期內裝船，如依當時之條件能夠辦到，即在限期內裝運，否則得以延緩裝船或取消合約，變成不定期限。故大都用於：

1.戰時船隻缺乏，船位不易獲得

合約約定：以取得船位為前提或取消合約 (Subject to shipment space available or cancelled the contract)。根據上述條款，賣方屆期如無法裝船，得據以向買方要求延期或取消合約，惟賣方須提出有力證明，否則仍應負責任。

2.政府限制出口

使用於因政府臨時管制，輸出許可證不易批准，而交易又不能停止之場合。也就是以獲得輸出許可證後始裝船（或不准出口得取消合約）Subject to approval of export license。此條款因出口許可與否，操之政府，賣方無能為力，如政府不予批准，賣方自可要求取消合約。

(六)業已裝船 (Afloat or to Arrive or In)

乃用於先裝後售之場合,如寄售或一面裝船一面脫售,售出後其裝船條件即用此種,亦有將裝船船名列入者：如運輸中裝基隆輪 Afloat per SS "Keelung"。

二、裝船地點

裝船地點即交貨地點，亦即託運人將貨物交予承運人承運，取得其所出具之清潔提單為主，而清潔提單上所載明之裝貨地點即為裝船地點。另一方面交貨完成之日需憑代表貨物所有權的貨運單據之轉移予對方後始告成立。若買方或其代理人（押匯銀行亦可視為買方之代理人）接受此項貨運單據，即表示賣方已完成貨物所有權之移轉。

三、裝船遲延之原因

裝船遲延之原因很多，包含由於賣方故意延宕或過失所致之主觀情況，特殊因素影響致遲延交貨及不可抗力事故之客觀因素等三種。可概述如次：

(一)主觀因素所造成

主觀情況有以下三種，賣方均應負完全責任。

1.交貨流程

由於賣方之故意或過失,對工廠之出貨或供應商之來貨掌控不當,致發生交貨遲延。

2.補貨流程

賣方貪圖過分利益，將備運貨物以高價轉售第三者，事後一時無法補進，如按市價補進，須遭極大損失，故暫予延宕，待機再補。

3.貿易流程

由於賣方之疏忽，致使出口手續如簽證、檢驗、報關等不完備，阻礙了如期裝船交貨。

(二)特殊因素之影響

是指介於主觀及客觀因素之間所致之遲延交貨，而可歸責於賣方者。

戰時船隻缺乏，或無船航行輸入國，或船少貨多之場合，均會造成裝船之遲延(Delay)。例如波斯灣戰爭期間之中東航線。遇此情況，賣方自需負責，因其未能預先籌謀，安排妥適船位或船期之責任也。

(三)客觀因素之必然

客觀因素，大致是指非為人力所能左右者，即所謂「不可抗力事故」，其與賣方之惡意或過失而發生之裝船遲延，不可同日而語。因為不可抗力事故以致交貨遲延之責任，賣方原則上可免責。

(1)工廠遭受水災、火災、地震、颱風等自然原因所造成之遲延裝船。

(2)因政府管制出口，或國際經濟重大變化致不能如期輸出者。

(3)因國外政變、戰亂、罷工、天災或經濟重大改革而影響訂貨之輸出者。

四、裝船遲延之預防與處理

在上述原因中，如屬於第二種情形，經買方發覺，除將發生索賠糾紛外，賣方信譽亦會因此喪失。如係第三種情形，不可抗力之原因所造成遲延裝船，在原則上賣方得免其責任。蓋此等原因，非為人力所能左右，與賣方之惡意或過失而發生之裝船遲延，不可同日而語。惟賣方應向商會或輸入國駐在本國的使領館取得證明，以便求取買方之諒解（參見華沙牛津規則第三、四條）。

至於第一種主觀情況，出口商可以事先採取各種方法來防止交貨遲延，以提高服務的品質。下列八種避免遲延交貨的方法，可作為供應商的參考：

1.增加原料的供應來源

為防止原料或零件供應短缺，最好能增加各種原料的供應商，以便確保公司突然接

到大批訂單時，仍有充裕的原料可以從事生產，這必須經常與增加的原料供應商保持業務上的聯繫。

2.以財務因素衡量交貨的可靠性

能以財務的因素來衡量原料供應不繼時可能發生的損失，藉此來決定應找價格較高但交貨可靠的供應商，或是價格雖低卻有可能遲延交貨的供應商。

3.與供應商站在同一陣線

變換原料供應商多少會為企業的生產帶來風險，因此不要輕易變換供應商，蓋因衡量和瞭解新供應商往往需要相當長的時間。

4.實地評估供應商

當你參觀一家以後可能成為採購對象的供應商時，不妨以下列四個問題來評估它的能力與可靠性：①人力和設備；②有否交貨遲延警告信號的生產控制制度；③工人們全力支持的程度；④存貨量。

5.慎選適當的業務接洽人

選擇適當的業務接洽人員是很重要的，以免將來需要修改交貨日程，增加優先訂單或爭取某項利益時，接洽人無法為買方講話。或是到時要找該接洽人理論時，他也會藉口鞭長莫及而愛莫能助。

6.擬定交貨控制表

控制表的形式愈簡單愈能表示出供應商生產作業是否按照日程表進行。

7.設置備用的生產設備

英國家具製造商喜爾國際公司對它所製造的各種塑膠產品經常另外備有一套模子，當原有的模子損壞時，此一備用模子立刻加入生產，有時它也被用來為外國廠商製造不同品牌的產品。

8.與供應商坦誠相待

目前許多公司都將交貨日期訂在他們真正要使用原料或零件的前二個星期，但出口商若只是為自己本身的利益而製造誇大的緊急訂單，使供應商空忙一場或徒然增加成本，則等到出口商真有急需趕貨的時候，供應商可能會採取以牙還牙 (Tit-for-Tat) 的方式拒絕交貨。

第八節　付款條件

國際貿易之最終目的，在於貨款之能如期清償，故付款條件為買賣合約中最重要之條件。國際貿易貨款之支付體系，常受到各國政治、經濟、金融情況、信用評等及貿易習慣等之影響，不能依買賣雙方要求任意為之，惟通常須經過運送人或外匯銀行之協助，使付款得以順利完成，殆無疑義。一般而言，可以分為以下各種方式。

 一、信用狀付款方式

為一般輸出貿易最常見的付款條件。此法係由賣方（出口商）將貨物裝船後，開製匯票 (Bill of Exchange) 檢附貨運單據 (Shipping Documents)，並將買方預先送來的信用狀 (Letter of Credit, L/C) 附上，提示出口地之銀行核對貨運單據及匯票與信用狀所列條件，如有符合，即照付匯票面額的方法。此種附有貨運單據（提單、保險單、發票等）的匯票，稱為跟單匯票又稱押匯匯票 (Negotiation Bill of Exchange)。此種方式又分即期信用狀 (Sight L/C) 及遠期信用狀 (Usance L/C) 之匯票清償二種。契約表示方式：

Terms of Payment: By a prime bank's Irrevocable L/C at sight in our favor.

 二、非信用狀付款方式

非信用狀付款方式，顧名思義，即不經過銀行擔保之付款方式：如託收、寄售、分期付款、預付貨款及電匯付款等，買賣雙方談妥交易條件後即進行交易，不必經由銀行授信擔保，而由賣方自行承擔債權，買方自行承擔債務。

㈠託收付款

託收 (Collection) 係指銀行依委託人 (Principal) 所為之指示，替渠處理「財務單據」之匯票、本票、支票或其他用以收取款項之類似文據；及「商業單據」之發票、運送單據、物權證書或其他類似單據、或非屬財務之其他任何單據，以期獲得：①付款人 (Drawee) 的付款及／或承兌；②憑付款及／或承兌交付單據；③依其他條件交付單據之謂。託收付款方式可分為兩種：

1. 付款交單 (Documents against Payment, D/P)

付款交單亦稱「付現押匯匯票」，即須在付款人將匯票金額付清後，才能將隨附匯

票之貨運單據交與付款人以便提貨。在貨物運輸期間，一直至到達後，付款人未付款取得貨運單據以前，貨物之所有權仍屬於售貨人所有，俟付款人付款，才可取得貨運單據，辦理提貨手續，因係付款在先，交單據在後，對出口商較有保障（契約表示方式，見後述第十八章第四節）。

2.承兌交單 (Documents against Acceptance, D/A)

承兌交單亦稱為「承兌押匯匯票」。為貨物運到後，由付款人在匯票上簽署表示願照匯票上的金額、地點、日期付款的「承兌」，即可取得貨運單據，辦理提貨手續。但匯票則仍由發票人之指定人保存，至滿期日向承兌人收簽。此法必須售貨人對購貨人的信譽甚為瞭解，才肯接受。也有些貨物因其性質之需要，必須給購貨人一相當時間，才能銷售收款，而須採此辦法。尤其對中南美洲、加拿大、非洲、中東等以 D/P、D/A 匯票清償條件為主之國家更須如此。此種方式風險較 D/P 為大，蓋有關單據寄交國外同業銀行，轉請買方承兌後，即交提貨單據，屆期買方不履行付款，或買方藉故拒絕提貨不贖單，則其出口貨款之收回困難（契約表示方式見後述第十八章第四節）。

(二)寄售付款

寄售付款 (Consignment, CONS)，係出口商（即寄售人，Consigner, Consignor）先將貨物運交受託人（Consignee，通常為代理商），等貨物售出後，再由受託人將扣除寄售佣金及有關費用後之餘款，結付給出口商。而其給付方式都於寄售契約中，約定貨物售出後由受託人用匯款方式或以支票交付寄售人，但有時也有約定由寄售人定期開發支票向受託人收取貨款的。寄售交易對寄售人之風險很大，費用負擔也較重，故對於受託人、商品之選定、數量控制結算期限、寄售合約及貨款之催收等事項要特別注意。契約表示方式：

Terms of Payment: Payment against goods shipped on consignment.

(三)分期付款

分期付款 (Payment Installment; Progressive Payment)，亦屬延付貨款的一種，係於訂立合約時，先付一部，其餘分為數次繳清貨款的方法。為整廠輸出 (Turn Key Job) 的出口商所普遍採用，於訂立合約時付三分之一，裝船時再付三分之一，到貨時付清餘額之方法。日本對於金額相當大的機械類出口時，即採用此法，於裝船時先以押匯方式，收取價款之二分之一，餘額分五年收回。英國亦採用類似方法，美國將其稱之為 Rate Payment 廣泛的運用。分期付款之貿易條件宜採用 C&I、CIF 或 CIP Term 成交較妥。契

約表示方式:

Terms of Payment: Thirty percent (30%) of the contract amount as down payment shall be paid by T/T Seventy percent (70%) by Usance L/C 60 days after conclusion of contract.

㈣預付貨款

預付貨款 (Payment in Advance, PIA; Cash in Advance, CIA; Cash with Order, CWO)，係買方發出訂單或訂定貿易契約時，即予付款；賣方得此貨款之後並即結售政府指定之外匯銀行，或辦理外幣存款。預付貨款買方之付款方式有：①電匯 (Telegraphic Transfer, T/T)；②票匯 (Demand Draft, D/D)；③信匯 (Mail Transfer, M/T)；④支票 (Check) 及⑤國際郵政匯票 (International Postal Money Order) 等五種。契約表示方式:

Terms of Payment: Payment shall be made cash with order by means of T/T or M/T.

㈤電匯付款

電匯 (T/T) 付款係指賣方依約將貨物裝船後，即電知買方以 T/T 方式將貨款匯回，以節省買方開發信用狀之費用及簡化交易流程。目前以電匯方式作為付款條件已漸趨普及。當然，前述預付貨款方式中之電匯也屬之。契約表示方式:

Terms of Payment: By T/T terms.

三、其他付款條件

㈠不結匯 (No Exchange Surrendered)

所謂不結匯係指進出口商輸出入貨品所得（需）外匯，可以不向指定外匯銀行結售或結購，且在規定範圍及限制之內，進出口該類貨品亦可免辦簽證手續，此種付款條件之意旨在於簡化輸出入無商業價值或營利性質貨品之申請程序，兼有互惠貿易之作用。

㈡延付貨款 (Deferred Payment)

是將貨物裝運出口後，經一段時期後始收回貨款之方法。通常有下列幾種:

1.賒銷 (Sales on Credit)

對於賣方（出口商）不利，與寄售付款一樣，在國際貿易上很少用。

2.記帳 (Open Account, O/A)

係由賣方於貨物裝運出口後，將貨款記入買方之帳，於一定時期（半年或一年）再由買方將貨款經由銀行匯交賣方或由賣方開發匯票（以買方為付款人）委由銀行託收票款，完成結算清理的方法。

在英國及歐洲共同市場會員國間,由於有長久的信用及正常交易關係存在,大都以O/A方式進行。就現今之國際貿易付款方式而言,尤有重要地位。賣方以此條件與買方進行交易,須考慮下列四點:

⑴此種方式常見於公司內部交易 (Intra-company Transaction),也就是母公司與子公司間之交易。

⑵確知買方信用情況良好。

⑶確信買方國家之政治及經濟甚為穩定。

⑷有輸出保險可投保,如此,O/A付款條件對賣方才有保障。

契約表示方式:

Terms of Payment: By Open Account Basis....

3.憑單據付現金 (Cash against Documents, CAD)

一般採用這種付款交易時,須在 Cash against Documents 之後列出付款地名,例如:Cash against Documents in Rotterdam。賣方在裝運完畢後,即憑貨運單據在出口地、第三國或進口地向(或委託)買方指定的銀行或其代理人領取現金。在美國,使用這種交易方式,居間付款的並非銀行,而是在美國的一家保兌商號 (Confirming House),這一保兌商號與國外買方有密切關係,由其代替買方向美國賣方付款。

憑單據付現金,如以進口地為付款地,則這種CAD方式與D/P方式無異,唯一不同的是D/P方式賣方可開發即期跟單匯票向買方收取貨款,而CAD方式則光憑單據而不採用跟單匯票。契約表示方式:

Terms of Payment: Net CAD (Cash against Documents) payable in New York.

4.貨到付款 (Cash on Delivery, COD)

此種方式為賣方將貨物運出,貨物到達目的地時,買方須將全部貨款交付賣方或其代理人,方可取得貨物。此種方式又稱 Collect on Delivery,常用於國內交易。在國際貿易上使用這種付款方式甚為少見,普通僅見於空運方面。買賣雙方約定以COD方式付款,賣方託運貨物時,通常委託運送承攬人 (Forwarding Agent) 辦理交運並收取貨款,航空公司將貨運到目的地後,即通知買方付款提貨,然後再由航空公司將代收貨款交運送承攬人轉交賣方。在歐洲,委託運送承攬人辦理COD時,加收其金額的1%為佣金,與空運費、保險費一併向收貨人收取。契約表示方式:

Terms of Payment: By Cash on Delivery terms.

第九節　保險條件

　　貨物運輸保險與進出口貿易有密切之關係,從事國際貿易者必須有相當的知識與處理保險事故的能力, 始能防患損失於未然。況且貨物運輸可能遭遇的損失是多方面的,貨運發生損失時能否獲得保險公司的賠償,就要看引起損失的基本原因是由哪一種險而導致的, 是否在承保範圍之內, 如果是就能獲得賠償, 如果不是就不能獲得賠償。基本概念是, 購買貨物海上保險乃成為國際貿易不可或缺的一環。

　　茲就海運、陸運及空運三種運輸保險加以述明之。

一、貨物海上保險

　　貨物海上保險 (Marine Insurance) 是指將海上財產之損害, 由有遭受損害之虞的多數人來相互分擔的一種經濟制度。

　　我國保險法與海商法之規定,保險人對於保險標的物因海上一切事變及災害所發生之毀損、滅失及費用, 賠償其損害 (海商法第五十六、一百二十九條, 保險法第八十三條)。日本商法 (第八百一十五條) 規定, 海上保險契約, 是以賠補因有關航海之事故,可能產生的損害為目的。英國海上保險法 (Marine Insurance Act) 第一條規定, 保險人對被保險人, 依其契約所同意之方法及範圍, 承擔對海上損害亦即隨海上冒險事業而發生之損害予以賠補謂之。

㈠海上固有危險之意義

　　海上危險 (Maritime Perils; Perils of the Sea) 根據英國海上保險法 (MIA) 第三條第二款之規定, 係指起因於航海, 或附隨於航海所生之危險。包括海上固有之危險 (Perils of the Sea)、火災、戰爭危險、海賊、海盜、強盜、虜獲、拿捕、君主及人民之扣押、禁運、投棄、船員之惡行及上列同類或保險單上記載之其他一切危險 (Any Other Risks)。又海上固有危險, 限指海上偶然之變故 (Fortuitous Accident) 或災害 (Casualties) 而言, 不包含風浪通常之作用。換言之, 所謂海上固有危險, 是因暴風雨引起船的沉沒 (Sinking)、擱淺 (Stranding)、碰撞 (Collision) 及因暴風雨海水所加於貨物之損害等。

㈡保險公司通常承保之危險

　　保險公司所承保之危險依其範圍, 須憑所簽訂之保險契約的內容如何而定。通常在

水險保單契約上所列的條款，就是其一般所承保之主要危險，也就是保險公司對其損害負有賠償責任之危險。計有下列各種：

1.海上固有之危險

就是在海上偶然發生之事故或危險：擱淺 (Stranding)、沉沒 (Sinking)、船破 (Break)、碰撞 (Collision) 等所謂 SSBC 之主要災害 (Major Casualties)，及因氣候異常惡劣之危險 (Unusual Stress of Weather) 所發生的風暴天 (Heavy Weather) 之損害。

2.火災 (Fire)

係一種蒙受意外失火燃燒之損害，與 Burnt Ship 不同。因 Burnt Ship 即火焚船身，較為嚴重。

3.海盜、海賊 (Rovers; Pirates)

指以暴力侵入船舶劫掠貨物之危險，不包括一般偷竊。

4.投棄及波浪掃落 (Jettison & Washing Overboard, JWOB)

是在一種緊急的情形下，為救全船的危險，船長將船上的部分貨物或設備投棄於海中的行為，裝於甲板上之貨物，被投棄的可能性較大，因此須經特約始能承保。

5.船長或船員故意毀損行為 (Barratry of the Master or Mariners)

係船長或船上員工故意將貨物投沉海中或毀損之行為。

6.其他損害 (All Other Risks)

按勞依茲保單 (Llody's Policy) 最後雖有如 "Any Other Risks" 等字句，英國法亦有 "All Other Risks" 之字，但不能將字義作廣義的解釋為包括其他貨物的一切損害，所以應解釋為「與前列各項危險有同性質之其他危險」。

(三)保險公司依特約承保之危險

保險公司對於上列各項危險通常都在承保之列，此外如有法定免賠危險，雖投保全險，仍不包括在賠償之內。下列各項特殊危險 (Extraneous Risks) 除非有特約附加保險，否則是不賠償的，但如投保全險時除戰爭危險與罷工暴亂危險外，下列各項危險，全部在賠償之列。

1.戰爭危險 (War Risks, WR)

簡稱兵險，係屬列舉特約免賠危險，雖投保全險，仍需附加保險始能獲賠。但因君主之阻止而取消航海，或航海中斷時，依照航程中止不賠條款 (Frustration Clauses)，雖附加兵險，仍不賠償。

2. 罷工暴亂危險 (Strikes, Riots and Civil Commotion, SRCC)

係屬非列舉特約免賠危險，通常投保兵險時，同時附加投保此種危險，但亦可單獨投保。

3. 偷竊、竊取、短交 (Theft, Pilferage and Non Delivery, TPND)

⑴偷竊：是偷取包裝完整的整個貨件。

⑵竊取：是竊取貨件內一部貨物。

⑶短交：是沒有貨交或整個貨件未抵達目的地，以致不能交貨之情形。

4. 鉤損、油汙、為他貨碰撞壓損 (Hook, Oil, Contact with Other Cargo)

5. 雨水、淡水損害 (Rain and/or Fresh Water Damage, RF/WD)

6. 破碎、滲漏、短少 (Breakage, Leakage and Shortage)

破碎險是對於容易破損的貨物如陶瓷器、玻璃器皿、科學儀器等之附加保險，但附有超量條件 (Excess)，且保費亦較高。滲漏最易發生於流質及液體之貨物。

7. 浪沖 (Washing Overboard)

對裝於甲板上貨物附加之保險。

8. 油汙 (Contact with oil)

係油類與他種油類、海水、淡水混合的損失。

9. 汗濕、發熱 (Sweat and/or Heating)

農產物或水產品易生此種損害。

10. 自然發火 (Spontaneous Combustion)

係法定免賠危險。

11. 霉濕、發霉 (Mildew & Mould)

12. 鼠蟲害 (Rats & Vermin)

13. 爆炸 (Explosion)

14. 生鏽 (Rust)

15. 死病 (Mortality)

活的動物輸送時特有的危險。

16. 酸類腐蝕 (Acid)

17. 汙染 (Contamination)

18. 本質損害 (Inherent Damage)

棉花特有的損害。

㈣海上損害程度與承保範圍

　　由於海上危險所發生的損害，因有程度上之不同，承保之範圍有異，故其賠償的程度與範圍亦各有不同，保費亦當然各有分別。茲將其詳述如次：

1.全損 (Total Loss)

　⑴實際全損 (Actual Total Loss)：

　　①保險標的物已經毀滅。例如一艘船在航行中因暴風雨而沉沒。

　　②保險標的物已經受損致不成為原來的物體。例如一批麵粉在運輸途中因遇風雨及波浪的侵襲而成糊狀。

　　③保險標的物其所有權已被剝奪或已失蹤。例如一批白米因船員非法手段劫奪。

　⑵推定全損 (Construction Total Loss)：

　　①保險標的物已受到海上損害，為使其不致成為實際全損，其所支付的救助費用已超過其本身的價值。例如一個手提袋突然落到海裡，在半浮半現的時候，租一艘電船，兩名水手拾回了手提袋，可是手提袋本身價值 20 元，卻需支付救助費用 40 元。

　　②保險標的物所受的損害程度未到實際全損的程度，但其修理費用及運到目的地之費用，已超過其本身的價值。例如一艘船價值 10 萬元，在航行中被風暴打沉，若打撈起來加以修理完整，所耗費金額超過 10 萬元。或一批木材在半途被風雨吹得七零八落，拋落在荒島，若將之搬運到原來目的地，其搬運費已超過原來價值者。

　　③保險標的物其所有權已被他人取得（如被海盜搶劫等），以實際情形看來已無法再度取回。例如有貨物一批，在途中遭海盜搶劫，警方雖四處搜捕，仍未見端倪，依情形看來，是無法重獲者。

2.分損 (Partial Loss; Average)

　⑴共同海損 (General Average)：俗稱「攤水」(Contribution)，依照國際共同海損規則的定義，謂在同一航行事變中，為共同安全及保全貨物脫險起見，故意及合理所發生的特別犧牲與費用。此種犧牲與費用，應由各利害關係人按比例分別分擔之。其條件如下：

　　①須由船長或其代理人命令行使。

②利害關係各方，均同處情勢危急而迫切的海難中。

③其行為係基於共同利益。

④損害必是行為的直接後果。

⑤其行為之結果應有效力，即成功的拯救了全部或部分財產。

⑥救助第三者受難船隻所支付的費用 (Salvage Charges)。

⑦行為應是故意及合理的。

例如船隻在航行時，因風暴襲擊幾乎要沉沒，船長鑑於當時之情勢危急，下令將船上貨物投棄於海，船因而轉危為安到達目的地，則被投棄之貨物，即屬共同海損。或如輪船在途中觸礁，撞穿了船底，船主為了安全而將該船駛至附近的一個港口，將貨物全部搬入貨倉並修理該船，因而發生之起卸費用及修理費屬共同海損。又如一艘船遇難，另一艘船接到求救信號而來援救，因而支付之酬勞，亦屬共同海損。

⑵單獨海損 (Particular Average)：是指投保標的物受到部分損失，而這損失是由某一種已投保的海難所造成的，且損失並不屬於共同海損，與船主及其他貨主無關，而由該貨主單獨負擔者，即為單獨海損。包括船隻在航行中偶然發生危險，貨主為了保護貨物的安全因而支出一些費用，如特別起卸費、貨主暫時的貯倉費、貨物的維護費等。例如一艘船替幾個貨主承運貨物，甲貨主付寄布正值 1 萬元，其中部分因受了水漬而損害了值 3,000 元，則此 3,000 元即屬之。或如乙貨主寄貨物一批值 1 萬元，途中因風浪過大，震動厲害，因而包裝幾乎破裂，需在中途港重行打包裝箱，否則損失重大，此種打包裝箱費用情形即屬之。

㈤保險條件與保險種類

保險條件 (Condition of Insurance)，是保險公司對海上損害，約定賠償的範圍或程度的條件，係依照要保人投保時所訂定的水險契約而定的。因此在投保水險時，必須瞭解保險公司所承擔的責任、條件與水險種類，始能作最適宜之選擇。

1. 全損險 (Total Loss Only, TLO)

適合於船舶、預期利益與運費之投保，裝運貨物不多見，除非貨物是笨重的，部分損失的可能性很小。例如鐵軌、木材、磚石、廢鐵等，要保人投以全損險以節省開支。又某些貨物，如棉紗只用繩打捆等包裝欠佳，且裝運的船隻又為失修的舊船，發生部分損失之可能性大，故保險公司只肯接受全損險。其承保範圍如下：

⑴保險人承保的危險事故及損害：

①保單上所列保險人通常承保之危險。

②貨物或船舶之實際全損及推定全損。

③為防止全損所必需而有效的損害防止費用 (Sue and Labour Charge)。

⑵保險人不保的事故及損害：

①部分滅失即分損者。

②海難救助費除非有特別約定，雖為防止全損所付之費用仍不賠。

2. 協會貨物保險條款 (C)〔Institute Cargo Clauses (C)〕

本條款與原 Institute Cargo Clauses FPA（協會貨物單獨海損不負責條款）相似。為承保一般海上貨物保險，保險人責任最狹小的條款。其承保範圍如次：

⑴保險人承保的危險事故及損害：

①可合理歸因於下列危險事故引起被保險標的物之滅失或毀損：(a)火災或爆炸；(b)船舶或駁船的擱淺、觸礁、沉沒或傾覆；(c)陸上運輸工具的傾覆或出軌；(d)船舶、駁船或運輸工具與除水以外的任何外在物體之碰撞或觸礁；(e)在避難港的卸貨。

②因下列危險事故引起被保險標的物之滅失或毀損：(a)共同海損犧牲；(b)投棄。

③依運送契約或有關法規與實務慣例所理算或認定之共同海損與救助費用。

④「雙方過失碰撞」條款下所應負的責任額。

⑤為防止或減輕損失而正當且合理發生之費用。

⑥由於承保危險事故致使航程在中間港終止時所發生的卸貨、存倉及續運至目的地之正當且合理發生的額外費用。

⑵保險人不保的危險事故及損害：

①由於被保險人的故意過失引起的滅失、毀損或費用。

②被保險標的物之正常的滲漏、正常的失重或失量、或正常的耗損。

③被保險標的物之不良或不當包裝或配製引起的滅失、毀損或費用。

④被保險標的物之固有瑕疵或本質引起的滅失、毀損或費用。

⑤由於延滯引起的滅失、毀損或費用，包括承保危險所引起者。

⑥由於船東、船舶經理人、傭船人或船舶營運人的破產或債務積欠引起的滅失、毀損或費用。

⑦任何人員之蓄意性的不法行為引起被保險標的物的毀損或毀壞。

⑧任何使用原子或核子武器或其他類似武器引起被保險標的物的滅失、毀損或費用。

⑨由於船舶或駁船的不適航及船舶、駁船、運輸工具、貨櫃或貨箱不適安全運送而為被保險人或其雇用人所知情者，因之而引起的滅失、毀損或費用。

⑩由於戰爭、內戰、革命、謀反、叛亂或其引起之內爭、或交戰權力所作的敵對行為，捕獲、拿捕、扣留、阻止及阻留、及其結果，遺棄的水雷、魚雷、炸彈或其他遺棄戰爭武器引起的滅失、毀損或費用。

⑪由於罷工者、停工工人、參與工潮暴動或民眾騷擾者之罷工、停工、工潮、暴動或民眾騷擾之結果，任何恐怖主義者或政治動機者引起的滅失、毀損或費用。

3. 協會貨物保險條款 (B)〔Institute Cargo Clauses (B)〕

本條款與原 Institute Cargo Clauses WA（協會貨物單獨海損負責條款）相似。本條款項下，保險人承保責任較 ICC (C) 條款大，除將 ICC (C) 條款所承保者全部承保外，並加保可合理歸因於下列危險事故引起被保險標的物的滅失或毀損：

⑴地震、火山爆發或雷閃。

⑵波浪掃落。

⑶海水、湖水或河水之侵入船舶、駁船、船艙、運輸工具、貨櫃、貨箱或儲貨處所。

⑷任何一件貨物於裝卸船舶或駁船時落海或掉落之整件滅損。

本條款項下，保險人不保的危險事故及損害與 ICC (C) 完全相同。

4. 協會貨物保險條款 (A)〔Institute Cargo Clauses (A)〕

本條款與原 Institute Cargo Clauses－All Risks（協會貨物一切保險條款）相似。本條款承保由任何意外事故所致保險標的物的滅失或毀損。即本條款除將 ICC (B) 所承保者全部承保外，並包括下列各種附加危險：

⑴鉤損 (Hook Damage)：指工人以手鉤搬運貨物時所致的損失。

⑵汙染 (Contamination)：指貨物與他物接觸或感染惡臭所致的損失。

⑶發汗 (Sweating)：指船舶內水蒸汽因凝結後滴落在貨物上所致的損失。

⑷生鏽 (Rust)：指由外來因素所致的鏽損。

⑸雨水及淡水損失 (Rain and Fresh Water Damage)：貨物淋雨或堆積造成之汗氣。

⑹漏損 (Leakage)：液體、流質貨物的非正常滲漏。

⑺破損 (Breakage)：玻璃器皿，家電類產品及其他因搬運過程中容易破裂之損害。

⑻偷竊 (Theft) 及竊取 (Pilferage)：包括偷竊，竊取及因而短交貨物之 TPND 險。

⑼貨物不能送達 (Non Delivery)：指承運輪船抵達目的港時，整件貨物的遺失。所謂的不能送達，係指整件貨物漏裝，誤運或誤卸，以及原因不明之短少 (Shortage)。

本條款項下，保險人不保的危險事故及損害，除「任何人員的不法行為引起被保險標的物的毀損或毀壞」不予免責外，其他除外不保事項與 ICC (C) 及 ICC (B) 完全相同。

二、貨物內陸運輸保險

內陸運輸保險 (Inland Transport Insurance) 係指因陸上一切事變及災害所致之毀損、滅失及費用，由陸上保險人負賠償之責（保險法第八十五條）謂之。

貨物內陸運輸保險，在我國僅有陸上運輸保險承保公路汽車及火車運輸財物之損害，通常稱陸上運輸平安險。

㈠承保之期限

自所保產物在起運地裝載於運輸工具起至運抵目的地卸載時為止。

㈡承保之範圍

⑴所保產物以公路汽車運輸直接因下列情事所致而發生滅失或毀損時，保險公司應負賠償之責。

　①車輛之意外碰撞或傾覆及因機件損壞而致之碰撞或傾覆。

　②公路隧道坍塌、橋梁折斷。

　③火災爆炸或閃電。

⑵所保產物以火車運輸直接因下列情事所致而發生滅失或毀損時，保險公司應負賠償之責。

　①車輛之意外碰撞、橋梁折斷、脫軌傾覆。

　②火災爆炸或閃電。

㈢不承保之範圍

⑴不論在任何情形下發生之失竊或偷取。

⑵碰碎或滲漏。

⑶提貨不著或短少。

⑷被保險產物之固有瑕疵、霉鏽、鼠嚙、蟲蝕、腐爛或因與其他貨物接觸而致之毀

　　損或滅失。

　⑸風雨、霜雪、水災、地震或火山爆發。

　⑹運輸延期或市價變動。

　⑺包裝不善或裝載不妥或運輸工具之載重過量。

　⑻變更路程，但經保險公司之同意並於本保險單上簽發背書批明者不在此限。

　⑼轉運公司或其他運送人或保管人或其任何僱傭人之非法行為。

　⑽截獲、逮捕、禁錮、扣留及是項行為之結果或是項行為之企圖，又戰爭或類似戰爭動作（不論宣戰與否）、內戰、革命、叛亂、造亂或因革命叛亂所引起之內爭等之一切結果。

　⑾罷工、勞資爭執、工潮暴動或民眾騷擾所致之後果。

　⑿遭遇竊賊、劫盜或股匪（武裝或徒手）之損失（不論其發生之性質如何或是否在運輸工具出險時或出險前後所發生者）。

 ## 三、航空貨物運輸保險

　　空運貨物多屬於價值昂貴而體積小型者,且具有較普通貨物更易於遭受竊盜損失的特性，航空貨物運輸保險 (Air Cargo Insurance) 即專為承保託運貨物在航空運輸中發生之滅失及毀損之賠償而設計。所謂航空運輸，應自貨物交由運送人管理時開始，至貨物離開飛機或飛機場時為止，亦即航空運輸之期間，以託運之貨物在飛機上或在機場之期間為限。

　　航空保險人對於保險標的物，因航空一切事變及災害所致之毀損、滅失及費用，負賠償之責，即為航空貨運保險（保險法第八十五條）。它是航空保險的一種，但多係由保險公司的海上保險部門承保，保險單亦採用海上保險單，另貼附航空保險條款，作為其承保範圍的依據。

㈠承保之範圍

　　承保被保險標的物因航空貨運而造成之一切滅失或毀損之危險。

㈡不承保之範圍

　⑴得歸於被保險人的故意過失引起的損害或費用。

　⑵被保險標的物之正常的滲漏、正常的失重或失量、或正常的耗損。

　⑶被保險標的物之不良或不當包裝或配製引起的損害或費用(本條款所謂的包裝包

括在貨櫃或貨箱裝載內之裝置，但以此種裝置於本保險開始前已由被保險人或其雇用人完成者為限）。

⑷被保險標的物之固有瑕疵或本質引起的損害或費用。

⑸由於載運航空器運輸工具貨櫃或貨箱的不適安全運送之原因引起被保險標的物之損害或費用，而此種不適航或不適運的原因於被保險標的物裝載之時為被保險人或其雇用人已知情者。

⑹主因為延滯引起的損害或費用。包括承保之危險事故引起的延滯在內（依海商法第一百一十四條共同海損條款可予賠付的費用則不在此限）。

⑺由於船舶之船東、經理人、租船人或營運人的財務不健全或債務積欠引起的損害或費用。

⑻任何使用原子或核子武器或其他類似武器引起被保險標的物之損害或費用。

第十節　公證檢驗條件

　　檢驗 (Inspection) 之目的在於確定賣方所交貨物之品質、規格、數量、包裝及嘜頭等是否與契約所約定者相符。為免除買賣雙方之疑慮與糾紛，賣方於貨物交貨前作出廠檢驗或裝船檢驗，乃是完成交易及確保自己之必要工作。在國內交易（包括出口商對製造工廠）之場合，契約中常見如：貨品必須經過買方（出口商）派員檢驗合格後，始准出口之檢驗條款。而國際貿易應以何種方法檢驗證明賣方所交運之貨物確與契約所約定相符，其事前之協商與約定，更屬重要。

　　檢驗條件與品質條件或數量條件有密切關係。品質、數量等條款主要在約定日後所交貨物應以何種品質或數量為準，而檢驗條款則在於約定該項品質、數量應在何時、何地，由何人予以確定，並以該項確定結果作為品質或數量等之證明。

　　至於公證 (Survey)，是一種良好的制度，應用於進出口貨物，一方面可提高品質，一方面又能降低生產成本，透過嚴格的規格檢驗及公證公司提供技術上之指導，使廠商生產質量都獲得進步，對進出口貿易均能確保質量之要求，防杜貿易糾紛於無形。

 一、公證檢驗時間及地點

　　由於檢驗權應在何時、何地行使，不僅涉及賣方交貨之品質或數量是否符合合約之

要求，亦為買方得否為拒絕受領的行使或減價請求權問題，而且關係到買賣雙方的利害關係，所以必須將檢驗的時間、地點，作明確的約定。

㈠視交易條件而定

⑴在 Ex-factory、Ex-warehouse 之場合，其驗貨應在出口地工廠或倉庫交貨時實施。

⑵在 Ex-quay、Ex-ship 之場合，買方應於卸貨港卸貨時檢驗貨物。

⑶在 FOB、CIF 之場合，實務上除另有約定或習慣外，通常都將檢驗時間、地點延後到貨物運抵目的港交付買方之時。然而事實上，仍有很多困難，解決之道，需與進出口貨物公證作密切配合。

㈡公證檢驗條件在契約中之約定方式

1. 出廠時檢驗 (Inspection at Maker's Factory)

Inspection at maker's factory is to be final.

2. 裝運時檢驗 (Loading Inspection)

⑴ Inspection by XYZ Inspection Co. before shipment shall be final.

⑵ Inspection of quality, quantity, and weight can be carried out at the port of loading.

⑶ Public marine sworn measurer's weight certificate on base of wagon weight at the shipping port is to be final.

3. 起岸時檢驗 (Landing Inspection)

⑴ Inspection by...at port of destination shall be final.

⑵ Prime public surveyor's inspection certificate at the customs compound in the landing port is to be final.

由於時間之經過及氣候之變化，貨物在運輸途中易失去水分或多吸收水分，形成重量不符，故常約定於卸貨後一定時間內實施檢量。例如向泰國進口玉米，可約定如下：

Maize is to be weighted in Taiwan before sampling, under the supervision of the maize controller appointed by seller, weighing shall take place not later than 21 days after completion of landing on where at the port of destination.

4. 在買方營業處所檢驗 (Inspection at Buyer's Premises)

⑴ Buyer's inspection certificate at buyer's premises (factory) is to be final.

⑵ Public surveyor's & testing at buyer's warehouse is to be final.

5. 裝卸貨地檢驗 (Mean of Loading & Landing Inspection)

(1) Mean of the shipping and landing inspection to be final.

(2) Mean of the surveyor's analysis of the shipping port and landing port to be final.

(3) Mean of the exporter's and importer's weight list by scale to be final.

　　貨物買賣的檢驗時、地，究應採用哪一種，須視貨物性質、種類、貿易習慣以及買賣雙方在交易上地位的強弱而定，而且應在契約中約定，以杜日後糾紛。

二、公證檢驗機構

　　為證明賣方所交貨物是否符合契約所定，自需指定由某一機構實施檢驗。由於由何人來簽發檢驗證明涉及買賣雙方利害關係，所以在契約中有必要約定應由何人實施檢驗，或憑何種文件證明檢驗結果。檢驗歸屬的選擇，約有下列七種情形：

(一)生產廠商或賣方

　　約定由廠商自行檢驗的，多係廠商信譽良好，本身有完善檢驗設備，而其出廠貨物均經嚴格檢驗，保證品質標準化者。較具規模的廠商，為提高品質、樹立信譽，均設有完善的檢驗設備，雇用專門技術人員，實施品質管制，將所有產品作嚴格的檢驗，經檢驗合格，才簽發製造廠檢驗證明書 (Maker's Inspection Certificate)，不合格者，則予以剔除。因此，凡出售的產品，均保證符合標準。例如我國石油公司，美國的 GM、Ford 等公司，對其產品都作嚴格的檢驗，由於信譽良好，其所出具的檢驗證明書也為各方所信任。

(二)本國政府規定須取得檢驗合格證者

　　本國政府為提高其進出口商品品質，建立國際市場信譽，促進對外貿易，並為保障國內外動植物安全及消費者利益，由該國政府視實際需要，隨時公告其進出口應施檢驗之商品品目。凡在應施檢驗品目內之商品，其進出口均需取得檢驗合格證，始能通關放行。合格證之發給大都由其經貿部門主其事。

(三)輸入國家政府規定出口商須提供公證檢驗報告者

　　某些國家銀行對輸往各該國之貨物有特別規定，須經由該國國家銀行指定之公證公司或其代理加以檢驗後，簽發合格公證報告以符進口提貨之規定手續。此項公證除貨物之品質、數量、包裝及嘜頭符合所要求之規定外，並包括貨物之起岸價格 (FOB Value) 是否是當地（出口國）之合理出口價格，如品質數量不符或價格過高，公證公司可要求出口商（廠家）改進或自動減價出口，公證公司同時被授權拒發公證報告或簽發不合格之報告，使出口商無法押匯。

㈣買方所購之貨品須符合輸入國之標準而須檢驗者

　　許多美國進口商於採購時，往往指定產品必須為 UL (Underwriters Laboratories, Inc.) 之合格產品。申請 UL 之認定須由出口商或廠家直接向美國 UL 申請，然後由 UL 派工程師至申請者之工廠，對其產品及工廠品質管制加以檢驗，合格後方能使用 UL 標籤。使用 UL 標籤有兩種方式：一為廠家於已由 UL 認可之產品，如電視機、收音機及錄音機等逕自黏貼，由 UL 派員至工廠作定期之檢查以符 UL 之標準。一為產品製成後，如裝飾燈、電線等，必須經 UL 派員檢查合格後，才發給 UL 標籤。此兩種檢查為後續檢查 (Follow-up Service)。

　　其他如英國 BSI (British Standards Institution)、德國 VDE (Verband Deutscher Elekrotechniker (VDE) e.v.) 及加拿大 CSA (Canadian Standards Association) 等標準須委託如台灣檢驗科技股份有限公司 (SGS Taiwan) 等機構進行裝船前檢驗 (Pre-shipment Inspection, PSI) 始能報關出口。

㈤民間獨立公證檢驗機構

　　此為外銷品須公證檢驗包含最廣之一項。其原因不外乎進口商對供應商之認識不夠，或為初次交易，對其產品是否能符合要求，而本身無法自己加以檢驗，故委託公證公司代為檢驗。再者因融資銀行為確定貸款所採購之貨品數量、品質而要求借款人取得公證檢驗報告。此類公證包括貨物之數量、品質、包裝及其嘜頭，甚至於貨物之裝船期限。公證公司一般皆按買方之要求而辦理公證。

㈥海運同盟為計算運費而須證明貨物之重量及材積者

　　各海運運費同盟在世界各地均指定公證公司丈量同盟所屬船隻承運之貨物。其目的在求避免各船公司及代理行之惡性競爭，由公證公司作客觀及公允之丈量貨物材積及重量，以作計算運費之依據。此外，由於運費同盟及船公司所訂之運費費率，因貨物之不同品目 (Description) 有高低之差異，故運費同盟及船公司亦常委託公證公司對某些品目可疑之貨物加以開箱檢查，確定其正確之品目，以防止部分託運者（貨主）錯報其貨物之品目。

㈦產品須測試認證者

　　資訊工業、光電、太陽能等產業之產製品，國外買方在下訂單之前，均要求生產廠商先經過指定機構之測試，合格通過後始進行後續之交易。例如美國零售巨人沃爾瑪 (Wal-Mart) 要求消費性電子產品須導入無線射頻辨識系統 (RFID)，輸歐洲電子類產品

須符合 ROHS（危害物資管制）、WEEE 指令，生產能源產品廠商之家電類產品須符合耗能產品環保設計指令 (Eco-design Requirements for Energy Using Products, EUP)，以及由國際半導體設備暨材料協會 (Solar Equipment Material Institute, SEMI) 所主導的太陽能光電產業標準規格。

 三、公證檢驗費用之負擔

此處的公證檢驗費用，不論其為買方指定或是政府機構之指定，都於檢驗時另外收取外銷產品之公證費用，一般按出口之起岸價格 5‰ 至 1% 計算。但因公證檢驗之性質不同，貨物之種類與數量不同，費用亦自有差異，因此，兩者費用究應由何方負擔，自宜有所約定。就國際慣例之 Incoterms®2010 規定而言，除非另有約定，裝船前之檢驗 (Pre-shipment Inspection, PSI) 費用應由買方負擔，但 W.O. Rules 則規定應由雙方平均負擔。美國之 Revised American Foreign Trade Definitions (1941) 則根本未規定。實務上言，出口地之檢驗費用多由出口商負擔，進口地之檢驗費用始由買方負擔，其約定方法如次：

(1) Inspection fee to be equally between buyer and seller.

(2) Inspection fee and charges shall be paid by seller.

 四、公證檢驗條款實例

以下是常見於貿易契約之條款：

(1) All goods are subject to inspection and approval by us or any party appointed by us.

(2) Seller shall guarantee the goods to pass the FDA inspection, otherwise seller should refund the proceeds.

A Guarantee Letter to this effect should be presented at the time of negotiation.

(3) Shipped quality certified by accredited surveyor at time of shipment to be final.

(4) Maker's inspection at the factory to be final as to quality and grade. In case where the inspector is appointed by buyer, the inspection fee is to be borne by buyer.

(5) All commodities offered for delivery under this contract shall be inspected by the United States Department of Agriculture. The cost of each inspection including the issuance of USDA certificate of quality and condition shall be borne by the seller without cost to buyer.

第十一節　匯率變動風險條件

買賣契約之簽訂或簽約後，由於匯率之變動，造成交易國一方之貨幣升值或貶值，難免影響買賣雙方應收之金額，為避免因匯率變動遭受到損失，通常不以契約內說明 "Exchange risk, if any for buyer's account" 為滿足，而是採用適當的條款在買賣契約或信用狀中規定以為預防，此種條款稱之為 "Escalation Clause"。

一、匯率變動風險責任歸屬

國際貿易中，匯率、運費率、保險費率及材料成本的變動風險，究由哪一方負責，由於是一個盈虧關係的問題，雙方自有一番計較，惟原則上可斟酌下列情況決定。

(1)如契約由賣方擬妥 (即銷售契約 Sales Contract) 請買方簽字者，賣方多將此種危險責任歸由買方負擔。反之，如契約由買方擬妥 (即購貨契約 Purchase Contract) 請賣方簽字者，買方多將此種危險責任歸由賣方負擔。

(2)如雙方意見不一致時，就要看哪一方的勢力較強，在賣方市場 (Seller's Market) 時，賣方必將此種危險責任歸由買方負擔。反之，在買方市場 (Buyer's Market) 之場合，買方必將此種危險責任歸由賣方負擔。

(3)嚴格而言，運費及材料成本之變動危險應由賣方負擔。

(4)匯率變動之危險雖較複雜 (如後述)，亦有下列方法：

①如交易貨幣是以進出口任何一方貨幣作為交易通貨時,匯率風險宜由雙方各負擔一半。

②如交易貨幣為第三國貨幣時，須視匯率變動對進出口雙方之影響而定。例如與日本交易，以美元為交易貨幣，新臺幣對美元升值 5%，日圓對美元升值 15%，則臺灣的出口商可要求日本進口商負擔 10% 美元貶值部分之損失。又如中德交易，以美元為交易貨幣，新臺幣對美元升值 5%，歐元對美元貶值 10%，在此場合，德國進口商可能向臺灣之出口商要求負擔 5% 的美元升值部分之損失 (此種損失係指以一定額之外國貨幣換成本國貨幣數額之減少而言)。

二、匯率變動風險管理

匯率變動風險管理，是指廠商規避 (Hedging) 匯率變動風險的方法與策略而言。主要目的在於貿易營運過程中能確定其收益或穩定其報價成本;次要目標則在於利用匯率波動來達到營業外之盈餘。有關廠商規避匯率變動風險之方法，細述如下。

㈠匯率變動風險條款

1. 黃金條款 (Gold Clause)

所謂「黃金條款」，就是買賣雙方約定其買賣契約所訂定之債權額或債務額，同意按訂立契約當時的黃金價值履行清償的條款。是一種國際貿易傳統上的避免外匯風險的保值手段。

如果在買賣契約上訂有這項黃金條款,即萬一遭遇某種貨幣升值或貶值等引起所買賣價錢有關貨幣價值上升或下跌情況時,因為該筆交易將按原先訂立契約當時雙方所同意的黃金價值為準履行清算,所以債權人或債務人雙方皆可免於這筆買賣價款有關貨幣價值變動之損失。換言之，所謂「黃金條款」之目的，係在於用目前世界上所公認的最安定的價值標準之「黃金的價值」來固定交易往來之債權額或債務額，以避免貨幣升值或貶值所引起的損失。黃金條款按其清償方式可分成下列兩種:

⑴金幣條款 (Gold Coin Clause): 即約定以金幣來清償的方式。

⑵黃金價值條款 (Gold Value Clause): 即約定以相當黃金價值的貨幣來清償的方式。

第⑴種方式，在目前對黃金的交易有所限制，而且各國大多已經脫離金本位制的一般現況下，實施起來確有困難，所以現在一般在國際上所說的「黃金條款」是指第⑵種方式。然而在國際貿易上，與國外往來對象所簽訂的買賣契約，通常都是用英文表示為主，所以下面將以英文列示「黃金條款」的文例，以供參考。

⑴ Should the parity of pound sterling, which is now 2.13281 gram of pure gold per pound sterling, be different on the day of payment, the price will be adjusted in accordance with the corresponding change.

⑵ If the parity of US Dollar at the moment of signing of the above contract is changed, the price of the goods should be discussed and fixed accordingly between seller and buyer.

2.美元條款

在實施嚴格的外匯管理之國家，對買賣契約要附訂「黃金條款」，往往採取不允許或加以嚴格的條件來限制，所以仍有一般所廣泛採用的所謂「美元條款」。

所謂「美元條款」就是採用「美元」來代替「黃金條款」的「黃金價值」。其目的是在避免（或掩護）期貨外匯（遠期外匯）所不能保障的比較長期的外匯風險。（這裡所說的期貨外匯就是後面要介紹的外匯的預約；或叫做遠期外匯的預售或預購，期間通常最長不過是六個月，因此，超過六個月的分期付款方式，或長期交易就無法保障了。）在目前已經佔有國內主要貿易外匯的美元之遠期外匯的預約制度下，廠商仍需要應用這項條款來消除外匯風險。

約定貨價以美元計算的「美元條款」，其形式有下列兩種：

⑴約定按商品價值調整的方式。

⑵約定以美元清償的方式。

茲舉一美元條款之文例作參考，其中英文表達內容，可以配合實際需要而更改（或宜以匯率為準，固定某一定匯率為基礎也可）。

⑴ The prices are based upon the present exchange parity rate, stg. £1.00 = US$1.60. In case of any change in such rate, the difference shall be adjusted accordingly.

⑵ If the parity of Pound Sterling at the moment of singing of this contract, which is now stg. £1.00 = US$1.60 should be changed, payment shall be made in US Dollar based on the above parity.

3.國幣條款 (Home Money Clause)

美元價值近年來變動不居，貨款以美元計算，不一定就可避免匯率變動的風險，因此乃有國幣條款的產生。所謂國幣條款即約定凡貨款以外幣表示者，如外幣與本國貨幣之間的匯率發生變動時，此項變動風險均歸對方負擔，或約定以本國貨幣為計算單位，但以外幣支付。其表示方式有多種，茲列舉於下：

⑴以國幣計算，並以國幣支付：

The payment under this contract shall be made in NT Dollar.

⑵以國幣表示價格，但以外幣支付：

Buyer agrees to pay seller in US currency the equivalent of NT$...conversion of US currency into NT Dollar shall be based upon the exchange rate on the day of payment.

(3)以國幣表示價格，但以本國貨幣或外國貨幣支付：

Buyer agrees to pay seller a total of NT$...to the equivalent thereof in US Dollar based upon the exchange rate on the day of payment.

(4)國幣條款（未明定匯率者）：

The price specified in this contract is based upon the exchange rate at the time of negotiation of this contract. In case of any change in such rate on the day of payment, the losses therefrom, if any, of seller's income in NT Dollar, shall be borne and paid by buyer and shall be computed on the basis of the difference between the NT Dollar rate on the day of payment and the lowest NT Dollar rate to US Dollar at the seller's bank on the day of this contract.

(5)國幣條款（明示匯率者）：

It is understood that the price specified is calculated on the basis of the conversion rate of NT$...to one US Dollar. In case of any change in such exchange rate on the day of payment, the losses therefrom, if any, of seller's income in NT Dollar shall be paid by buyer. The price of this offer is calculated at the rate of US$1.00 to NT$30.25, when there is any surplus or deficiency in NT$ proceeds at the time of negotiating a bill of exchange, such difference shall be adjusted. Any surplus shall be refunded to buyer, and any deficiency shall be compensated by buyer.（本報價的價格是按 US$1 = NT$30.25 匯率計算，押匯時如新臺幣有多餘或不足，這項差額應予調整，如有多餘應退回買方，如有不足應由買方補足。）

When there is any fluctuation in the exchange rate (at present US$1.00 to NT$30.25) at the time of negotiating a bill of exchange, the exchange risks shall be for your (buyer's) account.〔現行匯率為 US$1.00 = NT$30.25，押匯時如有任何波動，匯兌風險應由貴方（買方）負擔。〕

㈡預付貨款方式

在外匯極不安定的非常時期，如外匯市場仍不維持開市的情況下，要求買方迅速以電匯匯款至外銷廠商往來之外匯銀行，並立即以當時匯率行市建立外匯部位，也可以產生避免匯率變動損失之後果（如已開到信用狀，即向買方要求更改以匯款方式清償，或要求買方修改信用狀條款授權某外匯銀行可憑據賣方收據按當時匯率先行結匯付款）。

(三)遠期外匯操作

遠期外匯交易 (Delivery Forward, DF)，泛指交割日在成交日後三天以上之外匯，以約定的匯率購買或賣出一種外匯的合約，謂之遠期外匯合約 (Forward Exchange Contract)。此種合約由銀行與另一當事人（可能是銀行、企業或個人）簽訂，在未來某一期日以某一種貨幣交換另一種貨幣的合約，國內則通稱「預購或預售遠期外匯合約書」。

遠期外匯的期間，通常以一個月之倍數為準，例如一個月、二個月、三個月、四個月以至於一年（十二個月）。標準的期間 (Standard Maturities) 則為一個月（或三十天）、三個月（或九十天）以及六個月（或一百八十天）三種。茲舉一實例以明之。臺灣出口廠商輸出價值 stg. £10,000 之商品至英國，在訂約時之匯率為 stg. £1 = NT$41.43，三個月後商品裝船押匯時，匯率調整為 stg. £1 = NT$31.43，則臺灣的出口商就要損失新臺幣 10 萬元之多。因此，出口商可於訂立買賣契約時，與外匯銀行簽訂遠期外匯買賣合約，以 stg. £1 = NT$41.43 的匯率，作為將來某一日期將 stg. £10,000 售與外匯銀行的交割匯率，達到避免匯率變動之風險。又設有一進口廠商欲從美國進口價值 1 萬美元之商品，與外匯銀行約定三個月後付款（結購外匯），購貨當時之匯率為 US$1 = NT$26.50，折合新臺幣價值為 NT$265,000，如三個月後，新臺幣匯率跌至 NT$27.50，則該批進口商品成本將提高為 NT$275,000，或較原匯率多付出 NT$10,000，若進口商與外匯銀行簽訂遠期外匯買賣合約，以三個月後之匯率為交割匯率，則其損失即可避免。

質言之，遠期外匯操作的簡則是，臺灣的出口商必於訂約時立即向外匯銀行預售三個月期貨美元；進口商也於訂約時即刻向外匯銀行預購三個月期貨美元。

就進出口商而言，辦妥外匯之預約，進出口貨品之成本既可立即事先確定，且可避免日後匯率變動的風險。目前國內廠商最常使用的避險工具為區間選擇權 (Range Option/Forward)，其方法就是在一個區間內（通常為三個月天數）鎖定匯率波動風險，同時買、賣一個選擇權，抵銷購買選擇權時必須給付的權利金，達到零成本的避險效果。

(四)外幣帳戶之規避

外幣帳戶 (Exchange Account) 即債權人容許債務人按債務人本國當地貨幣清償價款，而債權人則俟適當時機始轉換成債權人本國貨幣；或仍照債務人國貨幣保留於債務人國，用以採購債務人國商品的方法。這個方法需要相當高度的技巧與經驗，所以一般認為這個方法到底可否如期避免風險，似乎尚有相當可疑之處。

雖然如此，出口商在銀行開個外幣帳戶，亦可避免一些匯率變動風險。當發生將來

須付外幣的債務時，可以即刻買入該筆外幣，存入其外匯帳戶，以待到時付款。反之，當有將來的外幣債權需用時，可以即刻從其外幣帳戶上出售該數目，俟收到預期的款項後再補入。此法之最大缺點，在於出口商要凍結資金，而從外幣存款帳上獲得之利息可能不足取償。再者，與國外眾多進口商往來更須有很多種外幣帳戶。故此種方式只能用於往常在國外收付款項的公司。例如，英國的保險公司可以把從美國收到之大部分保費投資在美國，或作為在美國之存款，以為其資金用以給付美國顧客的賠償，如此便能避免英鎊與美元之間匯率變動的損失。

(五)提前與後移

提前與後移的原文是 "Leads and Laggeds"，即指先做會賺錢的，後辦會損失的（匯率）意思。例如目前匯率太便宜而不久會上漲者，就故意遲延（後移）收回輸出價款，而等到匯率行市上漲後再收取的情形。反之，在輸入價款方面，如預測不久匯率將會下跌，即於現在趁早（提前）辦理結匯清償輸入價款，以防止損失的意思。

提前或後移技術不但具有配合 (Matching) 性質，且是一種融通技巧。例如，企業集團內部清算條件如經常改變，可能引起租稅，外匯管制及其他主管機關之注意，但加速付款予處於借款不易，或借款成本高昂國家之海外分公司，則可讓該集團重行調整其資金之流動性或自較易融資之地區借入資金。

(六)採行先押策略

在無遠期外匯制度（即無期匯行市）而且外匯集中制度不嚴格，又無健全的輸出前融資制度下的國家，很可能發生這種情況。這個方法就是出口廠商預期本國貨幣可能會有升值之虞，而貨品尚未能裝船取得提單之前，就先行簽發外匯匯票及商業發票，持向外匯銀行辦理押匯之程序，謂之先押 (Invoice Negotiation)。如果外匯銀行認為出口廠商信用可靠而通融辦理結匯，而外匯集中機關又允許集中清算時，無論接受此筆「先押」有無付款或付款方式如何，這種方式的押匯也會產生避免因為升值而引起的損失之後果。

由上述各種規避方法中可知，國內廠商善用避險工具，不畏金融大浪，已蔚為風潮。除此之外，尚有許多有助於減少進出口廠商報價風險甚至獲利的金融衍生商品，例如：期貨外匯 (Currency Futures)、外幣保證金 (Margin Trading)、外幣存款、選擇權 (Option) 及無本金交割遠期外匯 (Non Delivery Forward, NDF) 等均為國內廠商常使用之方式。另如採行換匯交易 (Swap)、在國外發行可轉換公司債 (Convertible Bond, CB)、海外存託憑證 (Global Depositary Receipt, GDR) 等策略，則屬於規避匯率變動風險的更高境界了。

第十二節　智慧財產權條件

所謂智慧財產權 (Intellectual Property Rights, IPR) 是指專利權 (Patent)、商標權 (Trade Mark)、及著作權 (Copy Right)，其中專利權又分為發明 (Invention)、實用新型 (Utility Model) 及新式樣 (New Design) 等註冊登記有案的各種權利而言。智慧財產權為財產權的一種，各國均予以法律上的保護，不容他人侵犯。

目前，在國際上有「國際智慧財產權組織」(WIPO) 及「保護工業所有權國際同盟公約」(International Convention for the Protection of Industrial Property) 規定有關保護智慧財產權所有權人的利益，防止其被盜用、模仿或侵害。著名的美國 1988 年綜合貿易法 (Ombinus Trade and Competitiveness Act of 1988) 第一三四一條款（通稱特別三〇一條款），亦明文限制其他國家對外國智慧財產權的自由使用。我國也設有專利法及商標法、著作權法，藉以保護智慧財產權所有權人。

 ## 一、智慧財產權的免責規定

智慧財產權既受法律的保護，買賣當事人的一方如惡意加以侵害，而他方不知其有侵害情事，致貨物被扣押或追訴提出損害賠償，則難免遭受損失。因此，謹慎的當事人往往在契約中規定有關侵犯智慧財產權的免責事項。

㈠買方免責條款

就買方而言，其購自國外商品是否業已侵犯他人註冊有案之 IPR 常不易知悉，為免將來被訴侵犯他人智慧財產權,買賣契約可約定賣方應就其所供應的貨物負責因侵犯他人智慧財產權而生的一切後果（民法第三百四十九條規定可參考）。因賣方所供應的貨物是否侵犯他人已經註冊有案的智慧財產權，除非賣方於交易過程中主動表明，就買方而言，隨時提防在不知之情況下，誤犯他人的智慧財產權之責任歸屬，實有其必要性。例如約定：

Seller shall hold buyer free and clear from any infringement with regard to patent, trade mark, etc. pertaining to the contract.

此外，買方常常提供樣品供賣方產製，如該樣品是買方自己所獨創設計的，買方為保留其權利，也往往規定除非經買方同意，賣方不得任意仿製出售他人。例如約定：

Seller shall not sell the goods designed or submited by the buyer to any other person or firm without buyer's prior written consent.

㈡賣方免責條款

就賣方而言，如由買方提供樣品、型錄、指定商標、設計或式樣，要求賣方產製或銷售其商品時，賣方對其是否侵犯他人智慧財產權，往往無法知悉，賣方為了維護自身利益，免於因此而被追訴，也宜約定類如下面的免責條款：

⑴ Buyer shall hold seller free and clear from any infringement with regard to patent, trade mark, etc.

⑵ Seller shall not be responsible for any infringement with regard to patent, utility model, trade mark, design, etc.

 ## 二、智慧財產權條款實例

再就涉及買賣雙方本人之免責條款例示如次：

⑴ Seller shall not be held responsible for infringement of the right of trade mark, patent, design and label which are caused out of the observance of Buyer's instructions to Seller and any disputes or claims raised thereon shall be settled by Buyer for his account. (賣方為遵行買方指示而引起對於商標權、專利權、設計及標籤的侵害，不負責任。如因此而引起糾紛或索賠，應由買方以自己費用予以解決。)

⑵ Seller shall be responsible for any infringement with regard to patent, trade mark in the goods whether in Buyer's country or any other country. In the event of any dispute with regard to the above rights, Buyer will have the right to cancel this contract at Buyer's discretion and will be under no liability arising therefrom. Seller shall be responsible for any and all liabilities, claims, expenses, losses and/or damages caused thereby.〔賣方對於貨物方面有關專利、商標的侵害，不論在買方國家或其他國家，均應負責。對於上述權利方面如有任何糾紛，買方有權斟酌情況取消本契約，並對其後果不負責任。而賣方對於因此而引起的責任、索賠、費用、損失，及（或）損害均應負其責任。〕

第十三節　索賠條件

貿易契約中之索賠條件，是指索賠條款 (Claim Clause) 所應具有的內容，包含索賠之範圍、期限、書面通知、調查機會及限制前提等，以作為日後提出索賠的處理依據。

 ## 一、索賠概念

索賠 (Claim)，英文的原意是指「要求的權利」或「主張權利」。依據契約所生債權人對債務人行使之請求權而言，可區分為廣義的與狹義的兩者。狹義的索賠是指損害賠償 (Indemnity)、違約金 (Penalty)、退貨或拒收 (Rejection of Goods or Refuse to Receive) 等；而廣義的索賠則除狹義的索賠以外，尚包括抱怨 (Complaint)、紛爭 (Trouble)、糾葛 (Dispute)、衝突 (Controversies) 等。例如買方收到的貨物品質較原約定的稍差，乃向賣方提出警告，促其應予改善，但並未要求賠償，這種情形，狹義地說，不視為「索賠」，但廣義地說，仍係一種「索賠」。

 ## 二、索賠條款約定方式

國際貿易索賠，除買賣雙方相互間為主軸對象外，其與保險公司、運送人、代理商、公證行或其他人之間更存在著索賠關係。本文僅述及買賣雙方之間在買賣契約中所要約定的索賠條款。在買賣契約中，關於索賠的約定方式，通常有下列三種：

⑴僅訂有索賠條款，但在索賠條款中包括仲裁事項。

⑵僅訂有仲裁條款，但在仲裁條款中包括索賠事項。

⑶分別訂有索賠條款及仲裁條款。

上述三種方式，何者較佳，可謂見仁見智，適者為優。索賠條款約定簡例：

Any controversy, dispute, or claim arising out of this contract or breach thereof, both the buyer and seller shall endeavour to make settlement amicably, failing which, the matter shall be referred to arbitration as provided in the arbitration clause contract. （由於本契約或違反本契約而生的爭議、糾紛或索賠，買賣雙方均應竭力以友好方式解決，否則，即依本契約所定仲裁條款解決。）

三、提出索賠的期限

關於貨物索賠之期限，國際間尚無一般的統一規定，主要仍依據契約、國內法和國際慣例之規定。

(一)國內法

我國民法第三百五十六條規定：「買受人應按物之性質，依通常程序從速檢查其所受領之物，如發見有應由出賣人負擔保責任之瑕疵時，應即通知出賣人。」所謂「應即通知」即指迅速通知不得延誤之意。英美法律則基於誠信原則，索賠之一方，應在「合理期間」內，通知對方。

(二)華沙牛津規則

依國際法學會所制定「華沙牛津 CIF 契約規則」中亦有類似規定，如第十九條之驗貨條款，買方應有合理之機會及時間以檢驗貨品，如發現貨品不符合約之規定，應於「三日內」通知賣方；否則即喪失其拒絕受領貨物之權 (Right of Rejection)。但買方因貨物潛伏之缺陷 (Latent Defect) 或固有之品質或瑕疵 (Inherent Quality or Vice of the Goods) 而遭受損失或損害者，仍得請求賣方賠償。此種賠償請求權之時效並未明定於華沙牛津規則。然該規則第二十條後段關於買賣雙方於貨到或貨應到時起滿十二個月後解除契約上責任之規定，應可解釋為索賠請求權之時效規定。

(三)國際商品買賣公約

聯合國國際商品買賣公約第三十八條第一款則規定：買方對於商品，應視實際情況，在儘可能的最短期間內檢查，或委託他人檢查之。接著第三十九條第一款補充如下規定：向賣方通知商品的瑕疵現象，如未在此段時間內提出，買方即喪失其採用合約所賦主張的權利。第二款為賠償請求之時效：在任何情況下，買方在取得商品兩年之內，未向賣方提出上述通知時，買方即喪失瑕疵請求賠償之權利，但是雙方在訂定的品質或其他保證期間，超過上述兩年期限者，則不在此限。

由於「應即通知」或「合理期間」的解釋，國際間尚無統一及明確之規定，各國法規復有差異，易滋紛爭。為防患未然，宜於簽訂買賣契約時規定受貨檢驗時間、瑕疵通知期限及索賠期限，俾免日後發生糾紛，徒滋困擾。例如約定：

Any claim, dispute or complaint by buyer of whatsoever nature arising under this contract shall be made by cable within 14 days after the arrival of the cargo at destination.（買

方對於本契約項下的索賠、糾紛、訴怨，應於貨到目的地後十四天內以電報為之。）

 四、提出索賠的通知方法

買方要提出索賠，應儘速告知，已如前述。既應儘速告知，則其通知方法也應以最快的方法為之，以便對方可適時採取必要的措施。所以，一般都約定以電報、Fax 或 Telex 等書面方式而非以 Verbal Promise 方式告之。其條款為：

Each claim shall be advised by telegram (cable), fax or telex within fourteen days after the arrival of the goods at destination and shall be confirmed by airmail within fifteen days after telegraphing or cabling.

 五、索賠所需檢附的證明文件

買方為證明其所受損失，自應向賣方或關係人提出相當的證明文件，並約定買方應於一定期間內提出索賠文件 (Particular of Claims)，賣方才予以受理。此項索賠文件包括：① Claim Note；② Statement of Claim；③ Debit Note（限於金錢索賠）；④ Survey Report 等。例如約定：

The full particulars of such claim shall be made in writing and forwarded by registered airmail to seller within 15 days after cabling. Buyer must submit such particulars as sworn public surveyor's report when quality or quantity of merchandise is in dispute.

 六、索賠與付款的關係

如因賣方所交付貨物與契約不符或因其他違約情事致發生索賠，而買方又尚未付款（如 D/A 條件買賣，或未履行信用狀條件）時，姑且不論 Adjustment——即索賠解決方式——是否合理，顯然賣方已居下風。糾紛可能拖延很久而不決，甚至有遭拒付之虞。為顧及這種未付款即先提出索賠的情形，賣方應約定在貨款未付訖前，不得提出索賠。例如約定：

⑴Buyer's claim, if any, shall not be entertained before the relative payment is completely made or the draft is duly honored.

⑵No claim shall be entertained before payment is made or draft is duly honored.

七、索賠條款實例

以下索賠條款實例，並未觸及損害賠償之請求，買賣雙方需另行約定。

⑴ Claims, if any, shall be submitted by cable within fourteen days after arrival of goods at destination. Reports by recognized surveyors shall be sent by airmail without delay. At least 10% of the original unopened packages must be available to seller in the event of dispute regarding quality, etc., otherwise, claim will not be valid.（如有索賠，買方應於貨物到達目的地後十四天內以電報方式提出。公證報告應用航空郵件立刻寄出。如爭執是有關品質等方面，原封未啟箱件至少必須有 10% 供賣方檢查，否則索賠無效。）

⑵ No claims shall be made by the buyer under this contract unless:

　① The claim is delivered in writing to the seller within seven days after the arrival of the goods carrying vessel at the port of discharge, and....

　② The claim is substantialed by a survey report by an independent surveyor acceptable to the seller.

　③ Samples in support of the claim and basic samples sealed by the surveyor are forwarded to the seller.

　（除具備下列各項外，在本契約下買方不得提出索賠：

　①索賠應於承運貨物的船舶到達卸貨港後七天之內，以書面送交賣方，及……。

　②所提出索賠有賣方所接受的獨立公證行所出的公證報告加以證明。

　③證明索賠的劣貨樣品及由公證行封印的基礎樣品寄交賣方。）

⑶ Any claim by the buyer, except for latent defects shall be made in writing as soon as practicable after arrival of the merchandise at the final destination specified herein and unpacking and inspection there of. The seller shall nevertheless, be responsible for latent defects of the merchandise at any time after delivery. Inspection, and acceptance of merchandise regardless of any delay or failure of the buyer to give such notice if claim.

第十四節　仲裁條件

仲裁 (Arbitration) 是指依據有關法令之規定，由買賣當事人將爭執的案件提交規定或約定之仲裁機構，請求依法作公平、合理的判斷 (Award)，而由當事人遵守其判斷，糾紛因而獲得妥善處理的方法。仲裁依不同性質可分為商務仲裁 (Commercial Arbitration)、工程仲裁、資訊電子仲裁、勞資糾紛仲裁及海事仲裁等。而解決國際貿易糾紛的仲裁，則專指商務仲裁而言。

 一、仲裁條款內容

仲裁條款內容的約定影響仲裁效力甚大，是故，訂定仲裁條款時，應力求其內容完善，以免節外生枝。一般而言，仲裁條款內容應包括下列各事項：

㈠表明同意以仲裁方式解決糾紛

以仲裁解決糾紛之方式有二：一為當事人間事前的合意 (Agreement)，當買賣雙方事先約定同意將糾紛案件交付仲裁，則當事人不得拒絕仲裁，而逕行提出訴訟。我國仲裁法第四條規定：「仲裁協議，如一方不遵守，另行提起訴訟時，法院應依他方聲請裁定停止訴訟程序，並命原告於一定期間內提付仲裁。但被告已為本案之言詞辯論者，不在此限。原告逾前項期間未提付仲裁者，法院應以裁定駁回其訴。」二為事後當事人雙方同意訴諸仲裁，共同簽署仲裁同意書後，始可進行仲裁。

㈡約定仲裁的範圍

以商務仲裁方式解決貿易糾紛固然優點很多，但並非一切貿易糾紛均宜以仲裁方式解決。通常交付仲裁的案例多以買賣合約上的主要交易條件，如品質、數量、工程技術、科技 Know How 或履約等所謂 "Quality Arbitration" 居多。至於有關文件上規定的解釋或法律上的問題等所謂 "Technical Arbitration"，畢竟不如逕由法院判決較為簡捷。當然，若由於政治因素的特殊情況，而需賴國際仲裁加以有效解決貿易爭端的話，簽約時，將其條款列入也是可預見的一種發展趨勢。所以，在仲裁條款中應明定可交付仲裁的事項，俾發生爭端或糾紛時，可明確知道哪些事項應以仲裁方式解決。

㈢約定仲裁地

國際貿易買賣兩造當事人都屬於不同國度，若論及仲裁地點，當然以在本國國內舉

行仲裁為佳。所以,仲裁條款中應約定在何處舉行仲裁,以免屆時又發生仲裁地的爭執。再者,如買賣雙方事先未約定仲裁地,則發生糾紛時,可能因仲裁地點無法獲得協議,致無法進行仲裁。仲裁地究在聲請人或相對人住所地或在第三國,其於仲裁契約 (Arbitration Contract) 與管轄法院 (Jurisdiction) 息息相關,需特別注意。

選擇仲裁地點的方式有下列幾種:

1.以卸貨地 (Lading Place) 為仲裁地

國際貿易上的買賣糾紛以品質、數量等問題居多,而這種糾紛則以貨物運抵目的地後才發生,所以,有的人以為在卸貨地仲裁最適當。

2.以被告人所在地為仲裁地

貿易糾紛除品質、數量問題外,尚有遲延裝運 (Delay Shipment)、不交貨、不開信用狀、不付款等與品質、數量無關的糾紛,這種糾紛並非一定要在卸貨地進行仲裁。同時,商務仲裁的目的乃求其判斷可付諸執行。假如不在被告人所在地進行仲裁,而在他國進行仲裁,則其仲裁判斷 (Arbitral Award) 未必能為被告人的國家所承認,致其判斷不發生效力。所以,為求仲裁可產生實際效益,有些人寧可約定以被告人所在地為仲裁地。

3.以第三國為仲裁地

即約定當事人以外的第三國為仲裁地。其所以選定第三國為仲裁地,可能因:

⑴在該第三國有著名的仲裁機構。例如棉花、咖啡、穀類交易,常常指定英國、美國或日本為仲裁地。

⑵基於政治上的理由。無邦交國家間的交易,發生糾紛時,往往因政治上理由,選擇中立的第三國為仲裁地。

㈣約定仲裁機構

即使選定了仲裁地,如不約定仲裁機構,仍可能發生爭執。各國承辦仲裁的機構不一,但不外下列幾個機構:

1.商會 (Chamber of Commerce) 及工會 (Chamber of Industry)

大部分的國家都由商(工)會擔任商務仲裁業務。這是因為由商(工)會承辦國際貿易糾紛的仲裁最適當之故。

2.同業公會 (Trade Association)

即由同業公會的仲裁部門仲裁。例如 London Corn Trade Association、London Oil and

Tallows Trade Association 等同業公會，則分別承辦有關穀類或油脂類交易糾紛的仲裁事宜。

3.仲裁協會 (Arbitration Association)

很多國家都有仲裁協會的組織，其主要任務就是辦理仲裁案件。例如美國有美國仲裁協會 (American Arbitration Association)，日本有日本國際商務仲裁協會 (Japan Commercial Arbitration Association)，我國則有中華民國仲裁協會 (Arbitration Association of Republic of China)。

4.國際商會 (International Chamber of Commerce)

國際商會制定有「調停與仲裁規則」(Rules of Conciliation and Arbitration) 並設立「國際仲裁法院」(International Court of Arbitration) 解決糾紛，具有相當的國際影響力。

5.世界貿易組織 (WTO)

世界貿易組織轄下設有仲裁小組 (Panel)，用以解決國與國間所發生的貿易爭端。

(五)約定仲裁人的選任辦法

依我國仲裁法第九條：「仲裁協議，未約定仲裁人及其選定方法者，應由雙方當事人各選一仲裁人，再由雙方選定之仲裁人共推第三仲裁人為主任仲裁人，並由仲裁庭以書面通知當事人。

仲裁人於選定後三十日內未共推主任仲裁人者，當事人得聲請法院為之選定。

仲裁協議約定由單一之仲裁人仲裁，而當事人之一方於收受他方選定仲裁人之書面要求後三十日內未能達成協議時，當事人一方得聲請法院為之選定。

前二項情形，於當事人約定仲裁事件由仲裁機構辦理者，由該仲裁機構選定仲裁人。

當事人之一方有二人以上，而對仲裁人之選定未達成協議者，依多數決定之；人數相等時，以抽籤定之。」

仲裁人的選任，不是單純的當事人的「要約」與仲裁人的「承諾」之合致，而是爭議當事人與將被選任的仲裁人間彼此對仲裁業務之授與與承受互有「同意」的行為。是故，仲裁人之選任與產生，對糾紛當事人之權利關係甚大，必須慎重其事。所以，仲裁人以當事人親自選任為原則，但當事人無法選定時，可委任仲裁機關或法院代為選定。

1.當事人親自選定時

(1)由當事人各自直接選定仲裁人。

(2)從仲裁機關備有的仲裁人名簿中選出。

2.委任仲裁機關代為選定

　⑴如當事人無法親自選定時，得請求仲裁機關代為選定。

　⑵當事人之一方選定仲裁人後，得以書面催告他方於受催告之日起，十四日內選定仲裁人。

　　應由仲裁機構選定仲裁人者，當事人得催告仲裁機構，於前項規定期間內選定之。受前條第一項之催告，已逾規定期間而不選定仲裁人者，催告人得聲請仲裁機構或法院為之選定。

3.請求法院代為選定

　依我國仲裁法的相關規定，有下列情形時，得請求法院選定仲裁人：

　⑴受催告選定仲裁人已逾規定期間仍不選定時。

　⑵仲裁契約所約定的仲裁人，因死亡或其他原因缺席，或拒絕擔任仲裁人、或延滯其履行仲裁任務者，當事人得再行約定仲裁人；如未能達成協議者，當事人一方得聲請仲裁機構或法院為之選定。

　⑶仲裁機構或法院選定之仲裁人，有第⑵項情形者，仲裁機構或法院得各自依聲請或職權另行選定。

　　主任仲裁人有第一項事由之一者，法院得依聲請或職權另行選定。

㈥約定仲裁所適用的規則

　　仲裁應依哪一仲裁規則 (Arbitration Rule) 進行，也有約定的必要，否則將使仲裁條款徒具形式，屆時不能發揮仲裁效力。

㈦約定仲裁費用如何負擔

　　仲裁費用通常由敗方負擔 (To be borne by the party against whom the award is made)。如其判斷一部分有利，一部分不利時，由雙方當事人按比例負擔費用。

　　以上第㈠至㈦項，乃就一般情形說明仲裁條款應有的內容，但現在各國多有仲裁協會的組織，而仲裁協會都訂有仲裁規則，有關仲裁的細節，都已在規則中訂明。所以，在買賣契約中的仲裁條款，通常只須約定同意交付仲裁、仲裁地點、仲裁機構以及所適用的仲裁規則等四項即可。

 二、仲裁條款實例

　　為了確保自身權益，廠商在與他方簽訂貿易契約時，最宜在契約中加列「仲裁條款」，

以期作為將來發生爭議時之解決依據，其範例如次：

(1) Any controversy under this contract or arising out of or for breach of or in relation to this contract shall be determined by arbitration to be held in the City of New York pursuant to the arbitration law of the State of New York and under the rules of the American Arbitration Association. The award made upon such arbitration shall be final and binding upon both parties. （本契約的任何爭議，應以仲裁方式裁定，這項仲裁應遵照紐約州仲裁法及美國仲裁協會仲裁規則在紐約市舉行。依這項仲裁所為的判決應為最終並對雙方當事人具有拘束力。）

(2) All disputes, controversies or differences which may arise between the parties, out of or in relation to or in connection with this contract, or for the breach thereof shall be finally settled by arbitration in Taipei, Republic of China in accordance with the Commercial Arbitration Rules of the Commercial Arbitration Association of the Republic of China and under the laws of the Republic of China. The award rendered by the arbitrator(s) shall be final and binding upon both parties concerned. （當事人間因本契約或違反本契約所引起的任何糾紛、爭議或歧見，應依據中華民國仲裁協會之仲裁規則及中華民國法律，在中華民國臺北市以仲裁方式解決之，其由仲裁人所作之判斷乃為最後之確定，並對兩造當事人均具有拘束力。）

(3) All disputes arising in connection with the present contract shall be finally settled under the Rules of Conciliation and Arbitration of the International Chamber of Commerce by one or more arbitrators appointed in accordance with the rules. （凡與本契約有關的糾紛，應依國際商會的「調解及仲裁規則」指定仲裁人一人或數人，依該項規則謀求最後的解決。）

第十五節　不可抗力條件

不可抗力事故 (Force Majeure) 乃係指由自然力所發生，非因契約當事人之故意或過失，亦非買賣契約當事人所能預先測知、避免或控制之非常障礙或事故，即使當事人已儘量注意，亦不能防止其發生者，謂之。不可抗力事故範圍通常包括天災地變、洪水、戰爭、暴動、內亂、罷工及封鎖等意外事故。

上述非由於履約當事人所能控制的事故，致當事人不能履約或造成對方之損害者，原則上履約當事人可以免負 (Exemptions) 違約責任。一般契約都訂有這種免責條款，稱其為「不可抗力條款」(Force Majeure Clause)，有時又被稱為「偶發事故條款」(Contingency Clause)。

 ## 一、不可抗力事故的種類及範圍

不可抗力事故的種類及範圍很多，除了天災地變 (Acts of God) 之外，尚有：

⑴罷工 (Strikes)。

⑵停工 (Lockout)。

⑶其他人工騷擾 (Other labour troubles or disturbances)。

⑷賣方工廠或機器遭受火災、爆炸、破壞或損壞 (Fires explosions, destruction or damage to seller's plant or machinery)。

⑸缺乏運輸工具或無法獲得艙位 (Shortage of transportation or inability to obtain freightspace)。

⑹缺乏原料、物料 (Shortage of raw materials or other supplies)。

⑺瘟疫、疫病、傳染病 (Plague, pestilence, disease and epidemics)。

⑻民眾騷擾、政府干涉 (Civil commotions and governmental interference)。

⑼天災地變如水災、閃電、颶風、颶風及風暴 (Act of god, such as floods, lightening, cyclone, hurricane and other storms)。

⑽戰爭或戰爭的威脅、封港、禁運、政府管制 (Threat or existence of war, blockade, embargoes or regulations of any governmental authority)。

⑾其他非當事人所能控制的事故 (Other events beyond the control of the parties)。

以上各種事故都足以影響契約的履行或導致契約的無法履行，原則上履約當事人得免其責任。但有些事故，除非另有約定，否則不能視為不可抗力而能免責。所以，對於哪些事故足以構成不可抗力，履約當事人需於契約中不嫌其詳，逐一列舉，庶免各有歧見而生爭端。

 ## 二、法律上免責依據

不可抗力事故當事人免責條款除事前於買賣合約中約定外，各國法律對於不可抗力

事故之處理，也有相當之規定可資遵循。

（一）我國民法之規定

民法第二百二十五、二百二十六條及第二百三十條對於給付不能，未為給付及一方給付全部不能者之免責規定如其文，也就是債務人免給付義務或債務人不負遲延責任。

（二）國際公約之規定

聯合國 1980 年「國際商品買賣公約」第七十九條也有規定，惟其適用條件則較嚴謹。大致免責重點為：當事人證明其未履行義務係由於某種超出其控制範圍之障礙 (An impediment beyond his control) 所致，且在訂立契約時，不能合理地期望其考慮到此障礙，或避免或克服此障礙或其效果者，不負不履行責任。

（三）國際法學會之修訂

1932 年國際法學會修訂之「華沙牛津規則」(W.O. Rules, 1932)，第四條之規定相當完整，可作為訂約之參考。

（四）國際商會信用狀統一慣例

國際商會於 2007 年修正之「信用狀統一慣例與實務」(UCP 600) 第十四條 c 款、第二十九條 a 款、第三十六條則係針對押匯單據遲延提示之適用，更屬重要。

在政府的行政救濟上，諸如天然災害發生時對廠商之救濟、減稅等措施，自可視為事後彌補損失時的及時雨。

三、通知方法及時限

因不可抗力事故發生，而致當事人無法履行契約時，應儘速通知對方，並洽商善後處理辦法。如因遲於通知而造成對方之更大損失時，仍不能完全免除其責任。

同時於通知對方時，最好能提供不可抗力的證明文件，如當地商（工）會或輸入國駐在該國之使領館出具之證明或報導不可抗力之英文報紙，以便求取買方諒解。

四、不可抗力條款實例

不可抗力事故之種類及範圍，已如前述。買賣雙方儘可在合理範圍內約定之，以不擴大解釋為恰當。

(1) The seller shall not be responsible for the delay of shipment or non-shipment in all case of force majeure, including fires, floods, earthquakes, tempests, lockouts,

strikes, mobilization, war, riots, civil commotion, hostilities blockade. Requisition of vessels prohibition of export and any other contingencies which prevent shipment within the stipulated period. In the event of any of the aforesaid causes arising, documents proving its occurrence or existence shall be sent by the seller to the buyer without delay.(在所有不可抗力情況下,賣方對於交貨遲延或不交貨可不負責任,包括火災、水災、地震、暴風雨、工廠封鎖、罷工、動員、戰爭、騷動、民眾騷擾、敵對、封鎖、徵用船舶、禁止出口、以及在約定期間阻礙交貨的其他意外事故。如發生前述其中一事故,則證明事故發生或存在的文件,應由賣方迅速寄給買方。)

(2) If shipment is prevented or delayed in whole or in part, by reason of any prohibition of export, refusal to issue export licence or other labor disputes, fire, flood, typhoon, peril or accident of the sea or any other causes beyond the control of the seller, or force majeure, then, the seller shall not be liable for non-shipment or late shipment of the contracted goods, and the buyer must accept any shipment made within a reasonable time of the termination of the foresaid cause, or, at the seller's option, must accept the termination of all or any part of this contract. (如交貨因禁止出口、拒發輸出許可證,或其他勞工糾紛、火災、水災、颱風、海上危險或事故,或其他賣方所無法控制的事故,或不可抗力等而全部或部分遭受阻礙,賣方對契約貨物不交貨或遲延交貨可不負責任,賣方對上述事故終止後一段合理期間所為的交貨,買方應予接受,或者,賣方如選擇終止全部契約或部分契約,買方亦須加以接受。)

(3) Non-delivery of all or any part of the merchandise caused by war, blockage, revolution insurrection, civil commotions, riots, mobilization, strikes, lockouts, act of God, severe weather, plague or other epidemic, destruction of goods by fire or flood, obstruction of loading by storm or typhoon at the port of delivery, or any other cause beyond the Seller's control before shipment shall operate as a cancellation of the sale to the extent of such non-delivery. However, in case the merchandise has been prepared and ready for shipment before shipment deadline but the shipment could not be effected due to any of the above-mentioned causes, the buyer shall extend the

shipping deadline by means of amending relevant L/C or otherwise, upon the request of the seller.（因戰爭、封鎖、革命、暴動、民眾騷擾、騷動、動員、罷工、工廠封鎖、天災、惡劣氣候、疫病或其他傳染病，貨物因火災或水災而受毀壞，在交貨港因暴風雨或颱風而阻礙裝船，或在裝船前任何其他賣方所無法控制的事故發生，而致貨物的全部或一部分未能交貨，此未交貨部分的契約應予取消。不過，在裝船期限截止前，如貨物業經備妥待運，但因前述事故之一發生而致未能裝運，則買方於接到賣方請求時，應以修改信用狀或其他方式延長裝船期限。）

第十六節　準據法條件

規範國際貿易契約的成立，履行及解釋等將依據某國法律，如日本法、英國法等之約定者，即稱為契約的準據法 (Applicable Law; Proper Law; Governing Law)。

契約中約定訴訟管轄法院者，此種條款即稱為裁判管轄條款 (Jurisdiction Clause)。

 ## 一、準據法之適用

國際間之買賣契約，大都依據當事人之意思，以決定其所適用之法律，此即所謂「當事人自治之原則」，除了當事人自治之原則外，尚有採用締結契約地之法律或契約履行地之法律者，故在約定準據法時，應該措詞明確，以免產生適用上之問題。

㈠契約之成立與履行

契約之成立 (Formation)、效力 (Validity)、履行 (Performance) 及解釋 (Construction) 等，究係依本國法或交易對手國法律，對履約當事人而言，乃極為重要之問題，應該儘量避免契約的成立適用某國法律，而有關契約的履行則無法適用同一國法律之意思表示。

㈡內國法之適用

契約若指定以美國法律為準據法時，因美國各州法律不盡相同，應明定以美國哪一州的法律為準據法。例如約定「以紐約州法為準據法」(This Contract shall be construed pursuant to the law of the United States and of the State of New York.)。

㈢實體法與訴訟法之不同

準據法中指定的法律，只適用於契約的成立、履行等實體法方面，而與訴訟時的訴

訟程序等訴訟法無關。後者乃採法院地法之故也。例如，日本法等均以行為地法為主。我國涉外民事法律適用法第二十條：法律行為發生債之關係者，其成立及效力，依當事人意思定其應適用之法律。當事人無明示之意思或其明示之意思依所定應適用之法律無效時，依關係最切之法律。法律行為所生之債務中有足為該法律行為之特徵者，負擔該債務之當事人行為時之住所地法，推定為關係最切之法律。但就不動產所為之法律行為，其所在地法推定為關係最切之法律。

(四)國際規則與慣例

　為彌補準據法適用上之不足，在國際貿易上，已有若干統一慣例或解釋規則，例如有關貿易條件的 Incoterms, W.O. Rules 及 Revised American Foreign Trade Definitions 等，這些規則在國際貿易界已為眾所熟知，理應於貿易契約中約定，優先採用。

二、裁判管轄

　契約當事人對法庭管轄之選擇，足以影響其法律之適用，如所選擇之法庭為排他管轄，不能依據合意選擇之法律作為判決者，其訴訟勢將危及當事人之權利義務。

　故買賣契約當事人得明白指定由一締約國之法庭管轄，其行使管轄權所為之判決應予承認並聲明有效，毋須其他締約國作實質之審查。當然，其前提是此項裁判，必須具有確定力及執行力。關於法庭管轄之決定，有三個原則，契約當事人可參酌實際情況確定之。

(一)自動管轄原則

　由雙方當事人合意選擇法庭管轄，並在契約中訂定之。該被指定之法庭即有專屬管轄權，當事人應接受該國法庭之判決。

(二)有效原則

　管轄國對特定案件之事物，如不能判決並切實執行者，則不得就該案行使其裁判管轄；換句話說，選擇之法庭，必須對特定案件具有裁判及有效執行權者為原則。此項案件，以涉訟當事人之住所及財產在管轄法庭可行使裁判管轄者居多，大陸法系國家多採用之。

(三)裁量管轄原則

　管轄國得受理不在境內之被告所提案件，行使其裁判管轄，傳喚在他國之被告到庭應訴，如被告不到庭，仍得作有效判決，但其判決之行使性得由管轄國裁量之。

三、準據法條款實例

有關貿易契約之成立、效力、履行及解釋等條款，例示如次：

⑴ This contract shall be governed by and construed under the laws of Japan.（本契約之成立及其解釋悉以日本法律為準。）

⑵ The formation, validity, construction and the performance of this contract are governed by the law of Germany.（本契約的成立、效力、解釋、以及履行均受德國法律管轄。）

⑶ This contract is being executed in the City and State of New York and is being made pursuant to and shall be construed in accordance with the laws of the State of New York.（本契約係在紐約州紐約市完成，將遵照紐約州法訂定，並應依紐約州法解釋。）

⑷ This Agreement must be construed and take effect as a contract made in England and in accordance with the Laws of England and the parties hereby submit to the jurisdiction of the English High Court of London.（……服從倫敦英國高等法院的裁判管轄。）

第十七節　其他條件

契約中之其他條件，係因基於契約履行之需要或預防意料之外的爭論與糾葛，而由簽約雙方當事人約定，作為履行之準據的條款。其包括範圍可多可少，不過大致而言，是屬契約之次要項目，並非必要的約定事項，簽約時不妨斟酌情況而加入或刪除。這些條款例如：

1.輸出入許可證條款

貿易契約中規定，貨品的輸出入須取得各該國政府經貿主管機關所核發的許可證 (Licence; Permit)、官方批准書 (Authorizations) 及正式文件 (Formalities) 之條款。

2.稅捐條款

進出口稅捐因海關稅則調整或匯率變動，而影響買賣雙方對於進出口稅捐 (Import & Export Duties) 及其加值稅 (Value Added Tax, VAT) 之承擔，所加諸於契約之條款。

3.不受賄條款

政府或公營企業採購，為防止採購人員受賄舞弊 (Corruption)，往往在契約中規定賣方不得支付佣金，回扣，饋贈或給付其他利益給採購人員，否則賣方應受法律制裁及負責一切後果，並賠償其損失。

4.通知條款

契約履行期間，如有任何通知 (Notice)、請求、同意、申請或其他要求，答覆等意思表示而須為他方當事人知悉或一方當事人為特定行為以前,依規定應預先通知為先決條件時，應以何種方法為通知，通知送達的地址以及通知之效力等問題，契約當事人均得於契約內以條文約定之。

5.讓與條款

買賣契約上的權利、義務，依當事人的意思或法律的規定，在一定條件下，得讓與他人。例如相對貿易合約中常見的「移轉條款」(Transfer Clause) 或「第三者條款」(Third-party Clause) 等是。

6.正文條款

國際貿易契約當事人使用的語言常因國而異，因此在訂定契約時，以履約當事人所同意的文字來簽訂契約書者，謂之正文 (Original Text; Authentic Text) 契約書。

7.契約修改條款

國際貿易契約大都以書面作成，事後如需要修改 (Modification)、更正 (Amendment)，則其更正方法與手續等也宜加以規定，免生爭執。

8.完整契約條款

買賣雙方在簽約交涉過程中，難免有其他文書或口頭的約定事項；另如主合約與個別契約的關連性等，均有賴完整契約條款 (Entire Agreement Clause) 加以整合，以連貫其效力。

9.違約解約條款

買賣合約訂立後，當事人雙方或一方可能發生不履約 (Non-performance) 或違約及解約 (Avoidance) 情事，造成對方的損害。違約及解約條款之訂定，消極上可防範當事人之犯意，積極上則有規則可循，糾紛較容易獲得解決。

10.產品責任條款

產品責任 (Product Liability, PL) 是指廠商製造之產品因品質有缺陷，導致消費者身

體或財產遭受傷害或損失，須由原製造廠商負擔無過失的賠償責任之意，是一種消費者保護法。將產品責任條款記載於貿易契約，已是可預見的一種趨勢。

11.商業機密條款

商業機密 (Business Confidence)，是一種權利也是一種利益。主要者，是指合作開發技術及智慧財產權等之轉讓、處分、持有受到侵害時可請求排除之，有受侵害之虞時可請求防止之，甚至有損害時並可請求賠償。

商業機密是目前廠商與國外客戶簽訂契約時所要積極思考的重要課題。尤其高科技產品廠商，為保護本身所擁有的智慧財產權及避免捲入產業間諜糾紛起見，將商業機密條款列入契約作周全的規範，實乃有其必要性。

第十八節　結尾用語

貿易契約之「結尾條款」(Witness Clause) 為與「前文」相呼應的結尾文句。此條款的內容通常包括:

㈠說明契約繕製的份數

契約簽訂份數，有一式兩份，一式多份等，以 in Duplicate, ... 等表示之。

㈡結尾條文及契約當事人的簽名

契約書因有封印契約與不封印契約之分，所以結尾文句也因而略有不同。前者除簽名之外，尚須封印 (Seal)，後者則由當事人簽名即可。

1.不封印契約書的結尾文句及其簽名

IN WITNESS WHEREOF, the parties have executed this agreement in duplicate by their duly authorized representatives as of the date first above written.

××× CO., LTD.   ××× CO., LTD.

Tommy Wang   Gribble K. Williams

Managing Director   President

以公司名稱、簽名者姓名、職銜順序列出。

2.封印契約書的結尾文句及其簽名

> **IN WITNESS WHEREOF**, the parties have executed this agreement by causing their corporate seals to be hereunto affixed and duly attested, and these presents to be signed by their duly authorized representatives, this day of...20–.
>
> Signed sealed and delivered
>
> by _____ (signature)

在簽字右側貼上圓形小紙片或寫上 "Seal" 字樣，如需加蓋公司關防 (Common Seal) 者，則在左側用印即可。

(三)簽約日期與生效日期

1.前文載有簽約日期時

則以首開日期 (The Day First above Written) 簽立。

2.前文未載有簽約日期時

> **IN WITNESS WHEREOF**, the parties hereto have caused this contract to be executed in duplicate by their duly authorized officers or representatives.

Seller:	Witness:	Buyer:
××× Co., Ltd.	×××	××× Co., Ltd.
By...(signature)	_____	By...(signature)
Title	Date of signing	Title
	by the parties	
	hereto May 15th, 20–	

3.雙方當事人簽名日期不同時

(Buyer) Co., Ltd.	Witness	(Seller) Co., Ltd.
By...(signature)	(signature)	By...(signature)
President	_____	Vice President
Signed on		Signed on
September 1, 20–		August 25, 20–

在此場合，其生效日期視交易契約之性質而定，本例應為 September 1, 20–，屬交易由賣方發動的售貨合約，蓋因左方慣例保留給對方簽署以示尊重。反之，則其情形相反。

4.契約生效日期與訂約日期不同者，記載其生效日期

通常生效日期與訂約日期相同，但有些契約因當事人的約定或基於政府法令的規定，而致生效日期與訂約日期不同。例如在契約中訂明「半年後生效」或於「××年××月××日生效」、「公證後生效」等。前者在法律上稱為契約附有始期；後者稱為契約附生效條件。例如：This agreement takes effect from the date of approval on this agreement by the Ministry of Economic Affairs, Republic of China.

第十二章
代理契約總論

第一節　代理與經銷之概念

代理，在概念上可包含代理行為、經銷權、代理商及經銷商等四方面之涵意。惟本章僅就代理、代理商及代理契約詳加敘述；有關經銷、經銷商及經銷契約等，在實務的運用上因性質與代理類似，限於篇幅關係，不另加著墨。

 ## 一、代理在法律上之意義

在法律上，所謂「代理」(Agency) 乃一種代他人向第三人所為或所受意思表示的行為，而其法律效果——無論是權利或利益與不利益——則直接歸屬於所代之他人的制度。質言之，「代理人」在「本人」授權範圍內所為之行為，其法律效果直接及於「本人」。而為此行為的人稱為「代理人」(Agent)，所代之他人稱為「本人」(Principal)。本人與代理人間的關係稱為「代理關係」。「代理」一詞，依各國法律解釋，可分為廣狹二種：

㈠廣義的代理

謂以自己或授權人（本人）名義，代授權人為所為或所受意思表示，而使授權人與第三人直接或間接發生法律關係的行為——即使所生法律效果直接、間接將屬於授權人的行為。這種廣義的代理包含兩種：

1.直接代理 (Direct Agency)

即以本人（授權）名義，代本人所為或所受意思表示，而其法律效果直接將屬於本人的行為。

2.間接代理 (Indirect Agency)

即以自己名義，代本人（授權人）所為或所受意思表示，而其法律效果間接將屬於本人的行為。

㈡狹義的代理

狹義的代理，一般即指直接代理而言。

德國、日本及我國民法所指代理通常即指直接代理而言。一般而言，直接代理是真正的代理，而間接代理，代理人與本人之代理關係完整無瑕，其行為所生的法律效果，雖然間接，仍將歸屬本人，也是明確的事實，即使不以本人名義代理亦然。例如我國民法第一百零三條規定「代理人於代理權限內，以本人名義所為之意思表示，直接對本人發生效力」。

二、經銷商與經銷權

經銷商 (Distributor)，係指以自己名義及計算，自負盈虧，於一定期間，在一定區域內，就賣方的特定商品享有獨家購買權並轉售他人之營利事業。

經銷商本質上與代理商有下列概念：

㈠獨家權與非獨家權

經銷權有獨家經銷權 (Exclusive Distribution Right) 與非獨家經銷權 (Non-exclusive Distribution Right) 之分。在獨家經銷契約之場合，則有獨家經銷商，須用 As Its (Sole and) Exclusive Distributor。如為非獨家經銷契約，則將 (Sole and) Exclusive 刪除，或以 Non-exclusive 代替。例如：代理權也分為獨家代理權 (Sole Agency Right) 與總代理權 (Exclusive Agency Right) 兩種，前者為獨家代理商 (Sole Agent)；後者為總代理商 (Exclusive Agent)。

㈡買賣契約關係

經銷商不論是否取得賣方授與獨家經銷權，其與賣方或顧客間，均存在買賣契約關係 (Contractual Bond)。代理商則在「本人」授權範圍之內，為本人與顧客完成交易，代理商與本人維持代理契約關係 (Agency Contract)，而非買賣契約關係。

三、代理權之授與

代理權 (Agency Right)，本身並非權利，僅係一種於權限內代理商得向第三人為意思表示或受意思表示，而使其法律效果直接、間接對本人發生之權限，地位或資格。

代理權之授與 (Appointment) 乃代理契約當事人之一方授與他方代理行為之謂，本人究係授與代理商何種權限，代理契約中會明確約定。代理權之授與，除了媒介代理權與訂約代理權之外，尚有：

㈠總代理權

　　總代理權 (Exclusive Agency Right)，指於契約約定區域內，本人不得另覓其他代理商或經銷商直接、間接於該特定區域內出售商品或為特定之行為。總代理權契約通常訂有最低銷售額及禁止競業之限制。

㈡獨家代理權

　　獨家代理權 (Sole Agency Right)，指本人承諾在契約約定區域內，不得另行雇用其他代理商或經銷商，但仍保留自行直接銷售之權利。獨家代理屬於非總代理 (Non-exclusive Agency) 的一種形式，代理契約並不約定最低銷售額，也未有禁止競業之規定。

㈢複式代理權

　　複式代理權 (Sub-agency Right) 是指由本人授權在契約約定區域內由兩家以上的公司同時為某一產品的代理商，相互競爭代理業務，例如汽車買賣業。另一種複式代理型態，就是代理中還有代理，由企業集團取得多種品牌之商品代理權，再將其中某些品牌產品之代理權分別給予其關係企業屬下之公司代理，達到差異化行銷之策略目標。

㈣境外基金總代理權

　　境外基金總代理權 (Offer Shore Fundation Rights)，是指取得境外基金在我國境內之募集、銷售及投資顧問之權利。換言之，境外基金機構得委任經核准營業之證券投資信託事業，證券投資顧問事業或證券經紀商擔任總代理人，辦理境外基金之募集及銷售業務。總代理人得委任經核准營業之證券投資信託事業、證券投資顧問事業、證券經紀商、銀行或信託業擔任境外基金之銷售機構，辦理該境外基金之募集及銷售業務。此種代理權屬貿易服務業之金融衍生商品。

第二節　代理商與經理人

　　代理商與經理人，在法律所規定的權利及義務是有所區隔的，對第三人之關係亦不同。

 ## 一、代理商之定義及權限

　　一般國際貿易或國內交易中之「代理商」，在我國法律上稱為「代辦商」，而商場上則仿日本，稱為代理商。

㈠代理商之定義

　　稱代辦商者，謂非經理人而受商號之委託，於一定處所或一定區域內，以該商號之名義，辦理其事務之全部或一部之人（民法第五百五十八條）。其受商號如此委託而如此辦理的權利，稱為「代辦權」或「代理權」（民法第一百六十七條）。換言之，代理商係介於「本人」與「顧客」(Client) 之間，在「本人」授權範圍之內，協助「本人」與「顧客」完成交易的中間商 (Middlemen)。

㈡對第三人之關係

　　代辦商對於第三人之關係，就其所代辦之事務，視為其有為一切必要行為之權。代辦商，除有書面之授權外，不得負擔票據上之義務，或為消費借貸，或為訴訟（民法第五百八十八條）。

㈢競業禁止

　　代辦商，非得其商號之允許，不得為自己或第三人經營與其所辦理之同類事業，亦不得為同類事業公司無限責任之股東（民法第五百六十二條）。

　　代辦商，有違反民法第五百六十二條規定之行為時，其商號得請求因其行為所得之利益，作為損害賠償（民法第五百六十三條）。

㈣代理權之限制及消滅

　1.報酬及費用償還請求權

　　代辦商得依契約所定，請求報酬或請求償還其費用。無約定者，依習慣；無約定亦無習慣者，依其代辦事務之重要程度及多寡，定其報酬（民法第五百六十條）。

　2.代辦商之義務

　　代辦商，就其代辦之事務，應隨時報告其處所或區域之商業狀況於其商號，並應將其所為之交易，即時報告之（民法第五百五十九條）。

　3.代辦權終止

　　代辦權未定期限者，當事人之任何一方得隨時終止契約。但應於三個月前通知他方。當事人之一方，因非可歸責於自己之事由，致不得不終止契約者，得不先期通知而終止之（民法第五百六十一條）。

　4.代辦權消滅

　　代辦權，不因商號所有人之死亡、破產或喪失行為能力而消滅（民法第五百六十四條）。

二、經理人之定義及權限

經理人在法律上之規定來自民法及公司法，其與代理商源自民法是有所不同的。

(一)經理人之定義

稱經理人 (Managership) 者，謂由商號之授權，為其管理事務及簽名之人（民法第五百五十三條第一項）。

(二)對第三人之關係

　　(1)經理人對於第三人之關係，就商號或其分號，或其事務之一部，視為其有為管理上之一切必要行為之權（民法第五百五十四條第一項）。

　　(2)經理人，除有書面之授權外，對於不動產，不得買賣，或設定負擔（民法第五百五十四條第二項）。

　　(3)經理人，就所任之事務，視為有代理商號為原告或被告或其他一切訴訟上行為之權（民法第五百三十五條）。

(三)競業禁止

如同前述，經理人與代理商同受法律上競業禁止之限制。也即，經理人不得兼任其他營利事業之經理人，亦不得自營或為他人經營同類之業務（民法第五百六十二條）。但經依公司法第二十九條第一項規定之方式同意者，不在此限。此點與代理商不同。換言之，在競業禁止方面，公司法給予經理人較有運作彈性，但代理商則無此空間。

(四)經理權之授與及限制

　　1.經理權之授與

經理權之授與，得以明示或默示為之（民法第五百五十三條第二項）。

經理權得限於管理商號事務之一部或商號之一分號或數分號（民法第五百五十三條第三項）。經理人之職權，除公司章程規定外，並得依契約之訂定。

　　2.經理權之限制

經理權之限制，除第五百五十三條第三項、第五百五十四條第二項及第五百五十六條所規定外，不得以之對抗善意第三人（民法第五百五十七條）。

公司不得以其所加於經理人職權之限制，對抗善意第三人（公司法第三十六條）。

　　3.經理權之消滅

經理權，不因商號所有人之死亡、破產或喪失行為能力而消滅（民法第五百六十四

條)。

第三節　行紀與居間人

代理商制度，源始自德國新商法。其德文原意為 Handlungsagent，按歐洲原有 Agent 一詞，泛指商業上他人為補助行為而言。凡商人的代理人、行紀人、居間人均包括在內。故而，其意義的範圍，很不明確。迄自德國新商法頒佈後，才將與一定商人有經常、繼續關係的獨立代理人視為代理商。英文 Agent，其意義的範圍更為廣泛，泛指一切代理人及代表人。日本商法及我國已失效之商人通例乃仿效採用。茲就代理商與行紀人、居間人的差異說明於下。

 ## 一、代理商與居間人的差異

居間 (Broker)，我國俗稱牙仲或經紀，乃當事人約定，一方為他方報告訂約的機會，或為訂約的媒介，他方給與報酬的契約 (民法第五百六十五條)，「一方」稱為居間人，「他方」稱為委託人。

居間人居間行為的方法有二：

(一)報告訂約的機會

即尋覓或指示其可與訂約的相對人以供訂約的機會，此謂之指示居間人。

(二)作為訂約的媒介

即周旋於委託人與他人之間或委託人之間，為之說合，使自行訂約，此謂之媒介居間人。

居間人與代理商的差異約有四方面：

(1)代理商僅代理某一定商業主體為媒介行為；而居間人則廣為一般人為媒介行為。

(2)代理商如有締約代理權者，得代理本人訂約；而居間人則無代為訂約之權。

(3)代理商必自為營業主體；而居間人非必以居間為常業。

(4)代理商僅對被代理人一方負其義務；居間人則對當事人雙方均負誠實居間之同等義務。

事實上，代理商與居間人之最大不同點，乃在於代理權之有無，代理商既是媒介代理，也屬某種程度行為上之代理。居間人則根本無代理權，亦無法代理本人為任何行為。

二、代理商與行紀人的差異

行紀 (Factor) 乃以自己的名義，為他人的計算，為動產的買賣或其他商業上的交易而受報酬的營業（民法第五百七十六條）。以行紀為業者稱為行紀人，其為之計算的他人稱為委託人。

行紀人與代理商固然都是自為營業主體，但有下列三點差異：

(一)補助的對象不同

代理商僅為特定商號為補助行為；而行紀人則與居間人相同，廣為一般人為補助行為。

(二)行為之名義人不同

即代理商為直接代理；而行紀人則為間接代理。

(三)擔任行為之範圍不同

代理商所擔任者，乃為商號，代辦其營業事務的全部或一部，在一定區域內，保持或增進其營業利益，非僅以承辦某種行為為限，而行紀人所擔任者，則在承辦動產買賣及其他商業上之交易行為。

以上乃係就法律上的觀點，將代理商與其他代理商業類似者作比較。然而，由於英美法的所謂 Agent，我國商業多將其譯為「代理商」，以致將真正的代理商、經銷商、經紀人混為一談，實則其在法律上的地位，彼此之間不盡相同。

本書所稱的「代理商」原則上乃指嚴格意義的——也即我國法律上的代辦商。依我國民國 5 年的判例（上字第五一五號），代理商為：

(1)獨立商人。

(2)代理商與本人的關係為委任。

(3)為一商人或數商人代理或介紹商行為。

(4)在自己的店址營業。

(5)通常對於所為行為收取佣金。

(6)因營業而生的費用歸自己負擔。

故代理商與「本人」之間的關係為契約關係，這種契約關係為委任契約的關係，通稱為「代理契約」(Agency Contract; Agency Agreement)（見民法第五百二十八、五百二十九條）。

第四節　代理商之分類

代理商基本上可分為售貨代理商及購貨代理商兩大類，詳細分類則如下述。

 一、依售貨代理權分類

售貨代理權 (Selling Agency Right) 是以授權人之立場說明，購貨代理權 (Buying Agency Right) 則以代理人立場解釋，實際上是一物兩面。

⑴總代理商

此種代理商指依代理契約，在代理區域 (Territory) 內就授權人（製造廠商或賣方或本人）特定的產品享有獨家代理銷售之權 (Exclusive Selling Rights) 的代理商。授權人（賣方）與代理商所訂的代理契約稱為「總代理契約」(Exclusive Agency Agreement)。根據此契約，本人不得經由代理商以外之途徑在代理地區內出售商品。換言之，凡授權代理商品銷往該代理區域時，必須經由該代理商不得透過其他中介人或甚至其本人，這是嚴格定義下的「絕對獨家代理商」(Absolute Exclusive Agent)。

⑵獨家代理商

獨家代理商與上述總代理商最大不同在於契約中雖然規定在代理區域內本人不得另覓其他代理商銷售商品，但卻將本人排除在外，亦即本人得直接或間接將授權代理之商品銷往該地區之其他人。甚至還約定在同一代理區域內，本人有權就同一商品另選任代理商。換言之，本人得在同一區域內，就同一商品選任二個以上的代理商，在這種情形下的代理商，僅能稱之為「獨家代理商」(Sole Agent)，其與總代理商在性質、權義及法律關係是截然不同的。

 二、依其有無與之訂約來分類

授權人在授予對方代理行為時，可分為有與之實際簽訂代理契約者，亦有未與之簽訂代理契約者。

⑴締約代理商

締約代理商 (Contracted Agent) 乃專為「商業行為」（即交易）的代理者。亦即賣方（本人）在授予對方代理權時有與之簽訂書面契約 (Written Contract) 之代理商。其與賣

方的關係為委任關係。在實務上，締約代理商與本人訂立買賣契約時，在契約書上應載明：「賣方某某，代理商某某」字樣，英文則以「××（代理商名稱）on behalf of ××（賣方名稱）或 As agent of ××（賣方名稱）」方式表示。

㈡媒介代理商

媒介代理商 (Export Broker) 專為「商業行為」（即交易）的介紹。換言之，媒介代理商僅介於賣方與顧客之間，為賣方媒介或促成交易，但並無與賣方訂立契約的事實。所以，媒介代理商不享有真正意義下的代理商權限。其與本人（賣方）之間的法律關係為準委任關係。實務上，買賣契約書上並不顯示其為媒介代理商的身分。

三、依國際貿易經營分類

從國際貿易經營之角度而言，可分為以進口貿易為主的代理商及以出口貿易為主的國外地區銷售代理商。後者是本文論述之重點。

㈠進口貿易經營方面

1.代理商兼進口商

本國進口商 (Importer) 兼國外廠商代理商，專門為國內客戶代辦該國外廠商產品，代理商本身並不購買產品進口，由國外廠商給付佣金。在代理者與被代理者間並無獨家代理契約關係存在，而僅以一般代理關係為依據。例如臺北有美國、日本、德國、法國、英國等世界名牌汽車代理商，向國內爭取客戶購買轎車，每次出售車輛均由各該國汽車公司給付佣金。經營國外廠商的代理商，因產品性質不同，代理商應有的條件不一，惟原則上做代理商必須有銷售產品的能力。

除外，以代理國外進口汽車為例，代理商必須在都會商業區設有汽車樣品展示間，並有為客戶作售後服務之修護廠等附加設備。

2.代理商兼經銷商

代理國外廠商進口各項代理產品，向國內推銷批發，調節市場供需，本謀取利潤的動機，自備資金進口代理產品，承擔國內市場的價格漲落風險與盈虧。但國外廠商對代理商的權益，力予保障，諸如進貨價格的優待，代理地區範圍之內，不向任何進口商報價，而通知代理商與之接洽，由代理商代為供應。亦有由國外廠商憑買方信用狀發貨後，將佣金寄交代理商。

此類代理商與國外廠商簽訂代理合約 (Agency Contract)，確定代理原則，經銷產品

項目，每年或每半年最低或最高進口數量以及代理年限等。另簽訂買賣合約 (Sale Contract) 經銷其產品，兼具經銷商 (Distributor) 資格。但如臺北某進口商代理澳洲某牌號奶粉廠商，約定每年經銷奶粉若干箱，臺北代理商有權在國內市場物色其經銷商，另行簽立承銷合作，本身僅負責代理業務，亦有自行組織經銷網兼辦經銷工作，獲取代理與經銷兩項利益。

3.投標代理商

代理國外廠商參加本國國際投標者，謂之投標代理商 (Agent for Bidding)，在開發中國家為加速經濟發展需要下，頗為普遍。此係因其國內在建立各類工廠時需要新技術或新的生產設備，勢須向工業先進國家輸入，而採購方式每以公開招標，取得價低而合規格的生產設備。所以國內貿易廠商經常將標購貨物規格內容以及標單通知國外廠商報價，然後交由國內貿易廠商參加投標或直接以通信方式向招標機構投標，有些國家規定，參與投標者雖然不一定要擁有代理商，但一旦得標，卻必須在地主國依法設立登記之代理商方為有效。例如中東地區的巴林 (Bahrain)、阿曼 (Oman) 等國家。

(二)出口貿易經營方面

1.製造商出口代理人

國內廠商產品通常應本國出口商或應國外進口商之請，予以報價洽談交易，但有些生產廠商產品優良而限於生產規模，或因與國外某一客戶具有良好的貿易關係，而簽立長期供應合約，因之不願與其他客戶報價，此種國內民營廠商有因人事關係授權某一出口商承擔外銷代理，或以某一出口商外銷其產品較多而獲得外銷代理權益之被授權人，謂之製造商出口代理人 (Export Sales Agent)。

承擔國內廠商外銷代理，除以出口實績表現外，對國際市場需要的變化與改進，往往由出口商提供技術等改良意見交生產工廠考慮執行。國內廠商與出口代理經過長期合作，相互融資，彼此擴張貿易更能相得益彰。

2.國外地區銷售代理商

國內廠商委託國外商業團體，以該商業團體名義於輸入國從事販賣業務之代理商，謂之國外販賣代理商 (Foreign Selling Agent)。此種委託方式不但可增加產品外銷數量或外銷區，甚或獲得國外貿易商融資之便利。缺點是如將所有外銷價格、數量或外銷地區均歸一國國外貿易商掌握，以 Exclusive Agent 總代理權利營運，居間謀取厚利，則生產廠商無法自主，影響直接外銷利益。故生產廠商委託國外貿易商代理出口宜劃分出口地區，擬

定數量，對外銷價格按國際市場行情予以調整，或按公式計算售價，以維外銷利益。

3.國際貿易仲介商

國際貿易仲介商 (International Trade Intermediaries, ITI)，係專指為國內企業作市場開發的一種商業體，擁有極大能耐能依其本身所處環境調整其所提供的服務。包括其自有的資源，所提供的產品路線及其市場機會。典型的貿易組織如聯合出口經理人 (Combination Export Manager)、製造商出口代理人 (Manufacturer's Export Agent)、居間人、出口商、出口批發商 (Export Jobber) 及出口貿易公司 (Export Trading Company)。這些活躍於美國對外貿易的商業組織，自也是一種代理商的綜合體。

4.國際行銷公司

國際行銷公司 (International Marketing Company, IMC)，是以行銷導向 (Marketing Orientation) 為主之國際整合性行銷商業團體。對某些產業而言，未有自己品牌，行銷通路不健全，且又是中小企業，在國外市場之開發上顯得力不從心，甚或效果不彰，於是相同產業之廠商籌謀合組一家代銷公司，將產銷作國際分工，進而提供行銷、通關、倉儲、運輸及物流之複合服務，此類型公司作為產品之開發 (Marketing)，亦兼具國內廠商之聯合外銷 (Exporting Combinations) 代理。

第五節　真品平行輸入

國際貿易上的真品平行輸入主要發生於非透過國外廠商在當地的代理商銷售商品，此與代理權之授予不同。兩者產生了很大的結構性競爭關係。

 ## 一、真品平行輸入之原因

形成真品平行輸入的原因，大多是因為價差而產生套利行為所引起。大致上可分為匯率、物價和經營策略。國際貨幣匯率之波動，是產生真品平行輸入最單純的原因。簡而言之，因匯率而產生之真品平行輸入行為，就是一種「套利」行為，在其他要件相同之情形下，若二市場價格之差距大於商品轉換市場之成本，則必會產生有人從中賺取差價的情形。物價這個因素，係指商品生產及銷售成本之高低，會影響商品的價格，若國內市場之生產及銷售成本較高，往往會反映在商品售價上，二個不同市場生產及銷售的成本不同，就會產生商品價格的差異，也就有可能發生真品平行輸入的情形。經營策略

則是指企業在全球化的趨勢下，為求其總體利潤或市場佔有率之增加，對不同區域採用不同之策略，有的地方可能為擴大佔有率，刻意壓低價格，有的地方可能為維持高品質的形象，而不得不調價格等等，在策略不同的地區，即使就同一商品仍會產生價格的不一致，價差到一定程度，就會產生其他人利用此一價差進行套利行為。

 ## 二、真品平行輸入之定義

所謂「真品平行輸入」(Authentic Parallel Imports)，是指貿易商自第三地區或國家，進口與代理商相同品牌的產品；或貿易商所進口的產品，已經由國外原製造廠商授權其他廠商在該國製造、銷售。真品平行輸入，又可分為真品輸入及平行輸入兩種不同定義。

㈠真品輸入

真品輸入 (Authentic Imports) 是指進口商已取得國外合法授權，並在其同意下，就其輸入之該類產品在代理地區內有銷售之權利。對輸出該產品之公司而言，為確保在全球各地區市場之地位及競爭優勢和利潤，通常會在各地市場尋找代理商代為銷售，並給與僅有於該地銷售之權利。此即真品輸入，一來為了避免各地代理商之間之削價競爭降低公司整體利潤及競爭力，二來也便於掌控各地產品銷售狀況及與當地代理商針對市場及產品因應對策。

㈡平行輸入

平行輸入 (Parallel Imports)，係指未經合法授權之第三人，在未經著作權人、商標專用權人、或專利權人之同意下，自境外輸入合法製造並附有著作權、商標權標記或專利技術之商品。凡以平行輸入方式進口之商品通稱為平行輸入真品。此一輸入行為稱為真品平行輸入。平行輸入真品在進入內國市場後與合法授權輸入之同一商品展開競價行銷，此一市場又稱灰色市場 (Gray Market)，故平行輸入之真品又可稱之為灰色市場商品 (Gray Market Goods)，非黑（非未經權利人同意所生產、製造之產品）非白（授權時有銷售區域之限制，可能會侵害進口權），故稱之為灰色市場。在我國則俗稱水貨。

 ## 三、真品平行輸入之法律問題

此種真品平行輸入是否在輸入國構成著作權、商標專用權或專利權之侵害，長期以來成為世界各國法律學者及實務界爭論不休的話題。我國市場向來水貨充斥，從教科書到飲料、照相機、汽車、化妝品、電子、電器等產品無所不包，其中尤以美國及日本產

品為大宗。到底是否對於著作人或商標所有人造成侵害，以下有詳盡的探討。

㈠專利法與平行輸入

專利 (Patent)，包括發明專利、新型專利及新式樣專利等三種。依專利法第五十六、一百零三及一百一十七條，賦予專利權人所謂的「進口權」或「輸入權」。另依專利法第五十七條及第一百二十五條第一項第六款規定，發明專利權之效力不及於專利權人所製造或經其同意製造之專利物品販賣後，使用或再販賣該物品者，其製造、販賣不以國內為限。由上述規定可以推知，專利法原則上認為平行輸入是合法的，但同條第二項後段規定：「第六款得為販賣之區域，由法院依事實認定之」，此處法院所得審酌之事實，是指專利法以外之其他事實，例如輸入者與專利權人是否有特約規定，不得輸入臺灣等等，若無其他事實，原則上平行輸入為合法行為。

㈡商標法與平行輸入

依商標法第三十條第二項規定：「附有註冊商標之商品，由商標權人或經其同意之人於市場上交易流通，或經有關機關依法拍賣或處置者，商標權人不得就該商品主張商標權。但為防止商品變質、受損或有其他正當事由者，不在此限」。此係商標耗盡理論 (Exhaustion Principal) 之明文化。因此，對於平行輸入國外著名商品在國內市場銷售之行為，原則上應認為合法。在裁判實務上，亦多引用最高法院 81 年度臺上字第二四四四號判決，認為真正商品之平行輸入，其品質與我國商標使用權人行銷之同一商品相若，且無引起消費者混淆、誤認、欺矇之虞者，並可防止我國商標使用權人獨佔國內市場，壟斷商品價格牟取暴利，因而促進價格之競爭，使消費者購買同一產品有選擇之餘地，享有自由競爭之利益，於商標法之目的並不違背，在此範圍內應認為不構成侵害商標使用權。

㈢著作權與平行輸入

下列五項例外規定外，著作權原則上不准平行輸入。

依據著作權法第八十七條之一的規定：

1. 為供中央或地方機關之利用而輸入。但為供學校或其他教育機構之利用而輸入或非以保存資料之目的而輸入視聽著作原件或其重製物者，不在此限。

2. 為供非營利之學術、教育或宗教機構保存資料之目的而輸入視聽著作原件或一定數量重製物，或為其圖書館借閱或保存資料之目的而輸入視聽著作以外之其他著作原件或一定數量重製物，並應依第四十八條規定利用之。

3.為供輸入者個人非散布之利用或屬入境人員行李之一部分而輸入著作原件或一定數量重製物者。

4.附含於貨物、機器或設備之著作原件或其重製物,隨同貨物、機器或設備之合法輸入而輸入者,該著作原件或其重製物於使用或操作貨物、機器或設備時不得重製。

5.附屬於貨物、機器或設備之說明書或操作手冊,隨同貨物、機器或設備之合法輸入而輸入者。但以說明書或操作手冊為主要輸入者,不在此限。

換言之,除了上述五項例外規定之外,凡是有著作權的產品,都必須透過正式取得代理權的代理商才能進口,而即使五項「例外許可」,也都有數量及種類限制,若超過就會被視為侵害著作權了。換言之,我國著作權法是禁止平行輸入的。

第六節 如何選擇售貨購貨代理商

如前所述,代理商在輸出銷售方面掌握很重要之功能。則代理商之選擇適當與否,無疑是很重要的。而一般進口廠商,如何去慎選國外供應商以確保貨源,開創進口業務先機更屬值得關切的問題,茲就進出口商立場分別詳述如次。

一、尋找代理商及供應商的途徑

尋找代理商及供應商可透過下列途徑:

1.政府駐外單位

外交部、經濟部等駐外單位的使領館或經參處,均設有領事、副領事、經濟參事、商務人員及其他有關官員,他們與駐在國工商界有良好之接觸,因此可推薦適當的代理商或供應商,甚至可代為洽商。

2.貿易促進機構

利用中華民國對外貿易發展協會、遠東貿易服務中心及進出口同業公會等駐外單位之協助,提供有關商品代理商之資訊。在高度開發的市場中,進口商、代理商及經銷商往往成立有同業公會,各該公會可作為徵求代理商的資料交換所。

3.商業銀行

目前國內商業銀行在許多國家都有分支行或往來銀行,所以可代為介紹或轉介代理人。

4.出口服務公司

諸如輪船公司、保險公司、航空公司或運送承攬業者等專門為進口商提供運輸、保險服務者，因其業務接觸面廣大，所以，可利用其關係尋找代理商。

5.參加商展

參加商展，是尋找適當代理商最好的方法之一。因為想充任代理商的人，常常會到會場尋求新產品的代理機會。

6.與貿易有關的雜誌及刊物

在有關產品的專業貿易刊物上，刊登徵求代理商啟事，或在工商名錄刊登徵求啟事，也是很好的方法。

7.外貿協會貿易資料館

外貿協會全國各地的貿易資料館，陳列有諸如歐洲地區的 *Kompass*，世界性的 *Botlin International* 以及日本的《貿易名錄》(*The Japan Trade Directory*)，都是尋獲代理商或供應商很好的一手參考資料。

 ## 二、選擇適當代理商應注意事項（出口商立場）

選擇國外地區之銷售代理商，首要考慮的事項為三 C，其餘應屬次要項目。

1.品格 (Character)

選擇代理商時首先要考慮的是其品格，因為賣方（出口商、本人）與代理商的關係，乃為一種信任關係，所以，即使代理商能力很強，在商場上擁有優越地位，但如人格、品性欠佳，則不宜選任為代理商。

2.銷售能力 (Selling Capacity)

代理商的銷售能力關係著營收之成長與衰退，所以，選擇代理商時自以具有良好的銷售能力、能處理代銷產品之存貨者為對象。例如有健全的銷售組織 (Sales Organization) 及堅強的銷售網 (Sales Network)，具備適當的配銷及倉儲設備，專門之推銷及技術人員以及對於代理的商品具有相當的知識與經驗。

3.資本 (Capital)

財務狀況健全與否，是選擇代理商的第三項要素，如財務狀況欠佳，則可能以不正當手段與顧客勾結詐騙賣方；資本不雄厚，自然無法建構營業實力，貨款的支付體系也常會出問題。

4.同業的風評 (Credit Standing)

如風評不佳,則不宜授以代理權,以免影響賣方的信譽,俗語說:「物以類聚」,很有道理。

5.經營項目 (Sales Products)

除非不經營相關商品就不易推展業務者外,一般而言,如經營或代理太多種類的商品,會分散精神,影響業績。所以,宜選擇能專心於推銷賣方商品的專業代理商,以求其在代理區域內博得顧客的信心。至於選任經銷或代理競爭商品的行號作為代理商更應避免。

6.銷售政策 (Selling Policy)

此與上述銷售能力有密切關係。首腦人物的個性 (Personality of Head of the Firms) 是否積極,在在左右該代理商的銷售政策。再者,應注意其是否成立多年或是新成立的行號。

7.營業地點 (The Location of the Agent)

代理商的營業地點是否適中,與業務發展息息相關。尤其是汽車買賣業或屬物流業的產品為然。

8.國籍 (Nationality)

代理商的國籍也很重要,因為有些國家法令限制代理商的國籍。

9.政府採購 (Government Procurement)

政府採購在其銷售業務中佔有相當分量時,該代理商在政治上的勢力如何,往往影響銷售業績。在此場合,自宜選擇具有政治影響力的商號為代理商。此外,政治力量雄厚時,尚可左右政府的進口政策。

10.社會地位 (Status)

代理商在社會上有地位、勢力大、政商關係佳,自有助於業務的發展,如能選擇這種行號為代理商最佳。

三、慎選國外供應商應注意事項（進口商立場）

以進口商立場言,選擇國外供應貨源的廠商或供應商,是項很重要的問題,選擇時應考慮的事項為:

㈠讓供應商主動找上門

具有主動推銷產品活動方式與可靠性的供應商,會比由進口商主動遊說而獲致的供

應商，更受人期待，因此應該首先將那些急於與進口商作生意且往來的國外供應商列入考量。這些急於尋求客戶的「熱望」必須相對的衡量其能力，能量和動機。

㈡詢問正確的問題

詢問正確的問題是評估供應商的動機、可靠性、經驗、能力、技術性、企業成長史，和瞭解其他相關因素，這可從下列項目著手：①政府給予補貼情形；②內銷實績；③主動與你來往之原因；④內銷價格。此外對下述問題亦須進一步獲得正確答案：

1.商情資訊

獲得目標供應商情報的來源。

2.供應商要求的付款條件

如果是開信用狀，或許他尚未調整對手的財務狀況或全盤地評估對手國家作為外銷的地區；若是以現金訂購而分期付款的方式償還，他正處於貨幣膨脹的經濟週期而影響其交易需求；如按標準的商業條款，這正顯示其詭譎多變，和熟悉對手的市場情況。

3.銀行保證人

徵信調查將顯示他的財務穩定性以及其在國內的一般商業印象與信譽，和作為供應商的某些程度的可靠性。

4.供應產品之品質及規格條件

供應產品的品質及規格是否具備專業化，標準化及國際化的品質保證標準。

5.生產能力條件

必須能提供有關設備清單，以證明有足夠的設備與能力生產所需的產品，而非接到訂單之後再作轉契約 (Subcontract) 的努力。

6.對供應商作徵信調查

有關該企業的歷史，全年的銷售額，總資產和淨值，負責人與員工的人數，完全擁有的母公司，或部分握有的子公司等作徵信調查，以瞭解該供應商的穩定性和成熟性。負責人與職員的個性和能力會因進一步的調查而更加清楚。

㈢其他因素的考慮

評估國外供應商除了考量上述因素之外，其與尋找代理商的途徑一樣，尚有：

⑴經由供應商介紹的其他客戶之進一步評估。

⑵經由往來銀行對供應商作徵信調查。往來銀行常能提供富有潛力的國外供應商的完善資料。

⑶透過商業徵信所 (Business Investigating Firm) 之調查。如唐與布勞史迪公司 (Dun & Bradstreet) 是最具代表性的；而此種消息來由對正確的抉擇無疑大有助益。

⑷廠商派駐國外供應商當地代表之調查。

⑸國內供應商所提供的參考意見亦很值得參考，他們能預見可能的缺失 (Pitfalls) 而協助你避免許多麻煩與困難。

總而言之，或許國外供應商會主動尋求交易對手，因而能覓得滿意的國外供應商，但必須隨時留意評估，首先是經由其「動機」詢問正確的問題，再從已知的資訊中主動遊說取得供應商寶貴的資料，最後以權衡事實與經由搜集的全盤性消息來源為根據，獲致正確的判斷來選擇所需的國外供應商。

第七節　簽訂代理契約要項

代理契約如同前述之貿易契約，在必須具備的內容上，亦分為一般要項及基本條款，茲分述如下。

 ## 一、代理契約一般要項

代理契約是契約之一種，基於契約自由之原則，契約之內容可任由當事人自行決定。代理契約格式原無一定，繁簡隨意。契約內容在法律許可之範圍內可基於雙方之合意而決定，以能表達雙方之意為已足。契約之內容可以引述某項法律為契約之一部分，以減少篇幅。例如仲裁，可以註明依照某某商務仲裁規則辦理，用不著將該仲裁規則有關條文全部納入契約內。

訂約前最好能將契約之法律及有關問題再三斟酌，多方參考，以避免爾後不必要之困難。在積極方面，必須合乎某些要件；在消極方面，必須未曾違反有關法律之強行規定或禁止事項。如契約違反此等規定便無效。契約一旦無效，當事人便不得對之有何主張。例如仿冒他人商標或侵犯專利權之商品；禁止進出口之貨品及違反公共秩序與善良風俗等。

任何代理間之協定均須明確地以契約方式為之，給予代理之期間最好以半年為一期試行訂約，然後再給予十二個月為基礎更新契約，以代理銷售特定產品在該國或某地區之業務，所有之交易應以信用狀方式付款為佳。

　　代理契約應標明「商務代理契約」(Commercial Agency Contract) 字樣，以表示該契約之法律性質及當事人之地位，令人一目了然。

　　如果代理契約用兩種不同的文字書寫時，應規定以哪一種文字為代理契約之正本 (Authentic Text)，以免解釋契約時發生糾紛。

 ## 二、代理契約基本條款

　　代理契約之製作與買賣契約原則上雖大同小異，但代理契約有其特殊性，尤其在基本條款方面，其與買賣契約強調之重點就截然不同，主要者有下列六項：

(一)總代理權 (Agency Rights)

　　代理契約不論是授與總代理或獨家代理，有關代理商的代理權，應作適當的規定，以保障代理商權益，同時限制其競業。通常規定要點有下列幾項：

　　⑴賣方不得在代理地區以外銷售商品。

　　⑵賣方得在代理地區內直接銷售之權利。

　　⑶禁止代理商經營相似或競爭性之商品。

　　⑷禁止越區銷售行為。

(二)代理商品 (Products)

　　代理契約中，訂定代理商品條款的要點有三：

　　⑴約定代理商品項目：包括代理商品之種類、名稱、等級、規格等。

　　⑵約定代理商品項目增減要件及方法。

　　⑶約定新開發產品或擴大銷售其他種類產品之授權。

(三)代理地區 (Territory)

　　代理契約內應明確劃分代理商有權執行業務之區域。否則，代理地區劃分不清，甚至重疊，會引起代理商之間有關代理權限之爭執。通常約定：

　　⑴代理商不得將商品銷售於代理區域外。

　　⑵代理商不得在代理區域內招攬或收受代理區域外之訂單。

　　⑶代理商有權依照其經營理念自行選擇區域內之交易對象，例如製造商、批發商、政府機構等。

(四)最低銷售額 (Minimum Transaction)

　　最低銷售額，在於預防契約有效期間，因代理商之能力不足或銷售實績欠佳，致影

響授權廠商的利益，因而約定代理商在一定期間內（例如半年或一年）應向賣方（授權廠商）購入的最低交易額度。

在約定最低銷售額時，應約定的事項為：

(1)最低銷售額：可就代理商之能力，商品種類，競爭環境等加以考量。

(2)最低銷售額的計算標準：例如以數量或金額，按交易條件 FOB、CIF 值為準。

(3)計算期間：通常以三個月，半年或一年為計算期間。

(4)未達最低銷售額時，賣方的權利或處罰條款。

(5)賣方行使上述權利的方法：規定行使權利前若干日，以書面通知代理商解約或終止合約關係。

(五)佣金請求權 (Agency Commission)

代理佣金，係代理商為賣方處理事務所應得的報酬。代理商有權對其所做的交易媒介或報告訂約之機會要求賣方給付佣金。代理契約中，應就下列事項作明確的規定，以保障代理商。

(1)佣金計算方式：包含佣金計算的基礎及佣金比率。

(2)佣金請求權發生時期：通常以代理商支付貨款時為佣金請求之發生時期。

(3)佣金支付時期：可約定於發生請求權時支付，押匯時支付或彙總定期支付三種方式，任擇其一。

(六)有效期間 (Duration)

代理契約有效期間的長短，因雙方當事人立場而有所不同。在代理商言，莫不希望期間愈長愈好，如此可作業務上之長期規劃，永續經營；惟就賣方來說，在代理實績欠佳時，賣方將陷入欲罷不能的窘境 (Dilemma)。

本條款應規定的要點為：

(1)契約有效期間的長短：根據代理商能力，以往實績及商品性質加以斟酌授權。通常以一至三年較為普遍。

(2)契約存續期間的約定方法：可採定期契約——約定某年某月某日起至某年某月某日止；或以未定期契約——約定於一方當事人通知他方當事人終止契約前繼續有效兩種方式。

(3)契約展期的問題：有些採契約自動展期方式——即在有效期間，如當事人之一方未通知他方當事人終止合約關係時，契約即自動展期。也有規定在一定期間內，

代理實績達到一定標準時，契約可自動展期者。

第八節　代理契約之法律效果

代理契約屬國際性之契約，有關當事人間之法律關係，自應各依其準據法而定。在不涉及各該當事人之國內法而言，每一代理契約將產生下面三種權利與義務關係：

⑴本人 (Principal) 與代理商的關係。

⑵本人與第三者 (Third Party) 的關係。

⑶代理商 (Agent) 與第三者的關係。

第一種關係為本人與代理商的內部約定 (Internal Arrangement)，即代理契約固有的關係，它規定本人與代理商雙方當事人的權益、授權範圍以及有關報酬等事項；第二種本人與第三者之關係為買賣契約關係，其特徵為這種買賣契約係透過代理商締結；第三種代理商與第三者之法律關係，在例外情形下才產生。

依據英美法系，代理商並無向第三者透露其代理身分的必要。因此，從第三者的觀點（顧客）而言，有下述三種可能性存在：

㈠代理商未表明另有本人的存在，而逕以自己的名義與第三者締約。

　1.就國內法而言

猶如我國的行紀，如發生糾紛而涉訟，而顧客發現另有 Principal 時，顧客可以代理商為被告，也可以 Principal 為被告，胥視其是否為有權代理或狹義的無權代理而定。但只能以其中一方為被告，假如以其中一方為被告向法院起訴 (Commence proceedings against either of these persons)，即表示他以該被告為唯一應負責的有力證據，但仍可以反證推翻。然而，一旦以其中一方向法院請求判決 (Proceeds to judgement against either person)，那麼再也不能行使選擇權。也就是說，向另一方的訴訟將受阻卻 (Action against the other would then be barred)。實際定義可分為：

⑴有權代理

代理商就其代理行為不自負其責（代理商係以委託商號名義為行為）。

⑵無權代理

其法律效果如何，可依下列規定說明（代理商並無代理權，或逾越其代理權限，而以委託商號名義為行為）。

①表見代理:由自己的行為表示以代理權授與他人或知他人表示為其代理商而不為反對之表示者,對於第三人應負授權人之責任,亦即與有權代理之委記商號負同一之責任。

②狹義之無權代理:無代理權而以委記商號名義為代理行為,該代理行為係屬效力未定之行為。此時該法律行為之相對人得定相當期限催告委託商號確答是否承認,如委託商號逾期未為確答即視為拒絕承認,該法律行為即確定為無效。

2.就英美法而言

第三人得對委託商號及代理商作起訴請求。

3.就大陸法而言

上述第一種及下述第二種行為,其法律效果,大致認為代理商應對第三者負責。且委託商號均得對第三者主張權利,請求第三者履行責任。故具體案件認為代理商與第三人間發生效力,因各國法律規定並不相同,應依代理商代理行為之準據法之規定,來判斷第三人與委託商號及代理商間之法律關係究竟如何。

㈡代理商表明另有本人的存在,但不透露本人的名字

此種代理是以 "As Agent ×× ","On account of our principal" 的方式由代理商出面簽約。此種情形,第三人僅得對委託商號起訴請求。但如代理商將其商號加上 "Export and Import Agencies" 的形容詞,雖未表明另有本人存在,第三人仍得對代理商起訴請求。反之,簽約時代理商以 "As Agent" 或 "On behalf of our principal" 或 "On account of our principal" 名義簽約,即便未透露本人的名字,代理商個人亦可不負責。

㈢代理商既表明另有本人存在,且以本人名義簽約

例如, "Agent ×× on behalf of ××(即 Principal)"。此種情形,除非代理區域之法律另有規定,或依該交易習慣,代理商須負責外,第三人只能以本人 (Principal) 為被告。

第九節　如何簽訂代理契約實例

代理國外廠商進口代理產品,或國內廠商物色國外代理,通常以書信交換意見,並進行簽訂代理契約 (Agency Agreement)。

例如外國公司為徵求臺灣代理在報紙刊登廣告,國內某貿易商發函表示應徵,希望

作為其代理商，除表明願意合作竭誠服務外，並說明本身特點、公司簡歷、資金、推銷能力等。國外公司如同意其擔任代理或不同意均應有答覆。國外公司如果同意其為臺灣代理，復函時隨即寄發代理契約洽談代理條件。

代理契約內容要點：①表明代理性質；②代理商品；③代理地區；④雙方權利與義務；⑤最低交易額；⑥代理報酬及佣金計算；⑦智慧財產權之保護；⑧契約終止條款；⑨準據法；⑩完整契約條款等。茲列舉代理契約範例三則作參考。（資料來源：中文部份之代理契約範例之二、三，摘自中華民國對外貿易發展協會編撰《如何與外商簽訂代理契約》一書，日期並作修改。英文部分之代理契約範例之二，係由倫敦出口學會 (The Institute of Export, London) 所擬定，並經國際商會在其刊物中介紹；範例三摘自日本學者中村弘著《貿易業務論》，東洋經濟新報社 1973 年出版。）

代理契約範例之一

AGENCY AGREEMENT

This agreement made on this 23rd day of June 20– by and between ABC Company (hereinafter called ABC) and XYZ Company (hereinafter called XYZ) stipulates the terms and conditions mutually agreed upon as follows:

1. ABC hereby appoints XYZ as its agent in New Zealand for ABC's principals for the solicitation of orders and the sales of the following products produced of manufactured in Taiwan.

a. Fertilizer

b. P.V.C.

c. Resin

2. XYZ hereby appoints ABC as its agent in Taiwan for XYZ's principals for the solicitation of orders and the sales of the following products produced or manufactured in New Zealand.

a. Wheat

b. Maize

c. Barley

3. Both parties warrant each other that the one party shall not directly or indirectly sell or buy products listed above to or from respective, principals other than through the other party.

4. Both parties mutually agree to do their best effort in the execution of this agreement.

5. Commission is to be calculated at 1% on FOB price unless otherwise specified at the time of placing the order.

6. All orders shall be subject to confirmation of the other part, and the payment shall be effected by a prime banker's irrevocable letters of credit.

7. Each party shall pay their own cabling and other expenses.

8. This agreement supersedes any undertaking or agreement that the parties may hereto have had.

9. This agreement shall not be modified or revised without mutual consent nor shall it be assignable by any of the parties without prior written consent of the other.

10. Unless cancellation has been effected by mutual consent, this agreement shall remain in force from the 23rd day of June 20– until the 22nd day of June 20–. Unless 90 days written notice of termination is given to the other party.

11. Claims, if any, shall be made by cable within fifteen days from the date of the final lading of the goods at destination.

12. In the event of any dispute hereto owing to the claims which cannot be amicably settled between the two parties hereto, it shall be settled in accordance with Chinese Arbitration Regulations.

In witness whereof, both parties have signed and sealed this agreement in Taichung on the date mentioned above.

Accepted by Agent(s)   Principal(s)

ABC Company   XYZ Company

manager   manager

代理契約範例之二

AGREEMENT

AN AGREEMENT made this...day of...20–...BETWEEN...whose Registered office is situated at...(hereinafter called the Principal) of the one part and...(hereinafter called the Agent) of the other part. WHEREBY IT IS AGREED as follows:

1. The Principal appoints the Agent as and from the...to be its Sole Agent in...(hereinafter called the area)...for the sale of...manufactured by the Principal and such other goods and merchandise (all of which are hereinafter referred to as the goods) as may hereafter be mutually agreed between them.

2. The Agent will during the term of...years (and thereafter until determined by either party giving three months' previous notice in writing) diligently and faithfully serve the Principal as its Agent and will endeavour to extend the sale of the goods of the Principal within the area and will not do anything that may prevent such sale or interfere with the development of the Principal's trade in the area.

3. The Principal will from time to time furnish the Agent with a statement of the minimum prices at which the goods are respectively to be sold and the Agent shall not sell below such minimum price but shall endeavour in each case to obtain the best price obtainable.

4. The Agent shall not sell any of the goods to any person, company, or firm residing outside the area, nor shall be knowingly sell any of the goods to any person, company, or firm residing within the area with a view to their exportation to any other country or area without the consent in writing of the Principal.

5. The Agent shall not during the continuance of the Agency hereby constituted sell goods of a similar class or such as would might compete or interfere with the sale of the Principal's goods either on his own account or on behalf of any other person, company, or firm whomsoever.

6. Upon receipt by the Agent of any order for the goods the Agent will immediately transmit such order to the Principal who (if such order is accepted by the Principal) will execute the same by supplying the goods direct to the customer.

7. Upon the execution of any such order the Principal shall forward to the Agent a duplicate copy of the invoice sent with the goods to the customer and in like manner shall from time to time inform the Agent when payment is made by the customer to the Principal.

8. The Agent shall duly keep an account of all orders obtained by him and shall every three months send in a copy of such account to the Principal.

9. The Principal shall allow the Agent the following commissions (based on FOB United Kingdom values)...in respect of all orders obtained direct by the Agent in the area which have been accepted and executed by Principal. The said commission shall be payable every three months on the amounts actually received by Principal from the customers.

10. The Agent shall be entitled to commission on the terms and conditions mentioned in the last preceding clause on all export orders for the goods received by the Principal through Export Merchants, Indent Houses, Branch Buying Offices of customers, and Head Offices of customers situate in the United Kingdom of Great Britain and Northern Ireland and the Irish Free State for export into the area. Export orders in this clause mentioned shall not include orders for the goods received by the Principals from and sold delivered to customers, principal place of business outside the area although such goods may subsequently be exported by such customers into the area, excepting where there is conclusive evidence that such orders which may actually be transmitted via the Head Office in England are resultant from work done by the Agent with the customers.

11. Should any dispute arise as to the amount of commission payable by the Principal to the Agent the same shall be settled by the Auditors for the time being of the Principal whose certificate shall be final and binding on both Principal and Agent.

12. The Agent shall not in any way pledge the credit of the Principal.

13. The Agent shall not give any warranty in respect of the goods without the authority in writing of the Principal.

14. The Agent shall not without the authority of the Principal collect any money from customers.

15. The Agent shall not give credit to or deal with any person, company, or firm which the Principal shall from time to time direct him not to give credit to or deal with.

16. The Principal shall have the right to refuse to execute or accept any order obtained by the Agent or any part there of and the Agent shall not be entitled to any commission in respect of any such refused order or part thereof so refused.

17. All questions of difference whatsoever which may at any time hereafter arise between the parties here to or their respective representatives touching these presents or the subject matter thereof or arising out of or in relation thereto respectively and whether as to construction or otherwise shall be referred to arbitration in England in accordance with the provision of the Arbitration Act 1950 or any re-enactment or statutory modification thereof for the time being in force.

18. This Agreement shall in all respects be interpreted in accordance with the Laws of England.

AS WITNESS the hands of the parties hereto the day and year first herein before written.

(Signature)   (Signature)

代理契約範例之二（中譯）

契約書

本契約係於 20＿＿年＿＿月＿＿日由當事人一方＿＿＿＿＿＿＿＿＿其已登記之辦公地址在＿＿＿＿＿＿＿＿＿＿＿＿＿＿＿＿（以下簡稱本人）與他方當事人＿＿＿＿＿＿＿＿＿＿＿＿＿＿＿＿（以下簡稱代理人）所簽訂。茲約定事項如下：

1. 本人茲任命代理人自＿＿＿＿＿＿＿起為＿＿＿＿＿＿＿＿＿＿＿＿＿（以下簡稱代理地區）之獨家代理以推銷本人所製造之＿＿＿＿＿＿＿＿＿＿以及以後雙方互相同意之其他貨物及商品（以下簡稱商品）。

2. 代理人在其＿＿年任期內（以及其後由當事人一方在三個月以前以書面通知他方所決定之期間內）將竭誠為本人服務並努力在代理地區內推銷本人之商品，並將不作任何有礙此一推銷之行為或干擾本人在代理地區內所作之貿易推廣。

3. 本人將經常向代理人提供每種商品最低售價表，代理人不得以低於表定價格出售，並應設法在每一場合爭取最好之價格。

4. 代理人未經本人書面同意，不得將商品之任何部分售於代理地區以外之任何個人、公司或行號，亦不得故意將商品售於代理地區內之個人、公司或行號以便其再行輸往其他國家或地區。

5. 代理人在本代理契約有效期間內，不得以自己名義或代表任何其他個人公司或行號銷售與本人商品類似之商品，因而干擾本人商品之銷售或與之競爭。

6. 代理人接到商品訂單後，應立即將訂單寄交本人，本人如果接受，則將商品直接運交顧客。

7. 本人履行每一訂單後，即將開往顧客之發票副本寄與代理人，並當顧客向本人付款時，以同樣方式隨時通知代理人。

8. 代理人所獲得之一切訂單均應記帳並每隔三個月向本人寄送一份帳單。

9. 代理人在代理地區所直接獲得之一切訂單經本人接受並履行後，由本人給予代理人佣金＿＿＿＿＿＿（按 FOB 英鎊計算）。佣金每三個月付一次，按本人收自顧客實際金額計算。

10. 本人經由出口商、代理商、顧客之採購辦事處，以及顧客在英國、北愛爾蘭與愛爾蘭自由邦之總公司，輸往代理地區之一切出口訂單，代理人均得依照上條所述之條件請求支付佣金。惟顧客在代理地區以外之營業處所寄往本人之商品訂單，縱然此等商品爾後再由顧客從該營業處所運往代理地區，亦不包括在本條所稱之出口訂單以內。但如有確切證據證明，此等實際上可以經由英國總公司之訂單，係由於代理人向顧客爭取所致者，不在此限。

11. 如因本人付與代理人之佣金數目發生爭執時，將暫以本人之核算員所決定之數目為準，核算

人之證明對本人及代理人均有最後的約束力。

12.代理人不得對本人之信用能力作任何保證。

13.代理人未獲本人之書面授權,不得對商品作任何保證。

14.代理人未獲本人授權,不得向顧客收取任何金錢。

15.曾經本人指示代理人不得對某些個人、公司或行號授予信用或與之交易者,代理人不得對此等客戶授予信用或與之交易。

16.本人有權拒絕履行或接受代理人所獲得之訂單或訂單之一部分,而代理人對被拒絕之訂單或其中之一部分無任何佣金請求權。

17.當事人間或其各別代表人間,今後有關本合約或本合約所指之事項或有關解釋等所引起之一切異議,均應在英國依照 1950 年仲裁條例或任何新制定或法律修正本,以仲裁解決之。

18.一切有關本合約之解釋,將以英國法律為準。

茲證明本合約係雙方當事人於前述之年月日所簽訂。

（簽字）   （簽字）

代理契約範例之三

EXCLUSIVE AGENCY (DISTRIBUTORSHIP) AGREEMENT

This Agreement entered into this–day of 20– between Toyo Trading Co., Ltd. Osaka, Japan (hereinafter called Principal (Seller)) and J. Smith & Co., Inc. New York, U.S.A. (hereinafter called Agent (Distributor)).

1. Appointment: Principal (Seller) grants Agent (Distributor) the exclusive right to sell the merchandise stipulated in Article 3 in the Territory stipulated in Article 2, and Agent (Distributor) accepts such appointment.

2. Territory: The territory covered under this Agreement is confined to the United States of America (hereinafter called Territory).

3. Merchandise: The merchandise covered under this Agreement is confined to...(hereinafter called Merchandise).

4. Exclusiveness: Principal (Seller) shall not sell Merchandise to Territory through any channel other than Agent (distributor). Agent (Distributor) shall not sell or promote the sale of any item made in Japan similar to Merchandise and shall not sell Merchandise outside Territory. Principal (Seller) shall refer to Agent (Distributor) any inquiry or order for Merchandise which Principal (Seller) may receive from others in Territory.

5. Minimum Transaction: If the total amount of payment received by Principal (Seller) from Agent's customers (Distributor) fails to reach US$...for any one year period, Principal (Seller) may terminate this Agreement by giving sixty (60) days written notice to Agent (Distributor) at any time.

6. Expenses: Agent (Distributor) shall bear all the expenses incurred in connection with the sale of Merchandise including traveling, cable, telex, fax, postal and incidental other expenses. Principal (Seller) shall, likewise, bear its own cable, telex, fax, postal and other incidental expenses.

7. Commission: Principal may pay to Agent commission in U.S. currency at the rate of 3% of the net invoiced selling price of Merchandise on all orders obtained by Agent and received and accepted by Principal, provided, however, that no such commission shall be payable until Principal receives the full amount of payment due. Commission shall be settled at the end of every three months.

8. Individual Contract: Each individual contract under this Agreement shall be concluded by Seller's Sales Contract which sets forth the terms, conditions, rights and obligations of the parties hereto except those stipulated in this Agreement.

9. Offer: All cable fax and/or telex offers shall be considered "firm" subject to reply being received

within three days from and including the day of dispatch, unless otherwise stated. Sunday and National Holidays at both ends are excepted.

10. Trade Terms: The trade terms used between the parties hereto shall be governed and interpreted by the provisions of Incoterms, 2000.

11. Information and Sales Promotion: Both Principal (Seller) and Agent (Distributor) shall periodically and/or at the request of either party furnish information in order to promote the sale of Merchandise. Agent (Distributor) shall diligently and adequatly advertise and promote the sale of Merchandise in Territory. Principal (Seller) shall furnish Agent (Distributor) with a reasonable quantity of advertising materials such as literatures, catalogs and folders.

12. Observance of Secrecy: Both Principal (Seller) and Agent (Distributor) shall keep in strict confidence from any third party and all important matters as to the business covered by this Agreement.

13. Intellectual Property Rights: Agent (Distributor) may use the Principal's (Seller's) trade mark(s) during the effective period of this Agreement only for the sale of Merchandise. Agent (Distributor) acknowledges the fact that any and all patents, trade marks, designs and other intellectual property rights used in Merchandise remain the property of Principal (Seller). Agent (Distributor) shall immediately send information to Principal (Seller) in case it has found that the Principal's (Seller's) intellectual property rights are infringed upon by a third party, and assist Principal (Seller) in taking necessary steps to protect the right effectively.

14. Duration: This Agreement shall be valid for a period of one year commencing from the date first above written and shall be automatically renewed thereafter on a year to year basis unless either party gives the other party two months prior written notice to terminate this Agreement.

15. Force Majeure: Neither Party shall be liable in any manner for failure or delay in performing all or part of this Agreement, directly or indirectly, due to Force Majeure, such as fire, floods, earthquakes, tempests, strikes, lockouts, and other industrial disputes, mobilization, war, threat of war, riots, civil commotion, hostilities, blockade, requisition of vessel, and any other contingencies beyond the control if the parties hereto.

16. Assignment: Neither party shall not assign this Agreement in whole or in part to any third party without the prior written consent of the other party.

17. Arbitration: All disputes, controversies, or differences which may arise between the parties hereto, out of or in relation to or in connection with this Agreement, of for the breach thereof, shall be finally settled by arbitration in Osaka, Japan in accordance with the Commercial Arbitration Rules of the Japan Commercial Arbitration Association. The award rendered by the arbitration(s) shall be final and binding

upon both parties.

18. Entire Agreement: This Agreement constitutes the entire agreement between the party hereto and supersedes all previous negotiations, agreements and commitments in respect thereto. No change, modification or amendment of this Agreement is binding upon principal (Scllcr) and Agcnt (Distributor) unless made in writing and signed by both parties.

19. Governing Law: This Agreement shall be governed in all respects by the laws of Japan.

Principal (Seller)	Agent (Distributor)
Toyo Trading Co., Ltd.	J. Smith & Co., Inc.
(Signature)	(Signature)
Ichire Toyota	John Smith
President	President

代理契約範例之三（中譯）

獨家代理（經銷）契約

本契約係於 20　　年　　月　　日由日本大阪 Toyo Trading Co., Ltd.〔以下簡稱本人（賣方）〕與美國紐約 J. Smith & Co., Inc.〔以下簡稱代理商（經銷商）〕所簽訂：

1.委任：本人茲授與代理人在本契約第二條所規定之地區內出售第三條所規定之商品的獨家代理權，代理商同意接受。

2.代理地區：本契約所適用之代理地區以美利堅合眾國為限（以下簡稱代理地區）。

3.商品：本契約所包括之商品限於＿＿＿＿＿＿＿（以下簡稱商品）。

4.總代理權：本人不得經由代理商以外之途徑在代理地區內出售商品。代理商不得出售或推廣在日本所製造與代理商品類似之任何其他商品，亦不得在代理地區以外銷售商品。本人收自代理地區內他人寄來之詢價或訂單，應轉至代理商處理。

5.最低交易額：在任何一年期間內，本人收自代理商之顧客的總貨款如未達＿＿＿＿美元時，本人得隨時以書面通知代理商於六十天後終止本契約。

6.費用：代理商自行負責與銷售商品有關之一切費用、電報費、Telex 費、Fax 費用、郵費及其他有關費用。本人同樣負擔自己之電報費、Telex 費、Fax 費用、郵費及其他有關費用。

7.佣金：代理商所獲得之一切訂單經本人接受後，由本人以美金按商品淨發票價格給予 3% 之佣金，但佣金應俟本人收齊全部到期貨款後支付。佣金於每三個月月底結算一次。

8.個別契約：根據本契約所簽訂之個別契約，除本契約另有規定外，應依照賣主銷售契約所規定之條件與當事人之權利義務為之。

9.報價：所有電報、Fax，或 Telex 報價，除另有規定外，自報價之日（包括當日）起三天以內收到答覆時，均得視為係「確定報價」。雙方之星期日及國定假日除外。

10.貿易條件：本契約當事人雙方所使用之貿易條件及其解釋，以 2000 年國際商會報價條件之規定為準。

11.資料及銷售推廣：本人及代理商應定期及／或基於對方請求，提供資料以便推廣商品之銷售。代理商在代理地區內應做適切宣傳以推廣商品。本人應向代理商提出合理數量之宣傳資料如說明書、目錄及摺頁資料等。

12.保守機密：本契約所包括之一切重要商業事項，本人及代理商均應對第三者嚴守祕密。

13.智慧財產權：在本契約有效期間內，代理商對本人之商標，僅能作銷售品之用。代理商承認，商品所有之任何專利、商標、設計以及其他智慧權，仍歸本人所有。代理商一旦發現本人之智慧權受到第三者侵害時，應立即通知本人並應協助本人採取必要步驟以有效保護其利益。

14.有效期限：本契約自前述日期起，有效期間一年，爾後除非當事人先兩個月以書面通知他方

當事人終止本契約外，將逐年自動更新。

15.不可抗力：任一當事人由於直接或間接之不可抗力，無法履行本契約之全部或一部時，將不負任何責任。所謂不可抗力係指火災、水災、地震、暴風、罷工、停工及其他工業糾紛、動員、戰爭、或戰爭威脅、暴動、民變、敵對、封鎖、船舶徵用、以及任何其他當事人無法控制之意外事故。

16.轉讓：任一當事人如事先未獲他方當事人之書面同意，不得將本契約之全部或一部轉讓與第三者。

17.仲裁：雙方當事人間所發生，或與本契約有關之一切糾紛、爭端或歧見，或對本契約之違反等，均將依照日本商務仲裁協會之商務仲裁規則，在日本大阪以仲裁作最後解決。仲裁人所提出之仲裁判斷，對雙方當事人有最終約束力。

18.完整契約條款：本契約為當事人間之全部協議，取代所有以前之各項商談、協議及承諾。本契約之變更或修訂，如未經雙方當事人以書面簽名為之，對本人及代理商均無拘束力。

19.準據法：本契約在各方面均以日本法律為準。

本人（賣方）＿＿＿＿＿＿＿＿　　　　代理商（經銷商）＿＿＿＿＿＿＿＿

Toyo Trading Co., Ltd.　　　　　　　J. Smith & Co., Inc.

＿＿＿＿＿＿＿＿（簽名）　　　　　　＿＿＿＿＿＿＿＿（簽名）

Ichire Toyota　　　　　　　　　　　John Smith

董事長　　　　　　　　　　　　　　董事長

第十三章
信用狀之理論與實務

第一節　信用狀之定義

信用狀 (Letter of Credit)，亦稱為信用證，簡稱 Credits 或 L/C，為國際貿易上最普遍的付款方式。其主要意義為進口地之銀行應進口商之要求而開發給出口商之一種書面函件，授權出口商在特定條件及依照規定條款，得向銀行或其指定銀行開發匯票，給予即期融資之謂。詳細定義可分述如次：

⑴ Wilbert Ward and Harfield 在其 *Bank Credits and Acceptance* 一書對信用狀所寫之定義為：「商業信用狀為銀行循購貨人之請求而給與售貨人之正式函件，表示同意兌付售貨人在特定條件及規定下所開具之合乎法定格式之匯票。」

⑵ Frank Henius 在其 *Dictionary of Foreign Trade* 一書則謂：「信用狀係由買方之銀行所開發之一張文書，授權賣方可以開發符合特定條件及合乎法定格式之匯票，而後予如期兌付之謂。它記載開狀者所指定之受益人在什麼條件及情況下可以開發匯票，同時保證對此匯票付款及承兌，只要能合乎信用狀條件即可。」

⑶ W. S. Shaterian 在其所著 *Exporting-Importing* 所下之定義主要是：「商業信用狀為代表或列帳購買商品之買方銀行所開發之一種文書或函件，依據此函件，銀行同意賣方可開發以開狀銀行或其指定銀行依其函件所示代表買方，在該函件所指定條件內，視其匯票付款期限，予以如期承兌或付款之謂。」

⑷國際商會為信用狀所下之定義載於其「信用狀統一慣例與實務」(Uniform Customs and Practice for Documentary Credits, 1993 Revision) 第二條：「跟單信用狀或擔保信用狀，不拘其名稱與措辭如何，係指銀行（開狀銀行）為其本身或循顧客（申請人）之請求，並依其指示所為任何安排，在符合信用狀條款之情形下，憑所規定之單據，對第三者（受益人）或其指定人履行付款，或對受益人所簽發之匯票履行付款或承兌；或授權另一銀行履行上述付款或對上述匯票為承兌並予付款；

或授權另一銀行為讓購。」

由上述定義可知信用狀均授權賣方開發匯票，並由開狀銀行對其所開匯票履行付款、承兌或讓購。其故在於國際貿易債權之收回是採用逆匯方式，必須開發匯票，始能迅速確實的收到貨款。為了確保賣方所開之匯票到期能順利被承兌或付款，匯票除需符合信用狀規定開發之外，尚需合乎各國有關票據法之規定，庶免生困擾與糾紛，此為重點所在。

第二節　信用狀之種類

信用狀制度緣於國際貿易而產生。因此，隨著國際貿易的多元化，乃有各種不同型態的信用狀應運而生，以適應其需要。惟無論如何，一張完整的信用狀絕非依其某一種名詞即可涵蓋其全部性質或功能。相反地，一張信用狀往往具有多種性質與功能，顯見其複雜性。依 2007 年國際商會「信用狀統一慣例」第一條之旨意，信用狀可分為兩大類，「跟單信用狀」(Documentary L/C) 及「擔保信用狀」(Standby L/C)。其中前者之使用以涉國際間之商品買賣為主且適用信用狀統一慣例（UCP 600，2007 年）及「電子信用狀統一慣例」(eUCP，2002 年)，eUCP 本質上為 UCP 600 的補充文件。後者常見諸於對貸款、採購、投標及履約等之保證。

另者，信用狀若依其將開狀事宜通知受益人的方式區分，又可分為：

1.郵寄信用狀 (Mail L/C)

郵寄信用狀乃指開狀銀行將開發信用狀事宜以郵寄（一般為航郵）方式通知受益人的信用狀。

2.電報信用狀

乃指開狀銀行以電傳 (Teletransmission) 方式，例如海纜電報 (Cable) 或電傳電報 (Telex)，將開發信用狀事宜通知受益人的信用狀。

3. SWIFT 信用狀

亦即透過環球銀行財務通訊系統所開發的信用狀。其格式與結構更迥然不同於郵寄信用狀或電傳信用狀。

一、跟單信用狀

跟單信用狀係指信用狀受益人申請讓購或兌付匯票時，須提示單據 (Presentation of Documents)，始能取得款項者，又稱為押匯信用狀。國際貿易上使用的信用狀，屬於這一類者居多。

(一)依可否撤銷而分

1.不可撤銷信用狀 (Irrevocable L/C)

即信用狀一旦通知受益人之後，在其有效期間內，非經開發信用狀申請人、開狀銀行、受益人或即經憑該信用狀讓購匯票之銀行等有關各方面的同意，不得將該信用狀條件作片面的取消 (Cancel) 或修改 (Amend) 者。開狀銀行對不可撤銷信用狀，具有永久固定保證義務，故對受益人或善意匯票的持有人有保障。其條款例示：

We hereby engage with drawer's endorsers and bona fide holders of drafts drawn under and in conpliance with the term of this L/C that the same shall be duly honored on due presentation.

2.可撤銷信用狀 (Revocable L/C)

係未經任何銀行確認，開狀銀行亦可在任何時間加以修改或取消的一種信用狀。開狀銀行及通知銀行對此修改或取消事項，並無通知受益人之責任。但售貨人所開匯票如經轉讓購銀行兌付或承兌後，則不得再行取消。因可撤銷信用狀對售貨人無付款之保障，除非有些企圖大量推廣海外市場之企業，願意負擔有限度之償還義務，才願接受。此種信用狀例載有下列文字：

The L/C is subject to revocation or modification at any time, either before or after presentation of documents, and without notice to you.

(二)依匯票期限而分

1.即期信用狀 (Sight L/C)

信用狀規定受益人開發即期匯票者，謂之即期信用狀。在即期信用狀之場合，不論匯票的付款人為開狀銀行或進口商或其他指定銀行，只要所開出的匯票符合信用狀條件，一經提示，開狀銀行即須立刻付款，進口商也須立即向開狀銀行付款贖票。在即期信用狀條件下，從出口商交單到進口商最後付款，時間上僅僅相差寄遞單據的郵程。在現今航郵迅速的情況下，這個過程已縮短很多。如果信用狀規定讓購銀行可以電報求償

(T/T Reimbursement)，同時開狀銀行也以電報歸償，那麼這一過程更可縮短到只有兩三天。這樣，出口商的資金周轉很快，可不考慮在貨價中加計墊款利息。

2. 遠期信用狀 (Usance L/C)

信用狀要求開發遠期匯票者屬之。在遠期信用狀的場合，匯票先經付款人承兌，至到期日 (Maturity) 才予付款。雖然讓購銀行非到期不能取得票款，但如需周轉資金時，即可將該承兌匯票在貼現市場予以貼現。為便於自由貼現，此類匯票以銀行為付款人並由其承兌者為佳。此種由銀行承兌的匯票稱為銀行承兌匯票 (Banker's Acceptance)，以有別於由一般商人承兌的商業承兌匯票 (Commercial Acceptance)。在信用狀交易場合，受益人開出的匯票以開狀銀行或其指定的銀行為付款人者佔大多數，此乃為求貿易金融的靈活所必須之故。

對出口商而言，在賒帳交易中，使用遠期信用狀要比使用託收的 D/A 安全，而貨款收不到的風險，亦因銀行的保證而大為減少，且出口商還可以信用狀向銀行借款，利息負擔也比較輕。

對進口商而言，開發遠期信用狀的好處，是可利用出口商（或對方銀行）的墊款，便利資金周轉，擴展交易。

出口商以遠期付款方式售貨，必須考慮到利息歸誰負擔的問題，其解決方法有二：其一為內扣法，即利息負擔包括在貨價中。在這種情形下，進口商開出的信用狀，稱為賣方遠期信用狀 (Seller's or Shipper's Usance L/C)。這種遠期信用狀，通常不載明遠期付款所引起的利息由誰負擔，出口商於押匯時只能收到票面額扣除貼現息後的差額。但也有在信用狀上註明貼現息由出口商負擔，或註明到期才付款者。其文句：

(1) We shall accept the draft drawn on us per 180 days after sight. In case you want to have the draft discounted the discount charges are for your account.

(2) Draft(s) drawn under this L/C will be accepted and paid at maturity, acceptance charge for buyer's account.

另外一法為外加法，即按即期交易價格成交，遠期付款所引起的利息，由出口商按實際情況向進口商收回。在進口商開狀時，這一點便成為附加條款之一。其所開出的信用狀稱為買方遠期信用狀 (Buyer's Usance L/C)，出口商押匯時猶如憑即期信用狀，可立即向開狀銀行領款。這種遠期信用狀，須於信用狀上註明貼現息由買方負擔。其條款：

(1) Bankers discount charges may be charged account buyer in addition to L/C amount.

⑵ ...will be duly honored at maturity, interest at 0.9% per month on 90 days-sight-draft may be drawn outside of the L/C amount.

⑶ Discount charges are for accountee (Buyer).

⑷ The drafts drawn hereunder are to be negotiated at sight basis as acceptance commission and discount charges are for account of the buyer.

㈢依是否限制押匯銀行而分

1.讓購信用狀 (Negotiation L/C)

凡未指定讓購銀行，而受益人可向任何銀行請求讓購其所開匯票的信用狀。在此場合，既允許匯票的自由轉讓，在信用狀上規定不僅對受益人，即對匯票背書人及善意持有人亦負責予以兌付。

⑴ We hereby agree with the drawers, endorsers, and bona fide holders of drafts drawn under and in compliance with the terms of this L/C, that such drafts will be duly honored on due presentation and on delivery of documents as specified to the drawee bank.

⑵ Drafts must be negotiated not later than...(date).

2.直接信用狀 (Straight L/C)

開狀銀行在信用狀特別限定某一銀行讓購其信用狀項下匯票者。此時係因開狀銀行在出口地頭寸充足或由於信用狀本身條款複雜，或有些問題需要特別注意審查單據，開狀銀行希望自己掌握審單或由指定的聯行、代理行獨家經辦，因而特別規定受益人須將匯票及單據直接持往開狀銀行或其指定的銀行兌付。

亦有指定匯票須由指定之銀行兌付。此種信用狀只約定符合信用狀條件的匯票，經受益人提示開狀銀行或其指定銀行時，保證予以付款，其條文：

⑴ We hereby agree with you (Beneficiary) that all drafts drawn under and in compliance with the terms of this L/C will be duly honored on presentation and on delivery of documents as specified to the drawn's bank.

⑵ Drafts must be presented to the drawee bank not later than...(date).

㈣依銀行所負責任而分

1.確認信用狀 (Confirmed L/C)

係開狀銀行之信用，並不為售貨人所熟知，或其經營能力較差，因而售貨人為求保

障，乃要求開狀銀行另覓其他信用卓著之銀行（普通為開狀銀行之代理銀行）對該信用狀予以確認保兌，當開狀銀行不能兌現或承兌時，此確認銀行應負兌付或承兌之責。不可撤銷信用狀，經其他銀行確認後，即成「確認信用狀」。保證的文字，通常如下：

At the request of the correspondent, we confirm their L/C and also engage with you drafts drawn in conformity with the conditions of this L/C will be honored by us.

並由負責確認之銀行有權簽字人 (Authorized Signature) 簽署於下面加押日期，始為確認信用狀。

2. 未確認信用狀 (Unconfirmed L/C)

為信用狀開狀銀行未另覓其他銀行為之確認（保兌）者。此種信用狀，若開狀銀行是名不見經傳，或進口地屬經濟低度開發國家，發生金融風暴或政治軍事不穩定的國度，信用狀未經信譽卓著銀行加以保兌責任的話，對出口商之權利影響很大，在此情況下，信用狀宜要求確認（保兌）。

㈤依其是否循環運用而分

1. 循環信用狀 (Revolving L/C)

指在一定期間、一定金額內，可由受益人按規定條件條款循環周轉使用之信用狀。通常係因購貨人經常按期分批進貨，一方面開狀銀行因嫌未用額保留太多，而不將全年進貨額一次發出信用狀；另一方面購貨人因嫌手續繁瑣，而不願每月開一次信用狀，而由開狀銀行預先與購貨人洽妥全年總額度及每月有效額度，當第一次按有效額度開出信用狀後，俟此筆交易完成，開狀銀行向購買人取得貨款，即通知聯行恢復原來有效額度，如此周而復始，直至總額度用完為止。至於金額如何回復，通常採用較多的方法有三種：

(1)通知回復法：信用狀之受益人須俟收到憑該信用狀所開出的匯票之付款通知時，始能將該金額回復，再加利用。其條款為：The amount of drawings made under this L/C become automatically reinstated on payment by us.

(2)自動回復法：信用狀受益人動用信用狀之金額後隨即可恢復到原金額，既無需經過一定期間，亦不必等待開狀銀行之通知，完全授權由出口商自動回復使用。其條款為：The amount paid under this L/C are again available to you automatically until of the total of the payment reaches US$....

(3)「大約滿期日」回復法：出口商每一次支款後須經過若干時日 (Approximate Due Date)，如果開狀銀行未提出不能回復原金額的通知，信用狀即自動回復原金額。

例如訂定一個月的約定期間，而在此期間內如無特別通知，即可回復使用。其條款為：30 days after a draft has been negotiated under this L/C, the L/C reverts to its original amounts of US$...unless otherwise notified.

2.非循環信用狀 (Non-revolving L/C)

即規定在一定期間內，信用狀上一定金額不得回復使用，信用狀上之金額，即使尚有餘額未經使用，而其時效已過，該信用狀即不能再使用，而須重新申請之謂。例如信用狀中有 "...to the extent of US$...revolving non-cumulative available by drafts..." 及 "Drawings under this L/C are limited to US$...in any calendar month..." 者，即為不可累積定期回復信用狀所常用之詞句。

(六)依可否轉讓而分

1.可轉讓信用狀 (Transferable L/C)

為信用狀之受益人有權指示履行付款或任何辦理承購之銀行，將信用狀之一部或全部，由一個或一個以上之第三者（即信用狀之第二受益人）利用之，但第二受益人不能將信用狀再行轉讓。此種信用狀之轉讓方法有兩種：

(1)不替換發票轉讓 (Non-substitution of Invoice)：貿易商接單、工廠出貨、工廠押匯之交易型態。係信用狀受益人將信用狀金額的全部或一部讓給受讓人之後，即由受讓人自行準備信用狀規定的全部貨運單據，以受讓人自己的名義向銀行辦理押匯事宜。

(2)替換發票轉讓 (Substitution of Invoice Transfer)：貿易商接單、工廠出貨、貿易商押匯之交易型態屬之。此種轉讓的特點為儘管貨物是受讓人運出，但商業發票仍由原受益人編製，表面上仍是以原受益人為裝運人，其用意在於既不讓受讓人知悉何人為買方，亦不讓買主知悉誰是真正的供應商。

可轉讓信用狀通常須有下列文字之記載：

(1) This L/C is transferable.

(2) This L/C is transferable in whole or in part.

2.不可轉讓信用狀 (Non-transferable L/C)

依信用狀統一慣例之規定，信用狀之轉讓以開狀銀行明確指示可以轉讓者為限，而且除信用狀另有敘明外，限於轉讓一次。UCP 規定如次："A L/C can be transferred only if it is expressly designated as 'transferable' by the issuing bank." 故信用狀中無此 Transfer

Clause 條款者，即為不可轉讓信用狀。

3.本地信用狀 (Local L/C)

係有時信用狀受益人本身並非貨品之供應商，惟因不欲暴露自己非供應商之事實，出口商即可向通知銀行 (有時為本地其他銀行) 憑開給自己之信用狀中另開一信用狀給供應商。此種憑另一信用狀而開給供應商之信用狀，稱之為本地信用狀。而原來的信用狀則稱為 "Original L/C" 或 "Master L/C"，至於轉開之信用狀則稱為 "Local L/C"。轉開信用狀銀行為避免原受益人提示原信用狀所規定之單據不符，造成貨款收回困難，常在轉開之信用狀上加註下列條款：The L/C amount is payable to you upon our receipt from the above accountee of the documents required under the ×××　Bank of Original L/C No...,　dated....

4.對開信用狀 (Back to Back L/C)

在二次大戰及戰後，因商品缺乏，一般製造廠商在國際市場所居地位優越，屬 Seller's Market，故出口商如欲憑國外開立的信用狀向製造廠商訂購貨品，製造廠商常要求其預付貨款或提出付款保證。為應付此要求，出口商乃憑其信用狀向通知銀行請求開發以製造廠為受益人的 Domestic L/C，而以國外開來之信用狀為之支持 (Backed)，對此種方式的信用狀交易，國際上稱之為 "Back to Back Commercial Financing"，而此 Domestic L/C 則稱之為 "Back to Back L/C"。此種信用狀之性質與上述 Local L/C 相類同。

㈦ SWIFT 信用狀

環球銀行財務通訊系統 (Society for Worldwide Interbank Financial Telecommunication, SWIFT)，是一套使用於全世界各銀行間，用來傳遞信息，調撥資金與開發信用狀等業務的一種高性能，低成本，安全，迅速，且可以和各種電腦連線作業的電信系統。

SWIFT 是一國際性非營利之法人組織，總部設於比利時布魯塞爾 (Brussels)，SWIFT 全球通訊網於 1977 年 9 月初步完成作業，目前已有五十四個國家與地區加入為會員國，一千餘家銀行加入為會員銀行。

SWIFT 通訊作業系統中，與進出口廠商關係最為密切的是信用狀的通知格式，此種 SWIFT 信用狀具有下列幾項特色：

⑴ SWIFT 信用狀有一定的格式。

⑵ SWIFT 信用狀會自動核對密碼，若密碼不符時，則開狀銀行所發過來之訊息就

自動會被回絕。

⑶除非另有規定，否則以 SWIFT 方式傳遞的信用狀都是可憑使用的有效信用狀正本 (Operative Instrument)。

⑷電文中雖未明示遵守 UCP，但實際上以 SWIFT 方式傳遞之信用狀皆是遵守 UCP 的。

⑸SWIFT 信用狀電文中常省略掉載有確切保證字眼的條款，但由於 SWIFT 信用狀仍然是遵守 UCP 之規定；而在 UCP 中對於開狀銀行之義務已有規定的情況下，SWIFT 信用狀雖省略了此種條款，開狀銀行之保證義務卻不因此而免除。

⑹SWIFT 信用狀日期之表示方式，均依照 ISO 標準以六個數字所組成，亦即××年××月××日，其中不可使用空白或其他文字。例如 100815 = August 15, 2010。

SWIFT 將所有電文予以標準化，並劃分為九類，其中第七類為信用狀，再以阿拉伯數字 "7" 字開頭為三位數字細分各項信用狀業務的電文，例如 700 為信用狀的開發，707 為信用狀的修改。各銀行間傳輸電文使用統一的「代號」(Tag)，進出口廠商（尤其受益人）必須查對各代號的意義，才能瞭解信用狀的內容。

㈧其他特殊用途信用狀

1.國內信用狀 (Domestic L/C)

國內信用狀，係為解決國內廠商資金周轉上之困難而開辦之一種銀行授信業務。凡是外銷加工廠商在國內採購原料需要融資時，均得向銀行申請開發國內信用狀，賣方獲得此信用狀後，即依照信用狀規定將貨交予買方，取具買方收貨回單或提貨憑單，然後俟信用狀屆期日，附開統一發票，買方收貨回單及提運貨物憑單以及雙方有關約定文件，持向開狀銀行結提貨款。

國內信用狀業務，首先由臺灣區人造纖維製造工業同業公會向中央銀行提出建議，並由臺灣銀行於 64 年 3 月 1 日正式開辦，後擴及各銀行，財政部從 70 年開始大力推動使用，早期為一種遠期信用狀性質，目前以鋼鐵業普遍使用此種工具。此種信用狀對買賣雙方之利益如次：

對買方之利益：

⑴可延期付款，期限為一百八十天。

⑵對期貨買賣不必提出本票保證。

⑶買方可不必提出不動產之擔保，因此並不受賣方之控制。

⑷無需負擔利息，減少利息支出。

對賣方之利益：

⑴遠期信用狀由銀行承兌，甚為可靠。

⑵方便資金之調度，減低被倒帳之風險。

⑶可減輕利息的負擔。

2.預支信用狀 (Anticipatory L/C)

即信用狀規定受益人在一定條件下，於出口貨物之前，開出匯票或收據向開狀銀行指定的銀行（通常為通知銀行）請求墊款。墊款銀行所墊出的款項，則於受益人日後向銀行押匯時扣還。假使受益人到期未能出口，亦不歸還墊款，墊款銀行即可逕向開狀銀行要求代為償還墊款的本息。這種付款在先，出口商交貨交單在後的信用狀稱為「預支信用狀」。

預支信用狀可分為全部預支及部分預支兩種。在全部預支信用狀 (Clean Payment L/C)，出口商可僅憑光票支款。所以，實質上等於預付貨款。有些全部預支信用狀，也規定出口商在開發光票支款時，須附交一紙負責補交信用狀所規定單據的聲明書 (Statement)。但如出口商事後不補交單據，或已支取的款項並未用於採購規定的貨物，墊款銀行不負責任，進口商及開狀銀行仍須償還墊款銀行墊付的本金及利息。

部分預支信用狀又可分為紅條款信用狀 (Red Clause L/C) 和綠條款信用狀 (Green Clause L/C) 兩種。

紅條款信用狀又稱「打包信用狀」(Packing L/C)，係在信用狀上允許受益人在全套單據齊備之前得預支一定金額的特別條款者，因此種條款最初係以紅筆書寫，故稱之為「紅條款信用狀」。此條款所允許預支的方式可分為兩種，即向開狀銀行預支或向出口押匯銀行預支。其條款如次：To enable the beneficiary (its) to pay for the merchandise for the purchase and shipment of which this L/C is opened may make clean advance him (them) at any time or times not exceeding in all either.

至於綠條款信用狀與紅條款信用狀大致相同，只是條件較嚴格。亦即，出口商有義務將預支資金所採購的貨物以開狀銀行名義存放倉庫，以後補辦裝運出口手續。這種綠條款信用狀在澳洲羊毛出口業務中使用，目前已很少見到。

3.延期付款信用狀 (Deferred Payment L/C)

係指出口商於貨物裝船後,準備信用狀上所規定的貨運單據向通知銀行提示付款或押匯時,尚不能立即取得貨款,須俟將來的指定日期（例如裝船後一百二十天或一百八十天後）到期,始能取得押匯款項。以此種信用狀作為交易的工具,就賣方而言其性質與賣方遠期信用狀相類似,但並不開發匯票,故亦可稱之為「無匯票之遠期信用狀」。出口商於貨物裝船後某一期間內,始得要求付款或押匯。求償時,只能要求信用狀上所規定的金額（通常為貨款本金）,不能要求利息;此一利息即由出口商負擔。

但如與 D/A 比較,則情形又不同了,D/A 就出口商而言,除非對進口商有充分的認識,對於其到期付款均有相當把握,否則不輕易接受 D/A 付款條件。但「延期付款信用狀」則由銀行保證到期付款,出口商對貨款收回有保障,莫不樂於接受。

另外在一般所謂買方遠期信用狀 (Buyer's Usance L/C) 之場合,進口商須負擔延期付款的這一段時間利息。但在延期付款信用狀下,進口商則於出口商將貨物裝船後的某特定日期始繳納貨款,不負擔這一段期間的利息,可獲得資金周轉之益處。

假如進口商在提貨時發覺貨物有問題,因距離付款尚有一段時期,進口商有充分的時間,向出口商交涉,採取要求換貨減價或退貨等措施,以資補救,甚至亦可以設法尋求法律上的途徑,採取適當的措施,以防止出口商取得貨款。因此,就進口商言,可以說是一種很有利的付款方式。

二、擔保信用狀

信用狀通常為進口商向銀行申請開發,授權出口商可憑以裝貨押匯之一種函件。在擔保信用狀之場合,則申請開發信用狀者,不一定就是進口商,出口商也可向銀行申請開發,以達到其融資與保證之目的。

㈠國際擔保函證慣例

國際商會 (ICC) 自 1991 年 1 月 1 日起,正式採用「國際擔保函證慣例」(International Standby Practices, ISP 98),用以規範擔保信用狀,或類似「銀行保證函」(Bank Guarantee) 的承諾。

惟在適用上,擔保信用狀 (Stand-by L/C) 如同時適用 ISP 98 與 UCP 600,而有相互衝突（抵觸）時,ISP 98 之規定,將優先適用。若兩者法規不相衝突,則 ISP 98 與 UCP 600 皆可適用。其條文如次: "This undertaking is issued subject to the international standby practices 1998" 或 "Subject to ISP 98", 或其他類似的文句。

㈡擔保信用狀之用途

擔保信用狀在第二次世界大戰後才盛行,迄今猶然。擔保信用狀於下列場合使用之:

1.借款保證

本國廠商擬向國內銀行借款時,即可以國外銀行開出以貸出款項的本國銀行為受益人的信用狀。此種信用狀所規定之條款與一般商業信用狀大致相同,所不同者為常要求受益人於讓購匯票時,須提出一種聲明書,其條款如下: Beneficiary's statement in copies certifying that（借款人）have failed to make repayment on or before the due date on the loan referred to below made to them by the beneficiary and that the amount drawn represents unpaid and accured interest as agreed upon.

2.押標保證及履約保證

本國購貨人標購大批貨物時,為防投標人得標後拒絕訂約,而要求投標人提供押標保證金 (Bid Bond) 及訂約時為防訂約商無力履行交貨,而要求提供履約保證 (Performance Bond) 者,投標人或訂約商即洽請銀行開發 Stand-by L/C 以購貨人為受益人。此種場合所要求之單據通常為受益人所出具之聲明書,其常用條款如次:

⑴ Your signed statement certifying to the effect that＿＿＿was the successful bidder under invitation no.＿＿＿covering the supplying of 100 sets Electronic Typewriter and that＿＿＿did not comply with the terms of the award (for bid bond).

⑵ Beneficiary written in＿＿＿copies certifying that the XYZ company has defaulted in the performance of the terms and conditions of its agreement with you dated...(for performance bond).

3.採購保證

本國廠商向國外製造商購進機器設備時,因價款過鉅,乃以分期付款方式進口。惟此種賒帳交易,因付款期限延長甚久,供應商風險大,故常要求進口廠商提供保證。例如我國向日本、德國及義大利等國家以分期付款之辦法購買機器時,即常需提供銀行之保證。其條款如次: In the event that the buyer fail to pay the balance of the value of the loans with six weeks after such loans have been completed in accordance with the specifications stated in paral above, the seller reserves the right to protect the deposit after sufficient written notice by registered post has been given to the buyer.

4.轉開保證之擔保

　　廠商參與國外鉅大工程之招標或相對貿易之對等採購交易時,可洽請國內銀行開出 Stand-by L/C 給合格外國銀行作擔保，由另一合格外國銀行開出 Stand-by L/C 作為押標保證或轉開另一對等採購之信用狀，以完成鉅額國外工程之承攬及相對貿易。擔保信用狀，對後者之使用，尤其重要。

(三)擔保信用狀與 L/C、L/G 之比較

　　Stand-by L/C 與一般 L/C 相異之處，在於下列四點:

(1) Stand-by L/C 與商品運送、移轉無直接關聯。

(2)通常一般 L/C 所要求的商業文件，諸如提單、商業發票、裝貨單等，在 Stand-by L/C 中並不需要。

(3) Stand-by L/C 的受益人 (Beneficiary) 並不需獲取外面協助以準備文件，即可行使其權利。一般 L/C，受益人在押匯領取貨款時，有時需要原產地證明、領事簽證等。

(4) Stand-by L/C 受益人於行使其權利時，只需憑藉由其自己作的書面聲明，並不需要第三者的確認。

　　Stand-by L/C 有效期間通常為開狀日 (Issuing Date) 起算半年最為普遍。也有為一年或一年以上。一年以上者，絕大部分為完工保證，L/C 有效期間的延長，必須由開狀銀行給予正式書面通知，方為有效。

　　Stand-by L/C 與保證書 (Letter of Guarantee, L/G)，兩者最大不同之處，在於下列五點:

(1) Stand-by L/C 開狀銀行必須從開狀申請人取得佣金或其他利益。

(2)開狀銀行承擔風險之期限必須確定或一定期間，例如開始借款之日起算三個月。

(3) Stand-by L/C 上之金額為一確定數目。換句話說，開狀銀行所承擔的風險確定，其未來可能發生之數額一定。

(4)開狀銀行的付款只要受益人備齊某些特定文件即可,而不過問受益人與開狀申請人間是否有法律糾紛存在。

(5) Stand-by L/C 開狀申請人必須是無條件償還開狀銀行已付給受益人之金額。

　　隨著時代需要，現今 Stand-by L/C 非常廣泛的被使用，只要開狀銀行、開狀申請人、受益人三方面同意，即可隨環境需要，而做適當的更改，以便利實際所需要。

第三節　信用狀之關係人及相關定義

　　信用狀為國際貿易融資最普遍之工具,在現代國際貿易中,實佔有非常重要之地位。就其所涉及之關係人中,尤其對出口商之權益更是顯著,它能達到:①資金融通;②確定履行契約;③付款保證等功能。對進口商則有融資便利、確定賣方履約期、保證賣方確定交貨等益處;除此之外,開狀銀行和通知銀行亦為構成信用狀之基本關係人,在於運轉上述功能之達成,至於其他關係人則視交易情況而定。

 一、信用狀申請人

　　為購進貨物之買方 (The Buyer),同時是開發信用狀之申請人（在信用狀中稱之為 Accountee or Applicant)。因此買賣雙方訂立契約時,規定以信用狀方式償付價款者,買方即應請其往來銀行開發約定的信用狀。買方與銀行間的法律關係則依開發信用狀申請書及約定書而定,銀行只要依照買方指示而開發信用狀,買方對該銀行就該信用狀所為之付款負有償還的義務。就買方而言,不可撤銷信用狀一經開出,即構成開狀銀行與國外賣方、讓購銀行間之確定義務 (Definite Undertaking) 關係。

 二、信用狀受益人

　　銷售貨物之一方為賣方 (The Seller),即信用狀上之受益人 (Beneficiary) 或收受者。賣方與買方雙方存在有契約關係,惟此關係不能用之以對抗信用狀之銀行 (UCP 600 第四條)。就可撤銷信用狀言,賣方並不因信用狀之開發而取得任何權利。在不可撤銷信用狀之場合,開狀銀行直接對賣方負責,只要其依照信用狀規定之條件履行裝船交貨,即能如期取得貨款。通知銀行對信用狀只負轉知受益人之任務,不負其他責任,即使兼付款銀行亦然。但如經其保兌,則通知銀行對賣方而言,與開狀銀行負有同樣債務。

 三、開狀銀行

　　開狀銀行 (The Opening Bank),通常為進口商所在地之銀行,其責任為開發信用狀。選擇開狀銀行是重要的,它必須是信用可靠、知名並為國際貿易圈所公認之銀行,這是因為規模小的銀行無法開發信用狀之故。開狀銀行應遵守買方指示,對於單據審核義務

更應明確辦理。開狀銀行與通知銀行間存在有委任或代理關係,其與讓購銀行則依所開發之信用狀係可撤銷或不可撤銷而定 (UCP 600 第七條)。

 ## 四、通知銀行

開狀銀行開發之信用狀,或逕寄受益人或經由受益人所在地之往來銀行轉知受益人時,往來銀行即成為通知銀行 (The Advising Bank)。通知銀行可以在不受拘束的條件下將其通知受益人,當然它亦可能兼押匯銀行或付款銀行 (UCP 600 第七條)。通知銀行就賣方而言,負有核對信用狀外觀之真實性、驗印及核對電報信用狀密碼之功能,其重要性可知。另外,通知銀行尚負有業務過失或疏忽之責。

 ## 五、押匯銀行

若匯票欲以開狀銀行或賣方所在地之任何銀行為被發票人,則購進或讓購受益人匯票之銀行,即為押匯銀行 (The Negotiating Bank)。通常由通知銀行擔任此角色,受益人可簽發匯票持向其押匯。押匯銀行與賣方間之法律關係有出口押匯申請書及票據法加以規範,而以賣方簽具的「質押權利總設定書」(General Letter of Hypothecation, L/H) 連結其權利及義務,它涵蓋有:①得向賣方行使追償權;②對運送中貨物的擔保權;③因限押而未轉押匯之過失或故意之責任,其與開狀銀行間之關係亦須視信用狀為不可撤銷或可撤銷而定。又押匯銀行與買方之間並無契約關係,因而亦無權義關係可言。

 ## 六、付款銀行

匯票開發之對象如係以某銀行為匯票被發票人 (Drawee) 時,該銀行即為付款銀行 (The Paying Bank),它可以是開狀銀行,或賣方所在地或非賣方所在地之任何銀行(包含通知銀行)。若受益人以本國通貨方式收回貨款,則通知銀行會同時被指定為付款銀行。付款銀行與賣方間存在著有確定兌付義務及不確定兌付匯票之法律關係,視該銀行之意願或信用狀有否由其加以確認 (Confirm) 而定;除非與賣方約定有保留追償權或憑「具結押匯」付款,則經該行認為符合信用狀條件而予兌付之票款,不能行使追償權。付款銀行與開狀銀行則為代理或委任關係,除非經付款銀行審核後之單據有瑕疵,始有權向開狀銀行行使追償權。

七、保兌銀行

賣方要求開狀銀行之責任須由賣方所在地國內著名銀行加以保兌者,則國內第三家銀行即成保兌銀行 (The Confirming Bank)。保兌銀行所處之地位為, 當開狀銀行倒閉不能付款時, 保兌銀行即應負匯票兌付之責任 (UCP 600 第八條)。如開狀銀行在保兌銀行設有帳戶, 保兌銀行有自行以其存款抵償票款的權利。如存款充足, 抵償票款有餘, 當無損失可言。在此情形下, 保兌銀行理論上雖為普遍債權人之一, 但實際上無異為優先債權人。

 ## 八、轉交銀行

信用狀若限定押匯銀行, 而此銀行又非出口商之往來銀行者, 或出口商不願意向該特定銀行請求押匯時, 出口商可透過其往來銀行向該特定銀行請求押匯。在此場合, 該往來銀行只限於轉交, 故稱之為轉交銀行 (The Processing Bank)。

 ## 九、償付銀行或清算銀行

有時信用狀規定出口商應開出以開狀銀行或進口商為被發票人的匯票,同時規定押匯銀行於押匯之後, 另開出匯票 (或免開) 向另一家銀行求償。在此場合, 該另一家銀行稱為償付銀行或清算銀行 (Reimbursing Bank; Clearing Bank)。押匯銀行另行開出的匯票稱為求償匯票 (Reimbursement Draft)。而擔任付款或承兌的銀行即稱之求償銀行 (Claiming Bank)。求償的對象可能是開狀銀行本身、其分支行或經其指定的第三者銀行。開狀銀行與償付銀行間雖屬委任關係, 但前者對後者須有足夠存款或簽訂有透支額度, 後者始代付信用狀項下款額。且日後發現單據有問題, 欲追回已付的款項時, 其對象也應是求償銀行而非償付銀行。

 ## 十、受讓人

可轉讓信用狀之原受益人可將信用狀的一部或全部轉讓給第三人,受讓信用狀的第三人即稱之為受讓人 (Transferee),受讓人於受讓信用狀後, 在其受讓權利範圍內享有開發匯票, 要求開狀銀行付款之權, 故有第二受益人 (Second Beneficiary) 之稱。

十一、相關定義

(一)指定銀行

指定銀行 (Nominated Bank) 意指可在其處使用信用狀之銀行，或信用狀可在任何銀行使用者，則指任何銀行。

(二)提　示

提示 (Presentation) 意指受益人交付信用狀項下單據予開狀銀行或指定銀行之行為，或指所交付之單據。

(三)符合之提示

符合之提示 (Complying Presentation) 意指依照信用狀條款、信用狀統一慣例相關之規定及國際標準銀行實務所為之提示。

(四)讓　購

讓購 (Negotiation) 意指指定銀行在其應獲補償之銀行營業日當日或之前，以墊款或同意墊款予受益人之方式，買入符合提示項下之匯票(以指定銀行以外之銀行為付款人)及／或單據。

(五)兌　付

兌付 (Honour)，意指對信用狀項下符合單據之提示時，指定銀行或保兌銀行須依：

(1)信用狀使用方式為即期付款者，為即期付款。

(2)信用狀使用方式為延期付款者，承擔延期付款承諾並於到期日為付款。

(3)信用狀使用方式為承兌者，對受益人所簽發之匯票為承兌，並於到期日為付款。

(六)銀行營業日

銀行營業日 (Banking Day) 意指在適用本慣例之行為履行地，銀行通常營業之日。

第四節　信用狀統一慣例

信用狀統一慣例，始於 1933 年 5 月之維也納會議訂定實施，為從事國際貿易業者共同遵守之付款規則，其後歷經 1951、1962、1974、1983、1993 及 2007 年六度修正，益臻完備，已獲舉世一致認同，亦為我國業界所普遍接受，作為處理信用狀之依據。

1962 年共分五章四十六條之信用狀統一慣例 (Brochure No. 222) 於 1974 年之三度

修正後 (Brochure No. 290)，經過十年期間之採用，已因國際貿易環境之變遷而無法適應，1983 年 6 月 6 日國際商會理事會於法國首都巴黎召開，完成了信用狀統一慣例之第四次修正，並訂於 1984 年 10 月 1 日正式實施 (ICC Publication No. 400)。

國際商會執行委員會嗣後又於 2007 年將 1951、1962、1974、1983 及 1993 年加以總修正。經以 Publication No. 600 提報各國代表，經確認並訂於 2007 年 7 月 1 日起實施。其英文名稱為 "Uniform Customs and Practice for Documentary Credit, 2007 Revision"，簡稱 ICC Publication No. 600。總共分為七部分，第一部分（第一條至第五條）：總則 (General Provisions)；第二部分（第六條至第十三條）：義務 (Liability)；第三部分（第十四條至第十七條）：審查 (Examination)；第四部分（第十八條至第二十八條）：單據 (Documents)；第五部分（第二十九條至第三十三條）：雜項規定 (Miscellaneous Issues)；第六部分（第三十四條至第三十七條）：免責 (Disclaimers)；第七部分（第三十八條至第三十九條）：轉讓與款項讓與 (Transfer and Assignment)。

第五節　信用狀應具備之內容分析

信用狀之格式因開狀銀行而異，即使同一銀行所使用的信用狀格式亦因信用狀的種類或目的各有不同的格式，為求劃一，國際商會乃於 1970 年 12 月以 286 號小冊 (Brochure No. 286) 公佈新的「開發信用狀標準格式」(Standard Forms for the Issuing of Documentary Credits)，由於新制定的格式優點很多，遂為世界各銀行普遍採用。

茲以 SWIFT MT 700/701 不可撤銷信用狀為例，說明標準的記載事項。例示為印度 ICICI Bank Limited 國外部所開出的 SWIFT 信用狀（屬國際商會所制定標準格式 Form 700/701），分為六段說明之。

 一、SWIFT 信用狀開端

SWIFT 信用狀信息之傳遞 (Message Type, MT) 有下述十一類，分別是：

⑴跟單信用狀：700/701（說明跟單信用狀之條件及條款）。

⑵預告跟單信用狀：705（提供簡電通知，詳電隨後傳到）。

⑶修改跟單信用狀：707（修改信用狀格式）。

⑷第三者銀行跟單信用狀通知：710/711（告知收受者信用狀之條件及條款）。

⑸轉讓跟單信用狀：720/721（轉讓信用狀格式）。

⑹認知書：730（認知收到信用狀信息，銀行費用說明及拒絕修改 L/C）。

⑺償還通知：732（接受瑕疵單據通知）。

⑻拒絕單據通知：734（拒絕不符 L/C 規定之單據通知）。

⑼求償授權：740（如期付款讓購）。

⑽求償請求：742（授權對開狀銀行之求償）。

⑾求償授權修改：747（求償銀行之修改通知）。

而 350～352 頁的信用狀屬 MT700 類型。開狀銀行為印度 ICICI Bank Limited，其在 SWIFT 之掛號地址為：ICICINBBX005。通知銀行是臺北匯豐銀行 (Standard Chartered Bank)。印出信用狀日期：01 December, 2010。

二、關於信用狀之開發及其關係人

本段內容包括信用狀關係人及信用狀之種類、日期、號碼、通知方式、額度及有效期限。

27：總序號 (Sequence of Total)

說明本張信用狀之張數，例如 1/1，表示一張完整的信用狀。

40A：信用狀之種類 (Form of Documentary Credit)

本張信用狀為不可撤銷跟單信用狀 (Irrevocable Documentary Letter of Credit)。

20：信用狀號碼 (Documentary Credit Number)

本信用狀之號碼：10HLC27600。

31C：開狀日期 (Date of Issue)

本信用狀之開狀日期為：101130。

31D：信用狀有效時地 (Date and Place of Expiry)

即受益人押匯之有效日期，例如，110121 TAIWAN，有時無裝船日期之信用狀，其裝船日期與押匯日期為同一天。押匯生效地以受益人所在地為佳。又單據之提示須在運輸單據簽發後十天為之。

50：信用狀申請人 (Applicant)

申請人通常為買主，除非另有相反記載，商業發票應以此申請人為抬頭人 (Bearer)，但有時亦以接受買主轉賣的第三者為 Accountee 者。此處的 Accountee 或 Applicant 為

**** Waring-This message has already been printed ****

Transmitted Message	ACK	Transmitted Message

LT   ID   : ICICINBBX005
TO   : SCBLTWTPXXXX
                   STANDARD CHARTERED BANK
                   TAIPEI
                   TAIWAN
Type   : MT700–Issue of a Documentary Credit
User Ref   : 01PRASADO1191
ISN   : 182807
Priority   : Normal
Printed by   : SHITUT
Pt Date   : 30 November 2010
Pt Time   : 23:10:50

27   Sequence of Total 1/1
40A Form of Documentary Credit .... IRREVOCABLE
20   Documentary Credit Number 10HLC27600
31C Date of Issue 101130
31D Date and Place of Expiry .... 110121 TAIWAN
50   Applicant .... SAAGEA STEEL MFG, CO PVT LTD.
                                                                                            BAT NO. 167/192/3 MANALUNGE
                                                                                            POST CHAKAN
                                                                                            PUNE 440 568, INDIA
59   Beneficiary .... HITAN MON STEEL CO., LTD.
                                                                                            NO. 287–2, TA LIN STREET
                                                                                            SEC–3. TAICHUNG, TAIWAN
                                                                                            TEL (04)22618600, FAX (04)22618619
32B Currency Code, Amount .... US$13,000
39A Percentage Credit Amount Tolerance 05/05
41D Available With...By .... ANY BANK IN TAIWAN
                                                                                            BY NEGOTIATION
42C Drafts at .... AT SIGHT
42A Drawee ICICINBBX005
                                                                                            ICICI BANK LIMITED
43P Partial Shipment .... PERMITTED
43T Transhipment .... PERMITTED
44A Loading on Board/Dispatch/Taking in Charge at/from .... ANY SEAPORT IN TAIWAN
44B For Transportation to .... NHAVASHEVA PORT INDIA
44C Latest Date of Shipment 101231

45A Description of Goods and/or Services

M.S STRIP-(HOT DIP GALVANISED SHEET/STRIP) TO MAKE ROMEX CLAMPS-HARDWARE FOR ELECTRICAL WIRING ACCESSORIES AS PER DETAILED SPECIFICATIONS GIVEN IN THE OPENERS PURCHASE ORDER NOS. TMP/HAROW/10–01/142 DATED NOVEMBER 15, 2010 CIF MUMBAI

46A Documents Required

+SIGNED COMMERCIAL INVOICES (IN DUPLICATE) QUOTING IMPORT UNDER OGL FREELY IMPORTABLE AND IMPORT BY 100 PCT EXPORT ORIENTED UNIT, AS PER EXIM POLICY 2009–2010 CERTIFYING THAT THE GOODS ARE AS PER THE OPENERS PURCHASE ORDERS ORDER NOS. NOS. IHP/HAROW/10–01/142 DATED NOVEMBER 15, 2010–C1F MUMBAI. GROSS CIF VALUE OF THE GOODS BEFORE DEDUCTION OF AGENT'S COMMISSION IF ANY MUST NOT EXCEED THE MAXIMUN CREDIT AMOUNT.

+CERTIFICATE OF TAIWAN ORIGIN ISSUED BY CHAMBER OF COMMERCE OR BENEFICIARY.

+FULL SET SIGNED CLEAN ON BOARD OCEAN BILL OF LADING OF A CONFERENCE LINE VESSEL MADE OUT TO ORDER AND BLANK ENDORSED MARKED FREIGHT PREPAID AND NOTIFY APPLICANT. AND ICICI BANK LIMITED PUNE BRANCH INDICATING L/C NUMBER AND DATE EVIDENCING SHIPMENT OF MERCHANDISE DESCRIBED ABOVE. SHORT FORM BILL OF LADING, THIRD PARTY BILL OF LADING ARE NOT ACCEPTABLE. DOCUMENTS PRODUCED BY REPROGRAPHIC PROCESS/COMPUTERISED CARBON COPIES ARE NOT ACCEPTABLE UNLESS MAKED ORIGINAL AND SIGNED.

+MARINE INSURANCE POLICIES/CERTIFICATE NOT LATER THAN THE DATE OF BILL OF LADING UNTO ORDER AND BLANK ENDORSED FOR 110 PCT OF INVOICE VALUE COVERING INSTITUTE CARGO CLAUSE (A), INSTITUTE WAR CLAUSE (CARGO). INSTITUTE STRIKES CLAUSE CARGO, WAREHOUSE TO WAREHOUSE CLAUSE WITH ALL CLAIMS PAYABLE IN INDIA IRRESPECTIVE OF PERCENTAGE. TRANSHIPMENT RISK MUST BE COVERED IF GOODS ARE SUBJECT TO TRANSHIPMENT. INSURANCE POLICY SHOULD COVER THE INSURANCE UP TO THE APPLICANTS ADDRESS AS MENTION ABOVE.

+TEST CERTIFICATE/INSPECTION CERTIFICATE ISSUED BY THE BENEFICIARY.

+PACKING LIST IN DUPLICATE.

+ONE SET OF NON NEGOTIABLE DOCUMENTS TO BE SENT TO THE OPENER BY INTERNATIONAL REPUTE COURIER ON THEIR ABOVE ADDRESS WITHIN EIGHT WORKING DAYS FROM THE DATE OF SHIPMENT AND ORIGINAL COURIER RECEIPT TO ACCOMPANY THE NEGOTIABLE DOCUMENTS.

47A Additional Conditions

+ALL DOCUMENTS MUST BE IN ENGLISH.

+ALL DOCUMENTS MUST MENTION OUR L/C NUMBER AND DATE.

+BILL OF LADING MUST MENTION THE PORT OF DELIVERY AS ICD DIGHI, PUNE INDIA.

+ALL ORIGINAL DOCUMENTS TO BE SENT IN ONE LOT TO US ON FOLLOWING ADDRESS. ICICI BANK LIMITED A-WIND. SHANDRILLA QARDENS, BUND GARDEN ROAD, PUNE 411, 001 MAHARASHTRA INDIA. TEL. 020–6128593 FAX. 020–6128594

71B Details of Charges .... ALL CHARGES OUTSIDE INDIA ARE TO THE ACCOUNT OF BENEFICIARY

48　Period for Presentation .... WITHIN 21 DAYS FROM DATE OF SHIPMENT

49　Confirmation Instructions .... WITHOUT

78　Instructions to the Paying/Accepting/Negotiating Bank

+ON RECEIPT OF DOCUMENT IN CONFORMITY OF THIS LETTER OF CREDIT WE SHALL PAY TO THE NEGOTIATING BANK AS PER THEIR INSTRUCTIONS.

+WE HEREBY ENGAGED WITH THE DRAWERS ENDORSEDS AND BONA FIDE HOLDERS OF THE DRAFT UNDER AND IN COMPLIANCE WITH THE TERMS OF PRESENTATION OF DOCUMENTS PRESCRIBED ABOVE.

+EXCEPT AS OTHERWISE EXPRESSLY STATED THIS CREDIT IS SUBJECT TO THE UCPDC (1993 REVISION) ICC PUB NO. 600.

+ALL OTHER COMMUNICATIONS UNDER THIS L/C MAY BE DIRECTLY SENT TO US ON OUR SWIFT ICICINBBX005.

57A "Advise Through" Bank HNBKTWTR420

HUA NAN COMMERCIAL BANK, LTD.
(TAICHUNG BRANCH)
TAICHUNG

(CHK: F941DED85F3B)

———————————————— End Of Message ————————————————

SAAGEA STEEL MFG, CO PVT LTD. BAT NO. 167/192/3 MANALUNGE POST CHAKAN PUNE 440 568, INDIA。

59：信用狀受益人 (Beneficiary)

受益人為出口商或製造商，在 Transfer L/C 或 Local L/C 之場合，會有第二受益人 (Second Beneficiary) 產生。本張信用狀，匯票之發票人 (Drawer) 應為原受益人，也就是 HITAN MON STEEL CO., LTD. NO. 287-2, TA LIN STREET SEC-3. TAICHUNG, TAIWAN。

32B：信用狀可用金額限度 (Currency Code, Amount)

匯票所開發之金額，不得超過此限額。其常用之詞句有 "Upon to an aggregate amount of", "To the extent of not exceeding a total of" 或 "For a maxium amount of" 等等，此處為 US$13,000。

39A：信用狀金額差異 (Percentage Credit Amount Tolerance)

05/05 是指本信用狀之金額容許有 5% 上下之差異。

41D：有否限制押匯銀行 (Available With...By...)

本信用狀屬讓購 (Negotiable)，未限制押匯銀行，可持向國內任何銀行押匯。例如：ANY BANK IN TAIWAN BY NEGOTIATION。

三、關於匯票條款

本段內容主要在於載明匯票之開發與製作，提示單據之種類，信用狀標的物及交易。

42C：匯票開發 (Drafts at)

匯票之種類很多，常見之於信用狀者有即期匯票 (Sight Drafts) 及遠期匯票 (Forward Drafts) 兩種；遠期匯票其付款日有六十天、九十天、一百二十天、一百五十天及一百八十天五種，如見票後六十天付款，即寫成 "At 60 (sixty) days after sight"，即期匯票則寫成 "At...sight"。匯票金額通常與商業發票金額相同，例如："For full（或 for 100%）invoice cost"。惟有些交易卻是例外，其詞字如："Payable for 95% of invoice value accompanied by the following documents..."，其意係指得依買賣條件只准先按商業發票金額若干成開發匯票，俟貨品重量、品質等買主或公證行檢驗後再就最後價額之差額開出匯票，或另由買賣雙方自行結算。例如魚肝油、化學藥品、礦砂、茶葉、廢紙等交易最為常見。

42A：匯票之被發票人 (Drawee)

　　一般銀行信用狀多以開狀銀行或開狀銀行設有存款帳戶的其他銀行為被發票人也即付款人，此即所謂的銀行匯票 (Bank's Drafts)；如以進口商為被發票人（即付款人）之匯票，則稱之為商業匯票 (Commerce Draft)，經提示銀行背書後即成為銀行匯票，而為銀行所樂予接受。在 Mail L/C 之場合，常以 "Drawn on..." 表示之。其中 "Drawn on..." 即係「以……為被發票人」之意。例如，"Drawn on the Mitsubishi Bank Ltd."。本信用狀之被發票人為 ICICINBBX005 ICICI BANK LIMITED。

(1)匯票之發票人 (Drawer)：匯票之發票人為受益人，在 Mail L/C 中，"This...Letter of Credit which is available against Beneficiary's Drafts..." 句中之 Beneficiary 即指受益人。

(2)匯票之製作：信用狀常要求票面記載 "Drawn under Letter of Credit of...Bank No...dated." 等字樣，受益人於開製匯票時須遵照辦理，將信用狀之開狀銀行名稱、開狀日期及信用狀號碼在匯票票面記載。

四、關於裝運之規定

　　此部分之內容係對信用狀受益人裝運之有關規定。並可配合 46A 運輸單據之要求，才有完整性。

　　43P：記載允許分批裝運條款 (Partial Shipment)

　　准許分批裝運的條款有："Partial shipments are permitted." "Partial shipments are allowed." 禁止分批裝運的條款有："Partial shipments are not permitted." "Partial shipments are not allowed." 或者 "Prohibited"。

　　43T：記載轉船之條款 (Transhipment)

　　准許轉船的條款有："Transhipment is permitted." "Transhipment is permitted in Hong Kong or Japan only." 禁止轉船的條款有："Transhipment is not permitted." 或 "Prohibited"。

　　44A：裝運地／分配地／接管地 (Loading on Board/Dispatch/Taking in Charge at/from)

　　例如，出口商貨物交予接管地 Keelung LCL，但在裝貨港 Keelung 裝船。本信用狀裝貨港：ANY SEAPORT IN TAIWAN。

　　44B：運往 (For Transportation to)

　　本信用狀目的港：NHAVASHEVA PORT INDIA。

44C：裝運期限 (Latest Date of Shipment)

本信用狀規定之裝船期限為：101231。

五、關於交易標的物、貿易條件及貨運單據

本段內容主要在於列述本信用狀之標的物名稱、單價、總金額、貿易條件、裝運標誌及貨運單據等。

45A：裝運貨品名稱 (Description of Goods and/or Services)

信用狀規定交貨之貨品名稱、單價、數量、總額、引述之買賣契約、貿易條件及裝運標誌等內容。例如："M.S STRIP-(HOT DIP GALVANISED SHEET/STRIP) TO MAKE ROMEX CLAMPS-HARDWARE FOR ELECTRICAL WIRING ACCESSORIES AS PER DETAILED SPECIFICATIONS GIVEN IN THE OPENERS PURCHASE ORDER NOS. TMP/HAROW/10–01/142 DATED NOVEMBER 15, 2010 CIF MUMBAI"。

46A：貨運單據 (Documents Required)

依本信用狀之規定，在信用狀內註明有＋記號者，方為所需求之單據 (Documents)，依次是：

⑴商業發票 (Commercial Invoice) 二份，其內容須引述訂單號碼、貿易條件、扣除佣金後之總額及不得逾 L/C 之金額等。其條文："SIGNED COMMERCIAL INVOICES (IN DUPLICATE) QUOTING IMPORT UNDER OGL FREELY IMPORTABLE AND IMPORT BY 100 PCT EXPORT ORIENTED UNIT, AS PER EXIM POLICY 2009–2010 CERTIFYING THAT THE GOODS ARE AS PER THE OPENERS PURCHASE ORDERS ORDER NOS. NOS.IHP/HAROW/10–01/142 DATED NOVEMBER 15, 2010–CIF MUMBAI. GROSS CIF VALUE OF THE GOODS BEFORE DEDUCTION OF AGENT'S COMMISSION IF ANY MUST NOT EXCEED THE MAXIMUM CREDIT AMOUNT."

⑵產地證明書 (Certificate of Origin)。須由臺灣省商業會簽發，或受益人簽發亦可。

⑶提貨單 (Bill of Lading) 全套，並規定該單據必須為清潔、已裝船之海運提單，且以裝運人之轉讓人為收貨人，經渠空白背書之提單表面需註明「運費預付」，到貨時通知「信用狀申請人及開狀銀行」辦理提貨手續。(原文詞字："FULL SET SIGNED CLEAN ON BOARD OCEAN BILL OF LADING OF A CONFERENCE

LINE VESSEL MADE OUT TO ORDER AND BLANK ENDORSED MARKED FREIGHT PREPAID AND NOTIFY APPLICANT. AND ICICI BANK LIMITED PUNE BRANCH INDICATING L/C NUMBER AND DATE EVIDENCING SHIPMENT OF MERCHANDISE DESCRIBED ABOVE. SHORT FORM BILL OF LADING, THIRD PARTY BILL OF LADING ARE NOT ACCEPTABLE. DOCUMENTS PRODUCED BY REPROGRAPHIC PROCESS/COMPUTERISED CARBON COPIES ARE NOT ACCEPTABLE UNLESS MAKED ORIGINAL AND SIGNED.")

⑷保險單或證明書 (Insurance Policy/Certificate)：本信用狀之貿易條件 (Trade Terms) 為 CIF，貨物海上保險由賣方負責投保。至於投保何種險類，則由買方在信用狀中指示。(詳如條文："MARINE INSURANCE POLICIES/CERTIFICATE NOT LATER THAN THE DATE OF BILL OF LADING UNTO ORDER AND BLANK ENDORSED FOR 110 PCT OF INVOICE VALUE COVERING INSTITUTE CARGO CLAUSE (A), INSTITUTE WAR CLAUSE (CARGO). INSTITUTE STRIKES CLAUSE CARGO, WAREHOUSE TO WAREHOUSE CLAUSE WITH ALL CLAIMS PAYABLE IN INDIA IRRESPECTIVE OF PERCENTAGE. TRANSHIPMENT RISK MUST BE COVERED IF GOODS ARE SUBJECT TO TRANSHIPMENT. INSURANCE POLICY SHOULD COVER THE INSURANCE UP TO THE APPLICANTS ADDRESS AS MENTION ABOVE.")

⑸測試或檢驗證明書 (Test Certificate/Inspection)：由受益人簽發。

⑹包裝單 (Packing List) 二份。其作用在於說明該批貨物的打包裝箱情形，並作為進出口通關的必要文件。

六、附帶條款、銀行費用及特別指示

本段內容有對受益人之附帶要求、銀行費用、優先提示日期及特別指示、銀行間之義務及信用狀統一慣例之適用等。

47A：附加條款 (Additional Conditions)

本張信用狀之附加條款有下列四項：

⑴所有單據必須以英文列述。

⑵全部單據必須記明信用狀開狀日期及號碼。

⑶提單必須記載交貨港口為 ICD DIGHI, PUNE INDIA。

⑷所有正本單據以單寄方式寄予開狀銀行(此句應是開狀銀行對寄單銀行的指示)。
　並附開狀銀行之名稱及地址。

71B：開狀銀行手續費 (Details of Charges)

即開狀銀行向開狀申請人所收取的手續費通稱為 Opening Charges、Banking Charges 或 Commission，構成這種手續費之情形有：

⑴通知銀行向開狀銀行收取的通知手續費 (Advising Charges)。

⑵保兌銀行向開狀銀行收取的保兌費 (Confirmation Charges)。

⑶押匯銀行向開狀銀行收取的押匯手續費 (Negotiation Charges)。

⑷開狀銀行的紙張成本及印刷費。

⑸開狀銀行之利潤。

⑹付款銀行向開狀銀行所收取的付款手續費 (Payment Charges)。

⑺歸償銀行向開狀銀行收取的歸償手續費 (Reimbursing Charges)。

⑻遠期信用狀之承兌費 (Acceptance Charges)。

⑼Postage 及 Cable Charges 費用等。

以上九項理應由進、出口商各自負擔者，自不會產生 Banking Charges 由何方負擔之問題。此處之意為⑴⑶⑹等項費用須由出口商負擔之謂。

48：優先提示日期 (Period for Presentation)

自裝船日期起二十一天之內提示。

49：保兌指示 (Confirmation Instructions)

信用狀經由第三家銀行加以保兌 (Confirm) 付款者，稱之為保兌信用狀。其表示文字為 "Without" 者，屬未保兌之意；反之，註明 "Confirm" 者，即是保兌信用狀。

78：對付款／承兌／押匯銀行之指示 (Instructions to the Paying/Accepting/Negotiating Bank)

⑴付款指示：本行（開狀銀行）於收到之單據符合信用狀規定後，即依其指示付款予押匯銀行。

⑵開狀銀行保證付款之條款：此乃「開狀銀行對發票人、背書人及善意執票人擔保：凡憑本信用狀簽發的匯票且符合本信用狀條款者,向付款人提示時,將妥予兌付」

之意，明白規定不可撤銷信用狀擔保付款的絕對性。其條款 "We hereby engage with...prescribed above" 之處即是。

⑶遵守信用狀統一慣例之條文：信用狀統一慣例 2007 年修訂本，即國際商會 600 號出版物，應適用於其經載入信用狀本文之一切跟單信用狀（在其可適用範圍內，包括擔保信用狀）。除信用狀另有明示規定外，本慣例拘束有關各方。

⑷其他規定：根據本信用狀項下之所有通訊往來，直接寄遞至 SWIFT 的 ICICINBBX005 帳戶。

七、信用狀慣見之其他條文

在 Mail L/C 之場合，除了 SWIFT 信用狀應有之內容外，其常見之條文如下：

1.通知銀行

開狀銀行將信用狀經由其通知受益人之銀行，一般兼付款銀行或押匯銀行。本信用狀之通知銀行為：57A: "Advise Through" BANK...HNBKTWTR420 HUA NAN COMMERCIAL BANK, LTD. (TAICHUNG BRANCH) TAICHUNG。

2.信用狀之通知方式

按信用狀之通知方式有郵寄及電報兩種，前者係通知銀行受開狀銀行的委託，並蓋上「××銀行信用狀通知章」，上面註明有 L/C 通知號碼、日期、結匯注意事項；後者，銀行接到開狀銀行開來的電報信用狀時，先核對押碼，經核對後蓋上「××銀行電報證實書通知章」，上面註明 L/C 通知號碼、日期，再迅速通知受益人。本張信用狀通知方式屬後者，"This credit refers to our preliminary by cable of today."

3.信用狀之引述

信用狀開狀銀行名稱，開狀日期及信用狀號碼，在匯票及貨運單據中，須加記述，以使信用狀與交運貨物有完整的關聯性。

第六節　信用狀之轉讓與讓渡

就出口貿易而言，信用狀之能轉讓以至對開，可以說是信用狀業務發展過程中之特點。雖然達到信用狀之轉讓效果，並非就是從事出口貿易的萬靈丹，但卻是身為仲介交易者之護身符，能使國際貿易之進行更為熱絡與圓滿達成，此點就出口商而言，未嘗不

屬於一大獻替。為明其詳，爰就信用狀之轉讓與讓渡問題以及其法律層面闡述於下。

 一、信用狀轉讓與讓渡之目的

㈠出口商融資

出口商接獲國外顧客開到之信用狀後，即著手向製造商下訂單訂貨，製造商則因本身安排生產檔期時需資金周轉，以致常要求出口商能預付訂金或訂貨現款，不幸的是，一般出口商資金都很短絀，掌握可調之頭寸亦不多，唯一解決辦法是將手中之信用狀持向銀行辦理轉讓手續，將其權益轉授予製造商，以達到掌握貨源，順利交貨及延付貨款之目的。

㈡出口商保守業務機密

有時出口商因不欲讓工廠獲悉國外客戶之名址、交易條件內容等；亦不使國外客戶知曉國內工廠之名址及交易合約之內容等，而暴露本身並非供應商之事實，出口商即可向通知銀行（有時為本地其他銀行）憑開給自己之信用狀，另請通知銀行開發一張信用狀轉讓之，俟將來貨物裝船後，再以單據替換方式以達到抽取佣金及索取應得差額之權利。

㈢出口實績轉讓

在合作外銷及委託加工出口之場合，關係廠商由於貨物之共同輸出而必須將出口實績個別結售於指定銀行，以便貨物出口後由中央銀行外匯局作出口實績歸戶。而其先決條件則必須國外開到之信用狀載明為可轉讓的，始能進行無疑。

㈣發展跨國貿易

近年來臺灣製造業外移東南亞或中國大陸情況甚為普遍，形成了「臺灣接單，海外出貨」、「臺灣接單，大陸出口」及「大陸出口，臺灣押匯」等跨國貿易或轉口貿易之交易型態，而其中運作之關鍵方式厥為信用狀的轉讓與讓渡。

㈤國際財務運作

上述跨國貿易及海外直接投資或設立境外公司等形成貿易、投資及資金調度之三角關係，均有賴熟練信用狀轉讓之技巧始能運作自如。

 二、信用狀轉讓與讓渡之限制

依信用狀統一慣例 (UCP 600) 第三十八、三十九條有關規定，信用狀之轉讓與讓渡

受到如下限制：

(一)意思表示

信用狀惟有經開狀銀行在信用狀確切表明為「可轉讓」(Transferable) 始可轉讓。詞語如，「可分割的」(Divisible)、「可分的」(Fractionable)、「可移轉的」(Assignable)、「可轉移的」(Transmissible) 等用語，均不能使該信用狀成為可轉讓。該等用語如經使用，將不予理會（UCP 500 第四十八條第九款）。

(二)轉讓次數

可轉讓信用狀僅許轉讓一次。在分批裝運允許之情況下，只要總計不超過該信用狀金額，亦得分散轉讓，其分散轉讓之總計視作該信用狀僅轉讓一次。惟重行轉讓予第一受益人，並不構成禁止轉讓之涵意。

(三)轉讓費用負擔

除買賣雙方另有約定外，信用狀轉讓之銀行費用，應由第一受益人支付之。

(四)銀行同意受理

信用狀之轉讓，不論是否為確認信用狀，須先經受理銀行明確同意之範圍及方式，並在收到其應收之手續費後，始負為其轉讓之義務。

三、信用狀轉讓與讓渡之運用

為達到信用狀轉讓與讓渡之目的，可採取信用狀轉讓及單據轉換兩種方式進行，其有關的運作技巧述之如次：

(一)信用狀之轉讓與轉開

信用狀轉讓之目的在於不讓國內工廠獲悉國外客戶名址及交易條件，其技巧有：

(1)不論 Transfer L/C 或 B-B Credit，信用狀之轉讓必須依照原規定條件辦理，惟信用狀之金額、單價、及有效期限或裝運期限等條件之一部或全部，得於轉讓時，減少或縮短之。

(2)受益人之名義得以取代該信用狀原申請人之名義，然而，如原證特別規定原申請人之名稱必須在發票以外之單據上表明者，須從其規定（UCP 600 第三十八條第九款）。

(二)押匯單據之轉換

押匯單據轉換之目的在於避免國外客戶知曉本國製造商之名址及交易條件，其要點

有：

1. 在不替換發票之場合

由於係由第二受益人 (Secondary Beneficiary) 自行製作單據、發票及匯票押匯，原受益人只要注意其單據與原信用狀規定符合即可，不再與原受益人發生關係。

2. 在 B-B L/C 之場合

出貨廠商可持 Local L/C，製作符合其規定之單據並開發匯票押匯，亦與受益人（貿易商）無關係。

3. 在替換發票之場合

由 L/C 原受益人（貿易商）以其自開之發票替換第二受益人（工廠），但不超過原證規定之金額為限，並在該 L/C 項下支取該二項發票間可能產生之差額金。故其應特別注意及考慮的是：

⑴包裝單、產地證明、提單、保險單及其他單據之取得應沒有發貨人 (Shipper) 由誰方抬頭之問題存在。

⑵產地證明如係指定官方的 (Official) 或有配額 (Quota) 之情形下，則發貨人之抬頭要考慮如何符合原 L/C 之規定。

⑶如 L/C 規定商業發票須由領事或第三者副署 (Countersign)，這種替換發票之轉讓，可能達不到目的。又該貨品目的地國家規定需要官方發票 (Official Invoice) 時，其轉讓也有困難。

⑷需領事發票 (Consular Invoice)，若有些國家需要者，此種轉讓亦可能行不通的。

⑸輸出許可證之取得可憑 Transfer L/C 辦理。

⑹發票需要替換之場合，則其付款、承兌或讓購銀行第一次通知其照辦時未立即照辦者，上述銀行有權將已收到之該 L/C 項下單據，包括第二受益人之發票在內，寄交開狀銀行，而不再對第一受益人負責。是故，原受益人需隨時注意單據之提示。

4. 前述 B-B L/C 之場合

原受益人（貿易商）持國外開來之 Original L/C，以替換發票方式製作單據及開發匯票於廠商押匯後，獲取該 L/C 項下之差額金，故：

⑴信用狀必須依照原規定之條件轉讓，惟信用狀之金額、單價、及有效期限或裝運期限等條件，一部或全部，得於轉讓時，減少或縮短之。

(2)原受益人之名義得以取代該信用狀原申請人之名義,如原證特別規定原申請人之名稱必須在發票以外之單據上表明者, 須從其規定。

(3)原受益人有權以其自開之發票替換第二受益人之發票,該項自開發票得開列不超過原證規定之金額,原證如有單價規定, 並得開列原單價, 在替換發票時, 第一受益人並可在該信用狀項下支取該二項發票間可能發生之差額金。

(4)轉讓信用狀,原受益人本欲以其自開之發票替換第二受益人之發票,但未能於第一次要其照辦時立即照辦,則其有關銀行有權將已收到之該信用狀下之單據,包括第二受益人之發票在內, 寄交開狀銀行, 而不再對原受益人負責。

茲將 Transfer L/C 及 Local L/C, B-B L/C 之比較, 作圖如下:

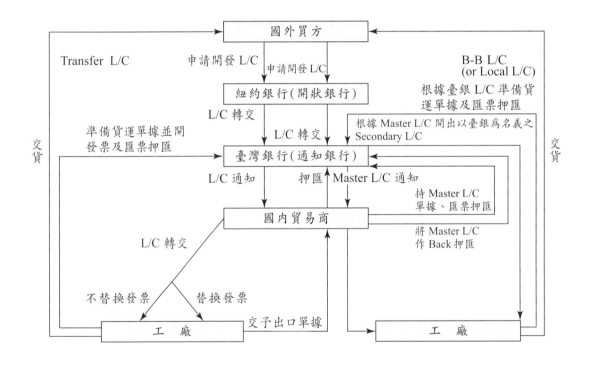

四、信用狀轉讓與讓渡實例

信用狀轉讓或讓渡時, 由其原受益人出具一份讓渡書 (Letter of Assignment, L/A), 讓渡書內容須寫明原開狀銀行名稱、信用狀號碼、日期、金額及受讓人, 最右下方由讓渡人簽署。讓渡書附貼於信用狀正本一齊轉交予受讓人即完成信用狀之轉讓手續。然後,

受讓人可將讓渡書浮貼於輸出許可證，俟該批貨品出口押匯後，由受理銀行轉寄中央銀行外匯局依廠商印鑑卡「營利事業統一編號」將出口實績歸戶於受讓人名下，達到出口實績轉讓之目的（實例在第 404–408 頁）。

第七節　如何處理有問題信用狀實例

出口商雖很幸運的得到一張信用狀，高高興興把貨物通關裝船，但直至對方進口商收到貨物並付清款項了結交易為止，該出口商仍無法確定一定能收到貨款，考其原因無他，信用狀本身牽涉到之問題相當廣泛與複雜，此其一。同是國外進口商開來訂購貨物之「到達信用狀」，因地區與環境不同，其身價高低與真偽識別，也就有天淵之別，此其二。為進一步瞭解其堂奧，將信用狀有關問題論述如次。

一、有問題之信用狀分析

信用狀之種類很多，除了若干特殊情形外大都屬不可撤銷信用狀。然而有些不可撤銷信用狀卻名不符其實，在信用狀中加上了一些由進口商或開狀銀行擺佈的特殊條款，致失去了「保證付款」的作用。類似有問題的信用狀種類及條款很多，依次略示之。

㈠名不符其實的不可撤銷信用狀

⑴表面上在信用狀上加有 "Irrevocable" 之字樣，但如無確定保證文句時，仍不能認為當然能享受開狀銀行之確實保證。

⑵例如條款當中有下列之一者：

① The credit is subject to shipping sample to be accepted by ABC Trading Company and verified by cable from the opening bank to be advised thru the advising bank.

② Exact shipment date to be instruted by buyer from the opening bank through the advising bank.

③ Negotiation of this credit can only be made upon receipt of further instruction through opening bank for approval of the above design shipment is subject to further instruction.

④ Letter from XYZ Ltd. approving samples.

㈡名不符其實的保兌信用狀

(1)英國系統銀行開來的信用狀，雖無另一家信譽卓著的銀行保兌，卻往往自稱保兌信用狀，出口商宜特別注意，以免上當。

(2)故賣方若要求買方開發 Confirm Irrevocable L/C 時，宜在契約上訂明。

Payment: "By irrevocable credit which must be confirmed by other prime bank, satisfactory to seller's available against the seller's sight draft...."

(3)名不符實的保兌條款：

We confirm this credit and subject to opening banks sufficient deposit in our bank, we under take to honor the drafts drawn under and in compliance with the terms of this credit....

㈢買方信用狀 (Buyer's L/C)

商人信用狀 (Merchants Letter of Credit, M/C)，為印尼中央銀行在 1970 年 5 月間所創作。由進口商本身所開發，並自行擔保付款的一種變相信用狀，其不可靠之處在於：①信用狀開發人為進口商本身；②由進口商本身負責兌付之責，且無外匯銀行介入負兌付之責；③並未言明適用 UCP 之規定。

㈣有問題之信用狀條款舉例

1.單據須由進口商或其代理人簽署（或出具）才能押匯

(1) Your Commercial Invoice in original and 4 copies, stating that _____, which has been inspected and approved by ×× and bearing his signature.

(2) Inspection Certificate in triplicate issued by applicant required.

2.須俟開狀銀行（或進口商）另行通知，L/C 才能使用

(1) Buyer will amend this credit designation name of vessel(s), loading date(s) and destinations. credit is not available until so amended through us. Negotiation under Letter of Guarantee is not acceptable.

(2) This Letter of credit is issued inoperative until details of quantities to be shipped are received by us and advised to you.

3.須俟外匯管理當局核准後，L/C 才生效

(1) This credit shall become operative only receipt by us the authorization to that effect of the Belgo-Luxemburgian Exchange Institution. We shall revert to the matter as

soon as possible.

(2) This credit will be operative solely under Signature Exchange Control Authority.

4.貨物到達目的地才付款

Payment under this credit will be made by us only after arrival of goods in Nigeria and availability of Foreign Currency cover from Central Bank of Nigeria.

5.貨物運抵目的地能檢驗合格，始准押匯

Seller shall guarantee the goods to pass the FDA inspection. Otherwise seller should refund the proceeds. A guarantee letter to this effect should be presented at the time of negotiation.

6.擔保付款，但什麼時候可付款卻不擔保

(1) Payment under this credit will be made by us only after arrival of goods in Nigeria and availability of Foreign Currency cover from Central Bank of Nigeria.

(2) Payment by us will be subject to receipt of sterling cover from our Lagos office.

7.不正常的確約條款

(1) We guarantee the drafts will be accepted.

(2) Delivery of documents will be made contingent on acceptance of the respective draft by buyer.

(3) We agree to honor the draft with the acceptance by buyer.

(4) We undertake to honor the draft documents are acceptable to us.

8.關於單據方面有問題之條款

(1)關於提單方面：

① B/L must be marked "absolutely will not be transhiped."

② B/L must contain all the conditions of carriage on the original documents.

③ Ocean bills of lading...evidencing shipment from Taipei to New York.

④ Shipment must be effected 60 days before receipt of credit.

⑤ Shipment to be effected by Saudi National Shipping Company and carrier must certify to this effect on Bill of Lading.

(2)關於保險單方面：

① Insurance acknowledgement of declaration.

② Separate insurance policy for Marine Risk covering WA and insurance policy for War Risk must be presented.

③ Insurance to be effected with an insurance company approved by us.

④ Marine and War Risk on usual Lloyd's conditions.

⑤ Marine Insurance policy or certificate for full CIF Value plus 20% covering....

⑶ 關於領事發票方面：

① Consular invoice duly certified by the authorized consular officer of the Philippine consulate in the country.

② Consular invoice issued by consul of Panama required, shipment from Taiwan to Zona Libre de Colon, Via Cristobal.

9. 關於信用狀的有效期限

⑴ This credit is valid until 15 February, 2006 in Lagos, Nigeria for presentation if documents.

⑵ Documents must be presented in Taipei at maximum 15 days after B/L date.

10. 關於單據的寄發

⑴ Upon receipt of documents fully complying with the credit we shall remit their equivalent to any account as you may indicate.

⑵ Negotiation Bank is forward all documents to opening bank by one airmail within 24 hours after date of Bills of Lading.

11. 其他特殊條款

⑴ All shipping documents to be in English Language and should not be dated prior to this credit date.

⑵ All documents must indicate accountee as shipper.

⑶ All documents must be stated "Rubber Rope" as description of goods instead of "Vinyl Thread" and nothing others.

⑷ Shipment of goods by sea from Taiwan ports to Trieste/Italy within December 6, 2009.

⑸ All documents must be endorsed by Korea Empire Company (Beneficiary: Taiwan Empire Co., Ltd.).

二、信用狀的死角說明

出口商接到國外開來的信用狀後,在審查時應注意下列各點。

㈠核對買賣契約

1.信用狀是以買賣契約為基礎

信用狀是根據買賣雙方所定契約為基礎而開發,是故信用狀內容與契約內容有不一致及矛盾的地方,應即時要求買方修正以利結匯。這也是預防貿易糾紛事前防範最有效之方法。

2.信用狀與買賣契約係屬個別交易行為

依照 UCP 600 第四條 a 項規定:信用狀本質與買賣合約或其他合約係屬分立之交易行為;信用狀或以該等合約為基礎,但銀行與該等合約無關,也不受該等合約之拘束。又第四條 b 項之規定:受益人不得利用各銀行間,或者信用狀申請人與開狀銀行間所存在契約之關係。從上述兩點可知買賣契約訂定完備之重要了。

㈡審核信用狀本身

信用狀之審核見前述第五節正常信用狀應具備之內容。本節所述為接到信用狀後,先根據下列六點審核,即可窺知有無問題,惟這只是原則性之確定而已,主要的還須印證信用狀本身之條款及內容。

1.開狀銀行的可靠性

依一般判例與實務上之發展,開狀銀行負有超乎無因之債務承諾,此種承諾表示:開狀銀行於受益人在規定之期限內提示信用狀上所規定之單據時,即有義務對受益人履付信用狀上所規定金額之款項。基於此債務承諾之本質,假如開狀銀行本身都不可靠的話,其所開的信用狀又有何價值性可言。因此,出口廠商在收到信用狀後,第一要務是查明開狀銀行的可靠性。

近年來國際金融情勢起伏不定,風暴時有所聞。而其中有問題的銀行都在先進國家,此並非落後地區銀行之專利,所以不要以為先進國家的銀行開出的信用狀就沒有問題,此其一。近年來國際經濟動盪不安,將來很可能繼續出現「有問題」的銀行,此其二。例如 1979 年美國《華盛頓郵報》披露的「問題銀行」中,巨型銀行即有十二家之多,如大通銀行 (Chase Manhattan Bank)、太平洋安信銀行 (Security Pacific National Bank)、花果銀行 (Well Fargo Bank) 及米蘭銀行 (Marine Midland Bank)。在這些問題銀行中,有

一家終於在 1976 年 12 月宣告倒閉，這家銀行名叫漢米爾登銀行 (Hamilton National Bank)，倒閉原因為房地產押款倒帳之結果。

2.開狀銀行的簽名

信用狀有經由本地銀行通知的，也有開狀銀行代進口商逕寄出口商的。如屬於前者，通常已由通知銀行證實其真實性，如屬於後者，即應請本地外匯銀行核對。一般情形是本地外匯銀行有其國外往來銀行（開狀銀行）有權簽字人 (Authorized Signature) 之簽名樣式以之核對，或核對電報信用狀中之押碼 (Test Key)。

3.可撤銷或不可撤銷信用狀

可撤銷信用狀因得隨時修改或取消，而毋須事先通知受益人，對受益人當無保障可言，此種信用狀自以不接為宜。

4.是否限制押匯銀行

限制銀行信用狀將增加出口廠商押匯的不便與費用的負擔，蓋因並非其一向往來銀行所可接受之信用狀，勢須轉押匯不可，如此而增加一道押匯手續時間，也多付 2‰ 押匯手續費（押匯手續費為 1‰）及七天利息，宜儘量避免接受此種信用狀。

5.有否保證付款之條款

不可撤銷信用狀，開狀銀行對受益人及該信用狀項下匯票的背書及善意持有人均有一條約定：即只要匯票及單據合乎該信用狀條件，開狀銀行即將履行該信用狀所約定有關條款、承兌或讓購的承諾。此項承諾即保證付款的條款，缺此條款或條款內容不明確，對受益人均乏保障，應多加注意，以免上當。

6.有否遵守 UCP 之規定

有些開發中的國家開來的信用狀上並無言明將遵照現行統一慣例辦理。這不外乎有兩種解釋：一為該國家所屬銀行並未加入國際商會為會員銀行以致將此最重要的國際貿易支付工具——信用狀之法律依據遺漏；二為歹徒「閉門造車」之產物，渠當然不知 UCP 為何物，這種信用狀的價值性已不言可喻了。

(三)有關信用狀內容之條款

1.受益人名稱

受益人名稱時常寫錯或拼錯，例如正確之名稱為 Wind Stone Enterprise Co., Ltd.，而信用狀開來卻為 Wind Stone Enterprise Company Ltd.，當然要請買方修正。

2.開狀申請人及收貨人名稱

這種錯誤如同上述，需即時予以更正。

3.不正確之貨品明細說明

很多場合，信用狀係根據賣方之報價而同意購進貨物，卻常在信用狀之補充說明中作混淆之詞語。

4.不足額的價款

很多信用狀之付款價額均包括貨物之國內銷售價格,卻要求出口商預付運費及保險費。如此信用狀將阻撓銀行除了基本貨物成本外，別無所付，且出口商將被迫以其他方法收回運費及保險費。

5.信用狀中不確實之數量規定

這種錯誤常導因於重量單位翻譯之失當。例如，賣方銷售條件為重量噸（短噸），但買方卻常解釋為長噸或公噸。

6.不正確之包裝規定

這常因賣方之疏於預先告知其包裝所用之材料、方法及習慣包裝，致買方在信用狀中常作有關包裝形式、材料等以便能裝船之重複繁瑣之規定。

7.裝船期限短

信用狀對於裝船期限的短暫、完整單據之提示期間亦略嫌緊迫。

8.禁止分批裝船

某些場合此點規定並不構成出口商之困難，但有些交易必須分二次或更多次裝船時，信用狀就不能有此項規定。

以上是有陷阱及危險範圍之信用狀，當然不十分完全，可作為對不完整信用狀之認識。

　三、如何迅速、順利完成信用狀押匯

體認上述信用狀之死角說明及有問題條款，係針對信用狀本身之處理，如往較高層次設想，欲迅速且順利的押匯取款，下述之經營哲理，無疑更是重要。

㈠信用狀與單據必需相符

依信用狀統一慣例 (UCP 600) 第五條及第十四條規定，信用狀有關各方所處理者係單據而非貨物，且單據表面所示與信用狀條款有相符性，因此，為求迅速順利押匯，出口廠商須檢查：

⑴提示之全套信用狀是否齊全，包括該信用狀及有關之修改書、通知書、郵寄證實

書、保兌書等。

⑵信用狀所要求的各項單據，其種類、份數是否相符合。

⑶信用狀所列之條款，不得與本國法令規章相抵觸。

㈡謹慎之單據製作與審查

跟單信用狀，所要求之單據五花八門，為免開狀銀行藉口單據有瑕疵 (Discrepancy) 而拒絕付款，因此單據之製作要非常慎重，儘量不讓瑕疵之單據發生。單據提示押匯前，先作自我審查（其審查標準可參照押匯銀行作業標準訂定），以求與信用狀的嚴格一致原則相符合。

㈢其他注意要項

⑴持信用狀與經營同一市場較具豐富經驗的貿易同業作相互研究。

⑵與押匯銀行保持密切關係，它能為你解決信用狀所遭遇到之難題，並順利給你貸款之方便與協助。

⑶委託有經驗，信用良好之報關行。現行的貿易工作，貿易商於接到信用狀後，即將報關、裝船及押匯等之手續委之報關行辦理，甚至輸出許可簽證以次之手續亦然。是故，報關行之責任，已今非昔比，故更顯得重要，對於報關行之選擇與委付，自不可草率從事，以杜糾紛。目前關稅總局每年均有公告優劣報關行之名單，可作為參考。

⑷經辦押匯業務人員，多吸收有關押匯之知識，對問題之發生，始能作「得心應手」之處理。

 四、遭國外拒付信用狀項下貨款時之處理

出口商遭致國外拒付 (Unpaid) 貨款之情形，常有發生，為免遭受損失，宜採取適當措施以為挽救，通常採取下列途徑解決。

㈠檢討拒付理由，與銀行商討應付辦法

自押匯銀行接獲拒絕兌付通知時，首先應充分檢討其拒絕兌付之理由。例如該信用狀係遵守 UCP，就應從 UCP 之規定來檢討其拒絕兌付之理由或者從國際貿易觀點看，其拒絕兌付是不是有理由。若錯誤出在銀行本身，則銀行應主動出面處理解決。

㈡與進口商或其代理商交涉

利用上述方法不得要領後，應即由賣方與買方聯繫，並商議解決方案。可請進口商

先行全額付款，俟下次交易再補償所遭受之損失。假如交易是透過代理商成交的，亦可要求代理商出面協助解決，甚至可直接向國外總公司追究責任，因代理商常有黑吃黑的情形發生。

㈢單據的處理及貨品的保全

貨物單據在拒絕兌付案件未解決前，通常是委託開狀銀行暫行保管，俟交涉有結果後，將單據交付買方，或為保全貨物計，將其交付指定之第三者，糾紛發生後，需透過押匯銀行向開狀銀行指示交單。

貨品是押匯銀行的擔保品，若因買方拒付而致押匯銀行無法收回貸出之貨款時，將向賣方行使質押權，在此情形下，出口商應委託當地的代理商或可靠之第三者，以押匯銀行名義將貨物提出保管，並投保以保全貨物，如果貨物存放在卸貨地保稅倉庫時，應特別留意存放期限，以免被拍賣。例如發生於 1977 年 4 月彰化銀行受理押匯信用狀後，遭致香港銀行之拒付，即以此方法控制毛紗之債權，保全了貨物。

㈣轉運或轉售貨物

貨物之運回需負擔運回之運費及保險費，且尚須辦理進口通關手續，如扣除這些費用所剩無幾甚至赤字，不如棄之於海，反較合算。

轉售貨物，有時須等待相當長之時間，而碼頭倉棧費很貴，即使找到買主脫售之後，也已曠費時日，得不償失。如無法找到新買主，有時出口商亦要求開狀銀行代為拍賣，但結果大都是血本無歸，且有時還須付出各種費用，那才是「賠了夫人又折兵」，得不償失。是故，最佳途徑為採取速戰速決，忍受折扣及減價售於原進口商。

㈤仲裁、調解、訴訟

貿易糾紛而產生之索賠問題，能由當事人作直接 Talk 或 Negotiate，是為最上策。當事人無法解決之問題，只好交付調解、仲裁或甚至訴之於法。為此，貿易經營者對於國際間之調解、仲裁以及訴訟方面之 Know How 亦應有充分的認識，以備不時之需。

㈥道德制裁

國際貿易詐欺背信之事情常有發生，有時買方之拒付純屬惡意或預設圈套，循正常途徑解決猶如緣木求魚。此時可採道德裁判，警告對方，將其名字及事實通知外貿協會，或在進口地刊登廣告，轉告國內外業者，知所警惕。但在採取這種措施之前，宜告知對方，並應特別謹慎，以免觸犯誹謗罪名。例如 1983 年 12 月 10 日底特律電視臺於當天下午六時主要新聞節目中播報：「根據顧客之報告，發現來自臺灣製造之聖誕燈泡，容

易燃燒，可能會發生火警」，電視報導一出，惡事傳千里，國內外報紙競登，對我國出口廠商之打擊甚大。

五、如何防範信用狀騙案

信用狀騙案並非三言兩語即可預防，但其理如同人體生病防患於病之未發，當比治病於已發較為容易。在國際貿易進行過程中，每個程序如能加以小心防範，則必能將損失減至最低限度。亦即英諺所謂 "Prevention is better than cure"。

㈠買方之信用調查

《孫子兵法》有云「知己知彼，百戰百勝」。商場如戰場，致勝之條件在於能掌握靈活之情報，瞭解買方，而其方法則在於經由徵信機構之調查，當買方司馬昭之心昭然若揭之時，吾人已有防備之策，即不會吃虧上當也。例如發生於 1974 年 2 月之塑膠原料變廢紙一案，即有一家貿易公司開出信用狀之後，及時向美國作徵信調查，發覺情況有異，立即取消 L/C，而未受到損失。

㈡交易過程之掌控

貿易糾紛之發生，事先都有徵兆，例如交易洽談過程中之疏忽，訂契約時之粗心大意，契約條款及措詞之不夠嚴密等等，均可能為以後之交易種下糾紛之伏筆。反之，接到信用狀之後，能立即與原始交易文件核對，甚至契約之審核，不難發現嚴密契約之保障性。

㈢信用狀內容之檢討

買方開來信用狀內容是否條件很多，內容苛刻，措詞前後矛盾，這都是貿易糾紛與索賠發生之根本原因，細心審視之下，即能發覺箇中蹊蹺，而能即時加以修正及防範。

㈣外匯銀行之諮詢

外匯銀行、保險公司與運輸公司為國際貿易之三大支柱，三者能緊密配合，貿易推展則昌，三者若鬆弛各自，則糾紛層出。其中尤以外匯銀行更是重要的選擇對象，具規模、富經驗與服務熱忱之銀行，對貿易商之協助將是「立竿見影」，與其保持密切關係，有問題即向其請益，相信必能達到預期效果。

六、如何鑑定真偽信用狀

信用狀之受益人於接到信用狀後，如發現有問題之信用狀，最簡便的釋疑方法是：

將收到之信用狀持向通知銀行，請其核符驗印。因為通知銀行有時業務繁多，人手不足之時，信用狀之轉知不一定經過驗印手續，自無法將其不符或無法驗印之情事告知受益人促其注意，故受益人應主動作此要求。假如信用狀並未經由本地銀行通知而是由國外逕寄到受益人地址時，則其真實性更有問題，此時，將該信用狀持往轉知銀行驗印，更有其必要。

受益人若能注意下列原則，詳為查對，則真假信用狀之分辨，並不是一件困難之事，這也是身為貿易經營者所應具備的學識。

1.誇大押匯銀行之詞句

非洲開來之假信用狀大部分有 "World-wide commercial negotiation" 或 "For international banking negotiation" 等字樣之標示，在信用狀上端或左右端。

2.檢查信用狀紙質

檢查信用狀紙張，只要仔細核對其紙張之質料，必然會發現其紙質通常比由該地區之銀行所開出之真信用狀為差。雖有些假信用狀之紙質亦相當好。

3.信用狀之印刷排版

核對其印刷，通常最容易發現的是字跡不勻，排版與拼字之錯誤層出，雖不是幽靈銀行，卻是道地的「閉門造車」產物。

4.核對類似性質之信用狀

核對它與同一開狀銀行以前所開過之類似性質的信用狀有何差異，常會發覺信用狀之全部或大部分內容是用印刷的，條款也是由銀行用打字機打成的。

5.信用狀條款有問題

注意一下押匯所要求之條款中有否離譜，詞字不通之處。尤其是它指定要你將單據寄往一家不知名的國外銀行時，更是可疑。

6.不符合國際慣例的遠期信用狀匯票期限

正常之遠期信用狀，其期限多在六十天以上，並且其間隔為三十天，例如九十天、一百二十天、一百五十天或一百八十天。但假信用狀之匯票期限多在三十天以下，例如有的是七天，有的是十五天，這種匯票期限與國際慣例不符合，自難令人信服。

7.貨運單據與匯票分開

信用狀規定將貨運單據 (Shipping Documents) 及匯票逕寄開狀銀行，然後由通知（付款）銀行另開一張求償匯票 (Reimbursing Draft) 向開狀銀行在倫敦之總行去求償者

——此多以非洲國家開來之 L/C 為多。

8.大都不遵守 UCP 之規定

如前所述，信用狀中未見及信用狀統一慣例之引述，則此信用狀之真實性是很值得懷疑的。

七、假信用狀之實例分析

利用虛偽信用狀騙取貨物的方法，只是許多騙術之一種。但是以採購貨物名義騙取樣品的方法，卻有悠久的歷史。例如奈及利亞 (Nigeria) 騙徒騙取我國出口廠商樣品的情形，早在 1961 年，即已有紀錄，迄今不衰。尤有甚者，經濟先進之國家，如加拿大者，竟亦有索大批樣品，卻從未訂購，甚至要求我國廠商寄樣品時書明 "Free Domicile" 以便必要時拒付進口關稅及報關手續費而要原寄樣品之廠商負擔此等之費用，因此，貿易經營者豈可不加以關注而蒙受其損害。在過去幾年，利用假信用狀騙取我出口廠商之事件，以奈及利亞騙徒所開出者為最多，其故可述之如次。

奈及利亞位居西非交通要津，人口約九千多萬人，幅員遼闊，天然資源豐富，但工業發展落後，進口需求強烈，且人民偏好舶來品，進口商利潤高，對急欲開發新市場的廠商而言，非常具有吸引力。

奈國廠商普遍存有兩個觀念：①賒帳是應該的商業行為，故遠期信用狀，D/A 天數長是常見的付款條件；②供應商應負責彌補其因價格下跌或其他因素造成的虧損，若外商不從，會苦苦糾纏，貿易糾紛層出不斷。

近年來，奈國的國際詐騙組織更使用惡名昭彰的所謂「四一九詐術」，以奈國國營事業署名發函給國外廠商，謂可自該國營事業挪用 4 千萬至 6 千萬美元不等之公款，亟需收信人提供海外帳戶以接受該筆款項，但必須先寄發以費用或稅捐為名的頭期款 5 千美元不等的金額予詐騙組織銀行帳戶，甚至引誘被害人至奈國，再以非法入境罪嫌向被害人要脅更多的款項。故與奈國地區從事貿易，有關廠商要以不變應萬變，不貪圖非分之想，小心查證，以免被騙。

(一)使用虛設銀行名義，開發假信用狀

就信用狀詐騙案而言，此項所舉實例，是以奈及利亞詐騙外國出口廠商為主軸，例子雖老舊，價值卻彌新。而事實上，使用虛設銀行名義，開發假信用狀之案例，在其他國家或地區，也多有所聞，出口廠商自不能輕忽。

實例之一

1967 年初某電器材料商銷售奈及利亞商人 Emiola & Bros. Trading Co., Ibadan 一批電線而接獲的信用狀，則由虛設的 Marketing Confirmers (London) Ltd. 開出。該 L/C 在臺北某銀行押匯後,將匯票寄倫敦花旗銀行代收時,才發覺上述開狀銀行是騙徒虛設的。當時因貨物尚未運到奈及利亞，故未被騙徒所提取，但是出口商卻由於貨物的運回，損失不少。

實例之二

1966 年底漁網廠廠商售於奈及利亞 Kayode Brothers 漁網一批，開來的信用狀為奈及利亞商人在倫敦虛設的 Pacific Credit (London) Ltd.，該信用狀規定將匯票隨同其他單據一併逕寄奈及利亞分公司，而且規定簽發見票後三十天付款的匯票，押匯銀行照辦，漁網廠商獲悉不能自開狀銀行取得票款後，立即通知駐歐洲代表飛往奈及利亞，在當地 Bar Clays Bank 協助下，與買方談判，但買方拒絕付款，該代表鑑於該批漁網係根據買方指定規格製造，如運回臺灣損失亦大，乃議定由買方出具一張字條，約定在 1967 年 6 月底付款。屆時如果失約，賣方有權收回漁網。但最後既未能收到貨款，貨物也無法取回。

實例之三

某水泥公司於 1967 年接到奈及利亞商人 Bandy Brothers 採購 1 萬噸水泥的詢價後，洽妥每噸價格為 CIF Lagos US$25.10，並約定由倫敦開來即期信用狀。水泥公司於 9 月初，自開辦外匯業務不久的某商銀接獲載明 Commercial Credit & Finance (London) Limited 為開狀銀行的 25 萬 1 千美元的信用狀。開狀銀行是名不見經傳的公司，而且信用狀規定簽發承兌後十天付款，亦不符合原約定。不久水泥公司接到國際刑警組織轉來的通知說：「貴公司收到的信用狀是奈及利亞騙徒在倫敦虛設的公司所開出。」

實例之四

××塑膠工業股份有限公司於某年 2 月 7 日以出口電石 100 公噸，價格 US$21,050 元的押匯單據乙套及輸出許可證海關回單聯乙份，擬憑 Fieldcrest Finance Co., Ltd. 倫敦公司開發三十天期買方負擔利息的遠期信用狀（號碼 FEL 8053）到某銀行辦理押匯。銀行審核押匯單據時，發現下列數點疑竇：

(1)開狀銀行名稱陌生。

(2)指定單據直接寄往奈及利亞 Ibadan 地區，與前發生的奈及利亞詐騙集團總部同

一地區。

(3)信用狀直接寄給受益人（即未經由本地外匯銀行轉知）。

(4)信用狀註明係電報證實書，卻無電報通知。

附條說明該倫敦公司行社建造中，所有通訊直接寄往該行總行。

鑑於前述各點，似係一詐騙集團重施技倆，圖以詐騙貨品，遂一面通知××塑膠公司，並另開發電報洽請倫敦花旗銀行協助查明，電文如次：

「本行客戶接獲一信用狀號碼 FEL 8053，金額 21,050 美元，開狀銀行 Fieldcrest Finance Co., Ltd. 奈及利亞地址 Ibadan, 7 Nigeria，總公司設於 Wallburry Dells Cottage Hallingburry England，電話 0279856691，為 Commercial Trust & Credits Exchange Ltd. 之子公司，倫敦分行在 63 Trinity Gardens London SW9，電話 01–7333132，本行認為該信用狀似係偽造，請惠予查明並急速見告。」

該電去後，該行於 2 月 9 日接獲倫敦花旗銀行覆電，電文如次：

「7 日來電關於① Fieldcrest Finance Co., Ltd. 電話號碼係偽造，據悉該公司註冊資本額英鎊 100 鎊分成每兩股 1 鎊，地址 63 Trinity Gardens London SW9 係一雜處老式房子，當地無人知曉該公司；② Commercial Trust & Credits Exchange Ltd. 據悉該公司並未在註冊處註冊，可能在奈及利亞註冊並為 Fieldcrest Finance Co., Ltd. 之母公司，該公司在銀行和貿易界無人知曉。」

綜合來電可判斷該公司信用狀係奈及利亞詐騙集團所開出,企圖詐取該批貨物已無可置疑，乃即通知××塑膠工業公司迅對業已裝船出口的貨物作緊急處理，以免遭受鉅額損失，據悉該公司已洽妥船公司於新加坡或就近港岸卸貨再予轉讓。

實例之五

1992 年 6 月，奈及利亞進口商利用在其國內虛構的銀行 Wema 銀行的一家分行，開出保兌匯票 (Certified Draft)，另附上一家虛設於紐約的金融公司所開出的擔保信用狀，向歐洲英國里茲 (Leeds) 及伯明罕 (Birmingham) 地區的出口廠商購買電子零件，金額達 12 萬英鎊。詐騙重點在於該奈商並未向其政府申請核配外匯，取得經其政府審核正式認可 M Form。

㈡假冒真實銀行或類似真實銀行名義，開發信用狀

假冒真實銀行如 Savannah Bank of Nigeria Ltd., United Bank for Africa, Ltd., Barclays Bank of Nigeria, Standard Bank Nigeria Ltd. Lagos 等當地著名銀行的名義開出

假信用狀的事例歷年來屢有所聞。

　　至於利用類似國際性著名銀行名稱的則有 "Manufacture's Hannover Trust Co. A.G.",按美國紐約有一家銀行與此名稱幾乎相同,其不同的是 "Hanover" 一字而已,假的有兩個 "n",真的只有一個 "n",這種魚目混珠的勾當,顯示騙徒的手法愈來愈高明。

　　實例之一

　　假冒 First Pennsylvania Banking & Trust Company Limited 名義開出假信用狀。

　　某年 12 月 13 日,國內××銀行接獲美國第一賓州銀行信託公司奈及利亞分行 (First Pennsylvania Banking & Trust Co., Ltd. Nigeria Branch) 開發的信用狀一紙,金額 1,177 英鎊 1 先令 8 便士,受益人為臺北市達×企業公司(Da × Enterprise Co., Ltd.)。××銀行因以該賓州銀行奈及利亞分行並無通匯往來,乃於通知受益人時於通知函上註明:「本行無法核對信用狀上之簽名,除單純通知外不負任何責任。」嗣後受益人以付款條件不符及該開狀銀行在臺並無通匯行為理由,將原信用狀退回××銀行。××銀行為求證此一信用狀究竟是否出於偽造,乃去函美國賓州該行總行查詢,結果獲電證實該信用狀確係偽造。據××銀行調查,由該賓州銀行奈及利亞分行偽造的信用狀,在日本大阪、神戶等地曾發現五次之多;日本東京亦有騙徒使用。

　　實例之二

　　印尼進口商 Lippo Trading(s) pte. Ltd. 及 Joan pet Ltd. 於 1978 年 7 月分別透過兩家新加坡廠商委託當地法國國家巴黎銀行 (Banque Nationale Deparis) 開發十五張信用狀,總金額達 300 餘萬美元,受益人均為信×公司,這些信用狀首由日本第一勸業銀行臺北分行揭穿,接著臺灣銀行發現十張,第一銀行發現五張,均係偽造,其手法相當巧妙,不但信用狀格式完全相符,開狀銀行有權簽字人簽名亦真偽莫辨,連信用狀編號亦處理得天衣無縫,以致銀行鑑定人員亦無法看出其真假。

　　其他假信用狀實例如中美洲加勒比海附近各島國的銀行,因缺乏完善的銀行法及稽核制度,彼此間又無統一連絡及資訊交換系統,因此很容易形成漏洞給予犯罪者可乘之機,開發假信用狀。

　　實例之三

　　印尼國家銀行香港分行於 1979 年 1 月份開出七張信用狀,金額 280 萬美元,已被證實出於行員偽造。其中有一張係開給泰×紡織公司,信用狀金額 45 萬 5 千美元,國內押匯銀行在接受香港開來的信用狀時,曾向歐文銀行核對過信用狀上的簽字,始轉知

泰×紡織公司,且該公司在貨物裝運前亦派員前往香港實地向這家銀行查證確實後,才裝運出口並向國內押匯銀行辦理押匯手續,結果為印尼國家銀行以該行職員已離職且與不法集團勾結,偽造信用狀等為理由拒絕付款。

由上述案例可知,隨著時代之進步,一些騙徒之手法亦愈來愈高明,不僅虛設銀行名義行騙,甚至堂而皇之地冒充國際上著名銀行或以類似著名銀行名義,開出假信用狀,一不小心就有被騙受損的可能,此種趨勢,出口商更須隨時提高警覺,庶免上當吃虧。

實例之四

1983 年 8 月間,美國商業銀行臺北分行、美國夏威夷銀行及第一銀行分別致函臺北市銀行公會,指稱發現多起偽造信用狀案件,其中美國商業銀行臺北分行發現有偽造 Comerical Bank 及 Bank of Hawaii(夏威夷銀行)開發之信用狀共六件;夏威夷銀行亦電告銀行公會,指稱發現由該行簽發,並指定美國運通銀行臺北分行為通知銀行之信用狀四張;第一銀行則稱,該行亦接獲四張由 The Royal Bank of Canada Quebec Int'l Centre 及其 Ontario Int'l Centre 所簽發,並指定一銀為通知銀行之信用狀。由於這四張信用狀之號碼與原開證行所開之信用狀號碼相似,而其金額較大,受益人及申請人之名稱亦完全不同,顯係偽造無疑。

實例之五

1984 年 9 月,外商銀行臺北分行相繼發現以巴拿馬 Bank of Credit and Commerce International Ltd., Panama... 名義開發的電報信用狀 (Cable L/C) 兩件,均為可轉讓信用狀,申請人為 Importadora Dorado S.A. APDO 277 Zona Libreode Contön Republic of Panama,受益人為 Hsing Kong Trading Co., Ltd., P. O. BOX 55–277 Taipei,第一件信用狀的號碼為 240873,金額達 30 萬 8 千 4 百美元,係經由德商歐亞銀行臺北分行通知,第二件信用狀的號碼為 240846,金額達 17 萬 6 千美元,係經由美商歐文銀行臺北分行通知。兩家銀行證實這兩件信用狀係出於偽造。

㈢利用真實銀行名義,假進口,真開狀

前述所舉實例,多以出口貨物為主,且係外國進口商利用其銀行名義開出假信用狀向本國出口廠商詐騙貨物。下面所討論的反而是以進口貨物為標的,由國內外進出口廠商相互勾結,向國內銀行騙開信用狀,詐取外匯款額之案例。

1992 年 12 月的×利、×國及×石等公司,1993 年 3 月的金×興、×柏及×威等公司及 1993 年 6 月港臺合組的偽造集團等,其詐騙方式是:以改組、增資方式收購既存

公司（以貿易、買賣業為主），成立關係企業，並在短期間內，以假買賣大幅虛增營業額，增加與金融機構往來實績，取得信任；更在國外普設分支機構，內外串通。由國內公司扮演進口商角色，向國內銀行申請開出購貨之信用狀，俟其國外公司押匯取款後，即逃之夭夭；或以劣質品交貨，貨到藉故不提貨付款，造成銀行呆帳。這是近年來，以國內銀行為目標的國際貿易詐騙技倆，國內外匯銀行確須提高警覺，加以防患。

 ## 八、金融海嘯下之信用狀

㈠金融風暴

1997 年 7 月東南亞發生金融風暴 (Finance Storm)，該區貨幣兌換率急劇貶值達 34% 至 49%。加上 1998 年 8 月 11 日日圓對美元匯率更跌破 147 日圓兌換 1 美元，形成連鎖性金融危機。由於政經情勢不穩，致使亞洲各國銀行體系信用評等不斷降低，導致銀行所開出之信用狀風險提高，押匯業務承做困難。這些國家有：印尼、越南、菲律賓、南韓、馬來西亞及日本等，其中尤以泰國及印尼情況最為嚴重，進出口廠商必須謹慎行事。茲就其類型簡要分類如次：

1. 暫停信用狀押匯，改以託收方式者

   例如印尼、泰國、南韓、巴基斯坦等國家。

2. 拒絕作信用狀保兌業務者

   例如巴西、土耳其、巴拿馬、祕魯等二十三個國家。

3. 拒絕信用狀業務往來者

   計有蘇丹、伊拉克、利比亞、剛果、阿富汗、獅子山及北韓等五十三個國家。

㈡金融海嘯

金融海嘯 (Financial Crisis)，是指全球 2008 年 3 月因原物料及石油上漲，不到半年期間卻猝然下跌，引起「停滯膨脹」，2007 年美國房貸風暴 (Saving & Loan) 及金融危機 (Financial Risks)，造成美國經濟衰退甚而影響歐盟及日本經濟負成長。其中受傷最深的國家如冰島的財務破產，俄羅斯及烏克蘭也瀕臨破產邊緣，甚至燃燒到全球各角落。影響所及，全球五十大銀行的資產由 38 兆美元提高到 50 兆美元，而舉債比率也由 24 倍提高到 30 倍，有形股本佔有形資產比在風暴前是 4.117%，2008 年只有 3.36%。因此，全球銀行家數開始遞減，在無法大舉增資的前提下，銀行只有大量降低其資產，一方面是出售其資產，一方面降低對企業及個人的放款金額，形成信用萎縮，經濟負成長。

　　對於受金融海嘯影響之全球經濟,國際貿易交易之付款條件及交易方式也可能因而大大改變。

⑴繼續以信用狀方式交易的清真經濟 (Halal Economics) 年產值將超過 1 兆美元。

⑵以物易物的交易方式日漸流行: 隨著金融海嘯襲捲全球, 此種最原始的商業模式似乎有捲土重來之勢, 且盛行在國際交易。

⑶改變出口貿易成長模型: IT 產業必須改變為 OEM 模式, OEM 之付款方式大都是記帳 (Open Account), 嘗試以信用狀方式掌握品牌打入金磚四國市場: 中國大陸、巴西、印度及俄羅斯。

⑷利用國際性銀行貸款:出口廠商可利用國際性銀行組織,如 IBRD、ADB 及 EBRD 等銀行資助投資計畫項下信用狀貸款案進而開發中東歐及中亞市場。

⑸超主權儲備貨幣: 以超主權儲備貨幣,例如國際貨幣基金 (IMF) 創設的特別提款權 (Special Draw Right, SDR),作為開發信用狀之計價貨幣,可避免主權信用貨幣的內在風險及資產價格之波動。

⑹輸出保險: 輸出保險協助投保廠商安全收回交易貨款,當國外買主或開狀銀行破產, 無償還能力,違約不付款或其所在地因戰爭、外匯管制等政治因素致出口廠商遭受損失時,可由輸出保險獲得理賠提供保障。投保種類有「託收方式 (D/P) 輸出綜合保險」、「記帳方式 (O/A) 輸出綜合保險」、「信用狀出口保險」及「中小企業安心出口保險」等。

1.不可撤銷信用狀實例（郵寄格式）

The

INTERNATIONAL COMMERCIAL BANK OF CHINA
HEAD OFFICE-FOREIGN DEPARTMENT IM990527WP0004
No. 100 CHI LIN ROAD, TAIPEI, (10424) TAIWAN R.O.C.

1

Original 5

CABLE ADDRESS: INTCOMBANK TELEX: 10364 INCOBK. 28574 INTCOMBK   SWIFT: ICBCTWTP007   Date of issue **May 26, 2010**

IRREVOCABLE DOCUMENTARY CREDIT	Credit number
	of issuing bank of advising bank 5AAAH2/1006/1

————— Advising bank —————	————— Applicant —————
SVENSKA HANDELSBANKEN, 65 CHULIA STREET #21–00 OCBC CENTRE SINGAPORE 0104	CENTRAL TRUST OF CHINA, PROCUREMENT DEPARTMENT 45 WU CHANG STREET, SEC. 1, TAIPEI, TAIWAN, ROC ON BEHALF OF CHINESE PETROLEUM CORP., 83, CHUNG HWA RD., SEC. 1, TAIPEI, TAIWAN, ROC
————— Beneficiary —————	————— Amount —————
ETHYL ASIA PACIFIC CO. 111 SOMERSET RD. NO. 13–06 PUB BUILDING SINGAPORE 0923	US$40,944.00 (U.S. DOLLARS FORTY THOUSAND NINE HUNDRED AND FORTY-FOUR ONLY.)

Dear Sir(s),
     We hereby issue in your favour this documentary credit which is available with ANY
BANK BY NEGOTIATION of your drafts AT SIGHT FOR 100 PCT OF INVOICE VALUE DRAWN ON THE
INTERNATIONAL COMMERCIAL BANK OF CHINA, HOFD, TAIPEI bearing the clause: "Drawn under
documentary credit No. 5AAAH2/1006/1 of The International Commercial Bank of China HEAD
OFFICE-FOREIGN DEPT." accompanied by the following documents:
 1. COMMERCIAL INVOICE IN SEXTUPLICATE INDICATING NUMBER OF THIS CREDIT AND ITEMIZED
PRICES.
 2. TWO OF THE THREE ORIGINALS AND TWO COPIES OF CLEAN-ON-BOARD OCEAN BILL OF LADING
MARKED FREIGHT COLLECT MADE OUT TO ORDER OF CHINESE PETROLEUM CORP. NOTIFYING SAME.
 3. PACKING LIST IN QUADRUPLICATE.
 4. INSPECTION CERTIFICATE WHICH SHALL CONTAIN THE FOLLOWING STATEMENT "WE HEREBY CERTIFY
THAT THE SHIPMENT IS FULLY IN COMPLIANCE WITH THE CONTRACT REQUIREMENTS IN SPECIFICATION,
QUANTITY, QUALITY, PROPER PACKING AND MARKING" TO BE ISSUED IN QUARDUPLICATE BY MAKER.
(ETHYL EUROPE S.A., BELGIUM)
THE INSPECTION CERTIFICATE MUST INDICATE THE DATE OF INSPECTION (NOT LATER THAN SHIPMENT
DATE) AND THE ACTUAL QUANTITY DELIVERED.
 5. A CERTIFICATE ISSUED BY THE L/C BENEFICIARY STATING THAT ONE OF THE THREE ORIGINALS OF
BILL OF LADING AND ONE COMPLETE SET OF DUPLICATE DOCUMENTS AS REQUIRED HEREIN HAVE BEEN
FORWARDED TO CHINESE PETROLEUM CORP. AND TWO COMPLETE SETS OF DUPLICATE DOCUMENTS TO
CENTRAL TRUST OF CHINA PROCUREMENT DEPARTMENT BY COURIER/EXPEDITED DELIVERY SERVICE
WITHIN 5 WORKING DAYS AFTER THE DATE OF B/L. THE SIGNED COURIER/EXPEDITED DELIVERY
SERVICE RECEIPTS (PHOTO COPY NOT ACCEPTABLE) SHALL BE PRESENTED FOR NEGOTIATION.
 6. COPY OF TELEX OR FAX ADDRESSED TO CENTRAL TRUST OF CHINA, PROCUREMENT DEPARTMENT,
REGARDING SHIPPING INFORMATION. (TELEX: 11377 TRUSTP.RO, FAX: 886–2–3822010/886–2–3881247)
 7. THE MSDS (MATERIAL SAFETY DATA SHEET) ISSUED BY MAKER.
Covering: 16,000 KGS (NET WEIGHT) OF ETHYL HITEC–9953 (CA–371)
          (US$2.559/PER KG)
          FOB ANTWERP
Despatch/Shipment: From ANTWERP
               To KAOHSIUNG BY LINER VESSEL
NOT LATER THAN Aug. 20, 2010.
Expiry date: Aug. 30, 2010. IN SINGAPORE
Partial shipments: PROHIBITED
Transhipments: PROHIBITED
Special conditions:
(A) ALL BANKING CHARGES INCLUDING REIMBURSEMENT/PAYMENT CHARGES OUTSIDE OF TAIWAN ARE
     FOR BENEFICIARY'S ACCOUNT.
(B) DOCUMENT(S) MUST BE PRESENTED FOR NEGOTIATION WITHIN 10 DAYS AFTER THE DATE OF
(Please see the continued sheet which is an integral part of this credit.)

Yours faithfully, For THE INTERNATIONAL COMMERCIAL BANK OF CHINA Head Office-Foreign Department	Documents sent to us by two subsequent airmails quoting our L/C No.
	Advising bank's notification

The

INTERNATIONAL COMMERCIAL BANK OF CHINA
HEAD OFFICE-FOREIGN DEPARTMENT   IM990527WP0004
No. 100 CHI LIN ROAD, TAIPEI, (10424) TAIWAN R.O.C.

1

Original   5

CABLE ADDRESS: INTCOMBANK TELEX: 10364 INCOBK. 28574 INTCOMBK   SWIFT: ICBCTWTP007   Date of issue

May 26, 2010

(This sheet is an integral part of our L/C No. 5AAAH2/1006/1 dated May 26, 2010)
  SHIPMENT.
(C) 1. ALL DOCUMENTS MUST BE MANUALLY SIGNED AND BEAR CTC/PD'S INVITATION NO.
  GF4–831008–1, CONTRACT NO. 99–GF4–0436 AND CPC'S NO. 55318F.
  2. IF SHIPMENT EFFECTED BY CONTAINER VESSEL, CLEAN B/L OF CONTAINERIZED SHIPMENT
  INDICATING LOADED ON BOARD VESSEL AND ISSUED BY OCEAN CARRIER IS ACCEPTABLE,
  OTHERWISE IT IS NOT ACCEPTABLE.
  3. B/L MUST BE ISSUED BY YANGMING MARINE TRANSPORT CORP. OR ITS ASSIGNED SHIPPING
  COMPANY. IN THE LATTER CASE, A CERTIFICATE OF AUTHORITY ISSUED BY YANGMING MARINE
  TRANSPORT CORP. SHALL BE PRESENTED FOR NEGOTIATION.
  4. "ON DECK" BILLS OF LADING ARE NOT ACCEPTABLE EXCEPT CONTAINERIZED SHIPMENT.
  5. BILL OF LADING DATED WITHIN 50 DAYS AFTER THE SHIPMENT DATE SPECIFIED ABOVE IS
  ACCEPTABLE, BUT BENEFICIARY HAS TO PAY A DELAY PENALTY ON THE BASIS OF 0.1 PCT OF
  THE INVOICE VALUE FOR EACH DAY'S DELAY. SUCH PENALTY SHOULD BE DEDUCTED FROM THE
  AMOUNT NEGOTIATED BY THE NEGOTIATING BANK. UNDER SUCH CIRCUMSTANCES THE VALIDITY OF
  THE CREDIT IS PROPORTIONALLY EXTENDED.
  6. OCEAN BILL OF LADING MUST BE ISSUED IN THE OCEAN CARRIER'S COMPANY'S BILL OF
  LADING FORM.
  7. THE SHIPMENT MUST BE EFFECTED THROUGH SCHENKER INTERNATIONAL DEUTSCHLAND GMBH OR
  THEIR AFFILIATED COMPANY.
  8. PAYMENT WILL BE MADE ACCORDING TO THE ACTUAL QUANTITY DELIVERED.
Instruction to Paying/Accepting/Negotiating bank:
PLEASE CLAIM REIMBURSEMENT FROM US WITH YOUR STATEMENT CERTIFYING THAT ALL CREDIT TERMS
HAVE BEEN COMPLIED WITH
We hereby engage with drawers and/or bona fide holders that drafts drawn and negotiated in conformity with the terms of this credit
will be duly honoured on presentation.
The amount of each draft negotiated hereunder must be endorsed on the reverse of this credit by the negotiating bank.
This documentary credit is subject to the "Uniform Customs and Practice for Documentary Credits" (2007 Revision) International
Chamber of Commerce (Publication No. 600)
  BLANK SPACE HEREUNDER

Yours faithfully, For THE INTERNATIONAL COMMERCIAL BANK OF CHINA Head Office-Foreign Department	Documents sent to us by two subsequent airmails quoting our L/C No.
	Advising bank's notification

2.即期信用狀實例（電報 TELEX 實例）

THE INTERNATIONAL COMMERCIAL BANK OF CHINA

MING HSING BRANCH No. 687 & 687–1 MING HSING EAST ROAD TAIPEI TAIWAN R.O.C.	Notification of Irrevocable Documentary Credit AA	Taipei 101115
		AQLA–600217

Beneficiary NEW JENSEN ENTERPRISES LTD.	Issuing bank LASALLE NATIONAL BANK L/C No.: 9900603894 Amount: US$278,822.60

Please be informed that we have received an authenticated xxxxxxxxxxxxxx cable dated _____101112_____ from abovementioned bank which reads as follows:

+

17044 ICBCTCB

EASYLINK 2954984L001 12NOV10 17:43/17:43 EST
FROM: LASALLE NATIONAL BANK 49650512 LASBNK UI

    – (CRN: 603894)
TO: 78517044

WILDTLX

RX–LNA ON TUE NOV 12 16:29:16 2010
A02908
RE: 9900603894

TESTED FOR US$278,822.60 ON
10/11/16

TO: 78517044
THE INTERNATIONAL COMMERCIAL BANK OF CHINA
TAIPEI, TAIWAN R.O.C.

NOV 16, 2010
TEST

ADVISE THROUGH:
YOUR MING HSING BRANCH

WE HEREBY ISSUE OUR IRREVOCABLE LETTER OF CREDIT AVAILABLE AGAINST
PRESENTATION OF THE DOCUMENTS STATED HEREIN.

IRREVOCABLE LC NUMBER 9900603894
ISSUED IN CHICAGO, ILLINOIS ON 12 NOV 2010

BENEFICIARY:
NEW JENSEN ENTERPRISES LTD.
262, 8TH FLOOR, TUN HWA NORTH RD.
TAIPEI, TAIWAN

APPLICANT:
PAUL HARRIS STORES, INC.
PAUL HARRIS STORES, INC.
6003 GUION ROAD
INDIANAPOLIS, IN 46254

LC AMOUNT: US$278,822.60
TWO HUNDRED SEVENTY EIGHT THOUSAND
EIGHT HUNDRED TWENTY TWO AND
60/100 UNITED STATES DOLLARS

VARIANCE OF AMOUNT (+/−)   5 PERCENT
DATE AND PLACE OF EXPIRY: 19 DEC 10 NEGOTIATING BANK'S COUNTERS
TRANSSHIPMENTS PERMITTED
PARTIAL SHIPMENTS PERMITTED

CREDIT IS TRANSFERABLE

CREDIT AVAILABLE WITH: FREELY NEGOTIABLE AT ANY BANK.
BY: NEGOTIATION
OF DRAFTS AT SIGHT FOR 100 PERCENT OF THE INVOICE VALUE
DRAWN ON: LASALLE NATIONAL BANK
              CHICAGO, ILLINOIS

SHIPMENT FROM: TAIWAN
SHIPMENT TO: INDIANAPOLIS, INDIANA
COVERING SHIPMENT OF:

ORDER NO.	STYLE	QUANT.	UNIT PRC.	CAT.	DESCRIP.	LATEST SHIPDT
505467	9297	2,304	7.80	659	VEST	21NOV10
505466	8462	2,398	15.40	635	JACKET	21NOV10
505465	1342	3,300	8.50	659	PANTS	21NOV10
505464	7189−1	3,300	7.70	642	SKIRT	21NOV10
505470	8273	2,298	15.40	635	JACKET	12DEC10
505473	7189−1	3,300	7.70	642	SKIRT	12DEC10
505472	4210	2,400	15.60	635	JACKET	20NOV10
504808	71545	10,100	3.35	638−639	PULLOVER	05DEC10
505140	9385	5,484	7.00	641	BLOUSE	

FOB TAIWAN

WHEN ACCOMPANIED BY THE FOLLOWING DOCUMENTS:
− SIGNED COMMERCIAL INVOICE AND 2 COPIES
− PACKING LIST AND 2 COPIES
− FORWARDER'S CARGO RECEIPT
  SHOWING FREIGHT COLLECT
  CONSIGNED TO: PAUL HARRIS STORES, INC.,
  NOTIFY: EXPEDITORS INTERNATIONAL
                            849. THOMAS DRIVE
                            BENSENVILLE, IL. 60106
+TEXTILE EXPORT LICENSE WITH VISAED STAMP (PHOTOCOPY ONLY) IN
DUPLICATE.
+TWO PHOTO COPIES OF INSPECTION CERTIFICATE SIGNED BY NEW JENSEN
ENTERPRISES LTD. CERTIFYING. THAT ALL GOODS ARE IN COMPLIANCE
WITH PAUL HARRIS STORES, INC.; PURCHASE ORDERS AND THAT ALL
GOODS ARE LABELED IN ENGLISH WITH COUNTRY OF ORIGIN LABELS,
FIBER CONTENT LABELS, CARE INSTRUCTION, RN 51546 LABELS, AND A
PACKING LIST WAS PLACED IN THE LAST CARTON OF EACH SHIPMENT.
+BENEFICIARY'S CERTIFICATE IN DUPLICATE CERTIFYING THAT COPIES
OF ALL REQUIRED DOCUMENTS HAVE BEEN AIRMAILED TO PAUL HARRIS
STORES, INC., AT TIME OF SHIPMENT.
+TWO PHOTOCOPIES OF SINGLE COUNTRY DECLARATION OF ORIGIN
INDICATING DATE OF EXPORT.

SPECIAL CONDITIONS:

− DOCUMENTS MUST BE PRESENTED TO PAYING/NEGOTIATING BANK
  WITHIN 21 DAYS AFTER ISSUANCE OF TRANSPORT DOCUMENTS
  HOWEVER WITHIN VALIDITY OF LETTER OF CREDIT.
− DOCUMENTS MUST BE PRESENTED IN ONE MAIL.
− ALL BANKING CHARGES OTHER THAN THOSE OF THE ISSUING BANK ARE
  FOR THE ACCOUNT OF THE BENEFICIARY.
− INSURANCE COVERED BY BUYER. INSURANCE COVERED BY BUYER.
  +CARGO RECEIPT MUST BE ISSUED BY EXPEDITORS CARGO MANAGEMENT
  SYSTEMS SHOWING RECEIPT OF MERCHANDISE FOR SHIPMENT TO PAUL
  HARRIS STORES, INC. INDICATING ORIGINAL OF ALL REQUIRED DOCUMENTS

HAVE BEEN RECEIVED MARKED FREIGHT COLLECT AND MARKED NOTIFY:
EXPEDITORS INTERNATIONAL, 849 THOMAS DRIVE, BENSENVILLE, IL.
60106.
+DATE OF CARGO RECEIPT RECEIVED ON FORWARDER'S CARGO RECEIPT IS
TO BE CONSIDERED AS SHIPMENT DATE.
+ALL DOCUMENTS MUST BEAR THE LETTER OF CREDIT NUMBER.
+THIRD PARTY SHIPPER AND DOCUMENTS ACCEPTABLE.
+FIVE PERCENT MORE OR LESS IN QUANTITY AND DOLLAR AMOUNT PER
STYLE IS ACCEPTABLE.
+THIS CREDIT IS TRANSFERABLE IN WHOLE OR PART, PROVIDED THIS
ORIGINAL CREDIT IS PRESENTED TO THE TRANFERRING BANK FOR
ENDORSEMENT OF TRANSFER, UNDER ADVICE TO US AND THEIR COMMISSION
IS PAID. TRANSFERS TO DESIGNATED NATIONALS AND/OR SPECIALLY
DESIGNATED NATIONALS ARE NOT PERMITTED AS BEING CONTRARY TO U.S.
TREASURY DEPARTMENT, FOREIGN ASSETS CONTROL REGULATIONS.

+ALL DOCUMENTS TO BE ISSUED IN DUPLICATE IN ENGLISH LANGUAGE.
+IF DISCREPANCIES ARE NOTED IN DOCUMENTS PRESENTED A US$40.00
FEE WILL BE DEDUCTED FROM THE PROCEEDS PLUS ANY CABLE EXPENSES
INCURRED.
+A US$30.00 WIIL BE DEDUCTED FROM PROCEEDS WHEN
PAYMENT IS EFFECTED VIA WIRE/VNZCK.
+BANK NOMINATED TO EFFECT
TRANSFER IS INTL COMMERCIAL BANK OF CHINA, MING HSING BR, CHINA.
REIMBURSEMENT INSTRUCTIONS:　PAYMENT TO BE EFFECTED PER YOUR
INSTRUCTIONS AGAIX CONFORMING
DOCUMENTS PRESENTED AT OUR
COUNTERS.
CONFIRMATION INSTRUCTIONS:　WITHOUT ADDING YOUR CONFIRMATION.

WE HEREBY ENGAGEAIH DRAWERS, ENDORSERS, AND BONA FIDE HOLDERS THAT
DRAFT(S) DRAWN AND NEGOTIATED IN CONFORMITY WITH THE TERMS OF THIS
CREDIT
WILL BE DULY HONOURED BY US. EACH DRAFT MUST BE ENDORSED ON THE
REVERSE
THEREOF BY THE NEGOTIATING BANK. THE AMOUNT OF EACH DRAFT MUST BE
ENDORSED ON THE REVERSE OF THIS CREDIT BY THE NEGOTIATING BANK.
THIS IS
THE OPERATIVE INSTRUMENT, NO MAIL CONFIRMATION WILL FOLLOW.

THIS CREDIT IS SUBJECT TO THE UNIFORM CUSTOMS AND PRACTICE FOR
DOCUMENTARY CREDITS, 2007 REVISION, ICC PUBLICATION NO. 600.

BANK TO BANK INFORMATION:
NEGOTIATING BANK'S COVER LETTER
SHOULD INDICATE WHICH AMENDMENTS,
IF ANY HAVE BEEN ACCEPTED BY THE
BENEFICIARY. US$30.00 WILL BE
DEDUCTED FROM PROCEEDS WHEN
PAYMENT IS EFFECTED VIA WIRE/CHECK

RXAND TO:
LASALLE BK CHGO TX 49650512
NNNN

TLX*
17044 ICBCTCB

...
NOV 16 2010 1758 SENT FROM ATT EASYLINK SERVICES

3. 遠期信用狀實例——(1)賣方遠期信用狀（SWIFT 格式）

THE FARMERS BANK OF CHINA
FOREIGN DEPARTMENT
5 Sec. 7 Nanking E. Road,
Taipei, Taiwan, R.O.C. Tel: (02) 5517141

◎本通知書與所附信
用狀或信用狀修改意
書均為押匯必要文
件，務請妥善保管

NOTIFICATION OF DOCUMENTARY CREDIT

DATE: 10/04/16

Mail to: Beneficiary

MILLAND INDUSTRIES CORP.

RE: OUR ADVISING NO. ACCB–A9152
ADVISING CAT: FULL CABLE
FEE: NT$0
L/C NO.: ICL100053
AMOUNT: US$21,345.50
RECEIVED FROM:
National City Bank of Cleveland,
CLEVELAND, OH

Dear Sirs:
We have been informed by the aforementioned bank that the abovementioned
documentary credit has been issued in your favor.
　　ENCLOSED PLEASE FIND THE DOCUMENTARY CREDIT RECEIVED FROM S.W.I.F.T./CABL
　　THIS NOTIFICATION MUST BE PRESENTED WITH ALL DRAFTS/DOCUMENTS DRAWN
　　IN ACCORDANCE WITH THE CREDIT, AND ALL THE AMOUNTS NEGOTIATED SHOULD
　　BE ENDORSED ON THE REVERSE HEREOF.
　　UNLESS SPECIFICALLY STATED, THE DOCUMENTARY CREDIT IS ISSUED SUBJECT
　　TO THE U.C.P. FOR DOCUMENTARY CREDIT, I.C.C. WHICH ARE IN EFFECT ON
　　THE DATE OF ISSUE.

Please note that this is merely and advice and conveys no engagement on our part nor
constitutes a confirmation of this credit. We shall be pleased to render further service to you
in this connection. Please return to us the attached receipt duly signed for our records.

注意事項：一、請詳閱繳費收據聯背面事項，儘速繳交通知費用。
　　　　　二、請於收到本通知書後立即將本通知書副本簽章擲
　　　　　　　回，並請詳閱本件信用狀有關各項條款，如有未能
　　　　　　　履行者，務請直接逕洽買方修改，以利押匯手續，
　　　　　　　如有疑難，請即向本行查詢。

Yours faithfully,
For THE FARMERS BANK OF CHINA

(seal)

10APRIL16 08:19:36
MT S700

Issue of a Documentary Credit

Logical Terminal D2L6
Page 00001
Func D1PR14

MSGACK DWS7651 Auth OK, key B1990718A30B0A46, FBOCTWTP NATCUS** record
Basic Header F 01 FBOCTWTPA323 2825 931837
Application Header O 700 1630 990915 NATCUS33AXXX 2949 977243 990916 0819 N
　　　　　　　　　　　　*NATIONAL CITY BANK CLEVELAND
　　　　　　　　　　　　*CLEVELAND, OH

User Header	Service Code	103:
	Bank. Priority	113:
	Msg User Ref.	108: 100415001315
	Info. from CI	115:
Sequence of Total	*27 : 1/1	
Form of Doc. Credit	*40 A: IRREVOCABLE	
Doc. Credit Number	*20 : ICL100053	
Date of Issue	31 C: 100416	
Expiry	*31 D: Date 100615 Place IN COUNTRY OF BENEFICIARY	
Applicant	*50 : P AND G INDUSTRIES, INC.	
	5200 RICHMOND ROAD	
	BEDFORD HEIGHTS, OHIO 44146	
Beneficiary	*59 : MILLAND INDUSTRIES, INC.	
	P. O. BOX 50–17	
	TAICHUNG, TAIWAN, ROC	
Amount	*32 B : Currency US$ 21,345.50	
Nos./Neg. Tol. (%)	39 A: 00/00	
Available with/by	*41 D: ANY BANK	
	BY NEGOTIATION	
Drafts at...	42 C : 60 DAYS SIGHT	

Loading in Charge　　44 A:
　　　　KEELUNG PORT OR OTHER TAIWAN PORT
For Transport to...　　44 B:
　　　　CLEVELAND, OHIO
Latest Date of Ship.　　44 C: 100531
Descript of Goods　　45 A:
　　　　HAND TOOLS
　　　　FOB KEELUNG PORT OR OTHER TAIWAN PORT
Documents Required　　46 A:
　　　　+BENEFICIARY'S SIGNED COMMERCIAL INVOICE IN ORIGNAL AND 6 COPIES.
　　　　+ ONE ORIGINAL PACKING LIST AND 3 COPIES.
　　　　+ FULL SET CLEAN ON BOARD OCEAN BILLS OF LADING. CONSIGNED TO
　　　　ORDER SHIPPER BLANK ENDORSED. NOTIFY: EXIM TRADING SERVICE, INC.
　　　　7655 CREEKWOOD RD., CLEVELAND, OHIO (440) 230–9300.
　　　　MARKED FREIGHT COLLECT.
Aditional Cond.　　47 A:
　　　　+ INSURANCE COVERED BY BUYER.
　　　　+ DISCOUNT CHARGE FOR ACCOUNT OF BENEFICIARY.
　　　　+ ACCEPTANCE CHARGE FOR ACCOUNT OF BENEFICIARY.
　　　　+ INVOICE MUST STATE MERCHANDISE IS IN ACCORDANCE WITH PURCHASE
　　　　ORDER NO. 1022009 DATED 03/25/10
　　　　+ TO BENEFICIARY: PLEASE ARRANGE SHIPMENT THROUGH:
DWSDGPA DWSDGPA 0000990916081935

10APR16 08:19:42　　　　　　　　　　　　　　　　　　　　Logical Terminal D2L6
MTS700　　　　　　　　　　Issue of a Documentary Credit　　　　　Page 00002
　　　　　　　　　　　　　　　　　　　　　　　　　　　　　Func D1PR14
　　　　CHINA INT'L FREIGHT FORWARDERS CO., LTD.
　　　　PHONE 02–7563–5678
　　　　6 FL., NO. 72 NAN KING EAST ROAD, SEC. 2
　　　　TAIPEI, TAIWAN
Details of Charges　　71 B : ALL BANKING CHARGES OTHER THAN THOSE OF NATIONAL CITY BANK ARE FOR
　　　　　　　　　　ACCOUNT OF BENEFICIARY.
Presentation Period　　48　: DOCUMENTS TO BE PRESENTED WITHIN 10 DAYS OF SHIPPING DOCUMENT DATE
　　　　　　　　　　BUT WITHIN THE VALIDITY OF THE L/C
Confirmation　　*49　: WITHOUT
Instructions　　78　:
　　　　+ NOTE: WHEN DOCUMENTS PRESENTED FOR PAYMENT UNDER LETTERS OF CREDIT CONTAIN
　　　　DISCREPANCIES WHICH REQUIRE FOLLOW-UP ON OUR PART A HANDLING FEE OF US$65.00 WILL
　　　　BE DEDUCTED FROM THE PAYMENT.
　　　　+ DOCUMENTS MUST BE PRESENTED IN ONE MAIL.
　　　　+ PAYMENT TO BE EFFECTED PER YOUR INSTRUCTIONS AGAINST CONFORMING DOCUMENTS
　　　　PRESENTED AT OUR COUNTERS.
Trailer　　　　　: MAC: D9898EB4
　　　　　　　CHK: 99A68793062D
　　　　　　　DLM:

遠期信用狀實例——⑵買方遠期信用狀

```
*****************************************************************
* LABEL: QSN = 02584 PRT007A 03/10/10 17:58:48 L88P00707        *
* MSGACK:(1:F21ICRCTWPA0071479277020)(4:(177:1103101800)(451:0) *
*         MT 700 ISSUE OF A DOCUMENTARY CREDIT                  *
*****************************************************************
        INTERNATIONAL COMMERCIAL BANK OF CHINA THE
        TOKYO
        (1:F01ICBCTWTPA1171479277020)
        (2:I700ICBCJPJTXXXXN)
        (4:
:27     :SEQUENCE OF TOTAL          本筆開狀不需經逐筆會簽手續即可放單
        1/2
:40A    :FORM OF DOCUMENTARY CREDIT
        IRREVOCABLE
:20     :DOCUMENTARY CREDIT NUMBER
        5AAAH2/00437/1
:31C    :DATE OF ISSUE
        110310
:31D    :DATE AND PLACE OF EXPIRY
        110630 IN JAPAN
:50     :APPLICANT
        ABC CO., LTD.
        TAIPEI TAIWAN TELEX 886 2 27467161
        FAX 886 2 27467141
:59     :BENEFICIARY
        MARUKING CO., LTD.
        10–100, I-CHOME, UCKISAIWAIKU
        CHIYODA-KU, TOKYO, JAPAN
:32B    :CURRENCY CODE, AMOUNT
        US$121,600.00
:41D    :AVAILABLE WITH...BY...
        ANY BANK
        BY NEGOTIATION
:42C    :DRAFTS AT...
        AT 180 DAYS AFTER B/L DATE FOR 100 PCT OF INVOICE VALUE
:42A    :DRAWEE
        ICBCTWTP007
:43P    :PARTIAL SHIPMENT
        ALLOWED
```

:43T :TRANSHIPMENT
  PROHIBITED
:44A :LOADING ON BOARD/DISPATCH/TAKING IN CHARGE AT/FROM...
  JAPANESE PORT
:44B :FOR TRANSPORTATION TO...
  KAOHSIUNG PORT
:44C :LATEST DATE OF SHIPMENT
  110610
:46A :DOCUMENTS REQUIRED
  1. SIGNED COMMERCIAL INVOICE IN SEXTUPLICATE INDICATING NUMBER OF THIS CREDIT AND THE NAME OF MAKER OR BRAND
  2. PACKING LIST IN QUADRUPLICATE
  3. 2/3 SET OF CLEAN ON BOARD OCEAN B/L MADE OUT TO ORDER OF THE INTERNATIONAL COMMERCIAL BANK OF CHINA, HOFD, TAIPEI NOTIFYING BUYER: MARKED FREIGHT PREPAID AND INDICATING THIS-CREDIT NUMBER.
  4. BENEFICIARY'S CERTIFICATE STATING THAT EIGHT COPIES OF THE DOCUMENTS STIPULATED ABOVE (INCLUDING ONE ORIGINAL EACH) HAVE BEEN SENT BY REGISTERED AIRMAIL OR WORLDWIDE COURIERS/EXPRESS DIRECT TO THE BUYER ATTN: PURCHASING DIV.
  5. A COPY OF BENEFICIARY'S FAX OR TELEX TO BUYER ATTN: PURCHASING DIV. ADVISING PURASING NO., NAME OF COMMODITY, B/L WEIGHT, INVOICE AMOUNT, NUMBER OF PACKAGES, NAME OF VESSELS, DEPARTURE DATE, ESTIMATED ARRIVAL DATE AND AGENT OF SHIPPING CO. IN TAIWAN WITHIN 3 DAYS AFTER THE SHIPMENT IS EFFECTED (WHEN THE PARTIAL SHIPMENT IS EFFECTED THE ESTIMATED NEXT SHIPMENT DATE SHOULD BE INFORMED AS WELL).
:71B :CHARGES
  ALL BANKING CHARGES OUTSIDE OF TAIWAN ARE FOR BENEFICIARY'S ACCOUNT.
:49 :CONFIRMATION INSTRUCTIONS
  WITHOUT
:78 :INSTRUCTIONS TO THE PAYING/ACCEPTING/NEGOTIATING BANK
  UPON RECEIPT OF DOCUMENTS IN COMPLIANCE WITH CREDIT TERMS, WE SHALL REMIT FACE AMOUNT OF DRAFT(S) TO THE BANK DESIGNATED BY YOU
:57D :"ADVISE THROUGH BANK"
  SANWA BANK, HIBIYA BRANCH
  (5: (MAC:114BA9BE)

INTERNATIONAL COMMERCIAL BANK OF CHINA, THE

TOKYO

(1:F01ICBCTWTPA1171479277021)

(2:I701ICBCJPJTXXXXN)

(4:

:27　:SEQUENCE OF TOTAL

2/2

:20　:DOCUMENTARY CREDIT NUMBER

5AAAH20/0437/1

:45B　:SHIPMENT OF (GOODS)

60,800 KGS OF OTS (N-ACYL N-METHYL SODIUM TAURATE)

CFR KAOHSIUNG PORT

:47B　:ADDITIONAL CONDITIONS

1. USANCE DRAFTS DRAWN UNDER THIS CREDIT ARE TO BE NEGOTIATED AT SIGHT BASIS, DISCOUNT CHARGE AND ACCEPTANCE COMMISSION ARE FOR BUYER'S ACCOUNT (FOR USANCE CREDIT ONLY)

2. ALL DOCUMENTS MUST BE INDICATED BUYER'S PUCHASING NO. 14PK11601, 14PK11602 AND 14PK05603

(5: (MAC:549F23DC)

4.讓購信用狀實例

BANK OF TAIWAN
TAICHUNG IND. PARK BRANCH
FOREIGN EXCHANGE SECTION

信用狀查詢請洽 電話: (04) 33597850	Notification of Irrevocable Documentary Credit L/C No. LC−980−648−00048	Taichung, Taiwan, APRIL 20, 2010 Our Ref. No. 9988−188−55
Beneficiary ABC AUTO INDUSTRIES CORP.	Issued/Advised by: CHIBA KOGYO BANK LTD. Amount: US$24,000.00	

Dear Sirs:

We wish to inform you that we have received a telex message, from our correspondent

(IT   ) dated on   , which reads as follows:

PRINTED : 21 APRIL 2010   16:59   接送電文下傳序號: 10894   PAGE: 01
RECEIVED: 20 APRIL 2010   15:51

* * * * * * *   PRIMARY COPY   * * * * * * *

RECEIVED FROM:
CHIKJFJT   = MOR: 1551 100420BKTWTWTPA0102725482543
CHIBA KOGYO BANK LTD.   = MIR: 1651 100420 CHIKJPJTAXXX 2149133634
FOREIGN DIVISION   = MSG TYPE: 700
                              = MSG PRIORITY: URGENT
                              =
                              =   * * *   URGENT   * * *

ISSUE OF A DOCUMENTARY CREDIT

:27:   Sequence of total
        1/1
:40A: form of documentary credit
        IRREVOCABLE
:20:   documentary credit number
        LC−980−648−00043
:34C: date of issue
        100420
:31D: date and place of expiry
        100606 TAIWAN
:50:   applicant
        XYZ AUTO MFG CO., INC.
        4−15, UCHI-KANDA 3−CHOME,

CHIYODA-KU, TOKYO
:59:   beneficiary customer
        ABC AUTO INDUSTRIES CORP.
        8F, NO. 80, JONG GONG 4 ROAD,
        TAICHUNG, TAIWAN, R.O.C.
:32B: currency code, amount
        US$24,000.00
:41D: available with...by...
        ANY BANK
        BY NEGOTIATION
:42C: drafts at...
        DRAFT AT SIGHT
        FOR FULL INVOICE COST
:42A: drawee (swift addr.)
        B0FCUS33SFO
:43P: partial shipments
        PROHIBITED
:43T: transshipment
        PROHIBITED
:44A: load on board/dispatch/take in charge at
        TAIWAN
:44B: for transportation to
        TOKYO
:44C: latest date of shipment
        100526
:45A: shipment of (goods)
        I080064 FACE GUARD, YELLOW COLOR
        W/ADJUSTING MECHANISM AND STAINLESS MESH
        AND PC SHEET, ANSI APPROVAL
        PVC BAG AND DISPRAY CARD
        4,000 SETS PER US$6.00
        (PROFORMA INVOICE NO. 10–0912)
        TRADE TERMS FOR TAIWAN
:46A: documents required
        SIGNED COMMERCIAL INVOICE IN 3 COPIES.
        PACKING LIST IN 3 COPIES.
        FULL SET OF CLEAN ON BOARD OCEAN BILLS OF LADING MADE OUT TO
        ORDER AND BLANK ENDORSED AND MARKED FREIGHT COLLECT AND
        NOTIFY ACCOUNTEE.
        CERTIFICATE OF ORIGIN IN 2 COPIES.
:47A: additional conditions
        REIMBURSEMENT BY TELECOMMUNICATION IS PROHIBITED
:71B: details of charges
        ALL BANKING CHARGES OUTSIDE JAPAN
        ARE FOR ACCOUNT OF BENEFICIARY

:48:   period for presentation
        DOCUMENTS TO BE PRESENTED WITHIN 10
        DAYS AFTER THE DATE OF SHIPMENT BUT
        WITHIN THE VALIDITY OF THE CREDIT.
:49:   confirmation instructions
        WITHOUT
:53A: reimbursement bank (swift addr.)
        B0FCUS33SF0
:78:   instructions to pay/accept/negot. Bank
        THE NEGOTIATING BANK MUST SEND THE DRAFTS TO THE DRAWEE BANK
        AND ALL DOCUMENTS TO THE CHIBA KOGYO BANK, LTD. FINANCIAL
        MARKETS DIVISION (3–10, HIGASHI-KANDA 2–CHOME, CHIYODA-KU, TOKYO
        101–0031 JAPAN) IN TWO CONSECUTIVE. LOTS BY REGISTERED AIRMAIL,
        REIMBURSEMENT IS SUBJECT TO ICC URR525.
:57D: advise through bank (full address)
        YOUR TAICHUNG IND.   PARK BRANCH
{MAC: AOD687D2}
{CHK: 0FAD132126CD}
{SAC:} $T200 AUT CORRECT （押碼正確）
{TRN: LC–990–612–00043}

※※※   PRINT END   ※※※

5.直接信用狀實例

第一商業銀行
FIRST COMMERCIAL BANK
HEAD OFFICE
TAIPEI, TAIWAN, R.O.C.

P.O.BOX 395 TAIPEI   DATE: OCT. 1, 2010

SWIFT "FCBKTWTP"

CABLE ADDRESS "FIRSTBANK" TAIPEI   Our advice No. 9927923

TELEX 11310 11740 11741 11729

Beneficiary

WIND STONE ENT. CO., LTD. NO. 186 YONG CHI ROAD TAICHUNG, TAIWAN

OSN: 208146

DEAR SIRS,

WITHOUT ANY RESPONSIBILITY OR ENGAGEMENT ON OUR PART, WE HAVE THE PLEASURE OF ADVISING YOU THAT WE HAVE RECEIVED AN AUTHENTICATED SWIFT MESSAGE FROM LUMIILITBHAI

(BANK LEUMI LE ISRAEL B.M.   HAIFA)

READING AS FOLLOWS:

QUOTE

MT700 ISSUE OF A DOCUMENTARY CREDIT

FOIFCBKTHTPAXXX3282208146

10001337990930LUMIILITBHAI59485554399909301937N

108=07240260IE081ADV

27	(SEQUENCE OF TOTAL)	: 1/1
40A	(FORM OF DOCUMENTARY CREDIT)	: IRREVOCABLE
20	(DOCUMENTARY CREDIT NUMBER)	: 398−01−1062950H7
31D	(DATE AND PLACE OF EXPIRY)	: 101025 ISRAEL
50	(APPLICANT)	: BELTER HOSHE AND CRASILSHIK SANUEL 73 HAPARDES ST. ROSHAV MAZOR 73160, ISRAEL
59	(BENEFICIARY)	: WIND STONE ENT. CO., LTD. NO. 186 SHING LIN ROAD TAICHUNG, TAIWAN
32B	(CURRENCY CODE, AMOUNT)	: USD33,200
41A	(AVAILABLE WITH...BY...)	: LUMIILITHAI

		BY PAYMENT
43P	(PARTIAL SHIPMENTS)	: PROHIBITED
43J	(TRANSHIPMENT)	: PROHIBITED
44A	(LOADING ON BOARD/DISPATCH/ TAKING IN CHARGE AT/FROM...)	: ANY TAIWANESE PORT
44B	(FOR TRANSPORTATION TO...)	: HAIFA PORT
44C	(LATEST DATE OF SHIPMENT)	: 101010

45A　(SHIPMENT (OF GOODS))　　　　: 1 (ONE) SET OF "FEELER" BRAND VERTICAL MACHINING CENTER MODEL: FV–800A SIEMENS 310DE, WITH ALL STANDARD ACCESSORIES AND 5 SETS OPTIONAL ACCESSORIES.
INCOTERMS 2010: CIF HAIFA PORT
GOODS OF TAIWAN ORIGIN

46A　(DOCUMENTS REQUIRED)　　　　: 1) MARINE..BILL OF LADING 2/3 ORIGINALS PLUS 3 NON-NEGOTIABLE COPIES CLEAN ON BOARD MADE OUT TO THE ORDER OF BANK LEUMI LE ISRAEL BY HAIFA MAIN BRANCH NOTIFY APPLICANT MARKED FREIGHT PREPAID SPECIFYING THAT IN VIEW OF THE DANGER OF CONFISCATION HARRANTED VESSEL NOT TO CALL AT PORTS AND NOT TO ENTER THE TERRITORIAL WATERS OF ANY ARAB COUNTRIES BELLIGERENT TO THE STATE OF ISRAEL AND/OR ACTIVELY SUPPORTING THE ARAB BOYCOTT, PRIOR TO UNLOADING AT PORT OF DESTINATION UNLESS IN DISTRESS OR SUBJECT TO FORCE MAJEURE.
2) ORIGINAL INVOICE HAND SIGNED BY BENEFICIARY IN 5 FOLD.
3) PHOTOCOPY OF ORIGINAL CERTIFICATE OF ORIGIN ISSUED BY TAIWAN CHAMBER OF COMMERCE STATING THAT GOODS ARE OF TAIWAN ORIGIN.
4) ORIGINAL INSURANCE POLICY OR CERTIFICATE, ENDORSED IN BLANK COVERING GOODS WAREHOUSE TO WAREHOUSE AGAINST MARINE RISKS AS PER INSTITUTE CARGO CLAUSES (A)

INCLUDING INSTITUTE WAR CLAUSES (CARGO), INSTITUTE STRIKE CLAUSES (CARGO) INSTITUTE CLASSIFICATION CLAUSE, INSTITUTE REPLACEMENT CLAUSE/INCLUDING SEIZURE AND CONFISCATION RISKS AND MENTIONING FULL NAME AND ADDRESS IN ISRAEL OF THE INSURERS ISRAELI AGENT.

5) PACKING LIST IN 5 FOLD.

6) SPECIFICATIONS IN 3 FOLD.

7) BENEFICIARY'S SIGNED DECLARATION STATING THAT 1/3 ORIGINAL MARINE B/L PHOTOCOPY OF INSURANCE POLICY OR CERTIFICATE AND ONE SIGNED ORIGINAL OF EACH OTHER DOCUMENT PRESENTED AT THE BANK WERE SENT DIRECTLY TO BANK LEUMI LE ISRAEL BY HAIFA MAIN BRANCH BY SPECIAL COURIER.

47A (ADDITIONAL CONDITIONS)

: 1) ALL DOCUMENTS TO MENTION OUR L/C NUMBER 398–01–1062950H7.

2) ALL DOCS TO BE ISSUED IN ENGLISH OR ACCOMPANIED BY A TRANSLATION TO ENGLISH NOTARIZED BY A NOTARY PUBLIC. DESCRIPTION OF GOODS IN FIELD 45 MUST NOT BE TRANSLATED (ARTICLE 37C OF THE UCPDC 2007 ICC 600).

3) ADDITIONS, CORRECTIONS, ERASURES, AMENDMENTS MUST BE DULY STAMPED AND INITIALLED BY THE PARTY/ AUTHORITY ISSUING THE DOCUMENT IN QUESTION.

4) A CHARGE OF USD 60. OR –(ITS COUNTER VALUE) PLUS RELATED TELEX COSTS WILL BE APPLICABLE IN CASE DISCREPANT DOCS ARE PRESENTED.

5) INVOICE TO STATE INCOTERMS AND ORIGIN OF GOODS, IF MENTIONED IN FIELD 45.

6) INVOICES TO STATE THAT GOODS ARE AS PER BUYER'S ORDER AND PROFORMA INVOICE NO. FR-100720A (E) DATED 10

SEPT., 2010.

7) INVOICES TO DETAIL DESCRIPTION, QUANTITIES AND UNIT PRICES OF GOODS SHIPPED UNDER THIS L/C.

8) FORWARDERS BILL OF LADING ACCEPTABLE, WHEN ISSUED AND SIGNED BY FORWARDER AS CARRIER OR SIGNED BY FORWARDER AS AGENTS FOR A NAMED CARRIER AND WHEN MEETING ALL STIPULATIONS IN MARINE B/LADING CLAUSE.

9) PRESENTATION OF DOCUMENTS UNDER THIS L/CREDIT TO BE MADE THROUGH THE ADVISING BANK ONLY.

71B	(CHARGES):	ALL BANK CHARGES AND COMMISSIONS OUTSIDE ISRAEL ARE FOR BENEFICIARY'S ACCOUNT.
49	(CONFIRMATION INSTRUCTIONS):	WITHOUT
78	(INSTRUCTIONS TO THE NEGOTIATING BANK):	AFTER RECEIPT OF DOCUMENTS BY US STRICTLY CONFORMING WITH CREDIT TERMS WE SHALL REMIT YOU COVER ACCORDING TO YOUR INSTRUCTIONS. PLEASE ADVISE US BY TESTED TELEX/SWIFT AMOUNT INVOICED NAME OF STEAMER, DATE AND NUMBER OF B/L. ALTERNATIVELY, ADVISE CANCELLATION IF CREDIT UNUTILIZED. FORWARD US DOCS BY SPECIAL COURIER TO OUR ADDRESS–21 JAFFA ST., HAIFA 33262 ISRAEL FOR THE ATTENTION OF HAIFA INTL. TRADE CTR.
57B	("ADVISE THROUGH" BANK):	TUN HUA TAIPEI
72	(BANK TO BANK INFORMATION):	L/C SUBJECT TO UCPD 2007 (ICC 600) FAXBEN. 886–2–7680639 UPON RECEIPT OF THIS L/C PLS. ACKNOWLEDGE RECEIPT

–MAC: 28F47361
CFK: 108786EIDAFO
//////DWS765I AUTH OK, KEY 8199051650130557, FCBKTWTP LUMIILIT RE (((DNSDGPA DNSDGPA 1000990930193724
UNQUOTE

UNLESS SPECIFICALLY STATED, THE DOCUMENTARY CREDIT IS ISSUED SUBJECT TO THE U.C.P. FOR DOCUMENTARY CREDIT, I.C.C., WHICH ARE IN EFFECT ON THE DATE OF ISSUE.

ALL RELATIVE DOCUMENTS NEGOTIATED UNDER THIS ADVICE ARE TO BE ACCOMPANIED BY THIS LETTER, AND THE AMOUNT MUST BE ENDORSED ON THE BACK HEREBF BY THE NEGOTIATION BANK.

Very truly yours,

FIRST COMMERCIAL BANK

Authorized signature

6.確認信用狀實例

RAINIER NATIONAL BANK

TAIPEI BRANCH

2nd Floor, 62 Ivn Hes North Road, Taipei, Taiwan, Republic of China

Original

Date Sept. 23, 2010

Our Ref. No. EA-10603

CONFIRMED CORRESPONDENT'S IRREVOCABLE CREDIT

A.B.C. Wall Clock Industrial Co., Ltd.
300-20 Chung Ching road,
Taichung, Taiwan

Gentlemen:

Irrevocable Letter of Credit No. _____ gp-4834 _____

For _____ US$9,245.00 _____ Dated _____ Sept. 15, 2010 _____

Issued by _____ CHINA Banking Corp. Manila _____

Expiring on _____ Nov. 14, 2010 _____

We have instructed by the above mentioned correspondent that they have established in your favor their irrevocable Letter of Credit which we enclose the original credit instrument.

At the request of the above correspondent, we confirm this Letter of Credit and undertake that all drafts draw and in compliance with the terms of the Credit will be duly honored if presented at our office on or before the expiry date.

This letter must be presented with all drafts draw under the attached Letter of Credit and all amount negotiated should be endorsed on the back thereof.

This Letter of Credit is subject to the Uniform Customs and Practice for Documentary Credit (2007 Revision) International Chamber of Commerce, Publication No. 600.

Negotiations under this Letter of Credit are restricted to Rainier National Bank Taipei Branch.

Sincerely yours,
Authorized Signature

7.未確認信用狀實例

Agriculture Bank of China　　　　　Tel No: 195000–LC07000095 (J345)

經辦：劉煜　　　　複核：徐緯英

TO: BOFATW2X　　　　　　BANK OF AMERICA, N.A. TAIPEI

FROM: ABOCCNBJ190　　　AGRICULTURAL BANK OF CHINA SHUNDE BRANCH

MT700

TEST:

DATE: 110218

:27　:　Sequence of Total
　　　　1/1

:40A :　Form of Documentary Credit
　　　　IRREVOCABLE

:20　:　Documentary Credit Number
　　　　195LC110000027

:31C :　Date of Issue
　　　　110218

:40E :　Applicable Rules
　　　　UCP LATEST VERSION

:31D :　Date and Place of Expiry
　　　　110414 TAIWAN

:50　:　Applicant
　　　　LI TONG ELECTRIC COMPANY LIMITED,
　　　　NO. 1000 WUFONG FOUR ROAD,
　　　　FOSHAN CITY, GUANGDONG, CHINA

:59　:　Beneficiary
　　　　NEWEDDI INDUSTRIES CO., LTD.
　　　　560 SA-TIEN ROAD, TA LI CITY
　　　　TAICHUNG, TAIWAN

:32B :　Currency Code, Amount
　　　　US$46,375.20

:41D :　Available With...By...
　　　　ANY BANK
　　　　BY NEGOTIATION

:42C :　Drafts at...
　　　　AT SIGHT
　　　　FOR FULL INVOICE VALUE

:42A :　Drawee
　　　　ABOCCNBJ190

:43P :　Partial Shippments

ALLOWED
:43T : Transshippment
ALLOWED
:44E : Port of Loading/Airport of Departure
TAIWANESE SEAPORT
:44F : Port of Discharge/Airport of Destination
BEIJIAO, SHUNDE, P. R. CHINA
:44C : Latest Date of Shipment
110430
:45A : Discriptions of Goods and/or Service
SPORTING GOODS
RB−7 RUBBER BASKETBALL 4,000PCS. US$2.28/PC US$9,120.00
R6P−4 RUBBER SOCCERBALL 3,000PCS. US$2.24/PC US$6,720.00
RGD−3 RUBBER DODGEBALL 2,000PCS. US$5.77/PC US$11,540.00
TOTAL AMOUNT: US$27,380.00
PRICE TERMS CIF BEIJIAO, SHUDNE, P. R. CHINA.
:46A : Documents Required

1. MANUALLY SIGNED COMMERCIAL INVOICE IN 3 COPIES INDICATING THIS L/C NO. AND CONTRACT. NO. 11476807 (PHOTO COPY AND CARBON COPY NOT ACCEPTABLE AS ORIGINAL)

2. PACKING LIST/WEIGHT MEMO IN 4 COPIES ISSUED BY BENEFICIARY INDICATING QUANTITY, GROSS AND NET WRIGHTS OF EACH PACKAGE.

3. 2/3 SET (2 ORIGINAL AND 3 NON-NEGOTIABLE COPIES) OF CLEAN "ON BOARD" OCEAN BILLS OF LADING MADE OUT TO ORDER OF AGRICULTURAL BANK OF CHINA. FOSHAN SUB-BRANCH, MARKED "FREIGHT PREPAID" AND NOTIFYING APPLICANT.

4. INSURANCE POLICY/CERTIFICATE IN DUPLICATE FOR 110 PRECENT OF THE INVOICE VALUE SHOWING CLAIMS PAYABLE IN CHINA IN THE SAME CURRENCY OF THIS DRAFT, BLANK ENDORSED, COVERING OCEAN MARINE TRANSPORTATION ALL RISKS AND WAR RISKS.

5. COPY OF FAX TO APPLICANT ADVISING PARTICULARS OF SHIPMENT WITHIN 3 WORKING DAYS AFTER SHIPMENT DATE.

6. IN CASE OF WOODEN PACKING MATERIALS, CERTIFICATE OF FUMIGATION IN 1 ORIGINAL ISSUED BY RELATIVE COMPETENT AUTHORITY INDICATING THE WOODEN PACKAGE HAVE BEEN TREATED UNDER THE WAY APPROVED BY CHINESE INSPECTION AND QUARANTINE BUREAU, IPPC SPECIAL LABEL HAVE BEEN MARKED ON THE WOODEN PACKAGE.

7. BENEFICIARY'S CERTIFICATE CERTIFYING THAT 1/3 SET OF ORIGINAL BILL OF LADING, INVOICE, PACKING LIST AND DECLARATION OF PACKING MATERIAL HAVE BEEN SENT TO APPLICANT WITHIN 3 WORKING DAYS AFTER SHIPMENT EFFECTED TOGETHER WITH THE COURIER RECEIPT.

8. BENEFICIARY'S CERTIFICATE ADDRESSED TO ISSUING BANK CONFIRMING THEIR ACCEPTANCE AND/OR NON-ACCEPTANCE OF ALL AMENDMENTS MADE UNDER THIS CREDIT QUOTING THE RELEVANT AMENDMENT NUMBER. IF THIS CREDIT HAS NOT BEEN AMENDED, SUCH CERTIFICATE IS NOT REQUIRED.

:47A : Additional Conditions

1. A FEE OF US$50.00 OR EQUIVALENT WILL BE DEDUCTED FROM THE REIMBURSEMENT FOR EACH PRESENTATION OF DISCREPANT DOCUMENTS UNDER THIS CREDIT.

2. AN EXTRA COPY OF ALL DOCUMENTS IS REQUIRED FOR ISSUING BANK'S FILE.

3. DOCUMENTS PRESENTED WITH DISCREPANCY (IES) WILL BE REJECTED. HOWEVER, IF NO WRITTEN INSTRUCTIONS OF THEIR DISPOSAL ARE RECEIVED BY US BY THE TIME THE APPLICANT HAS ACCEPTED THEN DESPITE THE DISCREPANCY (IES), WE SHALL BE ENTITLED TO RELEASE THE DOCUMENTS TO THE APPLICANT WITHOUT PRIOR NOTICE TO THE PRESENTER AND WE WILL HAVE NO LIABILITY TO THE PRESENTER IN RESPECT OF ANY SUCH RELEASE.

:71B : Charges

ALL BANKING CHARGES OUTSIDE ISSUING BANK PLUS CHARGES RELATED TO REIMBURSEMENT, ADVICE OF ACCEPTANCE AND PAYMENT, (IF ANY) ARE FOR ACCOUNT OF BENEFICIARY.

:48 : Period of Presentation

DOCUMENTS MUST BE PRESENTED WITHIN 15 DAYS AFTER THE DATE OF SHIPMENT BUT WITHIN THE VALIDITY OF THIS L/C.

:49 : Confirmation Intructions

WITHOUT

:78 : Instruction to the Paying/Accepting

1. ALL DOCUMENTS TO BE SENT DIRECTLY TO AGRICULTURAL BANK OF CHINA, FOSHAN SUB–BRANCH IN ONE LOT BY COURIER SERVICE.

2. REIMBURSEMENT CLAIM: ON RECEIPT OF THE DOCUMENTS CONFORMING TO THE TERMS AND CONDITIONS OF THIS DOCUMENTARY CREDIT, WE SHALL REIMBURSE YOU IN ACCORDANCE WITH YOUR INSTRUCTIONS.

3. THE AMOUNT(S) SO DRAWN MUST BE ENDORSED ON THE REVERSE OF THE ORIGINAL CREDIT.

8.循環信用狀實例

CITY BANK NA, TAIPEI
TEST CTB–099 FOR US$247,793.––
L/C DEPT.
FOR ACCOUNT OF: MESSRS. MILLAND INDUSTRIAL CO., LTD.

WE ISSUE FAVOUR: MESSRS. HORNET TRADING CO., LTD.

IRREVOCABLE NON CUMULATIVE REVOLVING CREDIT, NO. CT111503
AMOUNT: US$35,399.–– (SAY US$ THIRTY FIVE THOUSAND THREE HUNDRED AND
　　　　　　　NINETY-NINE––)
EXPIRY: JUNE 20, 2011
PAYABLE WITH NORDDEUTSCHE GENOSSENSCHAFTS BANK AG, HANNOVER
120 DAYS AFTER PRESENTATION OF THE FOLLOWING DOCUMENTS:
 1. SIGNED COMMERCIAL INVOICE IN QUADRUPLICATE
 2. FULL SET OF CLEAN ON BOARD BILLS OF LADING ISSUED TO ORDER AND
    BLANK ENDORSED, MARKED: FREIGHT PREPAID
 3. POLICY OR CERTIFICATE OF INSURANCE COVERING MARINE RISKS AS PER
    INSTITUTE CARGO CLAUSES-ALL RISKS-ALSO COVERING S.R. AND C.C.,
    T.P.N.D. AND WAR AS PER INSTITUTE CLAUSES, SHOWING: "PREMIUM
    PAID" CLAIMS PAYABLE IN WESTERN GERMANY
 4. CERTIFICATE OF ORIGIN
EVIDENCING SHIPMENT OF: SPORTING GOODS

SHIPMENT AT THE LATEST: APRIL 18, 2011
SHIPMENT FROM ANY TAIWANESS SEAPORT TO BREMEN AMBURG
PARTIAL SHIPMENTS AND TRANSSHIPMENT PROHIBITED
TELEXCHARGES ARE FOR ACCOUNT OF BENEFICIARY
UPON NEGOTIATION WE WILL DEDUCT US$35,399.––
ALL CHARGES ON YOUR END ARE FOR ACCOUNT OF BENEFICIARIES
THIS LETTER OF CREDIT IS REVOLVING FOR THE SAME AMOUNT OF
US$35,399.–– UNDER THE SAME CONDITIONS, VIZ:
REVOLVING DATE:
APRIL 20, 2011 SHIPMENT AT THE LATEST: APRIL 25, 2011
APRIL 27, 2011 SHIPMENT AT THE LATEST: MAY 2, 2011
MAY   4, 2011 SHIPMENT AT THE LATEST: MAY 9, 2011
MAY   11, 2011 SHIPMENT AT THE LATEST: MAY 16, 2011
MAY   18, 2011 SHIPMENT AT THE LATEST: MAY 23, 2011
MAY   25, 2011 SHIPMENT AT THE LATEST: MAY 30, 2011
NOTIFY BENEFICIARY BY PHONE WITHOUT ADDING YOUR CONFIRMATION
CREDIT SUBJECT TO ICC, REV. 2007, PUBLICATION 600
THIS TELEX IS OPERATIVE INSTRUMENT, NO CONFIRMATION WILL FOLLOW

NORDDEUTSCHE GENOSSENSCHAFTS BANK AG, HANNOVER

113238Z NGBH D

AUTHORIZED SIGNATURE

9.轉讓信用狀實例——(1)可轉讓信用狀

第 一 商 業 銀 行
FIRST COMMERCIAL BANK

CABLE ADDRESS:
"FIRST BANK" TAIPEI
P.O. Box 395 TAIPEI

HEAD OFFICE
TAIPEI, TAIWAN, R.O.C.

DATE ___171210___
Our Ref ___JR-4146___

分 割 轉 讓 通 知 書
ADVICE OF PARTIAL TRANSFER OF IRREVOCABLE CREDIT

─ Transferee ─	─ Issuing bank ─
GOGO MAN ENTERPRISE CO., LTD. NO.20 LANE SHU TE, I, SHU TE LI TAICHUNG TAIWAN ROC	MERCANTILE BANK NATIONAL ASSOCIATION ST. LOUIS, MISSOURI U.S.A.

Gentlemen:

Re: Credit No. 000-2049901
dated OCT. 20, 2010
our advice No. 1062048
in favor Milland Industrial Co., Ltd.

We are instructed by the above-mentioned original beneficiary under date of to advise you that he/they has/have irrevocably transferred to you a part of his/their rights in the captioned credit, and we hereby notify you of the following particulars of the credit as transferred:

Terms: 1. Amount in figures and letter: US$112,995.00
SAY: U.S. DOLLARS ONE HUNDRED TWELVE THOUSAND NINE HUNDRED NINETY FIVE ONLY.
2. Quantity merchandise:

3. Latest shipping date:

ALL OTHER TERMS AS PER ATTACHED SHEET.

4.Expiry date:

Please note that this letter is solely an advice and conveys no engagement by us, and also note that any amendments to this advice shall be advised to you only upon, and in accordance with, the instructions which we receive from the original beneficiary.

Please further note that in cases in which we receive the original credit by cable, we assume no responsibility for any errors and/or omissions in the transmission and/or translation of the cable, and we reserve the right to make such corrections as may be necessary upon receipt of the mail confirmation.

This letter must be presented with each negotiation, and the amount of any such negotiations must be endorsed on the reverse; hereof by the negotiating bank.

Kindly acknowledge receipt of this letter by signing and returning to us the attached copy.

THIS ADVICE IS SUBJECT TO UNIFORM CUSTOMS AND PRACTICE FOR DOCUMENTARY CREDITS, 2007 . REVISION, ICC PUBLICATION NO.600

Yours very truly,

FIRST COMMERCIAL BANK

Authorized Signature

MILLAND INDUSTRIAL CO., LTD.
P.O. BOX 30-16 TAICHUNG, TAIWAN, R.O.C.
TEL: (04)2702-4785
E-MAIL: kelly@milland.com.tw

BANKERS:
BANK OF TAIWAN
TAICHUNG BRANCH
FIRST COMMERCIAL BANK
FAX: 886-4-2550358

Date: 171210

<u>LETTER OF ASSIGNMENT</u>

To Whom it may concern:

Ref: Letter of Credit No. 000-2049901

    Issued by   MERCANTILE BANK NATIONAL ASSOCIATION

    For   US$112,995.00   Dated   Oct. 20, 2010

We, the undersigned, original beneficiary of the captioned Letter of Credit hereby assign to the party named hereunder all our rights in the above credit subject to the same terms and conditions with exceptions of the terms described hereunder.

<u>Details of assignee</u>

    1. Name: GOGO MAN ENTERPRISE CO., LTD.

      Address: NO.20 LANE SHU I, SHU TE LI, TAICHUNG TAIWAN, R.O.C.

    2. L/C amount to be assigned: US$112,995.00

      SAY: U.S. DOLLARS ONE HUNDRED TWELVE THOUSAND AND NINEHUNDRED NINETY FIVE

    3. Commodity: Locking Plier Set

                      (MF ORDER NO.11062/3/4)

<u>Other clause</u>

    A certificate to be issued by the above mentioned assignee stating that the goods had been inspected prior to the shipment and found in order.

NEW YORK OFFICE: 150 WOODBURY RD., WOODBURY, N.Y. 11797 U.S.A.   TEL: (516)387-3711   TLX: 225125 MILL UR

100419

CABLE ADDRESS:
"FIRSTBANK" TAIPEI
TELEX: 11310. 11729
11740. 11741
P.O. BOX 395 TAIPEI

FIRST COMMERCIAL BANK
HEAD OFFICE
TAIPEI, TAIWAN, R.O.C.

Beneficiary

Date: 10/10/20

TO MILLAND INDUSTRIAL CO., LTD.
P.O. BOX 30-16
TAICHUNG, TAIWAN, R.O.C.

Our advice No. | 1062048 |

Dear Sirs,

We have the pleasure of advising you that we have received an authenticated cable dated 10/10/20

from MERCANTILE BANK N.A.

L/C No: 000-2049901   amount: USD112,995.00

1st310 D FIRSTBK

9115
1649 16720 04033973 BERC9000
0093MER

CABLE ADDRESS
TLX REF NO 03781
10/10/20
TEST
FIRST COMMERCIAL BANK
TAIPEI TAIWAN   REP OF CHINA
WE HEREBY ISSUE OUR IRREVOCABLE LETTER OF CREDIT NO 000-2049901
BENEFICIARY   MILLAND INDUSTRIAL CO., LTD.
                     P.O. BOX 30-16 TAICHUNG, TAIWAN R.O.C.
ACCOUNTEE   National Tool Corporation, 209 (3) Valley
                     Branch Lane, Dallas, Tx.
AGGREGATE AMOUNT USD112,995.00
EXPIRATION DATE 11/01/07
LATEST SHIPPING DATE 10/12/23
EARLIEST SHIPPING DATE 10/12/09
PRESENTATION MUST BE NO LATER THAN 15 DAYS AFTER THE ISSUANCE
DATE OF THE BILL OF LADING OR OTHER SHIPPING DOCUMENT.
PROCEEDS ARE AVAILABLE BY NEGOTIATION OF BENEFICIARYS DRAFT AT
SIGHT FOR 100 PERCENT OF INVOICE VALUE DRAWN ON US AND MARKED
DRAWN UNDER THIS CREDIT AND ACCOMPANIED BY THE FOLLOWING
DOCUMENTS TO BE SENT TO OURSELVES BY ONE (1) AIRMAIL(S):
DOCUMENTATION
....

FOUR (4) PACKING LIST(S)
FIVE (5) ORIGINALLY INKED SIGNED COMMERCIAL INVOICES INDICATING
COST COMPONENT BREAKDOWN.
FOUR (4) SIGNED CUSTOMS INVOICE 5523

MILLAND INDUSTRIAL CO., LTD. REPRESENTATIVE'S SIGNED CERTIFICATE OF INSPECTION STATING THAT MERCHANDISE HAS BEEN INSPECTED AND FOUND TO BE IN ACCORDANCE WITH ALL QUALITY SPECIFICATIONS, TERMS AND CONDITIONS ON THE PURCHASE ORDER. FRITZ TRANSPORTATION INTERNATIONAL FORWARDER'S CARGO RECEIPT CONSIGNED TO DOLGENCORP INC. 427 BEECH ST. SCORTSVILLE, KY. 42164 MARKED NOTIFY ACCOUNTEE ATTN: K. BARTLEY AND A.J. FRITZ AND CO. 714 MASSMAN DRIVE, NASHVILLE, TN. 37210 AND MARKED FREIGHT COLLECT. BENEFICIARY'S SIGNED CERTIFICATE STATING THAT MERCHANDISE IS TRANSFER TERMS

THIS CREDIT IS TRANSFERABLE. IF TRANSFERRED, THE TRANSFEREE APPEARING AS SHIPPER IS ACCEPTABLE IN LIEU OF THE FIRST BENEFICIARY THE BANK EFFECTING THE TRANSFER MUST SEND NOTIFICATION TO OUR OFFICE.
THIS LETTER OF CREDIT IS TRANSFERABLE UP TO USD112,995.00
SHIPPING TERMS

DOCUMENTS TO EVIDENCE SHIPMENT FROM F.O.B. TAIWAN TO MEMPHIS TENNESSEE
ALL CHARGES OTHER THAN THOSE OF THE ISSUING BANK ARE FOR THE ACCOUNT OF THE BENEFICIARY.
THIRD PARTY SHIPPER PERMITTED.
PARTIAL SHIPMENTS PERMITTED.
TRANSSHIPMENTS PERMITTED.
CONTAINER SHIPMENT PERMITTED.
INSURANCE COVERED BY BUYER.
SPECIAL CONDITIONS

THIRD PARTY DOCUMENTS ARE PERMITTED.
ALL AMENDMENT FEES DUE TO THE REQUEST OF THE BENEFICIARY ARE FOR THE ACCOUNT OF THE BENEFICIARY.
PARTIAL SHIPMENTS ALLOWED, PROVIDED INDIVIDUAL WAREHOUSE QUANTITIES PER PURCHASE ORDER ARE SHIPPED COMPLETE.
BENEFICIARY MUST PRESENT A LETTER OR TELEX SIGNED BY JOHN BERRY FROM DOLGENCORP INC. STATING THAT THE PRODUCTION SAMPLE(S) RECEIVED ARE ACCEPTABLE AND DO COMPLY WITH PURCHASE ORDER NUMBER JB4164.
MERCHANDISE DESCRIPTION

DOCUMENTS TO EVIDENCE SHIPMENT OF
P.O. NOS 1014 (BZ0808/01-R), 1015 (BZ0808/01-R), 1023 (BZ0717/02-R), +LP0607 2
PIECE LOCKING PLIER SET+ FOB TAIWAN
ENGAGEMENT

WE HEREBY ENGAGE WITH THE DRAWERS, ENDORSERS AND/OR BONA FIDE

HOLDERS THAT DRAFTS DRAWN AND NEGOTIATED IN CONFORMITY WITH THE
TERMS OF THIS CREDIT WILL BE DULY-HONORED ON PRESENTATION AND THE
DRAFTS ACCEPTED WITHIN THE TERMS OF THIS CREDIT WILL BE DULY
HONORED AT MATURITY.
THE AMOUNT OF EACH DRAWING MUST BE ENDORSED ON THE REVERSE
HEREOF BY THE NEGOTIATING BANK.
THIS CREDIT IS SUBJECT TO THE UNIFORM CUSTOMS AND PRACTICE FOR
DOCUMENTARY CREDITS 2007 REVISION INTERNATIONAL CHAMBER OF
COMMERCE PUBLICATION NO. 600.
THE ADVISING BANK IS REQUESTED TO NOTIFY BENEFICIARY WITHOUT
ADDING YOUR CONFIRMATION.

MERCANTILE BANK NATIONAL ASSOCIATION
ST LOUIS, MISSOURI USA
6841104MERC UW
11310 D FIRSTBK

USA STOCK MARKET DROPS
FOR INFO CALL USA 6220Q

    As this message has been advised by cable, we reserve the
may be necessary upon receipt of the mail advice and we assume no responsibility for
any errors and/or omissions in the transmission and/or translation of the cable.
    All drafts negotiated under this advice are to be accompanied by this letter, and the
amount of any such drafts must be endorsed on the back hereof by the negotiating bank.
    We shall be pleased to be of further service to you in this connection.

<table>
<tr><td>

注　意　事　項
請於收到本通知書後立即詳加校閱本函所附之信用狀內各項
條款。如有未能履行時，請即逕洽買方修改以利結匯手續。

__IMPORTANT__
Please examine this instrument carefully. If you are unable
to comply with the terms or conditions, please communicate
with your buyer to arrange for an amendment. This
procedure will facilitate prompt handling when documents
are presented.

</td></tr>
</table>

Very truly yours,
FIRST COMMERCIAL BANK

_____
Authorized signature

轉讓信用狀實例——⑵本地信用狀 (Local L/C)

CABLE ADDRESS: FIRSTBANK TAIPEI TELEX:11210,11729,11740,11741 P.O. BOX: 395 TAIPEI	第 一 商 業 銀 行 FIRST COMMERCIAL BANK HEAD OFFICE TAIPEI, TAIWAN, R.O.C.　　　DATE OF ISSUE: FEB. 24, 2010

IRREVOCABLE LOCAL LETTER OF CREDIT	APPLICANT WIND STONE CO., LTD. TAIPEI TAIWAN
CREDIT NUMBER　L8H0029/146	AMOUNT NOT EXCEEDING　US$91,489.20 SAY U.S. DOLLARS NINETY ONE THOUSAND FOUR 　　　HUNDRED EIGHTY NINE AND CENTS TWENTY 　　　ONLY
BENEFICIARY HAI SAN TRADING CO., LTD. KAOHSIUNG HSIEN TAIWAN	EXPIRY DATE FOR NEGOTIATION AT OUR COUNTERS APRIL 30, 2010

DEAR SIR(S),
WE HEREBY ISSUE IN YOUR FAVOUR THIS IRREVOCABLE LETTER OF CREDIT WHICH IS AVAILABLE BY NEGOTIATION
OF YOUR DRAFT(S) AT　　　　　SIGHT DRAWN ON THE APPLICANT
FOR FULL INVOICE VALUE ACCOMPANIED BY THE FOLLOWING DOCUMENTS AS MARKED WITH 　[X]
1. [X] SIGNED COMMERCIAL INVOICE IN THREE COPIES TO BE COUNTERSIGNED BY THE APPLICANT.
2. [X] CLEAN ON BOARD MARINE BILLS OF LADING MADE OUT TO THE ORDER OF KOBE TRADING COMPANY INC.
　　　MARKED "FREIGHT PREPAID" "COLLECT", AND NOTIFY KOBE TRADING COMPANY, INC. EDIF. BANCO DE
　　　BOSTON.　　　　　*
　　　SHOWING THE APPLICANT AS THE SHIPPER.
3. [　] INSURANCE POLICY OR CERTIFICATE IN DUPLICATE, BLANK ENDORSED BY THE APPLICANT, FOR
　　　COVERING:
　　　SHOWING THE APPLICANT AS THE INSURED.　*PAYABLE AT DESTINATION
4. [X] PACKING LIST IN 3 COPIES.　　　　　**OFICINA NO. 301, P.O. BOX 6-9478, EL DORADO,
5. [X] SPECIAL INSTRUCTION:　　　　　　　PANAMA, RET. OF PANAMA, TEL. 69-5672/90
　　　① SHIPMENT SHOULD BE EFFECTED BY ANY SHIPPING AGENCY EXCEPT MITSUI OR GBT.
　　　② BENEFICIARY'S CERTIFICATE CERTIFYING THAT FULL SET OF ORIGINAL OF B/L SHOULD BE SENT
　　　　TO APPLICANT AFTER SHIPMENT IMMEDIATELY.

COVERING FOB TAIWAN
1,200 CKD SOUND EQUIPMENT STD-2700.
1,200 SETS SPEAKERS 2. SPEAKERS OF 8"
2 SPEAKERS OF 4", 2 SPEAKERS OF 2-1/2"
(SN-07) 1 KG. SILICON GREASE IN EACH SET
OF SPEAKERS..

NEGOTIATION OF THIS CREDIT IS RESTRICTED TO FIRST COMMERCIAL BANK

SHIPMENT FROM ANY TAIWAN PORT	TO CRISTOBAL PANAMA IN TRANSIT TO COLOMBIA	LATEST DATE FOR SHIPMENT APRIL 15, 2010
PARTIAL SHIPMENTS [X]ALLOWED [ ]PROHIBITED	TRANSHIPMENT [ ]ALLOWED [X]PROHIBITED	CONTAINER SHIPMENT [ ]REQUIRED [X]ALLOWED [ ]PROHIBITED

SPECIAL CONDITIONS:
DRAFTS TO BE NEGOTIATED WITHIN 5 DAYS FROM THE DATE OF SHIPMENT.
PAYMENT UNDER THIS CREDIT IS SUBJECT TO OUR RECEIPT FROM THE APPLICANT OF THE REQUIRED DOCUMENTS CONFORMING
TO TERMS AND CONDITIONS OF THE MASTER L/C NO. 144-TLC-421304. DATED FEB. 20, 2010
AND ITS AMENDMENTS. IF ANY, ISSUED BY THE BANK OF TOKYO LTD. IF DOCUMENTS ARE PRESENTED TO US THROUGH OTHER
BANKS. A COMMISSION OF 0.1% OF THE DRAFT AMOUNT PLUS POSTAGE CHARGE FOR NT$400.00 AND REIMBURSEMENT FEE
FOR NT$855.00 MUST BE ACCOMPANIED DOCUMENTS PAYABLE TO US. DOCUMENTS PRESENTED WITH DISCREPANCY(IES) IS
STRICTLY UNACCEPTABLE AND WILL BE HANDLED ON A COLLECTION BASIS.
IF DOCUMENTS ARE NEGOTIATED BY OTHER BANKS AND THEN PRESENTED TO US FOR RE-NEGOTIATION. ANY CLAIM FOR THE
DELAY PAYMENT INTEREST IS STRICTLY UNACCEPTABLE TO US.

CREDIT IS SUBJECT TO THE UNIFORM CUSTOMS AND PRACTICE FOR DOCUMENTARY CREDIT(2007 REVISION. INTERNATIONAL CHAMBER OF COMMERCE.
PUBLICATION NO.600.)AND ENGAGES US IN ACCORDANCE WITH THE TERMS THEREOF, AND ESPECIALLY IN ACCORDANCE WITH THE TERMS OF
ARTICLE HEREOF. THE NUMBER AND THE DATE OF THE CREDIT AND THE NAME OF OUR BANK MUST BE QUOTED ON ALL DRAFTS REQUIRED. EACH
PRESENTATION TO BE NOTED ON THE REVERSE OF THIS ADVICE BY THE BANK WHERE THE CREDIT IS AVAILABLE.

VERY TRULY YOURS. FIRST COMMERCIAL BANK AUTHORIZED SIGNATURES	ADVISING BANK'S NOTIFICATION PLACE, DATE, NAME AND SIGNATURE OF THE ADVISING BANK

轉讓信用狀實例──(3)對開（副）信用狀 (Secondary L/C)

11310 F FIRSTBK
04/07 15:00
08611310
11310 TOHBANK TH
11310 F FIRSTBK
APRIL/07/2011
FM FIRST COMML BANK TAIPEI ROC
TO THE BANK OF TOKYO LTD. BANGKOK THAILAND
OUR MSG NO. 18998
TEST NO. 6520
WE OPEN IRREVOCABLE CREDIT NO. S655–43416 FOR US$9,540.00
SAY US DOLLARS NINE THOUSAND FIVE HUNDRED AND FORTY ONLY.
FAVOR PONGKIKIFH ENTERPRISE CO., LTD. NO. 553 PONGKIKI ROAD
BANGKOK NOI, BANGKOK 10700 THAILAND
ACCOUNT HORNET TRADING CO., LTD. SEC. 3 NO. 109 NANKING
EAST RD. TAIPEI, TAIWAN ROC
AVAILABLE BY BENEFICIARY'S DRAFT DRAWN ON US AT SIGHT FOR
100 PERCENT OF THE INVOICE VALUE ACCOMPANIED BY FOLLOWING
DOCUMENTS:
1. SIGNED COMMERCIAL INVOICE IN SIX COPIES INDICATING L/C NO.
LC 655–43416 AND IMPORT LICENSE NO. 06RVI–100173
2. PACKING LIST IN 3 COPIES.
3. GSP FORM-A SHOWING B/L NOTIFY PARTY AS CONSIGNEE.
4. FULL SET (LESS ONE) OF CLEAN ON BOARD MARINE BILLS OF LADING
MADE TO ORDER OF SHIPPER.
BENEFICIARY'S CERTIFICATE STATING THAT ONE SET OF ORIGINAL
SHIPPING DOCUMENTS (TWO ORIGINAL INVOICE PACKING AND
COPY OF B/L) INCLUDING TWO CERTIFICATES OF ANALYSIS
MANUFACTURING PROCESS TABLE AND FURTHER, ORIGINAL G. S. P.
FORM-A HAVE BEEN CARRIED TO NIPPON EXPRESS CO., LTD. OSAKA BR.
BY CAPTAIN CARE.
SHIPMENT FROM BANGKOK, THAILAND TO OSAKA NOT LATER THAN
MAY 23, 2011 C AND F.
COVERING:
BISCUIT MIS FLOUR UNIT PRICE AT US$530.00 18,000 KGS. (30×600
SACKS): COUNTRY OF ORIGINAL: BANGKOK OF THAILAND. PACKING:
30 KGS NET PER PP WOVEN SACK INNCE POLY-SACK INGREDIENTS:
WHITE GLUTINOUS RICE FLOUR 84 PCT SUGAR 14 PCT SALT 1 PCT

CALCIUM CARBONATE 1 PCT TOTAL 100 PCT

PARTIAL SHIPMENT ARE NOT PERMITTED, TRANSHIPMENT ARE NOT PERMITTED.

DOCUMENTS MUST BE PRESENTED FOR NEGOTIATION WITHIN THREE DAYS FROM THE DATE OF TRANSPORT DOCUMENTS BUT WITHIN CREDIT VALIDITY MAY 30, 2011 AT OUR COUNTER. ALL BANKING CHARGES OUTSIDE OUR BANK ARE FOR ACCOUNT OF BENEFICIARY, NEGOTIATING BANK MUST FORWARD ALL DOCUMENTS TO FIRST COMMERCIAL BANK, P. O. BOX 395 TAIPEI, TAIWAN, ROC, ATTENTIONEXPORT DIVISION IN ONE LOT BY DHL SERVICE, THE CREDIT AMOUNT IS PAYABLE TO YOU UPON OUR RECEIPT FROM ABOVE ACCOUNTEE OF DOCUMENTS REQUIRED UNDER THE YOKAI BANK LTD. TOKYO.

L/C NO. LC655–43416 DATED APRIL 6, 2011 DOCUMENTS WITH ANY DISCREPANCIES CAN ONLY BE SENT ON COLLECTION

BASIS. REQUESTING

AUTHORITY FROM US BY CABLE TO NEGOTIATE DOCUMENTS IS NOT ACCEPTABLE.

THIS CREDIT IS SUBJECT TO UNIFORM CUSTOMS AND PRACTICE FOR DOCUMENTARY CREDIT 2007 REVISION ICC PUBLICATION NO. 600

THIS IS THE OPERATE INSTDUMENT, NO MAIL CONFIRMATION FOLLOW.

NNNN

11310 TOHBANK TH

11310 F FIRSTBK authority from us by cable to negotiate documents id not acceptable.

SACKS

10.延期付款信用狀實例

*** Authentication Result: Correct with current key ***

```
------------------------------ Instance Type and Transmission ------------------------------
```

Original received from SWIFT
Priority   : Normal
Message Output Reference   : 0614 110215PNBPTWTPAXXX2732121257
Correspondent Input Reference   : 1613 110215MENOMXMTAXXX6711019575

```
------------------------------ Message Header ------------------------------
```

Swift Output : FIN 700 Issue of a Documentary Credit
Sender   : MENOMXMTXXX
                BANCO MERCANTIL DEL NORTE, S.A.
                MONTERREY MX
Receiver   : PNBPTWTPXXX
                WACHOVIA BANK, NA
                (TAIPEI BRANCH)
                TAIPEI TW
MUR: CCI LIZZA

```
------------------------------ Message Text ------------------------------
```

27	: Sequence of Total	
	1/1	
40A	: Form of Documentary Credit	
	IRREVOCABLE	
20	: Documentary Credit Number	
	0/257−1139/10	
31D	: Date and Place of Expiry	
	110417 TAIPEI, TAIWAN	
50	: Applicant	
	GHYTKL TCY MAS S.A. DE C.V.	
	INDUSTRIA MADERERA FRACC.	
	INDUSTRIAL ZAPOPAN NTE. GUADALAJARA,	
	JAL., MEXICO	
59	: Beneficiary-Name & Address	
	LI TAI TEC CO., LTD. C/O DOP BROKER	
	9F, NO. 401 SUNGCHIANG STREET	
	TAIPEI 104,	
	TAIWAN	
32B	: Currency Code, Amount	
	Currency: US$ (US DOLLAR)	
	Amount: #264,635.00#	
39A	: Percentage Credit Amt Tolerance	
	10/10	
41A	: Available With...By...-BIC	
	PNBPTWTPXXX	
	WACHOVIA BANK, NA	
	(TAIPEI BRANCH)	
	TAIPEI TW	
	BY DEF PAYMENT	
42P	: Deferred Payment Details	
	60 DAYS AFTER B/L DATE	
	FOR 100.00 PCT OF INVOICE VALUE	
43P	: Partial Shipments	
	ALLOWED	
43T	: Transhipment	
	ALLOWED	
44A	: On Board/Disp/Taking Charge at/f	
	ANY PORT IN TAIWAN R.O.C.	
44B	: For Transportation to...	

> WACHOVIA BANK NATIONAL ASSOCIATION
> TAIPEI BRANCH HOLDS SPECIAL INSTRUCTION
> FOR REIMBURSEMENT AND DISPOSAL OF
> DOCUMENTS UNDER THIS CREDIT

14/02/10−17:14:17　　　　TPPRINTERIN−6554−000001　　　　2

ZAPOPAN, VIA MANZANILLO COLIMA, MEXICO
44C　: Latest Date of Shipment
　　　110410
45A　: Description of Goods &/or Services
　　　AUTOPARTES ELECTRICAS SEGUN PROFORMA NO. 2010−0129
　　　FOB: ANY PORT IN TAIWAN R.O.C. (INCOTERMS 2010)
46A　: Documents Required
　　　1. − 2 ORIGINALS AND 2 COPIES OF COMMERCIAL INVOICE
　　　SHOWING FOB: ANY PORT IN TAIWAN R.O.C. (INCOTERMS 2000)
　　　2. − 2 ORIGINALS AND 2 COPIES OF CLEAN ON BOARD OCEAN B/L
　　　CONSIGNED TO THE ORDER OF GHYTKL TCY MAS S.A. DE C.V. AND
　　　NOTIFIED TO CESAR VENTURA 3208−4420 SHOWING FREIGHT
　　　COLLECT.
　　　3. − ORIGINAL AND 2 COPIES OF PACKING LIST
　　　4. − ORIGINAL AND 2 COPIES OF CERTIFICATE OF ORIGIN OF TAIWAN ROC
　　　5. − ORIGINAL AND 2 COPIES OF QUALITY CERTIFICATE
　　　6. − ORIGINAL OF BENEFICIARY'S LETTER CERTIFYING THE SENDING
　　　DIRECTLY TO APPLICANT BY ANY EXPRESS COURIER SERVICE OF A SET OF
　　　ALL ORIGINAL DOCUMENTS REQUIRED IN THIS L/C INCLUDING ONE
　　　ORIGINAL B/L COPY OF THE COURIER GUIDE USED TO SEND THIS
　　　DOCUMENTS MUST BE ATTACHED TO THIS LETTER.
47A　: Additional Conditions
　　　+ COMMERCIAL INVOICE MUST SHOW TAX IDENTIFICATION NUMBER AND
　　　DETAIL OF GOODS DESCRIPTION IN ENGLISH AND/OR SPANISH.
　　　+ CERTIFICATE OF ORIGIN MUST SHOW DETAIL OF GOODS IN ENGLISH
　　　AND/OR SPANISH.
　　　+ ONE SET OF PHOTOCOPIES OF ALL DOCUMENTS REQUIRED IN THIS L/C
　　　MUST BE PRESENTED FOR ISSUING BANK FILES,
　　　A FEE OF US$10.00 FOR EACH SET OF NEGOTIATED DOCUMENTS WILL BE
　　　DEDUCTED FROM PAYMENT TO BENEFICIARY IF THIS SET IS NOT
　　　PRESENTED, AS WELL AS A DISCREPANCY FEE OF US$50.00 IN CASE OF
　　　WAIVED DISCREPANCIES
71B　: Charges
　　　ALL BANKING CHGS AND COMMS OUTSIDE
　　　OF MEXICO, ARE FOR BENEFICIARY'S
　　　ACCOUNT
　48　: Period for Presentation
　　　WITHIN 10 DAYS AFTER B/L DATE
　49　: Confirmation Instructions
　　　CONFIRM
53A　: Reimbursing Bank-BIC
　　　PNBPUS33PHL
　　　WACHOVIA BANK, NA
　　　(INTERNATIONAL OPERATIONS)
　　　PHILADELPHIA, PA US
　78　: Instr to Payg/Accptg/Negotg Bank
　　　SEND US YR 730 SWIFT MSG THE SOONEST, INFO US YR REF NO. DATE AND
　　　VIA IN WHICH THIS L/C WAS ADVISED TO BENEF. AS SOON AS YOU
　　　DETERMINE A PYMT DATE TO BENEF, BE SURE TO SEND AUT SWIFT TO
　　　MENOMXMT INFO US NEGOTIATED AMT, PAYMENT DATE AND CONFIRMING US
　　　THAT ALL L/C TERMS AND CONDITIONS HAVE BEEN COMPLIED WITH. AT
　　　PAYMENT, WE AUTH YOU TO DEBIT YOUR ACCT WITH YOUR PA OFF,
　　　INDICATING OUR L/C NO. SEND US ALL NEGOTIATED DOCS TO
　　　(GF NORTE-BANCA INT'L) RUBEN DARIO 730 ESQ. EULOGIO PARRA, COL.
　　　PROVIDENCIA, GUADALAJARA, JAL. C.P. 44640 IN ONE LOT, BY EXPRESS
　　　COURIER SERVICE, ATTN SIMON VALDESPINO. WACHOVIA BANK TAIWAN
　　　HOLDS SPECIAL INSTRUCTIONS REGARDING DISPOSAL OF DOCS AND REIMB
　　　UNDER THIS L/C

57D　: "Advise Through" Bank-Name & Addr
　　　BANK OF TAIWAN, OBU BRANCH
　72　: Sender to Receiver Information
　　　/ACC/NOTIFY BENEF BY ANY EXPRESS
　　　//COURIER SERVICE
　　　// BY FAX NO.
　　　// 886–4–7782009
　　　// BY PHN NO. 886–4–7782010
　　　// ATTN MR. S.C. ARBULA

———————————————————— Message Trailer ————————————————————

{MAC: 4C0043DB}
{CHK: D1167B0538BB}
end of Message

11.其他特殊用途信用狀──⑴國內即期信用狀實例

顧 客 負 債 卷　國外部

北市吉林路 100 號

不 可 撤 銷 信 用 狀　　　　　　日期：　100 年 03 月 31 日

敬啟者： 　　本行茲循右列申請人之請求開發本信用狀，本信用狀規定如有未盡事宜適用國際商會所訂現行「信用狀統一慣例與實務」之規定。	信用狀號碼： D5AAAH1/0164/4	通知銀行編號：
	申請人	
通知銀行：　中國國際商業銀行 　　　　　　　總管理處國外部	金額：新臺幣貳佰陸拾肆萬零伍佰伍拾參元整	
受益人： 地　址：	有效期限至：100 年 04 月 24 日	

本信用狀可由上開受益人在不超過上開金額範圍內依本狀規定條件簽發匯票洽兌，該匯票之條件：

甲、付款人：中國國際商業銀行總管理處國外部

乙、付款期限：以「定日付款」方式填寫到期日，其到期日自發票日起算＿＿天　　見票即付

丙、金額：須與相關發票上所開列金額一致

丁、應檢附之單證如下：

　1.匯票付款申請書乙份　　　　　　3.受益人的品質保證書
　2.統一發票　　　　　　　　　　　4.申請人的驗貨報告書

上項單證應載明申請人向受益人購買下列貨品：

SUPER DART BOARTS （電子飛鏢盤）2,750 SET×US\$35.308×25.90+5% 稅
=NT\$2,640,553.－（所有品質內容詳 100 年 02 月 17 日訂單 Y–1955 (PI–3460)

特別指示：　1.匯票付款申請書使用本行所訂格式，申請書上信用狀申請人所蓋印鑑應與原留印鑑相符
　　　　　　2.貨物可以／不可以分批交貨
　　　　　　3.貨物進倉後始可送銀行押匯
　　　　　　4.交貨日期不得遲於 100 年 04 月 14 日
　　　　　　5.除開狀費用外，其他一切銀行費用由受益人負擔
　　　　　　6.本信用狀限在中國國際商業銀行辦理押匯

上述匯票須載明本信用狀之日期及編號並限於有效期限內向本行辦理提示請求付款。上述單證經審查結果核與本信用狀規定條款相符時，本行保證上開依定規簽發，提示之匯票必能如期獲得付款。 　　中國國際商業銀行＿＿＿＿＿啟	通知銀行記載 通知銀行之簽章及通知日期

其他特殊用途信用狀——⑵國內遠期信用狀實例

顧 客 負 債 卷 國外部

北市吉林路 100 號

不 可 撤 銷 信 用 狀

日期：100 年 09 月 28 日

逕啓者： 　　本行茲循右列申請人之請求開發本信用狀，本信用狀規定如有未盡事宜適用國際商會所訂現行「信用狀統一慣例與實務」之規定。	信用狀號碼： D5AAAH2/0538/2	通知銀行編號：
	申請人：××××	
通知銀行： 中國國際商業銀行 　　　　　總管理處國外部	金　額：新臺幣　　壹億參仟貳佰柒拾萬元整	
受益人：×××× 地　址：××××	有效期限至：100 年 09 月 17 日	

本信用狀可由上開受益人在不超過上開金額範圍內依本狀規定條件簽發匯票洽兌，該匯票之條件：

甲、付款人：中國國際商業銀行總管理處國外部

乙、付款期限：以「定日付款」方式填寫到期日，其到期日為100 年 09 月 15 日

丙、金額：須與相關發票上所開列金額一致

丁、應檢附之單證如下：

　　1.匯票承兌申請書乙份

　　2.統一發票

　　上項單證應載明申請人向受益人購買下列貨品：

　　購買中油公司石化原料

特別指示：1.匯票承兌申請書使用本行所訂格式，申請書上由受益人單獨用印

　　　　　2.貨物可以／不可以分批交貨

　　　　　3.本信用狀限在中國國際商業銀行辦理承兌

上述匯票須載明本信用狀之日期及編號並限於有效期限內向本行辦理提示請求承兌。上述單證經審查結果核與本信用狀規定條款相符時，本行保證上開依定規簽發，提示之匯票必能如約獲得承兌。	通知銀行記載
中國國際商業銀行 ＿＿＿＿＿ 啓	通知銀行之簽章及通知日期

本筆開狀不需經逐筆會簽手續後即可放單

12.擔保信用狀實例之一

PRIMARY COPY

TO: = ACK
BFTVVNVX   = MIR 1656 960129BKTWTWTP010
BANK FOR FOREIGN   = MSG TYPE 799
TRADE OF VIETNAM   = MSG PRIORITY: NORMAL

FREE FORMAT MESSAGE

: 20: transaction reference number
   5AEEC70000201025
: 21: reference to related msg. transaction
   1/1
: 79: narrative

FROM: BANK OF TAIWAN, TAICHUNG BRANCH.

ADVISE TO: INDUSTRIAL AND COMMERCIAL BANK OF VIETNAM VINH PHUC BRANCH (ICBVVNVX).

AT THE REQUEST OF OUR CUSTOMER—GOLD BIRCH CO., LTD. NO. 52 TA TWEN 18TH STREET TAICHUNG, TAIWAN.

WE HEREBY ISSUE THIS IRREVOCABLE STANDBY LETTER OF CREDIT (BID BOND) FOR US$20,000.00 IN FAVOR OF BONNY INTL FURNITURE CO., LTD. FOR THE BID OF "AUTOMATIC EQUIPMENT LINE" IN THE BID OF "PAINTING EQUIPMENT" FOR THE PRODUCTION LINE FOR MANUFACTURING OFFICE CABINETS. WALL CABINETS, KITCHEN CABINETS, ELECTRIC CABINETS, HOUSEHOLD CABINETS, ETC. WHICH IS AVAILABLE BY NEGOTIATION AGAINST YOUR DRAFT(S) AT SIGNED STATEMENT CERTIFYING THAT GOLD BIRCH CO., LTD. FAILED OR REFUSES TO EXECUTE THE CONDITIONS OF THIS OBLIGATION AS FOLLOWING:

1. IN CASE THE BIDDER REVOKES ITS APPLICATION FORM WITHIN THE VALIDITY OF THE BID DOCUMENTS AS STIPULATED IN THE BID FORM.

2. IN CASE THE BIDDER HAVING BEEN INFORMED BY THE INVESTOR ABOUT HIS WINNING THE BID, BUT
   A) REFUSES TO CARRY OUT THE CONTRACT
   B) FAILS TO PAY OR REFUSES TO PAY THE GUARANTY FOR CONTRACT REALIZATION.

THIS GUARANTY SHALL BE VALID IN EXPIRY DATE NOV. 30 2010 OF THE BID DOCUMENTS ANY REQUEST CONCERNING THIS GUARANTY MUST BE FORWARD TO THE BANK PRIOR TO THE ABOVE DATE.

THIS L/C SUBJECT TO ISP98.

PRINT   END

擔保信用狀實例之二

56245 UWCBANK

429924 TTAF UI
AFT0019

POSS DUPE

TO UNITED WORLD CHINESE COMML BK
FROM AMERITRUST COMPANY NATIONAL ASSOCIATION, CLEVELAND, OHIO

TESTED FOR SEPT 15, 2010 FOR US$13,166.00 WITH YR TAIPEI OFFICE

ATTN: LO DEPARTMENT

OPENING IRREVOCABLE STANDBY LETTER OF CREDIT NO. SB39520
F/O: JUN INTERNATIONAL P.O. BOX 378, TAICHUNG, TAIWAN, ROC
A/C: GENERAL BUSINESS SERVICES

AMOUNT: US$13,166.00
EXPIRY: OCTOBER 31, 2010
        DRAFT(S) MUST BE DRAWN AND PRESENTED AT THIS OFFICE ON
        OR BEFORE OCTOBER 31, 2010
AVAILABLE BY BENEFICIARY'S SIGHT DRAFT(S) DRAWN ON GENERAL
BUSINESS SERVICES AND ACCOMPANIED BY THE FOLLOWING DOCUMENTS:

A STATEMENT SIGNED BY AN OFFICER OF JUN INTERNATIONAL, TAICHUNG,
TAIWAN, CERTIFYING THAT: "GENERAL BUSINESS SERVICES HAS FAILED TO
PAY INVOICE(S) DUE TO JUN INTERNATIONAL AND THE AMOUNT REPRESENTS
THE UNPAID BALANCE.
A COPY OF THE UNPAID INVOICE(S) SHOULD ALSO BE PRESENTED.

SPECIAL CONDITIONS:
EACH DRAFT(S) ACCOMPANYING DOCUMENTS MUST STATE" DRAWN UNDER
CREDIT
NO. SB39520 OF AMERITRUST COMPANY NATIONAL ASSOCIATION DATED
SEPTEMBER 15, 2010
FORWARD ALL DOCUMENTS TO US IN ONE MAILING.
NEGOTIATIONS ARE RESTRICTED TO THE COUNTERS OF AMERITRUST
COMPANY NATIONAL ASSOCIATION, CLEVELAND, OHIO.
THE ORIGINAL LETTER OF CREDIT MUST ACCOMPANY REQUIRED DOCUMENTS.
THE ADVISING BANK IS REQUESTED TO NOTIFY THE BENEFICIARY WITHOUT
ADDING THEIR CONFIRMATION.
WE HEREBY ENGAGE WITH THE DRAWERS OF DRAFT(S) IF DRAWN AND
PRESENTED UNDER AND IN COMPLIANCE WITH THE TERMS OF THIS CREDIT
THAT THE SANE SHALL BE DULY HONORED ON DUE PRESENTATION TO THE
DRAWEE.
EXCEPT ASOTHERWISE EXPRESSLY STATED, THIS CREDIT IS SUBJECT TO THE
"UNIFORM CUSTOMS AND PRACTICE FOR DOCUMENTARY CREDITS"
(2007REVISION) INTERNATIONAL CHAMBER OF COMMERCE, PUBLICATION
NO.600

THIS IS THE OPERATIVE INSTRUMENT, NO MAIL CONFIRMATION TO FOLLOW.
STOP REGARDS.

NNNN
*
56245 UWCBANK
•••••
ABOVE VIA WORLDCON FRON 429924 TTAF UI

///MESSAGE///18809170319.1///

13.履約保證函（國際商會標準格式）實例之一

BANK'S NAME, AND ADDRESS OF ISSUING BRANCH OR OFFICE

Beneficiary: .... Date: ....

(*name and address*)

PERFORMANCE GUARANTEE　　　No. ....

We have been informed that _____ , (hereinafter called "the Principal"), has entered into contract No. _____ dated _____ with you, for the supply of (*description of goods and/ or services*)

Furthermore, we understand that, according to the conditions of the contract, a performance guarantee is required.

At the request of the Principal, we (*name of bank*) _____ hereby irrevocably undertake to pay you any sum or sums not exceeding in total an amount of _____ (say: _____) upon receipt by us of your first demand in writing and your written statement stating:
i) that the Principal is in breach of his obligation(s) under the underlying contract; and
ii) the respect in which the Principal is in breach.

Your demand for payment must also be accompanied by the following document(s): (*specify document(s) if any, or delete*)

This guarantee shall expire on _____ at the latest.

Consequently, any demand for payment under it must be received by us at this office on or before that date.

> This guarantee is subject to the Uniform Rules for Demand Guarantees,
> ICC Publication No. 458.

Signature(s):
THE ICC MODEL FORMS FOR ISSUING DEMAND GUARANTEES

履約保證函實例之二

LETTER OF GUARANTEE NO. 100–0057–0008333
(PERFORMANCE BOND)

1. BENEFICIARY: K.C. CORPORATION
   NO. 22, HO–1 ROAD,
   TAIWAN, REPUBLIC OF CHINA
2. AMOUNT: YEN23,700.– (SAY JAPANESE YEN TWENTY THREE THOUSAND SEVEN HUNDRED ONLY)
3. IN THE NAME OF JAPAN Y. TECHNOLOGIES LTD.
4. REASON: PERFORMANCE BOND FOR CONTRACT NO. N176–CO182N COVERING INVITATION NO. N176–096N.
5. THIS GUARANTEE SHALL BE AVAILABLE FOR PAYMENT AGAINST THE BENEFICIARY'S RECEIPT OR SIGHT DRAFT DRAWN ON US ACCOMPANIED BY YOUR SIGNED STATEMENT CERTIFYING THAT THE ACCOUNTEE HAVE FAILED TO COMPLY WITH THE TERMS AND CONDITIONS OF THE CONTRACT EXCEPT THE FAILURE DUE TO FORCE MAJEURE.
6. THIS GUARANTEE SHALL EXPIRE ON FEBRUARY 10, 2011 IN TAIWAN.
7. ALL CLAIMS UNDER THIS GUARANTEE SHALL BE SUBMITTED TO US NOT LATER THAN SAID EXPIRY DATE AFTER WHICH DATE THIS GUARANTEE BECOMES NULL AND VOID AUTOMATICALLY AND SHALL BE RETURNED TO US BY THE REGISTERED AIRMAIL.

YOURS FAITHFULLY,
THE DAI-ICHI KANGYO BANK, LTD.
SHIBA BRANCH, JAPAN

UNQUOTE

SPECIAL INSTRUCTIONS TO YOURSELVES:
AAA) THIS IS THE ORIGINAL OF OUR LETTER OF GUARANTEE.
   THEREFORE MAIL CONFIRMATION WILL NOT FOLLOW.
BBB) PLEASE ADVISE US WHEN THIS GUARANTEE IS RELEASED.
CCC) PLEASE ADVISE THE BENEFICIARY URGENTLY.

REGARDS BANKDAIKAN SHIBA BRANCH
BANKDAIKAN TOKYO

第十四章
國際貿易匯票

第一節 國際匯兌之意義及其方式

匯兌有國內匯兌 (Domestic Exchange) 與國外匯兌 (Foreign Exchange) 之分，前者係指不直接運送現金，而以委託支付 (或債權轉移) 的方式，清償國內不同地區間之債權、債務的方法謂之。後者，則係指貨幣制度相異國家的經濟主體間，以特定的信用工具 (Instruments)，清結貸借關係的貨幣兌換之行為。因此，國外匯兌必為發生於貨幣制度相異國家經濟主體之間的匯兌，其與國內匯兌最大不同之處即在於貨幣制度之差異，而經濟主體於國內外均存在的前提下，並不構成經濟上的界線，殆無疑義。

國外匯兌的方法，可分為順匯 (To Remit) 與逆匯 (To Draw a Draft) 兩種。在國際商品買賣中，買賣雙方債權債務的清償，其具體的方法，卻在於以逆匯方式完成。順匯仍以一般匯款居多，可視為國內匯兌之順延。

 ## 一、順匯之意義及其方式

「順匯」為債權人或匯款人以定額本國貨幣，向本國外匯銀行換取定額外匯，再由本國外匯銀行轉託國外外匯銀行，對於債權人 (受款人) 支付定額外國貨幣的匯兌方法。因為匯兌工具與資金的流動方向相同，故稱為「順匯」。一般僑民匯款、國際投資、償債、國際投標、旅行、留學生匯款、對外援助、救濟捐獻的支出，多採用順匯的方式。

順匯種類可分為電匯、票匯、信匯及旅行匯信等四種，茲分述如次：
(一)電匯 (Telegraphic Transfer, T/T)

電匯係由匯款人以定額本國貨幣交與本國外匯銀行兌換成定額外匯，並述明受款人姓名、住址，再由本國外匯銀行以密碼電報通知國外受款人所在地之分行或代理銀行，付款與受款人。這種方法是匯兌中最捷速的一種，通常可於一、二天內收到款項，免受資金的停滯與利息的損失，又可減少匯款過程中種種主客觀情況變動的風險。

㈡票匯 (Demand Draft, D/D)

票匯係由匯款人以一定本國貨幣交與本國外匯銀行，購買匯票，郵寄到國外的受款人，受款人憑票向指定銀行兌款。

㈢信匯 (Mail Transfer, M/T)

信匯係由匯款人以定額本國貨幣交與本國外匯銀行，兌換定額外匯，並填具付款委託書，註明受款人及匯款人姓名、住址，再由本國外匯銀行將付款委託書郵寄受款人所在地分行或代理銀行，委託付款於受款人。

㈣旅行信用狀 (Traveller's L/C)

往國外旅行者，為避免攜帶現款的不便與危險，以定額本國貨幣交與本國外匯銀行兌換外匯，申請開發旅行信用狀，銀行受理後即開發旅行信用狀及 Letter of Indication，交予客戶。旅行者往國外各地，可憑旅行匯信，在限定金額以內發出匯票，請求開狀銀行的分支行或代理行兌款。

 ## 二、逆匯之意義及其方式

「逆匯」為一國債權人為確定迅速而強制的要求國外債務人的償付，可憑其債權對債務人發出匯票，讓購予銀行收取定額本國貨幣而將其債權轉讓與外匯銀行，再由外匯銀行轉向國外債務人或其指定之銀行求取。

由上述可知「逆匯」是因貿易而產生用以完成債權債務清償的一種匯兌方法，它是國際收支平衡表中推動經常帳進行的原動力。吾人可以說：無逆匯，國際貿易收支無法完成。

逆匯種類可分為跟單匯票、光票及託收款項三種，茲分述如次：

㈠跟單匯票 (Documentary Bills of Exchange)

亦稱押匯匯票，係指債權人（出口商）開發商業匯票，將其對國外債務人（進口商）的債權，讓購於外匯銀行，同時以貨運單據作為保值或質押之依據，以貼現方式取得債權之謂。此時讓購的匯票 (Negotiate Drafts) 即稱為押匯匯票。同時押匯匯票因附有一套貨運單據，故又稱跟單押匯匯票。

押匯匯票視其有否依信用狀而簽發，可分為憑信用狀押匯匯票 (Documentary Bills of Exchange with L/C) 及不憑信用狀押匯匯票 (Documentary Bills of Exchange without L/C) 兩種。

1.憑信用狀押匯匯票

係購貨人請求銀行開發一信用狀,該信用狀同意兌付售貨人依照特定並憑指定單據所開合乎法定格式的匯票。售貨人遵照買方所開條件將貨物裝運後,開製匯票附添貨物單據,並將購貨人預先開來之信用狀附上,提示外匯銀行,請其承購匯票而收取貨款之方式。

2.不憑信用狀押匯匯票

係指購貨人與售貨人之間交易的進行中,購貨人不向銀行開發信用狀,而僅憑買賣雙方所簽訂之契約內容,售貨人即遵照條件將貨物裝運,然後開製匯票連同貨運單據,提示外匯銀行請其承兌或轉讓匯票,並委託其國外同業收回貨款之方式。此種押匯匯票因承兌、付款方式之不同而又分二種:

(1)付款押匯匯票 (Documents against Payment Bills,簡稱付款交單 D/P):係指付款交單託收所開發之匯票。

(2)承兌押匯匯票 (Documents against Acceptance Bills,簡稱承兌交單 D/A):係指承兌交單託收所開發之匯票。

(二)光票 (Clean Bill)

出口商用逆匯方法收回貨款,有時只憑信用,即可開發不附貨運單據及提貨單據之匯票,售予外匯銀行,兌收現款。此種匯票稱為光票或稱信用匯票。外匯銀行買得光票,轉寄進口商所在地國外分行或代理銀行,憑票轉向進口商或其指示銀行兌取現款。

(三)託收款項 (Collection)

託收是債權人(出口商)對債務人(進口商)開發匯票,透過本國外匯銀行委託其國外往來同業向債務人(進口商)收取票款之方式。

託收依匯票是否隨附單據,可分為光票託收及跟單匯票託收兩類,其中以跟單匯票託收居主要角色。跟單匯票託收又可分為 D/P 匯票託收及 D/A 匯票託收兩種,前者對出口商較有保障,故較後者普遍。

第二節　匯票之意義及其種類

匯票之開製不論其憑信用狀或託收交易等均為結算國際貿易貨款之主要工具,就出口商押匯而言,國際匯票更具意義。其作用有三:

1.可作為支付工具 (Mean of Payment)

匯票可與貨幣交互使用，係一種中間性支付工具。

2.可作為信用工具 (Mean of Credit)

匯票與支票，本票同為可以轉讓的流通票據，如經銀行承兌後，其流通性更廣，可在貼現市場貼現，具優良信用工具之特性。

3.可作為結算工具 (Mean of Settlement)

國際貿易不論係商品買賣或非商品買賣,均可憑匯票作為買賣雙方交易貨款結算之「媒介物」，為一種最通行的結算工具。

 一、匯票之意義

匯票 (Bill of Exchange or Drafts, Exchange or Bill) 乃為一人對另一人所作的無條件書面命令，由發票人 (Drawer) 簽發，要求被發票人或付款人 (Drawee or Order Party) 見票時或在將來一定時日，支付一定數量貨幣與所指定之人或持票人。匯票之定義甚多，茲說明如次：

(1)依我國票據法第二條：稱匯票者，謂發票人簽發一定金額，委託付款人於指定之到期日，無條件支付與受款人或執票人之票據。

(2)依照英國票據法 (Bill of Exchange Act) 第三條第一款：其中文定義如上譯。原文則為： A bill of exchange is an unconditional order, in writing, addressed by one person to another, signed by the person giving it, requiring the person to whom it is addressed to pay on demand or at a fixed or determinable future time, a sum certain in money to order or to bearer.

(3)依照 1962 年美國統一商法 (Uniform Commercial Code, UCC) 及流通票據法 (The Negotiable Instrument Law) 對匯票之解釋，與英國大致相同。

 二、匯票之種類

在外匯市場上流動的匯票，依分類標準之不同，而有以下類別：

(一)依發票人及付款人之所在地區分

1.國外匯票 (Foreign Bill)

指發票人或付款人在國外之匯票。我國在國際貿易及國外匯兌上所使用之匯票均屬

此類。

　2.國內匯票 (Domestic Bill; Inland Bill)

　　指在國內簽發並在國內付款，亦即發票人及付款人均在國內之匯票。我國國內匯款所使用者，均屬此類。

(二)依付款人別區分

　1.銀行匯票 (Bank Bill)

　　指銀行或商人所簽發以銀行為付款人之匯票。其中屬於銀行簽發者，又稱為銀行匯票 (Banker's Bill)，俗稱通天票。

　2.商業匯票 (Merchant Bill)

　　指發票人及付款人均屬商人之匯票。如果發票人與付款人之間具有總分支機構或聯號關係，此種匯票具有融通資金之性質，又稱為 House Bill。商業匯票經銀行承兌後，即成為銀行（承兌）匯票。

(三)依匯票之幣別區分

　1.國幣匯票 (Domestic Currency Bill; Home Money Bill)

　　指以本國貨幣開發之匯票。目前我國貨幣不對外流通，故國幣匯票只能在國內貿易使用。

　2.外幣匯票 (Foreign Currency Bill)

　　指以外國貨幣開發之匯票。就我國對外貿易言，全係使用外幣匯票，其中絕大部分為美元匯票 (US Dollar Bill)，其次為英鎊匯票 (Sterling Bill)、歐元匯票 (ECU Bill) 等。

(四)依匯票之用途別區分

　1.融通匯票 (Finance Bill; Accommodation Bill)

　　指為融通資金而開發之匯票。如外商銀行臺北分行辦理外銷貸款，在出口前由出口商開發匯票，經貸款銀行（紐約總行）承兌後在市場貼現，獲取資金用以貸款，俟出口押匯時扣回，此種匯票即為融通匯票。

　2.貿易匯票 (Trade Bill; Commercial Bill)

　　為應貿易結算用所開發之匯票。出口廠商所開發之匯票均屬此類。此項匯票，在出口商開發後，以及在出口地交付外匯銀行押匯或託收時，對出口商及外匯銀行言，稱為輸出匯票 (Export Bill)。在此項匯票寄達進口地時，對進口商及開狀或託收銀行言，稱為進口匯票 (Import Bill)。兩者係同一張匯票，因所在地不同，意義不同而有不同之名

稱。

㈤依有無附權利單據區分

1.光票 (Clean Bill)

指未附權利單據之匯票。旅行者依據旅行信匯所開發之匯票，即屬此類。又債權人為收回欠帳亦可開發此種匯票收帳。

2.跟單匯票 (Documentary Bill)

指附有權利單據之匯票。國際貿易上所稱之跟單匯票，即指附有貨運單據之匯票，主要貨運單據包括提單及商業發票、補助單據。跟單匯票又可依跟單交付之方式區分為：

(1)付款交單匯票 (Documentary against Payment Bill, D/P Bill)：指匯票所附單據，須俟被發票人付款後才能交付之匯票。一般即期信用狀出口及即期付款交單託收方式出口所開發之匯票，即屬此類。遠期匯票亦可採付款交單方式，稱為 Usance D/P，惟事實上採用者不多。

(2)承兌交單匯票 (Documentary against Acceptance Bill, D/A Bill)：指匯票所附單據，俟被發票人承兌後即可交付之匯票。一般遠期信用狀出口及承兌交單託收方式出口所開發之匯票，即屬此類。

承兌匯票因承兌人之不同而分為：

①銀行承兌匯票 (Banker's Acceptance)：指經銀行承兌之匯票。如出口商依照遠期信用狀開發匯票，經開狀銀行或其指定銀行承兌之匯票，即屬此類。銀行承兌匯票，特別是著名銀行承兌之匯票，在貼現市場上極易出售。如前述融通匯票經承兌後，亦屬銀行承兌匯票。

②商業承兌匯票 (Commercial's Acceptance)：指經廠商或私人承兌之匯票。一般以承兌交單託收方式出口匯票，經進口商承兌後，即屬此類。商業承兌匯票市場性較差，只能依賴出口商或進口商之信用，在當地市場貼現。

㈥依付款期限區分

1.即期匯票 (Sight Bill)

指在提示時 (Upon Presentation) 或見票時 (At Sight) 或要求時 (On Demand) 立即付款之匯票。前述銀行匯票、付款交單託收匯票以及依據即期信用狀開發之匯票，均屬此類。國際貿易上之即期匯票必定為付款交單匯票 (D/P Bill)。

2.遠期匯票 (Time, Usance Bill)

亦稱有限期匯票，指在已確定或可以確定之將來日期付款之匯票。前述融通匯票、承兌交單託收匯票，以及依據遠期信用狀所開發之匯票，均屬此類。遠期匯票經承兌後，即成為承兌匯票。

遠期匯票因期限或期頭 (Tenor or Usance) 之長短可分為：

⑴短期匯票 (Short Time Bill)：指發票或見票後三至十五天後付款之匯票。因若干國家規定，即期匯票得有兩天之寬限日 (Grace Period)，所以遠期匯票最短期限為三天。

⑵長期匯票 (Long Time Bill)：指發票或見票後十五天後付款之匯票。在國際貿易上所使用者，均屬長期匯票。常見之期限為三十、六十、九十、一百二十、一百五十及一百八十天，其中以九十天及一百二十天為最多。

長期匯票又可以付款期限計算之不同而分為：

①定日 (Fixed Date) 付款者，即匯票上載明付款之日期。

②發票日後若干日付款 (×× days after date, d/d)。

③見票日後若干日付款 (×× days after sight, d/s)。

④裝船日後若干日付款 (×× days after shipment)。

在國際貿易上，③、④兩類使用者較多，④類在對歐洲進口貿易有時採用。對進口商而言，以見票日後或裝船日後起算較為有利；且在某些地區，習慣上均俟貨到後再見票，故付款期較遲。

遠期匯票可為 D/P Bill 亦可為 D/A Bill，惟事實上絕大部分為 D/A Bill。

㈦依複本匯票有無區分

1.單張匯票 (Sola)

亦稱單本匯票，指匯票只簽發一張，並無複本，因匯票正面印有空心 Sola 字樣而稱之。一般匯款用匯票均採單張，所以又稱為匯款匯票 (Bill of Remittance)。

2.複本匯票 (Set Bill)

亦稱成套匯票，指匯票簽發兩張或三張，每張均係正本，分別稱為 Original、Duplicate 及 Triplicate。惟其中任一張一經使用，其餘無效。簽發多張之目的，在減少中途遺失之風險，分次寄發只要其中一張寄達，即可完成結算之目的。複本匯票係用於貿易方面，所以又稱為貿易匯票。其簽發二張者，分別稱為 First of Exchange 及 Second of Exchange，在 First Bill 內註明 "Second of the same tenor and date being unpaid"；在

Second Bill 內註明 "First of the same tenor and date being unpaid"，以免重複付款。

第三節　匯票之內容及背書轉讓

國際貿易所使用之匯票，是屬於國外匯票 (Foreign Bills)，其內容與格式自與國內匯票有所差異。出口匯票遭國外進口商或開狀銀行拒付時，因匯票非為起訴之要式證券，故其內容及格式是否符合要件並不重要。但當匯票已為開狀銀行或進口商所承兌，成為承兌匯票時，屆期承兌人如不付款，這張承兌匯票，就成為訴訟之依據，因之，其內容就必須符合對方之法律規定，才能獲得法律保障。茲就我國票據法之規定說明之。

 一、匯票之內容

匯票為要式的有價證券，其上須記載一定的事項，否則可能無效。匯票上的記載事項，可分為：

(一)匯票必要記載事項

依照我國票據法第二十四條之規定，匯票應記載下列事項，並由發票人簽名：

1.表明其為匯票之文字

即匯票上必須記載「匯票」兩字，此與英美法不同，後者可不記載。

2.一定之金額

匯票寫的是金錢，且其數額是確定的，相當於英美票據法中規定之 "A sum certain in money"。

3.付款人之姓名或商號

付款人 (Payer) 也就是被發票人 (Drawee)，為負匯票到期付款責任之人。依照我國票據法之規定，匯票可以本人為付款人，其未記載付款人者，以發票人為付款人，且仍得稱為匯票。

英美法中規定是由一人對另一人簽發 (Addressed by one person to another)，所以原則上付款人應是第三人。出口廠商簽發匯票，其以信用狀方式出口者，應以信用狀規定之付款人為付款人；其以託收方式出口者，應以進口商為付款人。

4.受款人之姓名或商號

原則上應以發票人及付款人以外之第三人為受款人。惟依我國票據法之規定，亦得

以發票人本身或付款人為受款人。其未載受款人者,以執票人 (Bearer) 為受款人。在國際貿易上,出口押匯及出口託收,均係透過外匯銀行辦理收款,故多以經辦指定銀行為受款人。

5.無條件支付之委託

匯票係無條件支付命令 (An Unconditional Order),只能委託付款,不能附有條件,否則票據無效。輸出匯票中有一種稱為到貨後付款匯票 (Arrival Bill),匯票以貨物到達為條件,即違反票據法之規定,無法轉讓,外匯銀行將拒絕承購或貼現。

6.發票地

匯票應記載發票地,其未記載者,以發票人之營業所、住所或居所所在地為發票地。出口廠商簽發輸出匯票,應以公司所在地為發票地。

7.發票年月日

匯票應記載發票日期,依英美法之規定,未記載發票日期者,仍屬有效。惟依我國票據法之規定,未記載者無效。所以出口廠商開發匯票,不能漏記發票年月日;依照信用狀開發之匯票,發票日期不得遲於信用狀之有效期限。

8.付款地

匯票應記載付款地,其未記載者,以付款人之營業所、住所或居所所在地為付款地。出口廠商開發匯票應以付款人、開狀銀行或進口商之所在地為付款人,視有無信用狀及其規定而言。

9.到期日

匯票應記載到期日,其未記載到期日者,視為見票即付。對於遠期匯票,到期日必須為固定日期或可確定日期 (At a fixed or determinable future time)。

(二)匯票任意記載事項

匯票任意記載事項有八項,分述如下:

1.發票條款

如匯票係根據信用狀開發者,匯票內容應符合信用狀規定,並應加註 "Drawn under L/C No....issued by...bank dated..." 的條款,此條款通常記載於匯票上緣或下緣的空白處,稱為出票條款 (Drawn Clause)。

2.交單條款

如係依買賣合約規定簽署者,並應符合買賣合約之規定。例如託收方式出口有承兌

交單 (D/A) 與付款交單 (D/P) 兩種方式，必要時須分別記載於匯票上。

3.利息條款與外匯匯率條款

如信用狀有利息條款之規定者，應在匯票上表明該項文字，匯票上利息條款的文字須與信用狀之利息條款記載相符。

例如下列之利息條款：

With interest at 10 percent, per annum added thereto from date here of to approximate of arrival of the remittance in Tokyo.

又國際貿易使用的國外匯票，通常牽涉到外匯匯率問題，在實務上常由外匯銀行(押匯銀行、託收銀行) 在匯票上加蓋如下之戳記：

Payable at collecting bank's selling rate on date of payment for sight drafts on New York.

Payable for face amount by prime banker's sight draft on New York.

4.無追索權條款

發票人應照匯票文義擔保承兌及付款，如匯票付款人不履行匯票之承兌時，該匯票之執票人應先向背書人請求償還。然後背書人乃更向其前手背書人一直追溯及匯票發票人，而其結果匯票發票人應負償還責任。此即所謂對於承兌的擔保責任(亦即擔保承兌)。

匯票付款人拒絕付款時也同樣，匯票發票人應負最後償還匯票金額之責 (即擔保付款)。於簽發匯票之際，有時發票人將事先記載免除擔保承兌或免除擔保付款（無追索權）之意旨於匯票票面，以免除自己之償還義務。前者叫做免除擔保承兌發票，後者叫做免除擔保付款發票。

免除擔保承兌發票，依日本票據法第九條第二項規定是容許的，在英美的規定也是容許的。至於免除擔保付款發票，在英美是容許的，但於日本的情形是不容許的（日本票據法第九條第二項）。(註：參照我國票據法第二十九條規定發票人應照匯票文義擔保承兌及付款。但得依特約免除擔保承兌之責。匯票上有免除擔保付款之記載者，其記載無效。)

免除擔保承兌發票，在中、英、美、日皆有效，但免除擔保付款發票在我國、日本皆無效，而在英、美則有效，基於上述，縱於匯票上記載 "Without Recourse" 字樣，就我國而言並無意義，但在信用狀交易中，如信用狀規定須記載 "Without Recourse" 字樣時，發票人仍應將這條款記載於匯票上，以符合信用狀條件。依照英美法，所謂無追索

權條款(包括承兌與付款)，以記載下列條款即可(美國統一商法第三～四百一十三條)。

　　⑴於本文記載 "Pay to (Payee) or order without recourse to me"。

　　⑵或於匯票上空白處記載 "Without recourse (to drawers)"。

　5.正副本的標明

　　國外匯票通常有單張、兩張和三張等不同樣式，單張式的匯票印有 Sola 字樣，表示匯票只有一張；兩張式匯票，第一張為正本 (First of Exchange)，有時在正面載明 Original 字樣，第二張為副本 (Second of Exchange)，有時在上面載明 Duplicate 字樣；三張式匯票，第三張為第二副本 (Third of Exchange)，三張均有效，但付一張後，其餘各張作廢。

　6.等價條款

　　通常匯票具有如次條款 "Value received and charge the same to account of..." (價款業已收訖，請記入敝帳)。這是一種傳統的習慣用語，本條款可分為 "Value received" 與 "Charge the same to account of" 兩部分。前者是指收到匯票的相對價值的收訖之意思；後者可以看作發票人對付款人指示「由台端之……帳戶支付本匯票付款款項」。惟匯票付款人與買方 (Buyer) 同一人時，"Value received and charge the same to..." 後面應保留空白。

　7.匯票號碼

　　通常發票人為便於查考起見，於簽發匯票時，可於匯票上按序編號，最好與商業發票號碼一致，以顯示交易之整體性。

　8.免除作成拒絕證書條款

　　免除製作拒絕證書時，於匯票上的空白處記載 Protest Waived 或 Waived Protest 字樣，如有記載免除拒絕證書而仍作成拒絕證書時，其製作行為固然有效，但此項製作費用，發票人得予拒絕負擔。又這種條款的記載，須加簽名，如無簽名者無效。

 二、匯票之背書轉讓

　　匯票背書之最大目的在於轉讓流通，而其轉讓均以背書為之。背書方式有下列幾種：

1.空白背書 (Blank Endorsement)

　　不指定讓與人、被背書人，只具背書人簽章之背書方式。一經採用空白背書，即以持票人 (Bearer) 為受款人。例如：P. R. Wang（背書人）。

2.記名背書 (Special Endorsement)

指定讓與人並由背書人在其簽章上作「付與（被背書人的姓名或商號）」的記載。「被背書人」即取得票據之權利，便成為票據之權利人，遂得再以背書出讓該票據之權利，如此，前一背書之「被背書人」遂成為後一背書之「背書人」了。例如："Pay to the order of Peter Lin（被背書人）P. R. Wang（背書人）"。

3.限制背書 (Restrictive Endorsement)

係限制匯票不得再度轉讓而將票據權利限制於某一範圍內之背書。此種背書，被背書人取得該票據後，便不能再為轉讓。限制背書可分為三種：

⑴背書人因限制匯票的再度轉讓而作成的背書。例如："Pay to Anderson Chen Only"。

⑵背書人為表明被背書人為其代理人而作成的背書。例如："Pay to the Order of...(Collecting Bank) for Collection"。

此種背書又稱為代理背書、託收背書、權限背書或委任代收背書。外匯銀行讓購發票人之匯票後，將其寄送國外代理行委託其代收時，所作之背書。這種背書，匯票的權限並不移轉，但被背書人得代替背書人行使該匯票所有的一切權利。再者，被背書人雖不能行使通常的轉讓背書，卻得再作委任代收背書。

⑶背書人為表明票款付某 A 收某 B 帳而作成的背書。例如："Pay to Henry Lin for Account of Morley Sung"。

上述三種背書，因限制票款僅付予某人或因附有特別目的，致匯票轉讓受到限制，故稱為限制背書。

4.不擔保背書 (Qualified Endorsement)

意指限定背書人責任之背書方式。「被背書人」取得背書人之權利及該票據之所有權，如該票據到期未能兌現時，亦無法向背書人行使追索權，為典型之「限定背書」。例如："Pay to the order of C. H. Liang, without recourse"。

第十五章
出口貨運單據

第一節　出口貨運單據概述

　　貨運單據（Shipping Documents，簡稱 Documents）為出口商將貨物裝運後，根據國外買方開發之 L/C 或契約條件，於提出押匯時所準備之單據。此種單據分主要單據及補助單據兩種。就賣方而言，必須具備齊全，如有 L/C 者須與 L/C 條款相符；如係憑買賣合約成交者，則需與合約條款相符，方能向銀行辦理押匯，收取貨款；就買方而言，主要單據實為代表貨物之憑證，單據持有人憑此才能提取貨物，其重要性自不待言。而補助單據，則隨交易商品種類、交易習慣或各國管制法令之不同而具備，重要性雖不如主要單據，卻也是通關、證明、管制、課稅之所需，缺一不可。就銀行立場言，其所關心者為單據而非貨物，此可見之於信用狀統一慣例 (UCP 600) 第十四～十六條：銀行須以相當之注意審查一切單據，藉以確定該等單據就表面所示與信用狀之條款相符合。各該單據如在表面上顯示彼此歧異者，視為表面所示與信用狀之條款不符。因此，貨運單據在形式上與內容方面是否完備，對出口商押匯而言有其重要性。

　　國際貿易上貨運單據之種類，如詳為分類有下列五種：

(一)絕對必要之單據

　　1.商業發票 (Commercial Invoice)

　　2.保險單 (Insurance Policy)

　　3.提單 (Bill of Lading, B/L)

(二)通常需要之單據

　　1.包裝單 (Packing List, P/L)

　　2.重量呎碼單 (Weight & Measurement List)

　　3.花色碼單 (Assortment Note)

(三)特定國家需要之單據

1. 領事發票 (Consular Invoice)

2. 海關發票 (Customs Invoice)

3. 宣證發票 (Certified Invoice)

4. 法定發票 (Legalised Invoice)

5. 產地證明書 (Certificate of Origin, C/O)

6. 黑名單 (Black List)

㈣特種商品需要之單據

1. 檢驗證明書 (Inspection Certificate)

(1)分析化驗證明書 (Analysis Certificate)。

(2)衛生或健康證明書 (Certificate of Sanity or Health)。

(3)檢疫證明書 (Phytosanitary Certificate; Quarantine Certificate)。

(4)燻蒸證明書 (Fumigation Certificate)。

2. 公證報告 (Survey Report)

㈤交易完成後之單據

1. 受益人證明書 (Beneficiary's Certificate)

2. 保險陳報書 (Insurance Declaration)

3. 裝船通知 (Shipping Advice)

4. 貸項通知單 (Credit Note)

5. 借項通知單 (Debit Note)

第二節　絕對必要之單據

　　出口廠商向讓購銀行提示押匯之單據，隨買賣雙方所約定的貿易條件而定。在 FAS、FOB 及 C&F (CFR) 之場合，商業發票，提單為絕對必要之單據；反之在 CIF、CIP 之條件，則除前述二者之外，尚需加附保險單。因此，所謂「絕對」是指與「貿易條件」相配合之意。

 一、商業發票

　　發票英文稱為 "Invoice"，在國內一般稱為「清單」或「發貨單」。發票本身具有貨

物清單 (Statement of Merchandise) 及帳單 (Statement of Account) 之雙重性質。然而一張具體的發票，或由於特殊的使用目的，或由於特殊的使用場合，或由於特殊的記載事項，除具有發票的共同性質外，尚有其特別之處，因而有特殊的名稱。其分類方法如次：

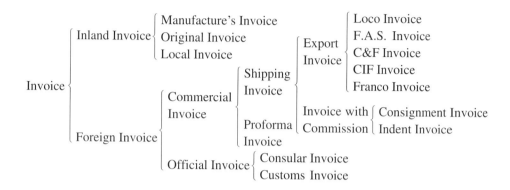

(一)商業發票之意義

商業發票是由售貨人寄給購貨人有關交運貨品名稱、數量之詳細說明書，其本身並非任何權利的證明，故持有者不能據以取得貨物之任何之主張，但可化為付款之憑證，而為貨物交運時之重要單據。

(二)商業發票之種類

商業發票依其是否須簽認，可分為以下幾種：

1.普通商業發票 (Commercial Invoice)

此種發票由出口廠商所製作，不須經由其本人或他人簽認，實務上稱之為簽名發票 (Signed Invoice)。

2.簽認商業發票 (Certified Commercial Invoice)

此種發票亦由出口廠商所製作，但須由其本人或他人簽認，始生效力的發票。又可分為：

(1)宣證商業發票 (Sworn Commercial Invoice)：參閱本章第四節。

(2)簽證商業發票 (Visaed Commercial Invoice)：即普通商業發票經輸入國駐在輸出國的領事館或有關單位的簽證，用以取代領事發票者。

(3)副署商業發票 (Countersigned Commercial Invoice)：即普通商業發票經進口商所指定其在出口地的代理商或其他授權單位（人員）副署者，其目的在於控制出口

廠商如約交貨。

(4)證實商業發票 (Verified Commercial Invoice)：即發票人的簽署須經出口地銀行證實者，其目的在於確認出口廠商所簽署發票的真實性。

(5)法定商業發票 (Legalized Commercial Invoice)：參閱本章第四節。

㈢商業發票之作用

(1)商業發票為整套押匯單據之中心，根據信用狀項下裝運之貨物，即以商業發票所載者為準，也是每一項交易不可缺少的主要文件。

(2)商業發票作為貨物詳細清單，載明賣方所交運貨物之一般情形，並對該筆交易提供完整的資料，一切其他貨運單據對於該批出售貨物之記載，並不如商業發票之明細與周延，故具有售貨證明之用途。

(3)商業發票之為債務通知，實緣於出口商在裝貨後，一面準備信用狀所要求之單據押匯，一面則將裝船文件副本直接郵寄進口商，進口商可從商業發票上獲知由此筆交易而發生之債務。蓋因進口商委請銀行開發的信用狀上所載明之金額僅授予出口商開發匯票金額的限度 (To the extent of $...up to an aggregate of $..., for the sum of $...)，並不能視其為確實的匯票金額，當然亦不能視其為債務的確實金額，而必須以發票金額為準。

(4)商業發票亦作為各國海關課徵關稅之主要依據,商業發票既載明各項金額之計算關係，則在進出口報關時，自可避免若干不必要的稽徵查證手續。

(5)在不使用匯票清償貨款的情形下（如樣品費），商業發票更可代替匯票作為要求付款之依據。

㈣商業發票之內容

商業發票之種類極多，格式自然不一，各廠商所使用者更是形形色色，在選用及決定時，最好能加以比較，兼籌並顧，庶幾完美。至於其內容大致上由三部分構成。

1.首文 (Heading) 部分

包括：①發票號碼；②發票製作地點；③製作日期；④貨品名稱及數量；⑤船名及船期；⑥裝運地及卸貨地；⑦收貨人名稱及地址；⑧契約及訂單號碼；⑨嘜頭及件號。

2.本文 (Body) 部分

包括：①項目；②貨品名稱及詳細規格；③數量；④單價與總價；⑤淨重及毛重；⑥發票總金額。

3. 結文 (Complimentary) 部分

包括:

(1) 押匯情形: 寫明發票是根據某信用狀開發。例如: "Drawn against (or under) L/C No. 038481 issued by City Bank, Montevideo Oct. 21, 2010."

(2) 保險情形: 在 FAS、FOB 及 C&F 等條件下之交易, 保險例由買方投保, 此時可註明 "Insurance to be effected by accountee" 或 "Insurance covered by buyers"; 在 CIF 或 C&F 的場合, 則可記明保險公司名稱、保險金額及保險單號碼等。

(3) 宣證情形: 有些信用狀附帶條款規定發票要經 "Sworn", "Certified", "Legalized", "Detailed" 或 "Paid" 等場合, 其製作方式為:

在 "Sworn Commercial Invoice" 之場合, 發貨人所作的發票應加上 "Sworn" 字樣, 並於發票最下端加註下列條款: "We (The Undersigned) swear that the contents and value of this invoice are true and correct in every respect."

在 "Legalized Commercial Invoice" 之場合, 根據信用狀規定簽證。

在 "Paid" 或 "Detailed" 之場合, 只要在 "Commercial Invoice" 前面加上 "Paid" 或 "Detailed" 字樣即可。

在 "Certified" 之場合, 則屬 "Certified Commercial Invoice", 可參考下述的簽證發票。

(4) 製作人簽字: 商業發票之製作人通常為賣方 (出口商), 因此賣方必須於發票上簽字, 以表示由其本人所製成。

此外, 並在商業發票最下端印下 "E. & O.E." 字樣, 表示「錯誤及遺漏不在此限」(Errors and Omission Excepted) 之意, 這只是發貨人 (出口商) 預先聲明, 在萬一發生錯誤及遺漏時可以更正耳, 實無重大意義。

(五) 商業發票之份數

一般信用狀規定商業發票之份數為正本三份, 用於押匯時與其他貨運單據一併提示銀行, 另製作二至三份副本, 其中一份為出口商留底, 二份與其他貨運單據副本附於裝船通知 (Shipping Advice) 逕寄國外進口商, 作為進口報關及提貨之準備。

(六) 商業發票之語文

來自法國及中南美洲國家之信用狀, 常有以法文或西班牙文表示者, 此種情形商業發票所用語文亦宜用該語文, 以免遭挑剔。惟實務上, 亦有僅將貨物記述部分以信用狀

所用語文製作，其他部分則以英文記載。

 二、保險單或保險證明書

　　貨物海上保險之單據，因投保程序之不同，而有下列名稱相異而性質相同之單據。

　1.保險單 (Insurance Policy)

　　水險保單 (Marine Insurance Policy) 是保險人發給投保人的單據。實際上是一份承保契約，規定保險人對投保人承擔的責任。其內容包括：投保人名稱、商品品名、數量、嘜頭、號碼、起運地、目的地、船名、航行日期、保險人的責任條件、保值、保險費率等。

　2.保險證明書 (Insurance Certificate)

　　保險證明書又稱分保單，係保險公司之代理人或經紀人憑出口商與保險公司預約之保險單 (Open Policy) 而開出之證明書，因預約保單之內容，押匯銀行無從知悉，因此保險證明書不得代替保險單。依保守之英國習慣，它只不過等於保險經紀人之投保通知書 (Cover Note)，但目前有些國家如美國仍接受保險證明書。

　3.預約保險單 (Open Policy)

　　預約保險單係出口商在一定期間內由特定地點輸出一定之貨物，預先概括地與保險公司訂定之保險契約，每次裝船時出口商將船名、貨物明細通知保險公司，通稱保險確定通知書 (Insurance Declaration)，保險公司即發給保險證明書，證明書須有人副署 (Counter Signature) 方為有效。貿易次數頻繁且數額頗鉅時，投保此類預約保險最為經濟有效。

　4.起運通知書 (Declaration)

　　當船名、航次、航期未定時，保險公司僅先給預保單或暫保單，待以上條件知道後，再由要保人自動向船公司通知，這種通知動作叫 "Declaration"。

　　暫保單與正式保險單皆有法律上及契約上的效力，不過要保人在知悉船名及航期而怠於通知者，暫保單失效。

　　預保單、流動保險單與預約保險單三種保單，皆於貨物起運時，要向保險人作「起運的通知」，以補充保險內容之不足。

(一)海上保險單之種類

　　保險契約分為定值保險契約與不定值保險契約兩種，依此兩種方式投保，由保險人

開發之保單，前者稱為定值保單，後者則稱為不定值保單，茲分述如次。

1. 定值保單 (Valued Policy)

所謂「定值保單」就是保單內開列出受保人和承保人雙方同意的被保物的價值。例如：棉布 10 包，投保 2 萬元，2 萬元就是承保人與受保人同意之價值；如果這 10 包棉布全部損失，承保人就要賠償 2 萬元不折不扣，至於這 10 包棉布是否真正值 2 萬元，則無關係。目前的慣例是在商品的 CIF 總值加 10% 作為保值投保，有些進口商則要求商品成本總值上加 15% 或 20% 來投保。其目的在於貨物發生損失時，可以得到預期的利潤。這是定值保單對受保人的一個有利條件，通常貨運保險保值按 CIF 成本提高 10% 的最普遍；提高 15～20% 也常見；提高 30% 以上的就很少見到了。由於定值保單可以提高保值以包括受保人的利潤，所以在國際貿易中採用最為普遍，絕大部分的海運貨物保險單都是定值保單，不定值保單很少見到。

2. 不定值保單 (Unvalued Policy)

所謂「不定值保單」就是所保目的物的價值還不確定，保單上所列的保值只作為賠償的最高限額。舉一個例子說明：例如商品一批以不定值保單來保險，保值 1 萬元，在商品全部損失，受保人索價時，要提供商品的發票、運費收據和其他足以證明商品實際價值的單據、傳票等作為證明，以決定商品的實際價值，承保人則按照這個實際價值賠償；但如果商品的實際價值超出保單內所開列的保值時，則只按照保值賠償 1 萬元。用這種保單保值，受保人不能獲得商品成本總值以外的利益，這就是和「定值保單」基本差別之處。在水險保單上找不到「定值保單」或「不定值保單」的字句；要分辨一份保單是「定值」的還是「不定值」的，可以從它所列的條款字句辨別出來。例如水險的盜竊、短交條款 (TPND)，在「定值保單」內的字句是：Institute Theft, Pilferage and Non-delivery (Insured Value) Clause。而在「不定值保單」內則為：Institute Theft, Pilferage and Non-delivery (Shipped Value) Clause，差別在括弧內的「保值」(Insured Value) 和「裝船價值」(Shipped Value) 這兩個詞語。這種保單又可分為：

(1) 流動保單 (Floating Policy)：適用於每次裝運一批貨物投保一次，每批貨物發給一份保單。若遇到大批貨物分次裝出時，可以採用流動保單，一次投保，分批報銷。投保人每次報銷裝運的商品數量和保值，從流動保單中扣減，直至流動保單內所列的數量和保值金額全部裝完為止，這種方式對經常有同類貨物裝赴某一特定口岸的發貨人有很大方便。

(2)預約保單 (Cover Note)：適用於進口商自理保險時投保之用。蓋因進口商往往要等待貨物裝船或船隻起航後，由發貨人通知時才知悉有關裝運資料，如果要待收到發貨人通知才投保，很容易遇到保險未購而貨物已經發生損失之危險，如採預先訂約方式投保，則可克服這種缺點。保險公司對於這種逐批個別預定的保險契約，通常發行 TBD 保單 (To Be Declared Policy) 或暫保單（預約保單），要保人於獲悉船名、起運日期、裝運數量及保險金額後，即向保險公司發出起運通知書 (Declaration)，保險公司依此通知，計算保險費，並發給確定保險單 (Definite Policy) 或在 Cover Note 上加批註。

3.航程保單 (Voyage Policy)

航程保單的效限是以某一特定航程的開始起直至它的終點為止，其中是沒有時間限制的，例如：一批貨物投保水漬險，由香港至倫敦，在香港至倫敦的航程中發生水漬損滅，就可獲得賠償，由香港至倫敦需要多少時日是不論的。總之是在這航程中受損，受保人就有權索償，這種以航程為有效期限的「航程保單」適用於洋面貨運保險。

4.定期保單 (Time Policy)

定期保單則與上述相反，其效限則以時間作標準，例如：2010 年 10 月 1 日至 2011 年 9 月 30 日，在規定的期間內受損，受損人可獲得賠償，超越了規定期限，不論航程是否完成，都不可能索償。在海上保險中，「定期保單」通常只用作輪船的船殼保險，海運貨物是不被採用的。

㈡投保程序及檢送文件

要保人投買保險須填具「貨物海上保險要保書」及檢同「信用狀副本」，在 CIF 及 C&I 報價條件下，由賣方付繳保險費，取得保險單；在 FOB 及 C&F (CFR) 報價條件下，保險則由買方負責 (Buyer's Covered)，賣方可不必辦理投保手續。

㈢保險單之轉讓方式

保險單之轉讓方式依背書情形而定，其背書方式如同後述海運提單。

1.記名式

記名式即在投保人後填記受益人姓名，如 "Whereas: ABC Company in favor of XYZ Co., Ltd." 即以 ABC 公司為投保人，但以 XYZ 公司為受益人。

2.不記名式

不記名式即在投保人後不加列指定受益人名稱，為出口實務上所普遍採用的方式，

此種情況與提單上的 Order 相同，出口廠商於辦理押匯時，必須於保單背書，至於其背書亦可分為：

(1)空白背書：即由投保人在保單背面簽名。

(2)特別背書：即於保單上背書，特定之受讓人，如：

> To the order of ×× Bank
> ABC Trading Co., Ltd.
> Signature＿＿＿＿＿＿＿＿＿
> Manager

或

> In favor of XYZ Co., Ltd.
> ABC Trading Co., Ltd.
> Signature＿＿＿＿＿＿＿＿＿
> Manager

保單上之被保人及其背書方式均須依信用狀之規定，在實務上，信用狀對此規定，有下列幾種：

① Insurance policy issued in the name of shipper and endorsed in blank.

　保險須以託運人為抬頭人，並以空白背書方式轉讓。

② Issued to the order and blank endorsed, Made out to the order and blank endorsed.

　保險單以指示方為抬頭人，並以空白背書方式轉讓，這種情況即以 "Order" 為抬頭人。

③ Issued to the order of shipper and blank endorsed.

　此與①為同意義，即須以託運人為抬頭人，並做成空白背書。

以上三種情況對出口商而言，最為有利，即使國外拒付，亦可保有貨物之保險索賠權，因此出口商宜要求在信用狀做此種記載。

 ## 三、海運貨物提單

在國際貿易跟單信用狀中，常有這樣的一段文字諸如：Full set of signed clean shipped "On Board" ocean Bill of Lading dated not later than 15th November 20– marked

"Freight Paid" made out to order and endorsed in blank and notify: ××× Co., Ltd. 這是絕大多數跟單信用狀對貨運提單的規定條款，也說明了售貨人履行交貨的依據。因此它是押匯文件中不可或缺的重要單據，然則海運貨物提單究竟是什麼樣的一種單據？為便於瞭解，進一步闡明如次。

(一)提單之意義

　　提單亦稱「載貨證券」，是國際貿易中綜合收據、契約與憑證三種用途，最重要的貨運單據之一。此種單據，我國俗稱提貨單；民法第六百二十五條稱為「提單」；海商法第五十三條稱為「載貨證券」；英文稱為 "Bill of Lading"，簡稱 B/L。

　　提單之作用為：①運送人（Carrier，輪船公司或租船人）於貨物確實裝船後，承認收到託運貨物所簽發給託運人 (Shipper) 之正式收據 (Receipt)；②運送人與託運人間有關運送條件、雙方權利義務之契約 (Contract of Affreightment)；③收貨人 (Consignee) 或合法執有人 (Holder) 憑以向運送人提取貨物之憑證 (Evidence)，作為如數提取完整貨物及交涉短損賠償之根據；④執有人憑以達成法律上使用、買賣、償債、抵押處分等權益之物權證書 (Document of Title)。

(二)提單之種類

　　提單依運輸公司承運貨物之情況不同，種類不一，通常分為兩大類：普通提單與特種提單，茲說明如後。

1.普通提單

　　(1)按貨物已否裝船分類：

　　　①裝船提單 (Shipped B/L; On Board B/L)：即貨物確已全部如數裝入輪船貨艙後，所簽發之提單，在國際貿易上為銀行及買方所願接受者。提單規則統一國際公約，我國海商法規定貨物須在裝船後始應託運人請求簽發提單（提單規則統一國際公約第三條第三款，海商法第五十三條），此種提單正面記載如下列類似文句："Shipped on board in apparent good order and condition of the goods."

　　　②備運提單 (Received for Shipment B/L)：係貨物已交船方接收，儲於船方所指定之倉棧中，準備裝船前所簽發之提單，貨主憑運送入倉庫收貨單 (Godown Receipt; Dock Receipt) 換取者，此種提單之可靠性較差，往往不能確實裝船或須分批裝運，或根本無法裝運，故此種提單多不指名承運船名。此種提單正面開頭第一句常為 "Received from the shipper for shipment by ocean vessel...the container goods or packages said to contain goods as specified below in apparent good order and condition to be transported." 字樣，當貨物實際裝入船後，即由輪船公司在其上面以戳記蓋上 "On Board" 的字樣，另註明日期及船名（如原提單未載明船名），並由負責人簽署於其旁，即成為裝船提單。提單規則統一國際公約第三條第七款及美國海上貨運法第三條第七款則規定，如運送人在裝船前，託運人已取得其他權利證書，並在提單上加填貨物名稱標誌、件數、重量、情況、裝運船名、裝運日期者，視為裝船提單。

(2)按收貨人分類：

①記名提單 (Straight B/L; Non-negotiable B/L)：即託運人指定收貨人之提單，運送人所簽發之提單填明收貨人姓名地址，但此種提單除經特別聲明禁止轉讓，或法律習慣不許轉讓者外，仍舊可以由記名人背書後轉讓第三人提貨（海商法第六十條，民法第六百二十八條），此種提單不為銀行所歡迎。記名提單多用於高價或特定貨物如金、銀、珠寶、古玩字畫、鮮活貨物、危險品、特種貨物等，為運送人拒絕在國外某些地區簽發可轉讓提單及買方已付清貨款，或貨物必須特定收貨人親自照料收取者，始採用之。又可分為：

(a) Unto Shipper：託運人指示自己為收貨人或僅用 "Shipper" 字樣，託運人保持控制貨物之權利，在目的港口運送人僅能交予託運人，即令託運之分支機構仍應填明該分支單位全銜為收貨人，始可交貨。因銀行無法握有貨物的控制權，故多不願接受為擔保品。

(b) Unto Buyer：提單寄出後託運人無法控制貨物，運送人只能將貨物交予買方收貨人。故多為買方已付清貨款後始能採用此種提單，不為銀行接受抵押，賣方亦無須辦理抵押。

(c) Unto a Foreign Customs Broker House：由報關行代表買方或賣方，在賣方因未收到貨款不願直接交貨給買方時，可先交予有信用之報關行，通知其在收到貨款後再行交貨，以保障賣方權利，惟託運人已無法控制貨物，如報關行信用不可靠，賣方將蒙受損害。如報關人代表買方，在貨款收清情形下可逕寄出，否則須慎重考慮能否如數收到貨款。

(d) Unto the Shipper's Foreign Agent：與前者情形相似，即由代理人負責於收到貨款後交出貨物，代理人與託運人之關係可能較為密切。

(e) Unto-Bank：可分為由押匯銀行 (Negotiating Bank) 或託收銀行 (Collecting Bank) 收貨。前者是託運人擬將提單貨物售予押匯銀行或請求貼現，即指定押匯銀行收貨，託運人失去控制權，但除該銀行在國外有分支單位，或有人提示係經由該銀行所讓與之提單外，運送人無法交貨。後者託收銀行在買賣兩地均有分行，託運人不願將貨物直接交買方，而國外又無代理人時，可交予託收銀行代理收清貨款後再行交貨。如無相當關係，銀行多拒絕代理，託運人亦失去對貨物之控制。

②不記名提單 (Order Bill of Lading)：即運送人或其代理人應託運人之請，簽發約定交貨於任何提單執有人之提單，經託運人或收貨人背書，即可自由轉讓指定他人，憑以向船公司提貨之單證，此種提單為銀行所歡迎，船公司必須將業經背書之提單正本或副本收回註銷。不記名提單可分為由託運人指定收貨人之提單，其受貨人欄應填寫「由託運人指定」(To Order of Shipper) 或「待指定」(To Order) 及「由收貨人指定」(To Order of Consignee) 提單，惟實際上多係由進口地開發信用狀之銀行指定。茲分析如後：

(a) To Order Notify：託運人不填收貨人姓名，而以 "To Order" 代替，即為無記名，填為 "To Order Notify × and Company"、"× and Company"，即 "Notify Party"（受通知人）可能為買方、經紀人、進口銀行或託運人之代理人，即告知運送人在貨到時應通知之人，以便其轉知收貨人提貨或逕行代為提貨，以免延誤提貨受罰或增加棧租。受通知人就文義言，對貨物在法律上原無直接收貨權利，因其並非收貨人，須經託運人或收貨人背書指定由其提貨後始有正式提貨權，執有提單者方為收貨人，而託運人因執有提單，故能控制貨物，買方須經託運人背書並交其再交予受通知人，使其成為提單執有人，向運送人提示始能提取貨物。甚多進口貨均以銀行或代辦進口之貿易商為受通知人，以便託運人背書交予銀行成為提單執有人，該項貨物成為擔保品；亦有以銀行為收貨人，而以買方為受通知人者，因銀行須控制提單，於貨款向買方收清經銀行背書後，再交受通知人提貨。

(b) To Order of Shipper：此種提單託運人可控制貨物，經託運人背書後即等於無記名提單，指定付款銀行或買方提貨，提貨人必須提示經託運人背書之提單始能提貨，必要時執有提單之付款銀行或買方可向運送人提貨或再背

書後，予以出售第三人提貨。

(c) **To Order of Buyer**：為填明買方為收貨人，託運人已無法控制貨物。此種提單不為銀行所歡迎，因銀行無法控制提單，須要求買方辦理背書提貨手續，但在買方背書後，即可轉讓指定第三人提貨。

(d) **To Order of Bank**：亦分為押匯銀行及託收銀行兩種，即由託運人應買方之要求，指定進口地代開信用狀之銀行背書，再指定買方收貨人，以便銀行收回貨款。此種方式託運人失去控制貨物之權利。

(e) **To Order of Shipper's Agent**：即託運人指定進口港代理人提貨，於收取貨款後，再背書轉交買方提貨之提單。

(3)依運輸公司收貨之情況分類：

①清潔提單 (Clean B/L)：民法第六百二十七條、海商法第六十條規定貨物運送事項依提單記載，提單規則統一國際公約第三條第四項規定提單視作表面情況之證據 (Prima Facie Evidence)，故運送人簽發提單不得不慎重。關於貨物情況，提單規則統一國際公約第三條第三項亦規定應加記載。運送人在接受貨物時，必須仔細檢查其外在情況或與託運人所報是否相符，如一切相符合乎正常表面情況良好 (The apparent goods order and condition of goods)，而未在大副收據 (M/R) 內加入任何附註 (Remark) 及限制，則憑此 M/R 換領之提單是為清潔提單，在國際貿易上易為買方、銀行及保險公司所接受。

②不清潔提單 (Unclean B/L; Foul of B/L)：按民法第六百三十五條規定運送貨物因包皮有易見之瑕疵而喪失或毀損時，運送人於接收時不為保留者應負責；又海商法第五十五條規定託運人對於交運貨物之名稱、數量，或其包裝之種類、個數及標誌之通知，應向運送人保證其正確無訛，其因通知不正確所發生之一切毀損、滅失及費用，由託運人負賠償責任，但此種賠償請求權不得以之限制提單責任，對抗託運以外之第三人。故貨物裝船時船方多特別注意貨物之實際情況，如發現與託運人書面通知者有顯著不符合或無法核對，或包裝有易見之瑕疵 (如包裝不固、舊包裝、包裝破損等) 者，經船上大副記載於收貨單內者，即應轉載於提單附註欄或註明保留條款，以減輕運送人之責任，此種提單即為不清潔提單，在國際貿易上不易為買方、銀行、保險公司所接受。

(4)按運送航路分類：

　　①海運提單 (Ocean B/L)：專用於國際貿易之遠洋航線海運提單，因涉及外國貿易商、保險公司、銀行等之權益，故其內容應特別詳細，條款必須符合提單公約之規定，提單必須以英文印製。

　　②本地或內河提單 (Local B/L; Coast B/L; Inland Waterway B/L)：出口廠商於輸出貨物中，必須由國內二、三個港口搜集貨物至裝船港裝貨，提單又必須合為一張者，在國內各港口裝運時，輪船公司所簽發之提單為本地提單。如搜集地為內河各埠者，其所簽發之提單則為內河提單。

　　③鐵路及卡車提單 (Railway and Trucking B/L)：由鐵路運輸機構或卡車公司承運貨物時簽發之提單。

　　④航空貨運提單 (Air Way Bill)：由航空公司或其代理人所簽發之提單。

2.特種提單

　⑴直接提單 (Direct B/L)：指定同一船舶直接自裝船港運達目的港之提單，收貨及交貨之運送人為同一輪船公司，責任明確，權利義務易於處理，是為最常用之提單。

　⑵聯運提單 (Through B/L)：聯運提單係原承運船公司在裝貨港接貨時已知無法將貨物逕運至目的地，必須經本公司其他船舶或其他船公司船舶甚至不同之交通工具（由兩個以上的運送人，包括船公司和內陸轉運公司在內）接運才能到達目的地，而由原承運公司簽發之提單，受貨人即憑此聯運提單在目的地提貨。聯運提單一般在託運時即註明轉運之港口有關運送之責任則由簽發提單之船公司負責。

　⑶聯運轉船提單 (Transhipment B/L)：所謂轉運 (Transhipment) 係指自裝載港、發送地或接管地至卸貨地或目的地之運送過程中所發生之移轉及重裝，包括同一運輸方式中自一運輸工具或船舶轉至另一運輸工具或船舶，或自一運輸方式轉至另一運輸方式。例如：①船舶與船舶間的轉運；②海陸聯運的轉運；③海空聯運的轉運；④陸空聯運的轉運；⑤陸運的轉運；⑥空運的轉運等。按轉船提單實為聯運提單的一種，只是轉船提單項下的聯運運輸公司皆為輪船公司而已；至於聯運提單項下的聯運運輸公司則不限於輪船公司之間的聯運。依 UCP 600 第十九至二十七條（除第二十二條外）均有：「除信用狀之條款禁止轉運外，顯示貨物將於中途轉運之運送單據，銀行將予接受，但以運送過程係由同一運送單據涵蓋者為限」。貨物運輸須聯運轉船者，不僅買賣雙方須事先商定，船公司與託運人亦需協議在提單內加註「在某港轉船轉往某地」(To be transhipped at...to...) 字樣。

⑷聯合運送提單 (Combined Transport B/L, CT B/L)：又稱綜合式複合運送提單 (Intermodal B/L，在美國稱為 Intermodal Transport，而其他各地則稱為 Multi-modal Transport)，此種提單係由聯合運送人 (Combined Transport Operator, CTO) 所發行，證明收到特定的貨物，承諾利用包括貨櫃船在內的兩種以上的運送工具，將其運至指定目的地交付提單持有人或特定收貨人的提單。即不論是利用船隻、火車、卡車、飛機，提單發行人對於全部運輸過程中可能發生的貨物滅失、毀損或遲延，單獨對貨主負責任。目前以 CT B/L 為標題的提單均為貨櫃船公司所發行，在上述標題之前加有 FIATA 字樣的提單，則為 Freight Forwarder（運輸承攬業）所簽發之提單，由於 Forwarder 本身並無船舶，亦非船舶所有人之代理人，其所經營業務係代客安排運輸事宜，而非經營運輸業務，故其所簽發之提單，雖形式上與船公司提單相似，但缺乏提單作為運送契約及物權憑證的兩種作用，只有收據一項之作用。按信用狀統一慣例 (UCP 500) 第三十條規定，除非信用狀另有特別授權，押匯銀行將拒絕受理此種 Forwarder 所發行的 FIATA CT B/L，但可以接受貨櫃船公司所發行的 CT B/L，因為 CT B/L 是屬於船公司所發行包括多種運輸方法的聯運提單。

⑸聯合提單 (Combined B/L)：又稱接合提單 (Jointed B/L)，指貨物分由國內不同之港口裝運出口，而買方要求製成海運提單時併為一份，如貨物分由高雄、基隆兩港裝運時，可選定由高雄經基隆駛向國外目的港之輪船，於高雄港先將擬在高雄裝運的貨物裝船，在請發海運提單時，將在高雄裝船所發行的國內提單 (Local B/L) 與基隆裝船的貨物合併製發一張海洋提單，稱為聯合提單或接合提單。

⑹詳式提單 (Regular Long Form B/L)：又稱普通提單，即提單正面為表格式內容，而背面則印有許多免除或限制運送人責任的運送條款，而這些印定條款係依據國際慣例及本國法律而訂定。因此提單背面的印定條款，必是合理而不抵觸法律之規定，在實務上使用之提單大多為此種提單。

⑺簡式提單 (Short Form B/L)：即輪船公司或其代理人所簽發之提單，註明部分或全部運輸條款，係參照提單本身以外之其他典籍或文件者，稱之。其與一般提單背面印有印定條款之所謂 Long Form B/L 或 Regular Long Form B/L 相同，差別是其背面無印定條款，但印有："It is agreed that the receipt, custody, carriage, delivery and transhipping of the good are subject to the terms appearing on the face and back hereof and also to the terms contained in the carriers regular long form B/L currently in this service, ...which shall be deemed to be incorporated in this Bill of Lading." 的字樣。

信用狀統一慣例 (UCP 600) 第二十條 a 款 v 項規定「包含運送條款，或表明運送條款參照另一來源（簡式或背面空白之提單），運送條款之內容無須審查」。故進口商如不願接受這種提單，即應在信用狀中規定 "Short Form B/L are not acceptable" 字樣，從英國、澳洲地區開來之信用狀即常有此條款。

⑻承攬運送人提單 (Freight Forwarder's B/L; Forwarder's B/L)：美國有一種承攬國際轉運的行業，尤其當國外的購貨人向美國廠商訂貨，數量過於零星者，乃於彙總後交由運輸行代辦轉移事宜，並由運輸行簽發運輸行提單。由於 UCP 500 第三十條規定，除非信用狀上特別授權，運輸承攬業所簽發之提單應予拒絕，故出口商擬以 Forwarder's B/L 或 Forwarder's Receipt 押匯時，應請進口商在信用狀上註明 "Forwarder's B/L or Forwarder's Receipt acceptable" 等字樣，以免押匯時遭遇到困難。

⑼貨櫃提單 (Container B/L)：貨物由託運人交予輪船公司裝入貨櫃 (Container) 然後裝載於貨櫃船 (Containerized Vessel) 時，船公司所發行之提單謂之，故提單上註明 "One container contents unknown" 者即可謂之貨櫃提單。此種提單會引致銀行關切到此提單所載之貨是否與其他單據所載者相同無異，根據此提單之押匯是否接受之考慮。同時以墊板或貨櫃裝運者其投棄 (Jettison) 及海水損害 (Washing) 之風險責任歸屬也是問題，不過信用狀中有規定者，銀行會接受此種提單。

⑽傭船提單 (Charter Party B/L)：傭船契約之運輸，承租人有權將空餘之艙位裝載其他貨物，當裝貨人將貨物裝運於傭船契約時，其契約之兩造應為承租人而不是船東。此種契約是依租船契約之條件履行，亦稱之為 "Charter Party"，簡稱 C/P，提單上註明 "Subject to Charter Party"，正常情況銀行不歡迎這種會牽涉到複雜租船契約下之信用狀匯票押匯。根據信用狀統一慣例 (UCP 600) 第二十二條規定，根據傭船契約及以傭船契約上的條款為準而簽發的提單，押匯銀行應予以接受。但銀行將不須審查傭船契約，即使信用狀條款要求提示該等契約。

⑾第三者提單 (Third Party B/L; Neutral Party B/L)：乃以 L/C 受益人以外的第三者為託運人 (Shipper) 的提單。

在一般情形下，出口商（即受益人）都用自己的名義裝貨，並以出口商自己為提單上的託運人。如果進口商預定以背書方式，將提單轉售給其他購貨人自行提貨，為防止嗣後購貨人直接向受益人接洽採購，自不能使受益人名稱出現於提單上。在這種情形下，進口商可以請求開狀銀行載明一項特別條款，規定受益人以外的第三者為裝貨人。另，Third Party B/L 受益人如因三角貿易不能提供其本身為託運人的提單時，也可要求進口商在 L/C 上加列可以接受 Third Party B/L 的條款。

（三）提單之製作方法

提單為信用狀項下押匯之主要單據之一，已如前述。所以提單之製作必須注意三點：①應與信用狀之規定相符合；②適合實際之交易方式製作提單；③避免提單之逾時，變成陳舊提單 (Stale B/L)。茲詳述如次：

1.提單之簽發人 (Signer)

提單簽發人依我國海商法第五十三條之規定，應由運送人（船舶所有人或租船人）或船長簽發；民法第六百二十五條亦規定提單之生效，以運送人或船長簽署為要件，提單規則統一國際公約第二條第三款亦有同樣規定，並加入運送人之代理人 (Carrier, Master, or Agent of the Carrier)。

2.提單簽發日期 (Sign Date)

提單應在貨物裝船以後簽發，並應在提單內註明裝船日期 (On Board Date)（海商法第五十四條、民法第六百二十五條）。提單多在貨物裝船以後二十四小時內簽發，一般託運人多要求裝船日期與簽發日期為同一天，國際貿易上亦多規定提單簽發日即為裝船日，以免糾紛。

3.提單之份數 (Number of Bill of Lading)

世界各國海商法對於運送人所簽發之提單，均規定可應託運人之請求簽發多份，但內容須完全相同；如英國為三份，法國為四份，日本、德國、美國則為數份（未規定數目），我國海商法第五十八條亦稱數份（大多為三份）。提單有數份之用途為：(1)防止喪失或遲誤、被竊；(2)使收貨人、託運人、銀行、保險公司可分別執有，同時辦理有關手續，但所簽發提單份數應記載於提單內，以便買方於購買時有所注意。海商法第五十八條並規定：①載貨證券有數份者，在貨物目的港請求交付貨物之人，縱僅持有載貨證券一份，運送人或船長不得拒絕交付。不在貨物目的港時，運送人或船長接受載貨證券之全數，不得為貨物之交付；②二人以上之載貨證券持有人請求交付貨物時，運送人或船

長應即將貨物按照第五十一條之規定寄存,並通知曾為請求之各持有人、運送人或船長,已依①項之規定,交付貨物之一部後,他持有人請求交付貨物者,對於其贃餘之部分亦同;③載貨證券之持有人有二人以上者,其中一人先於他持有人受貨物之交付時,他持有人之載貨證券對運送人失其效力,海商法第五十一條:①受貨人怠於受領貨物時,運送人或船長得以受貨人之費用,將貨物寄存於港埠管理機關或合法經營之倉庫,並通知受貨人;②受貨人不明或受貨人拒絕受領貨物時,運送人或船長得依①項之規定辦理,並通知託運人及受貨人。我國目前用於國際航運者,對日貿易多為二份,對美貿易多為三份、抄本一份至五份,正本稱為 Original,第一副本稱為 Duplicate,第二副本稱為 Triplicate,第三副本稱為 Quadruplicate,第四副本稱為 Quintuplicate,非流通抄本稱為 Non-negotiable 或 Memorandum Copy,包括託運人抄本 (Shipper's Copy)、船公司抄本 (Office's Copy)、船長抄本 (Captain's Copy),正副本均須簽署,具同樣效力,抄本無須簽署,僅供參考之用。

4.提單之格式 (Form of Bill of Lading)

一般輪船公司均使用自訂之提單格式,更有同一公司因航線、業務之不同,而使用顏色、大小、排列、條款等不同格式之提單,為求便於涉外法律之統一及國際貿易之安全,保障託運人、收貨人之權益,現已漸趨統一,由海牙規則 (Hague Rules) 進一步釐訂之布魯塞爾 (Brussels) 提單規則統一國際公約 (International Convention for the Unification of Certain Rules of Law Relating to Bill of Lading, 1924) 已規定統一提單內容與格式,凡參加簽約國家之國內法均已根據此一公約實施。

㈣提單之背書

提單之背書形式似一般票據之背書,分為:

1.記名式背書 (Special Endorsement; Full Endorsement)

凡需在提單上記明被背書人 (Endorsee) 或受讓人的姓名,並由背書人 (Endorser) 簽名的背書方式,稱為記名式背書。例如:

```
Please deliver to XYZ Company
For Wind Stone Enterprise Co., Ltd.
            (Signature)
_____
            Manager
```

2.指示式背書 (Endorsement to Order)

在背書時由背書人在提單背面記載「交給某某所指定的人」(deliver to the order of ×
×) 的字樣者，稱為指示式背書。例如：

```
Please deliver to the order of XYZ Company
For Wind Stone Enterprise Co., Ltd.
                  (Signature)
       _____
                  Manager
```

3.空白式背書 (Blank Endorsement)

背書時只由背書人簽名而不須記載被背書人姓名的背書方式，稱為空白式背書。例如：

```
For Wind Stone Enterprise Co., Ltd.
              (Signature)
     _____
              Manager
```

4.選擇不記名式背書

即背書人背書轉讓時記明「憑單交給某人或持單人」(deliver to ×× or bearer) 字樣
的背書方式。例如：

```
Please deliver to XYZ Company or bearer
For Wind Stone Enterprise Co., Ltd.
              (Signature)
     _____
              Manager
```

5.選擇指示式背書

即背書人於背書轉讓時，記明「憑單交給某人或指定的人」(deliver to ×× or order)
字樣的背書方式。例如：

```
Please deliver to XYZ Company or order
For Wind Stone Enterprise Co., Ltd.
              (Signature)
     _____
              Manager
```

四、航空貨運提單

航空貨運與海運，各有所長，兩者間之採擇，取決於進出口商之正確分析與判斷。一般而言，貨品體積小而價值愈高或時間因素愈大者，例如高科技產品之 IC 晶片，CPU 等愈需考慮利用航空貨運，實因託運報關手續便捷，運輸快速節省交貨時間故然。

(一)航空貨運交運程序

出口商外銷商品的航空貨運，均將繁雜的交運及報關手續視為畏途，故直接由其向航空公司交運者少之又少，多需經由航空貨運代理店或航空貨運承攬併裝業辦理交運及報關。凡經由前者交運者，稱為直接交運貨物 (Direct Cargo; Straight Cargo)；經由後者交運者，稱為併裝貨物 (Consolidated Cargo)；茲將二者之交運程序圖說明如下：

1.直接交運貨物 (Direct Cargo)

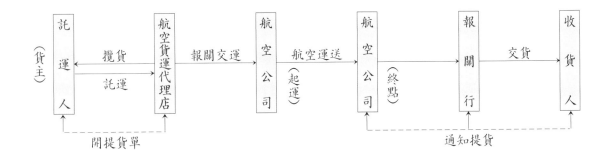

2.併裝貨物 (Consolidated Cargo)

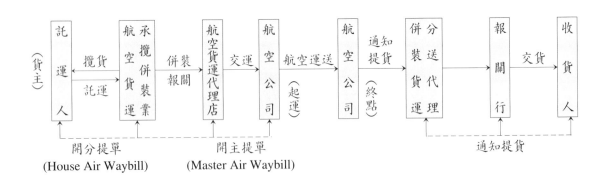

航空公司收受空運貨物，通常採取兩種方式：一為透過航空貨運代理店或航空貨運

承攬併裝業，二為由航空公司自託運人處收受委運貨物。但我國情形稍異，採用第二種方式收貨的情形極少，大多數由航空貨運代理店或航空貨運承攬併裝業者辦理。

在交運貨物時，託運人應事先查明並遵守本國及進口國政府有關進口規定及限制。世界各國之一般規定及限制可在航空貨運運費表 (TACT) 所列 "INFORMATION BY COUNTRIES" 一章中查出，但並不詳盡。航空公司或其貨運代理店皆備有該項資料，但並無主動提示的義務,對託運人之是否遵守各該國政府或海關的規定及因而造成的損失，亦不負任何責任。

(二)航空貨運運費

航空貨運之運費率與海運費率不同，前者常按運程距離訂定，其運費費率表對貨物之分類亦甚簡單，僅按不同之目的地，分為不同之費率而已。目前全世界航空公司中，雖有約半數非國際航空運輸協會 (International Air Transport Association, IATA) 之會員，但其所使用之規章及費率，皆係以 IATA 所公佈者為藍本，計算運費。運費率一般多按重量計算，以公斤為單位，但每公斤之貨物如超過 427 立方吋時，則改按體積單位為計算標準，即每 427 立方吋算為 1 公斤。

空運運費與海運運費一樣，可由託運人在裝貨地先付，也可由收貨人在貨到後付。支付運費之通貨，一般多為繳費地點之貨幣。

(三)航空貨運應備文件

託運人應依照航空公司之要求，備妥各項文件，以便據以填發航空貨運提單及向進出口國海關申報。所有文件均應詳細據實填報，以免發生錯誤需要修改,影響空運效率。其需檢附文件如下:

1.託運單 (Air Flight Instructions Form)

託運單亦稱空運貨物委託書，航空公司及航空貨運代理店均備有空白表格，供貨主填寫。此為航空公司繕發空運提單之重要依據，必須詳細填寫，以杜糾紛。

2.商業發票 (Commercial Invoice)

3.裝箱單 (Packing List; Weight List)

4.個案委任書（報關用）

5.航空保安聲明

(四)航空貨運提單

航空貨運提單 (Air Waybill, AWB) 為航空貨運最重要之文件，又稱 Air Consignment

Note。航空公司或其代理商直接填發者為主提單 (Master Air Waybill, MAWB)，由航空貨運承攬併裝業 (Consolidator) 發出者為分提單 (House Air Waybill, HAWB)。以資訊連線作業而簽發之提單，則稱為通用提單。航空貨運提單為航空公司自託運人收到貨物所發給的一份收據，也是航空公司與託運人間訂立運送契約的表見證據。其與海運提單之最大差異為前者係屬記名提單及直接式提單，故空運提單右上角均註明有「不可轉讓」(Not-negotiable) 字樣。

1.航空貨運提單之作用

⑴作為航空公司收受承運貨物之收據。

⑵作為航空公司與託運人間之運送契約。

⑶代表運費單據 (Freight Bill)。

⑷應託運人要求，為貨物之保險證明單 (Certificate of Insurance)。

⑸作為進出口通關文件。

⑹作為航空公司運貨人員處理貨物之裝卸、運送及交貨之依據。

2.航空貨運提單運送契約之有效期間

自發單人填發提單之日起至收貨人 (Consignee) 提領貨物日止。填發之日期，稱執行日期 (Execution Date)。提單應由填發之航空公司或其代理商簽章始生效。

3.航空貨運提單之不可轉讓性

航空貨運提單因係記名及直接性 (Straight)，故均載明為不可轉讓 (Not-negotiable)，此與海運提單之可轉讓者不同。故嚴格說來，航空貨運提單並非流通性之權利證券。但在貿易實務上，只要所發之 Air Waybill 或 Air Consignment Note 經運送人或其代理商簽署，即認為正式單據，故國際商會 2007 年修訂之信用狀統一慣例，亦規定銀行可予受理（UCP 600 第二十三條）；惟一般信用狀多規定開狀銀行為受貨人，以確保其對貨物之控制權。由於空運提單有其不可轉讓之特性，故受貨人一欄絕不可填「祈交付」(To Order of) 之字樣，應將特定之受貨人姓名、地址詳細填入。

4.航空貨運提單號碼之意義

提單號碼為提單之主要部分，位於提單左上及右上角。航空公司之主提單號碼係由三位數的阿拉伯數字起頭，為航空公司之代號或 IATA 統一編號，例如中華航空公司之代號為 297，新加坡航空公司為 618 等，其後再跟著不超過八位數字之流水號碼，為航空公司自編之貨號及帳號。由航空貨運承攬併裝業所發之分提單，則起首為該公司之英

文代號，而非阿拉伯數字，其後再為該公司自編之流水號碼，故極易與主提單區別，但提單之內容則並無二致。

5.航空貨運提單之份數

現行航空貨運提單 (Universal Air Waybill) 係 IATA 規定自 1984 年 1 月 1 日起開始使用，全套提單包含三份正本 (Original) 及副本 (Copies) 六至十四份，一般為副本九份。三份正本之背面均附有運送條款 (Conditions of Carriage)，副本則無，其各份正本之主要用途如次：

Original 1　　綠色，由航空公司或其代理商收存作帳及備查。

Original 2　　粉紅色，隨同貨物送交受貨人。

Original 3　　藍色，由託運人收執作為貨運收據並持以辦理押匯。

五、快遞及郵政收據

依 UCP 600 第二十五條規定，如信用狀要求郵政收據或投郵證明，快遞或快捷業簽發證明貨物收受待運之單據，銀行將予接受。

㈠快遞／快捷文件

國際快捷郵件業務 (International Express Mail Service, EMS)，係利用郵局或快遞公司來寄交國外特具時效性之文件或物品之一種國際性快捷業務 (Service Business)。此項業務由於講求迅速、安全、便利及費用低廉等特性，頗適合於現行國際貿易物流管理之需要。廠商將出口文件或貨品交予快遞公司，快遞公司就發給快遞收據 (Courier Receipt) 或快捷證明文件 (Courier/Service Documents)，作為交貨之憑證。

㈡郵政收據

郵購業務 (Mail Order)，在於透過郵局承辦運輸手續，郵局即為運送人。廠商將包裹交給郵局後，郵局即發給寄件人收據，此收據稱為郵政收據 (Post Receipt) 或投遞證明書 (Certificate of Posting)。郵政收據或投遞證明書僅作為收到包裹並將予寄出的證明文件，並非表彰貨物所有權的物權憑證，也非領取包裹時必須提示的文件。

第三節　通常需要之單據

國際貿易上無論任何條件之交易，賣方均應遵循買方之要求，供給貨物以習慣上之

包裝，例如棉紗每包 400 磅淨重，煉奶每箱 48 罐，或照契約規定供給指定之包裝，故在貨物打包裝箱之同時，出口廠商應注意辦理與出口裝運手續有關之工作——委請買方或獨立之公證行 (Surveyor) 檢查打包實際情形、簽發包裝單、重量單 (Weight List) 或容積重量單 (Measurement and Weight List)，列明貨名、品質、件數、嘜頭、裝船名、打包法、收貨人、託運人、各種重量尺碼等，以供貨物託運報關押匯取款及提貨驗收等用途，上述單據即出口廠商向銀行押匯或請求託收貨款時通常需要提示之單據。

一、包裝單

包裝單 (Packing List P/L) 又稱為包裝清單、花色碼單、裝箱單或內容明細表 (Specification of Contents)，是表示每批貨物各件內容的文件，也是押匯單據中通常需要之文件。其主要作用為：

(1)除每件內容及包裝相同，數（重）量劃一之大宗貨物或散裝貨物外，包裝單為不可少之貨運單據。

(2)在應用方法上，如：

　①每件貨品花色及重量不同者，必須在包裝單內逐件載明。

　②全批貨品的花色相同，而各件重量不同時，則多以重量呎碼單 (Weight & Measurement List) 代替。

(3)為收貨人提貨時，逐件點驗到岸貨物之依據。

(4)為進出口貨物報關之主要文件之一。

(5)公證檢驗以包裝單為依據，以判定到埠貨物短少之責任歸屬係應由出口商或船公司負責。

二、重量單

重量單 (Weight List; Weight Note) 之內容與包裝單大致相同，惟運用於一批貨物各件僅重量不同之場合，其情況較包裝單單純。

一般在依裝運重量 (Shipping Weight) 交易條件時，進口商要求出口商出具重量證明書 (Certificate and List of Weight)，證明所裝貨物與約定數量相同。但如進口商對出口商之信賴度不夠時，常要求另由第三人（通常為公證行）所開出之重量證明書。

通常在依起岸重量 (Landed Weight) 交易時，貨物如有短缺，進口商亦須提供重量

證明書（大多由進口地公證行提出），以便向出口商、船公司及保險公司索賠。

 ## 三、容積重量單

　　容積重量單 (Measurement and Weight List) 係以強調貨物包裝單位的總重量及總容積為主之單據。總重量在單內明列其毛重及淨重，甚至皮重若干，而總容積則依其長、高、寬之相乘積以每立方公尺 (M^3) 或每立方英尺 (Cuft) 表示於清單內，作為計算運費之基準噸位。容積重量單之內容與格式與包裝單大致相同，僅標題名稱不同耳。換言之，容積重量單是將裝運貨物每一件的總容積與總重量詳列於單上，以使運送人、收貨人及關係人能一目了然。因商業發票上紙面寬度有限，不能將每件貨物的容積與重量逐一詳列，因此通常發票上只列總數，而將詳細列明於容積重量單。此種單據可由出口商自行簽發或由公共重量檢定人 (Public Inspector) 所簽發的容量證明書 (Certificate and List of Measurement A/O Weight) 代替。

　　Weight List 與 Weight Certificate 在本質上應無不同，只是一般而言 Weight List 係由出口商自行繕製，而 Weight Certificate 則可能由出口商自行繕製，也可能由第三者(如公證行）繕製，而且內容方面通常有規定證明之文句。如在 L/C 交易，L/C 上規定須提供 Weight Certificate，而出口商提出的為 Weight List 時，則可能以單據名稱不符為由而遭拒付，因為在 L/C 交易，必須嚴格遵守 L/C 條件才能獲得保障。

㈠包裝單應符合海關規定之事項

　　包裝單為進出口貨物報關之主要文件之一，故貨物於打包裝箱時，應將每件淨重、毛重、件數、打數、罐數等包裝情形作成裝箱單。其屬結匯進口案件者，且應以經由我國外匯銀行轉遞並經其逐張簽蓋，收貨人亦應逐件加蓋與輸入許可證上申請人之同一印鑑，副本應經收貨人簽證「與正本核對無訛」，以供海關查驗核對之用。

　1.出口貨物報關

　海關對於出口貨物包裝單及到貨之查驗，依下列程序辦理：

　⑴核對包裝外皮上標記及號碼：包裝外皮上標記號碼應與報單上所申報及裝貨單上所記載者相符。

　⑵裝箱單內容：裝箱單應詳細列載貨物規格及包裝之每件毛重、淨重、數量等。

　⑶拆包或開箱：查驗出口貨物時，其搬移、拆包或開箱暨恢復原狀等事項，統由貨主或其委託之報關人辦理，但驗貨關員應儘可能保持貨物裝箱及包裝之原狀，並

避免貨物之損失。

⑷查驗：應注意①貨物名稱、牌名、品質、規格、貨號、型號等；②數量（長度、面積、容量、體積等均用公制單位）；③淨重（用公制單位）。

⑸驗訖標示：無箱號之貨件，應在箱件上加蓋查驗戳記或以不褪色墨水筆簡署；有箱號者，應將箱號批註於裝箱單上，免蓋查驗戳記或簡署。

出口貨物查驗後，依下列規定原則由經辦驗貨關員據實填報於「出口報單」內。

⑴「標記印刷情形」一項，應填報其製作方法。

⑵「裝箱情形」一項，應填報貨物包裝是否完整良好，有無破損、有無頂換、私開及其他可疑之痕跡。

⑶「未驗原因」一項，應將未驗之原因據實填明。

已開驗、過磅、通扦之箱號，應在報單內逐號註明。

2.進口貨物報關

海關查驗一般進口貨物，依下列程序辦理：

⑴核對包裝外表上標記及號碼：除依規定免予施用標記及號碼之貨物外，所有貨物包裝外表上標記、號碼應與報單上所申報及提貨單所列者相符。

⑵核對件數：其有短卸或溢卸者，應向駐庫關員查明並將實到數量在報單上註明。

⑶拆包或開箱：查驗貨物時，其搬移、拆包或開箱暨恢復原狀等事項，統由納稅義務人或其委託之報關人負責辦理，但應儘可能保持貨物裝箱及包裝原狀，並避免貨物之損失。

⑷查驗：應注意下列事項：

　①貨物名稱、牌名、品質、規格、貨號、型號等。

　②來源地名（產地或生產國別）。

　③數量（長度、面積、容量等均用公制單位）。

　④淨重（用公制單位）。

⑸驗訖標示：無箱號之貨件，應在箱件上加蓋查驗戳記或以不褪色墨水筆簡署；有箱號者，應將箱號批註於裝箱單上，免蓋查驗戳記或簡署。

進口貨物查驗後，依下列規定原則由海關經辦驗貨關員據實填報於「進口報單」內：

⑴「標記印刷情形」一項，應填報其製作方法。

⑵「裝箱情形」一項，應填報貨物包裝是否完整良好，有無破損、有無頂換、私開

及其他可疑之痕跡。

(3)「未驗原因」一項，應將未驗之原因據實填明。

(二)信用狀有關包裝單之規定

　　裝箱單為出口押匯輔助文件之一，為求押匯單據與信用狀規定能相符，順利取得貨款，須注意下列事項：

(1)信用狀規定應提供中立包裝單 (Neutral Packing List) 時，出口商之名稱及地址均不得出現於包裝單上，因此不得使用印有出口廠商名稱之信函，且出口商不得簽名蓋章。其條款如：Packing List in triplicate on neutral form which should not give evidence of seller's name and address.

(2)包裝單如信用狀無規定，在辦理押匯時，無須提交押匯銀行作為貨運單據，因此裝船後，出口商可將包裝單連同貨運單據的副本寄交買方。

(3)如果信用狀規定，應於包裝單上註明 L/C 號碼、開狀日期、開狀銀行及應證明之事項，則應依照 L/C 規定，逐一填列。

(4)信用狀規定需 Sworn Weight/Measurement List required 時，則其重量證明書通常由出口商或獨立之 Authorized Sworn 公證公司的 Surveyor、Weight 以及 Authorized Sworn Measures 等所簽發。反之，信用狀無特別要求，出口商簽發之重量證明書亦可接受。如果信用狀要求 Sworn Weight List，則重量表應由公證行簽發。

第四節　特定國家需要之單據

　　有些國家規定貨物向進口地海關報關時，需要提出領事發票，使進口稅之課徵有其憑藉，所需之領事發票格式亦異。通常是由輸入國駐輸出國領事所簽發，有時可由商會代為簽發貨物之原產地證明。這些文件通常是中南美洲國家所需，惟無論樣式如何，作為官方用途則一，目的在於查驗產品之輸出價格、核稅、統計及防止傾銷之用。如上所述，各國所需要的領事發票繁簡不一，且各國海關規定時有修改，出口廠商最好委託報關行或親赴駐本國之輸入國領事館查詢較妥。向美國、加拿大、澳洲、紐西蘭及南非聯邦等輸出之貨品，毋須提供領事發票而代之以海關發票，其使用意義與領事發票同，不同之處在於前者不必向各該國領事館申請登記，可由出口廠商依式填製簽署即可，另如

中東國家常要出口廠商提示宣證或法定發票，其要點與作用亦如同上述。至於，原產地證明書，其重要性正逐漸加溫擴散中，舉凡進口設限與監視、關稅之優惠、反傾銷關稅、三角貿易及原產地 (Country of Origin) 之認定等均需此文件作佐證，以協助進口商輸入手續的順利完成。

 # 一、領事發票

領事發票 (Consular Invoice) 為進口國駐在出口地之領事，證明出口商所開發票確係真實之簽證書。其內容與海關發票一樣，為進口地海關對進口貨物之核稅、統計用，且可防止傾銷 (Dumping)。不用海關發票之國家，亦多使用經該國領事簽證之發票。

(一)領事發票之格式與簽證

領事發票之格式因國家不同而異，其簽證手續亦不一致，有的由領事館代為填製，有的由出口商填製後請其簽證。

(二)領事發票使用語文

(1)儘量使用各該輸入國之語文。

(2)規定使用西班牙文者，例如巴拿馬、阿根廷、哥倫比亞、烏拉圭、尼加拉瓜、祕魯、厄瓜多、瓜地馬拉、多明尼加等國家。

(三)領事發票之簽證期限

(1)必須在裝船前簽證者：例如哥倫比亞、委內瑞拉、厄瓜多、多明尼加、祕魯、南韓等國家。

(2)未規定在裝船前簽證者：應在信用狀提示期限內簽證。

(四)領事發票檢送文件

向各國領事館申請領事發票簽證時，應備齊下列文件，向各國駐出口國領事提出申請：

(1)領事發票簽證申請書。

(2)信用狀正副本。

(3)經濟部商品檢驗局簽發之產地證明書。

(4)提單副本。

(5)輸出許可證（限制輸出貨品表內之貨品）。

(五)領事發票之份數

　　領事發票通常三份，其中領事館留存二份副本，一份存領事館，一份送外交部備查，或寄進口地海關以備查對。正本一份由出口商寄交進口商備報關用（有時出口商申請四份，收回二份備用）。

㈥領事發票其他注意事項

　　⑴裝運人、受貨人之名稱須與信用狀所載相符。如信用狀規定受貨人為 Order 或開狀銀行時，領事發票上則須為實際之買主。

　　⑵如信用狀規定 Visaed、Legalized 或 Notarized 等字樣時：

　　Visaed：應將一般發票送領事簽署。

　　Legalized：應將商業發票及提單等送領事簽署。

　　Notarized：應將裝運單據先送商會或工會簽署，再請領事簽署。

　　核對宣誓字句：通常其文辭如下：

　　AFFIDAVIT OF EXPORTER C.P. Lico manager of ABC Trading Co. do solemnly swear that all the statements contained in Consular invoice No. 21084 dated Feb. 10, 2010 together with its supporting papers are true and correct.

　　⑶領事發票必須是正本：如信用狀要求 Verified Copy 時副本應由領事簽署。

　　⑷須由有關國家駐華領事之簽證。

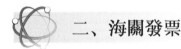

二、海關發票

　　海關發票 (Customs Invoice) 與領事發票一樣，屬於官用發票。是輸入國對輸入貨物決定其課稅價格，防止傾銷為目的，規定在進口報關時應向當地海關呈驗的海關用發票。其與領事發票不同之處在於後者須經領事簽證，而前者則無，其內容與商業發票之內容大致相同，其格式則因輸入國之規定不同，多少有異。

㈠美國海關發票 (Special Customs Invoice, SCI)

　　美國海關發票自 1977 年 10 月 1 日起全面採用新的 CF 5515 特種海關發票。新的 SCI 係根據歐洲共同市場之圖表，重新印製，凡購買物品價格超過 500 美元者，進口時均需檢附此類 SCI 作為課徵關稅基準。非購買品（即禮品、贈品）之價值大於 500 美元時，也需檢附 SCI。

㈡加拿大海關發票 (Canada Customs Invoice)

　　加拿大自 1978 年 7 月 1 日起採用統一之新式海關發票以取代往昔所使用之 Form

A (for General Tariff)、Form MA (for Most-Favored-Nation Tariff) 及 Form MB (for British Preference Tariff) 等舊式海關發票，故輸往該國之產品，均須按新海關發票申請，以利通關。

其格式內容分為正反兩面，正面部分與一般商業發票類似，反面就原產地規則及公平市價問題加以解釋說明。

另依加拿大海關之規定，進口貨物按下列標準課徵關稅：

(1)出口國為英國特惠關稅制度 (British Preference Tariff System) 的會員國，則依該標準課徵關稅。

(2)出口國如屬最惠國關稅制度 (Most-Favored-Nation Tariff System)，則依最惠國條款之規定，得課徵較他國為低的關稅稅率。

(3)出口國如為普遍優惠制度 (General Preference Tariff System) 之成員（即為開發中國家），得依此標準課徵關稅，且須提供原產地證明書 (Form A)。目前，我國輸往加拿大之貨物即依此種優惠關稅課徵進口稅。

加拿大政府同時規定，每筆貨物金額超過加拿大幣 1 萬元（或同值貨幣），須另提供出口廠商聲明書 (Special Exporters' Declaraties)，即 Form B 31，以為課徵關稅及貨物稅之參考。

㈢澳洲海關發票

澳洲海關發票稱為 "Combined Certificate of Value and of Origin"，內容上已兼有價格之確認與產地之證明，因此不再要求出口廠商提供產地證明書。就其格式內容而言，正面的上半部分內容與一般商業發票內容所載相同,惟價格欄內之國內市價必須以出口國貨幣表示（美國式與加拿大式則無限制）；而下半部分則為費用之描述，有關下列各項發生之費用有否包括於貨價內應予說明（以出口國之貨幣表示）：①貨車運費 (Cartage)；②內陸運費 (Inland Freight)；③包裝工資 (Packing Charges)；④外包裝價值；⑤專利權使用費；⑥佣金或其他。

至於背面為出口商之聲明與宣誓欄，即宣誓正面所記載之價格真實無誤，而貨品原產地亦如正面所示無誤。

㈣紐西蘭海關發票

紐西蘭海關發票之主要作用為證明出口商申報之出口價值無傾銷之虞。計有兩種，一種為 Form 59，乃自已開發國家進口產品時所使用，一種為 Form 59a，乃自開發中國

家進口貨品時所使用，我國輸往紐西蘭所使用之海關發票即使用此種 Form 59a，其全名為 "Certificate of Origin for Export to New Zealand"。

按紐西蘭海關發票 Form 59a，分為正面與背面，正面內容與一般商業發票內容大同小異，背面內容在於說明依紐西蘭 1968 年之關稅法規規定，給予產自開發中國家產品的優惠關稅。

此種關稅優惠分類為完整產品之取得及部分產品之製造兩部分，後者無法給予優惠關稅之享受，其情況如下：

⑴最後製造程序在該國完成。

⑵部分產品之生產成本：

　①材料來自一個或以上的開發中國家或紐西蘭。

　②製造成本發生在開發中國家或紐西蘭。

　③前述二種情況。

(五)非洲地區之海關發票

非洲地區國家甚多，因此海關發票之名稱亦較複雜，惟一般而言，計可分為：

⑴南非共和國海關發票 (Standardised Invoice for the Export of Goods to the Republic of South Africa DA 60)。

⑵東非共和國海關發票 (Combined Certificate of Value and Invoice in Respect of Goods for Importation into Kenya, Uganda, Tanganyika and Zanzibar)。

⑶西非國家海關發票 (Form C, Combined Certificate of Value and of Origin and Invoice of Goods for Exportation to British West Africa)。

⑷奈及利亞海關發票 (Combined Form of Certificate of Value and of Origin and Invoice for Goods Exported to the Federation of Nigeria)。

⑸迦納海關發票 (Customs and Excise, Ghana. Combined Certificate of Value and Invoice in Respect of Goods for Importation into Ghana)。

⑹利比亞海關發票 (Invoice of Merchandise for Libya)。

⑺馬爾他海關發票 (Certificate of Origin and Invoice of Goods, Malta)。

⑻馬拉威海關發票 (Combined Certificate of Origin and Invoice for Goods Exported to Malawi Incorporating)。

⑼甘比亞及獅子山 (Gambia & Sierra Leone) 海關發票 (Combined Certificate of

Value and Origin, and Invoice of Goods)。

⑽牙買加海關發票 (Invoice and Declaration of Value Required for Shipments to Jamaica)。

有關上述各種非洲及加勒比海地區海關發票之內容，與澳洲海關發票之內容大致相同。

 ## 三、宣證發票

所謂宣證發票 (Certified Invoice) 即是指在商業發票下端添註證明文句或宣誓文句的商業發票。此項文句的內容通常包括三點：第一、聲明發票的內容確實無訛。第二、貨品確為某一地區所生產。第三、發票內容係根據 Proforma Invoice; Indent or Contract 所填製。此項文句如為宣誓性質，通常由出口商填註；如為證明性質，則由第三者填註，所謂第三者視情形而定，或為駐在出口地的輸入國領事或為輸出國的外匯貿易管理機構，或為出口地的商會或同業公會。然而，實際上有若干常用的文句既可作為證明文句，亦可作為宣誓文句，視發票上有無第三者的簽署而定。茲就此種常用之文句舉例如下：

⑴ We certify that this invoice is authentic and is the only invoice issued for the goods described therein, that it mentions exact value of the said goods without deduction of any advance payment, and that the origin of the goods is TAIWAN.

⑵ We declare under our own responsibility that we are not represented in Syria, and that Syria is not included in the territory of any other agent who would benefit whatsoever from any commission on our products exported to Syria.

⑶ We declare that no raw materials of Israli origin have been used for the production or preparation of the goods mentioned in this invoice.

⑷ Sworn commercial invoice in quadruplicate and original-legalized by the Panamanian consul.

宣證發票乃進口商因有特殊需要而要求出口商提供者，例如進口商需向當地顧客出示進貨發票，證明其價屬實且未包含其他任何佣金，或進口地海關要求提供此類發票藉以證明出口商並未另供給第二張內容不同的發票（在此場合，通常不另要求領事發票，例如向巴拿馬輸出時，即可要求經其領事簽證的發票，而不另提供領事發票）。

然而，有時由於出口商對於進口地的情形不熟悉，不論進口地是否有宣證發票的需

要，概於商業發票上填註上述說明或宣誓文句者，此乃所謂有備無患也。

四、法定發票

多數國家之商業發票需經駐輸出國使領館簽署，代替一種特定之發票格式，由出口商提示自行之簽署於發票而由大使或領事封印。此種發票稱之為發票或法定發票 (Legalized Invoice)，以使用於中東國家為多，常見於信用狀條文中之文字如下：THE ORIGINAL INVOICE AND CERTIFICATE OF ORIGIN MUST ALSO BE ATTESTED BY KUWAIT DIPLOMATIC MISSION IN TAIWAN, IF AVAILABLE. IF NOT, THESE DOCUMENTS MUST BE ATTESTED BY DIPLOMATIC MISSION OF ANY OF THE FOLLOWING COUNTRIES: SAUDI ARABIA, UNITED ARAB EMIRATES, SULTANATE OF OMAN, QATAR, BAHRAIN.

五、產地證明書

產地證明書，係證明臺灣地區輸出之產品，確屬臺灣地區所生產或加工製造者。基於進口國家政府或買方所索取產地證明書之目的不同,而分有優惠關稅產地證明書與一般產地證明書兩種。茲分述如次:

(一)優惠關稅原產地證明書

普遍優惠關稅制度 (Generalized System of Preference, GSP)，係指經濟已開發國家對由經濟開發中國家進口之指定產品，予以免稅或課以低關稅的一種關稅優惠制度 (GSP is a system used by many developed countries to provide duty-free treatment for designated merchandise imported from certain specified countries)。

上述優惠關稅制度係聯合國貿易和發展會議 (UNCTAD) 於 1970 年 10 月第四次特別委員會議，由十八個工業先進國家所贊同實施的一種貿易優惠制度。

目前同意實施普遍優惠制度而使用同一表格者計有美國等十九個西方國家及六個東歐國家。我國產品輸出國家中，俄羅斯是唯一使用優惠關稅 (GSP) 之國家。出口廠商如因交易條款需要普遍化優惠關稅產地證明書時，其申請程序如次:

1.申請程序

申請核發優惠關稅產地證明書 (GSP Form A)，於貨品出口後一個月內辦理,其應繳驗證明文件及申請書為:

(1)向經濟部標準檢驗局或所屬各分局，洽取產地證明書及申請書表格，按欄填繕，如為實施優惠關稅國家進口之原料，加填進口原料證明書及申請書。

(2)海關驗放證明文件，如有趕辦需要，可申請先行發證，於一個月內補送海關驗放證明銷案，逾期停止其先行發證權利。

(3)原料來源及加工製造證明文件或有關資料。

(4)輸出許可證（副本或影本）。

(5)裝運提單副本。

(6)出口商發票副本或影本。

(7)進口原料加工出口者，附繳海關進口證明書、輸入許可證或國外廠商發票副本。如屬實施 GSP 地區進口原料加填「進口原料證明書及其申請書」。

(8)第一次申請時，應繳申請公司代表（或授權人）簽證印鑑卡一式二份。

2.簽發注意事項

(1)有效期限：優惠關稅產地證明書於簽發後四個月內為有效期限。

(2)查證費：優惠關稅產地證明書之查證費，按 FOB 1‰ 計收。

(3)轉運情形：以貨品必須由輸出國直接運達輸入國為原則，但如因運輸上的要求必須運經其他國家轉運或臨時寄存查明屬實的，也可申請。

(4)設限情形：優惠關稅貨品項目有一定範圍，並且經常有設限情形，申請產地證明書時，宜先洽買方查明已否滿額，免致徒勞無功。

3.簽發單位

目前由經濟部國際貿易局委託簽發俄羅斯優惠關稅產地證明書 (Form A) 之單位有：①經濟部標準檢驗局；②經濟部加工出口區管理處；③行政院國科會科學工業園區管理局。

㈡一般產地證明書

非特定或經雙方國家協定之制度下產生之產地證明書，則屬輸往一般地區之產地證明書 (Certificate of Origin, C/O)。凡臺灣地區生產、加工、製造之貨品輸往國外，其需要附送產地證明書者，出口商可依規定申請核發。

1.一般產地證明書申請程序

一般產地證明書並無固定之格式，惟依簽發人之不同，可分：

(1)廠商自己簽發之產地證明書。如信用狀無特別規定，廠商自己簽發之產地證明書，

銀行得以接受。目前許多國家多利用特別格式之海關發票代替產地證明書。

⑵駐在出口國的進口國家領事所簽發之產地證明書。

⑶由商會簽發的產地證明書，如由臺灣省商業會 (Taiwan Chamber of Commerce)、臺北市商業會 (Taipei Commerce Association)、臺灣區罐頭食品工業同業公會 (Taiwan Canners Association) 所發證。

2.官方產地證明書

輸美洋菇、竹筍罐頭及歐盟大蒜之原產地證明書，必須向經濟部標準檢驗局及其分局申請簽發，即所謂官方產地證明是也。因此，出口商應依規定向經濟部指定之標準檢驗局申請核發，出口商向該局索取申請書及產地證明書，依式填妥後，檢附下列文件提出申請：

⑴向經濟部標準檢驗局購買或索取申請書。

⑵貨品經海關驗放裝運之證明文件(一般產地證明書應由海關在申請書上簽章證明驗放)。

⑶原料來源及加工製造證明書或有關資料。

⑷輸出許可證副本或影本。

⑸裝運提單副本。

⑹第一次申請者須繳申請公司行號代表簽證印鑑卡一式兩份。

3.一般產地證明書應注意事項

⑴貨品運輸以直接進口國家為原則，不得經由港、澳或共產國家地區，其因運輸要求必須經由第三地區運輸者，應繳驗聯運提單 (Through B/L)。

⑵輸入國政府規定，必須憑官方簽發之產地證明始得進口者，無論 L/C 有否規定此項條件，出口商均應請領。

⑶輸往東南亞地區，由於距離較近，貨輪轉瞬即抵對方港口，其需要產地證明書，廠商應儘速申請，迅寄對方，以免延誤買方提貨，影響信譽。

⑷信用狀規定標明製造廠商 (Maker) 之名稱，不得遺漏。

⑸申請一般產地證明書不收任何費用。

六、黑名單

黑名單 (Black List) 係處於戰爭或敵對狀態下之國家常要求之單據，其情形有三：

⑴貨物之原產地並非特定（敵對）地區生產、加工、製造者。

⑵締約國之一方與他國有友好及合作關係之國家，其製造商、銀行、保險公司、輪船公司等不得被列入黑名單之內，否則拒絕往來。

⑶除非基於被逼因素，飛機或輪船等運輸工具不得停靠該敵對國家之港口。要求此種單據之地區，常為來自中東國家之信用狀，其慣見之信用狀條款為：A certificate in duplicate from the shipping company or its agents stating that the shipment are not made on Israeli Flag Vessel and also that the Vessel is not calling at any Israeli port.

故出口商押匯時，須提出此種單據始能被銀行接受。

第五節　特種商品需要之單據

特種商品泛指動植物、化學、藥品、礦產、皮革、毛類、大宗物資等，跟隨此類產品而產生之貨運單據，主要有二大類，一為檢驗證明書；二為公證報告。

 一、檢驗證明書

檢驗證明書 (Inspection Certificate) 係證明貨物之品質規格等符合買賣契約所規定之標準的文件。除為保障出口品質，維護國家信譽或依輸入國海關的規定須由輸出國政府機構簽發外，其餘各種場合，大多由下列機構簽發：

⑴政府檢驗機構所簽發之檢驗證明書。

⑵公證人、公證行（公司）簽發的檢驗證明書，又稱為獨立檢驗證明書 (Independent Inspection Certificate)。

⑶進口商駐在出口地之分公司、代表或其指定代理人，所簽發之檢驗證明書。

⑷製造廠商簽發之檢驗證明書 (Manufacturer Inspection Certificate)。

⑸同業公會所簽發的檢驗證明書。如信用狀無特別規定，廠商自己簽發之檢驗證明書亦可以接受。

相當於檢驗證明書的英文名稱尚有 Certificate of Quality、Report of Inspection，以及 Certificate of Analysis 等。檢驗證明的項目，除了品質、規格外，通常尚包括數量、包裝等等。惟究應包括那些項目，應依信用狀的規定。

至於其他相關之檢驗證明書，則有：

㈠分析化驗證明書 (Analysis Certificate)

此種證明書在於表明該商品之成分、比率、水分或 PPM 含量等是否符合規定，多由獨立公正之化學、藥品或工業機構等簽發。

㈡衛生或健康證明書 (Certificate of Sanitary or Health)

為進口國家海關規定需要之特殊檢驗證明書，證明進口貨物之清潔或無疾病，不致妨害公共衛生。進口國家為預防某種貨物將傳染細菌帶入國內致引起居民或動植物的疾病，乃特別規定某種貨物（糧食、獸皮、家畜）必須由出口國家衛生機構發給合格證書備驗方准進口。

㈢檢疫證明書 (Phytosanitary Certificate; Quarantine Certificate)

現在檢疫證明書係由經濟部標準檢驗局發證，有動物檢疫與植物檢疫兩種。檢疫證明應特別注意檢驗結果及檢驗日期（必須在裝船日之前）。

㈣燻蒸證明書 (Fumigation Certificate)

進口之貨品如獸皮、絨毛、羽毛、麻布、舊報紙等均需於裝卸船時施行消毒處理，而由檢驗機構發給證明書。

 二、公證報告

公證報告 (Surveyor Report)，係公證人 (Surveyor) 委託鑑定或檢驗貨物品質、規格、數量或調查，鑑定海難原因或貨物受損狀況後，為表示其鑑定、檢驗或調查結果而製發的文件。

買賣雙方當事人除由賣方主動實施交易貨物之品質檢驗，以提出符合合約之交貨證明外，買方更常指定具有國際性著名機構如英國勞依茲公證公司 (Lloyd's Surveyor)、瑞士 SGS 公司 (Société Générale de Surveillance S.A., SGS)，執行一種「裝運前檢驗」(PSI)，它雖是公證檢驗報告之一種，然其重要性與複雜性則早已凌越一般之「公證報告」了。

一般之檢驗證明書或公證報告需載明：①檢驗證明書或公證報告之號碼；②簽發日期；③商品名稱、規格及數量；④嘜頭；⑤進口商之名址；⑥出口商之名址；⑦檢驗日期；⑧檢驗情形；⑨船名、開航日期、起運港口及卸貨港；⑩簽發機構及簽署人。如買賣契約或進口國之法令另有規定者，從其規定辦理。至於格式，則以簽發單位之印定格式或自行填打、列印格式均可。菲律賓為公證報告 (CRF)，阿根廷為公證報告 (Certificado de Inspection, CDI)，祕及利亞為清潔報告 (Clean Report Inspection, CRI) 或瑕疵報告

(Dirty Report Inspection, DRI)，中非共和國為 CRF 公證報告。

 三、裝運前檢驗制度

裝運前檢驗制度存在已有三十幾年歷史，原先是以驗貨為主要作業，爾後則擴大業務範圍及於評定稅則，核定完稅價格或結匯價格等。這是經濟低度開發國家或開發中國家因為外匯短絀，海關制度不甚健全之情形下，始由其政府與國際性著名公證檢驗機構簽約，代其執行進口國之驗關作業。目前約有二十四個國家與 SGS 簽約委託瑞商遠東公證公司在臺作業，其中以印尼、菲律賓、委內瑞拉、阿根廷、象牙海岸、奈及利亞、中非共和國、賴比瑞亞及肯亞等國家佔較大比例。所要求簽發的均為 SGS 公證報告。

㈠裝運前檢驗之意義

裝運前檢驗 (Pre-shipping Inspection, PSI)，指檢驗機構對輸出至進口國之貨品執行關於品質、數量、價格或關稅稅則分類等之一切查證行為。前述檢驗機構，是指受進口國政府委託或授權，對我國輸出至該進口國之貨品執行裝運前檢驗之機構，例如前述瑞商公司。

㈡監督管理

經濟部為執行有關裝運前檢驗之業務,特指定國際貿易局為檢驗業務之監督管理單位。檢驗機構開始執行裝運前檢驗三十日前，須檢附其與進口國政府簽訂受託或被授權執行裝運前檢驗之契約報請國貿局備查。其餘有關規定如次：

1.檢驗執行之一致性

檢驗機構執行裝運前檢驗之程序、標準及檢驗方式，對所有出口人應具有一致性。

2.檢驗日期

檢驗機構進行檢驗貨品時，應避免不合理之遲延。

檢驗機構與出口人就檢驗日期達成協議後，除雙方同意、或因出口人之行為、或因不可抗力之事由，得另行安排檢驗日期外，檢驗機構應於該日期進行檢驗。

檢驗機構應於完成檢驗後五日內，簽發清潔報告單予出口人或進口人。

清潔報告單上文字有錯誤時，檢驗機構應更正，並將更正後之資料儘速送達相關之當事人。

3.爭議之解決方式

檢驗機構與出口人得以協議方式解決爭議。

　　於世界貿易組織協定在中華民國管轄區域內生效之日起,出口人如依裝運前檢驗監督管理辦法第十六條規定向檢驗機構提出申訴後二日內未能解決爭議時,任何一方均得依世界貿易組織裝運前檢驗協定之規定, 提付獨立之審查程序進行爭議處理。

　　出口人向檢驗機構提出申訴後二日內未能解決爭議時,得於獲知爭議未能解決之日起十四日內向貿易局提出調解之書面申請, 並應副知檢驗機構。

(三)裝運前檢驗流程

　　無論交易是以信用狀或託收方式, 上述簽約進口國開來之信用狀或買賣合約中,SGS 公證報告均為押匯或託收之指定跟單文件之一, 所以出口廠商須配合 SGS 作業,取得公證報告, 才能辦理押匯或託收手續。其配合作業流程大致如下:

　　(1)第一次投單申請驗貨: 出口廠商須在出口貨物備妥前一週,持驗貨申請書、預約發票、L/C 影本向 SGS 投單, 申請驗貨。

　　(2)接受驗貨 (產地檢驗): SGS 受理後, 依申請日期派員到廠庫驗貨; 出口廠商須在驗貨完畢後始可封箱、裝櫃、封櫃, 並加 SGS 封條。

　　(3)出口結關複驗 (港口驗對): 出口廠商須在結關日前, 以電話通知有關船名、碼頭、S/O 號碼等, 以便 SGS 派員作複驗。

　　(4)第二次投單申請核發公證報告: 出口貨物裝船後, 出口廠商須備妥正本提單、商業發票、裝箱單等, 向 SGS 投單, 申請核發公證報告。

　　(5)領取 SGS 公證報告: 自第一次投單到取得公證報告, 估計最短需兩星期作業時間。

第六節　交易完成後之單據

　　交易完成後之單據, 係指非屬信用狀交易或託收方式中, 規定須提示押匯或託收之單據, 而是交易完成隨函或不隨裝船通知寄交買方的單據。

一、受益人證明書

　　信用狀常常規定受益人須提示某種證明書,例如有的信用狀規定受益人須提示單據的一部分或抄本單據已由受益人逕寄進口商或其他指定人的證明書;有的信用狀,尤其是擔保信用狀,規定受益人憑信用狀取款時,須提示一定內容的證明書,這種由受益人

出具的證明書稱為「受益人證明書」(Beneficiary's Certificate) 或「受益人聲明書」(Beneficiary's Statement)。如信用狀規定受益人須提示受益人證明書時,這種證明書即構成單據之一,如未提示,即構成瑕疵。至於受益人證明書的內容,就信用狀的規定而異,如信用狀有特別規定者,從其規定;如無特別規定者,銀行將依照受益人所提示者照單收受,但其內容須與商業發票或其他單據之間有關聯。

 二、保險陳報書

在 FOB 或 C&F (CFR) 交易中,有關保險事宜,原則上均由買方負責辦理,因此,進口商為期適時向保險公司辦理投保或陳報 (Declaration) 事宜,常在信用狀中規定受益人於裝運之前或之後,立即通知進口商或向指定的保險公司陳報。規定須向指定的保險公司陳報者,即稱為保險陳報書 (Insurance Declaration)。

 三、裝船通知

裝船通知 (Shipping Advice) 係出口商將貨物裝運出口後,為讓國外進口商對其裝貨情形有一具體瞭解,所給予之一種充分的告知 (Sufficient Notice),及提供買方所需的保險資訊 (Insurance Information)。有關裝船通知的具體內容、作用及格式等,詳揭第十六章第九節。

 四、貸項通知單

貸項通知單 (Credit Note) 乃出口商向進口商表示對其負有支付一定金額義務的通知文件。這種通知單載明已將一定金額列記進口商帳戶的貸方。

這種通知單乃發票上誤將貨款或代墊款多計,或為應付回佣 (Return Commission) 時,出口商向對方出具的文件,通知對方這項債務已記入對方在出口商帳上的貸方 (Credit Side)。此項金額累積到相當數目時,由出口商彙總匯付對方,或於下次發貨時,自應收貨款中扣除。但在信用狀交易時,如屬於回佣性質的,通常都於押匯時或稍後匯付。

 五、借項通知單

借項通知單 (Debit Note) 是出口商向進口商表示對其享有某數額債權的通知文件。

該通知單表明已將一定金額列記對方帳戶的借方。

　　例如貨樣價款、代墊款或發票少計金額，致產生應收債權時，即可向對方發出這種通知單，表示已將此款額列入對方在出口商帳上的借方 (Debit Side)。

第十六章
出口貿易處理程序

第一節　出口洽定船位

出口商於接到國外買方開來信用狀後，除向製造商下訂單，安排交貨外，通常採兩種方式辦理輸出。第一種方式為將信用狀之正本 (Origin L/C) 影印一份交予報關行，由其辦理洽定船位、輸出許可簽證、檢驗、報關、裝船，並將押匯單據交予出口廠商向銀行押匯取款，再由後者寄裝船文件副本 (Shipping Advice) 通知國外買方完成交易行為。第二種方式則由出口廠商自行負責辦理洽定船位、輸出許可簽證、檢驗、押匯單據之取得及寄裝船文件副本予國外買方。

此後三章重點在於當廠商接到信用狀或開出信用狀後，一連串輸出入之實務性業務如何加以處理，作有順序有系統的闡述。

出口商應在貨物裝船以前，向輪船公司或其代理商預約船位，其目的在於掌握艙位，使貨物得按時無阻的裝船。

 一、洽定船位應注意事項

出口商洽船時，不妨先詢問「相關船期資訊」，以確實掌握船位，次再對下列各點加以注意，以免將來發生船務糾紛。

(1)船期與出貨日期及信用狀上裝船限期必須能配合。

(2)信用狀倘指定運送人或限制運送人應具備之資格，如承運之船舶必須是貨櫃船或什貨船；必須為運務協會或稱航運同盟 (Shipping Conference) 之會員公司或非屬運務協會之公司之船舶；或運送之船舶其船齡不得超過十五年或二十年以上；或不得交由不受歡迎或被列入黑名單 (Black List) 之船舶承運等。

(3)水果及魚鮮肉類必須裝載於有冷藏或冷凍設備之貨櫃及船舶。

(4)事先預訂所需之櫃位或貨櫃及交櫃之方式。

⑸治妥託運之條件包括基本運費及附加費等。此外，運費支付之方式亦應事先徵得船方同意。

⑹事先向運送人通知所需之特別服務，如託運之貨物係超長、超重或特別笨拙之貨物。又如利用貨櫃運輸時，要求在 CFS 或 CY 交貨。

 ## 二、洽定船位程序

出口貨運洽定船位，視買賣雙方交易契約條件而定，以 C&F (CFR) 及 CIF 等條件成交者，其貨運例由賣方出口商負責接洽，並負擔運費。以 FOB、FAS 及 C&I 條件成交者，其貨運例由買方接洽，並負擔運費（亦有由買方委請賣方代辦者）。出口貨運接洽船位，因訂載方式之不同，可分為：

㈠傭船運送 (Charter Party)

凡貨物數量龐大，動輒數千及至數萬噸，如糖、米、煤、肥料等粗劣散裝貨物，必須使用一艘或多艘船舶之全部艙位，分次或在一定時期運送完畢者。所謂傭船，係指船東以船舶之全部或一部分艙位供貨主裝運，以收取運費為目的，船舶乃由船東控制，所有船員之僱傭、船舶之管理、燃料之供應、港口費用之支付等皆由船東自行負責。傭船租約又可分兩種：①計程傭船 (Voyage Charter)——凡託運貨物能一船運清或雖需數船運清，但時期並不迫切者，可以計程傭船運送；②論時傭船 (Time Charter)——凡託運貨物必須在一定時期內運清，並值航業景氣，運價時時上漲，雇船困難時，則採論時傭船運送。傭船契約如屬於不定期船 (Tramp Terms) 較容易發生船務糾紛，故以選擇定期船 (Berth Terms) 為穩。

㈡搭載運送 (Shipping Space)

船方接受出口商託運貨物，逕行支配其船位以為運送者，通稱貨物運送契約 (Contract of Affreightment)，此種搭載貨物多為量較少、包裝整潔輕巧之雜貨，如西藥、紡織品、棉花、蔬菜等。搭載於行駛固定航線之定期商船運送至目的港，為大多數出口廠商所採用。此種搭載運送如經簽妥訂載單 (Booking Note) 而不能供給約定貨載或臨時取消託運，亦須付給空載運費 (Dead Freight)。

 ## 三、洽定船位實務

出口廠商在向國外買方開出貨價之前，必須先查詢船期及運價，以便計算成本及決

定裝船日期。查詢船期之方法，不外向輪船公司查詢或翻閱船期表及船期廣告，並力求確實，以免延誤。選擇適當之船期後，進一步詢問運價，擇其較廉者洽商訂載單，如在貨多船少時，宜簽約訂載；或船期尚遠時，應索取承諾書 (Letter of Confirmation) 以資確保屆時裝船。如船舶即日結關，應即向輪船公司簽一式三聯之「裝貨單」(Shipping Order)、「大副收據」(Mate's Receipt, M/R)、「副本」(Copy)，以憑辦理通關裝船，再持 M/R 到船公司換領提貨單 (Bill of Lading, B/L) 向銀行辦理押匯手續。

第二節　輸出管理制度

所謂輸出管理制度,係指廠商為使輸出入貨物能取得政府貿易管理當局之核准而辦理之一種輸出入許可制度 (Import and Export License System) 之謂。換言之，廠商對於其輸出入貨品，若有必要均須向政府簽證機構申請許可證，以憑進出口。

我國的貨品輸出管理係採取原則准許,例外限制之方式,亦即原則上准許自由輸出，至於因國際條約、貿易協定或基於國防、治安、文化、衛生、環境與生態保護或政策需要而限制輸出者，則採行負面列表 (Negative List) 管理制度，茲分述如次。

一、負面列表管理制度

廠商輸出貨品應依貿易法、貿易法施行細則、貨品輸出管理辦法、中華民國進出口貨品分類表及「限制輸出貨品、委託查核輸出貨品」總表規定辦理。輸出大陸地區貨品，應另依「臺灣地區與大陸地區貿易許可辦法」規定辦理；輸出戰略性高科技貨品，應另依「戰略性高科技貨品輸出入管理辦法」規定辦理。

㈠限制輸出貨品

依貿易法第十一條規定，凡屬限制輸出之貨品，經濟部國際貿易局 (以下簡稱國貿局) 就其貨品名稱及輸出有關規定，彙編「限制輸出貨品表」公告辦理之。輸出該表所列貨品，應依表列輸出規定申請辦理簽證。「限制輸出貨品表」之架構如下所述：

1.管制輸出貨品（第一表）

列入此表之貨品，非經國貿局專案核准發給輸出許可證，不得輸出。

2.有條件准許輸出貨品（第二表）

列入此表之貨品均有其一定之核准條件，出口人應依表內所載輸出規定（如檢附主

管機關同意文件等），由國貿局或由受委託簽證單位簽發輸出許可證後，始得輸出。

㈡委託查核輸出貨品

委託查核輸出貨品，指其他法令另有管理規定，須由有關主管機關核發許可文件或證照始得輸出者，由國貿局依中華民國商品標準分類號列順序另編訂「委託查核輸出貨品表」，委託海關於貨品通關時查核，列入此表內之貨品，應依表列輸出規定辦理，海關始准免證通關放行。

二、戰略性高科技貨品之輸出入

第二次世界大戰後，以美國為首之自由國家為防止將有發展軍事武器之相關戰略性物資及戰略性高科技技術輸出或移轉至以前蘇聯為首的共產國家，以至於提昇其軍事潛力，進而危害世界的安全與和平，乃於重要工業國家間組成「聯合輸出管制委員會」(Coordinating Committee for Multinational Export Control, COCOM) 之國際性組織。我國並非該組織之會員國，但美國仍透過中美雙邊之經貿諮商要求我國配合該項管制制度，經我國同意後於 83 年 3 月 31 日經經濟部發佈「戰略性高科技貨品輸出入管理辦法」，以作為配合上述管制制度之依據。

其後 COCOM 雖於 1994 年同年停止運作，但於 1996 年成立「瓦聖那協議」(The Wassenaar Arrangement；The Wassenaar Arrangement on Export Controls for Arms and Dual-use Goods and Technologies 之簡稱)，以接替 COCOM，目前該協議之締約國共約三十餘國。

㈠戰略性高科技貨品之定義與範圍

輸出戰略性高科技貨品，應按「貿易法」及「戰略性高科技貨品輸出入管理辦法」申請「高科技貨品輸出許可證」後始得辦理輸出；出口人輸出之戰略性高科技貨品如亦屬於「限制輸出貨品表」或「委託查核輸出貨品表」內之貨品者，則另依該兩表所列輸出規定辦理，無須依「限制輸出貨品表」規定另行申請一般貨品輸出許可證。

 1.相關法規之規定

  ⑴貿易法第十三條：為確保國家安全，履行國際合作及協定，加強管理戰略性高科技貨品之輸出入及流向，以利引進高科技貨品之需要，其輸出入應符合下列規定：

   ①非經許可，不得輸出。

   ②經核發輸入證明文件者，非經許可，不得變更進口人或轉往第三國家、地區。

③應據實申報用途及最終使用人，非經許可，不得擅自變更。

輸往管制地區之特定戰略性高科技貨品，非經許可，不得經由我國通商口岸過境、轉口或進儲保稅倉庫、物流中心及自由貿易港區。

前二項貨品之種類、管制地區，由主管機關會商有關機關後公告，並刊登政府公報。

違反第二項規定之特定戰略性高科技貨品，主管機關得予扣留，並依本法或相關法律裁處。除已依法裁處沒入者外，主管機關應予退運。

前項之扣留，主管機關得委託海關執行之。

第一項及第二項許可之申請條件與程序、輸出入、過境、轉口或進儲保稅倉庫、物流中心、自由貿易港區之管理、輸出入用途之申報、變更與限制、貨品流向與用途之稽查及其他應遵行事項之辦法，由主管機關定之。

⑵戰略性高科技貨品輸出入管理辦法第四條：輸出之戰略性高科技貨品不得供作生產、發展核子、生化、飛彈等軍事武器之用；第五條：為因應戰略性高科技貨品輸出入管理之需要，由經濟部會同有關機關（構）成立專責小組辦理下列事項：

①鑑定存疑之輸出入戰略性高科技貨品。

②稽查輸出入戰略性高科技貨品之流向及用途。

2.輸出管理

戰略性高科技貨品輸出入管理辦法第十五條：出口人輸出戰略性高科技貨品，應先向國貿局或受委任或受委託之機關（構）申請輸出許可證，其有效期限為六個月，並限一次輸出。但符合下列條件者，得申請分批輸出，其有效期限為二年：

⑴輸往非管制地區。

⑵出口人已建立內部出口控制系統，或出口人持續在前半年內將戰略性高科技貨品輸往相同國家或地區及相同進口商達五次以上者。

前項輸出許可證有效期限屆滿，不得申請展延。但出口人已建立內部出口控制系統者，得申請展延一年。

戰略性高科技貨品輸出許可證之格式由國貿局定之。

戰略性高科技貨品輸出入管理辦法第十六條：出口人申請戰略性高科技貨品輸出許可證應檢附下列文件：

①戰略性高科技貨品輸出許可證申請書全份。

②進口國政府核發之國際進口證明書或最終用途證明書或保證文件，或外國進口

人或最終使用人出具之最終用途保證書，並據實申報用途及最終使用人。

③相關交易文件。

④其他依規定應檢附之文件。

3.輸入管理

戰略性高科技貨品輸出入管理辦法第十四條：輸入戰略性高科技貨品，進口人應依國際進口證明書或保證文件所載內容辦理輸入，未經原發證機關（構）許可，於通關進口前不得變更進口人或轉往第三國家或地區。前項貨品輸入後，於國內之轉讓、出售或其他交易行為時，如需變更原國際進口證明書或保證文件所申報之最終用途及最終使用人時，應檢附原出口國政府或原出口人之同意文件向原發證機關（構）申請許可，並確實履行採購該貨品交易行為之約定；進口人或讓售人應將原進口交易行為之約定及文件保存年限以書面告知買受人或受讓人。

㈡戰略性高科技貨品之出口簽證

廠商出口戰略性高科技貨品，須先委託經濟部技術處進行產品鑑定，確認是否屬於列管項目，屬於列管項目的產品，必須先取得國際進口證明書 (International Import Certificate, IC)、戰略性高科技貨品保證文件 (Written Assurance Certificate, WA) 及抵達證明書 (Delivery Verification Certificate, DV)，始能申請出口簽證。

三、申請 CITES 簽證

我國雖未加入國際間瀕臨絕種野生動植物的國際公約 (Convention on International Trade in Endangered Species of Wild Fauna and Flora, CITES)，但輸出該公約所管制之動植物或其製品，為配合進口國家海關之要求，我國係由國貿局受理廠商或個人（含外國人）申請核發該項許可證。

輸出瀕臨絕種野生動植物國際貿易公約附錄一、二之植物者，可依下列規定辦理：

輸出華盛頓公約附錄一、二植物，不論野生或人工繁殖者，出口人均應先查明植物學名，並於出口報單貨品名稱欄內先填列植物學名，再填列英文貨品名稱；出口通關時，出口人應於出口報單自行報明，並檢附經濟部國際貿易局核發之華盛頓公約出口許可證，由海關依其申請，列入「文件審核通關」(C2) 或「貨物查驗通關」(C3)，未依規定報明者，廠商須自負法律責任。

申請出口許可證時，須檢附下列文件：

⑴出口附錄一物種者，應檢附行政院農業委員會同意文件。

⑵出口附錄二物種其屬人工繁殖者，應檢具人工繁殖切結書；非屬人工繁殖者，應檢附來源證明（例如在出口案件應檢附原出口國核發之華盛頓公約許可證）。

四、免辦輸出許可簽證

出進口廠商輸出「限制輸出貨品表」外之貨品，除戰略性高科技貨品輸出管制清單內之項目外，免簽證，可逕洽海關報關輸出；但其屬「委託查核輸出貨品表」內之貨品者，除免簽證外，報關時仍應依該表所列輸出規定辦理。

出進口廠商以外之出口人（包括個人）輸出貨品，應向國貿局申請簽證。但輸出「限制輸出貨品表」外之貨品，其離岸價格 (FOB) 為 2 萬美元以下或等值者，免簽證；其屬「委託查核輸出貨品表」內之貨品者，報關時仍應依該表所列輸出規定辦理。

至於郵包寄遞出口小量物品，旅客出境攜帶自用物品，則另依海關之規定辦理。

第三節　出口貨物檢驗

商品檢驗業務為國家行政業務之一，乃係配合工商管理、外匯貿易、公共衛生以及產業安全等之重要措施。商品檢驗之目的，在於促進商品符合安全、衛生、環保及其他技術法規或標準、保護消費者權益，以維經濟之正常發展。

一、一般商品檢驗

一般商品係指經經濟部標準檢驗局指定公告種類、品目或輸往地區，並依商品檢驗法執行檢驗的商品，包含：在國內生產、製造或加工之農工礦商品、向國外輸出之農工礦商品及向國內輸入之農工礦商品。

㈠應施檢驗品目

依商品檢驗法規定,除輸出國境或過境之動植物及其產品均應施行動植物疫病及蟲害檢疫外，其出口產品應施檢驗品目，乃由經濟部視實際需要，隨時公告增減，詳細檢驗品目，須參閱經濟部標準檢驗局編印之「應施檢驗商品品目表」。

㈡檢驗標準

商品檢驗係依據「中華民國國家標準」執行，尚未訂有國家標準者，由經濟部標準

檢驗局依國際公約所負義務,參酌國家標準、國際標準或其他技術法規指定之;無國家標準、國際標準或其他技術法規可供參酌指定者,由主管機關訂定檢驗規範執行之。

輸出商品其規格與檢驗標準不同者,經貿易主管機關核准後,得依買賣雙方約定之標準檢驗。

輸入或國內產製之商品如因特殊原因,其規格與檢驗標準不同者,應先經標準檢驗局核准。

(三)檢驗方式及費用

商品檢驗執行之方式,分為逐批檢驗、監視查驗、驗證登錄及符合性聲明四種。

檢驗方式係依商品檢驗法規定(第五條),就各種商品檢驗方式分別訂定。特約檢驗之檢驗費其費率按 FOB 之總價,乘以公告之檢驗費率計收。檢驗機構應申請人之請求,派員至檢驗機關所在地以外之地點臨場執行檢驗時,依其實際需要加收臨場費,由出口廠商負擔之。

(四)檢驗程序

商品檢驗須向檢驗機構所在地或輸出、輸入港埠申請辦理;也可在生產廠場、集散地辦理之。

1.報　驗

應施出口檢驗之商品,出口商或其代理人應於輸出生產地之前向檢驗機關洽取「國內產製商品出廠報驗申請書」,依式逐欄繕填,持向商品存置所在地之檢驗機關申請檢驗,繳交檢驗費並取得領證憑單,憑以換取合格證。上述報驗手續亦可以電話、傳真、網際網路等通訊工具預先申請報驗。

2.檢　驗

報驗後由受理申請之檢驗機構於二十四小時之內,派員至商品堆置地點執行檢驗,如規定需取樣攜回檢驗者,則按規定數量取樣,並掣給收據後攜回檢驗。檢驗合格者由標準檢驗局簽發經濟部之「輸出檢驗合格證書」;產地檢驗合格者,則簽發「產地檢驗通知書」;檢驗不合格者,發給「不合格通知單」。

3.複　驗

廠商對檢驗結果,認為有異議或偏差時,得於接受不合格通知書後十五日內,申請就原取樣品免費複檢一次,原樣品已無剩餘或已不能再加檢驗者,得重新取樣。

4.港口驗對

凡經檢驗合格之商品，由出口商運抵港口後，持原領之「輸出檢驗合格證書」，向當地標準檢驗局港口分局報請驗對；該分局於受理後，即派員至商品堆置之倉庫或碼頭，執行驗對。驗對一般著重外觀檢查，如必須取樣作品質驗對者，則按規定數量取樣，掣給收據後，攜回驗對其品質，待驗對相符後始得移動裝運出口。凡驗對相符者，於「輸出檢驗合格證書」上加蓋「驗訖」戳記，至此廠商可持證向海關辦理驗關等出口手續；如驗對不符者，港口分局則收回「輸出檢驗合格證書」予以註銷，不得申請複驗。輸出分等檢驗商品，得於報驗同時，一併申辦港口驗對工作。

二、動植物檢疫

凡出口之動植物及其產品，均應於輸出前施行嚴密之檢疫，經檢疫確認無動植物疫病蟲害者，發給「動植物輸出檢疫證明書」，憑以裝運，否則必須隔離繫留，或以燻、蒸等消毒處理後始得輸出。

動植物及其產品之檢疫，須向行政院農業委員會動植物防疫檢疫局提出申請。

三、商品特約檢驗

特約檢驗指標準檢驗局應買賣雙方或任何一方之申請，依約定規範檢驗者謂之。

(一)檢驗機關

指經濟部標準檢驗局、其所屬轄區分局或受託之其他政府機關、法人或團體。

(二)受理範圍

特約檢驗之受理範圍限於國內輸出之商品。

(三)檢驗方式

特約檢驗視產品性質依下列方式辦理：

(1)成品取樣檢驗。

(2)生產過程檢驗，包括產製計畫、原料、產製過程中之半成品及其他有關紀錄之查核。

(四)簽發證明書

特約檢驗商品經檢驗符合規範者，由檢驗機關（構）發給特約檢驗證書或證明，註明符合規範及檢驗結果數據。

特約檢驗商品經檢驗不符規範者，發給不符規範報告。

四、商品免驗辦法

依商品檢驗法第九條第二項之規定，下列商品之輸出免驗：

(1)輸出入非銷售之自用品、商業樣品、展覽品、研發測試用物品，其報單單一項次之金額在 5 千美元以下者，准予免驗。

(2)輸入或國內產製之商品供加工、組裝後輸出或原件再輸出。

(3)輸入或國內產製應施檢驗商品之零組件，供加工、組裝用，其檢驗須以加工組裝後成品執行，且檢驗標準與其成品之檢驗標準相同。

(4)輸入或國內產製之商品供軍事用，並附有國防部各直屬機關公函證明。

(5)輸入或國內產製之商品供緊急人道救援物資用，並取得相關政府機關證明文件。

出口廠商申請商品免驗，應填具免驗申請書，並檢附相關文件，於商品輸出入或運出廠場前，向經濟部標準檢驗局及其分局辦理。

第四節　出口公證業務

公證 (Survey) 是一種技術服務 (Professional Service)，乃指由第三者介入買賣雙方交易中，以獨立公平的立場，作為中間人就買賣標的進行價格、品質、數量及包裝等之驗證而出具證明文件者，即一般所謂之公證公司或公證行 (Cargo Surveyor; Independent Inspection Agency)。出口貨物經過公證，為一不可或缺的交易條件。良以國際貿易均非看貨買賣而是憑樣買賣，在此種情況下，賣方所交運之貨物是否履行合約之規定，如何交運符合規格之貨品，必須於交運裝船前作事前之公證，並由著名信譽可靠之公證行出具公證報告，作為貨運單據之重要文件。如此，將來買方提出貿易索賠時，可作為索賠之主要憑據，不但買方信服，賣方亦能減輕風險之負擔，實有助於輸出貿易之推展。

一、公證公司（公證人）之種類

國內之公證公司（公證人）可分為三大類。

1.海事公證 (Marine Survey)

包括海事鑑定、船舶買賣及租賃時之情況鑑定。

2.保險公證 (Insurance Survey)

海損、火險、車禍等涉及保險賠償之鑑定、估價及責任調查。

3. 貨物公證 (Cargo Survey)

凡涉及一般貨物之品質、數量、包裝等之鑑定。

 ## 二、公證檢驗之注意事項

信用狀中若特別指定須由某某機構公證檢驗者,公證公司會主動向出口商或廠家聯絡,通知出口商或廠家其產品須經過公證檢驗,而要求出口商或廠家填具申請書註明貨物完成之時間及檢驗地點。但有時要求公證者往往不直接通知所委託之公證公司,而於合約內或信用狀內註明貨物須經某公證公司檢驗,則出口商或廠家必須主動向公證公司提出申請檢驗。進口貨品公證除國外出口商直接委託辦理公證外,進口商或貨主應主動向公證公司提出申請,同時應詳閱保險單,瞭解是否係指定一公證公司辦理公證,如有規定,應向該指定公證公司接洽;如無特別規定,則可自行委託有信用之公證公司辦理公證。此外應特別指出者為公證費用亦可一併向保險公司提出索賠。

㈠完備之文件

申請外銷產品公證檢驗時,公證公司需要申請者提供:

⑴信用狀副本。

⑵裝箱單副本。

⑶訂單(報價單或合約)副本。

於貨物檢驗完畢裝船後,公證公司尚需要申請者提供:

⑴發票副本。

⑵提單副本。

如委託人指示公證公司按廠商標準產品目錄 (Catalogue) 內之某項產品,並由廠商提供其產品之規格,申請到貨公證時,公證公司需要申請者提供下列文件:

⑴發票及裝箱單副本。

⑵提單副本。

⑶保險單副本。

⑷其他有關性能規格之說明文件。

㈡時間之配合

外銷產品除某產品只須於裝船時證明其數量或重量,而必須於碼頭倉庫或船邊公證

者外，一般產品皆於產地或製造廠所在地公證檢驗。因此外銷產品需要公證時必須事先配合船期，並及早聯絡公證公司安排檢驗，出口商及廠家應儘量避免於最後裝船前才申請檢驗，應及早通知公證公司，如產品經檢驗後有不合規定之處，廠家可改進後予以複檢，或由公證公司將此不符之處電告委託人，取得委託人之許可，以免耽誤船期。

㈢公證費用分擔

外銷產品公證之計費方式，一般按出口之起岸價格 5‰～1% 計算。但因公證檢驗之性質不同，貨物之種類與數量不同，而費用亦不盡相同。除公證公司之檢驗費外，出口商並須負擔因公證而產生之其他費用，如公證公司檢驗人至工廠或其產地之差旅費，因檢驗而增加之搬運費及使用檢驗設備費、化驗費及樣品損耗費等。

一般而言，精密儀器、全套機器設備等，因經多次檢驗及試車，公證費用最高；而車輛及一般器材次之；至於大宗物質，如農產品、礦產品等，因該類貨品品質劃一，公證公司只須抽樣分析及盤點數量，即可大功告成，故其公證費用最低。

1.公證費用之最低收費額

大致而言，每筆公證的最低收費額為美國地區 100 至 200 美元，日本地區 50 至 100 美元，歐洲大陸 100 至 175 美元。

2.公證費用之支付方式

⑴由供應商支付：採用此種方式，應於合約中註明公證費係由供應商支付。

⑵由買方支付：採用此種方式，不須於合約或 L/C 中註明，但最好通知買方該批貨品須經公證。

 ## 三、公證報告之效力

貨物經檢驗人員檢驗後即由檢驗人員出具檢驗報告，此項證明文件，有種種名稱，常見的為：公證報告 (Survey Report)、公證行報告 (Surveyor's Report)、鑑定證明書 (Survey Certificate)、檢驗證明書 (Inspection Certificate)、分析證明書 (Certificate of Analysis)、品質證明書 (Certificate of Quality Test) 及重量尺碼證明書 (Certificate Weight) 等，這些檢驗報告之效力，當事人都約定以檢驗所確定之結果作為品質、數量等的最後證明，但賣方必須有下列認識：

㈠出口商及製造廠商之責任

一般出口商或廠商往往有一種誤解，認為其產品經買方之指定公司檢驗後即不負任

何責任，出口商或廠方（賣方）必須顧及其本身與進口商（買方）訂有契約，必須交予買方符合買賣雙方所訂契約內規格之產品，如所交之產品雖經公證檢驗而於檢驗時未發現之缺點，或此項產品不符規定之處並未列檢驗項目時，賣方仍須負責；再者公證公司通常只作抽樣檢查而非全部檢驗，公證公司並不能為製造廠商擔保其產品能符合買賣雙方契約所訂之一切規格，故此項履行契約之責任仍在賣方。

㈡簽發公證報告者之責任

公證公司所簽發之報告或證明書為一項事實證明，即公證公司對產品經檢驗後出具之證明報告書，公證公司除非經確實認定有出具不實之報告或證明，而涉及偽造文書需負法律責任外，對買賣雙方仍不負任何賠償之責任。蓋賣方縱使因公證公司簽發不實之報告而獲利，但仍須對買方負損失之賠償，因賣方仍有履行合約交予符合合約規定貨品之責任。

第五節　出口貨物保險

進出口貨物從起運地到達目的地，在運輸過程中可能遭受到之損害有陸上的、海上的以及航空的危險，而由出貨人將此類危險轉移保險人員負責賠償責任之保險，即所謂貨物運輸保險 (Transportation Insurance)。

貨物運輸保險隨著運輸工具及方法的革新，陸上及航空運輸之迅速發展與海上運輸成為一貫運輸 (Through Transportation)，而使貨物運輸保險能統合一次辦理。本節僅就出口貨物海上保險投保實務說明，其餘內陸、航空保險由於保險公司均併於水險部門承保，手續大致相同，不另贅述。

一、貨物海上保險注意事項

出口廠商投保貨物海上保險時，為了顧及投保險類及費率的負擔，其保險條件的選擇，須考慮下列各項因素：

1.裝運之船舶

船舶等級、建造年分、噸位及配備、國籍及船舶種類等資料。

2.航程及地區

航程長短、氣候、沿途及起卸港埠的設備。

3.貨物之性質

①是否易遭受到某種損害，②包裝方法及材料，③裝船前有無檢驗（例如易腐、易爛、鮮貨等），④價值。

4.買方之指示

買方在買賣合約或信用狀中，指示投保之險類、標的保險金額與價額之約定等均屬之。

5.輸出保險之決定

輸出保險係一種政策性針對輸入對象的政治及信用保險，其評估標準較嚴格，故可視買方的信用及輸入地情況，決定投保與否。

 ## 二、貨物海上保險區間

貨物海上保險區間係指依買賣雙方交易條件之不同所作之責任區隔。茲就各種貿易條件說明之。

1.以 FAS 條件成交者

在本條件下，賣方將貨物運送至停泊於裝載港之裝載輪船傍時，危險即轉移予買方。

2.以 FOB 條件成交者

在本條件下，賣方將貨物裝上買方所指定的船舶時，危險即轉移予買方。所謂 "On Board" 一詞，有二種定義，一為貨物確實裝載於船舶上時（按照 Revised American Foreign Trade Definition 規定）；一為貨物「裝載」於船舶上為止（按照 Incoterms 2010 規定）。海上貨物保險實務上，採取後一定義。

3.以 CFR 條件成交者

在本條件下，賣方負支付送至指定目的港之運費，將貨物裝船後，取得 Clean On Board B/L 連同其他有關文件，一併寄交買方之義務。其危險轉移予買方的時間與 FOB 條件的情況相同。

4.以 CIF 條件成交者

在本條件下，賣方除負有 CFR 條件的義務外，尚負締結保險契約及提交保險契約之義務。其危險轉移予買方的時間與 CFR 條件的情況相同。

5.以 DES 條件成交者

在本條件下，賣方於指定的輸入港，在船上將貨物交付買方時，危險即轉移予買方。

6.以 EXW 條件成交者

在本條件下，賣方於指定或通常交貨之地點將貨物交由買方處置時，危險即轉移予買方。

7.以 FCA 條件成交者

本條件是為了配合貨櫃運輸而設，在本條件下，賣方將貨物送交指定的運送人保管時，危險即轉移予買方。

8.以 CPT 條件成交者

本條件也是為了配合貨櫃運輸而設，在本條件下，賣方負支付送至指定目的地之運費之義務。其危險轉移時間為將貨物送交第一個運送人保管時。

9.以 CIP 條件成交者

本條件也是為了配合貨櫃運輸而設，在本條件下，賣方除負有 Carriage Paid To... 條件的義務外，尚負締結保險契約及交付保險費之義務。其危險轉移予買方之時間與 Carriage Paid To... 條件的情況相同。

 ## 三、投保金額與幣別

貨物海上保險之投保金額包含法定保險價額及協定保險價額之總和，超過部分無效。

(一)法定保險價額

我國海商法第一百三十五條規定：「貨物之保險以裝載時、地之貨物價格、裝載費、稅捐、應付之運費及保險費，為保險價額。」

1906 年英國海上保險法第十六條第三項對貨物之保險價額規定：「除保險單上有明示規定或評價額外，保險標的物之保險價額應依下列規定確定之：

第三項：貨物或商品之保險中，其保險價額係被保險財產之原成本加上裝船費用、裝船之附隨費用及前述各項之保險費用。」

(二)協定保險價額

海上貨物保險之協定保險價額不得超過契約 CIF 價格加 10%（即 110%），若有超過時，應向保險人表示並徵得其同意方可。同時將與契約使用同一種幣別。

四、依協會規定之最低投保

依 2000 年國際商會 Incoterms 之解釋，保險須與保險人或有聲譽之保險公司訂約，若未與對照約定保險內容時，則依據協會貨物條款（英國倫敦保險協會）或任何類似條款最低承保 (Minimum Cover)。

五、貨物海上保險投保手續

出口廠商向保險公司索取「貨物水險投保單」填妥內容，繳納保費之後，保險公司即發給貨物海上保險單 (Marine Cargo Policy)，完成投保手續。

第六節　出口貨物報關

出口貨物報關手續，自民國 81 年 9 月 8 日海關實施通關自動化以後，已大為簡化。其與往昔傳統的通關程序有很大的改變。透過通關網路 (Trade Van, T/V)，將有關機關機構及業者電腦連線互傳訊息，以取代書面文件之遞送。其中重要名詞如「連線業者」，係指與通關網路電腦連線之報關業、倉儲業、貨櫃集散站業、進出口業、運輸業或其他與通關有關之業者或其代理人。而「未連線業者」則指未與通關網路連線之前款業者或其代理人。

茲就通關自動化之報關程序及相關規定說明於後。

一、出口貨物報關前辦理事項

各種貨物之出口，若列於「限制輸出貨品表」、「海關協助查核輸出貨品彙總表」之輸出規定時，報關人於報關前須辦理之事項。

㈠辦理出口簽證

向國貿局或其委託簽證單位申請核發輸出許可證（限制輸出貨品表內之貨品）及其他必要文件（委託查核輸出貨品表內之貨品）。

㈡接洽裝運

出口廠商貨物出口，如擬交船運，應注意出口輪船開航日期預先向輪船公司或其代理行洽定艙位及取得裝貨單，如係空運，應預先向航空公司或貨物承攬公司洽定艙位及

取得託運單。

㈢投保貨物海上保險

買賣契約中之貿易條件如係 CIF、CIP 等，須由出口廠商於貨物報關前辦妥貨物海上保險手續，亦可委由報關行辦理。

㈣貨物進儲聯鎖倉庫或貨櫃集散站

出口貨物應在經海關核准登記之出口貨棧或指定之地點查驗，且應於全部到齊後，海關方得開始查驗。但大宗貨物經海關核准船邊驗放者，不在此限。因此，除了後者之出口貨物外，均應在報關前將貨物進儲聯鎖倉庫或貨櫃集散站。

⑴依「海關管理貨櫃集散站辦法」第七條規定：出口貨櫃進站，應在海關辦公時間內為之。

⑵貨物應於船隻「截止收貨日」當天下班以前進站（倉庫）。

⑶倉儲業未與海關連線者須取得倉庫管理員之「進倉證明」文件，已連線者，則使用電腦傳輸進倉訊息。

 二、出口貨物報關法定申報人

法定申報人是指自然人、法人或法人團體，其中法人須為辦妥「出進口廠商登記」的廠商。

㈠貨物輸出人

依出口貨物報關驗放辦法第三條規定：出口貨物之申報，由貨物輸出入於載運貨物之運輸工具結關或開駛前之規定期限內，向海關辦理；其期限由各地海關定之。

㈡報關行

依「關稅法」第二十二條規定，出口貨物之報關手續，得委託報關行辦理之，報關行向海關遞送之報單均應經專責報關人員審核簽證。

 三、出口貨物報關時限

出口貨物報關時限分為兩種：

㈠海運出口貨物

⑴一般時限，以輪船公司向海關預報之「截止收貨日期」為「截止收單日期」，亦即報關人應在「截止收單日」及「各地海關公告之上、下午辦公時間」內向海關

投遞報單。

⑵通關自動化後,「未連線者」限於上述「辦公時間」內報關;「連線者」則以電腦傳輸方式申報,延長至「截止收單日」之二十四小時。

㈡空運出口貨物

以臺北及高雄關稅局而言,大致為:

⑴每日上午 8:30 至 12:30 及 13:00 至 15:30 所收報單,當日放行。下午 15:30 至 17:00 所收報單,至遲次一工作日放行。

⑵週六下午由 13:00 加班至 15:30,所收報單亦於當日放行。

四、出口貨物報關處理程序

依「貨物通關自動化實施辦法」之基本程序,出口通關作業有四個步驟:

1.投單報關

連線報關行用電腦傳輸出口報關資料,經 "T/V" 到達海關(未連線者,由海關根據書面資料輸入)。海關經篩選後,抽中 C1 報單者,送往放行;核列為 C2 或 C3 報單者,通知報關行遞送報單及相關文件;連線報關行依通知於「翌日辦公時間終了前」向海關遞送出口報單等文件。

2.查驗貨物

C3 報單案件由驗貨單位受理書面文件後辦理驗貨,驗畢送往分估單位。

3.分類估價

分估單位受理 C2 報單案件書面文件及 C3 報單案件由驗貨單位轉來後,審核文件,完成分估作業送往放行。

4.放行裝船

海關將放行訊息傳輸報關行及貨棧,並列印「放行通知」交報關行(或報關行自行列印),報關行持「放行通知」到貨棧進行裝運。

上述通關自動化之基本程序,又可詳細說明如下:

㈠投單報關

報關應備之一般性文件為:

1.出口報單

出口廠商報關時應套打出口報單正本一份及副本若干份,包含報關行「未連線者」

所有出口報單,「連線者」之 C2、C3 報單。C1 報單則於通關後再補送。

2. 裝貨單或託運單

裝貨單又稱下貨單 (Shipping Order, S/O),係海運專用之文件,為船公司發給船長的裝貨命令。至於託運單或稱「貨物託運申請書」(Shipper's Letter of Instruction; Instruction for Dispatch of Goods; Cargo Shipping Application),係空運出口貨物專用之文件。

3. 裝箱單

由國內出口商根據出口貨物實際裝箱情形編製,通常是按每一箱號開列其中所裝出口貨物之貨物名稱、規格、型號、數量、淨重、毛重等資料,以便國外收貨人查對,同時便利海關驗貨關員的查驗。

4. 輸出許可證

係由國貿局或其委託簽證單位所簽發,依「貨品輸出管理辦法」之規定,凡屬「限制輸出貨品表」內之貨品,均應依照該表所列規定申請辦理簽證,始能出口。E/P 各聯應以打字機套打。

輸出許可證應檢送海關存查聯（第三聯）。紡織品配額案件則採出口報單及輸出許可證合一制度。

5. 商業發票或發票

係國內出口廠商所開之商業發票(免憑輸出許可證報運出口之貨物才需檢附發票)。

6. 貨物進倉證明文件

①倉儲業未連線者,其「進倉證明」應經倉庫管理員簽證;②經核准船邊驗放或逕運船邊裝運者免附;③空運貨物以航空貨運站在「貨物託運申請書」加蓋證明（進倉）替代;④倉儲業已連線者,則使用電腦傳輸進倉資料給海關。報關時免附進倉證明。

7. 委任書

貨主委任報關行辦理貨物通關之一切手續,基於委任關係所簽署於海關之文件,該文件於解除委任關係時,須以書面通知海關始發生效力。

8. 型錄、說明書或圖樣

配合海關查核需要提供。

9. 其他機關委託代為查核之文件

例如經濟部標準檢驗局列入「出口貨物檢驗品目表」之貨物於報關出口時,應檢附該局所核發之「輸出檢驗合格證書」方可出口;書刊、唱片須取得行政院新聞局之核准

通知單等。

㈡查驗貨物

依「關稅法」第二十三條規定，海關對於進口、出口及轉口貨物得依職權或申請，施以查驗或免驗，貨物查驗時，應會同報關人為之，其搬移、拆包或開箱暨恢復原狀等事項，統由報關人負責。查驗方式分為：

1. 免驗之貨品

得予免驗之出口貨物根據「進出口貨物查驗準則」第二十七、二十八條規定辦理。

2. 裝櫃出口之查驗

⑴裝櫃出口之貨物，應先運到貨櫃集散地，並向駐地海關報關，查驗後，才准予裝櫃出口。

⑵若貨品可裝滿整櫃者，可申請海關派員到生產工廠查驗後，裝櫃密封出口，但報關時要附加「裝入貨櫃申請書」，並於報單上加蓋「貨櫃」字樣。

⑶出口貨物以貨櫃裝運，其驗貨地點可分為：

①在貨櫃集散地驗貨裝櫃。

②在工廠內驗貨裝櫃（保稅工廠之貨物）。

③在碼頭倉庫內驗貨裝櫃。

⑷凡驗貨裝櫃後，即予密封，除臨時突檢複驗外，通常皆可直接裝船出口。

3. 船（機）邊驗放

依據「進出口貨物查驗準則」第十四條規定：鮮貨、易腐物品、活動物、植物、有時間性之新聞及資料、危險品、放射性元素、骨灰、屍體、大宗及散裝貨物及其他特殊情形，得核准船（機）邊驗放或船（機）邊免驗提貨。

4. 全部查驗之貨品

⑴復運出口貨品。

⑵列為重大違規應予嚴查之廠商，自核定處分後六個月內報運出口之貨物。

5. 抽驗之貨品

海關受理報關後，經「抽派驗檔」審核，抽中 C3 報單者，應查驗貨物。抽驗決定因素依廠商分類、貨品類別及報關行等級等三個因素決定其比率：

⑴出口廠商區分為四類：甲類（包括 A1、A2、A3）、乙類（A4、A5、N）、丙類（C 類、侵害智慧財產權、違反貿易管理規定者）、丁類（重大違規、國際諮商

承諾應全部查驗之廠商)。

(2)貨品類別：可區分為特定貨品與一般貨品兩種。

　①特定貨品，又分為兩類：

　　第一類：國際諮商承諾嚴加查驗之貨品；包括電腦程式相關產品(十四個號列)
　　及 CD 唱片（三個號列）。

　　第二類：易仿冒貨品（化妝品、汽車零配件、運動器材）、高科技產品、有輸
　　出配額產品（輸美、加、歐盟紡織品；輸美、以工具機）、申請沖退稅貨品及
　　配合政策需要加強查驗之其他貨品。

　②一般貨品，非為特定貨品者均屬之。

(3)報關行等級：依報關行申請降低抽驗比率作業規定如下：

報關行具備下列條件者，得於每年 6 月檢具證明文件，以書面向所在地關稅局申
請降低抽驗比率：

①申請時之前二年均有營業盈餘者。

②員工待遇合理者。

③與海關完成電腦連線者。

④連線報關行於申請之前二年，未發生有申報進口貨物稅別、號別不正確或其他
　申報不實事項，致規避簽審規定或構成漏稅，而其貨價或所漏進口稅額超過新
　臺幣十萬元者。

⑤申請之前二年未受停業處分者。

⑥員工人數達十五人以上，且對所雇員工有良好培訓及管理制度者。

⑦全年報單數量在該關區居前百分之二十五者。

⑧年錯單率（錯單數量與申報之報單總數相比）未超過千分之五者。

⑨僱用專責報關人員達二人以上者。

⑩設立達五年以上者。

具備前項十款所列條件者為第一類報關行，具備前項第一款至第五款及第六款至
第十款其中三款所列條件者為第二類報關行。

(4)抽驗比率：

①甲類廠商之出口，一般貨品查驗比率最低。

②丁類廠商之出口，任何貨品均應查驗。

③由「符合降低抽驗比率之報關行」申報時，可降低 25%～50%（第一類報關行）或 25% 以內（第二類報關行）。但依規定必驗者，不得降低抽驗比率。前項降低抽驗比率之期間為一年。

(三)分類估價

分類估價係歸類出口貨物之稅則號列及核定其申報價格之用，分為：

1.稅則分類

在以往出口貨物課徵關稅時，海關稅則分類計有兩種，一為「海關進口稅則」，一為「海關出口稅則」。但自出口關稅停徵後，海關出口稅則亦隨之廢止，所以有關出口貨物之稅則分類，均參照海關進口稅則辦理。目前係以「國際商品統一分類制」為稅則分類標準。

2.估價申報

依「出口貨物報關驗放辦法」第十條規定：出口貨物之價格，以輸出許可證所列之離岸價格折算申報。無輸出許可證者，以輸出口岸之實際價值申報。

免簽證或無證貨物（貨價 FOB 2 萬美元以下），應於報關時檢附發票或其他價值證明文件。

3.徵收規費

出口貨物報關時應繳之規費為：①特別驗關費，②海關監視費，③押運費，報關貨物如有上述規費須繳納時，由報關人或繳費義務人按應繳規費金額在有關報單或文件上貼足同額之規費證，以示繳納。

4.核銷證件

核銷證件包括裝貨單、輸出許可證、裝箱單及其他文件（如輸出檢驗合格證等）應與報單所載相符。

(1)人工核銷輸出許可證：C2 報單於海關收到報單後辦理。

(2)簽證機關與 "T/V" 連線者，由電腦自動比對。

(四)放行裝船

通關自動化之放行程序為：

(1)電腦傳輸「電腦放行通知」訊息給報關行、航運業及貨棧。

(2)另行列印書面「放行通知」（不使用裝貨單）投入報關行之候單箱，報關人持交航運業、倉儲業，憑以裝運（倉儲業可另行依輪船公司交來之「出口報單放行清

表」作業）。

(3)輪船公司、倉儲業依「放行通知」或「出口報單放行清表」辦理裝貨手續。

上述報關大都由出口廠商委託報關行辦理，而裝船手續，則由船公司或其代理行所委託之理貨行(Tally)辦理。

由高雄機場空運出口及各地郵局郵遞出口貨物，應照海關所屬各支所另行訂定之手續辦理，大致與海運貨物辦法相同。

 ## 五、出口貨物報關其他要項

出口貨物報關後，其後續之要項工作為退關及申請出口證明書等問題，分述如下：

㈠出口證明書及出口副報單

貨物裝運出口後，報關人可向海關說明用途，申請核發出口證明書及出口副報單。

㈡退關案件之處理

退關貨物應由「輪船（航空）公司」或貨物輸出人繕具出口貨物退關清單，由海關配合出口報單處理。

1.通關放行前

⑴已報關：出口報單在投單後放行前，如因出口貨物檢驗不合格，國外買主來電或來函取消購買及其他正當理由，貨主或報關人或船公司或其代理行，擬註銷貨物出口，應繕具「出口註銷報關貨物出倉申請書」，經海關出口業務單位核准後，於出口報單登記表上加註「註銷」字樣，報單上有關文件，俟辦理退運出口時發還報關人。

⑵未報關（貨物已進站或進倉）：貨主或報關人應繕具「出口註銷報關貨物申請書」一式二份，檢附有關進倉證明書、裝箱單、輸出許可證（如尚未申領應由報關人具結）、裝貨單及收貨單等文件向海關出口業務單位申請，經簽放關員受理並送查驗無訛（如屬整裝貨櫃應即予加封）後，在申請書副本簽註「尚未報關准予出倉（站）」字樣，連同有關文件發還報關人，以憑其領回。

2.通關放行後

⑴全部退關：船公司因艙位不足等原因無法裝載出口，報關人應繕具出口退關貨物出倉申請書一式二份，連同已放行之輸出許可證第四、五聯向海關出口業務單位申請，經查驗無訛後，簽放人員於出倉申請書副本上簽註「准予出倉」字樣後，

連同已註銷原簽放之輸出許可證第三聯、檢驗合格證等有關文件退還報關人，以憑將貨物提領出倉。

(2)部分退關：出口貨物部分退關，其退運出倉處理程序比照全部退關貨物辦理，但應另附輸出許可證修改證明書以供出口商憑以押匯。

㈢報關人員易犯錯誤項目

報關行申報貨物出口，易犯之錯誤項目係指報關行內部作業部分。狹義地說，應是「出口報單」之填打錯誤較多之項目。

1.產地標示

現行出口貨物，其外包裝及內包裝或貨上應標示產地，如因特殊貿易關係不標示產地，應事先向國貿局申請准予免標產地，並將國貿局函附於報單以憑核對。海關對未標示產地案，概不准辦理出口。

2.偽冒洋貨、廠牌

貨品標示產地為外國，或冒用外國廠牌，則不准出口並函國貿局予以停止出口處分。

3.申報用料量

部分報關人繕打成品用料量與出口淨重折算相去太遠，恐構成緝私案件，故出口前應由貨主提供詳細正確之資料。

4.出口貨物價格

有些出口貨物有低價限制，或為管制外匯，故出口價格應為合理價格，不可偏高或偏低。

第七節　出口貨物裝船

辦理貨物裝船手續主要對象為棧埠管理處及輪船，其辦理程序應配合報關同時辦理，可分述如下：

一、裝船程序

出口貨物裝船手續，大都由報關行負責全程，廠商並不參與，為瞭解其詳細，分下列六項說明之。

(1)先向輪船公司詢明輪船確實到港日期、出口結關日期、裝貨時間及裝出口貨碼頭

倉庫,如係傭船性質則應在船方送達裝貨準備通知書後,準備妥當以免延誤船期。

⑵向棧埠管理處申請出口倉庫,預繳出口裝船費用(除運送契約為 FIO 或 FI 外,應按棧埠管理處所訂進倉 (Received),存倉 (Stowed) 及出倉 (Delivery) 之 RSD 費率預繳 80%),並將貨物於驗關前全部運抵出口倉庫。

⑶會同海關驗關,最好能提出公認之公證行或檢驗局之打包證明,可請求減少開箱檢驗數量。

⑷裝貨單於海關放行後,應執往倉庫會同洽詢船上大副,擬訂貨物裝船艙位及時間,如特殊貨物不能壓擠、不能過熱、不能閉悶、不能倒置等均須向大副說明,若配艙不宜時,應洽請大副酌情調換艙位,如係散裝船並應會同大副查勘船舶吃水計算裝貨數量。

⑸裝船時應注意件數到達齊全,遇有破損,應立即修補或用貨調換,禁止小工用鉤或亂拋並防其偷竊,怕潮貨物如遇下雨不宜裝船等,均須派員至現場照料。

⑹如貨物裝在甲板上,船方都不負損害責任,故必須先徵得貨方同意,否則應拒絕裝在甲板上。如遇危險、鮮活、笨重貨物應洽大副如何裝船,如何沿途照料。

 ## 二、換領提單

出口貨物裝船完畢之後,船方大副就簽發大副收據 (Mate's Receipt, M/R),予出口商憑以向輪船公司換領提單 (B/L)。

換領提單時,倘大副收據載有貨物損壞之批註,船公司就在提單上加添同樣之批註。實際上如裝船時貨物業已損壞,船方多於大副收貨單上加以批註。例如:

Two cases broken (2 箱已破)

Two packages in damaged condition (2 件損壞)

Insufficiently packed for ocean voyage (包裝不足以適應海洋運輸)

如輪船公司將此類批註載明於所簽發之提單中,則此種提單稱之為不清潔提單 (Unclean Bill of Lading) 或有瑕疵之提單 (Foul Bill of Lading),其於押匯時,將為銀行所拒受。出口商欲解決此種困難,可要求輪船公司改發清潔提單 (Clean Bill of Lading),但須向輪船公司提出保證書,又稱切結書 (Letter of Guarantee, L/G; Letter of Indemnity, L/I),保證如因大副收據所批註之原因而致輪船公司蒙受損失時,由裝貨人負責任。此種保證書之形式,通常由輪船公司免費供給,出口商於需要時,可隨時索取。換取提單

時應注意：①份數是否相符；②各項內容是否與收貨單相符；③提單須為無附註之清潔提單 (Clean on Board Ocean B/L)；④提單上的裝船日期 (On Board Date) 必須在信用狀所限定日期以前，否則即屬逾期提單 (Stale B/L)，押匯時將為銀行所拒；至於提貨單簽發日期則可在裝船之當日或其他日期均可。

執提貨單辦妥結匯手續，封寄貨物裝運通知書及各種貨運單據給買貨之進口商，於焉貨運出口手續，始能稱為辦理完畢。

第八節　出口貨物押匯

押匯與結匯之意義實一物之兩面，卻容易為一般人所混淆，故有加以說明之必要。押匯 (Negotiation of Draft) 係賣方遵照買方所開 L/C 條件將貨物裝運後，開製匯票附添貨物單據，並將買方預先開來之信用狀附上，提交銀行請其承購而收回貨款的方法，對出口商而言，亦叫跟單押匯 (Documentary Bill of Exchange with L/C)。

結匯 (Settlement of Foreign Exchange) 係以本國貨幣向指定銀行購買外匯或將外匯售予指定銀行之行為。故一般所稱普通結匯者，乃係指銀行辦理結匯時，不直接接觸進出口貨運單據之結匯方式。以銀行之立場而言，所謂結匯包括進口結匯——乃指定銀行辦理結匯時，直接接觸進口貨運單據之結匯方式而言；出口結匯——係指銀行辦理結匯時，直接接觸出口貨運單據之結匯方式而言 (Representation or Retirement of Documents)。

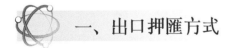

一、出口押匯方式

出口押匯方式須視買賣雙方交易時之付款條件而定。信用狀為最普遍之出口方式，指定銀行開發不可撤銷信用狀後，即通知信用狀受益人（多為出口廠商），並準備貨物辦理出口簽證（屬限制輸出貨品表內之貨品），待貨物報驗裝運出口後，憑海關驗放之「輸出許可證」第二聯（即海關回單聯），連同信用狀全套正本及有關單據，向指定銀行申請押匯。由於憑信用狀交易乃為目前最普遍之付款方式，特就其押匯手續述明於後。至於非信用狀押匯之進出口託收，另詳揭第十八章。

二、信用狀方式押匯實例

出口廠商以信用狀方式向外匯銀行申請辦理出口押匯，如為初次往來，必須按照銀行規定辦理押匯前的各項預備手續，然後再依下列順序辦理出口押匯，通常應先辦理的手續有下列五項：

㈠印鑑及署名之登記

　　⑴與有往來之銀行辦理即可，如向他行辦理押匯時，可請其登記銀行發給證明書。

　　⑵登記卡正面簽蓋印章，背書簽填英文簽名。

　　⑶印鑑係指該公司（賣方）負責簽發匯票時蓋用與該匯票之印章；署名則指於辦理押匯時簽署於所開出之匯票，及所有貨運單據或背書時之簽名樣式。

　　⑷如未辦妥登記，則不能被銀行承認，亦不得辦理押匯。

㈡辦理押匯總質權書

　　⑴於申請押匯手續時，其開出之匯票不管是否附帶條件，都必須辦妥押匯總質權書(Letter of Hypothecation, L/H)，確定申請押匯人及辦理押匯銀行間之各條件內容及權利義務。

　　⑵此種押匯總質權書具有延續效力，於每一押匯銀行辦理一次即可，日後無需再辦。

㈢辦理共同擔保書

　　該擔保書是委託押匯銀行，將結匯或託收所得款項存入指定銀行的帳戶，並表示如有發生任何糾葛由自己負責與銀行無涉的書狀。

㈣申請信用狀押匯額度

　　依照各銀行徵信作業要點及相關規定辦理徵信作業後，核定進出口廠商之押匯額度。

㈤辦理出口押匯應檢送文件

　　押匯所需文件主要可分為一般文件與特殊文件，茲分別說明如下：

　1.一般文件

　　指押匯必須具備的文件，又可分為：

　　⑴出口押匯申請書。

　　⑵信用狀正本。

　　⑶匯票二份。

(4)輸出許可證（限制輸出貨品表之貨品）。

(5)信用狀規定之貨運單據：

　　①商業發票若干份。

　　②貨物提單正本一套。

　　③保險單正本。

　　④包裝單若干份。

　　⑤一般產地證明書。

　　⑥優惠關稅產地證明書。

　　⑦特種海關發票。

　　⑧領事簽證。

　　⑨檢驗報告文件。

　　⑩公證行檢驗合格報告文件。

　　⑪其他信用狀所指定之文件。

2.特殊文件

指特別規定之文件：

(1)統一發票。

(2)銀行買匯紀錄全式三份。

(3)匯出匯款或折換申請書：須匯付佣金時。

(4)保險費送金單：在 CIF、C&I 及 CIP 時。

(5)轉讓書：限於信用狀轉讓之場合。

(6)切結書 (Letter of Indemnity)：限於單據有瑕疵時。

 ## 三、出口押匯單據之審核

　　信用狀受益人（出口商）如欲順利押匯取款，其有關單據之製作除需付予應有注意力外，在面對押匯銀行提示單據時，亦須先審核匯票及單據是否與信用狀相符合。銀行受理押匯、審核單據，一般係根據信用狀本文，單據本身，國際標準銀行實務，國際商會所制定之信用狀統一慣例 UCP 600 第十四至十七條及有關法令規章辦理。以下就廠商立場說明自行審核單據之原則。

㈠匯　票

匯票屬財務單據 (Financial Documents)。其審核要點為:

⑴出票日期不得遲於信用狀之有效日期。

⑵匯票金額應以商業發票之金額為依據，其小寫金額與大寫金額應一致。(L/C 金額＝輸出許可證金額＝匯票金額＝商業發票金額)

⑶出票條款 (Drawn Clause) 中須載明信用狀號碼、日期及開狀銀行名稱。

⑷信用狀有利息條款 (Interest Clause) 者應按規定填列。

⑸發票人 (Drawer) 應為信用狀之受益人 (Beneficiary)，由負責人親筆簽署，不得以橡皮簽字章代替。

⑹被發票人 (Drawee) 之名稱及地址應符合信用狀之規定。如未規定者，以開狀銀行為被發票人。

⑺匯票表面應完整，不宜塗改。

㈡商業發票

根據 UCP 600 第十八條規定及信用狀之內容審核。

⑴發票日期不宜遲於匯票簽發日，亦不得遲於信用狀有效日及提示單據期限。

⑵發票所列運輸工具名稱及運輸日期、起運地及目的地，均應與提單所載者相符。

⑶裝運標誌應與其他單據相符。

⑷貨物內容之記述應與信用狀之規定完全相符。

⑸單價及數量之單位應表明，貿易條件亦應列明，如 FOB、C&F (CFR)、CIF、C&I 等。

⑹金額應與匯票所列一致。

⑺與貨品無關之費用不得列入。

⑻金額與貨品數量不得超過信用狀之規定。

⑼發票條款須載明，即將開狀銀行名稱，及信用狀號碼列入。

⑽如信用狀規定應經證明 (Certify) 副署 (Countersign) 者應照辦之。

⑾發票之抬頭人應為買方 (Accountee)。

⑿份數應按信用狀之要求提供，每張須經受益人簽署。

㈢提　單

提單之審核原則以 UCP 600 第十九至二十七條為準據。

(1)應依信用狀規定製作海運提單、航空提單、郵包收據或其他貨運提單。

(2)提單必須是全套 (Full Set) 可轉讓 (Negotiable) 之清潔提單。

(3)驗明提單種類，如裝船提單 (On Board B/L)、備運提單 (Received for Shipment B/L)、聯運提單 (Through B/L)，是否與信用狀相符。

(4)提單之受貨人及被通知人 (Notify Party) 之名稱地址須與信用狀規定相符。

(5)提單之受貨人 (Consignee) 如係 "To Order" 或 "To Order of Shipper" 者，應經發貨人作空白背書，如受貨人為 "To Order of Negotiating Bank" 者，押匯銀行應背書。

(6)起運地與目的地須與信用狀規定相符。

(7)提單所載貨物名稱、嘜頭、重量、材積、件數等，須與信用狀、發票一致。

(8)運費已預付 (Freight Prepaid) 或運費到付 (Freight Collect)，須在提單上明確註明。

(9)提單上註明有關於貨物外表或包裝有瑕疵的詞句，即為瑕疵提單 (Unclean B/L)，銀行不予接受。

(10)裝運提單之簽發日期即為貨物裝運日期，該日期不得遲於信用狀規定之裝運期限，備運提單後來加蓋 "On Board" 戳記者，應加註日期並由船公司有權簽字人簽註。

(11)提單必須由輪船公司或其代理行正式簽署。

(12)更正之處，須有原船公司或其代理行加簽。

(四)保險單

依據 UCP 600 第二十八條規定應予注意外，可根據下列要項審核：

(1)保險單應以信用狀受益人為抬頭人，並作成空白背書。

(2)保險金額應符合信用狀之規定，如無規定者，不得低於 CIF 或 CIP 金額加 10%，但就單據無法決定 CIF 金額時，則應保足發票金額，其保險幣別並應與匯票一致。

(3)保險單應載明賠償支取地點及支取代理行。賠償支取地點如無特別規定，應以貨運目的地為支取地點。

(4)保險單內所開列之貨物名稱、嘜頭、船名、運貨起訖點及裝船日期等須與提單、發票等相符。

(5)所保險類須按信用狀規定辦理。

⑹保險單之發單日期不得遲於提單之裝船日期。

⑺保險單應經保險公司或其代理人發行或簽署。

⑻保險單據之種類須與信用狀規定者相符合。

(五)包裝單、重量尺碼單

審核依據除依 UCP 600 第十四條 g 項外，其他注意事項如：

⑴進口商名稱須與其他單據一致。

⑵貨物記述須與發票相符或不矛盾。

⑶裝運標誌須與其他單據所示者相符。

⑷數量的小計與合計須加以核算，其小計與合計須與商業發票所示相符。

⑸毛重、材積須與運送單據上所示者相符。

⑹須由出口商簽名。

⑺繕製日期不得遲於運送單據發行日期。

⑻信用狀要求 Neutral Packing List 或 Packing List in Plain Paper 者，包裝單應以無信頭 (Letterhead) 的白紙繕製，出口商的名稱與簽章，不得出現於包裝單上。

⑼如果信用狀要求 Sworn Weight/Measurement Certificate 者，如無特別規定，宜由公證行發行。

⑽單據名稱應與信用狀所規定者相符。例如信用狀規定 Packing Specification 不宜以 Packing List 代替，又如信用狀規定 Sworn Weight/Measurement Certificate 不宜以 Sworn Weight/Measurement List 代替，也不可以 Weight List 代替 Weight Certificate。

(六)產地證明書

產地證明書通常由商會簽發，或由領事簽發，或由出口商自行簽發，視信用狀規定而異。我國則有時由經濟部標準檢驗局簽發。注意事項如下：

⑴應提出的份數須與信用狀的規定相符。

⑵格式應符合進口國家的要求。

⑶進口商或受貨人名稱、地址須與信用狀規定相符。

⑷簽發日期不得遲於裝運日期。

⑸所載貨物名稱、數量應與商業發票所載相符。

⑹須證明裝運貨物為本國產品。

(7)須經信用狀所規定機構簽署者，應注意有無其簽證。

(8)優惠關稅產地證明書之審核：

①有否經濟部標準檢驗局之鋼印及簽章、出口商之簽章。

②第八欄使用本國原料和加工費之百分比應特別留意與信用狀規定是否相符合。

③ GSP Form A 內容不得塗改。

(七)領事發票

領事發票之審核事項有：

(1)裝運人、受貨人名稱須與信用狀規定相符，如信用狀規定受貨人為 To Order 或開狀銀行時，領事發票上的受貨人為開狀申請人。

(2)貨物記述、價格、數量應與商業發票上所示者相符。

(3)應由信用狀指定國家駐華領事發行。

(4)發行日期不得遲於信用狀有效日期或提示押匯期限。

(5)必須是正本。如信用狀要求 Verified Copy 時，副本應由領事簽署。

(八)檢驗證明書

檢驗證明書含 PSI，公證報告等，其審核要項有：

(1)文件名稱須與信用狀所規定者相符，例如信用狀要求 Quality Certificate，則應提示標明為 Quality of Certificate 的文件。又如信用狀要求 Inspection Certificate，就應提示標明為 Inspection Certificate 的文件，如以標明為 Survey Report 或 Certificate of Analysis 代替，則可能被認為瑕疵。

(2)應由信用狀指定機構檢驗並發行。

(3)檢驗日期應在裝運日期之前，但不得距離裝運日之前過久。

(4)檢驗的貨物應為商業發票上所示貨物，其規格、嘜頭等應與其他單據相符。

(5)內容有修改之處，應有適當的加簽。

(6)檢驗項目及其內容須符合信用狀的規定，及其檢驗結果是否合格。例如："We certify that the following material has been inspected and in accordance with our opinion based upon the report of our inspectors and our experience and judgement has been accepted under the instructions provided." 如批註有瑕疵者，不能接受。

(7)檢驗人為減輕自己的責任，有時出具證明效力較弱的檢驗證明書。例如："Our obligation in making the inspection and for forwarding this certificate limits only to our client and represents our opinions on the date of inspection only." 倘檢驗報告無記載不合格事項，仍可接受。

(九)其他單據

除運送單據，保險單據及商業發票外，若信用狀要求單據之提示，而未規定該單據係由何人簽發或其資料內容，則銀行將就所提示者照單接受，但以其內容顯示符合所需單據之功能，且其他方面亦依照第十四條 d 項之規定為條件（UCP 600 第十四條 g 項）。

(十)單據相關用語的解釋

信用狀中有關單據所出現的單複數、簽署、公證、相關日期、正副本之文字，可依UCP 600 第三、十四及十七條之解釋作為處理依據。

1.單複數

在可適用之情形，單數之用語包括複數，而複數之用語則包括單數。

2.簽署或公證

(1)單據得以手寫、複製簽字、打孔式簽字、圖章、符號或以任何其他機械或電子之確認方式簽署。

(2)要求單據應經公證、簽證、證明或類似者，以該單據上之任何簽字、標記、圖章或標籤顯示符合其要求為已足。

3.相關日期

(1)「在或於其前後」(on or about) 或類似之用語，將解釋為規定事件應在特定期日前後五曆日之期間內（含首尾）。

(2)「至」(to)、「迄」(until)、「訖」(till)、「自」(from)、「在……之間」(between) 等用語用於確定裝運期間時，包括所提及之期日，但「之前」(before) 及「之後」(after) 等用語則不包括所提及之期日。

(3)「自」(from)、「之後」(after) 等用語用以確定到期日時，不包括所提及之期日。

(4)「上半月」(first half)、「下半月」(second half) 等用語應分別解釋為該月之第一日至第十五日及第十六日至該月末日，並均含起迄期日在內。

(5)「上旬」(beginning of a month)、「中旬」(middle of a month) 及「下旬」(end of a month) 等用語，應分別解釋為該月之第一日至第十日、第十一日至第二十日及第二十一日至該月末日，並均含起迄期日在內。

1.單據之正副本

⑴信用狀規定之每一種單據至少須提示一份正本。

⑵除單據本身表明其非正本外，載有單據簽發人之明顯原始簽字、標記、圖章、或標籤之任何單據，銀行應認其為正本。

⑶除單據另有表明外，具有下列性質之單據，銀行亦將認其為正本而予接受：

　①顯示由單據簽發人親手書寫、打字、打孔或蓋章。

　②顯示係製作在單據簽發人之原始用箋上。

　③敘明其為正本，除非該正本性質之聲明顯示不適用於所提示之單據。

⑷若信用狀要求提示單據之副本，則提示正本或副本皆為允許。

⑸除單據本身另有明示外，如信用狀要求提示複式單據，使用諸如「一式兩份」(in duplicate)、「兩份」(in two fold)、「兩份」(in two copies) 等類之用語，則以提示至少一份正本及其餘份數為副本者為已足。

四、出口押匯各項費用之計算方法

（一）手續費

　1.出口押匯費

　以押匯總額之 1‰ 折成新臺幣計收，最低收 NT$500，但不足 10 元者以 10 元計收。

　例：US$10,000 × 0.1‰ × NT$34.25 = NT$343.00。

　2.出口轉押匯

　按押匯總額之 2‰ 折成新臺幣，最低收 NT$1,000。

　3.出口託收

　按託收金額 0.05‰ 折成新臺幣，最低收 NT$500。

　4.信用狀分割轉讓

　第二受益人在國內者每件收 NT$400，修改案件收取 NT$200。第二受益人在國外者，每筆收 NT$800，另加收郵電費 NT$400。

（二）郵電費

　按地區別（即開狀銀行所在地區）徵收，港澳地區 NT$120，亞洲及大洋洲地區 NT$350，歐美及非洲地區 NT$350，付款銀行非為開狀銀行時，加付款銀行所在地區郵費之半額。例：The Mitsubishi Bank Tokyo（亞洲）為開狀銀行，如委託 Irving Trust Co. New York（美洲）為付款銀行時，郵電費應收 NT$350 + NT$175（美洲地區 NT$350 之

半額），共 NT$525。

㈢電報費

按實際發生計收每張信用狀為 NT$800。若是電匯佣金每筆計收 NT$400。

㈣匯　費

出口商申請開發原幣佣金支票，除按上述每張加收郵電費外，尚須向該出口商繳收匯費，其收費率即按申請開發金額 0.05%，最低收 NT$100，最高收 NT$800。

㈤出口押匯利息

1.出口押匯款利息

按押匯金額，以當日各外匯銀行牌告外幣遠期信用狀利率×$\frac{7}{365}$ 或 $\frac{12}{365}$ 計算（港幣、新加坡幣及日圓七天；其他地區為十二天）；須轉押匯者，依前述情況十四天或十九天計算之。若單據有瑕疵時，則按前述利率加收七天或十四天不等之利息。

2.貼現利息

遠期匯票利息或貼現利息由賣方負擔到期匯付貨款本金，如利率為 10.5% PA（年息），其計算方法如下：

⑴見票後九十天付款，則貼現息為：

$$協調利率 \times \frac{貼現天數 + 15}{365} \times 匯率$$

$$US\$10,000 \times 10.5\% \times \frac{90 + 15}{365} \times NT\$32.50 = NT\$9,817$$

⑵自裝船日起九十天付款，而出口商於裝船後七天提示單據押匯，則貼現息為：

$$NT\$10,000 \times 10.5\% \times \frac{(90 - 7) + 15}{365} \times NT\$32.50 = NT\$9,162$$

㈥推廣貿易服務費

每筆押匯應徵收結匯額之 0.0425%，以新臺幣計算作為聯合推廣費用，計算至元為止（此筆費用在報關時繳收）。

㈦佣金之扣付

所謂佣金者，係指本國出口商欲給付國外代理商或介紹商的酬勞金，俗稱 Commission。佣金於押匯時，先從押匯款中扣除，再由承辦銀行依信用狀規定方式匯付予指定之受款人。

五、出口押匯貨款之取回

銀行於接到押匯匯票及單據後，即審查所有文件，一切符合信用狀規定條件後，將外匯折算為本國貨幣金額付清匯票，由出口商取回貨款；或由出口商開設外匯存款帳戶 (FX A/C)，將外幣款項存戶。

 六、出口押匯單據瑕疵之處理

單據瑕疵 (Discrepancy)，係指出口押匯為押匯銀行之融資或墊款之授信業務，為確保銀行債權及避免延緩受償而遭受損失，對於押匯單據，銀行依循信用狀本文，單據本身及國際標準銀行實務三項原則以「相當之注意」審核一切單據，藉以確定該等單據表面上所示是否構成符合之提示（UCP 600 第十四條 a 項），若提示係屬符合，指定銀行或保兌銀行將予以兌付或讓購。反之，若決定提示係不符合，即所謂單據瑕疵，上述該等銀行得拒絕兌付或讓購。至於不符合信用狀規定條件之情形，可分為兩大類：

(1)單據表面上與信用狀規定不符。

(2)單據與單據間，表面上顯示彼此互相抵觸 (Conflict with)。

一般銀行處理出口廠商押匯單據瑕疵 (Discrepancy) 案件，有以下五種方式：

1.電報押匯

須俟押匯銀行打電報請示開狀銀行授權後始付款，謂之 Cable Confirm。

2.修改信用狀

在信用狀規定提示期間內，由出口廠商要求進口廠商修改無法履行之信用狀條款。

3.更改押匯文件

出口廠商及時改正或補齊信用狀所要求之單據。

4.保結押匯

由出口商出具保證書 (Letter of Indemnity, L/I) 後付款。

5.信用狀項下託收

單據瑕疵情況嚴重或內容複雜，被拒付機會很大，或進口國外匯短絀，國際收支惡化，信用狀通常規定單據一有瑕疵，應改以信用狀項下託收方式處理。

以下就信用狀項下押匯單據瑕疵實例加以說明：

(1)修改信用狀：更改貿易條件

開狀日期 11/01/18，信用狀號碼 L/C 11/44769 之正本信用狀貿易條件及 COAST AND FREIGHT KUWAIT，更改為 Free On Board Taiwan。46A 第 4 點 Freight Prepaid 改為 Freight Collect。

⑵單據瑕疵

出口商 NEXT TOOLS INDUSTRIES CO., LTD 未將裝船通知 (Shipment Advices) 寄給信用狀申請人及保險公司而被押匯銀行玉山銀行 (E. SUN COMMERCIAL BANK, LTD.) 拒付。

信用狀押匯單據瑕疵之處理實例
1.正本信用狀實例

11JANUARY 18 21:28:02		Logical Terminal >DM0
MT S700	Issue of a Documentary Credit	Page 00001
		Func TWTPRO02

Basic Header	F 01 IRVTTWTXAXXX 2314 182849	
Application Header	O 700 1545 110118 NBOKKWKWAXXX 2815 327606 110119 0700 N	
	*NATIONAL BANK OF KUWAIT	
	*KUWAIT	
User Header	Service Code 103:	
	Bank. Priority 113:	
	Msg User Ref. 108:	
	Info. from CI 115:	
Sequence of Total	*27 : 1/1	
Form of Doc. Credit	*40A : IRREVOCABLE	
Doc. Credit Number	*20 : L/C11/44769	
Date of Issue	31C : 110118	
Applicable Rules	*40E : UCP LATEST VERSION	
	/	
Expiry Date and Place	*31D : Date 110315 Place Taiwan	
Applicant	*50 : PROPRIETOR KHALID	
	KHALID AL BAREENI SOUTH	
	BUILDING NO. 11, SAFAT, KUWAIT	
Beneficiary	*59 : NEXT TOOLS INDUSTRIES CO., LTD. NO. 86	
	LANE 201 AN HO ROAD, TAICHUNG, TAIWAN	
Amount	*32B : Currency US$ Amount 12,609.62	
Available with/by	*41D : ANY BANK	
	BY NEGOTIATION	
Drafts at...	42C : AT SIGHT	
Drawee	42A : NBOKKWKWA ×××	
	*NATIONAL BANK OF KUWAIT	
	*KUWAIT	
Partial Shipments	43P : NOT ALLOWED	
Transhipment	43T : ALLOWED	
Taking charge place	44A : Taiwan	
Port of Loading	44E : Taiwan	
Port of Discharge	44F : KUWAIT, KUWAIT	
Final Destination	44B : KUWAIT, KUWAIT	
Latest Date of Ship.	44C : 110220	
Descript. of Goods	45A : HYDRAULIC TOOLS	

Documents required   46A :   1. 5 Signed invoices in the name of applicant certifying merchandise to be of Taiwan origin.

2. 3 packing list/weight list.

3. Certificate of origin issued by local chamber of commerce containing the following details. (a) name of exporting country. (b) name of exporting company. (c) the country of origin of goods. (d) name and address of manufacturer.

4. Full set of clean Shipped on Board ocean bill of lading drawn or endorsed to the order of NATIONAL BANK OF KUWAIT, showing beneficiary as shipper, marked notify applicant and issuing bank, bearing our credit number, showing freight PREPAID. Name, address and telephone numbers of shipping agent at destination must also appear on bill of lading.

5. Insurance covered by applicant. All shipment under this credit must be advised by beneficiary within 5 working days from shipment date directly by fax or post or courier to M/S Adamjee Insurance Co. Limited P.O. Box 5566, KUWAIT, KUWAIT and to the applicant referring to open policy or cover no 3226 giving full detail of shipment. A copy of each of above advices and the postal registration receipts or fax transmission report or courier receipt to accompany the original set of documents.

Additional Cond.   47A :   1. Negotiating bank is authorized to claim reimbursement three working days after despatch of documents provided all terms and conditions of the credit are complied and must inform opening bank by authenticated SWIFT/Telex three working days before claiming reimbursement, the amount of negotiation, value date of claim, date of despatch of documents and a copy of such SWIFT/Telex message must accompany the original set of documents.

2. Negotiating bank to send all documents by courier service in one mail to NATIONAL BANK OF KUWAIT, SAK, KUWAIT.

3. Third party documents are not acceptable.

4. Shipping Mark. HUA IN DIAMOND.

5. Short Form/Blank Back/Claused/Stale Bill Of Lading/Airway Bill not acceptable.

6. Documents issued or dated prior to this Documentary Credit issuance date not acceptable.

7. Freight Forwarder, House, Chartered Party Bill Of Lading Not Acceptable.

8. All documents to be made in English language.

9. Incoterm. COST AND FREIGHT KUWAIT.

10. If discrepant documents presented US$100.0 or equivalent will be

deducted from proceeds.

II. If Shipment In Container, Bill Of Lading to show Container Number and Seal Number.

Details of Charges	71B :	ALL BANK CHARGES RECORDING FEE AND COMMISSION OUTSIDE KUWAIT INCLUDING REIMBURSEMENT CHARGES ARE FOR BENEFICIARY'S ACCOUNT.
Presentation Period	48 :	DOCUMENTS TO BE PRESENTED WITHIN 21 DAYS AFTER THE DATE OF SHIPMENT BUT WITHIN THE VALIDITY OF THE CREDIT.
Confirmation	*49 :	WITHOUT
Reimbursing Bank	53A :	NWNYUS15 ××× *NATIONAL BANK OF KUWAIT *NEW YORK, NY

Instructions　78　:　1. The amount of each negotiation must be endorsed on the reverse of this credit and negotiating bank must certify the same on the covering schedule.

2. Negotiation under reserve strictly not allowed.

3. If this LC is negotiated by a bank other than the advising bank the negotiating bank is to certify on covering schedule that advising bank charges are paid.

4. This Documentary Credit issued is subject to UCP 600.

"Advise Through"	57A :	IRVTTWT ×××× *THE BANK OF NEW YORK MELLON, TAIPEI *BRANCH *TAIPEI
Trailer	:	CHK: 1AD8D8A59044 DLM:

2.修改信用狀實例

11JANUARY 26 04:06:44	Logical Terminal >DM0
MT S707　　　　Amendment to a Documentary Credit	Page 00001
	Func TWTPRO02

Basic Header　　　　F 01 IRVTTWTXAXXX 2315 184120

Application Header　O 707 1306 110126 HBZUAEADA ××× 2816 334490 110126 1706 N
　　　　　　　　　　*

　　　　　　　　　　*NATIONAL BANK OF KUWAIT

User Header　　　　Service Code 103: KUWAIT

　　　　　　　　　　Bank. Priority 113:

　　　　　　　　　　Msg User Ref. 108:

　　　　　　　　　　Info. from CI 115:

Sender's Ref.　　　　*20　: L/C 11/44769

Receiver's Ref.　　　*21　: NONREF

Date of Amendment　30　: 110126

Number of Amendment　26E : 2

Beneficiary　　　　　*59　: NEXT TOOLS INDUSTRIES CO., LTD. NO. 86
　　　　　　　　　　　　　LANE 201 AN HO ROAD TAICHUNG, TAIWAN

Repeatable Sequence 001 ****************Occurrence 00001

Narrative　　　　　79　: 1. Documents Required Clause No. (4) amend to read as Full set of clean shipped on board ocean Bill of Lading drawn or endorsed to the order of NATIONAL BANK OF KUWAIT, KUWAIT, showing Beneficiary as shipper, marked notify applicant and issuing bank, bearing our DC Number, showing freight Collect. Name, address and telephone numbers of shipping agent at destination must also appear on Bill of Lading.

　　　　　　　　　　　　2. Additional Conditions Clause No. (9) Incoterm amend to read as Free on Board Taiwan.

Trailer　　　　　　　: CHK: 3B054A1D30EA

3.單據瑕疵 (Discrepancies) 實例

E.SUN COMMERCIAL BANK, LTD.

Taipei, Taiwan, R.O.C.

SWIFT CODE: ESUNTWTP

11/03/09 10:3:44   Printer–1190–000001

————————————————Instance Type and Transmission————————————————

Original received from SWIFT

Priority: Normal

Message Output Reference: 1340 110127ESUNTWTPA ××× 4359293296

Correspondent Input Reference: 1140 110127BBZUAEADA ××× 2825365913

————————————————Message Header————————————————

Swift Output　：　EJN 999 Free Format Message

Sender　　　：　NBOKKWKWA ×××

　　　　　　　　NATIONAL BANK OF KUWAIT

　　　　　　　　KUWAIT

Receiver　　：　ESUNTWTP ×××

　　　　　　　　E. SUN COMMERCIAL BANK LTD.

　　　　　　　　TAIPEI, TW.

————————————————Message Text————————————————

20:　Transaction Reference Number

　　　COR400434

21:　Related Reference

　　　9NIAGBC00051 G04

79:　Narrative

　　　PLEASE QUOTE L/C 11/44769

　　　FOR ALL CORRESPONDENCE

　　　THIS MESSAGE REFERS TO L/C 11/44769

　　　Refer your above mentioned bill dated 26–01–2011

　　　for US$12,609.62

　　　We have observed the following discrepancies/

　　　irregularities.

　　　COPY OF SHIPMENT ADVICES TO APPLICANT AND INSURANCE CO. NOT PRESENTED.

　　　Above referred discrepancies constitute our refusal of documents as per Article 16 (c) (iii) (b) of UCP 600. We have referred the discrepancies to the applicant for waiver. In case the discrepancies are accepted by applicant and us, we shall release the documents to the applicant without any further notice to you. Till such time, documents held at your disposal. Regards

　　　Import Department

（出口押匯拒付通知）

————————————————Message Trailer————————————————

{CHK: 764D6D94F1A5}

End of Message

第九節　出口裝運通知

出口貿易程序進行到押匯取款，雖可算告一段落。惟依國內法、國際貿易慣例或貿易習慣，賣方應將有關裝運，貨款託收情形及對運送人之裝船指示等發出必要之通知(Advice)。各項通知之目的不同，茲分條列述如下。

一、裝運通知

所謂裝運通知 (Shipping Advice)，乃出口廠商將貨物裝船後，向進口商所發出之報告裝貨事實之通知，尤其在 FOB 及 CFR 條件交易時，更需將有關事項迅速通知進口商，以便進口商及時辦理保險手續及進口提貨、銷售準備工作（指 Incoterms 2010 賣方義務第三項運送及保險契約）。

通知的方法有二種：①以信函通知；②以電報（E-mail 或 Fax）通知。通知時期，或為裝運前一、二天，或為裝運後一、二天，就信用狀規定而異。通知內容，也依信用狀規定而異，通常不外乎有：①進口商或指定的保險公司；②貨物明細，包括品名、數量、金額；③裝運日期、船名或其他運送工具、裝運港、卸貨港；④信用狀開狀時日、號碼及金額等。

裝運通知之形式，有賣方依契約規定或主動採取的裝運通知 (Shipping Advice)；亦有按信用狀條文指示的通知方式，也就是所謂的受益人證明書 (Beneficiary's Certificate)。

二、指示函件

在委託應收帳款之場合，出口商貨款之收回與貨物之到達產生競賽關係，出口商為了在貨物到達前確定能收到貨款，以縮短託收單據在出口商、運送承攬人及國外代收銀行間轉移之時間，因而發出指示函件 (Letter of Instruction)。函件述明委託日期、往來銀行及出口商名址，貨品明細，匯票到期日，匯票金額，被發票人名址，有關單據及費用之指示，檢附之單據，匯款程序及拒絕付款證書之作成等。此種指示函件，既可用之於信用狀交易，也常見諸於託收付款方式。

三、託運人指示函件

託運人指示函件 (Shipper's Letter of Instruction)，指在個別出口貿易場合，出口商必須給予運送承攬人有關出口交貨程序之指示。由於買賣雙方交易條件因合約而異，為了使運送承攬人能掌握貨物出口程序並準備適當之單據，出口商有必要告知其與買方合約約定內容，以便遵循。

第十七章
進口貿易處理程序

第一節　輸入管理制度

　　為使我國對外貿易管理邁向先進國家之林，自 83 年 7 月 1 日起實施負面列表貿易管理制度,逐步建立一套符合國際規範之進口貿易管理制度,即在符合國際貿易規範下，基於原則准許 (Free Import is the Rule)、例外限制 (Restriction is the Exception) 之原則，針對進口貨品之各項管、限制措施進行檢討與簡化，持續開放貨品管制措施。

　　至於因國際條約、貿易協定或基於國防、治安、文化、衛生、環境與生態保護或政策需要而限制輸入者，其限制輸入之貨品名稱及有關規定，由經濟部公告之。經公告之清單為「限制輸入貨品」，即所謂之「負面列表」並編訂「限制輸入貨品表」，據以執行。

 ## 一、負面列表制度

　　廠商輸入貨品應依貿易法，貿易法施行細則，貨品輸入管理辦法，中華民國進出口貨品分類表，及「限制輸入貨品、委託查核輸入貨品」彙編表規定辦理。輸入大陸地區物品，應另依「臺灣地區與大陸地區貿易許可辦法」規定輸入；輸入戰略性高科技貨品，則依「戰略性高科技輸出入管理辦法」之規定辦理。

(一)限制輸入貨品

　　貿易法第十一條規定，凡屬限制輸入之貨品，由國際貿易局就其貨品名稱及輸入有關規定，彙編「限制輸入貨品表」公告辦理之。輸入該表所列貨品，應依表列輸入規定申請簽證輸入。限制輸入貨品表之架構如下：

　1.管制輸入貨品（第一表）

　　列入此表之貨品，非經貿易局專案核准發給輸入許可證，不得輸入。

　2.有條件准許輸入貨品（第二表）

　　列入此表之貨品均有其一定之核准條件，進口人應依表內所載輸入規定(如檢附主

管機關同意文件等)，經貿易局簽發輸入許可證後，始得輸入。

⑵海關協助查核輸入貨品彙總表

委託查核輸入貨品管理，是指其他法令另有管理規定，須由有關主管機關核發許可文件或證照始得輸入者，由國貿局依中華民國商品標準分類號列順序，編訂「海關協助查核輸入貨品彙總表」，委託海關於貨品通關時查核。廠商輸入此表內之貨品，應依表列之輸入規定辦理，海關始准免證通關放行。

⑶輸入許可證之有效期限

輸入許可證之有效期限為自簽證之日起六個月。對特定貨品之輸出入或自特定地區輸入貨品，可申請有效期限較短之輸入許可證。

進口廠商預期進口貨品不能於有效期限內裝運者，於申請時可敘明理由並檢附證件，申請核發有效期限較長之輸入許可證。

 ## 二、輸入貨品配額管理

我國已於 91 年 1 月 1 日起成為 WTO 會員，為履行入會承諾，國貿局取消桃子、檸檬、蘋果、葡萄、李子、葡萄柚等十八種農產品之地區／數量限制措施；較具敏感性之二十二種農、漁產品以及小汽車，以關稅配額方式開放進口；而對於稻米則暫不自由化，採取特別限量進口方式進口，但自 92 年起改為關稅配額 (Tariff Quotas)。

前述涉及關稅配額之項目，須依財政部「關稅配額實施辦法」辦理，小汽車規定事先核配部分，由財政部關政司委託國貿局辦理，廠商取得關稅配額證明書後向海關辦理通關進口，適用配額內低關稅；美、加、歐盟小汽車採先到先配方式，由廠商逕向海關辦理通關進口；二十二種農、漁產品部分，由財政部委託中央信託局辦理核配，廠商取得關稅配額證明書後，逕向海關辦理進口；以上貨品超過配額數量仍可進口，惟需適用高關稅。

 ## 三、戰略性高科技貨品

有關戰略性高科技之定義、範圍及管理揭第十六章第二節輸出管理制度。以下僅就其輸入及通關規定說明。

㈠輸入規定

廠商進口戰略性高科技貨品，得應出口國政府要求，繕妥國際進口證明書申請書

(IC)、進口保證書申請書 (WA) 或聯合國禁止化學武器公約 (CWC) 列管化學物質最終用途保證書申請書，向國貿局及其高雄辦事處或經濟部委任及委託之機關申請核發 IC、WA 或聯合國禁止化學武器公約 (CWC) 列管化學物質最終用途保證書，以便進口人將所核發之證明文件第二聯正本寄送給出口國之出口人，供其向出口國政府申請輸出許可。

㈡通關手續

　　出口國政府對特定戰略性高科技貨品於抵達進口國後，如要求進口國出具抵達證明書 (DV) 時，進口人於該戰略性高科技貨品通關進口後，繕妥 DV 先向海關申請確認核章後，再向原 IC 發證機關申請核發 DV。以便進口人將所核發之證明文件第二聯正本寄送給出口國之出口人，供其向出口國政府報備銷案。

　　戰略性高科技貨品在我國通關進口時，仍應按其相關之輸入規定辦理通關。

 ## 四、野生動物之輸入

　　輸入野生動物活體或保育類野生動物產製品(包含行政院農業委員會公告適用野生動物保育法之人工飼養、繁殖之野生動物物種)，均應依野生動物保育法規定，檢附有關資料，向所在地直轄市、縣（市）政府申請，層轉行政院農業委員會同意；通關進口時，進口人應於進口報單自行報明，並檢附行政院農業委員會同意文件，由海關依其申請，列入「文件審核通關」(C2) 或「貨物查驗通關」(C3)，未依規定報明者，廠商應自負法律責任。

 ## 五、輸入 CITES 之規定

　　輸入瀕臨絕種野生動植物國際貿易公約（Conventional on International Trade in Endangered Species of Wild Fauna and Flora, CITES，以下簡稱華盛頓公約）附錄一、二植物，進口人應先查明植物學名，並於進口報單貨品名稱欄內先填列植物學名，再填列俗名（英文貨品名稱）；通關進口時，進口人應於進口報單自行報明，其屬華盛頓公約附錄一物種者，應檢附行政院農業委員會同意文件及出口國核發之華盛頓公約出口許可證，其屬華盛頓公約附錄二物種者，應檢附出口國核發之華盛頓公約出口許可證，由海關依其申請，列入「文件審核通關」(C2) 或「貨物查驗通關」(C3)，未依規定報明者，廠商應自負法律責任。

六、輸入大陸物品管理

　　政府對大陸物品輸入管理，已自 87 年 4 月 1 日起，由農、工產品正負面兩表並列之方式，改依「中華民國進出口貨品分類表」辦理。在「中華民國進出口貨品分類表」內「輸入規定」欄列有 "MW0" 代號者，為「大陸物品不准輸入項目」，列有 "MP1" 代號者，屬於「大陸物品有條件准許輸入項目」，其餘未列有 "MW0" 或 "MP1" 代號者，為「大陸物品准許輸入項目」。有關大陸物品准許進口項目及範圍可參閱臺灣地區與大陸地區貿易許可辦法第七條規定。

　　經行政院新聞局許可之出版品、電影片、錄影節目及廣播電視節目以郵遞方式輸入者及入境旅客、船舶及航空器服務人員依規定攜帶物品，不在此限。輸入許可證及進口文件應列明「中國大陸 (CHINESE MAINLAND) 產製」字樣。

㈠免辦輸入許可證措施

　　進口廠商進口經濟部公告准許輸入之大陸物品，除「中華民國進出口貨品分類表」內「輸入規定」欄列有 "121"（由貿易局簽發輸入許可證）之項目，及「中華民國進出口貨品分類表」內「輸入規定」欄列有 "MP1"（即大陸物品有條件准許輸入項目），且於「大陸物品有條件准許輸入項目、輸入管理法規彙總表」內「特別規定」欄列有 "MXX" 代號之項目，應向貿易局辦理簽證外，其餘項目適用免除輸入許可證措施。

㈡大陸物品之產地標示

　　大陸物品之產地標示，與前述進口貨品產地認定標準略有不同，分三方面說明於下。

1.委託加工成衣

　　依據「廠商申請輸入委託大陸加工之成衣之輸入條件」之規定，申請進口委託大陸加工之成衣應於貨品本身標示 "MADE IN CHINA" 或類似文字，且標示方式應具顯著性與牢固性，否則不准通關稅放（如僅以黏性標籤浮貼者即不具牢固性）。

2.地理性標示

　　除上述須標示之貨品外，進口貨品並未強制標示原產地，惟如標示原產地者，其物品本身或內外包裝上僅能有屬地理性之產地標示（如 CHINA、中國製、廣東省生產或某某公司製造等），不得標示中共當局標誌(如中華人民共和國、P.R.C.、或中共國旗等)，有中共當局標誌者，應於通關放行前予以塗銷（惟可向海關具結自行塗銷），但有下列情形者，得免予塗銷：

⑴古物、宗教文物、民族藝術品、民俗文物、藝術品、文化資產維修材料及文教活動所需之少量物品。

⑵行政院新聞局許可之出版品、電影片、錄影節目及廣播電視節目。

⑶財政部核定並經海關公告准許入境旅客攜帶入境之物品。

⑷船員及航空器服務人員依規定攜帶入境之物品。

⑸兩岸海上漁事糾紛和解賠償之漁獲物。

3.認定標準

大陸地區物品其認定標準，準用「進口貨品原產地認定標準」之規定辦理，認定有疑義者，亦應依該標準第四條規定會商。

七、進口貨物產地認定

進口貨物原產地認定標準涉及三方面問題，一為原產地證明書之發給；二為產地標示不實之處理；三為須復運進口及轉口貿易等，為明其詳特說明如下。

㈠進口貨物產地認定標準

進口貨物之原產地，由進口地關稅局認定，如認定有疑義時，進口地關稅局得通知納稅義務人限期提供產地證明文件或樣品。

1.進口貨物原產地認定基準

分為下列三種，其中低度開發國家，指適用海關進口稅則第二欄稅率之特定低度開發國家。

⑴一般貨物之原產地認定。

⑵低度開發國家貨物之原產地認定。

⑶自由貿易協定締約國或地區貨物之原產地認定。

2.一般貨物原產地認定基準

非適用海關進口稅則第二欄稅率之進口貨物，以下列國家或地區為其原產地：

⑴進行完全生產貨物之國家或地區。

⑵貨物之加工、製造或原材料涉及二個或二個以上國家或地區者，以使該項貨物產生最終實質轉型之國家或地區。

進口貨物除特定貨物原產地認定基準由經濟部及財政部視貨物特性另行訂定公告者外，其實質轉型，指下列情形：

(1)原材料經加工或製造後所產生之貨物與其原材料歸屬之海關進口稅則前六位碼號列相異者。

(2)貨物之加工或製造雖未造成前款稅則號列改變，但已完成重要製程或附加價值率超過 35% 以上者。

上項第二款附加價值率之計算公式如：

$$\frac{貨物出口價格 (FOB) － 直、間接進口原材料及零件價格 (CIF)}{貨物出口價格 (FOB)} = 附加價值率$$

(二)產地標示不實之處理

廠商進口貨物，不得有產地標示不實情事，進口貨物本身或其內外包裝上如標示不實製造產地；或標示其他文字、圖案，有使人誤認其產地之虞者，依下列處理原則辦理：

1.進口外國貨物（空包裝容器或吊牌、標籤等標示物除外）

標示不實製造產地（如 MADE IN TAIWAN, MADE IN R.O.C.，國內廠商製造或有製造字樣之類似文字，或原產地以外國家或地區製造之字樣）；或標示其他文字（如 TAIWAN、TAIPEI、國內廠商名址或原產地以外國名、地名、廠商名址等）、圖案有使人誤認其產地之虞者，不准通關放行，應予退運，並由國貿局議處。

2.進口外國空包裝容器或吊牌、標籤等標示物

(1)貨物本身標示我國製造（如 MADE IN TAIWAN、MADE IN R.O.C.，國內廠商製造或有製造字樣之類似文字）或標示其他文字（如 TAIWAN、TAIPEI、或國內廠商名址）、圖案，用以顯示包裝或標示我國產品者，准予通關放行。

(2)貨物本身標示外國（或地區）製造字樣、外國廠商名址、廠牌、商標或其他類似文字、圖案，用以顯示包裝或標示外國產品，或有使人誤認其擬包裝或標示之內容物為外國產品之虞者，不准通關放行，應予退運。

(三)復運進口

進口之貨物，如國內法另有有關標示之規定者，仍應遵照國內法之規定辦理。

1.委託加工復運進口

委外加工復運進口之紡織品，符合有關國外進口國原產地規定，經中華民國紡織業外銷拓展會具函專案核准，標示 "MADE IN TAIWAN" 或類似文字者，准予通關放行。

2.退貨復運進口

退貨復運進口或購回國產品，有我國產地標示者，由進口人向海關舉證，經查明確

係我國生產之外銷產品復運進口者，准予通關放行。其不能舉證者，視同進口外國貨物規定辦理。

 八、免辦輸入許可證簽證

為配合貿易自由化措施，簡化進口手續，國貿局陸續公告擴大免除簽發許可證進口之貨品項目。至於何項類別商品進口得免除簽發許可證，可查閱「中華民國進出口貨品分類表」或「限制輸入貨品表」之規定（代號一二三）。惟因時有變動，遇有疑問時可逕洽國貿局辦理。

㈠一般免證之情形

所稱免證，係指廠商輸入貨品時，免除申請「輸入許可證」之意。有下列情形免證：

1.免證輸入

廠商、政府機關及公營事業輸入「限制輸入貨品表」外之貨品，免證輸入。

2.例外情形免證

廠商、政府機關及公營事業以外非以輸入為常業之進口人其輸入之貨品，乃應辦理簽證。但有下列情形之一者，得免證輸入：

⑴入境旅客及船舶、航空器服務人員攜帶行李貨品，量值在海關規定範圍以內者。

⑵各國駐華使領館、各國際組織及駐華外交機構持憑外交部簽發之在華外交等機構與人員免稅申請書辦理免稅公、自用物品進口者。

⑶以海運、空運或郵包寄遞進口限制輸入貨品表外之貨品，其離岸價格 (FOB) 為 2 萬美元以下或等值者。

⑷輸入人道救援物資。

⑸其他經國貿局核定者。

㈡委託查核輸入

免證輸入之貨品，如涉及其他法令另有管理規定者應從其規定。若屬國貿局編定之「彙編委託查核輸入貨品表」內之貨品，於輸入報關時另依該表所列規定辦理。

㈢郵包寄遞進口

郵包寄遞進口可分為兩種，一為小額進口郵包，二為大宗報關進口郵包。

⑴小額進口郵包：國貿局登記之進出口廠商、政府機關及公營事業以外非以輸入為常業之進口人，以郵包寄遞「限制輸入貨品表」外之貨品，其離岸價格 (FOB) 為

2萬美元以下或等值者免證。若離岸價格逾2萬美元者，須辦理簽證，此類進口人申請簽證進口之特定項目貨品，除經貿易局專案核准外，以供自用者為限。

(2)大宗報關進口郵包：郵包進口係屬「限制輸入貨品表」內之貨品，除其他法令另有規定外，應依表列規定申請辦理簽證，表內規定屬管制進口者，非經貿易局專案核准，不得進口。

第二節　信用狀之申請與開發

進口商從國外輸入貨品其程序與出口貿易步驟大致相同，須經過寄發通函、刊登廣告、詢價、議價、下訂單及簽訂貿易契約等過程。當貿易契約如約定以信用狀方式清償貨款時，進口商應於約定期限內或訂約後之合理期限內 (Reasonable Time) 向銀行申請開發信用狀，以便銀行通知國外出口商裝船交貨。惟就進口商而言，須先進行三項工作：

㈠賣方信用調查

進口貿易同樣有貿易糾紛發生，如何預防糾紛之發生更是以信用狀付款方式之重點。所以進口商在決定開發信用狀或簽訂貿易契約之前，應先行調查賣方之信用，調查內容與第四章第三節買方信用調查相同。

㈡申請輸入許可證

在輸入「限制輸入貨品表」內之產品時，進口商申請開發信用狀，以能獲得輸入許可證為前提，因此，進口商申請開發信用狀之前，獲取輸入許可證是絕對必要的手續。

㈢申請進口融資額度

進口商在開發信用狀之前，須先向開狀銀行申請結匯墊款額度或授權融資額度，以作為第一次結匯時之參考。

 一、申請人提出開發信用狀之手續

當進口商向銀行申請開發信用狀後，外匯銀行都依下述步驟接受開發信用狀的申請：

(1)由進口商先行口頭或書面向銀行提出申請。

(2)經銀行初步調查後答覆。

(3)如雙方在條件上獲得協議，即由進口商填送開發信用狀申請書及約定書。如約定

須提供保證書或保證金 (Margin Money)，則由進口商依約定成數辦理。

(4)於進口商繳納各種費用後，由銀行按照申請書開發信用狀。

㈠開發信用狀申請書及約定書

根據上述審查，銀行覺得滿意而同意開發信用狀，進口商也已提供所需的保證後，則依銀行印定格式向往來銀行提出開發信用狀申請書 (Application for Commercial Letter of Credit) 及開發信用狀約定書 (Commercial Letter of Credit Agreement)，並填妥欲申請開發之內容及條件，交予承辦銀行以便開出正本信用狀。

㈡開發信用狀應檢送文件

進口廠商申請開發信用狀時，一般應檢附文件為：

(1)開發信用狀申請書。

(2)輸入許可證第三聯（限制輸入貨品表內之貨品）。

(3)信用狀結匯證實書（係金額自備結匯或申請外幣墊款）。

(4)開發信用狀借款契約一份。

(5)往來印鑑卡二份。

(6)約定書借保戶各一份。

(7)授權書二份。

(8)保險單及保費收據（付款條件為 FOB、CFR、FAS 者，另需保妥以開狀銀行為受益人之海運險，並將保單及保費收據留存開狀銀行）。

(9)購入外匯申請書（自備外匯者免）。

(10)其他依銀行之需要所應徵提之文件。

㈢開狀手續費之計算

申請開發信用狀應繳費用分為第一次結匯，須繳付保證金成數；第二次結匯，則繳納開狀手續費、銀行墊款本金與利息。

1.繳付結匯保證金

依銀行與往來客戶之約定，即期信用狀及遠期信用狀均按信用狀金額 10% 計收。

2.手續費

每三個月為一期，第一期收 0.25%，第二期以上每期加收 0.15%，照信用狀金額計算。遠期信用狀九十天收 0.25%，一百二十天收 0.30%，一百五十天收 0.35%，一百八十天收 0.40%，利息由賣方負擔者一律收 0.40%，惟最低收費為 NT$400。

3. 郵電費

(1)郵費:

郵寄開狀: 亞洲及大洋洲地區每件收 NT$120.00。

香港及澳門地區每件收 NT$100.00。

歐美及非洲地區每件收 NT$170.00。

以快遞寄件郵費另計。

(2)電報費:

① SWIFT 開狀: 不分地區每件收 NT$800.00。

② TELEX 開狀: 香港及澳洲地區每件收 NT$680.00。

中東及中南美地區每件收 NT$1,360.00。

其餘地區每件收 NT$1,020.00。

4. 保兌費

每三個月為一期,歐洲地區收 0.15%,其他地區收 0.1%,最低收 US$50.00。

5. 即期信用狀墊款

(1)辦理副提單背書／擔保提貨: 收七天墊款利息。

(2)贖單: 自國外押匯日起至贖單還款日止墊款天數計息。

(3)逾期息: 加計二個百分點計收逾期天數利息。

㈣申請開發信用狀之基本原則

進口商向銀行申請開發信用狀時,應遵守之基本原則有:

(1)遵照外匯管理有關規定辦理。

(2)信用狀條款不得有損及開狀銀行之權益。

(3)信用狀內容確實能保障進口廠商本身之權益。

(4)不可違背輸入許可證所核准之內容。

(5)應符合信用狀統一慣例之精神。信用狀非經開狀銀行、保兌銀行、如有者,及受
益人之同意,不得修改或取消(2007 UCP 600 第十條 a 款)。

 二、開狀銀行對信用狀之開發與通知

承辦銀行審查進口商提出的「開發信用狀申請書」內容認為妥當後,即迅速辦理開
發信用狀事宜。信用狀開發方式通常有三種,即郵遞 (Mail)、電報 (Cable) 及 SWIFT。

㈠郵遞 L/C 之開發方式

由開狀銀行將開發 L/C 之事實內容各填入 L/C 格式，並選擇受益人所在地區最靠近該地方的總分支行或通匯行為通知銀行，由通知銀行將開狀事實通知受益人，凡經過通知銀行的 L/C 稱為特別通知信用狀 (Specially Advised L/C)。

第一次先發送 L/C 正本及抄本（通知銀行存查用），隔十二天再發送副本，若有承兌或付款時，銀行亦一併將抄本寄達。

㈡電報 L/C 之開發方式

某些進口商常於裝運期迫近時，才向銀行申請開發信用狀。在此情形下，多利用電報信用狀。電報信用狀必須由開狀銀行將有關信用狀內容逕向通知銀行拍出電報。以電報開發信用狀，通常有下列二種方式：

1. 詳電 (Full Details Cable)

即拍出信用狀的全文，詳電又可分為二種：

⑴ Non-operative Cable Credit：將信用狀的條件及內容，在電文中全部拍出，但在電文中註明「本信用狀應俟收到郵寄的證實書後始生效力」(This credit will only be effective on receipt of mail confirmation) 或「詳情隨後郵寄」("Full details to follow" 或 "Details airmailing") 等意旨的文字，這是表示該電報信用狀並非正本，而以後寄的 Mail Confirmation（又稱為 Cable Confirmation）為正本。因此，銀行於拍出電報後，應即時將該正本信用狀（即郵寄證實書）經由通知銀行轉知受益人。銀行如未照辦，則須對因此所引起的一切後果負責 (UCP 600 第十一條 a、b 款)。

⑵ Operative Cable Credit：將信用狀的條件及內容，在電文中全部拍出，但未註明如 "This credit will only be effective on receipt of mail confirmation" 或 "Full details to follow" 等文句。於此情形，該電報本身即成為信用狀的正本 (Operative Credit Instrument)，可直接憑以請求付款、承兌或押匯，而開狀銀行無需再寄書面的 Mail Confirmation。實務上，如欲以電報本身為信用狀的正本時，宜在電文中註明如 "This is an operative credit instrument and no mail confirmation will be followed" 或 "This cable should be deemed as operative credit instrument and no mail confirmation will be sent by us"。此外，電文中應載明依循國際商會第 600 號出版物 2007 年修訂信用狀統一慣例開發。

2.簡電 (Brief Cable)

即僅拍出信用狀的主要條件及內容，例如信用狀號碼、開狀申請人的姓名、金額、貨物名稱、最後裝運日期及有效日期等，並註明如「詳情隨後郵寄」("Details airmailing"，"Full details to follow") 等文句，嗣後再將信用狀正本，經由通知銀行，郵寄受益人。

㈢ SWIFT L/C 之開發方式

以 SWIFT 方式開發信用狀已逐漸取代 Telex 信用狀之開發，銀行接受進口商之申請後，即透過其傳輸系統發出 SWIFT 信用狀予受益人。

㈣信用狀各聯之用途及其處理

郵寄信用狀開狀銀行於信用狀開出之後，即將信用狀分別寄送國外通知銀行、信用狀申請人或償付銀行，並將其他各聯分別歸存專卷，查考備用。其各聯用途如下：

第一聯：信用狀正本 ⎫
　　　　　　　　　　⎬ 郵寄國外通知銀行。
第二聯：信用狀副本 ⎭

第三聯：備電報開發信用狀（送電報室發 Telex 之參考）。

第四聯：負債卷 (Customers Liabilities File) 開狀部門存查。

第五聯：副本 (Copy)。

第六聯：副本送開狀申請人（即進口商）。

第七聯：號碼卷 (Number File) 開狀部門存查。

第八聯：副本。

第九聯：副本。

第十聯：副本。

至於其各聯英文名稱之表示為：

正本 (Original)、副本或兩份 (Duplicate)、三份 (Triplicate)、四份 (Quadruplicate)、五份 (Quintuplicate)、六份 (Sextuplicate)、七份 (Septuplicate)、八份 (Octuplicate)、九份 (Nonuplicate)、十份 (Decaplicate)。

三、信用狀之修改及取消

依 2007 年信用狀統一慣例第三條之規定，信用狀係不可撤銷，即使其未表明該旨趣。因此，信用狀經開出後，如要求開狀銀行修改，所改內容應在不損及受益人權益之

範圍內，如欲取消信用狀則須徵得信用狀上全體利害關係人的同意，始生修改之效力。

UCP 600 第十條 a 款：除第三十八條另有規定外，信用狀非經開狀銀行、保兌銀行、如有者，及受益人同意，不得修改或取消。

㈠信用狀修改之內容

信用狀的修改稱為 Amendment 或 Modification，須由原申請人（進口商）向開狀銀行請求，惟事實上受益人常主動要求信用狀申請人能同意，修改信用狀的條款以合乎受益人的需要。要言之，修改之內容進口商宜事先和國外出口商取得聯繫，並經其同意再予修改。

信用狀每一條款都有修改的可能，但以下列諸項最為常見：

1.更換出口商名稱或地址

After obtaining the original beneficiary's consent, please amend the beneficiary's name or address to read: ____ .

2.更改進口商名稱或地址

Please amend the buyer's name or address to read: ____ .

3.更改貨品名稱及規格

Please amend the commodity to ____ .

4.金額與貨物之增減

Please increase (decrease) credit amount by ____ to ____ .

Please increase (decrease) the quantity commodity by ____ to ____ .

5.更改貿易條件

Please amend the price term to be on basis; insurance covering ____ to be prepaid by shippers.

6.裝貨及卸貨地點之更改

Shipment to be made from ____ to ____ .

7.裝船日期及信用狀有效期限之延長

Extend the dates of shipment and validity to ____ and ____ respectively.

8.關於保險險類

Please amend insurance coverage to Marine and War Risks.

9.請求通知銀行保兌

Please add your confirmation.

10.刪除信用狀條款

Delete the clause: ＿＿ .

11.關於信用狀性質

Please amend this credit to be transferable and transferee.

12.特別指示

(1)陳舊提單可以接受：

Please insert the clause: "Stale bills of lading acceptable."

(2)聯合運送提單可以接受：

Please insert the clause: "Combined transport bill of lading acceptable."

㈡信用狀修改之手續

(1)如屬「限制輸入貨品表」內之貨品應向國貿局或其委託之簽證單位申請修改輸入許可證內容（如金額、貨品名稱及數量、有效日期之延長等）。

(2)填寫信用狀修改申請書 (Application for Amendment of Letter of Credit)。

(3)繳付修改手續費。展延信用狀有效日期：每三個月為一期，每期收 0.15％，最低收取 NT$400 手續費。其他修改每筆照 NT$300 計收手續費及郵費（香港 NT$100 元，歐美 NT$170 元，亞洲 NT$120 元），如係以電報修改時，電報費應由申請人負擔（比照開狀之電報費計收）。信用狀之修改如涉及開狀金額時，仍比照開狀收費標準，最低收 NT$400。

(4)開狀銀行繕打信用狀修改通知書，經有權人員簽字後郵寄通知銀行，轉知出口商查照辦理。開狀銀行得循客戶之請以電報通知「通知銀行」修改信用狀，囑其轉知出口商查照辦理。

㈢信用狀之取消

信用狀的取消 (Revocation; Cancellation) 及未用餘額的申請退還，因其有不可撤銷性，故非待有效期限屆滿或經受益人等有關方面的同意，開狀銀行不能隨應申請人的請求即退付。因此，如欲申請退回未到期的信用狀全部或部分未用金額，除非受益人已自動將信用狀退回申請人或開狀銀行，否則，申請人應先經由開狀銀行向通知銀行轉向受益人索回信用狀，或經推斷證實信用狀餘額不再被使用（押匯）之後，開狀銀行始將未用餘額的已存保證金按退還日當天的銀行買入匯率折付本國貨幣，並繕打「未用餘額通

知書」通知進口廠商領款。

四、信用狀之保兌

信用狀之所以要經過保兌 (Confirm)，係因開狀銀行業務為受益人所不熟悉，或開狀銀行所在地於軍事上、政治上、經濟上不穩定，致受益人不信任開狀銀行時，受益人多企望由其所在地或國際金融中心（紐約或倫敦）的著名銀行保兌該信用狀。保兌銀行對受益人及讓購（貼現或押匯）銀行負有與開狀銀行同等的責任。通常保兌銀行多由通知銀行擔任，在此種情形下的通知銀行已非單純的通知銀行，換言之，還負有兌付該信用狀項下匯票的義務。經保兌的信用狀，因在開狀銀行之外尚有信用卓著的銀行負匯票兌付之責，所以對受益人極為有利。如保兌銀行即在受益人所在地，而匯票又是以該行為被發票人時，受益人即可要求其兌付匯票；如匯票以開狀銀行為被發票人時，也得要求該保兌銀行讓購（貼現或押匯）。

保兌銀行之義務，信用狀統一慣例 (UCP 600) 第八條之規定：「若所規定之單據向保兌銀行提示且構成符合之提示者，保兌銀行須：a.兌付；b.受其應為兌付或讓購之不可撤銷之拘束；c.對另一指定銀行，負補償之義務。」是故，其與開狀銀行之間為求債權債務清償之方便，均互訂有通匯契約並授予履行信用狀信用額度 (Line of Credit)，等於是對開狀銀行的一種授信行為。

第三節　進口貨物準備工作

進口貨物無論雙方所洽定之交易條件為 CIF 或 FOB，當貨物裝入輪船後，進口手續即已開始，直至目的港卸貨，辦妥檢驗、報關、提貨等手續後方為終了。進口貨物手續，較之出口貨物手續尤為複雜，且以海關報關手續為最，實因進口貨物必須經過複雜之估價、完稅及納稅過程使然。

進口貨物準備工作分為接受：①國外出口商裝船通知；②開狀銀行進口贖單通知；③進口單據之審核。茲分述如下：

一、國外出口商裝船通知

國外出口商將約定貨物裝船，辦妥結匯手續後，即發出裝貨通知給予進口商，將其

出貨明細、船名、開航日期等告知，或者以電報預為通知。有時裝船通知並檢附有關之貨運單據，促請進口商查照。進口商接到出口商裝船通知後，應密切注意貨運單據是否適時送到，如依郵政交通一般狀況應到之日尚未收到時，應即催寄。

二、開狀銀行進口贖單通知

國外出口商於貨物如期裝運出口後，立即準備信用狀所規定之有關單據及匯票，讓購予押匯銀行收取貨款。押匯銀行於審核出口單據無誤，將單據及匯票交付開狀銀行，清結票款。開狀銀行於付款後，即寄發「進口贖單通知書」給進口商，通知進口商付款贖單。

(1)進口商於接到「進口贖單通知書」後，在通知書上加蓋原結匯印鑑，連同「信用狀結匯證實書」及「輸入許可證」，逕向銀行洽領貨運單據。

(2)進口商在開狀時辦理進口結匯貸款案件者，應於銀行發出通知後十日內償還貸款本息。

(3)如「單據到達通知書」上註有 "Under reserve, under letter of guarantee" 或 "Under Collection" 等字樣者，應先辦理解除保證或同意付款手續後領取單據。

三、進口單據之審核

進口商收到開狀銀行或國外廠商寄來之提單正本及其他副本裝船文件後，應即與合約核對其所載品名、數量、金額、包裝等是否相符。如須經國外獨立公證行檢驗者，應核對公證報告內容是否相符。如有瑕疵，應即按情節輕重作適當之處理。

(一)核對裝運單據應備文件是否齊全

國際商會 2007 年信用狀統一慣例 (UCP 600) 第十七條各款，對於單據正、副本之認定，可作為審核標準外，尚需注意：

(1)商業發票及其份數。

(2)海運提單、空運提單或郵政收據及其份數。

(3)裝箱單或重量尺碼單及其份數。

(4)出口公證（或檢驗）報告，或廠商檢驗合格證明書。

(5)信用狀內所要求之其他單據（如領事簽證發票、檢疫證、保險單或原產地證明書等）。

㈡核對單據內容是否相符

各項單據內容是否與買賣契約或信用狀之要求相符合，其核對重點可如下述，惟信用狀統一慣例 (UCP 600) 第十四、十五、十六條之規定內容亦應併齊考量。

1. 商業發票 (Commercial Invoice)

　⑴是否以進口商為抬頭人，有否經出口商簽字。

　⑵貨物名稱、規格、數量、單價和價格條件等與信用狀規定是否相符。

　⑶總金額大寫是否與匯票金額相符。

　⑷嘜頭及承運船名與提單是否一致。

　⑸有否記載輸入許可證號碼及信用狀號碼。

2. 提單 (Bill of Lading)

　⑴提單應為裝運提單 (On Board B/L)，否則應加註 "On Board" 字樣並由船長或有權人員簽字，提單簽發日期及 "On Board" 日期不得遲於信用狀最後裝運期限。

　⑵除信用狀另有規定外，託運人、受貨人及被通知人，分別須是信用狀之受益人、開狀銀行及進口商。

　⑶提單上是否依信用狀規定註明運費已付 "Freight Prepaid" 或運費待收 "Freight Collect" 字樣。

　⑷提單上不得加註宣稱貨物或包裝有不當之情況。

　⑸貨物名稱（可用一般名稱）、數量、嘜頭與商業發票是否一致。

　⑹轉運或貨櫃裝運是否符合信用狀之規定。

3. 保險單 (Insurance Policy)

　⑴保險金額、幣別、方式與種類及索賠地點，應符合信用狀規定。

　⑵貨品名稱、船名、嘜頭、包裝等應與商業發票、包裝單、提單上記載者一致。

　⑶保險生效日期不得遲於裝船日期。

　⑷保險單應由保險公司有權人員簽字並由出口商空白背書。

4. 其他單據 (Other Documents)

如包裝單、檢驗證明書、產地證明書……，其單據名稱及內容應與信用狀規定相同並由簽發機構簽字，其內容不得與前述商業發票等單據內容相矛盾。

5. 特別指示 (Special Instruction)

審核單據時尤應注意信用狀之特別指示條款是否在單據上證明其已照辦。

(三)進口單據瑕疵的處理

進口單據之審查如發現有瑕疵，不符規格與合約規定主要條款者，應按情節輕重作適當處理。其屬情節輕微者得放寬處理；如情節嚴重，即洽國外出口商之代理人協調開會商決，以爭取時效。

萬一遇有嚴重瑕疵，也有由國外供應商轉洽銀行同意先行發放單據，俟提貨驗收合格後付，或由賣方同意繳納等值保證金，俟提貨驗收無誤後發還，以資保障買方權益。

信用狀業務中有關各方面所處理者係單據而非與該等單據可能有關之貨物,勞務及其他履約行為，進口商對於開狀銀行所交付之單據，如認為與信用狀條件不符合得拒絕接受。開狀銀行對於押匯銀行所交付之瑕疵單據亦得拒絕之。

依信用狀統一慣例 (UCP 600) 第十四條 b 款:「依指定而行事之指定銀行，保兌銀行、如有者，及開狀銀行應各自提示日之次日起最長五個銀行營業日，以決定提示是否符合。此一期間不因提示之當日或之後適逢任何有效期限或提示期間末日而須縮短或受其他影響。」第十六條 b 款:「若開狀銀行決定提示係不符合，該行依自身之判斷得洽商申請人拋棄瑕疵之主張，但第十四條 b 項所規定之期間，並不因此展延。」因此，進口商欲拒絕瑕疵之單據，亦應在上述期間內為之。

第四節　進口結匯方式

進口結匯係指開狀銀行在發放貨運單據予進口商之前的一種內部轉帳(貨運單據債權) 手續，亦即以進口貨運單據為質押之匯款業務之謂。在開發信用狀之場合，繳付保證金部分所辦理之結匯為第一次結匯；進口單據由進口商付款贖回，則為第二次結匯。

開狀銀行通知進口商贖單（亦即辦理匯票清償手續），一般有信用狀方式、託收方式及其他方式進口結匯等。

一、信用狀方式之進口結匯

進口信用狀有即期信用狀及遠期信用狀兩種,後者又分為買方遠期信用狀及賣方遠期信用狀。

(一)即期信用狀──即期匯票

信用狀之劃付報單 (Debit Note) 及跟單匯票由國外銀行寄達進口地銀行國外部後，

即由進口地銀行國外部繕製「贖單通知書」二份，一份寄予進口商，進口商接到「贖單通知書」後三天之內辦理下列贖單手續：

⑴按贖單通知書內之「應結匯金額」由銀行收回外幣墊款本金。

⑵計付外幣墊款之利息，起息日為國外銀行受理押匯日至進口商到銀行贖單日，按現行銀行年息率計收利息。例如：

　①進口結匯差額之計算：開發信用狀金額為 1 萬美元，第一次結匯為 10%，賣方全額押匯，則第二次結匯金額應為信用狀金額之 90%，其繳付新臺幣則為：

　US$10,000 × 90% × NT$34.25 = NT$308,250.00

　②支付銀行墊款利息之計算：設如銀行墊款期間為三十六天，年息 7.5%，則應支付利息新臺幣為：

$$US\$10,000 \times 90\% \times \frac{36}{365} \times 7.5\% \times NT\$34.25 = NT\$2,280.21$$

⑶付清結匯貸款本息。

⑷進口商在銀行之贖單通知書上簽章後取回進口單據，贖單手續即告完成。

㈡遠期信用狀──遠期匯票

遠期匯票有見票後遠期匯票及發票後遠期匯票兩種（詳見前述匯票之種類），進口地銀行於接到上述匯票後向匯票付款人之進口商告知匯票及貨運單據已到，並附商業發票一份，將匯票提示進口商請其承兌，進口商在匯票正面簽字承諾付款。其承兌方式如下：

```
ACCEPTED

Accepted on: Feb. 25, 2011,

Due on: April. 25, 2011

Wind Stone Enterprise Co., Ltd.

         (Signature)
```

匯票承兌後，銀行將貨運單據提交進口商，進口商應於匯票到期日清償貨款。

遠期信用狀領取貨運單據之另一手續為由進口商簽具信託收據 (Trust Receipt, T/R)。信託收據又稱留置權書，係銀行委託進口商代為處理進口貨品時，由進口商向銀行出具的收據，其內容主要的條款如下：①貨品仍屬銀行所有；②進口商不過是替銀行報關保管；③貨物出售後應即將貨款繳交銀行抵付票款；④銀行對於一切費用不負償付

之責；⑤銀行得隨時取消收回貨物之權利，其條件為：a.只委託進口商代為報關提貨，以銀行名義取具單據提交銀行，b.不但提貨並准許售出，但收取票款後應立即清償匯票，c.限於信用卓著之進口商，始能受理。

二、託收方式之進口結匯

託收方式進口之匯票清償經辦銀行（即代收銀行）於收到國外委託銀行寄來託收貨運單據及報單（即代收委託書）時，即依下列程序通知進口商付款：

⑴依次編號，並將託收內容登記入「進口託收登記簿」內。

⑵繕打「進口託收單據通知書」。

⑶就報單之記載詳細核閱，並注意其付款方式、承兌方式、是否加計利息、撥款方法、有關費用由何方負擔、到期不獲付款是否須作成拒絕證書等，並應在通知書上註明。

經辦銀行於進口廠商洽領貨運單據時，即核對其提供之輸入許可證內容與貨運單據內容是否相符，託收方式之進口結匯又分為：

(一)付款交單 (D/P)

1.即期匯票

進口商付清貨款後，銀行始交付所附貨運單據，其手續為：

⑴金額自備結匯者，可隨時向銀行取回貨運單據。

⑵貸款者應以扣除申請開發 L/C 時之所繳保證金後之匯票本息，按當日賣出匯率折合新臺幣，開具本票交予銀行以借入資金。

⑶簽具「信託收據」(Trust Receipt, T/R) 交予銀行，以便借取貨運單據，其條件有二：

①進口商信用程度可靠者。

②提供擔保或保證人。

⑷付款交單，應繳付之貨款及費用有下列幾項：

①結匯貨款：按託收金額依當日銀行賣出匯率折計新臺幣繳付。

②銀行手續費：按託收金額 0.15% 折付新臺幣，最低 NT$200。

③郵電費：按實際發生費用計收。

④國外銀行費用：依國外委託銀行報單指示辦理。

2.遠期匯票

　　承兌俟匯票到期付款後始交付貨運單據，不能憑 T/R 取貨。

㈡承兌交單 (D/A)

　　承兌交單屬遠期匯票，故於承兌匯票後交付貨運單據，俟匯票到期時付款。付款時，除上述付款交單各項外，如匯票附帶利息於扣除利息所得稅後結匯支付。其付款期限超過一百八十天或利率超過規定標準者，應先經中央銀行外匯局核准。

三、其他方式之進口結匯

　　進口結匯方式與出口結匯最大不同有原幣貸款及租賃方式進口兩種，其餘大致上是相同的。

㈠預付貨款方式進口

　　進口貨品預付貨款，或以信用狀方式但僅憑簡單收據 (Against Simple Receipt)，而非一般憑貨運單據付款 (Against Shipping Documents) 時，進口商應洽出口商提供銀行保證 (Bank's Guarantee)，以保證收取貨款後出口商能依約交貨。

㈡寄售方式之進口

　　受託人須於貨物到達後，洽存於海關指定之保稅倉庫取得保管單，貨品銷售時，則由受託人依照規定倉邊交貨報價，由買受人（進口商）申請輸入許可證（限制輸入貨品表內之貨品）並辦理結匯進口，再以匯出匯款 (Outward Remittance) 方式將貨款支付國外供應商，另憑保管單將貨出倉，辦理報關提貨。

㈢分期付款方式進口

⑴進口廠商以分期付款方式進口貨品，應向國貿局申請核發輸入許可證，該局在洽會外匯局後核准，目前限於進口機器設備。

⑵預結貨款部分，可依預付貨款規定辦理。以信用狀方式結匯部分，可按開發信用狀規定辦理。延期付款部分，到期前應填具「分期付款進口案件到期本息結匯申請書」，向外匯局申請核發「中央銀行外匯局核准分批付款進口案件到期本息結匯通知書」，憑以向指定銀行辦理結匯。

⑶分期付款進口案件，於貨到後應檢附輸入許可證影本及海關發給之進口證明書，向外匯局申請登記，以憑屆期還本利息申請結匯。

(四)原幣貸款方式進口

(1)由國內指定銀行辦理購料貸款進口，期限不超過一百八十天者，按一般進口方式辦理，憑輸入許可證辦理結匯，無需另案申請核准。

(2)由國內指定銀行貸款進口，分期償付本金利息者，按照分期付款進口辦法辦理。

(3)由國外金融機構直接貸款或經由指定銀行轉貸進口，貸款案應先經外匯局同意，再向國際貿易局申請輸入許可證。輸入許可證之付款方式為原幣貸款，並註明外匯局核准文號。貨到後應檢附輸入許可證影本及進口證明書，向外匯局報備。屆期還本付息時，可具函外匯局申請核發「中央銀行外匯局核准結匯通知書」憑以辦理結匯。

(五)租賃方式進口

(1)公民營生產事業向國外租借自用機器設備，或租賃業（包括專營租賃公司及兼營信託投資公司）以租賃方式向國外進口機器設備，應向國際貿易局申請簽發輸入許可證。

(2)貨品進口後，應檢具輸入許可證影本及進口證明書，向外匯局報備。應付租金屆期前，可具函外匯局申請核發結匯通知書，憑以辦理結匯。

(六)記帳方式進口

記帳方式，係指國外出口商（供應商）以其貨物及貨運單據直接交付進口商（或代理商），貨款則依契約規定暫予記帳，俟約定日期屆滿，進口商（或代理商）始向國內外匯市場結購外匯或提用外匯存款經由指定銀行償付之謂。記帳方式進口，結匯時可憑海關有關進口證明書，民間匯出款項結購外匯申報書，進口結匯證實書及原輸入許可證第三聯申請，經審核相符後，尚未付款者，則按實際到貨值匯出貨款。如無法提出進口證明書，得以經海關核發並批註進口數量、金額及加蓋驗訖章之輸入許可證第三聯影本代替。記帳方式進口結匯之手續費收取標準與匯款處理方法與上述寄售進口業務同。

第五節　進口貨物檢驗及公證

貨品進口檢驗，係以維護國內動植物安全及保障消費者利益，並防止動植物疫病、蟲害之傳佈為目的。須經檢驗的商品必須檢驗合格領得證書後，才能辦理報關提貨。商品進口檢驗由經濟部標準檢驗局依商品檢驗法及其施行細則辦理之。

進口貨品公證，係由買賣雙方委託共同認可之公證公司，以超然立場，查證其進口貨品是否符合雙方約定之交易條件，注重品質、包裝、數量及價格，而為貿易雙方作獨立公平之裁斷，並提供請求補償之憑證，以確保買方之利益。

一、進口商品檢驗

應施檢驗之商品，未符合檢驗規定者，不得運出廠場或輸出入。因此，進行檢驗是商品輸入必要的程序之一。

(一)檢驗品目

應施輸入檢驗之商品，由經濟部公告「應施檢驗品目表」辦理之。

進口動植物及其產品必須檢疫，植物方面依「中華民國植物檢疫限制輸入規定」辦理，動物部分依「中華民國輸入動物及其產品檢疫條件」辦理。

(二)檢驗標準

商品進口檢驗，目前依中華民國國家標準檢驗，惟如有特殊原因，其規範低於國家標準者，應於進口前報請國際貿易局專案核准。

(三)檢驗費用

一般商品進口按 CIF 價 2.5‰，化學肥料類 1‰，橡膠氣胎類 3‰，空氣調節器 2.7‰。動植物及其產品如僅施檢疫者，按進口 CIF 價 1.5‰ 計收。

(四)進口檢驗程序

進口貨物檢驗程序分別是：

1.申請報驗

由進口廠商填具「商品輸入報驗申請書」附送有關結匯證件或進口報單，向到達港口（機場）檢驗機構報驗。其屬經指定機構形式認可者，並需附具檢驗機構形式認可之證明。

報驗時需繳交檢驗費，檢驗費包括檢驗費、檢驗標識費、臨場檢驗費及延長作業費。

2.取樣檢查

(1)在商品堆置地點作外觀檢查。

(2)依國家標準之規定取樣，並給取樣憑單。

(3)報驗商品經取樣後未獲檢驗結果前，非准不得擅自移動。

(4)輸入商品，其體積龐大或需特殊取樣，無法在碼頭倉庫取樣者，得申請具運封存

於指定地點取樣檢驗。

3.檢驗施行

檢驗依國家標準評定合格或不合格。如未定國家標準者,則依暫行標準或標示成分、規範檢驗。

(1)進口商品經檢驗如發現有疫病蟲害時,必須施行燻蒸(或其他方法)消毒。此時應由進口廠商申請核發「動植物出倉臨時憑證」持向海關辦理通關提貨手續,將商品運交檢驗機構施予燻蒸消毒,經認定合格簽發證書後始得領回搬運。

(2)進口動物,依規定須登輪(機)臨檢,廠商應於未運抵外港、機場前向檢驗機構報驗,同時需要施行隔離檢疫。

前項隔離期間如發現任何疫病或可疑病症時,延長隔離時間至無嫌疑或處理完畢為止。但經附有效之預防注射證明書,效用未消失前,經診察認為健康者,得酌情予以縮短留檢期間。隔離期滿認為健康者,核發動物檢疫證明書憑以通關放行。

(3)進口植物種苗,如茶、咖啡、鳳梨、甘蔗、香蕉、柑桔等,應施予兩個高溫之隔離栽培,以觀察其有無傳染病蟲害,期滿觀察認為合格者,核發植物檢疫證明。

(4)進口貨品如屬應施內銷檢驗品目,並經指定為出廠檢驗者,應在產品本體上或單位包裝,逐件貼附規定之檢驗合格標誌,始得進口上市行銷。

4.簽發合格證

經檢驗合格者,發給「輸入檢驗合格證」,不合格者,發給「不合格通知書」。報驗人接到通知後十五日內得請求免費複驗一次。複驗就原樣品為之,原樣品已無剩餘或不能再加檢驗者,得重行取樣。進口商品如屬國內市場應施檢驗商品,則須按國內市場商品檢驗之規定辦理。

二、進口貨品公證

進口貨品公證之手續與出口貨品公證大致相同,公證費用則視貨品性質及委託事項而異,如無特別規定,在進口港之公證例由進口商負擔。公證時間之提出為提貨時,發覺有異樣應立即停止並電請出口商派代表或指定公證行會同檢驗,在委託鑑定之前絕對不可隨便開檢或移動貨品,以免出口商藉口拒絕賠償。

進口到貨公證除大宗物質如礦砂、糧食等須於船到達前通知公證公司以便作卸船監督、水呎計重及卡車過磅等,其他貨品最好能在出倉或貨櫃拆櫃前通知公證公司以便於

提貨時能公證出倉或拆櫃情形。萬一進口貨品在提貨開箱後才發現破損短少，需要公證時，亦應儘量保持原箱，儘速請公證公司派員公證，以利事後之索賠。此外進口商及貨主應特別注意索賠時限，如無法在索賠時限內辦理公證時，亦應先向保險公司或有關公司去函要求保留索賠權利。

進口到貨公證之計費除大宗物質係按噸計算，水呎計重以船計算外，其他抽樣、過磅或破損短少之公證大都均以「天」或「批次」計價，至於到貨作品質檢驗之公證則與前述外銷產品計算方式相同。

第六節　進口貨物報關

所謂報關 (Declaration)，係指向海關申報貨物進出口，並完成海關規定的手續。

目前進口貨物之通關業務，係分由基隆、臺北、臺中及高雄等四個關稅局辦理。無論係海運、空運或郵遞進口，其通關步驟就報關人而言，可分為報關、繳稅、提貨三大步驟，惟就海關言，約可分為投單報關、建檔輸入、查驗貨物、分類估價、繳稅放行及提領貨物等步驟。步驟雖多寡有別，惟內容則大致相同。

一、通關自動化之報關流程

進口通關自動化之基本流程分為：收單，分估，驗貨，徵稅及放行。其與出口貨物報關流程大致相同，也分為連線通關及未連線通關兩方面，簡述如次：

1. 投單報關

連線報關行用電腦傳輸，經 T/V 到達海關（未連線者，由海關根據書面資料輸入）。海關經篩選後，抽中 C1 報單者，送往徵稅；核列為 C2 報單或 C3 報單者，通知報關行遞送書面報單及相關文件；連線報關行依通知於「翌日辦公時間終了以前」向海關遞送報單等文件。

2. 分類估價

海關接受書面文件後，C2 案件審核文件完成分估作業，送往徵稅。

3. 查驗貨物

C3 案件審核文件後送往驗貨完畢再退回辦理分估作業。

4. 徵收稅款

海關核發（或報關行自行列印）稅款繳納證，納稅義務人持向銀行繳納（或用電子轉帳刷卡），透過金融資訊中心及 T/V 傳輸海關。

　　5.放行提貨

　　海關將放行訊息傳輸報關行及貨棧，並列印「放行通知」交報關行（或報關行自行列印）。報關人持「放行通知」及運送文件（D/O 或 AWB）到貨棧提領貨物。

 ## 二、進口報關詳細流程

　　進口貨物報關之流程一般較出口貨物報關流程複雜，其原因在於進口貨物完稅價格之核估有其一定程序，關稅之課徵更使通關程序繁複。

㈠投單報關

　　進口貨物之報關，應由納稅義務人（收貨人、提貨單持有人或貨物持有人）或受委託之報關行繕具（或由電腦列印）「進口報單」(Customs Declaration: Import) 遞交或傳輸海關，申報貨物完稅進口之手續。

　　1.報關之期限

　　進口貨物報關期限分為一般報關及預行報關兩種：

　　⑴一般報關期限：進口貨物須在裝載貨物之運輸工具進口日起十五天內，向海關辦理報關手續。所謂裝載貨物運輸工具進口日，係指依「關稅法施行細則」第六條所規定之日期為限。

　　⑵預行報關期限：

　　　①海運：在運輸工具抵達港口前五天或全貨櫃輪於有關船舶抵埠前七天內預報。

　　　②空運：空運自 81 年 8 月 31 日起已取消機邊驗放。但空運進口之鮮貨等，則自該日起全天分 3 班二十四小時辦理收單、分類、估價及稅放手續。惟專案核准進口者除外。

　　前述報關期限之認定，未通關自動化單位及未連線者，以報單遞交海關（限在規定之受理時間內為之）完成收單手續之日期為準。連線者，以訊息傳輸送達關貿網路 (T/V) 之日期為準。出口及轉運貨物，其認定方式相同。

　　2.報關時應檢具的文件

　　辦理進口貨物報關時，必須填具下列各項文件：

　　⑴進口報單：正本一份、副本若干份，視需要加繕。均可向海關購買，自印亦可。

所有報單均應用打字機（使用黑色打字帶）或不褪色鉛筆（套上複寫紙）一次填報，無論貨主自行報關或由報關行代報均應在「報關人簽章」欄加蓋行號印章及負責人私章，並由專責報關人員簽章。連線通關時，則依照海關規定之標準格式，以電腦連線或電子資料傳輸。

⑵小提單 (Delivery Order, D/O) 或空運提單 (Air Way Bill)：收貨人收到國外寄來的提貨單即向有關船公司或其代理行換領小提單，憑單報關。空運提單不必再向航空公司換領，可直憑提單報關。

⑶發票 (Invoice) 或商業發票 (Commercial Invoice)：由國外出口商開立的商業發票，共需二份（正本一份，副本一份）；應於首頁加蓋公司及負責人圖章。

⑷裝箱單 (Packing List, P/L)、重量清單或尺碼單 (Weight & Measurement List)：裝箱或件裝貨物須有裝箱單；散裝、大宗或單一包裝貨物（不論是否查驗）均免附。

⑸輸入許可證 (Import Permit, I/P)：係由國際貿易局或國際貿易局授權簽證的簽證銀行所簽發。依「貨品輸入管理辦法」之規定，凡屬「限制輸入貨品表」列之貨品，均應依該表所列規定，申請辦理簽證，始准進口。免簽證項目貨品則免附。

⑹委任書：凡委任他人（如報關行）辦理通關手續者，應與具委任書乙份，以明權責。

⑺貨價申報書：在表明交易條件、買賣雙方關係及費用負擔情形。下列進口貨品免繳：旅客行李，郵包，樣品，餽贈品，免稅貨品，國貨復運進口之貨物，政府機關及公營事業進口之貨物，保稅工廠、加工出口區及科學工業園區進口之保稅貨物。

⑻產地證明書 (Certificate of Origin, C/O)：凡經經濟部國際貿易局規定進口時應附繳產地證明書之進口貨物，均應附繳產地證明書。海關在適用第二欄稅率（稅率較低）時，如認為有必要或查驗認定不易者，得請納稅義務人提供產地證明書，以便參核。其他如涉及大陸地區物品時，提供鑑定參考之用。

⑼型錄、說明書、仿單或圖樣：視進口貨物之性質，檢送一種或多種。

⑽其他文件：依有關法令規定應檢附者。
　①裝櫃明細表：一份報單申報整裝貨櫃二只以上時檢附。
　②輸入檢驗合格證或輸入動植物檢疫證明書。
　③其他因進口貨物性質之不同而需附繳之證件。

④海關進口貨物各項稅款繳納證：由報關人將有關項目包括應納進口稅捐、商港服務費、貨物稅、推廣貿易服務費、滯報費、納稅義務人名稱、報單號數、貨物名稱等逐一填明後，由海關簽發。

(二)查驗貨物

　　進口貨物於報關後，報關人應依進出口貨物查驗準則第二十六條規定，自報關之翌日起十日內向海關申請查驗。所謂「申請查驗」並不需以書面提出申請，僅需以口頭向驗貨單位主管申請即可。海關驗貨關員查驗貨物時，其搬移、拆包、或開箱暨恢復原狀等事項，要由會同查驗之報關人員負責辦理，其所需之費用均由納稅義務人負擔。報關人如自報關之翌日起十天內不向海關申請查驗，逾期海關得會同倉庫管理人逕行辦理查驗。

　1.查驗原則

　　進口貨物之查驗，除中藥材應予全部查驗外，係以抽驗為原則。所謂抽驗，即「指件抽驗」之意。係指海關驗貨時參照申報情形，裝箱單記載內容，衡量法令規定並根據工作經驗予以研判，就全部貨物中，指定某些箱號予以開箱查驗。惟在查驗過程中，如發現有未申報、偽報貨品、品質、規格或匿報數量等違規情事等，則予以全部查驗俾明瞭整批貨物之實際情形。

　2.查驗方式

　　海關依報關行傳輸之進口報單，在電腦中設計「抽派驗檔」進行判定，少數才以人工核定或變更。

　　查驗方式區分為：

　(1)簡易查驗：即由驗貨員就（櫃）貨抽驗一件，僅核對該件貨名、數量、材質及嘜頭相符即可（如有不符應繼續開驗），不作現場全部逐箱核對嘜頭、件數等。

　(2)一般查驗：依據「進出口貨物查驗及取樣準則」之一般查驗規定辦理查驗。整裝貨櫃應作見尾、見底、見邊（指在櫃內縱橫各開一通道所至之尾、底及邊而言）及指定櫃位查驗，包括指認嘜頭、清點件數、指定開驗箱別、開箱查驗等，其開驗箱數以在 5～10% 間為原則，但驗貨主管認為開驗箱數過多時，得降低。

　(3)詳細查驗：海關認為有詳加查驗必要或有具體密報者，應於集中查驗區將貨物全部搬出貨櫃查驗，必要時應拆櫃進倉始予查驗，其開驗箱數以在 50% 以上為原則，但開驗已達 10% 以上，且已查驗部分足以推斷整批貨物之真實內容者，得

酌情免予繼續開驗。

3.櫃裝貨物之查驗

進口貨物以貨櫃裝運進口時，其查驗方式可分為：

⑴併裝貨櫃 (CFS; LCL)，應拆櫃進倉後，方予查驗。

⑵整裝貨櫃 (CY; FCL)，分為：

　①落地追蹤安全檢查：於海關放行後實施，可延至廠商倉庫所在地再開啟檢查。

　②貨櫃集中查驗制度：經海關抽中應行開驗之貨櫃，均應拖至貨櫃集散站所設置的集中查驗區域內辦理查驗工作，查驗要求「見尾見底見邊」。

4.提取貨樣

為鑑定進口貨物名稱、種類、品質、等級，供稅則分類及估價之參考，驗貨關員於查驗進口貨物時，得提取貨樣，至於所提取之貨樣數量，以鑑定技術上認為必要之數量為限。驗貨關員提取貨樣，除屬零星貨樣准免簽貨樣收據外，抽取一般貨樣，均應開具貨樣收據。

㈢分類估價

查驗既畢，通關程序即進入第三步驟，由海關進口組分類估價課辦理分類及估價事宜。

1.稅則分類

所謂稅則分類，係由海關依報關人所申報之進口貨物加以稅則分類之意。換言之，就是將所有應完稅的貨物，予以分門別類，各予一定的課稅稅率，這種因不同的貨品分類而有不同之稅率的規定就簡稱「稅則」。如上所述的，將貨物依其成分或用途分別歸屬不同之類別之行為，就叫做「貨品分類」；又因貨品分類之目的在於適用不同之稅率，故又稱為「稅則分類」，現行海關進口稅則，係以「關稅合作理事會稅則」(CCCN) 為架構，並參酌我國國情需要予以編定，共分二十一類九十七章。其適用情形為：

⑴單一稅則：所謂單一稅則，即對同一貨物只課以一種稅率而言。我國自 39 年至 69 年 8 月 30 日總統公佈修正進口稅則以前，為採取單一稅則的國家。

⑵複式稅則：所謂複式稅則，即同一貨物有兩種或兩種以上之稅率，其中一種較低的稅率，適用於與我國有條約關係或互惠關係國家或地區之貨物，可稱為協定稅率或優惠稅率；另一種較高的稅率則適用於一般國家或地區之貨物，可稱國定稅率或一般稅率。我國自 69 年 9 月 1 日起實施複式稅率，稅率分第一欄（一般稅

率）及第二欄（優惠稅率）。適用第二欄稅率之國家及地區計一一三個。

(3)從價稅率、從量稅率：所謂從價稅率，即按貨物之完稅價格訂定「稅率」徵稅；所謂從量稅率，則按貨物之數量或重量訂定「稅額」徵稅。

(4)機動稅率：政府為應付國內外經濟情勢，調節物資供應，對於特定貨物得在 50%內作機動之調整，經調整後之稅率即稱機動稅率。

2.完稅價格

進口貨物完稅價格之核估,依關稅法第二十九條至第三十五條等之規定,說明如次：

從價課徵關稅之進口貨物，其完稅價格 (Duty Paying Value, DPV) 以該進口貨物之交易價格作為計算根據，其計算公式如下：

完稅價格＝進口貨物之交易價格×匯率

進口貨物之交易價格，係指進口貨物由輸出國銷售至中華民國實付或應付之價格。進口貨物之實付或應付價格，如未計入下列費用者，應將其計入完稅價格：

(1)由買方負擔之佣金、手續費、容器及包裝費用。

(2)由買方無償或減價提供賣方用於生產或銷售該貨之下列物品及勞務,經合理攤計之金額或減價金額：

　①組成該進口貨物之原材料、零組件及其類似品。

　②生產該進口貨物所需之工具、鑄模、模型及其類似品。

　③生產該進口貨物所消耗之材料。

　④生產該進口貨物在國外之工程、開發、工藝、設計及其類似勞務。

(3)依交易條件由買方支付之權利金及報酬。

(4)買方使用或處分進口貨物，實付或應付賣方之金額。

(5)運至輸入口岸之運費、裝卸費及搬運費。

(6)保險費。

3.完稅價格的核定程序

海關如發現進口商所申報之發票記載不實，或所報價格顯然偏低時，必須查證後才能核定完稅價格。為確保稅收公平，根據關稅法規定，目前核定完稅價格的程序計分為下列五個步驟（由關稅總局驗估中心負責）：

(1)調查同樣貨物之出進口交易價格：進口貨物之完稅價格，未能依第二十九條之規定核定者，海關得按該貨物出口時或出口前、後銷售至中華民國之同樣貨物之交

易價格核定之。核定時應就交易型態、數量及運費等影響價格之因素作合理調整。

(2)參照類似貨物之出進口交易價格：進口貨物之完稅價格，未能依第二十九條及三十一條規定核定者，海關得按該貨物出口時或出口前、後銷售至中華民國之類似貨物之交易價格核定之。核定時應就交易型態、數量及運費等影響價格之因素作合理調整。

(3)按國內銷售價格：進口貨物之完稅價格，未能依第二十九條、第三十一條及第三十二條規定核定者，海關得按國內銷售價格核定之。

(4)按計算價格核定：進口貨物之完稅價格，未能依第二十九條、第三十一～三十三條規定核定者，海關得按計算價格核定之。

(5)依據查得之資料：進口貨物之完稅價格，未能依第二十九條、第三十一～三十四條規定核定者，海關得依據查得之資料，以合理方法核定之。

(四)繳納稅款

進口貨物稅款之繳納，包含稅款、稅費、滯報費、滯納金、特別關稅及各種規費等。

1.繳稅方式

進口報關經分類估價之後，下一步驟就是發單徵稅。依關稅法規定收貨人應在海關簽發「海關進口貨物各項稅款繳納證」之日起十四天以內，如數繳納稅捐。繳稅方式計有現金繳納、擔保押款、保稅及記帳七種：

(1)現金繳納：納稅義務人持海關繳款通知以現金向駐當地海關之銀行收稅處繳納，並由銀行通知海關。

(2)匯款繳納：納稅義務人持海關繳款通知到經收稅款之銀行或分行，以匯款方式匯入國庫存款戶或海關收稅專戶。

(3)EDI 線上扣繳：與 T/V 連線之貨主或報關行，在與 T/V 直接連線之銀行開立「繳納稅費專戶」，於接到海關繳款通知訊息，經複核確認後，由貨主或報關行發動訊息，指示銀行由其專戶扣款，轉入國庫存款戶或海關收稅專戶，並以訊息通知海關。

(4)擔保押款：在通關作業過程中，一時不能確定稅額或可否放行或其他原因，使貨物處於不能放行狀態時，除少數貨品涉及管制規定外，廠商可申請提供「相當」金額之現金或擔保品作為擔保，先將貨物放行。

(5)記帳：外銷品進口原料關稅（指關稅、貨物稅及營業稅），由繳稅義務人提供保

證（授信機構保證書或擔保品），經海關核准登帳後將貨物放行，俟加工為成品外銷後再予沖銷除帳（關稅及貨物稅、營業稅按月逐依出口沖銷金額沖銷之）。外銷品沖退關稅及貨物稅，專案原料核退標準之適用期間以不超過三年為限；通案原料核退標準則以不超過五年為限。

(6)先放後稅：指納稅義務人應繳之關稅及保證金，經海關核准提供擔保，替代現金、保證金之繳納，先行驗放其進口貨物。

　①該擔保係提供一個大額度之保證，在「擔保額度內」「循環使用」。即納稅義務人逐批進口貨物應繳之關稅，可申請海關准憑其擔保先予放行貨物，放行後納稅義務人於繳納期限屆滿前繳納，由銀行通知海關恢復其額度。只要「未繳納之稅額」未超過「擔保額度」，該「擔保額度」可一直循環使用。

　②擔保方式：a.限區擔保（「納稅義務人」在單一關稅局適用），b.通區擔保（「納稅義務人」在各地關稅局均可適用；此種尚未開辦），c.間接擔保（「報關行」提供授信機構保證）。

(7)彙總清關：海關核准辦理彙總清關之廠商，其所申報之貨物，經提供稅費擔保，或以自行具結替代稅費擔保後，貨物先放行，再按月彙總繳納稅費。

2.稅費類別

進口貨物應徵收之稅費種類及徵收依據：

(1)關稅：關稅法、關稅法施行細則及海關進口稅則。

(2)商港服務費：商港服務費收取保管及運用辦法。

(3)貨物稅：貨物稅條例、貨物稅稽徵規則。

(4)菸酒稅：菸酒稅法。

(5)營業稅：加值型及非加值型營業稅法、加值型及非加值型營業稅法施行細則、海關代徵營業稅稽徵作業手冊。

(6)滯報費：關稅法、關稅法施行細則。

(7)滯納金：關稅法、關稅法施行細則、貨物稅條例、加值型及非加值型營業稅法。

(8)特別關稅：關稅法、關稅法施行細則。

(9)各種規費：關稅法、海關徵收規費規則。

(10)推廣貿易服務費：貿易法、貿易法施行細則、推廣貿易基金收支保管及運用辦法。

上述稅費之計算請揭書第七章第七節。

3.發單徵稅

　　一般正常通關案件，海關係由電腦自動列印「海關進出口貨物稅費繳納證兼匯款申請書」後投入報關行之候單箱內，並未經過簽收手續；海關另行傳輸訊息給報關行，報關行可在己端之印表機上自行列印，再持向銀行繳納（或用電子轉帳刷卡）。

㈤放行提貨

　　進口報關程序最後一個步驟即是簽單放行，其簽放手續如次：

　　⑴放行關員收到進口稅捐繳納證第二聯，核對無誤後即在提單及報單上分別簽署，並在提單上加蓋其私章。

　　⑵監印關員在提單及報單上加蓋放行關防。

　　⑶將已經放行關員簽署並加蓋私章及放行關防的提單連同其他應退還報關人文件，發還報關人，俾其可持赴海關聯鎖倉庫或貨櫃集散站提貨。至於船邊、機邊、倉庫或工廠驗放報單則應送經驗貨員查驗無訛並由其股長複核後，始撕下文件，交予報關人。

　　⑷放行後，由電腦自動列印「進口貨物」電腦放行通知，交報關行（未連線者）或傳輸訊息給報關行（連線者）及貨棧，俾便其辦理提貨手續。

　　海關為應付各種不同之貨物而規定各種不同之放行方式，目前放行方式分為三種，其適用優先順序依次為：「即核即放」、「先核後放」、「先放後核」。

1.即核即放

　　由進口地海關逕行核估，通關後除有關稅法第四十五條規定外，事後不得再予增估完稅價格。

2.先核後放

　　進口貨物於放行前，先由進口地海關以電話傳真機傳送有關文件，向關稅總局驗估處查詢，俟接到該處通知後再予處理。

3.先放後核

　　凡非屬按「即核即放」或「先核後放」通關方式辦理之貨物，進口地海關於完成「放行前審核」作業後，一律依關稅法第十八條規定，按納稅義務人申報之完稅價格先行徵稅驗放，事後再加審查。

第七節　進口貨物提貨手續

進口貨物於辦妥報關手續之後，即可按下列方式進行提貨。

一、輪船卸貨手續

載運進口貨物之輪船在到達卸貨港以前，會拍出電報或傳真通知船公司（或其代理行），告以輪船到達之時間、貨物之件數及重量、以及是否需用特殊卸貨工具等。同時輪船還會準備進口結關文件，交予船公司（或其代理行），以便後者可替該船辦理進口結關手續。

另一方面，船公司收到電報或傳真後，就預先洽妥進口貨物所需的碼頭倉庫，以便在卸貨時，可把一般貨物卸入倉庫，至於危險品或鮮貨等必須在船邊提貨者，就預先通知貨主，及時辦妥各項手續，備妥卸貨工具。

輪船進港後，就由船公司到海關辦妥「卸貨准單」送往船上，並通知工人前往卸貨。一般貨物適用海關所簽發的「普通卸貨准單」，憑該單可將貨物卸進碼頭倉庫。進口貨物中危險品或鮮貨等，則適用「船邊提貨准單」，辦妥報關手續的貨主，可在船邊提貨。

輪船卸貨手續如次：

(1)進口船隻在進口前一、二日，須由輪船公司或代理行，預向港務局申請碼頭倉庫及起卸特種工具（如水上起重機等）。

(2)憑船上載貨電報或傳真申請「普通卸貨准單」，以便船隻到港轉交船長憑以卸貨。

(3)整船散裝須經公證行及貨主測算水呎後始可卸貨。

(4)如航行途中曾發生海難海損事故（如海水湧入貨艙、碰撞、拋棄貨等），應先經公證行、主管航政官署、貨主鑑定損害至辦妥各種手續後，始可卸貨，否則貨主應提出異議。

(5)船方卸貨如發現短卸 (Short Landed)、溢卸 (Over Landed) 或損失 (Damage) 或爭議 (Dispute) 時，應取得船長或大副證明文件，以為補運、退運、索賠之根據。

(6)卸貨完畢全部無訛後，即在貨載授受證上簽字 (Delivery and Receiving Certificate)。

(7)船邊提貨必須先由貨主辦妥報關手續後，始可卸提貨物。

二、正常提貨手續

進口貨物辦妥報關手續後，報關人持憑電腦放行通知單，連同船公司（代理行）提貨單向倉儲業辦理提貨手續。此時，貨主應在小提單上背書，輪船公司亦需背書放行，再至棧埠管理處營業課結算繳納各項棧埠業務費用後，取出倉單證再至貨物儲存倉庫，請駐倉庫海關關員核銷進口艙單，在小提單上簽署准予提貨，即可至倉庫內提貨。提貨時並應注意件數是否相符，貨箱是否完整。如有短損應立即停止提貨，會同倉庫及公證行開箱點查過磅，並取得倉庫或輪船短損證明，以為索賠根據；如出倉後始發現短損，須詢輪船公司有無向海關辦妥短卸報告，經海關登記有案者，以為嗣後補運或退還溢收稅捐及結匯款項之根據。

三、保稅倉庫之提貨

所謂保稅倉庫通常係由貨主自備倉庫,向海關申請准予連鎖暫時免繳稅金保管進口貨物之用。

進口貨物入保稅倉庫期限，通常為一年至三年，過期海關得予沒收。申請普通保稅倉庫須填具保證書,覓取殷實舖保並按海關規定繳納保證金,保證付稅及辦理有關手續。貨物進倉須經海關派員押運入倉，並會同加鎖；如須提貨，亦須於繳納稅款或辦妥手續後，會同海關啟鎖，在其監視下點數出倉。

四、船邊提貨手續

進口貨物如為鮮貨、易腐貨物、活動物、危險品或數量龐大無法存儲，或棧埠管理處不允代為保管的貨物，進口商應辦理船邊提貨 (Take Delivery at Ship's Side) 手續。船邊提貨通常不將貨物卸入碼頭倉庫，而由輪船在其停泊處所(碼頭或浮筒)將貨物卸下，在船邊交予收貨人。

船邊提貨又分貨櫃及散裝貨物兩種：

⑴經海關核定信譽良好之廠商，其准船邊免驗提領之進口貨櫃，憑特別准單、電腦放行通知、提貨單及港務局（或船公司）列印之貨櫃出站准單等文件，由報關人向海關駐站關員辦理提櫃手續。

⑵船邊免驗及驗放之散裝貨物報關人持憑特別准單、電腦放行通知、提貨單辦理，

其中驗放貨物應由驗貨員於驗畢後，在電腦放行通知單簽章；免驗貨物由巡段關員憑電腦放行通知單與船公司之提單抽核無訛後，於電腦放行通知簽章交報關人持向港務局辦理核發貨物放行條，憑以出站。

　　一般處理貨櫃方式進口貨物，是先由貨櫃船公司或其代理行和相關的貨櫃集散站作聯保單，向海關申請簽發「正副特別准單」各一份，海關碼頭關員即憑正本在貨櫃加上封鎖，並填發貨櫃運送單。貨櫃運到集散站後，駐站官員即加驗對，另一方面集散站憑船公司送來的艙單收櫃，經過磅、檢查後，如為併裝貨櫃 (LCL) 則拆櫃將各貨進倉；如為滿裝貨櫃 (FCL) 則不拆櫃。進口商經船公司通知後前往集散站提貨，仍須憑放行之提貨單並在駐站關員監視之下放行，併裝貨櫃各貨主自行雇車運走；滿裝貨櫃則由拖車連同貨櫃一起運走。進口屬「戶對戶」的大宗貨物，就在海關加封後直接運到貨主之工廠，然後由貨主辦理報關手續，而海關則派員到工廠拆封驗貨（反之，如為貨物出口，就先由海關驗貨，然後裝進貨櫃，由海關加封後，運往碼頭裝船）。

 ## 五、貨運單據未到達時之提貨方法

　　由於航運發達，進口貨物往往有比貨運單據先行到達之情事，此種事例尤以日本及港、澳地區為多，進口商若接到輪船公司或其代理行之到貨通知單而不能即時贖單提貨或為減少倉儲費用起見，可按下列方式辦理提貨手續。

㈠擔保提貨方式 (Delivery Against Letter of Guarantee)

　　⑴進口商應填具擔保提貨申請書（其簽章應與結匯證實書之簽章相同）一份，並向船公司領取空白擔保提貨書二份，分別就裝貨船名、起卸口岸、嘜頭、數量、價值、信用狀號碼、貨物名稱、抵岸日期等逐項填列後，檢同商業發票副本二份、結匯證實書、輸入許可證一併到銀行申請，如該信用狀項下貨物已設定質權，應先辦妥解除質權手續。

　　⑵經銀行審核並在擔保提貨書上辦妥簽章手續後，即可向船公司換取小提單 (Delivery Order, D/O)，以便報關提貨。

　　⑶進口商向銀行辦理擔保提貨時，照第二次結匯部分繳付年息 90% 之七天利息予銀行。

　　⑷經擔保提貨之案件，俟其正本提單到達銀行，銀行即通知進口商領取，此項提單銀行在背書上應加蓋「僅作向輪船公司換回擔保提貨書用」(For release of our guarantee only) 之戳記給進口商持向船公司換回前簽之擔保提貨書，交還銀行，銷案備查。惟目前多數進口商不明此項手續未照規定辦理，銀行已與各船公司洽妥直接換回或由船公司出具證明書解除銀行保證責任。

㈡副提單背書 (Duplicate Bill of Lading Endorsed by Banker)

　　係指進口商在洽開信用狀時常規定出口商將有效提單 (Negotiable B/L) 一份寄進口商，此項提單並非不可轉讓提單 (Non-negotiable B/L) 而係正本提單，稱為副提單 (Duplicate B/L)。由於提單收貨人或抬頭人常為開狀銀行，非經開狀銀行背書，自不能提領貨物。故當貨物已到埠，而其他單據尚未到達開狀銀行時，進口商可簽具副提單背書申請書，檢附副提單、商業發票、結匯證實書及輸入許可證，繳納應付各項費用後，請求銀行背書副提單，以便向船公司換取小提單，憑以辦理提貨手續。俟押匯單據到達，並由開狀銀行交付進口商後，進口商再將其餘正本提單交付輪船公司銷案。

㈢電報 (Cable) 放行之提貨

　　出口地輪船公司以電報通知進口地輪船公司同意放貨之指示時，則進口商可簽署切結書以換取小提單報關提貨。

㈣郵包收據 (Parcel Receipt) 申請背書

　　由於郵包收據不能提貨，故郵局於貨到後，將領取包裹通知單寄交輸入地銀行或進口商，再由進口商出具「背書申請書」提示銀行背書後向郵局領取包裹，其手續與擔保提貨同。

　　航空運送者，航空公司於貨到後，繕發「到貨通知書」予進口商，進口商可依上述方法申請副提貨單背書提貨。

第十八章
非信用狀付款交易

第一節　託收之意義與種類

　　由於國際貿易環境的轉變，進出口廠商在從事國際貿易時，常面臨談判各種交易條件的劇烈競爭，為取得有利商機或應付交易對手改變傳統貿易習慣的需索，以託收方式作為交易條件，已是今後國際貿易發展的必然趨勢，其重要性且與信用狀方式並駕齊驅了。

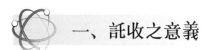

一、託收之意義

　　所謂託收 (Collection)，乃委託代收之意。質言之，也即由一方（委託人）委託他方（受託人）向第三者收取某種債權的行為。就委託人立場而言，為託收 (Remitting)；如就受託人立場而言，則為代收 (Collection)。

　　國際貿易中，所謂「託收」係指在非信用狀方式交易下，出口商依照買賣契約規定，將貨物裝船出口後，開具以進口商為付款人的財務單據 (Financial Documents，例如匯票)，檢附商業單據 (Commercial Documents，如商業發票、提貨單、包裝單等)，委託銀行代向進口商收取貨款之程序，是為「出口託收」。反之，當進口商所在地之代收銀行按照出口商所在地之託收銀行所寄來之「託收指示書」(Collection Instruction) 指示事項，要求進口商辦理付款或承兌之程序，則為「進口託收」。

　　託收方式交易，國際商會訂有統一規則，作為有關各方處理託收業務遵行之依據。1995 年修訂版託收統一規則（Uniform Rules for Collections, 1995 Revision, Publication No. 522，簡稱 URC），對「託收」所下之定義為：「銀行依所收受之指示，處理財務單據及／或商業單據，以期達成 (i) 獲得付款及／或承兌，或 (ii) 憑付款及／或承兌交付單據，或 (iii) 依其他條件交付單據。」

二、託收之種類

託收依進出口方式，所附之單據，交單條件及付款期限之不同，可分為下列數種：

(一)以託收方式分類

1.出口託收 (Outward Collection)

出口商（委託人）將貨物裝運出口後，備妥貨運單據及匯票一併送交出口地銀行（託收銀行）委託收取貨款；出口地銀行則將有關單據寄交進口地銀行（代收銀行），委託其依託收指示書指示向進口商（付款人）收款。此種程序，就出口地銀行而言，即為出口託收。

2.進口託收 (Inward Collection)

進口地銀行收到出口地銀行寄來的單據之後，即依其「託收指示書」所列指示，要求進口商付款或承兌，完成託收手續。此種程序，就進口地銀行而言，即為進口託收。

(二)依託收所附之單據分類

1.光票託收 (Clean Bill for Collection)

委託人委託銀行代為收取貨款時，未檢附商業單據，而僅以財務單據託收者，此種方式亦符合託收統一規則所謂「光票託收」之意旨。申言之，光票託收係指委託人僅將匯票、支票、本票等財務單據交付銀行代收款項者。至於運送單據、商業發票、保險單等商業單據則由委託人逕寄付款人（進口商），或交由第三者（如運送人）轉交付款人。

2.跟單託收 (Documentary Bill for Collection)

委託人委託銀行代為收取貨款時，財務單據附隨商業單據，或商業單據未附隨財務單據之託收謂之。

(1)附隨財務單據的跟單託收：即委託人將商業單據及財務單據一併交由銀行託收。銀行則在付款人付款或承兌時，才將商業單據交給付款人。通常所稱跟單託收即指此種託收。

(2)未附隨財務單據的跟單託收：即委託人僅將商業單據交由銀行代收，而未附隨財務單據者。此種託收較少見。

(三)依交單條件分類

1.付款交單 (Documents against Payment, D/P)

在跟單託收場合，委託人裝運貨物出口後，備妥商業單據委託銀行代收時，付款人

須向銀行付清貨款後，才能自銀行取得商業單據提貨。此種方式對委託人（出口商）而言，因為付款人（進口商）付款在先，銀行交單在後，因此風險較少。

2.承兌交單 (Documents against Acceptance, D/A)

在跟單託收項下，委託人（出口商）委託銀行辦理託收時，付款人（進口商）只要在財務單據上（如匯票）表示承兌後，即可取得商業單據憑以提貨，俟匯票到期時才付款。此種方式，就進口商而言，可獲得資金融通的好處。但對出口商而言，因交單在先，付款在後，除非進口商信用良好，否則進口商於承兌、領單、提貨後，可能因市場或其他因素而拒絕付款，致遭受重大損失，其風險遠較 D/P Collection 為大。

㈣依付款期限分類

1.即期付款交單 (Sight D/P)

即委託人委託銀行代收的財務單據係即期匯票 (Sight Draft) 者。付款人於代收銀行向渠提示單據時，即須付款。此種方式，即一般所稱之付款交單託收。

2.遠期付款交單 (Usance D/P; Long D/P)

即委託人委託銀行代收的財務單據為遠期匯票 (Usance Draft) 者。付款人於代收銀行向其提示單據時，僅就財務單據予以承兌，付款人在票據到期前雖不必先付款，惟商業單據仍由銀行控制。俟到期（或貨到）時付款人付清貨款後才自銀行取得商業單據。

第二節　託收方式交易的關係人

託收方式交易的關係人有委託人（出口商）、託收銀行、代收銀行、提示銀行、付款人（進口商）及預備人等六種，依託收統一規則之分類，亦如同本文。茲分述如下：

1.委託人 (Principal)

又稱為本人，係指委託銀行辦理託收的一方 (Any Party)。通常即為託收方式交易中的賣方 (Seller)，即出口商 (Exporter)，也是匯票（或其他財務單據）的發票人 (Drawer)，係託收方式交易中的債權人。

2.託收銀行 (Remitting Bank)

又稱為寄單銀行，係指受委託人委託辦理託收的銀行。通常為出口地銀行，故又稱為本地代收銀行 (Local Collecting Bank)。此銀行通常與委託人有往來關係，基於委任契約，作為委託人的受任人。亦與代收銀行間存在一「處理託收業務」之契約關係。

3.代收銀行 (Collecting Bank)

係指託收銀行以外，處理託收指示書的所有銀行。託收銀行接受委託向國外進口商收取貨款，勢必再委託進口商所在地往來銀行代為執行收款工作。此國外銀行即為代收銀行，又稱為國外代收銀行 (Foreign Collecting Bank)。代收銀行或為託收銀行的國外分支銀行或為其往來銀行，係委託人的次受任人及副代理人 (Sub-agent)。

4.提示銀行 (Presenting Bank)

指向付款人直接辦理提示的代收銀行。在託收過程中，有時買方要求以其往來銀行為代收銀行，而該銀行若與託收銀行無通匯關係時，託收銀行只得委託買方指定之代收銀行，為其向買方（付款人）辦理提示事宜。在此情形下，該買方所指定的代收銀行即為提示銀行。

5.付款人 (Drawee)

即依託收指示，而被提示有關單據的人（但並非 URC 中的當事人），通常為託收方式交易中的買方 (Buyer)，即進口商 (Importer)，或託收匯票（或其他財務單據）的被發票人，係託收方式交易中的債務人。

6.預備人 (Case-of-Need; C/need)

指委託人在進口地預先安排的代表 (Representative)。於託收發生拒絕承兌或拒付時，被授權代理委託人出面處理事務者。

第三節　託收方式交易之功能與適用情況

國際貿易上,託收方式交易的最主要功能,在於強化賣方談判交易條件的競爭能力,爭取商機;對買方而言,則可節省開發信用狀之費用及保證金,降低進口貨物成本,同樣能增強競爭能力。至於其功能可就買方及賣方兩方面加以說明。

一、託收方式交易之功能

出口託收方式交易對買賣雙方之主要功能,在於取代信用狀之付款條件,趨向較有利於買方市場 (Buyer's Market) 之需求。

(一)對賣方之功能

託收方式交易對賣方之功能,可就其優缺點說明之。在優點方面:

1.增強競爭能力

託收方式可增加賣方談判交易條件時的籌碼，降低買方進口成本，使兩者之競爭力同為增強。

2.簡化貿易流程

託收方式交易，賣方憑買賣契約之規定，即可將貨物裝運出口，不似信用狀方式交易，需收到信用狀之後，才將貨物裝運，簡化貿易流程。

3.輸出保險融資

託收方式之 D/P、D/A 因其風險性大，必須投保輸出保險。而輸出保險則可獲取外銷融資，有利其營運周轉。

託收方式對賣方之缺點為：

1.資金周轉困難

託收方式交易，貨款收回之時間較長，也較不確定性，常使賣方的資金受到凍結。若公司財務不健全或銀行融資不易，資金周轉立即陷入困境。

2.交易風險性大

託收過程中，因無銀行信用作付款之擔保，且交易之主控權操之在買方，益增其風險性。

3.貨款收回不確定

買方易藉各種理由來挑剔，以逵其延遲付款或減價之目的。在國際市場行情變動不居時，更常以各種藉口來拒收貨物或拒付貨款。

(二)對買方之功能

託收方式交易中的 D/P、D/A，對買方而言，可說優點多於缺點，蓋其缺點在信用狀交易亦會發生，至於其優點則明顯可見。

1.降低營運成本

買方以託收方式代替信用狀方式付款，可免除開狀手續費及預繳保證金之負擔，降低營運成本，有利進口業務之推展。

2.資金周轉靈活

採用 D/P 方式時，可約定於貨物到埠後（非單據寄達）才付款領回單據；若採 D/A 方式時，更能於承兌後即提領貨物轉售，直至付款期限屆滿時才給付貨款，對其資金之調度更趨靈活可用。

3.掌控交易自主權

在 D/P、D/A 託收交易下，買方可事先檢查貨運單據中描述的貨物數量，品質及規格等內容；在 D/A 之場合，買方在付清票款前，有權檢查貨物與買賣契約所約定是否相符合。尤其適逢經濟不景氣或貨品有瑕疵時，更能藉機挑剔以達延遲付款或減價之目的。

 二、託收方式交易之適用情況

託收方式交易，以 D/P、D/A 為主，大部分屬進出口託收性質，其適合情況亦因之稍有差異。

(一)適合 D/P 付款方式的情況

(1)當地付款方式習慣以 D/P 託收交易者。

(2)買方信用狀況很好，買賣雙方往來關係密切，賣方不願放棄交易機會，即可利用 D/P 條件交易。

(3)市場競爭劇烈。買方要求以 Long D/P 方式交易，為提昇買方競爭力，增加其進口有利條件，託收成交。

(4)貨物在國外市場易於處理，若遇對方拒絕付款贖單，貨物容易拍賣轉售，不致造成賣方之嚴重虧損。

(5)能取得 D/P、D/A 輸出保險融資者。

(二)適合 D/A 付款方式的情況

(1)當地付款方式習慣以 D/A 託收交易者。

(2)交易習慣改變，買方要求在付款前先獲得貨物才願意購買，以 D/A 成交。

(3)匯票經承兌後即可獲得貼現。賣方以 D/A 方式出口，買方雖尚未付款，但經其承兌之匯票，賣方容易將其貼現而取得融資。

(4)交易標的物在國外市場易於處理且不屬易腐之貨品。

(5)能取得 D/P、D/A 輸出保險融資者。

第四節　託收方式交易之約定方法

託收方式交易，就買賣雙方而言，簽訂買賣契約是很重要的，它是約束契約當事人履約的惟一憑藉。而其付款條件在買賣契約中之表示方式，與信用狀有很大不同。茲就

D/P、D/A 分別說明之。

 一、D/P 付款條件約定方法

以 D/P 託收方式交易，其付款條件在買賣契約中的表示方法，約有下列幾種：

㈠見票付款 (Sight Draft)

代收銀行將匯票向付款人提示時，付款人即須見票付款。此種交易方式出口商收回貨款之時間為：裝船日＋委託銀行託收日期＋郵遞期間＋付款日＋匯款期間＝收到匯款日。

Terms of payment: Payment by sight draft, document against payment (D/P at sight). Documents required:

⑴ Signed Commercial Invoice in Triplicate.

⑵ Full set of clean on board ocean B/L.

⑶ Packing List in Triplicate.

⑷ ....

㈡裝運日後若干日付款 (×× days after shipment)

出口商委託銀行託收之匯票到期日為提單上面所載裝船日起算若干日後始收回貨款。其收回貨款之時間為：裝船日＋委託銀行託收日期＋裝船後三十天＋匯款期間＝收到匯款日。

Terms of payment: Payment by draft drawn on buyer at 30 days after on-board B/L date, documents against payment (or D/P 30 days after on-board B/L date). Documents required:

⑴ Signed Commercial Invoice in Triplicate.

⑵ ....

㈢貨到後憑票付款 (×× days on arrival of the vessel)

以此付款條件交易時，付款人須俟貨物到埠後才憑票付款。出口商收回貨款之時間為：裝船日＋委託銀行託收日期＋郵遞期間＋標準航運天數＋付款日＋匯款期間＝收到匯款日。

Terms of payment: Payment by your's draft payable on arrival of the vessel, document against payment (or D/P on arrival of the vessel). Documents required:

⑴ Signed Commercial Invoice in Triplicate.

⑵ ....

二、D/A 付款條件約定方法

以 D/A 託收方式交易，其付款條件之表示，若以賣方收回貨款之期間長短來算，依序如下：

㈠見票後若干日付款 (×× days after sight, d/s)

以此種條件交易，付款人於匯票承兌日後若干日始需付款。也即託收交易中最普遍使用的見票後若干日付款。出口商收回貨款之時間為：裝船日＋委託銀行託收日＋郵遞期間＋Usance＋付款日＋匯款期間＝收到匯款日。

Terms of payment: Payment by draft drawn on buyer at 60 days after sight, documents against acceptance (or D/A 60 days after sight). Documents required:

⑴ Signed Commercial Invoice in 5 copies.

⑵ Full set of clean on board ocean B/L.

⑶ ...

㈡發票日後若干日付款 (×× days after date, d/d)

以發票日後若干日為付款日之交易條件，其與下述之㈤類似，在國際貿易中很少被採用。出口商收回貨款之時間為：裝船日＋付款日＋匯款期間＝收到匯款日。

Terms of payment: Payment by draft drawn on buyer at 60 days after date, documents against acceptance (or D/A 60 days after date). Documents required:

⑴ Signed Commercial Invoice in 5 copies.

⑵ ...

㈢裝運日後若干日付款 (×× days after shipment)

以提單上所載裝運日後若干日為付款日之交易條件，就出口商而言，較易於計算貨款之收回期間，即使延誤提示銀行託收時間，因付款日期已定，出口商也不致造成損失。出口商收回貨款之時間為：裝船日＋Usance＋付款日＋匯款期間＝收到匯款日。

Terms of payment: Payment by draft drawn on buyer at 60 days after on-board B/L date, documents against acceptance (or D/A 60 days after on-board B/L date). Documents required:

⑴ Signed Commercial Invoice in 5 copies.

⑵ Full set of clean on board ocean B/L.

(3) …

㈣貨到後若干日付款 (×× days on cargo arrival)

以此條件交易，付款人須俟裝貨輪船到達進口港後若干日才付款，故出口商需負擔較大風險，亦違反國際貿易習慣，宜盡量避免。出口商收回貨款之時間為：裝船日＋標準航運天數＋Usance＋付款日＋匯款期間＝收到匯款日。

Terms of payment: Payment by draft drawn on buyer at 60 days after cargo arrival, documents against acceptance (or D/A 60 days after arrival of the vessel). Documents required:

(1) Signed Commercial Invoice in 5 copies.

(2) Full set of clean on board ocean B/L.

(3) Packing List in 5 copies.

(4) …

㈤定日付款 (Fixed Date)

以此種條件交易，在訂約時即確定其付款日，屬票據到期日中之定日付款。此種方式在國內交易場合為多，國際貿易方面則較少見。出口商收回貨款之時間為：裝船日＋付款日＋匯款期間＝收到匯款日。

Terms of payment: Payment by your's draft payable on October 26, 20– (fixed date). Documents against acceptance (or D/A October 26, 20–). Documents required:

(1) Signed Commercial Invoice in 5 copies.

(2) …

第五節　託收方式交易之實務運作

託收方式交易之流程、申請託收手續及託收指示等實務運作問題，本節特作一詳盡敘述，以明其梗概。

一、託收方式交易之流程

託收方式交易之 D/P、D/A 程序如下：

(1) 出口商於貨物裝船後，開具匯票檢附貨運單據持向出口地之託收銀行請求託收，

此時託收銀行並不付款，而將匯票、貨運單據及託收指示代轉予進口地之代收銀行，託收銀行並發給出口商託收申請書回單聯。

(2)進口地代收銀行收到出口地委託銀行寄達之單據後，繕打「進口託收單據通知書」予進口商，通知其辦理付款或承兌。

(3)進口商辦理付款贖單或承兌領單，其情形有二：

①付款交單 (D/P)：付款交單就其付款條件而言，又可分為即期付款交單和遠期付款交單兩種：

a.即期付款交單 (Sight D/P)：即期付款交單為見票付款之即期匯票 (Sight Draft)，進口商於接獲代收銀行之提示時，應立刻付清貨款，始能換取貨運單據辦理提貨。

b.遠期付款交單 (Usance D/P)：遠期付款交單為 "D/P at ×× days sight"，或其他類似條件，適用於買賣雙方相距遙遠，往往貨運單據已寄達而貨物則尚未到埠的情況。此時進口商如付款贖單，尚須等待貨物之到港才能提貨，對其資金之周轉甚為不利，因此採用 Long D/P 交易。在此類條件下，代收銀行將跟單匯票向進口商提示時，進口商只要在匯票上表示承兌，願意在承兌日起若干日內付款，未付款前，貨運單據乃由代收銀行存管，俟匯票到期日屆滿（或在此之前），進口商始付款贖單，提領貨物。

②承兌交單 (D/A)：代收銀行向進口商提示時，進口商只要在匯票表示承兌，即可取得貨運單據提領貨物，俟匯票到期日才到代收銀行支付款項。D/A 所使用之財務單據通常是遠期匯票，期限分為六十天、九十天、一百二十天、一百五十天及一百八十天五種。

(4)代收銀行對託收銀行寄送收妥貨款之通知或直接將收得之票款匯寄給託收銀行，而 D/A 方式則俟貨款收齊後再轉交予託收銀行。

(5)託收銀行將貨款交予出口商或將款項撥入其帳戶內，完成託收程序。

二、申請託收之手續

出口廠商於貨物裝運出口後，如欲委託銀行代為收回貨款，應辦理之手續如下：

(一)提出託收申請

1.託收應檢送文件

(1)填具「出口託收申請書」(Application for Documentary Bills for Collection)。

(2)開發匯票 (Drafts)。

(3)檢附貨運單據 (Shipping Documents)。

2.託收費用

(1)銀行手續費：按託收金額計收，D/P 為 0.15%；D/A 為 0.2% 折付新臺幣，最低收 400 元。

(2)郵電費：按地區計收。

(3)銀行利息：自裝船日至收到貨款期間之利息。

(4)國外銀行費用：依國外委託銀行報單指示辦理。

(二)作妥託收指示

託收指示 (Collection Instruction)，在於指示託收銀行於發生某種情況時，應遵守的步驟，不僅關係著委託人的權利與義務，而且也是整個託收方式交易的重心及託收統一規則的要點。故委託人指示的原則，除須符合法律規章、URC 及商業習慣外，其指示必須完整而精確。在實務上，託收指示一般均記載於「託收申請書」上。

在託收申請書上應作的指示事項為：

1.代收銀行之選定

委託人對於代收銀行之選擇，可以委由託收銀行選定，委託人也可自行選擇。一般均由委託人自行選定較為普遍。

2.付款方式之選擇

遠期匯票分為 D/A 遠期匯票與 D/P 遠期匯票，兩者極易混淆。若代收銀行誤將 D/P 遠期匯票認作 D/A 遠期匯票，而於付款人承兌匯票時，即將商業單據交給付款人，將來付款人拒付，則後果不堪設想，因此付款方式之指示必須明確，以杜糾紛。

3.是否作成拒絕證書

當付款人拒絕承兌 (Non-acceptance) 或拒絕付款 (Non-payment) 時，應否要求其作成拒絕證書，出口商應特別指示。如無該項特別指示，就單據因拒絕付款或拒絕承兌所作之拒絕證書，其與託收有關之銀行並無義務為之（URC 第二十四條）。

4.託收情況的通知方式

委託人對於託收情況通知方式的指示，有關銀行原則上應遵照辦理。通知方式有郵遞、電報傳真、E-mail 等。

5.提示承兌或付款之期限

付款人之承兌或付款期限，因各國習慣不同而有差別，已如前述。依 URC 之規定，代收銀行應盡速為承兌或付款之提示，特別是 D/P 之場合，貨到付款之約定無疑是合理的。

6.利息及費用負擔問題

在 D/A 或 Long D/P 之場合，託收期間所產生之利息，其利率、利息期間及計算基礎等，託收指示須載明清楚。又託收手續費究由委託人或付款人負擔，實務上，總是爭議不斷，故託收指示須明確可行（URC 第二十、二十一條）。

7.部分付款之授權

有關光票託收的部分付款 (Partial Payment)，如為付款地銀行法律所允許，則得依其所允許的範圍及條件接受部分付款。惟在出口託收場合，委託人指示部分付款是否可行，須先參酌進口地之法令規定辦理，免生困擾。至於財務單據，則僅於收妥全部款項時，始交予付款人（URC 第十九條）。

8.預備人的指定

委託人欲指定一代表於拒絕付款或拒絕承兌時擔任預備人時，託收指示書應清楚而完整地表明該預備人之權限。如無該項指示，銀行將不接受預備人之任何指示。實務上，各銀行均在託收申請書上印有固定格式之條款，以資委託人選擇。

9.貨物保全的指示

貨物保全 (Protection of the Goods)，委託人可指定其預備人代為處理貨物的卸岸、完稅、進倉、保險（火災險、竊盜險）或另覓買主轉售等保全措施。但如在進口地並無此種足以擔當之代理人，而必須委託代收銀行處理時，則應在託收申請書中明確指示其可採取的措施。然而不論有無指示，如銀行採取保全貨物之行動，其對貨物之現狀或情況及對受託保管或保全貨物之任何第三者之作為或不作為，均不負義務與責任，此點委託人必須瞭解（URC 第十條 b、c 款）。

(三)拒絕證書之作成

拒絕證書 (Protest)，乃經公證人或公證機構依照票據法之規定而出具之書面證明，證明票據執票人曾經依法提示票據，但是未獲付款人之承兌或付款之事實。其作成之目的，在於對其背書人、發票人及匯票上其他債務人行使追索權，以保全其權利。

拒絕證書的作成，有一定期限，但此期限依作成地之法律而定。我國票據法第八十七條規定：「拒絕承兌證書應於提示承兌期限內作成之。拒絕付款證書則應於拒絕付款日或

其後五日內作成之。但執票人允許延期付款時，應於延期之末日或其後五日內作成之。」

　　拒絕證書通常係由公證人（我國則由法院公證處、商會或銀行公會作成），郵務機關（德國），美國則由美國領事、副領事、公證人或經拒絕事由發生地法律授權證明拒絕事由的其他人親筆簽章作成。

第六節　託收方式交易注意要項

　　託收方式交易性質上與信用狀方式交易有很大不同，主要者在於其風險性大，貨款收回安全性低。故買賣雙方除應就一般交易事項予以注意之外，託收方式交易特有之問題，理應予以特別關注，以防杜貿易糾紛之發生，也使對問題之處理能進退有據。本文就簽訂買賣契約之前、交易進行過程中、貨款遭拒付時之處理分別說明之。

 一、簽訂買賣契約之前

　　託收方式交易，買賣契約之簽訂是約束買賣雙方履約的惟一憑藉，故簽約前應注意之事項也就愈凸顯其重要性。

(一)賣方應注意事項

　1.作好市場調查

　　必須就買方的信用狀況、市場胃納之大小、進口地之法令規章、貿易管制、外匯制度、政治及經濟情勢是否穩定等作詳實徹底的市場調查。

　2.交易標的物之考量

　　交易標的物如新鮮的蔬果、活動植物不適以託收方式出口。又如，易變質腐壞之貨物及冷凍食品，賣方無法控制買方提貨的時間，也不宜以託收方式交易。

　3.進口地的付款習慣

　　世界上有些地區習慣以託收方式交易，有些國家卻禁止託收方式交易，簽約前須掌握其狀況，以為決策。

　4.輸出保險

　　輸出保險機構是否承保，答案如屬肯定的話，對託收方式交易會更加一層保障。

(二)買方應注意事項

　　託收方式交易雖對買方的風險性較小，但賣方的信用狀況、交易經驗及出貨實績等，

亦須作進一步瞭解，以免吃虧。

 二、交易進行過程中

交易進行過程中，應注意的要項涵蓋範圍較廣，涉及情況也較多，買賣雙方均需特別用心。

㈠賣方應注意要項

1.運輸方式以海運為原則

以海運方式，則海運提單為可轉讓提單，而空運提單及郵政收據原則上無法背書轉讓 (Non-negotiable)。海運提單上之收貨人，最好記載「託收銀行之轉讓人為收貨人」(To order of the remitting bank)，如此所有貨運單據應經該託收銀行寄往該行在買方所在地之分支行或與該行建立通匯關係之同業，透過該同業通知買方，託收銀行寄單前背書轉讓予代收銀行，如買方業已付款 (D/A)，則將提單交由買方提貨；如買方辦妥承兌手續 (D/A)，代收銀行即可將提單交予買方提貨。

2.保險宜由賣方投保

託收貿易條件以 C&I、CIF、CIP 為宜。因為保險如由買方投保，一旦海上危險事故發生，買方可能藉故拒絕付款或承兌，又不肯將保險單背書交由賣方索賠，則賣方定會遭受損失。或如買方一時疏忽未能適時保妥貨物海上保險，則賣方亦會因海險事故發生而遭受損失。

3.匯票到期日之記載

在 D/A 及 Long D/P 項下之匯票一定是遠期匯票，其到期日有見票後若干日，發票後若干日，裝船日後若干日及貨到後若干日等多種。其中以裝運日後若干日付款者較佳。蓋因裝船日係一確定日，賣方在託收之前，已可確定貨款之收回日期，有助於其財務之規劃與調度。

4.宜訂立所有權保留條款

在簽立買賣契約時，將貨物所有權保留條款列入，以防範買方破產或無法清償貨款時，賣方利益乃有所確保。

5.索賠條款應有之內容

買賣契約中之索賠條款，可約定在貨款付訖之前，買方不得提出索賠。例如："No claim shall be considered by buyer before payment is made or draft is duly honored."

6.投保輸出保險

輸出保險主要者在於遭受信用上及政治上風險所致損失的補償,也可作為向銀行融資之用。一般輸往經濟落後、政治不穩定、發生金融危機的國家,以及需要融資時,均應投保輸出保險。

7.預售遠期外匯

託收貨款之收回時間較長,尤其 D/A 或 Long D/P 時為然。為避免匯率變動風險遭致損失,賣方可預作遠期外匯買賣 (Delivery Forward, DF) 及非本金交割遠期外匯買賣 (Non Delivery Forward, NDF) 買賣。

㈡買方應注意要項

1.符合合約之貨物

確知託收項下貨物符合合約之約定,始予付款或承兌,以免提領之貨物不符要求致無法使用。因此 D/P 託收,宜採 Long D/P 俟貨到後才付款贖單。D/A 場合,同樣須確定到埠之貨物符合約定,才予承兌提貨。

2.匯票到期日與買賣合約是否相符

簽約時,買方須仔細審核賣方簽發之匯票到期日與買賣合約約定日是否相符,以免到期日與正確付款日有時間上之落差。

 三、 貨款遭拒付時之處理

託收方式交易,賣方常遭遇買方無故延遲付款或拒絕付款之情況,尤其市場競爭劇烈時為然。雖然預防勝於治療,但就 D/P、D/A 託收而言,事先擬定妥善處理策略顯然重要得多。

㈠賣方應注意要項

1.預先在進口地佈置可靠代理人

當託收發生拒付或延遲付款時,可由代理人就近出面代為照顧或採取必要行動。

2.貨物之保全措施

⑴貨物移倉:聯繫託收銀行轉其代收銀行將貨物移倉,以減輕碼頭倉租費用並避免被進口地海關拍賣。

⑵展延保險: 尤其火險及竊盜險。

⑶轉售貨物: 將貨物轉售於鄰近市場或由當地代理人處理銷售事宜。

(4)運回貨物：此舉需考量貨物之性質、價值與運回成本，是否值得運回。

(5)放棄貨物：此為不得已之措施，如已投保輸出保險者，將喪失保險金。

3.索賠之處理

(1)扣押貨款：如果買方在本國國內有資產，可向法院聲請將之扣押抵償。

(2)輸出保險索賠：輸出保險條件如符合輸出入銀行之要求並被接受，自可向其索賠。

(3)拒絕證書之追索：憑拒絕證書繼續追索貨款，即使無著落，也可作為貿易糾紛之憑證。

(4)貿易糾紛之解決：託收項下貨款遭拒付時，仍可透過有關貿易主管機關及政府駐外單位等第三者之協調解決；提付商務仲裁；依約進行訴訟及道德制裁等策略作妥適的處理。

4.追索貨款策略

賣方於託收方式交易遭遇買方拒付貨款或延遲付款時，一方面追蹤貨運單據之流程，確定買方已提貨之事實後，請託收銀行催收款項；另一方面則火速派員赴進口地向買方直接收款。

(二)買方應注意要項

1.對匯票及單據之審核

買方在承兌或付款前，應就匯票內容及貨運單據予以慎重的審核，以確定其內容與買賣契約相符。

2.辦理擔保提貨時應注意事項

在託收方式交易下，買方如欲向銀行申請辦理擔保提貨，代收銀行未必會答應，蓋因代收銀行承作擔保提貨，可能面臨比 L/C 方式下的擔保提貨更大的風險。因此，買方若急於提貨，則應請代收銀行向託收銀行查詢：①確認單據已寄交代收銀行，②查明託收指示內容後，始可辦理擔保提貨。

第七節　進口託收方式

進口商以託收方式進口貨物，可分為付款交單 (D/P) 及承兌交單 (D/A) 兩種。銀行處理進口託收業務也係以國際商會 1995 年「託收統一規則」(URC) 作為準據。

一、付款交單 (D/P) 之處理

進口商於接到國內代收銀行寄來之「進口託收通知書」後，應檢附輸入許可證（免證者可免附）及通知書，向銀行辦理匯票付款及繳交託收手續費（託收金額 1.5‰），領回單據，完成託收手續。

二、承兌交單 (D/A) 之處理

進口商於接到國內代收銀行寄來「進口託收通知書」後，即前往辦理承兌，承兌時，進口商在匯票之正面註明承兌日期及到期日，並加蓋公司大小章後，向銀行結售：①匯票金額及附票利息，②銀行託收手續費（託收金額 2‰），③國外託收銀行指示繳付費用之後，即可領取貨運單據。

三、作成拒絕付款證書

進口商拒絕承兌或付款時，須依前述作成拒絕付款證書之期限內，向當地法院辦理公證，完成 Protest 程序。

第八節　記帳方式

信用狀長久以來便擔任國際貿易付款之任務，尤其在買賣雙方都是初次交易且尚陌生的情況，仍然是一種重要且可靠的交易工具。但對於已建立長久貿易關係的買賣雙方而言，信用狀是極冗長且耗費成本的方式。從信用狀的功能性跳出既是趨勢，則以記帳方式延展買方信用便成為目前國際貿易的潮流。

一、記帳定義詳解

出口廠商將貨物銷售予國外客戶，且該批貨物成為其存貨後始付款之交易。買方所賒帳於賣方之貨款，成為應付帳款 (Account Payable)，與賣方的應收帳款 (Account Receivable) 對沖。而其帳款之解決是依賴「預先約定的基礎」，例如三十天或每月的月底 (End ot Month)。換言之，直到賣方收到貨款為止，賣方所交予買方之貨物，從裝運日至到期日之期間等於變相融資於買方之一種交易方式，謂之記帳 (Open Account, O/A)。

國內 A 公司銷售 1 千箱之飲料予國外買方 B 公司,每箱價值 9 萬美元,報價條件為 CIF London,約定以記帳方式付款。買賣雙方預先約定以每個月之第 25 日為貨款之清算日期,例如 6 月 25 日 B 公司須支付總額 9 萬美元之貨款予 A 公司。B 公司於是向其往來銀行購買以 A 公司為受款人且書明無條件命令支付之匯票 9 萬美元,然後郵寄予賣方 A 公司。

此時,A 公司隨即進行裝船,並將 9 萬美元貨款以借方記帳於 B 公司,此帳戶是一種授信行為,當美元匯票銀貨兩訖,對 B 公司之應付帳款沖銷。賣方 A 公司之帳目記載其存貨中之 1 千箱飲料已自裝貨日起移出,直到貨款收回為止(大約 6 月 25 日之後四天),A 公司實質上給予 B 公司價值 9 萬美元之貸款融資。

二、記帳方式之類型

從國外客戶之觀點而言,出口廠商與國外客戶間的 O/A 協議,是種有利的交易。惟對出口廠商而言,卻充滿了交易的風險與貨款收回之不確定性。無論選擇下述哪一種方式,將風險減至最低是必要的。

(一)以匯票入帳

貨物由賣方交予買方之後,約定以匯票入帳 (Bill Account),並契約性規定在未來某些特定日期清算貨款。記帳期間可以間隔每個月方式或協議至少相隔短期間方式清算貨款。

(二)以信用差額抵補

此種方式,通常發生在出口廠商與其國外的採購代理間之交易,國外買方或售貨代理扮演佣金商 (Commission House) 之角色,在賣方掌控之下,買方可保有實質上的信用差額 (Credit Balance)。經由進口代理的銷售活動,累積了很多盈餘在國外的佣金商手中,其中某些數目可以在其管理下專款作為信用差額。

信用差額頗具彈性之優點,它可作為國外客戶對出口廠商之未付款提供一種清償債務的準備金,以及應付即將到來之未付款或某些未能預估的禁止付款情況,例如國家風險或須延遲一段相當期間之付款風險。

上述類型在說明出口廠商與其國外 Commission House 間的另一種典型 O/A 交易,在意義上不會被誤解成為了交易而非得提供國外客戶融資信用的唯一型態。很多出口廠商操作 O/A 協議,會以對國外買方的付款意願及能力有絕對的信心為前提,或至少能掌控不威脅其付款條件之方式進行交易。

㈢公司內部交易型

在海外設立諸如 B.V.I. 控股公司或以三角貿易方式簽訂 O/A 協議，將貨物出售予控股公司，事實上是將屬於總公司之存貨移出，成為海外控股公司之存貨。此種交易方式，由於是屬於公司內部交易，在運作上較無信用風險之顧慮。

㈣OEM 代工方式

高科技產業包括電子、通訊、資訊、光電、半導體及 TFT-LCD 等，大都以委外代工 (Out Sourcing) 方式，交由專業製造廠代工後半段之測試、封裝或者製造等作業，以降低成本，增加利潤，使企業的產品和服務更便宜和更具競爭力。此種產銷之間供應鏈的結合，在財務規劃方面，即是以 O/A 協議進行。流程上，從詢價、報價、簽約、下單、代工生產、製造到交貨，都在線上操作 (On Line)，貨運單據報關後則傳輸予對方提貨，匯票付款以記帳系統進行。其應收帳款期間之設計有三十天、六十天、九十天等等，符合買方傳統之付款習慣。

㈤政府記帳措施

外銷廠商進口原料每筆營業稅超過 10 萬元者，可以記帳方式取代進口時立即繳納稅款。此項措施對於高科技產業與傳統產業頗有助益，特別是產品周期較長的傳統產業（譬如說遊艇外銷業與造船業等），將因進口零組件及原料的暫免課稅，使得資金壓力相對地大幅降低（外銷品沖退原料稅辦法第十三條第一項）。

換言之，外銷廠商進口原料每份報單完稅價格在 2 百萬元以上，營業稅額超過 10 萬元者，即可向海關申請改以記帳方式暫免繳納營業稅，並於出口時辦理沖帳；同時為避免提供投機廠商逃漏稅規劃空間，賦稅署亦要求對經查核有虛偽記帳，及有貨物未出口卻轉供內銷等行為者，應即刻停止其進口貨物營業稅記帳資格，並追繳廠商的營業稅。

 三、記帳付款風險評估

國際貿易以記帳方式作為付款條件，就出口廠商而言，會面臨下列風險；為保護出口廠商權益，對風險之瞭解與評估是必要的。

㈠商業風險

商業風險 (Commercial Risk)，是指資金周轉受到束縛，應收帳款到期變成呆帳及面臨外匯匯率等風險。

(二)政府政策風險

在交易進行中，某些未能預見的政府政策轉變、禁止付款等措施，或實施外匯管制等禁止付款措施，導致售方貨款收不回會牽累裝貨人資金之運用。

(三)政治風險

出口廠商出貨後，並無如本票或匯票等債務憑證，付款之到期日未有效地強制性規定，時間的未確定性增加外匯交易及政治的風險性，買賣雙方分隔兩地，單據傳遞費用昂貴，增加成本負擔。

(四)交易先決條件

由上述可知以記帳方式作為付款條件，對出口廠商是很不利的，為保護交易進行順利安全，將下列因素列入考量是必要的先決條件。

1.緊密的交易關係

買賣雙方須已建立了長期性的交易關係，雙方素所瞭解。

2.信用評估等級

交易對手之信用評估等級高低可決定其是否確信會如期付款，在投保輸出保險時亦有助益。

3.信用融資之掌控

預先掌控資金付款日期，簽訂不具威脅性之協議，並由買方自主管理賣方所授權的信用差額。

 ## 四、記帳與承兌交單

記帳 (O/A) 與承兌交單 (D/A) 最大差異，在於承兌交單所開發之匯票及貨運單據須一起委託代收銀行收回貨款，而記帳方式程序上不必如此。D/A 之付款地一定是進口地，而 O/A 則可由賣方於約定之付款到期日主動開發票據要求買方付款。茲就 O/A 與 D/A 之差異比較說明如下：

	記帳 (Open Account)	承兌交單 (Documents against Acceptance)
買賣契約	依買賣契約約定記帳給予商業信用	依買賣契約交運貨物，約定承兌後之到期日付款
匯票的簽發	賣方不需簽發匯票或簽發光票 (Clean Draft)	須簽發以買方為付款人 (Drawee) 的遠期匯票 (Forward Draft)

單據的交付	由賣方將貨運單據逕寄買方提貨	賣方將遠期匯票連同貨運單據交由出口地銀行（託收銀行）寄給進口地銀行（代收銀行），通知買方在遠期匯票上承兌，然後再將單據交給買方提貨
貨款的支付	由買賣雙方事先議訂一特定付款期限（如每三個月或每半年結算一次），屆期由買方逕行將貨款匯付賣方	買方於其所承兌的遠期匯票到期日 (On Due Date)，將貨款交給代收銀行，委託其將款項匯給託收銀行，再將款項轉付給賣方。匯票到期日分為：見票後若干日 (d/s) 付款及發票後若干日 (d/d) 付款兩種
風險性	對賣方而言，較無保障且具高風險。貨物及單據逕寄給買方，買方可輕易地提領貨物	雖具風險，惟因單據經由代收銀行轉交，且買方在取得單據前，必須先在遠期匯票上承兌，因此買方對於貨物的取得較為困難

五、記帳交易之操作

如同前述，O/A 對出口商而言最大缺點為缺乏付款保障，也不是一般廠商能欣然接受的融資工具；對進口商而言，銀行擔負起檢查文件的角色來助其做出付款的決策。為了解決此問題，本文特別引進一種記帳系統，可稱之為記帳交易機制。

㈠記帳交易機制之定義

記帳交易機制 (Open Account Trade, OAT) 就是一個以網路為平臺的銀行，協助國內供應商與其國外的進口商之間利用 O/A 的方式結合信用條件保障的金融工具。

銀行扮演賣方與買方間公正記帳的角色，當買方在電子交易市集中下單訂購，系統即傳送訊息至 OAT，於買賣雙方約定之結帳時間，彙總交易進行清算動作。

㈡ OAT 機制之優點

OAT 是一套專門為大宗進出口業所設計的網路平臺 iZex，買賣雙方仍保有信用狀所擁有的保護措施，等於把信用狀之付款方式移到 O/A。

採用 O/A 的買賣雙方利用資訊與通訊科技改善交易，提供文件管理與決策輔助的能力，並在所有貿易夥伴間形成一個虛擬的共同體，包括傳統貿易上的進出口商、買賣雙方的銀行、貨運的承攬商……。

1.對供應商而言

⑴不需 L/C 即可於出貨後利用開匯票的方式融資。

⑵無追索權的資產負債表外融資。

⑶改善流動資金狀況：購買 100% 面值的匯票。

⑷確認 PO 是由可接受的買主所下的訂單之後，可協助供應商在出貨之前取得融

資。

(5)取得較具競爭力的融資利率：匯票的利率依據買主的信用狀況而定。

(6)減低銀行的費用：減除 L/C 相關費用。

(7)保護作用：供應商可以選擇在買主同意出貨及付款之前對文件仍具有控制的權
利。

(8)有可靠及專業的銀行服務來確保交易。

(9)信用展延隨之帶來潛在的業績成長。

(10)所有報告以網路為平臺。

(11)接受文件傳遞電子化。

2.對進口商而言

(1)不用 L/C，減少銀行的費用及不需要信用保證。

(2) O/A 加上延期信用交易：更好的現金流量、更低的利率、資產負債表表現更好〔由
長期負債轉為應付帳款（短期負債）〕。

(3)供應商較樂意接受 O/A，因為有 OAT 機制協助監督付款的過程。

(4)線上及網路輔助交易及交易檔案全部電子化。

(5)利用核對出貨文件與訂單是否符合 (Matching) 的報告來協助買方做付款決策。

(6)透過中央資料處理系統使每項交易報告網路化。

(三) OAT 機制之實務運作

　　OAT 機制主要係利用 Internet 來操作，由系統自動控管進口商下單採購、出貨審單、交易資料比對、交易金額及付款決策。其操作流程如下：

(1)利用電子傳遞或者其他方式，進口商下單給亞洲地區的供應商，並將 PO 副本資
料存在 OAT 中央資料處理系統裡 (Central Data Base)。

(2)進口商與 OAT 約定好在付款之前，訂單內各項的出貨文件必須要呈核，在出貨
之後供應商出示文件給 OAT。不管是採用實體方式或是電子方式出示文件，每
頁文件將會被掃描並儲存在 OAT 的中央資料處理系統裡。

(3)進口商需要供應商出示的文件的重要條件，將會透過一個繪圖引擎 (Mapping
Engine) 來核對是否與 PO 上的條件相符，審查的結果會透過電子傳輸的方式給
進口商，讓進口商做同意或者拒絕付款的決策。

(4)進口商可由電子傳輸獲知尚未完成的交易狀況，而且透過網路，可以打開自己的

文件夾，內含所有需要的資訊以幫助你做出付款決策。從網路也可以看到所有供應商儲存在 OAT 中央資料處理系統裡的文件。

⑸如果進口商同意這筆出貨，OAT 會通知供應商並告知相關的到期日。如果進口商拒絕付款，OAT 會把文件交還給出口商。

⑹當進口商同意付款時，供應商有兩種選擇，可以選擇在付款到期日時向進口商收取款項，OAT 會保證到期日付款；或者也可以要求 OAT 向其購買無追索權的匯票。

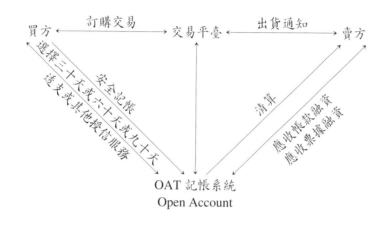

記帳系統交易流程圖

第九節　其他付款方式

國際貿易其他付款方式，如前面第十一章第八節付款條件所敘述。包括寄售付款、分期付款、預付貨款（電匯付款）、憑單據付款及貨到付款等，茲再就其交易流程及付款特性說明之。

 ## 一、寄售方式付款

寄售交易，是指出口廠商以延期收款方式先將貨物運交於國外買方，大都是其在國外的代理商或經銷商，直至國外代理商將貨品轉售，再付款予出口廠商之交易。寄售付款方式，通常由賣方開發以收貨人為被發票人不隨附貨運單據之光票 (Clean Draft)，委託銀行代收；也可由買方以匯款方式清償。

(一)寄售契約條文實例

寄售契約主要內容包含主旨、組織運作、價格、交貨時間、裝運通知、貨物之轉移及退回、費用負擔、付款條件、售貨代理商責任及售方交貨之保證等內容。茲就其中有關寄售本文及付款條件舉例如下:

1.寄售本文

本實例是建立在代理關係下之寄售契約有關條款。

The Exporter shall supply to the Agents on consignment basis goods in accordance with the enclosed specification as well as with any further specifications that may be agreed upon between the parties during the period of validity of the present contract for demonstration and sale, the above specifications constituting an integral part of the contract.

2.付款條件

本實例買方付款期限是自貨物出售後七天之內全部付清。

Within two days after the sale of the goods the Agents shall notify The Exporter accordingly.

Payment of the full value of the goods sold shall be made by the Agents within 7 days from the date of sale.

The Agents shall inform The Exporter of the prices at which the goods have been sold to third parties.

The Agents are not entitled to make any deductions from the sums due to The Exporter as a security for claims which might have been made on The Exporter or on third parties.

(二)寄售方式之風險與預防

寄售交易在國際貿易上之風險如同 O/A,其原因有:

(1)法律上對寄售商品所有人之權責規定不清楚。

(2)賣方很難掌控寄售商品在遙遠的國外市場是合乎商銷的。

(3)外匯管制措施可能阻止收貨人之付款動作。

如上所述,寄售是一種先裝運貨物後付款的貿易方式,在貨款收回之前,寄售人負擔的風險很大,承擔的費用也較多。寄售人在貨物售出前須墊付各種費用,承擔價格變動,貨物不能脫售的風險以及受託人 (Consignee) 資信不良而造成的各種損失。因此,採取寄售方式交易時應注意下列問題:

(1)選擇可靠的受託人：這是採用寄售方式的關鍵問題。鑑於寄售的風險大，必須選擇經營能力強，財資雄厚及信譽良好的受託人。

(2)貨品宜具市場性及耐藏性：寄售人應事先對市場進行研究和分析，選擇適當的商品，以保證寄售商品的商銷。諸如：季節性強商品、活的動植物、鮮貨、易腐物品、價值小、體積大的商品，均不適寄售。

(3)交易數量的掌握：尤其是進入新市場或委託新客戶時，此點更為重要。最好先進行小批量試銷，摸清行情，再加以擴大。

(4)縮短結算期限：結算期限盡量縮短，可以減少寄售人的風險，降低成本，加快其資金的周轉性。

(5)寄售契約內容與管理：在寄售契約中，應對寄售貨物售價、貨款的收付方式、佣金的計算與支付、寄售貨物的保險、寄售期限以及寄售貨物的所有權問題作出明確的約定。為了保證寄售契約的順利履行，寄售人還應在售價、費用和收款等方面加強管理。

 ## 二、分期付款

國際貿易以分期付款方式交易，在出口方面大都是整廠輸出或機器設備為最常見；至於進口機器設備如紡織機械、半導體設備等交易，以分期付款方式簽訂輸入契約也是常有之型態。

分期付款因涉及利息負擔，每期付款期間及付款期數等問題，自與一次付款不同。就我國機械類產品之輸出而言，外銷地區大都集中在開發中國家，買方普遍缺乏資金，付款條件也常要求以 D/P、D/A 或分期付款方式成交，出口廠商常需給予進口商信用融資；或進口商經由租賃公司融資輸入。故解決國外客戶的融資困境是交易成敗之關鍵因素。這方面中國輸出入銀行扮演很重要之橋樑。

(一)分期付款方式

分期付款交易，買賣雙方可選擇之方式有四：一為由買方向其往來銀行申請開發擔保信用狀或擔保函；二為由賣方開出匯票經買方承兌；三為買方開發購貨本票 (Promissory Note) 交付賣方；四為買方開發跟單信用狀載明分期付款。

分期付款交易，其付款方式通常分為兩部分，即於訂約時支付定金 (Down Payment) 若干百分比，餘款則以分期付款方式分期償付。此種分期付款，須由買方請其往來銀行

開出以出口商為受益人之銀行擔保函 (Letter of Guarantee, L/G) 保證如期償付，如屆時買方未按期付款，出口商可憑 Letter of Guarantee 向開證銀行求償。

㈡分期付款實例

在分期付款交易中，契約性之規定或信用狀條款之記載，是常見實例。

1.契約性之規定

買賣雙方簽約時，事先於契約中約定分期付款方式。

⑴ Advanced payment in the amount of 50% of the price, to be paid after the acceptance test in Taiwan.

⑵ Additional payment of 50% after the commissioning of the machine in the Czech Republic, providing the conditions as stipulated in this Agreement shall be fulfilled. The payments shall be effected to the Supplier's account by using the following procedures: invoice issued for advance payment to point ⑴, and final invoice issued for the remaining amount to point ⑴, provided that the stipulations of this Agreement have been fulfilled.

2.信用狀條款之記載

除了在買賣契約中約定外，分別在信用狀條文中規定亦可。

⑴ L/C 與 D/A 併用：

① L/C will be opened by August 30, 2011 (L/C AMT: US$50,000.00), the balance (US$50,000.00) will be paid by L/C, payment against clean draft by August 31, 2011.

② L/C will be opened by August 30, 2011 (L/C Amount: US$50,000.00), the balance (US$50,000.00) will be paid D/A−240 days.

⑵先付 Down Payment 之情況：進口商向國外購買儀器設備，合約同意支付 Down Payment，剩餘貨款按交貨後支付三分之二，待驗收貨品後支付其餘三分之一貨款。

10% of the L/C amount as down payment is payable against beneficiary's signed simple receipt and accountee's notice of payment through opening bank after receipt of beneficiary's Bank refundment stand-by L/C. 60% of the L/C amount is payable against the documents mentioned herein, but only 60% of the invoice value is payable.

Remaining 30% of the L/C is payable against beneficiary's signed simple receipt and accountee's payment notice through opening bank after formal acceptance of the goods.

⑶買方向賣方簽發本票：

If the promissory notes or L/G put in escrow account with the L/C advising bank, and the last contract shipment date is extended, the seller shall refund to buyer that portion of the interest accrued form the original last contract shipment date to the extended shipment date.

 ## 三、預付貨款

國際貿易交易之進行充滿了潛在的付款及匯率變動風險。因此就賣方而言，部分或全部預付貨款有其必要性。預付貨款有兩種情況：一是先付款後出貨；二是先出貨後付款。在先付款後出貨之交易條件下，如預付貨款、隨訂單付現，賣方已先收到貨款，風險自然較小。但若已收到訂單及貨款而不能準時裝船交貨，那就麻煩了。對買方而言，此種方式未必能保證賣方也會如期裝運。相反情況，先出貨後付款，如交貨付現、記帳交易等，賣方不保證事後買方一定履行付款責任，風險之大已可預見。總之，買賣雙方都要很用心應對才能避開風險。

㈠預付貨款方式

匯款 (Remittance) 就是預付貨款的一種隱諭 (Metaphor)。匯款的方式有 T/T、D/D、M/T、Check 及 International Postal Money Order 等五種，其中以 T/T 最為常用。

㈡電匯之意義

所謂電匯 (Telegraphic Transfer, T/T) 係指匯款人 (Remitter)，將款項交給匯款銀行 (Remitting Bank)，並經由匯款銀行，以加有密押 (Test Key) 的電文，透過電報交換 (Telex) 或環球財務通訊系統 (Swift) 等管道，將匯款訊息快速安全地傳遞給其受託的解款行 (Paying Bank)，委託其將款項支付給受款人 (Payee) 的一種匯款方式。因為 T/T 僅為付款方式之一種，當事人間之權利與義務均與其他付款方式下之權利義務相同，不因 T/T 之付款而有所改變，此點要注意。

㈢契約中預付貨款實例

見諸於契約中之預付貨款，有可能是全部或部分，如屬後者，其情形就與分期付款類似，賣方只是取得 Down Payment 而已，並非真實的預付貨款。

Ten percent (10%) of the contract amount as down payment shall be paid by T/T or L/C 60–90 days after conclusion of contract and receipt of the required performance bond.

Upon signing this orders sheet/contract, Messrs. Jardine Machinery Inc. will submit to (Messrs. Milland Industrial Co., Ltd.) a promissory note in US$100,000 equivalent to 100% of the order amount as security which shall be cashed in case of an order cancellation.

 # 四、憑單據付款

憑單據付款，屬交貨時付款之銷售條件，此種付款方式為買賣契約之約定，在出口地完成出口裝運後，備妥貨運單據 (Shipping Documents) 在出口地、進口地或第三國向買方指定之銀行或代理人提示單據並收取貨款。

(一)憑單據付款作業流程

由於憑單據付款 (CAD) 須在其後表明付款地為何處。因此，裝運交貨之賣方貨款之收回方式自也不同。

1.出口地收款方式

賣方在出口地向買方指定之銀行提示單據，收取貨款。其作業流程如下：①買賣雙方訂立買賣契約；②賣方（出口商）將貨物交付船公司裝運取得提單，賣方將裝運事實通知買方（進口商），買方依約將貨款向銀行申請匯付；③匯款銀行將款項匯給出口地之指定付款銀行；④出口地付款銀行收到匯入匯款後，依匯款指示通知賣方（出口商）；⑤賣方向出口地之指定付款銀行提示貨運單據，請求付款；⑥付款銀行取得貨運單據後付款；⑦付款銀行將貨運單據寄交進口地之匯款銀行；⑧匯款銀行收到寄達之貨運單據後，通知買方領取單據；⑨買方憑貨運單據向進口地之船務公司（出口地船公司在進口地之船務代理）換取小提單 (Delivery Order)；⑩買方憑小提單及相關單據向海關報關，繳稅後領取貨物。

2.進口地收款方式

賣方委託其出口地之往來銀行（託收銀行）向進口地銀行（代收銀行）提示單據請求代為收款，其作業流程與 D/P 相同。

3.第三地收款方式

賣方向其買方所指定第三地之代理人提示貨運單據,請求付款,其流程與前述相同,其關係人由出口地之付款銀行改為第三地代理人(非銀行)而已,對買賣雙方風險與前同。

㈡憑單據付款風險評估

由於貨款之交付在出口地,出口商在出口地未收受貨款即不交付提單,風險較小;惟對進口商而言,必須先將貨款交付出口地之付款銀行,等於先付款後收貨,財務壓力甚大,除非貨品甚為搶手,實務上實不多見。

CAD 若約定在進口地付款交付單據,則實際上與 D/P (Document against Payment) 沒有多大差異,所不同的是 D/P 付款方式中,賣方需開出匯票向買方收取貨款。而 CAD 付款方式僅憑貨運單據收取貨款,並不開發匯票 (Draft),實質上賣方風險與 D/P 相似。

以 CAD 為付款條件交易,賣方如將下列因素列入考量,風險會降至最低:

⑴宜先對買方之信用詳加調查。

⑵買賣契約明定付款地及付款人(以著名之銀行為妥)。

⑶採出口地銀行,或出口地代理人提示貨運單據收款為宜。

 ## 五、貨到付款

在國際貿易中,對於少量低價之貨物由一國轉移至另一國時,採 COD 裝運是很簡便之方式。基本上,COD 發生於國內交易之場合為多,且買方必須付款才能提貨,對賣方的風險很低。唯一風險是運送人不付款予出口商,但這種可能性很小。這是因為郵局是政府經營,而國內之運送人不是具規模的航空公司,就是國際運送人,且經常是屬於政府所有或至少部分是國營。

貨到付款大都以郵政包裹空運或快遞運送。多數航空公司會利用其運送供應鏈提供對收貨人的收款服務。相對地,也提供一種對裝貨人託收貨款的簡便方式。然而,必須注意的是,COD 是以見票付款或 D/P 方式,取決於買方之付款意願及目的而定。

有一種特殊的案例是,在國際復興開發銀行 (International Bank for Reconstruction and Development, IBRD) 項下貸款之招標採購的付款方式,規定僅在交貨後才以現金,而非 L/C、D/A 或 D/P 等方式付款。事實上,此種情況並不常見。

六、國際貿易各項付款條件比較

目前使用於國際貿易的付款條件總共有九種,其中有些涉及到賣方給予買方之信用擴張,例如託收、寄售及分期付款等,賣方在完全失去對貨物的掌控及監督的情況下,買賣雙方互信是很重要的。在信用狀、貨到付款及預付貨款條件下,賣方並無給予買方擴大信用之虞,而且賣方在交貨之前或甚至在裝貨當時即已取得貨款。付款條件如為 COD、CAD,由於在買方未付款或承兌前並未取得貨物所有權,貨物所有權仍在賣方手中,對賣方而言風險也較低。惟獨在 O/A 或分期付款之條件下,對出口廠商的風險較大,買賣雙方除了須相互信任外,長期交易關係之建立,對手國家風險等,均是重要的評估標的。

從前述討論中得知,自收款方法之選擇至財務售予國外客戶,廣大的國外市場給予出口廠商有一系列之程序可選。國際貿易付款方式對買賣雙方之選項雖然有多種,但大致上可歸為信用狀交易及非信用狀交易兩大類。以下就此兩大付款方式的重要特性加以比較之。

國際貿易付款方式重點特性比較表

付款方式	對賣方付款時間	貨物適用於買方	對賣方之風險	對買方之風險
1.即期信用狀 (Sight L/C)	當貨物已裝運	當信用狀已清償	風險很小或甚至無風險,根據信用狀條款運作	保證交貨,但取決於賣方所交之貨是否如單據所述
2.遠期信用狀 (Usance L/C)	遠期匯票到期或銀行承兌後貼現	當其銀行承兌信用狀項下匯票時	由於商業或政治風險使買方無法付款	到期付款後取得貨物,但無法確定貨物之品質
3.付款交單 (D/P)	託收匯票提示付款	付款之後	由於商業或政治風險而可能無法付款	如同即期信用狀
4.承兌交單 (D/A)	遠期匯票到期或承兌交易	遠期匯票承兌後	同上,但買方已擁有貨物	如同遠期信用狀
5.寄售付款 (Consignments)	匯票提示付款	賣方裝船交貨	完全信任買方對匯票之付款	無
6.分期付款 (Installment)	視買賣契約之約定	賣方裝運交貨	視買賣契約付款條件而定	取決於賣方所交之貨是否依買賣契約之約定
7.預付貨款 (CWO–T/T)	優先於裝船	付款之後	無	完全視出口商所交之貨物是否如訂單

8.記帳付款 (O/A)	憑賣方所開發票付款	賣方裝運交貨	完全信任買方對到期發票之付款	無
9.憑單據付款 (CAD)	裝運後短期內	付款之後	理應較 D/P 為低	無法保證賣方一定交貨
10.貨到付款 (COD)	視見票付款或 D/P 而定	付款才能提貨	交易大都以國內為主，風險很小	如同 CWO

第十節　國際應收帳款業務

隨著國際貿易情勢的演變，市場已逐漸朝向買方市場之趨勢下，出口商為推展出口業務，勢必多方遷就進口商並朝向對其有利的付款條件發展。另者，託收交易的 D/P、D/A 或記帳 (O/A) 付款方式，已逐漸為進口商所歡迎，形成國際貿易付款的新趨勢。對於這一類的付款方式，出口商必須承擔相當風險，其中，信用風險除了可藉輸出保險規避外，應收帳款收買業務亦是降低此類風險之妙方。

一、應收帳款收買業務之定義

Factoring（應收帳款收買業務）一字，根據 *Webster's International Dictionary* 之解釋，係指代理人 (Deputy)，代理商 (Agent) 之意。

由上述定義可知，Factor 之代理，與直接代理稍有不同。在前者，其代理行為多以代理人自己名義為之；而一般所見之直接代理，係以被代理人（即本人）名義為之。例如，如果你將貨物賣給 Factor，你只能向他索取貨款，因為他是以他自己名義和你交易。但如果你將貨物經由一般代理人出售，則應先向被代理人請求給付貨款，假若被代理人認為並未購買而不付款，方可再向其 Agent 追索。

Factoring，指經由代理商購買其因商業行為所產生應收帳款經渠同意給予某些貼現並由其保證收回帳款損失之風險謂之。(The purchase of accounts receivable from a business by a factor who thereby assumer the risk of loss in return for some agreed discount)。Factoring 業務是一種賒銷制度 (Open Account) 的帳務處理及融資業務，兼具服務及授信之雙重性質，對 D/A、D/P 交易方式更具促銷功能。

質言之，係指從事國際貿易的出口商，將其對進口商的應收貨款債權，轉讓與國外

第三者之 Factor，由此 Factor 直接收買，並承擔買方之信用風險，由其向進口商收取貨款之一種業務。經營此項業務之公司則稱之為 Factoring Co.，或 Factoring House。Factoring 業務如由國內推展至國外，即成為 International Factoring，國內習稱為「國際應收帳款綜合管理服務」。

 二、應收帳款收買業務之功能

Factoring 具有四種主要功能：①收買債權人對債務人之應收帳款；②信用調查管理及承擔信用風險；③債權管理與融資授信；④提供市場狀況及諮詢服務。如就進出口商而言，又可細分如次：

(一)就出口商立場

(1)可用更為優厚的付款條件，例如 D/P 或 D/A 方式，開拓或鞏固客戶，競爭能力加強。

(2)可全心致力於行銷之工作。將進口商信用調查、債權管理等工作交由專業 Factoring 公司負責處理，迅速確實。

(3)貨物出口後，可迅速從 Factoring 代理商取得出口融資，資金運用靈活，不受付款條件之影響。

(4) D/A、D/P 應收帳款之債權，百分之百獲得保障，無須顧慮進口商之信用風險。

(5)利於開拓深一層市場之需要。例如在國外設置發貨倉單，配銷中心等作轉口貿易，更有賴 Factoring 業務之協力。

(二)就進口商立場

(1)不需提供擔保品，就能從公司取得保證信用額度，增加商譽。

(2)利用 D/A 保證額度，可從事更多貿易業務。

(3) D/A、D/P 採購，不需急於付款，周轉靈活，競爭能力增強。

(4)不佔用銀行 L/C 額度。同時可節省轉開 L/C 所產生之成本，例如開狀手續費及履約保證金的利息損失。

(5)當進口商國內利率水準高於出口商時，以 D/A 付款條件成交，進口商可享受該利率差距。亦即以出口商國內的低利率，取代進口商國內的高利率資金。

三、應收帳款收買業務作業流程

一般而言，Factoring 業務的當事人有 3 個：① Client，是指與 Factor 訂立 Factoring Agreement 的企業，通常為出口商；② Customer，係指購買 Client 所提供之商品或勞務者，即進口商；③ Factor，係指經營 Factoring 業務的機構，如銀行等金融服務業，有國內 Factoring 及國外 Factoring，通常亦為國際應收帳款聯盟 (Factor Chain International, FCI) 之會員。Factoring 業務，依所在地不同又可分為 Import Factor 及 Export Factor。其作業步驟如下：

(1)國內出口商接獲國外進口商的訂單後，即向 Export Factor 申請信用額度。

(2)Export Factor 將 Customer 名單寄交進口國的 Import Factor，請其作信用調查。

(3)Import Factor 評估進口商或買方信用後，即通知 Export Factor 信用核准（或拒絕）。

(4)若核准，則 Export Factor 轉知出口商，並與其簽訂 Factoring Agreement。

(5)出口商將貨物裝船，並將託收有關單據交付國內 Export Factor 轉交 Import Factor，請求代理收款或逕行收買應收帳款；Export Factor 則透過銀行提供融資服務。

(6)Import Factor 請買方承兌後交單，並做記帳工作，到期向買方收取款項時先扣收費用後，將貨款匯回 Export Factor 銀行帳戶。

(7)Export Factor 在扣除融資本息及（或）費用後，將餘款撥付出口商。

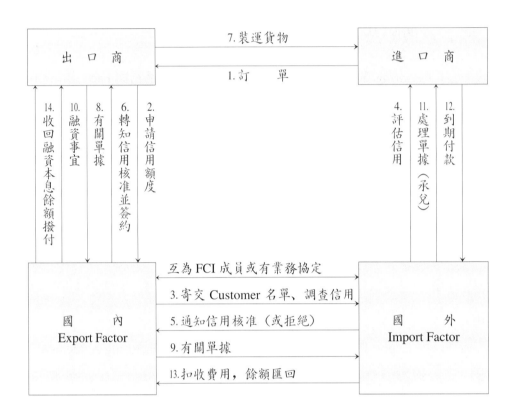

應收帳款收買業務作業流程

四、利用 Factoring 業務，出口商應注意事項

以 Factoring 方式出口，因非屬信用狀交易，廠商遭遇難題必多，其應注意事項有下列各點：

1.須精通 Factoring Agreement

以此方式交易，國際商會尚未制定有類似之規則或慣例，雙方當事人之權利義務，均以 Factoring Agreement 為準，故出口商須精通此類契約。

2.委託媒介不同

以託收或信用狀方式出口，所利用之媒介為銀行。而 Factoring House 則係依一般公司法設立，其安全性自不如銀行組織。

3.須具信用狀押匯之功能

信用狀方式交易，銀行所處理者，係單據而非與單據有關之勞務或履約行為，故進

口商無權要求先看貨後付款，此一規定對國際貿易裨益甚大。以 Factoring 交易亦當如是，否則將無甚可取之處。

4.貿易條件以 C&I 或 CIF 為宜

此點與託收方式交易相同，出口商宜注意之。

5.不適合 Factoring 之交易方式

Factoring 方式，其付款條件雖係記帳 (O/A)，但此僅係進口商與 Factoring House 間之賒帳關係，與出口商無關。故某些交易方式，如試驗買賣，買回，賣不完退回或寄售，因與 Factoring 原則不合，Factoring House 也不會接受，此點出口商須注意。

6.適合 Factoring 交易之產品

Factoring 適合於具有廣泛市場而能基於標準交易條件之商品，例如：紡織品、電子產品、塑膠製品、成衣、五金手工具、小型機器及鞋類等。

五、國際應收帳款輸出信用保險

國際貿易貨品外銷或提供勞務至國外所產生的債權，隨時可能有收不回之風險，除了前述可委由 Factoring 處理外，尚可投保輸出信用保險以規避其風險。

㈠輸出信用保險之功能

輸出信用保險與輸出保險之功能有所不同，主要有下列幾項：

1.減少倒帳損失

如屬有追索權之 Factoring 契約，則國外進口商之倒帳損失，出口廠商仍須承擔。投保輸出信用保險則由承保單位負擔。

2.增加競爭力

對高風險地區之交易，有輸出信用保險，更增強其競爭力。

3.便利資金融通

輸出信用保險，係以出口廠商的自用資金作出口保險外，尚有銀行融資成數，擴大了融資範圍。

4.開拓新市場

對落後地區及新興市場，輸出信用保險有利其開發策略之推展。

5.風險管理

國際貿易經營管理之風險可降為零。

6.提供諮詢服務

輸出入銀行可協助廠商作追償服務。

㈡輸出信用保險之對象

輸出信用保險之承保對象分為：D/A、O/A 交易及輸出貨物、提供勞務之信用危險為主，包含國外進口商不付款及國際應收帳款無法收回的損失，但不承保政治危險。

輸出信用保險賠償金額包含最低為其實際損失金額之 95%，最高則為實際損失金額之 100%，以及無法收回的國際應收帳款金額等三部分。

第十一節　信用狀買賣斷業務

為了有效減低國際貿易風險，將其交易對手國家的政治、經濟、金融風險等轉嫁給銀行以達到避險目的，進出口廠商可運用所謂的信用狀買賣斷 (Forfaiting) 交易。

 一、Forfaiting 之定義及其特點

Forfait 一字係源自法語 A forfait，指「權利讓予」之意。在國際貿易實務上，即指出口商願將其向進口商索款之權利讓予買斷行 (Forfaiter)。

引申言之，Forfaiting 是一種融資方式，即當出口商將其產品或技術服務輸出後，出口商可憑其向進口商所開具之本票 (Promissory Note) 或匯票 (Exchange Bill; Drafts) 向 Forfaiter（一般為銀行）貼現，而同時，出口商即將其遠期信用狀或向進口商索款之權利讓予 Forfaiter，且 Forfaiter 對出口商已無請求追索 (Non-recourse) 之權利。換言之，出口商將本票或匯票以貼現方式讓給 Forfaiter 後，該票據不受償付之風險而完全由 Forfaiter 承受，出口商不擔負任何責任。此種交易方式，又稱之為無追索權出口票據貼現融資業務，或信用狀買賣斷業務。其特點為：

⑴以固定利率貼現，出口商可以立即取得貨款。

⑵對出口商沒有追索權，不必擔心買方日後之信用風險。

⑶外匯先行取得，沒有匯率風險。

⑷手續簡便，比一般的銀行貸款容易且簡單。

二、Forfaiting 之經濟功能

就 Forfaiter 之立場言,其係以折現及無追索權之方式向出口商購買進口商應償付貨款之義務,而所獲得的保障即是由保證銀行 (Guarantee Bank) 對該票據之背書保證。就進口商而言,其應償付之貨款可自保證銀行獲得一中長期性融資,而紓解其一次付款之壓力。

在 Forfaiting 業務下,保證銀行負責調查進口商之信用狀況,Forfaiter 則負責調查出口商之信用。進口商之良好信用即為保證銀行未來收取貨款之保障。

Forfaiting 方式,進口商可獲得三至七年之中長期融資,由於分期付款而減輕其財務負擔並可增強其購買能力。在國際貿易競爭之買方市場 (Buyer's Market) 下,就出口商而言,Forfaiting 之促銷功能顯然較 L/C 方式為強。

利用 Forfaiting 方式收回貨款與 Factoring 處理帳務,有著異曲同工之效益。

㈠對出口商之功能

⑴將賒銷轉為現金交易,增強其周轉能力。

⑵將所有信用風險 (Credit Risks) 及貨幣暴露 (Currency Exposure) 轉嫁給 Forfaiter。

⑶無須擔負進口商止付貨款之風險。

⑷享受固定利率融資,排除利率及匯率波動對成本之衝擊。

⑸消除複雜及大量之文件處理。

⑹獲得對特殊貿易需求之適切融資,增強競爭能力。

㈡對進口商之功能

⑴可獲得中長期性融資,紓解財務壓力。

⑵進口成本之計算因已知的總融資成本而精確。

⑶能獲百分之百融資,增強借款能力。

⑷增強一項選擇性之融資來源,避免借款條件受到限制。

⑸減少借款合約所生之管理及業務費用。

三、適合 Forfaiting 之交易情況

利用信用狀買賣斷業務來減輕風險的貿易主體,乃以出口商為主。至於進口商則習慣以即期信用狀交易,然後再轉為進口貸款融資形式,達到資金周轉功能,根本不用進

口信用狀買賣斷業務。故進口以 Forfaiting 交易者，其情況亦如上述。目前都集中在大宗物資的進出口買賣，例如機械、鐵砂及鋼鐵等產品，貿易對象大都為泰國、中國大陸或其他新興國家。

 四、信用狀買賣斷交易流程

出口票據貼現融資業務或信用狀買賣斷業務，涉及的當事人與一般信用狀的關係人相同。其中不同之處，就是增加一個買斷公司 (Forfaiter) 作為委託媒介。其交易流程如次：

⑴進口商或信用狀申請人 (Applicant) 與出口商或信用狀受益人 (Beneficiary) 簽訂一般性交易的買賣契約。

⑵進口商向其所在地之開狀銀行 (Issuing Bank) 申請開發遠期信用狀 (Usance L/C)。

⑶開狀銀行將信用狀開狀事宜通知出口商所在地之通知銀行 (Advising Bank) 或押匯銀行 (Negotiating Bank)。

⑷通知銀行或押匯銀行將國外開狀銀行開到之信用狀通知出口商，以備其安排生產檔期。

⑸出口商按信用狀規定之裝船日期裝運出貨，取得裝運單據等出口文件。

⑹出口商向押匯銀行提示出口文件。

⑺押匯銀行審核單據後將出口商提示之單據文件及匯票轉寄交予進口商所在地之開狀銀行。

⑻開狀銀行於匯票到期日由進口商承兌匯票後通知押匯銀行。

⑼押匯銀行將承兌通知告知買斷公司 (Forfaiter)。

⑽買斷公司依約付款予出口商。

⑾開狀銀行收到押匯銀行提示之單據文件後，當即通知進口商到行進行進口贖單手續。

⑿進口商於匯票承兌之到期日後支付貨款予開狀銀行。

⒀開狀銀行撥付貨款予買斷公司，完成 Forfaiting 交易。

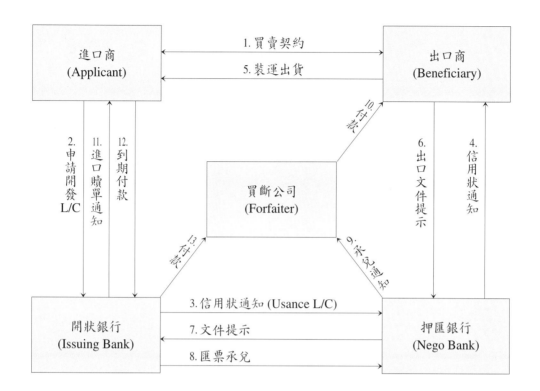

信用狀買賣斷 Forfaiting 交易流程

第十九章
國際多角貿易管理

第一節　國際多角貿易之定義與類型

國際多角貿易範圍涵蓋三角貿易、轉口貿易、三國間貿易及相對貿易諸多類型，其定義與操作特性亦各有不同，並非狹義的三角貿易所能概括，這是從全球性貿易的宏觀角度為基礎的最新闡述。若以交易類型而言，三角貿易即足以概括說明其為國際多角貿易的重心，自不待言。

一、國際多角貿易之定義

國際多角貿易 (International Multilateral Trade)，是以傳統進出口貿易作基礎，配合三角貿易之運作，將國際租稅、境外金融中心、財務工程及境外公司作一整合調度的多功能貿易型態謂之。

在理論架構上是以進出口貿易為主體，跨國公司的三角貿易為形制，進行價格轉移 (Pricing Transfer) 的行為。企業只要在國外有投資，國際多角貿易即隨之產生，歐洲、美國及日本等大國間的貿易亦運用大量的、複雜的多角間接貿易來完成其功能性的操作。當然並非每一件交易都需要如此安排，例如內需型連鎖店，因大部分販賣商品都在國內採購，販賣對象 100% 是國內消費之個人或公司行號，此類交易方式自然無需做海外的多角貿易。

二、國際多角貿易之類型

國際多角貿易之類型，可分為縱的歸納及橫的演繹兩大類。

(一)以縱的歸納分類

縱的歸納是以生產基地及文書作業為規範主軸，分為：①三角貿易；②轉口貿易；③三國間貿易；④國內三角貿易等四大類型。

1. 三角貿易 (Triangular Trade)

　　(1)生產基地型：臺灣接單，海外出貨（含大陸）。

　　(2)文書作業型之一：臺灣接單，海外出貨，臺灣押匯。

　　(3)文書作業型之二：臺灣接單，大陸出口，臺灣押匯。

　　(4)委託代工型：原料或半成品委託國外加工後逕運國外客戶。

　　(5)整廠輸出型。

2. 轉口貿易 (Re-export Trade)

　　(1)型態之一：運作重心放在國外第三地區。

　　(2)型態之二：運作重心放在臺灣。

　　　①轉運貨物。

　　　②轉口貨物。

　　　③境外航運中心。

3. 三國間貿易 (Trade between Third Countries)

　　日本綜合商社與其海外支店間之交易型態。

4. 國內三角貿易

　　(1)貿易商轉開信用狀予國內廠商。

　　(2)國內廠商擴延至國外供應商。

㈡以橫的演繹分類

　　橫的演繹則以運作重心為支柱，分為狹義及廣義的三角貿易。前者又分為三角貿易及轉口貿易，以運作重心分成直接貿易及間接貿易；後者則有三國間貿易及相對貿易兩類型。

第二節　三角貿易之分類與交易型態

　　三角貿易之操作型態包括生產基地型、文書作業型、委託代工型及整廠輸出型等四種方式。

一、生產基地型：臺灣接單，海外出貨，海外押匯

　　當生產因素變動，造成企業必須進行國外直接投資或將產業外移，其比例若高於國

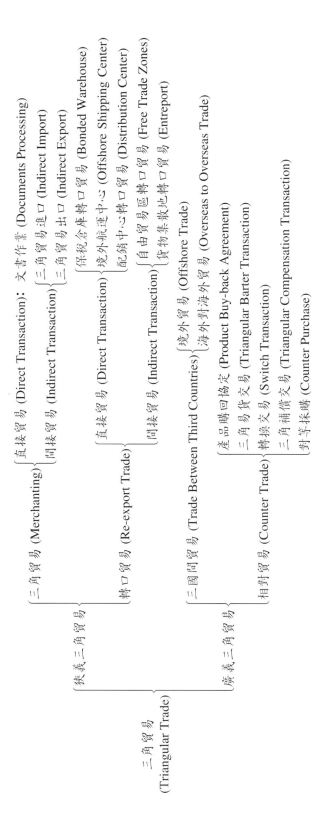

國際多角貿易類型分類表

註：直接貿易與間接貿易以運作所在地區分。

內原有之組織體系時，即屬生產基地型三角貿易。其操作重心放置於國外。

(一)交易特性

生產基地型三角貿易之特性，是將貨物由國外（含大陸）的生產工廠直接交貨予國外進口商，單據之轉換亦在國外進行。

(1)交易運作中心在海外。

(2)貨物不經過中間商進出口。

(3)單據之轉換由中間商處理。

(4)需建構完整的三層式網路貿易管理系統。

(二)交易流程

在生產基地型三角貿易之交易流程中，臺灣出口商僅作接單動作，而其海外分公司或據點則負責主持和操縱單據之轉換。

(1)歐洲進口商開發 Master L/C 向臺灣出口商購貨。

(2)臺灣出口商轉開 Secondary L/C 予香港中間商。

(3)香港中間商下訂單至大陸生產交貨。

(4)由於臺灣信用狀不能直接開給大陸，因此運作重心必須置於海外（香港）。

(5)臺灣出口商作 Re-invoicing 移轉訂價。

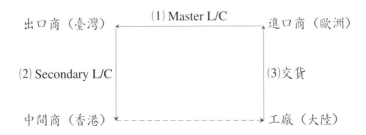

生產基地型三角貿易

(三)適用情況

臺灣接單，海外出貨，海外押匯之適用情況須在符合下列條件之下，始能運作自如。

(1)貿易區位理論之運用：利用海外生產資源作投資生產。

(2)解決貿易問題：為避免受配額管理、反傾銷關稅及商標授權等因素之影響。

⑶已建構全球化供應鏈管理。

⑷運用國際貿易垂直分工之功能。

 ## 二、文書作業型

㈠臺灣接單，海外出貨，臺灣押匯

文書作業 (Documents Processing) 又稱單據加工程序，跨國企業在海外投資或產業外移,資源比例佔其國內原有組織體系不高或純粹以臺灣為重心從事三角貿易進出口之案例，操作重心自宜放於國內。

1.交易特性

⑴交易運作中心在臺灣。

⑵貨物不經過中間商通關進出口。

⑶貨物單據之轉換由中間商處理。

⑷整個交易過程充滿不可控制之風險。

2.交易流程

⑴美國進口商開發 Master L/C 向臺灣出口商購貨。

⑵臺灣出口商以 Master L/C 作 Back 轉開 Secondary L/C 予越南生產工廠。

⑶越南生產工廠出貨予美國進口商。

⑷越南生產工廠辦理出口押匯。

⑸押匯匯票及貨運單據由越南銀行寄交臺灣銀行。

⑹臺灣銀行通知出口商進口贖單。

⑺出口商進口贖單後進行單據轉換及 Re-invoicing。

⑻臺灣銀行接受重押匯後將匯票及貨運單據轉交紐約銀行。

⑼紐約銀行通知進口商贖單，辦理進口報關提貨手續。

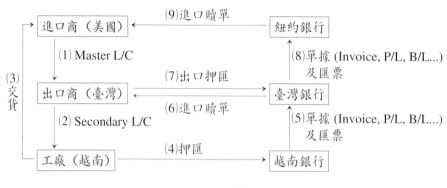

文書作業型

3.適用情況

⑴進行跨國貿易時之商機考量。

⑵保守交易機密，避免買賣雙方相互聯繫。

⑶中間商之財務健全。

⑷必須徵信調查以能達知己知彼。

㈡臺灣接單，大陸出口，臺灣押匯

從事兩岸三角貿易之國內廠商,於接獲第三地區廠商所開來之信用狀須向大陸供應商訂貨,且貨物直接由大陸地區出口逕行運交國外買主時,可向國內指定銀行申請開狀,由指定銀行授權其海外分支機構或第三地區外商銀行簽發信用狀予大陸地區供應商,俟國內指定銀行經由所授權開狀之銀行,取得大陸地區裝船單據後,國內廠商即可據以辦理「大陸出口,臺灣押匯」。

至於第三地區廠商係以匯款方式作為付款條件者,國內廠商於收到第三地區廠商匯入款時,可檢具大陸出口之相關交易文件,比照「大陸出口,臺灣押匯」案件,在該匯入款金額內,於國內指定銀行將款項匯出予大陸供應商。

1.交易特性

臺灣接單，大陸出口，臺灣押匯之交易特性大致如同上述。只是將海外出貨改由中國大陸生產交貨,是其最大不同點。

2.交易流程

臺灣接單，大陸出口，臺灣押匯之交易流程可細分為下面三個步驟進行,其中②′〜⑦′則涉及境外公司之財務運作。

(1)臺灣接單：

(2)開發信用狀：

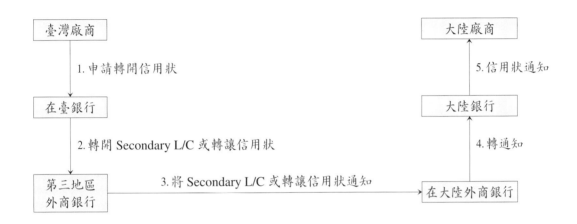

(3)臺灣押匯：

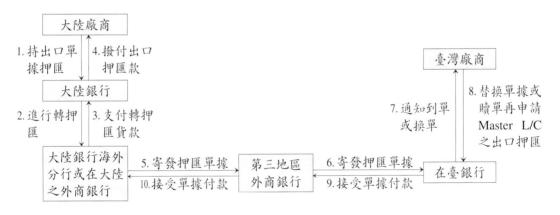

臺灣接單，大陸出口，臺灣押匯

第三節　轉口貿易之分類與交易型態

前述分類是從縱面切入說明三角貿易之分類與交易型態，若以橫面平鋪的話，轉口貿易的分類，應以運作重心所在地為分水嶺，較易闡明其交易特性。

 一、直接方式轉口貿易

直接方式轉口貿易之運作重心放於國內，且由國內交易主體直接操作，不假手其他交易對手。貨物由國外運達本國作某些簡單加工後再銷往第三國銷售之方式是為轉運或轉口貿易。此類型可分為：保稅倉庫轉口貿易（含設置於其內的發貨中心）及境外航運中心轉口貿易兩種方式，其交易共同基本流程如下所述。

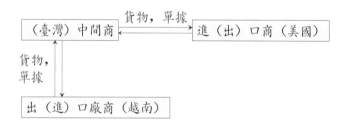

直接方式轉口貿易

交易流程與型態之一相同。最主要的差異是：

(1)貨物必須在臺灣報關進出口。

(2)必須辦理繳稅或退稅手續，過程瑣碎繁雜。

(3)境外航運中心是不通關、不入境方式。

(4)貨物若未經臺灣則屬三角貿易型態而非轉口貿易。

(5)政府不鼓勵此種轉口貿易型態。

(一)保稅倉庫轉口貿易

保稅倉庫 (Bonded Warehouse) 是指專為保管貨物、具備相當良好之建築物及其附帶之各種設備，設立在港區、機場、加工出口區、科學工業園區、鄰近港口地區或經海關核准之區域內，經海關核准登記供存儲保稅貨物之倉庫。

關稅法第五十八條：進口貨物於提領前得申請海關存入保稅倉庫。在規定存倉期間內，原貨出口或重整後出口者，免稅。這是驅動保稅倉庫轉口貿易最主要根源。

1. 保稅倉庫之種類

　(1)保稅倉庫

依「保稅倉庫設立及管理辦法」之規定，我國保稅倉庫存儲下列貨物：

　①一般貨物。

　②供經營國際貿易之運輸工具專用之物料及客艙用品。

　③供經營國際貿易之運輸工具專用之燃料。

　④修造船艇或飛機用器材。

　⑤礦物油。

　⑥危險品。

　⑦供檢驗、測試、整理、分類、分割、裝配或重裝之貨物（以下簡稱重整貨物）。

　⑧修護貨櫃或貨盤用材料。

　⑨展覽物品。

　⑩供免稅商店銷售用之貨物。

　⑪其他經海關核准存儲之物品。

　(2)物流中心

依物流中心貨物通關辦法第三條：物流中心，指經海關核准登記以主要經營保稅貨物倉儲、轉運及配送業務之保稅場所。

2. 保稅倉庫之功能

保稅貨物得依下列方式辦理重整：

(1)檢驗、測試：存倉貨物予以檢驗、測試。

(2)整理：存倉貨物之整修或加貼標籤。

(3)分類：存倉貨物依其性質、形狀、大小、顏色等特徵予以區分等級或類別。

(4)分割：將存倉貨物切割。

(5)裝配：利用人力或工具將貨物組合。

(6)重裝：將存倉貨物之原來包裝重行改裝或另加包裝。

前項貨物之重整應受下列限制：

(1)小得改變原來之性質或形狀。但雖改變形狀，卻仍可辨認其原形者，不在此限。

(2)在重整過程中不發生損耗或損耗甚微。

(3)不得使用複雜大型機器設備。

(4)重整後不合格之貨物，如屬國內採購者，不得報廢除帳，應辦理退貨，如屬國外採購者，除依規定退貨掉換者外，如檢具發貨人同意就地報廢文件，准予報廢除帳。

(5)重整後之產地標示，應依其他法令有關產地之規定辦理。

3.保稅倉庫之通關作業

(1)申請出倉出口貨物，應由倉庫業者填具報單，檢附報關必備文件向海關申報，並憑准單核對標記及數量相符後出倉，運送至出口地海關辦理通關手續；其貨物由其他廠商或貿易商報運出口者，由報運出口人另於出口報單上載明「本批貨物由××保稅倉庫供應，除該保稅倉庫得申請除帳外，出口廠商不得申請退稅」字樣，並於出口後將出口報單副本交由倉庫業者除帳。

(2)保稅倉庫存儲之外貨，申請出倉退運出口者，由貨物所有人或倉單持有人填具保稅貨物退運出口申請書，向監管海關申請核發出倉准單並向出口地海關報關，倉庫業者憑准單會同監視關員核對標記及數量相符後，准予提貨出倉，由海關派員押運或監視加封運送至出口地海關辦理通關放行手續。

(二)境外航運中心轉口貿易

境外航運中心 (Offshore Shipping Center; Offer Shore Zone) 係屬海運中心之一部分，指一個以減少或廢除某種管制措施、減免租稅等優惠條件，以吸引國際有關業者，從事以境外之通貨交易或貨物運輸之營運的區域。境外「中心」可能是一個國家、一個地區或一個城市。

1.境外航運中心之定義

依據我國交通部所訂定之「境外航運中心設置作業辦法」第二條規定：係指經指定得從事大陸地區輸往第三地或第三地輸往大陸地區貨物之運送或轉運及相關之加工、重整及倉儲作業之臺灣地區國際商港及其相關範圍。

2.境外航運中心之相關規定

依「境外航運中心設置作業辦法」規定：

(1)設置地點：境外航運中心由交通部會商有關機關在臺灣地區國際商港相關範圍內指定適當地點設置之。

⑵為特別航線：「境外航運中心」與「大陸地區港口」間之航線為特別航線。

⑶直接航行於經指定之境外航運中心與大陸地區港口間、境外航運中心間之船舶，以下列外國船舶為限：

　①外國船舶運送業所營運之「外國船舶」。

　②中華民國船舶運送業所營運之「外國船舶」。

　③大陸船舶運送業所營運之「外國船舶」。

⑷經當地航政機關核准者得直航：外國船舶運送或轉運大陸地區輸往第三地或第三地輸往大陸地區之貨物，經當地航政機關核准者，得直接航行於經指定之境外航運中心與大陸地區港口間、境外航運中心間。

⑸不得載運以兩岸為目的地之貨物：經許可直接航行於境外航運中心與大陸地區港口間之外國船舶，不得載運臺灣地區以大陸地區為目的地或大陸地區以臺灣地區為目的地之貨物。

⑹武器及彈藥不得在境外航運中心轉運：大陸地區輸往第三地或第三地輸往大陸地區之武器及彈藥，不得在境外航運中心進行轉運。

3.交易流程

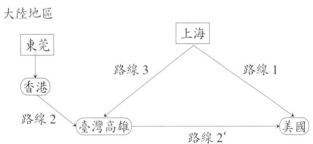

路線1：臺灣接單，大陸出口，大陸押匯
路線2：臺灣接單，大陸出口，臺灣押匯
路線3：境外航運中心轉口貿易

海峽兩岸貿易路線圖

⑴貨物不通關、不入境（境外航運中心）。

⑵大陸地區輸往第三地區或第三地區輸往大陸地區。

4.通關作業

境外航運中心之作業範圍及通關流程:

(1)整裝貨櫃(CY 櫃)之轉口。

(2)合裝貨櫃(CFS 櫃)之加裝、改裝、分裝及併裝作業。此項作業應向關稅局申請於貨櫃集散站或碼頭轄區內之「轉口倉庫」辦理。

(3)大宗貨、雜貨之轉口,應由業者視需要個案向關稅局申請。

(4)簡單加工、重整作業,應由業者依保稅倉庫設立及管理辦法,向關稅局申請於境外航運中心內設立「專用保稅倉庫」或「發貨中心」辦理。

(5)轉口貨櫃(物)轉運出口時,應填具「轉運申請書」及「轉運准單」向關稅局申報。但以電腦連線方式傳輸申報者,「轉運准單」由關稅局列印,並准免補送書面「轉運申請書」。此類貨物屬三角貿易案件者,得依現行關務作業方式,在不通關、不入境之前提下辦理轉運事宜。

(6)轉口貨櫃(物)以「不出碼頭(海關)管制區」轉運出口為原則,轉口貨櫃如欲運出海關管制區至其他碼頭裝運出口,必須先向海關申請核准。

(7)載有以兩岸為目的地貨物之船舶,仍依規定不得直航於兩岸港口間。

(8)規費之徵收,依海關徵收規費規則辦理。

(9)本要點未規定事項,依相關法令辦理。

㈢國內三角貿易通關作業

國內三角貿易須辦理通關手續,是指甲國從乙國進口貨物後存入保稅倉庫等再出口到丙國的轉口貿易。至於甲國將貨物逕運至丙國,而在國內僅處理「文書作業」便可完成交易,與甲國海關通關作業無關。

1.三角貿易貨物之通關方式

(1)依據廠商申請書及進、出口報單辦理。

(2)應同時持有輸入許可證及輸出許可證或兩者均無亦可。

①如廠商報明或提供輸入許可證,應同時繳驗輸出許可證,反之,如未報明或提供輸入許可證者,亦免查核輸出許可證。

②三角貿易案件無論是否列屬限制輸出之表一、表二貨品,因無進口之事實,無須申領輸出許可證。

(3)貨物未通關前,即轉售至賣方國之另一買方,亦可比照辦理。

(4)如屬准許進口類貨物,准由不同關區辦理出口。

2.有配額或設限之三角貿易

有配額或設限之三角貿易貨物不准在港埠改換包裝或嘜頭。

(1)凡屬我國有出口配額或自我限制之貨品，以三角貿易案件辦理，於運往我國口岸再轉運賣方者，一律不准廠商在港埠改換包裝或嘜頭，以免嚴重影響我國對有出口配額或自我限制之貨品的管理。

(2)海關可憑廠商之申請書辦理，惟應注意產地標示；亦即洋貨不得以我國為產地之標示。

3.保稅倉庫貨物

貨物存放在一般進出口貨棧或保稅倉庫，均可辦理；進口商與出口商非同一公司，亦可辦理。

4.產地標示

在申請退運或報明係三角貿易前被海關查獲虛報產地，應依法論處：廠商於報關時以三角貿易方式同時報運進出口貨物，經查驗後發現產地不符（產地更正為中國大陸），且核屬未准許開放進口之大陸物品，如係在海關查驗發現或接獲密告前即已向海關申請退運或報明，准予免罰；如在申請退運或報明係三角貿易前即被海關查獲有虛報產地，企圖逃避管制情事，則已違反海關規定，須受處罰。

 二、間接方式轉口貿易

轉口貿易分直接及間接，是以其運作重心放置於何處來分別，運作重心以國內為主體，即是直接方式；反之，運作重心放於國外，則屬間接方式。這是區分直接與間接最主要的分界線。

(一)貨物集散地轉口貿易

在國際交易過程中，貨物由供應國到購買國之間，通過第三國境內時，就該第三國而言，是通過貿易 (Transit Trade)。另外，貨物在運送途中，因缺少直接航線，而必須在某港口等船轉運或利用某大港口作為國際貨櫃之集散站，或因政治因素必須繞道而行之交易是為轉運貿易 (Transhipment Trade)，雖然通過或轉運之國家業者未參與買賣，但貨物經過該國時，可能需要利用該國之裝卸設備、運輸、保險、改裝、倉儲及其他勞務等等，而該國當然也有服務等貿易之外匯收入。亞洲地區有名的貨物集散地是香港及新加坡。因其具有位於全球物流中心，商情資訊搜集，地緣經濟及港口設施現代化之優勢

而為國際貿易運作的最佳貨物集散地。

1.基本定義

貨物由原生產國運往他國，再由他國銷往第三國。

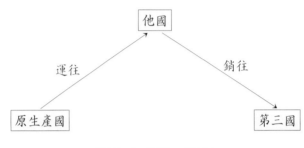

間接方式轉口貿易

2.交易特性

基本上是屬於間接貿易的一種交易型態。貨品在他國之處理情形：

⑴貨品在他國原封不動，作轉運或通過貿易。

⑵貨品在他國進行整裝，分類，改包裝換標籤再轉運。

3.交易流程

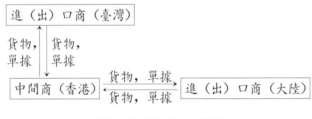

貨物集散地轉口貿易

⑴進口貿易：

①進口商開出 Master L/C 到香港，香港轉開 Secondary L/C 到大陸。

②大陸出貨押匯，單據寄到香港中間商。

③香港中間商轉押匯後，單據寄到進口商。

④貨物則經由中間商轉運予進口商。

(2)出口貿易：其與進口貿易程序剛好相反。

4.適用情況

　　(1)法律規定：須受相關法律規定限制之交易，例如，臺灣地區與大陸地區貿易許可辦法。

　　(2)政治因素：存在於敵對國家之經濟對抗。

　　(3)商業動機：交易機會之獲取容易。

　　(4)解決貿易問題：解決國際貿易相關之反傾銷關稅、配額、產地證明等問題。

(二)自由貿易區轉口貿易

　　自由貿易區 (Free Trade Zone, FTZ) 定義已如第五章第三節所述。其又稱為「對外貿易區」(Foreign Trade Zone, FTZ)，是指將商港之一部分劃定為非關稅區，以供貨物之倉儲、改裝、組合、加工、製造、分類、整理等作業，並可再轉運出口之地區。例如，香港、新加坡、巴拿馬科侖自由貿易區 (Colon FTZ)、智利伊基圭自由貿易區 (Iquiqui FTZ)、巴西瑪腦斯自由貿易區 (Manus FTZ) 及美國邁阿密 (Miami) 等。由於自由貿易區地理位置佳，腹地又廣大，且具多功能特性，故出口廠商常利用 FTZ 設立發貨倉庫或營運據點來拓展國外市場，其經營效益是相當顯著的。

　　自由貿易區轉口貿易之交易特性，交易流程及適用情況與貨物集散地轉口貿易並無甚大差異，可參閱前述。

1.交易特性

　　發貨倉庫或營運據點基本上是企業的一種內部交易，其特點：

　　(1)將國際貿易擴延到國際物流。

　　(2)發貨倉庫本身扮演進口商兼批發商、零售商。

　　(3)利用地緣經濟拓展外銷市場。

2.交易流程

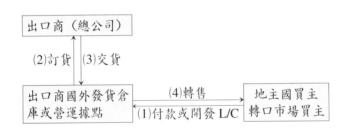

自由貿易區轉口貿易——發貨倉庫型

(1)買方以現貨付款方式或開發信用狀予發貨倉庫之賣方。

(2)發貨倉庫之賣方下訂貨單予臺灣總公司訂貨。

(3)臺灣總公司交貨予發貨倉庫之買方。

(4)國外發貨倉庫之賣方將貨物轉售予地主國或轉口市場之買方收回貨款。

3.適用情況

(1)貿易區位理論之運用：具優越條件之地理因素。

(2)解決貿易問題：包括配額管理、反傾銷關稅等。

(3)國外市場開發已臻成熟階段。

第四節　三國間貿易型態

　　就前述縱的歸納加以切割,先就國際多角貿易之分類與交易型態中的三國間貿易加以敘述。

一、三國間貿易之定義

　　三國間貿易，日本綜合商社 (Sogo Shosha) 之一伊藤忠商事 (ITOSU) 稱之為「海外對海外貿易」(Overseas to Overseas Trade)，丸紅飯田 (MARUBENI) 則定義為「境外貿易」(Offshore Trade)。此種類型之交易特性、交易流程及適用情況，說明如下。

二、交易特性

　　三國間貿易是指在日本國以外之貿易行為,主導者為日本各綜合商社海外與海外支店間之交易，其特性：

⑴貨品在國外相互轉移。

⑵進口國與出口國雙方彼此有外幣之領取與支付行為。

⑶貨款經由日本總公司轉付。

⑷貿易價差留置日本總公司。

三、交易流程

三國間貿易之交易流程，前階段為相對貿易，後階段為三角貿易，構成「相對三角貿易」(Counter-Triangular Trade) 之特殊類型。以下是其交易流程。

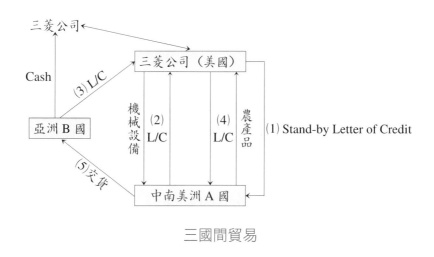

三國間貿易

⑴日本三菱公司美國分公司開出一張擔保信用狀 (Stand-by Letter of Credit, SLC) 予中南美洲 A 國作為貸款融資及採購保證。

⑵中南美洲 A 國以此信用狀作 Back 開出購買機械設備之信用狀。

⑶亞洲 B 國 (三菱公司分公司) 之進口商開出購買等值農產品之信用狀予三菱公司美國分公司。

⑷三菱公司美國分公司開出購買與機械設備等值農產品之信用狀予中南美洲 A 國。

⑸中南美洲 A 國之出口商交貨予亞洲 B 國。

⑹三菱公司美國分公司根據中南美洲 A 國之貨運單據作 Re-invoicing。

⑺擔保信用狀交易完成後其功能消失。

四、適用情況

上述相對貿易大都發生在與非工業結構、資源較為豐富且國際收支不平衡、外匯短絀之國家，甚至以經濟低度開發國家 (Less Developed Countries, LDC) 為多。以下之適用情況即常發生於日本綜合商社 (Sogo Sosha) 間之國際性交易。

⑴海外事業據點間之交易：運用綜合商社分佈於全球之據點。

⑵向第三國輸出商品：產品非來自日本國內。

⑶國際性轉換 (SWAP) 交易：利用其嚴密組織作 SWAP 交易。

⑷與海外企業之策略聯盟：有條件與國外廠商進行策略聯盟。

第五節　國內三角貿易之分類與交易型態

國內三角貿易之交易主體分為貿易商與生產工廠兩大類，而其交易類型因涉及營業稅較為繁複，不過，一般可以總結為：貿易商轉開信用狀予國內廠商及國內廠商擴延至國外供應商等兩大類型。

一、貿易商轉開信用狀予國內廠商

貿易商向國內公司採購後，以自己名義運交國外客戶；或以供應商名義運交國外客戶。前者無營業稅適用零稅率問題，後者則有，此為最大區別。

㈠以自己名義運交國外客戶

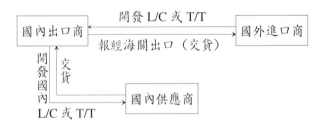

國內三角貿易之一

以交易主體本身名義進行交易，並負擔交易之成敗及盈虧損益，謂之直接交易。此

種交易方式，國內出口商無適用零稅率問題，但其單據須轉換，由中間商作 Re-invoicing 後，進行押匯手續，貨運單據再交給國外進口商報關提貨。

㈡以供應商名義運交國外客戶

非以本人名義進行交易，並負擔交易成敗及盈虧損益，謂之間接交易。此種交易方式，國內出口商有適用零稅率問題，需檢附：①外匯指定銀行製發之外匯證明文件；②國內外信用狀影本辦理零稅率之適用。而供應商則無須繳納 5% 營業稅。單據可作轉換或不轉換。轉換時，中間商作 Re-invoicing；不轉換時，中間商無須作 Re-invoicing，貨物由供應商直接運交國外進口商。

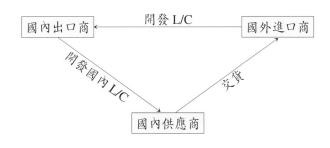

國內三角貿易之二

㈢委託加（代）工型

此種交易型態屬於外銷勞務，包括委託加（代）工，技術服務，設計圖稿，軟體程式，專利權、商標權之使用等。

　1.交易特性

　　⑴以委託加（代）工契約為軸心。

　　⑵委託支付與代工者的加（代）工費用。

　　⑶可節省運費及保險費之負擔。

　　⑷交易中介者賺取價格差額或佣金。

　2.交易流程

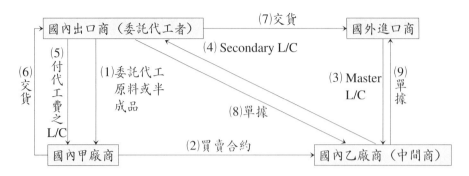

委託加（代）工三角貿易

(1)國內出口商將原料，半成品或零件以委託加（代）工方式運往國內甲廠商代工生產成產品。

(2)國內甲廠商之同業乙廠商之國外客戶對該成品有興趣購買，甲乙雙方簽訂買賣契約。

(3)國外進口商開出 Master L/C 給國內乙廠商。

(4)國內乙廠商轉開 Secondary L/C 給國內出口商。

(5)國內出口商另開 Original L/C 給國內甲廠商作為支付代工費用。

(6)國內甲廠商將貨物交運予國內出口商。

(7)國內出口商將貨物交運予國外進口商。

(8)國內出口商押匯後單據寄交國內乙廠商 (Secondary L/C)。

(9)國內乙廠商以此單據押匯後再將其寄給國外進口商 (Master L/C)。

3.適用情況

(1)產能達規模經濟：國內加（代）工廠之生產已達規模經濟之程度。

(2)製程研發有自主性：製程通過委託廠商之測試認證。

(3)減輕製造生產成本：委外加（代）工可達到降低生產成本之效果。

(4)高科技產業：電子、資訊、光電、通訊及半導體產業。

(四)整廠輸出型

整廠輸出狹義定義專指「出售工廠」，其中並包括機器設備以及整套的生產技術。從廣義解釋，它則是屬於高度密集以及附加價值和外匯淨收利益很高之綜合資本財的輸出業務。

　　「整廠輸出」非「消費品」或「單體工業產品」的外銷。它是以機械為主體，配合技術，加上生產程式等工程之綜合，使其完成後可生產特定產品的設備輸出。在定義上，很容易使人以為這是機械業或貿易商之單項出口業務。

　　「整廠輸出」的銷售方式，多採「統包」，且以「交鑰匙」為條件居多。由工程顧問公司先作可行性之研究，然後再根據可行性之研究，進而經由程序設計、基本設計、細部設計等，做出包括生產流程的整廠佈置。隨後採購機器設備、建廠、安裝、試車、生產，甚至代訓技術人員、操作、經營、銷售也可以包括在買賣契約的條件中。

1.交易特性

　產業型整廠輸出分為兩種：

　⑴統包型 (Contractor)：包括可行性評估，基礎計畫，細部設計，採購機械設備，建廠，安裝，試車，生產經營及行銷且以 Turn Key 為條件。

　⑵半包型 (Sub-contractor)：機械設備輸出、安裝、試車、生產、售後維修。

2.交易流程

整廠輸出型

⑴進口商開出購買整套工廠或大量貨物之 Master L/C 給出口商。

⑵出口商轉開 Secondary L/C 給國外供應商購買部分生產設備或貨物。

⑶供應商交貨後，持 Secondary L/C 押匯。再將貨物單據寄給出口商。

⑷出口商合併供應商寄來之貨運單據及其本身輸出貨物之提單等單據，根據 Master L/C 押匯。

⑸主要生產設備及部分生產設備在進口商組裝。

⑹出口商負責組裝之情況：Contractor。

出口商不負責組裝之情況：Sub-contractor。

3.適用情況

(1)技術競爭力：整廠輸出在技術轉移貿易方面有絕對之競爭優勢。

(2)擴大海外市場：廠商為了統攬工程以便擴大海外市場。

(3)專業貿易商之參與：需有專業貿易商之參與，提供商情資訊、市場開發策略及經營管理之服務。

(4)自用生產設備不足：需向國外採購之附帶設備或零組件。

二、國內廠商擴延至國外供應商

三角貿易由國內廠商擴延至國外供應商時,會產生深刻的變遷過程而演化成交易主體分佈在許多不同國家。因此，其交易方式就會有：二角在國內，由國外供應商逕運國外客戶、三角在國內，由國內供應商逕運國外客戶，及三角在國外，由國外供應商逕運國外客戶等類型。

㈠二角在國內，由國外供應商逕運國外客戶

當國內出口商接到國外進口商開來信用狀或 T/T 匯款時,即將信用狀轉讓或轉開予國內 A 公司，國內 A 公司無貨可交或需補貨交運，可另開信用狀（或將匯款）轉向國外供應商訂貨，由國外供應商直接交貨給國外進口商。

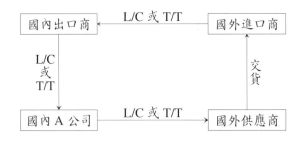

四角貿易：二角在國內

國內相關廠商適用營業稅法之零稅率時需檢送文件：

1.國內出口商部分

(1)外匯證明文件或原始外匯收入款憑證影本。

(2)出口商開給國內 A 公司之訂貨文件。

⑶A 公司開給出口商之商業發票。

⑷出口商付款證明文件。

⑸A 公司交給出口商之提貨單或送貨單影本。

2.國內 A 公司部分

⑴出口商開立給 A 公司之訂貨文件。

⑵A 公司開立給國外供應商之訂貨文件。

⑶國外供應商開立給 A 公司之商業發票。

⑷A 公司付給國外供應商之付款證明文件。

⑸國外供應商交給 A 公司之提貨單或送貨單影本。

㈡三角在國內，由國內供應商逕運國外客戶

國內供應商本身無貨可交或須向國內其他製造商補貨，運交國外買方，國外買方開發 L/C 或 T/T 予國內出口商，國內出口商以部分或全部轉讓方式讓渡信用狀，或以電匯 (T/T) 付款予國內供應商或生產工廠出貨，其交易流程為：

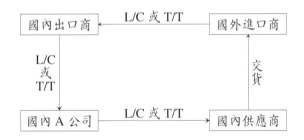

四角貿易：三角在國內

國內相關廠商適用營業稅法之零稅率時需檢送文件：

1.國內出口商部分

⑴外匯證明文件或原始外匯收款憑證影本。

⑵出口商開立給國內 A 公司之訂貨文件。

⑶A 公司開立給出口商之商業發票。

⑷出口商之付款證明文件。

⑸國內供應商之出口單據（出口報單）影本。

2.國內 A 公司部分

　⑴出口商與國外進口商、出口商與國內 A 公司、國內 A 公司與國內供應商之訂貨
　　文件。

　⑵付款證明影本。

　⑶國內供應商之出口單據影本。

3.國內供應商部分

　無零稅率適用（即須繳納 5% 的營業稅）。

第六節　境外公司之運作與管理

　　運用境外公司來從事國際間的貿易行為，是國際商業交易最常見到的操作方式，其實也是境外公司的緣起。產業革命後的十八世紀初英國人遠渡重洋在全世界展開冒險行動，國際間的貿易行為也隨之興盛。這些在海外屬地的英國商人從國際間購入的商品，當他們轉賣到其他國家時，面臨是否應將所得歸回到英國繳納所得稅之問題，於是在當時的英國屬地遂有這種國際貿易公司的興起。

　　基本上，如果公司所有的業務皆與境外無關，並不適合使用境外公司。但是如果公司的業務有牽涉到第三地或者臺灣境外，此時就適合進一步考慮境外公司的運用。

一、境外公司之設立及其目的

　　境外公司一般係指將公司登記在所處國度以外，享有法定租稅優惠之地區的海外公司。其設立條件較國內依公司法成立之公司要寬鬆得多，故紛紛成為跨國企業租稅規劃上的一項自發性誘因 (Induced Invitation)。

　　吾人知道境外公司的運作著重在國外直接投資 (Foreign Direct Investment, FDI)，三角貿易及境外金融中心三者間彼此交互作用所產生的國際租稅及資金調度之綜效。在外部管理上，除了委由註冊代理人辦妥登記及管理外，有關國際多角貿易的稅務會計、盈餘保留 (Withholding Tax) 及移轉訂價 (Pricing Transfer) 等內部管理技巧更需精熟練達，以免「為山九仞，功虧一簣」。

㈠境外公司之定義

　　境外公司 (Offshore Company, OFC)，是指概念上是境外，實質操作則在境內，而註

冊登記於海外的一種虛擬實境的公司型態。換言之，即將公司設立於制定有「國際商業公司法」(International Business Company Ordinance, IBCO)，接受外國人至該地區註冊，給予租稅優惠及免稅待遇，且在法律規定上較具保障性之地區的國際商業公司 (International Business Company, IBC)。

　　一般境外公司為達節稅目的，大多以具有租稅優惠的所謂「租稅天堂」(Tax Heaven)、租稅樂園 (Tax Paradise) 或租稅綠洲 (Tax Oasis) 地區為目標選項。由於此種公司不准在註冊當地有營利事業行為，因之被稱為境外公司或紙上公司 (Paper Company)。前往大陸投資之公司，政府稱之為「第三地公司」(Third Area Company)；母公司轉投資之公司則為「控股公司」(Holding Company) 或「子公司」(Subsidiary)，其適用名稱因功能性不同而異，不一而足。

㈡境外公司之設立登記

　　如前所述，凡根據國際商業公司法 (IBCO) 規定所設立之境外公司，均稱為國際商業公司，其組織型態為股份有限公司，具國際法人身分。但註冊於美國德拉瓦州的公司，則為有限責任公司 (Limited Liability Company, LLC)，甚至也有一般性的公司組織型態 (Corporation)。境外公司設立條件各國規定雖然不盡相同，惟都很簡便。詳情可洽國內會計師事務所或相關顧問公司辦理即可，本處不另加著墨。

二、境外公司之運用類型

　　境外公司是一項法律工具 (Legal Vehicle) 的運用，企業或個人基於業務需要或其他各種不同目的而運用境外公司的名義，來達到節稅、調度資金、控股、間接投資與行銷等功用。因此，在運作實務上，公司組織類型自亦不同，本文僅介紹與國際貿易有直接或間接關係之公司型態。

㈠國際貿易公司 (International Trading Company)

　　跨國企業的多角貿易行為具有其複雜性，稍具規模的公司一定會考慮到在國際商業活動中，如何運用境外公司來從事移轉計價，包含價格、成本的調整、佣金的撥放、帳款的收取以及處理三角貿易及轉單作業等，這充分說明境外公司在國際貿易上的重要性。

　　運作方式為：設立一境外公司於香港，來處理大陸工廠與歐洲、美國等國家客戶的三角貿易、轉開信用狀、Re-invoicing 及換單作業。

㈡控股公司 (Holding Company)

運用境外公司作為控股公司來進行對外轉投資，除了具有下列各項優點外，尚可達到貿易帶動投資之效果。

1.規避政治風險

轉投資國家如果與控股公司地主國簽有雙邊投資保障協定及稅務條約，則可避開紛擾之政治風險。

2.方便延緩課稅

透過境外公司轉投資，盈餘可累積於境外公司，具有延緩課稅及方便資金調度之優點。

3.承受有限責任

對外投資若經由境外公司轉投資，將來的投資風險不至於直接波及母公司。

4.便於合併或轉讓

在國際投資中，將境外控股公司的子公司與其他企業合併或轉讓給其他公司，是達成併購或轉讓最簡便且成本最低廉的方法。

5.塑造國際企業形象

以多層次轉投資方式作控股式投資於其他地區可塑造企業本身國際化的優良形象。

運作方式為：在新加坡設控股公司，利用新加坡與中國大陸簽有雙邊投資保障協定及租稅協定，且又是一個國際商業都市之便，運用當地設立的公司作控股投資，對客戶及公司本身均有正面影響。

㈢財務公司 (Financing Company)

對於任何跨國企業而言，以境外公司作為集團的財務調度中心可說是絕對必要的行為。茲簡要說明如下：

1.調整股利發放

任何跨國企業並非在每個國家都能穩定獲利，透過境外公司來調整股利的發放，可以讓公司的盈餘平穩化。

2.方便資金調度

將集團資金集中於境外公司調度，可隨時掌握商機投入資金，避免因外匯管制或其他不利因素而造成商機之延誤。

3.特殊的融資安排

以投入部分股本，部分向境外公司舉債的方式，投資於某地區，當被投資地區對利息匯出的扣繳率低於所得稅率時，就有租稅利益存在。此外還可陸續收回資金，對投資於政治不穩定地區而言，不失為一個好方法。

運作方式為：設立境外公司於國外資金調度方便之地區，透過合法的管道作保留盈餘與節稅，將大部分的利潤留在境外公司，再將大陸的帳冊一套化，實際申報繳交應納稅賦。

㈣智慧財產權公司 (Royalties and Patent Company)

所謂智慧財產權包括專利權、商標權、著作權、電子佈局權、營業祕密及網域名稱等，持有這些無形資產的原始所有者，可利用境外公司在不同的國家收取不同的權利金，如此一來即可有效降低原始權利持有者的稅務負擔，又可避免被雙重課稅的現象發生。

運作方式為：臺灣母公司在 A 國投資設立甲海外控股公司從事投資，並在 B 國投資設立乙海外控股公司從事授權業務 (Licensing)，由乙公司授權甲公司使用其商標或專利，而甲公司則支付權利金予乙公司。

三、境外公司之運作實例

跨國企業設立境外公司之經濟性功能與目的，不外乎在於從事國際貿易、海外投資、資金調度及租稅規劃等，以下就其海外投資延伸至國際貿易的實際運作加以說明。

㈠海外投資設廠策略規劃

境外公司運用於企業在海外之投資，其目的在於避免政治風險之產生，影響到投資規劃之進行。若有商業糾紛，其法律責任僅止於境外控股公司，而免於牽涉到信譽卓著、設廠多年之母公司或自然人。

是故，應根據海外投資地點選擇境外控股公司設立地區，如前所述，新加坡與中國大陸簽有「兩國投資保障協定」，因此欲至大陸設廠者可考慮在新加坡設立一控股公司後，再以新加坡公司至大陸設廠投資，其投資示意圖如下：

海外投資基本型

㈡三角貿易的運作管理

　　傳統三角貿易的方式是買賣雙方透過中間商（代理商）進行交易，中間商則從中賺取佣金。此時的中間商即可運用境外公司在香港、新加坡、洛杉磯、倫敦或臺灣之境外金融中心戶頭開設公司支票及儲蓄戶，然後透過國際性銀行（如：渣打、花旗或華南銀行）、國際性海空運之全程攬貨公司 (Forwarder) 之功能性服務，由設在香港或新加坡之公司代為押匯，轉開信用狀，處理船務報關等業務，於是三角貿易運作均可在臺灣遙控管理，完成交易。另一種運用方式是廠商透過自己在第三國設立的境外控股公司，向國外買主接單後，再轉開 L/C 給本身設在臺灣或大陸（越南）的工廠，信用狀轉開之金額則可視需要做調整。

境外公司之三角貿易運作

㈢運作上的幾項原則

　　以境外公司運作三角貿易，是屬前述的「國際貿易公司」類型，主要功能放在財務規劃及貿易方式的掌控兩方面。

　1.資產負債管理

　　資產負債管理採「提前與後移」策略，把資產如應收帳款以強勢貨幣表示，而負債

如應付帳款則以弱勢貨幣處理。

2.盈餘保留及匯回

將盈餘保留於子公司,而以融資方式匯回資產。盈餘匯回之稅負高低,即取決於中間控股公司之選擇。其考量自以完全免稅、具有租稅協定利益之低稅率國家或提供特別租稅優惠之地區為首選。

3.延緩繳稅之考量

本國企業以投資名義設立境外公司,依據營利事業所得稅查核準則第三十條規定,營利事業投資於其他公司之投資收益,以被投資公司股東會決議分配時才需認列收益,因此可以達到延緩繳稅的效果。

4.貿易方式之靈活運用

靈活運用各種貿易型態,配合境外公司的運用以獲取最大利益。例如利用境外公司名義接受國外買主的訂單、信用狀或以境外公司作為國外匯入匯款的收款人,再以轉讓L/C或另下訂單,以記帳方式向供應商採購。或基於節稅及避險的考量,透過第三地公司(即境外公司)的設立與運作,在臺灣的銀行國際金融業務分行帳戶內進行接單、押匯、開狀等業務,真正將財務掌握在臺灣境內,進而達到「境外貿易、境內管理」的整體效益。

第七節　境外金融中心與三角貿易

由於近年來兩岸貿易及對東南亞地區投資頻繁,利用境外公司在境外金融中心開戶的廠商急速成長,似成一股潮流。依目前規定在境外金融中心開戶的法人須為「境外公司」。由於境外公司之運作大多基於母公司為達到「控股」、「投資」、「避險」、「節稅」、「行銷」等目的之考量,因此,它已經形成一股無法控制的新競爭力,造成企業經營跨國貿易走向的自發性誘因 (Induced Invitation)。

 ## 一、境外金融中心之定義

所謂「境外金融中心」(Offshore Banking Unit, OBU) 是指一個國家准許國內外金融機構在本國境內設立國際金融業務分行,辦理「境外金融業務」(Offshore Banking) 之意,即非居民間相互金融交易的市場。換言之,在一國領域之內,以本國通貨以外的他國貨

幣為計值單位進行之金融借貸活動的場所，就是境外金融中心。

各國對境外金融中心之稱謂並不一致，有稱境外金融分行 (Offshore Banking Branch, OBU) 者，美國稱之為 IBF (International Banking Facility)，新加坡則稱為 ACU (Asian Currency Unit)。在我國，中文全名是「國際金融業務分行」，有別於本國銀行所轄境內分行 (Domestic Banking Unit, DBU)，而係本國銀行所轄之境外分行，這個境外分行並非設在海外或離島，而是在概念上、管理上、法令上的區分。

二、境外金融中心之營運對象與範圍

國際金融業務分行之設立是為了吸引國際金融性機構，外國企業與外國自然人來臺灣參與國內投資，由政府提供租稅優惠措施，以達到吸收外資、促進金融國際化及產業蓬勃發展為目的，故其營運對象及範圍均有明文規定。

依「國際金融業務條例」第四條之規定，國際金融業務分行經營之業務如下：

(1)收受中華民國境外之個人、法人、政府機關或境內外金融機構之外匯存款。

(2)辦理中華民國境內外之個人、法人、政府機關或金融機構之外幣授信業務。

(3)對於中華民國境內外之個人、法人、政府機關或金融機構銷售本行發行之外幣金融債券及其他債務憑證。

(4)辦理中華民國境內外之個人、法人、政府機關或金融機構之外幣有價證券買賣之行紀、居間及代理業務。

(5)辦理中華民國境外之個人、法人、政府機關或金融機構之外幣信用狀簽發、通知、押匯及進出口託收。

(6)辦理該分行與其他金融機構及中華民國境外之個人、法人、政府機關或金融機構之外幣匯兌、外匯交易、資金借貸及外幣有價證券之買賣。

(7)辦理中華民國境外之有價證券承銷業務。

(8)境外外幣放款之債務管理及記帳業務。

(9)對中華民國境內外之個人、法人、政府機關或金融機構辦理與前列各款業務有關之保管、代理及顧問業務。

(10)經主管機關核准辦理之其他外匯業務。

三、廠商運用 OBU 銀行帳戶之優點

進出口廠商可利用 OBU 帳戶進行國際多角貿易，經銷代理權之簽訂，外匯融資與買賣存款，並透過國際金融市場，吸收運用所需之資金，其主要優點如下。

㈠稅捐優惠

廠商存款於 OBU 帳戶下，免繳利息所得稅，其交易行為可以免繳營利事業所得稅及營業稅，在 OBU 所使用之各種憑證免徵印花稅。

㈡資金進出自由

進出口廠商與 OBU 帳戶往來之資金可自由進出，存放款利率彼此自行約定，不受管理外匯條例、銀行法及中央銀行法等有關規定之限制。開立外幣帳戶，不受匯率波動之影響。

㈢具高度隱密性

除依法院裁判或法律規定者外，對第三人無提供資料之義務。

㈣有利兩岸貿易運作

OBU 可合法辦理兩岸金融業務，臺商在調度資金時，不需再經由第三地區，直接由國內母公司操作開發信用狀及押匯等進出口業務，更易掌握資金流動狀況，大幅提昇安全性，有利三角貿易之運作。

㈤節省可觀費用

進出口廠商可在同一家銀行的 DBU 與 OBU 之間作三角貿易貨款清償，節省可觀的信用狀開狀費用、押匯費用及所衍生的聯行補償費、郵電費等各種費用。

四、OBU 與海峽兩岸貿易之操作

依「臺灣地區與大陸地區金融業務往來許可辦法」第二條規定：臺灣地區銀行海外分支機構、國際金融業務分行、經中央銀行許可辦理外匯業務之銀行（以下簡稱指定銀行）及中華郵政股份有限公司，經主管機關許可，得與外商銀行在大陸地區之分支機構、大陸地區金融機構及其海外分支機構、大陸地區法人、團體、其他機構及其海外分支機構、個人為金融業務往來。前項業務，有關匯出、匯入款之範圍為：①辦理「大陸出口，臺灣押匯」廠商之再匯出款，其匯出金額不得大於押匯金額；②進口大陸地區物品所涉及之匯款，前文第二節已說明「臺灣接單，大陸出口，臺灣押匯」之交易模式。此處僅

就 OBU、境外公司 (Offshore Company, OFC) 與三角貿易之操作基本模式作分析。

(一)臺灣接單，大陸出口，臺灣押匯

　　兩岸間之三角貿易，之前若是屬於「大陸出口，臺灣押匯」模式，那是指國內廠商未於第三地區設立境外公司，當國外買方下訂單予國內廠商之後，國內廠商即轉單予大陸供應商（工廠）出貨予國外買方，單據由大陸供應商直接寄給國內廠商押匯。

　　國內廠商依「指定銀行對臺灣地區廠商辦理大陸出口臺灣押匯作業要點」，填寫「臺灣地區廠商辦理大陸出口臺灣押匯申報表」，一式三聯，向外匯指定銀行辦理押匯。同時取得匯往大陸間接再匯出款的額度。押匯時，如需直接保留外幣，可附上匯款申請書間接匯往大陸臺商帳戶，或事後再向外匯指定銀行，以三角貿易性質申報，附上前述「大陸出口臺灣押匯申報表」即可。另可依「臺灣地區金融機構辦理大陸地區匯款作業準則」，以間接匯款的方式，匯往大陸臺商的帳戶，以支付在大陸地區之貨款、工資等。惟上述的匯出金額不得大於押匯金額。

　　目前臺商向大陸工廠下訂單，如果侷限在大陸的臺商工廠，則資金的清算有三種方式：

　　(1)以新臺幣在臺灣清算，貿易商直接付給臺商在臺灣的母公司或指定個人。

　　(2)以美元或其他幣別的貨幣匯往臺商指定的香港帳戶。

　　(3)直接匯到大陸臺商在大陸當地銀行的帳戶。

　　由於國內貿易商或大陸臺商皆在香港設有分支機構，故資金的 Settlement 有時就在香港當地銀行劃帳，不再經由臺灣的銀行辦理。此種交易方式的重點有：

　　(1)屬直接押匯性質。

　　(2)不一定在第三地區設分支機構。

　　(3)須受國內相關貿易、金融法規的限制。

　　(4)大部分資金保留在臺灣。

(二)臺灣接單，大陸出口，OBU 押匯

　　兩岸間之三角貿易，若是典型的「臺灣接單，大陸出口，OBU 押匯」，跨國企業可以利用在第三地區設立公司進行與大陸地區的貿易往來，然後以該第三地區公司名義在臺灣的國際金融業務分行開立帳戶，處理三角貿易及國外買主的事務，運用 OBU 帳戶達到「零稅率」之租稅規劃效果。

　　1.基本類型——國際投資公司

臺灣母公司在免稅天堂新加坡、香港、巴哈馬、BVI 等第三地區設立境外控股公司，再以境外控股公司名義轉投資大陸設廠生產。國際投資之一般性動機為：

⑴擴大市場：利用境外公司接近國外市場搜集商情，進行廣告宣傳，建立品牌形象及開發市場，以建立行銷優勢。

⑵尋找原料或降低生產成本：尋得海外優勢之勞動力、原料供應，對降低生產成本會發揮正面的影響。

⑶避免政治風險：以境外公司轉投資可避免地主國的政治風險。

⑷國際租稅規劃：可享有租稅優惠及對外人投資獎勵措施之益處。

2.三角貿易變型──臺灣接單，大陸出口，OBU 押匯

臺灣母公司以境外公司在大陸投資設廠後，接著運用境外公司名義在國內銀行設立 OBU 帳戶，進行三角貿易操作。其流程如下：

⑴臺灣母公司將所接到的國外買方（美國、歐洲、日本）Master L/C 以 OFC 名義轉入 OBU 帳戶。

⑵ OBU 轉開 Secondary L/C 予臺灣母公司轉投資在大陸的工廠。

⑶大陸工廠直接將貨物運交國外買方。

⑷押匯單據由大陸的押匯銀行寄交臺灣的 OBU 以便通知出口商贖單。

⑸臺灣的出口商進行 Re-invoicing 動作，並將單據轉換，例如提單等。

⑹臺灣的 OBU 將轉換後之單據寄交國外開狀銀行轉交買方贖單，以便報關提貨。

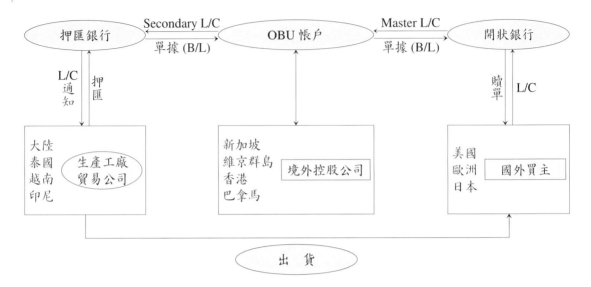

臺灣接單，大陸出口，OBU 押匯圖示

 ## 五、OBU 操作問題之探討

國際多角貿易運用境外公司在 OBU 之操作，實務上所產生的問題，分為信用狀之開發與商業發票的重製及稅負與價差問題兩個層面探討。

(一)轉讓或轉開 L/C 之要點

利用 OBU 帳戶轉開或轉讓信用狀時，下列特別指示 (Special Instruction) 可善加運用，以利押匯業務之進行。

(1) Third party documents acceptable.

(2) Document presented after 20 days from the issuance of B/L date but within credits validity acceptable.

(3) Load/Dispatch/Take in charge acceptable.

(4) Forwarder Bill of Lading acceptable.

(5) Claused B/L acceptable.

(6) Available with any bank by negotiation.

(7) This L/C can be transferred by (your bank's name) in Hong Kong.

(8) T. T. reimbursement allowed.

㈡稅負與價差問題

臺商運用境外公司在臺灣 OBU 開戶進行作價差的三角貿易行為，如屬自然人之個人，將鉅額存款存於 OBU 帳戶，可享受零稅率之優惠。惟這種情況，如果財政部要引用實質稅率原則對 OBU 支付利息收入課稅，納稅人亦沒辦法，而且在其補稅時還可往前追溯，納稅人不可不慎。

事實上，個人之國外所得本來即免納入臺灣之綜合所得稅，因此較佳的節稅規劃應是將鉅額存款存到國外銀行或購買各種海外金融理財工具，該所得將可完全合法免稅，而不要存款於 OBU 帳戶，以免未來財政部引用實質課稅原則對納稅人課稅。

上述情況，若屬法人的公司在 OBU 操作三角貿易，如果未作價差，依規定開立發票，將合理利潤留於臺灣公司帳上，以公平市價在 OBU 帳戶進行三角貿易或大陸出口、臺灣押匯，當無任何問題，較大型的企業大多就財務報表之考量而願意依法納稅。但對許多中小企業而言，其三角貿易的帳務處理，大都以稅務為優先考量，因此很可能就會作價差 (Spread) 之動作，這點要特別注意。

由上述可知，在 OBU 進行作價差的三角貿易行為，其隱藏的稅捐問題很多，茲簡述如下：

1.須繳納營利事業所得稅

財政部的解釋令規定，臺商以臺灣接單，大陸出口等三角貿易方式從事出口，則接單與下單間的差額，須以佣金收入列帳，申報繳納營利事業所得稅。

2.相對關係人資料可能曝光

依規定，OBU 之交易資料，並不受外匯相關法令管制，財政部或國稅局亦不致大幅查核其相關資料，然而這並不能保證在 OBU 操作，所有資料均受嚴格之保密。因為在 OBU 開戶時必然有留下董事、公司章程、甚或公司股東名冊等資料，只要主管機關想查核這些資料，即可能曝光。一經確定該境外公司與國內營利事業為關係人，且交易價格異常（非按一般公平市價）時，則財政部可按所得稅法第四十三條之一加以調整所得，甚至有罰款問題，國內廠商不可不慎。

3.避稅動作易於查核

在國際租稅上，最容易查核的就是國內廠商運用 OBU 避稅。只要能調出 OBU 帳戶之董事名冊及交易往來資料，廠商事後必須補稅罰款的必然不少。

4.核課期間長久

依據稅捐稽徵法第二十一條之規定：

⑴依法應由納稅義務人申報繳納之稅捐，已在規定期間內申報，且無故意以詐欺或其他不正當方法逃漏稅捐者，其核課期間為五年。

⑵依法應由納稅義務人實貼之印花稅，及應由稅捐稽徵機關依稅籍底冊或查得資料核定課徵之稅捐，其核課期間為五年。

⑶未於規定期間內申報，或故意以詐欺或其他不正當方法逃漏稅捐者，其核課期間為七年。

⑷在前項核課期間內，經另發現應徵之稅捐者，仍應依法補徵或並予處罰；在核課期間內未經發現者，以後不得再補稅處罰。

第八節　多角貿易的國際租稅規劃

跨國企業的國際多角貿易運作，在租稅規劃方面，自然會涉及企業及個人兩部分，以下特就國內稅法相關規定加以整理分析，作為操作三角貿易之參考。

 一、跨國企業方面

我國所得稅法對企業之稅負係採屬人主義。因此，跨國企業海外投資不論是獨資、合資或併購等方式，其租稅之規劃都必需循下列規定辦理。

㈠境內經營之營利事業

凡在中華民國境內之營利事業，應依所得稅法第三條第一款之規定課徵營利事業所得稅。

㈡總機構在境內

應就其中華民國境內外全部營利事業所得，合併課徵營利事業所得稅。但其來自中華民國境外之所得自其全部營利事業所得結算應納稅額中扣除。

㈢總機構在境外

營利事業之總機構雖然在境外，而有中華民國來源所得者，應就其中華民國境內營利事業所得，課徵營利事業所得稅。

㈣總分支機構分別計算課稅

營利事業總機構在中華民國境外，其在中華民國境內之固定營業場所或營業代理

人，應單獨設立帳簿，並計算其營利事業所得額課稅。

(五)**轉投資收益免稅**

公司組織之營利事業，因投資於國內其他營利事業，所獲配之股利淨額或盈餘淨額，不計入所得額課稅（所得稅法第四十二條第一項）。

 二、個人投資方面

個人投資不論是直接投資或經由第三地之間接投資，由於所得稅法採屬地主義，僅就中華民國所得來源課徵，所以無論直接或間接對外投資，均無須繳納個人綜合所得稅。

(一)**境內所得**

凡有中華民國來源所得之個人，應就其中華民國來源之所得者，課徵綜所稅。

(二)**境外所得**

非中華民國境內居住之個人，而無中華民國來源所得者，屬於個人投資國外企業之獲利，免課綜所稅。但須注意最低稅負制自 95 年開始實施後之後續效應。

(三)**大陸所得**

個人在大陸所得乃須課稅，若先轉到海外控股公司，再匯回臺灣，變成境外所得，也屬免稅範圍。

 三、稅法相關規定

目前有關國際租稅之稅法主要有：所得稅法及其施行條例、稅捐稽徵法、營利事業所得稅查核準則及營利事業所得稅不合常規移轉訂價查核準則等加以規範。

(一)**不合營業常規者**

所得稅法第四十三條之一規定：營利事業與國內外其他營利事業具有從屬關係，或直接間接為另一事業所有或控制，其相互間有關收益、成本、費用與損益之攤計，如有以不合營業常規之安排，規避或減少納稅義務者，稽徵機關為正確計算該事業之所得額，得報經財政部核准按營業常規予以調整。

(二)**委託投資之繳稅**

境外公司登記資本額小於投資大陸或國外投資實際差額時，此種委託投資盈餘，匯到 OFC 時，認定海外盈餘已實現，須立即繳納 25% 營所稅。

(三)**高進低出之避稅行為**

在中國大陸慣用的「高進低出」國際避稅行為，帶回臺灣以 OFC 在 OBU 開戶，將買賣之價差利潤留在 OFC 之 OBU 帳戶，作合法節稅，會違反所得稅法第四十三條之一規定，按營業常規予以調整。

(四)緩繳課稅

一般而言，國外分公司之盈餘係以發生基礎併入國內總公司課稅，但國外子公司之投資收益，必須待盈餘分配匯回母公司時，才予以課稅。故只要臺灣母公司先在租稅天堂設立境外公司，再經該公司轉投資，即可將盈餘保留在國外，達到緩繳課稅目的。針對此點，財政部已積極朝修改所得稅法，規範跨國企業海外投資獲利，不匯回不課稅之情形。

四、進出口貿易業務節稅實例

進出口廠商操作兩岸間的三角貿易，屬典型的「臺灣接單，大陸出口，OBU 押匯」模式，可以利用在第三地所設立的境外公司進行與大陸的貿易往來，再以該境外公司名義在臺灣銀行的 OBU 開設帳戶，處理三角貿易，國外客戶間之業務，即可運用此 OBU 帳戶達到「零稅率」之效果。

(一)進口貿易業務

設某 A 進口商自美國進口貨物乙批成本 US$2,000,000，賣給國內客戶 US$2,200,000；獲利 US$200,000，要繳 15%～25% 綜合所得稅；另由於以 US$2,200,000 出售，所以 5% 的營業稅由國內客戶負擔。

OBU 帳戶節稅：設立一境外子（紙）公司——某 B 公司在 OBU 往來，本案經由某 B 公司進口，成本 US$2,000,000；並以 US$2,150,000 賣給某 A 公司（即母公司），某 A 公司以 US$2,200,000 出售，賺 US$50,000，扣除相關之直接、間接費用，如沒有利潤即不必繳稅。然境外之某 B 公司賺 US$150,000 在 OBU 不必繳稅，另在境外所在地也不必繳稅。

(二)出口貿易業務

設某 X 出口商賣給歐洲某公司貨物乙批售價 US$2,200,000，如成本 US$2,000,000；則出口利得 US$200,000，出口不必繳營業稅，惟年底要繳 15%～25% 綜合所得稅。

改進措施：設立一境外子（紙）公司——某 Y 公司在 OBU 往來，本案改由某 Y 公司以 US$2,050,000 向某 X 買貨再出口；則某 X 公司獲利 US$50,000 扣除相關之直接、

間接費用，如沒有利潤即不必繳稅。反之，境外之某 Y 公司賺 US$150,000 在 OBU 不必繳稅，另在境外所在地也不必繳稅。

 ## 五、移轉訂價之概念

由於各國稅制的差異，跨國企業可透過財務規劃技術，將所得從高稅率國家移轉到免稅或低稅率國家，從而達到全球稅負最小化之目的，而移轉訂價策略，即為主要的規劃工具之一。

惟根據我國財政部 93 年公佈的「營利事業所得稅不合常規移轉訂價查核準則」第二十一條規定：「營利事業於辦理所得稅結算申報時，應依規定格式揭露關係企業或關係人之資料，及其與該等關係企業或關係人相互間交易之資料」。條文之重要意義，在於這是針對跨國企業謀圖以移轉訂價策略作為避稅工具的一種規範。

在營利事業所得稅不合常規移轉訂價查核準則實施後，稅捐機關可據此對企業集團追溯長達五年的營利事業所得是否涉及不合常規交易。企業亦負自行舉證責任，證明其交易符合常規並提供相關文件及資料，始能免除被補稅之風險。

㈠常規交易原則

對跨國性企業或集團公司而言，關係企業間的商品與勞務交易，租賃與使用，勞務的提供及融資交易等，如係純粹基於租稅目的，而非商業必須的交易行為，即被視為不合常規的交易。

關係企業間的每一項交易，均能安排與非關係企業間的交易價格計價，即所謂的「常規交易原則」。但事實上此項原則的運用是非常困難的，因為商品與勞務的特性或規格、交易的數量、付款方式及交易的季節、時空等千變萬化之因素，均可能影響交易訂價的比較性，移轉訂價因而產生。

㈡移轉訂價之定義

所謂移轉訂價 (Transfer Pricing)，是指透過關係人間交易，使其收益、成本、費用與損益之攤計有以不合營業常規之安排，規避或減少形成重分配效果，達到彼此間稅負轉移的一種國際性交易計價模式。

㈢預先訂價協議

根據財政部所訂「營利事業所得稅不合常規移轉訂價查核準則」第二十三條規定：「營利事業與其關係人進行交易，符合條件者，得由該營利事業向該管稽徵機關申請預

先訂價協議,議定其常規交易結果」。換言之,透過預先訂價協議 (Advance Pricing Agreement, APA),企業與稅捐機關可以就雙方針對集團間關係人的交易價格、模式,訂定彼此可以接受之依據,作為日後徵納參考。

但須注意的是,在申請「預先訂價協議」時,跨國企業可能會導致不必要的稅務調查風險及揭露較具敏感性資料之困擾,另外在預先訂價協議過程中,其所準備之文件及交易資料也可能涉及到商業機密之曝光等問題。

總結移轉訂價新制所帶來之重大啟示在於,跨國企業在從事國際多角貿易時,應從其整體經營與交易型態的角度出發,根據個別組織架構、組織形態、事業體取得方式、出資形式及不同國家之租稅優惠差異等,彈性且合理地進行企業集團及各關係企業租稅規劃,才能創造企業經營績效與最適稅負雙贏之局面。

六、企業營運總部

企業營運總部 (Enterprise Operation Headquarter, EOH),係指企業由國際貿易走向跨國貿易並進而達到全球營運體系後,具備了統籌各區域或地區營運據點之經營策略、智財管理、國際採購、市場行銷、財務管理、後勤支援、人力資源、研發設計、工程技術或高附加價值生產等之條件而於國內外所設立之決策中心。企業營運總部有多元化型態,例如作業總部、商業總部、製造總部、全球及區域等型態,就後兩者而言其定義與認定標準有如下列:

(一)全球營運總部

全球營運總部扮演關鍵性之角色,為企業全球經營之全方位決策中心與價值創造基地,進行多功能活動,運籌帷幄全球佈局地點。

其營運活動:設立於國內之公司應具備統籌全球各營運據點之經營策略、資金調度、財務管理、國際採購、市場行銷、後勤支援、人力資源、研發設計、工程技術及高價值生產等所有機能。

(二)區域營運總部

區域營運總部扮演之關鍵性角色,為企業區域經營之決策中心與價值創造基地,進行特定功能活動,運籌帷幄區域佈局地點。

其營運活動:設立於國內之公司,其營運範圍至少具備統籌區域地區各營運據點之經營策略、資金調度、財務管理、國際採購、市場行銷、後勤支援、人力資源、研發設

計、工程技術或高價值生產等多項營運活動。

㈢企業營運總部之認定標準

依「企業營運總部租稅獎勵實施辦法」第二條：

促進產業升級條例第七十條之一第一項所稱營運總部之國外關係企業，指在國外設立登記營業，並符合下列各款之一者：

⑴營運總部持有該企業有表決權之股份或出資額，超過該企業已發行有表決權之股份總數或資本總額半數。

⑵營運總部與該企業相互投資各達對方有表決權之股份總數或資本總額三分之一以上。

⑶營運總部取得該企業過半數之董事席位。

⑷營運總部之董事長或總經理與該企業董事長或總經理為同一人。

⑸營運總部對該企業依合資經營契約規定，擁有經營權。

⑹該企業執行業務股東或董事有半數以上與營運總部執行業務股東或董事相同。

⑺該企業之已發行有表決權之股份總數或資本總額有半數以上與營運總部為相同之股東持有或出資。

計算營運總部持有前項國外關係企業之股份或出資額，應一併計入營運總部之從屬公司持有該國外關係企業之股份或出資額。

㈣企業營運總部免稅範圍及其規定

1.依「促進產業升級條例」第七十條之一規定：

為鼓勵公司運用全球資源，進行國際營運布局，在中華民國境內設立達一定規模且具重大經濟效益之營運總部，其下列所得，免徵營利事業所得稅：

⑴對國外關係企業提供管理服務或研究開發之所得。

⑵自國外關係企業獲取之權利金所得。

⑶投資國外關係企業取得之投資收益及處分利益。

上述免稅規定施行至中華民國 98 年 12 月 31 日止。而為協助產業面對國際競爭之環境，並配合促進產業升級條例的落日，進而由「產業創新條例」替代。藉由具體的獎勵措施，全面推動產業發展。

2.依「企業營運總部租稅獎勵實施辦法」第三條規定：

公司申請適用營運總部租稅獎勵，應符合下列各款之規定：

⑴僱用國內員工人數月平均達一百人；其中大專以上畢業人員月平均達五十人。

⑵年營業收入淨額達新臺幣十億元。

⑶年營業費用達新臺幣五千萬元。

⑷營運範圍涵蓋統籌各國外關係企業之經營策略、智慧財產管理、財務管理、國際採購、市場行銷、後勤支援、人力資源、研發設計與工程技術或高附加價值生產等營運活動。

⑸國外關係企業應於二個以上國家設立登記營業，且須有實質營運活動。

⑹國外關係企業之年營業收入淨額合計達新臺幣一億元。

前項第二款及第六款營業收入淨額之計算，公司與國外關係企業間或國外關係企業相互間交易所產生之營業收入，不得重複計算。

第一項第四款有關營運總部營運範圍之認定原則，由經濟部洽商相關主管機關定之。

第二十章
貿易糾紛與索賠

第一節　貿易糾紛與索賠之概念

　　國際貿易交易處理過程繁複，且常因若干情況不能預期，如遲延交貨、不可抗力因素或品質不良、規格不符、未履行契約等屬於貿易糾紛之犖犖大者，處理稍有不慎，糾紛隨即發生。減少糾紛之方法，首重買賣雙方間之商業往來，能建立在互相信賴之基礎上。這種相互信賴關係，在商業上稱之為「商譽」(Commercial Good Well)，在法律上稱之為「誠信」(Honesty; Trustfulness)，為處理貿易糾紛之最大「倫理觀念」(Ethics Aspect) 與 「道德規範」 (Moral Norm)。 貿易經營者， 如欲成為一個優良的競業者 (Competition-cooper)，本身就須時常自我檢討、自我訓練，萬不可存有「損人利己」之意念，如此始能消弭糾紛於無形。貿易糾紛一旦發生，買賣雙方均將困擾無奈，自不待言。惟其處理方式，不外經由：①買賣雙方當事人之私下和談；②透過第三者之調解；③提交商務仲裁；④經由訴訟途徑；⑤貿易主管機關之協調解決等。

第二節　貿易糾紛與索賠之意義

　　國際貿易糾紛與索賠，形形色色，層出不窮。事前保持警惕正是避免或減少貿易糾紛與索賠的最有效方式，也可說是其間的不二法門 (Panacea Method)。在國際貿易實務上，貿易糾紛與索賠乃一物之兩面，有了糾紛才需要透過索賠途徑以求得合理解決。認知以上兩點，是進一步討論貿易糾紛與索賠的基本動力 (Basic Impetus)。

一、貿易糾紛之意義

　　貿易糾紛 (Trade Dispute) 一詞，在嚴格定義下，可解釋為「貿易爭端」與「貿易糾紛」兩種不同涵義。貿易爭端偏向於依國際法體制內進行的運作程序，而程序與程序間

有其關聯性及先後順序，不能採取跳躍式的步驟，其目的在解決國與國間因貿易所引起之爭端。貿易糾紛則以國際私法的角度，依循國際相關規則與慣例所進行的解決策略，其間並無彼此關聯性與先後順序，目的在處理涉外民事商務糾紛。惟無論是貿易爭端或貿易糾紛之解決，仲裁在其中均扮演很重要的樞紐角色。

貿易爭端解決架構運作由 GATT 轉成 WTO 迄今已有十幾年歷史，國內對於爭端解決案例研究也已進行甚多，因此本文較注重於前述貿易爭端解決架構與貿易糾紛解決策略之比較說明，使貿易業對此兩種架構與策略有不同的瞭解掌控，進而有助其經營管理。

貿易糾紛解決策略因糾紛標的、契約條款、跨國投資、服務業及工程上的差異性，而須採取各種不同的解決途徑。一般而言，實際的解決方式是透過仲裁或訴訟，當然私底下和解及透過第三者之調解也是較佳的選擇。至於採取所謂的「替代性糾紛解決機制」則更是貿易糾紛解決策略的另一智慧選項。

 ## 二、索賠之意義

索賠 (Claims)，在法律上的意義就是要求賠償損害，亦稱為要求的權利。係指買方發現所購貨物，有量的缺少或毀損，質的低劣或變化，以及由其他因素而起的損失，因而向有關單位要求賠償之謂。索賠有狹義與廣義之分，狹義的索賠是指因買賣契約上的違反行為所致的損害，引起買賣當事人之間的商務糾紛之索賠 (Claim of Trade Dispute)，此項買方與賣方之間的索賠稱為貿易索賠 (Trade Claim)。廣義的索賠則包括對於貨物因運輸事故而起的貨物損害之索賠 (Claim for Loss and Damaged of Cargo)，包括運輸索賠 (Transportation Claim) 及保險索賠 (Insurance Claim)。

第三節　貿易糾紛與索賠之種類

貿易糾紛與索賠，可分為縱與橫兩方面說明之。

 ## 一、以買賣行為作縱的分類

(一)買賣雙方間的貿易糾紛與索賠

買賣雙方間的貿易糾紛與索賠是指買賣當事人之間因買賣契約所發生的糾紛與索賠，此種貿易索賠，始終是國際貿易的重點。

㈡貨物損害索賠

　　貨物損害的索賠是指貨物在運輸途中遭受滅失 (Loss) 或損害 (Damage) 時，貨主向承運人 (Carrier)、承攬運送人或保險公司請求損害賠償的索賠。

㈢賣方索賠

　　索賠由賣方提出者是為賣方索賠 (Seller's Claim)，例如買方不履行付款義務或依約開出信用狀所造成賣方損失時，賣方即可向買方提出索賠。

㈣買方索賠

　　索賠由買方提出者是為買方索賠 (Buyer's Claim)，其種類及範圍更為繁多，而常造成國際貿易上的一大問題。

㈤可避免的索賠

　　可避免的索賠 (Avoidable Claim) 指只要當事人以善意 (Goodwill) 或加以相當的注意用心 (Considerable Care and Attention) 即可事前加以避免的索賠。

㈥不可避免的索賠

　　不可避免的索賠 (Unavoidable Claim) 則指依當事人的善意或加以相當注意的用心，仍不能在事前加以避免的索賠。例如賣方已付與善意、注意與用心，買方也曾付與善意與細心，但不幸由於交易往來的過錯或非常不得已的過失，以至於可能會發生的糾紛與索賠，蓋因人非神仙之故也。

㈦常態索賠

　　常態索賠 (Normal Claim) 指貿易從業者即使盡了善良管理人的注意，但自開始洽談一直到貨物之交付與付款為止，時間甚久，因此難免發生若干商務上的事故，此乃起因於賣方或買方的過失或疏忽所致的正常性索賠。

㈧惡意索賠

　　惡意索賠 (Malicious Claim) 又稱為計畫性的索賠，乃純是出自買賣當事人惡意者，例如買方事先故意以巧妙的計畫（信用狀條件過分詳細或要求過分苛刻，有意為難賣方使賣方無法押匯）阻礙賣方履行契約，然後藉機提出索賠。

㈨市場索賠

　　市場索賠 (Market Claim) 乃指買方因市場變動，藉故將自己所受損失轉嫁於賣方身上者，即買方於訂定契約後，因市價下跌或所訂貨物不符合市場之流行或需要，致發生虧本或不得不折價出售時，買方即吹毛求疵，故意挑剔品質不夠標準或貨物有缺點等為

理由，要求賣方減價，甚至拒絕收貨，此種缺乏商業道德，不合情理的索賠稱之為市場索賠。

 二、以交易進行標的而做橫的分類

(一)依貿易契約內容為根據之糾紛與索賠

貿易契約之索賠，係指國內出口商與國外相對人間以及國內貿易商與承製廠商或客戶間因買賣契約所發生相互關聯及錯綜複雜的索賠問題。而買賣契約終止之基本條款 (Basic Condition) 大部分仍是屬於 Shipment 範圍，其條文：In the Event of Any Claim Arising in Respect of Shipment──即是顯例。

1. 買賣契約的基本條款

(1)關於品質條件的糾紛與索賠：包含憑樣品、標準品、規格、廠牌及說明書買賣。

(2)關於數量條件的糾紛與索賠：包含數量單位之選定，交付數量之決定方法及過與不足時之處理。

(3)關於價格條件的糾紛與索賠：包含貿易條件、國際規則、佣金給付及市場變動因素。

(4)關於包裝條件的糾紛與索賠：包含包裝單位之選定，包裝方法及費用分擔，裝運標誌。

(5)關於清償貨款條件的糾紛與索賠：包含信用狀交易及非信用狀付款方式。

(6)關於裝運條件的糾紛與索賠：包含裝船時間、交貨地點及裝船遲延之處理。

2. 買賣契約一般條款

(1)關於洽談契約成立的糾紛與索賠。

(2)因契約書內容記載不完備的糾紛與索賠。

(3)無法履行契約責任的糾紛與索賠。

(4)涉及輸出入國法令引起的糾紛與索賠。

(二)依信用狀交易產生之糾紛與索賠

信用狀交易對進口商或出口商而言，雖有其優點，但可能引致之糾紛與風險卻亦頻繁，可概述如下：

1. 出口商之場合

(1)進口商未依約開出信用狀：出口廠商將面臨購料成本、貨正生產中或已備妥交貨

之損失。

⑵進口商開出有問題或偽造信用狀：出口廠商若疏於防患，自會受騙，尤其對非洲奈及利亞之交易對手為然。

⑶開狀銀行無理拒付：理由牽強，力爭無據。

⑷開狀銀行的信用或政治風險：尚含該國之國家風險。

⑸進口國外匯短缺：例如中東伊朗之積欠貨款達十餘年，造成出口廠商慘重的損失。

⑹各銀行對信用狀條款的解析不同：出口廠商即使握有信用狀，也莫可奈何。

2.進口商之場合

⑴出口商拒不交貨或裝運之貨物不符合契約規定：進口貨被調包或換等級，以劣質或冒充貨裝運之情形很普遍，事後索賠困難。

⑵出口商假出口真押匯：屬賣方市場之交易型態較多，防不勝防。

⑶出口商偽造單據行使詐騙：UCP 600 第十四至十六條對進口商之不利解釋，更使進口商防不勝防。

第四節　買賣間之貿易索賠

買賣間之貿易糾紛與索賠是買賣當事人之間的索賠，以相對人為索賠對象。在國際貿易上，當屬這類索賠引起的糾紛最多。此類索賠可分為出口商及進口商兩方面敘述。

 一、出口商的貿易索賠

賣方對買方的貿易索賠，大都肇因於兩方面，一方面是買方未依買賣契約之約定下單生產或如期開發信用狀予賣方，致賣方無法按期生產準時交貨，或買方中途無故取消契約關係，致生產中之貨物停頓，所造成的損失；另一方面是無正當理由，拒絕付款，則賣方亦可向對方提出索賠。

至於當買方向賣方提出索賠時，賣方應如何面對及因應，也是出口貿易經營中的一大挑戰。索賠的英文——"Claim"，諧音「苦練」，必須有自我修煉 (Ascetic) 之過程與功夫，才能應付錯綜複雜的貿易糾纏。

㈠索賠的提出

賣方向買方提出索賠，除了須掌握索賠時效，內容力求正確及遵守誠信原則外，可

朝下列幾個方向處理。

1.違約解約金之請求

買賣契約訂有裝船交貨條款，買方未依約下單生產或中途取消契約關係，而賣方已付款備料或貨品已產製完成而無法如期裝運，即可依違約解約條款，要求違約金之支付。

2.要求支付價款

賣方依契約規定交貨，且提出符合合約證明之文件，貨物所有權也已移轉給買方，則賣方得向買方主張支付價款。如果買方延遲付款，則延遲付款期間的利息亦應由買方負擔。

3.損害賠償

貨物所有權尚未轉移給買方時，如買方拒絕收貨或拒不付款，賣方可以附帶請求損害賠償。

(二)對進口商索賠之因應

買方對賣方之索賠大致上與賣方對買方索賠根據理由是相同的，不外乎依契約內容為依據的索賠及關於信用狀方面的索賠。只是賣方之索賠是以交易前段為主；而買方之索賠則以交易後段已交貨之事實為訴求。

一般而言，買方對賣方所提出的索賠，有時可能是基於契約權益或信用狀規定受損所提出的正當索賠；但亦有可能是為轉嫁損失或根本就是不懷好意的惡意索賠。面對來勢兇猛的索賠案例，除了前述預防之道外，尚可採取下列因應措施。

1.前置階段之準備

當買方所提出的索賠在形式上完全符合買賣契約規定的話，則下一步所要做的就是根據其所提出的索賠文件及證據進行探討，包括索賠函件的內容，索賠原因及動機，證據的確實性等，即可掌握大致的處理方向，再配合調查有關索賠發生之實際狀況，即可作出正確的決策。

2.解決貿易索賠之要領

賣方若想順利解決貿易索賠，除了對貿易實務須具備紮實基礎外，有關的國際經貿規則亦要相當嫻熟，累積豐富的貿易經驗以應付日益紛杳複雜的索賠糾紛也是必要條件。故而如何面對及解決貿易索賠已蔚然成為國際貿易經營管理的一門極為高深的藝術，經常性的創新學習無疑也是必要的。以下就一般有關解決貿易糾紛與索賠的要領簡述之。

⑴運用衡平原則：從事國際貿易的買賣雙方，通常處於既合作又競爭的地位，這時若發生糾紛索賠時，契約項下的衡平原則應受到相當的尊重。如屬可歸責於賣方之事由，則應對買方之請求作賠償或對其他要求予以正面回應；若係買方之惡意的不正當市場索賠，亦應斷然拒絕，以免姑息對方且自認倒楣而任其擺佈。

⑵採以退為進策略：由於國際貿易交易過程有的極為複雜，甚且牽涉相當的專業與技術，要想順利圓滿解決索賠，除需具備豐富的國際貿易經驗外，更需要有理性的經營智慧。如在處理索賠時，能設法將損失風險轉嫁給其他第三者，或是在考慮市場供需、市價變化以及與買方往來的關係等因素後，為求顧全大局而採「以退為進」策略，對於買方做某種程度的妥協與讓步，接受對方的索賠要求。

⑶私下和解為上策：由於交易雙方當事人對貿易糾紛與索賠內容的瞭解最清楚，所以對於索賠的解決應是在雙方間盡最大的努力以尋求解決，才是最佳良策。

⑷快刀斬亂麻：無論面對多麼複雜的問題或爭議，出口廠商若還期待與其對手保持良好的往來關係的話，則應對相關的問題或爭議採取迅速合理的謀求解決途徑或當機立斷，掌握時機 (Timing) 快速處理，將可避免外部環境變化所帶來不可預期的鉅額損失。

⑸以最小的損失解決：在以最小的損失解決貿易糾紛與索賠的前提下，賣方應仔細探求買方索賠的真正原因，從而思考如何將賠償責任降到最低，例如買賣契約中免責條款之運用等。縱然在錯綜複雜的交易關係中，若賣方實有難辭其咎之處，其亦應努力去釐清其間的關係，務使損失減到最低。

設若所發生的糾紛與索賠無法在雙方間獲得圓滿的解決，而非得透過第三者的介入方才得獲解決的話，則此時最經濟與快速的方式，大概是非調解或仲裁莫屬了，儘量避開以訴訟方式解決，造成曠費時日、兩敗俱傷之結果。

⑹賠償責任之轉嫁：若出於賣方之疏忽的事項致使損害發生，其間又加上製造廠商的過失導致損害擴大，在此一情況下，出口商是不可能將進口商的索賠完全轉嫁給製造廠商來承擔，但確是可以將其間責任加以釐清，把該由製造廠商負責的部分由製造廠商去負責，出口商僅對自己的過失負責，如此一來其賠償責任即可獲得轉嫁而減小。

二、進口商的貿易索賠

買方對賣方之索賠如同前述是以交易後段為重點，也就是有關賣方交運貨物之品質、價格、數量、交貨日期、包裝及侵權等方面之索賠；信用狀方面則以賣方「假出口真押匯」為常見。買方索賠方式通常以提出金錢上之索賠與非金錢之索賠為主。

(一)金錢上之索賠

此類索賠，指索賠者以要求被索賠者，承擔或支付金錢為內容之索賠，常見之情形為：

1.拒絕清償價款 (Refuse Payment of Cost)

一般會發生拒絕清償價款之情況大致為託收方式付款之 D/P、D/A 或賣方交貨之品質、規格等不良情況或違反契約情事而拒絕清償其餘額或其部分貨款，L/C 條款中有 "Drawing draft for 80% of total amount upon shipment, balance to be remitted by the buyer after the inspection in the destination post" 之詞語者，最易發生。

2.要求折價 (Ask Reduction in Prices)

折價是指未受到退貨處分，但經減價處分而言。折價比例有 3～30% 不等，這些都是對於各個商品而言，如以實交貨物總數或總值為計算標準時，對於不易分別處理之貨物，其比例當然較低。折價時之價格計算標準，多半以繳完進口稅或以到達買方之成本總額為算定索賠之基礎。

3.附帶損失之賠償 (Request Liquidate Damages)

買方為了保護自己利益，除貨物實際損失外，亦將要求因貨物損失所致其他附帶利益及費用損失之賠償，如希望利益、佣金報酬等，同時因營業金額減低而導致之利益減收，工廠因之停工之損失、信用或名譽之損失等。"The payment of conventional fine does not affect the Customer's right for other liquidate damages that could arise with the final user of the machine."

(二)非金錢之索賠

非金錢之索賠，表面上雖不要求承擔或支付金錢，實際上則往往要求承擔或支付金錢。質言之，它只不過是一種策略之運用耳。

1.退還貨物 (Refusal of Goods)

係貨物到達買方之後,經買方或其指定之機關檢查不合格者,將貨物退還賣方之意。

包括以下二種情形：

(1)品質不夠標準之程度相當嚴重，致使貨物無法使用。其退貨之標準：

①有由買方個別制定者：特別是兼營製造廠，如被服縫製製造商或其他加工廠。

②有由公認機關制定者：如美國對於毛織品之檢查有縮絨廠 (Sponger)、被服廠協會、大規模被服廠等幾種檢查標準。

(2)貨物與契約品之差異程度超過容許 (Allowanced) 範圍者：如貨物之色彩、花樣、硬軟度等不符合契約標準，其相差程度超過該貨物所能容許之範圍，致使該貨物不能使用者。

2.掉換貨品 (Requirement of Substitute Goods)

即貨品之部分或全部不符契約規定時，一方面拒收貨品，一方面要求賣方另行再交運合乎契約之貨品，是為掉換貨品。"In case the goods are recalled by Buyer, the Seller undertake to pack and mark the goods to be returned in conformity with the instructions forwarded by Buyer and in accordance with the conditions of this contract."

3.補交短少貨品 (To Pay Arrears)

賣方所交之貨短少或無貨可交之時，要其補交。例如，買賣契約中特別約定 "more than 25,000 metric tons" 則賣方交付的數量應多於 25,000 metric tons，否則就算短交。

4.負責貨品之修護 (To Repair)

通常要求修護之情形大多以機器類產品等屬之，其故障或損壞可經修護而恢復者。經修護後，買方往往要求賣方再給予若干之賠款。

5.要求履約 (Request Performance of Contract)

所謂要求履約，即買方賣方要求對方按照契約條件 (Terms and Conditions of Contract) 履行之意，例如對於不交運 (Nonshipment) 契約貨品時，買方要求賣方照約交運是。又如買方遲遲不開發信用狀時，賣方要求依約開發信用狀是。對此類索賠，如被索賠者相應不理，索賠者自可要求因不履約而蒙受之損失。

6.取消契約 (Cancellation of Contract) 或取消契約餘額 (Cancellation of Balance of Contract)

前者為要求取消全部契約 (Whole Contract)，後者為要求取消未裝運或未履行部分的契約。此類取消請求有時可能附帶請求支付損害賠償 (Liquidation Damages)，有時僅作取消的要求。

第五節　運輸索賠

國際貿易糾紛與索賠，有買賣間之貿易索賠與貨物損害索賠。前者已如第四節所述。本節針對貨物損害索賠所涉及的運輸索賠與保險索賠中的運輸索賠部分加以詳述之。

運輸索賠 (Transportation Claim) 包括貨物海運運輸及航空貨運之索賠。以下先就海運運輸索賠說明，文中「運送人」一詞，係指運送人、船舶所有人及廣泛定義下之複合運送人。

 ## 一、運送人之責任期間

運送人（或船舶所有人）指收受運費為託運人運送貨物，由裝貨至交貨的全部過程中，應負責保持貨物原狀之承運人。運送人對於貨物的滅失、毀損、延誤、遲到等損害，除非能舉證證明船方在收受、運送、交貨過程中並未怠忽責任，也無任何過失，否則即不能免除賠償的責任。

㈠運送人之責任期間

運送人承運貨物之責任期間，一般泛指貨物運送，包括自貨物裝載上船之時起，至貨物卸離船舶止之期間。此期間之適用範圍無論國際法、國內法及英美海上貨物運送條例之解釋，均有不同。

1.鉤至鉤原則 (Principal of Tackle to Tackle)

依 1924 年提單規則統一國際公約 (International Convention for the Unification of Certain Rules of Law Relating to Bills of Lading and Protocal of Signature)，簡稱海牙規則 (Hague Rules, 1924) 第一條第五款就規定：「貨物之運送，包括自貨物裝載上船至貨物由船舶卸載之期間」。1968 年海牙威士比規則 (Hague/Visby Rules) 第一條第五款規定：「貨物運送，包括自貨物裝載上船之時起，至貨物卸離船舶止之期間」。由以上兩種規則可知，都係採「舷至舷原則」或「鉤至鉤原則」，對貨物裝載前或卸載後並不適用之。故有關運送人之責任義務之規定，亦僅於此期間有其效力。英美之海上運送條例均有相同規定。

就習慣而言，除傭船場合須看如何約定外，一般定期船舶公司承運貨物的條件，多為 End of Ship's Tackle（或稱 Tackle to Tackle Service），運送期間是開始於貨物在裝貨

港搬上船邊索具，而終止於貨物在卸貨港從索具中卸落船邊，換句話說，也就是 Ship-side to Ship-side Service。所以其責任期間為 From Tackle to Tackle。

2.港對港原則 (Principal of Port to Port)

在運送人簽發給託運人的載貨證券中，經常列有「責任期間條款」(Period of Responsibility Clause)，將海牙規則適用期間，擴大到裝載前或卸載後，此即所謂的港對港原則。

1978 年聯合國海上貨物運送公約 (United Nations Convention on the Carriage of Good by Sea, 1978)，簡稱漢堡規則 (The Hamburg Rule, 1978)，經過長期之醞釀，將運送人之責任期間由「舷至舷原則」，擴張到「港對港」，以應實際需要。例如該規則第四條第一項規定：「在本公約中，運送人對於貨物應負責任之期間，包括自運送人於裝載港將貨物置於其實力支配下時起，經運送全程，迄於卸載港為止之期間」，其採港對港之原則甚為清楚。

我國現行海商法係仿上述規則第四條第一項之例，採「港對港之原則」，貨物必須進入商港區域後，或未離商港區域之前，始有海商法之適用。海商法第一百二十八條：保險期間除契約另有訂定外，……關於貨物，自貨物離岸之時，以迄目的港起岸之時，為其期間。

（二）複合運送人之責任期間

複合運送 (Combined Transport) 或多式聯運 (Multimodal Transport)，係指依複合運送契約，以至少兩種不同之運送方式，由複合運送人將貨物自一國境內接管貨物之地點運至另一國境內之指定交付貨物之地點。複合運送係以兩種或兩種以上之不同運送方式從事運送，包括海運、空運、鐵路及公路等之聯運。也就是數運送人就同一海上運送契約參與運送之意。

複合運送人之責任原則，須視運送契約或運送提單中有關運送人責任制度之規定而定，惟大致可歸納成下列三種責任制度來決定其運送責任期間。

1.分割責任制 (Segmented Liability System)

在這種制度下，複合運送人雖依複合運送契約應承擔全程之運送，但仍約定將自己運送責任局限於實際承運的階段，其他各階段之運送人依契約及管轄法律之規定，直接向託運人負責。1924 年海牙規則及 1968 年海牙威士比規則所立下的基本規則：當貨物不在其佔有之下時，概不負責。例如，美國總統輪船公司 (American President Line) 運送

契約中之印定條款五。

　　2.統一責任制 (Uniform Liability System)

　　1980 年聯合國國際貨物多式聯運公約 (United Nations Convention on International Multimodal Transport of Goods) 其所規定之責任主體及責任內容即採「統一責任制」，不問運送物之損害發生在任何一運送階段，統一規定多式聯運之運送人的責任發生要件及限制額，僅於例外情形兼採國際單式公約或國內法，概負一定之責任。例如，美國線之承攬運送人填發之提單及陽明海運股份有限公司 (Yang Ming Line) 之歐洲線提單。

　　3.網狀責任制 (Network Liability System)

　　此制為國際運輸實務界所採用者，亦即由多式聯運之運送人就運送全程負責，但其責任內容則端視貨物發生損害之階段是否確定而定。若發生毀損滅失之階段不能確定時，視為海上階段所發生；若可以確定時，則適用該運送階段之國際單式公約。

　　我國海商法第七十五條亦仿各國實務所採「網狀責任制」之例規定：連續運送同時涉及海上運送及其他方法之運送者，其海上運送部分適用本法之規定。貨物毀損滅失發生時間不明者，推定其發生於海上運送階段。

　　採用此一制度之複合運送提單有日本之輪船公司、波羅的海國家運費同盟及國際船東協會合訂之標準格式提單 “COMBIDOC” 之印定條款 Clause 10.11 條。

二、運送人應負之責任及免責

(一)運送人應負之責任

　　海商法第六十三條：運送人對於承運貨物之裝載、卸載、搬移、堆存、保管、運送及看守，應為必要之注意及處置。民法第六百三十四條：運送人對於貨物之喪失、毀損或遲到，應負責任。1978 年漢堡規則第五條第一款：「運送人就貨物有保管責任時，就貨物之職責毀損或交付遲延負責」。

　　就事實而言，由於船公司在收貨時，不可能拆包驗貨，實際上也無法拆包驗貨，故託運人在提單中，有關貨物詳細內容，應向運送人保證其正確無訛。因為它只承認收到的貨件「外表狀況良好，除非本提單另有記載」(In apparent good order and condition unless otherwise indicated herein)。

　　大體而言，一般船公司負賠償責任的事項（也就是不能免責的事項），依海商法有關運送責任之規定，大約只限於下列範圍：

1.貨物遺落

遺落或稱為「遺失」，也就是船舶在一路風平浪靜而無意外事故的情形下，失落所承運的貨物。

2.短卸貨物

是指船舶在正常航運的情況下，短卸所承運的貨物而言。

3.堆積不當

是指所承運貨物，因船艙中堆積不當所受的損害，例如將食品與有毒物資裝載於同一艙內致兩者混合，或在貨物上堆積笨重的產品致貨物受損。

4.善良管理

運送人對於承運貨物之裝卸、搬移、堆存、保管、運送及看守應為必要之注意及處置，因其疏於管理造成貨物之損害。

5.偷竊、挖竊

是指貨物在船公司負責運送期間，因偷竊、挖竊所受的損害。

6.海水損害

即貨物在風平浪靜的情況下，因接觸海水所受的損害。

7.雨中強行裝卸

指船方為早日開航，強行在雨中實施裝卸所受的損害。

8.甲板上貨物

未經託運人同意，運送人或船長將貨物裝載於甲板上致毀損或滅失，應負賠償責任。

9.變更航程

無正當理由而變更航程，致貨物有毀損或滅失。

10.船舶適航性

發航前及發航時必要之注意及措置，例如使船舶有安全航行之能力（詳依海商法第六十二條）。

(二)運送人之免責

運送人之免責情況，可分為承運責任及賠償責任兩方面說明之。

1.承運責任部分

貨物未經船長或運送人之同意而裝載者，運送人或船舶所有人，對於其貨物之毀損或滅失，不負責任（海商法第七十二條）。

2.賠償責任部分

海商法第六十四條第二項：運送人知悉貨物之性質具易燃性、易爆性或危險性並同意裝運後，若此貨物對於船舶或貨載有危險之虞時，運送人得隨時將其起岸、毀棄或使之無害，運送人除由於共同海損者外，不負賠償責任。

海商法第六十九條規定運送人之免責性質與海牙規則第四條第二項所列舉之事項雷同。第六十九條第一至三款，係屬於運送人所使用之人的過失事項，依此事實而發生運送貨物之損害，原屬於運送人之責任範圍，故乃以法律特別予以免責；第四至十七款之事項，則本為不能歸責於運送人之事由，因此類事實而引起之運送貨物之損害，即不屬於運送人之責任範圍，故予以舉證責任之免責。此乃法律兼顧船貨雙方利益，以促進海運事業之發展，而將部分危機轉嫁於託運人之衡平法則。

海商法第七十條：託運人於託運時虛報貨物之性質或價值，運送人或船舶所有人對於其貨物之毀損或滅失，不負賠償責任。

 ## 三、運送人賠償金額標準

貨物海上運送，發生毀損、滅失，甚至遲延，運送人除了有上述免責之事由外，應負賠償責任。依民法第六百三十八條第一項規定，損害賠償應依交付時目的地之價值計算之。然而，海商法為維護運送人及託運人的權益，依循海牙威士比規則第四條第五項，採運送人單位責任限制之規定。

㈠依其交付時目的地之價值計算

在貨物之性質及價值於裝載前已經託運人之聲明並註明於載貨證券之情形下，運送人對於貨物之毀損滅失，應依其交付時目的地之價值，計算損害賠償額（海商法第五條，民法第六百三十八條）。

㈡以特別提款權之單位或公斤計算

當貨物之性質及價值未於裝載前經託運人聲明並註明於載貨證券之情形下，運送人對於貨物之毀損滅失，其賠償責任，以每件特別提款權 (SDR) 六六六‧六七單位或每公斤特別提款權二單位計算所得之金額，兩者較高者為限。此即一般通稱之單位責任限制之適用（海商法第七十條）。

前述所稱件數，係指貨物託運之包裝單位，而每公斤之計算則以貨物之「毛重」(Gross Weight) 之公斤而非淨重之公斤為計算基礎。

(三)貨櫃運送之單位

以貨櫃、墊板或其他方式併裝運送者，應以載貨證券所載其內之包裝單位為件數。但載貨證券未經載明者，以併裝單位為件數。其使用之貨櫃係由託運人提供者，貨櫃本身得作為 1 件計算。換言之，倘貨櫃內有 10 包貨物，該 10 包貨物及貨櫃本身均受毀損者，不論其係 CY 或 CFS，甚至載貨證券上記載 "Said to Contain"（據告稱：10 件）或 "Shipper Load and Count"（託運人自行裝載點數），皆以 10 件為其件數。

以上所述運送人賠償最高限額，是就我國籍船隻適用我國海商法的運送人賠償限額而言。實際上，在國際貿易上，承運貨物的船隻，不以我國籍的船隻為限，因此，在實務上發生損害索賠時，尚須視該船隻所屬國家的貨運條例及其所簽發提單的條款而定其賠償金額。例如，海牙規則規定每一包數或件數不得超過相當 1 萬法郎之金額或每公斤不得超過 30 法郎之金額。英國海上貨運條例規定為每件或每一運費單位以 100 英鎊為最高限額。美國海上貨運條例則以每件 500 美元為限。

四、賠償的請求要件

貨物海上運輸，因毀損、滅失而生之損害賠償，以託運人立場而言，須先向保險公司提出理賠請求，不獲處理時，再向運送人索賠，以運送人立場，接受索賠必須查明責任期間、範圍、索賠文件是否齊全、損害估算及決定賠償額度。

(一)損害通知及時限

依海商法第五十六條（仿海牙規則第三條第六項）的規定，貨物一經有受領權利人受領，推定運送人已依照載貨證券之記載，交清貨物。但有下列情事之一者，不在此限：

(1)提貨前或當時，受領權利人已將毀損滅失情形，以書面通知運送人者。

(2)提貨前或當時，毀損滅失經共同檢定，作成公證報告書者。

(3)毀損滅失不顯著而於提貨後三日內，以書面通知運送人者。

(4)在收貨證件上註明毀損或滅失者。

貨物之全部或一部毀損、滅失者，自貨物受領之日或自應受領之日起，一年內未起訴者，運送人或船舶所有人解除其責任。

(二)損害通知人與通知對象

海牙規則規定 "To the carrier or his agent at the port of discharge"，其意係指貨主對運送人的代理人所為的損害通知也應視為與對運送人的通知有同樣的效力。同理，損害

的通知也不必全由受領權利人辦理。受領權利人的代理人或其他與受領權利人有利害關係的人也可代理通知。

（三）損害賠償的起訴期間

如上所述，貨物受損後，受損數量及金額一經確定，即可向運送人提出正式索賠。如運送人拒賠或雙方意見不一致時，自可交付調解或仲裁。如仍無結果，只有訴訟一途。但依海商法第五十六條第二項（海牙規則第三條第六項）規定：「受領權利人之損害賠償，自貨物受領之日或自應受領之日起一年內不行使而消滅」，逾期承運人即免除責任。換句話說，貨主的損害賠償請求權即告消滅（漢堡規則第十九條亦有很詳盡之規定）。

（四）索賠時應提出的文件

託運人向承運人索賠時，應提出下列文件：

1.索賠信函 (Claim Letter)

2.正式交易文件 (Formal Transactional Documents)

如契約、信用狀、商業發票、提單、包裝單等。

3.鑑定證明文件 (Survey Report)

即政府有關機關鑑定證明書或權威性公證公司所作之公證報告，證明發生事故性質內容及數量。

4.索賠帳單 (Statement of Claim)

證明損失項目之名稱、數量、索賠金額及計算方式。

5.事故證明文件 (Damage Report)

由船公司或港務管理機構所出具之破損事故證明書或短缺證明書。

 五、航空貨運之索賠

航空貨運較之海運雖然快速且破損率較少，但航空公司自收貨物至運送及發貨過程中，仍需經過六至八次之裝卸及搬動，更因飛機起落及航行中，因衝擠、顛動等因素難免造成貨物之破損、遺失或因錯運及其他因素而發生延遲，致造成貨主的損失，因而每有索賠事件發生。航空公司對於索賠事件，均設有索賠部門按一定程序處理，同時亦儘量將賠償責任減至最少或設法不賠。因此，貨主對於索賠之各項文件及程序務必熟悉，方不致吃虧。

（一）索賠對象之提出

航空貨運發生索賠時，提出索賠之人有下列三種情形：

⑴由託運人提出時，無論全程運送經過多少次轉機或由多少家不同航空公司轉運，概向第一承運人索賠。

⑵由收貨人提出時，一律向最後承運人索賠，如不經過轉機，則向承運之航空公司或其代理索賠。

⑶如貨主所持提單，係屬航空貨運承攬併裝業所發之分提貨單，並非航空公司或其代理簽發之提單，則僅能經由該併裝業及其發貨地代理向航空公司索賠，而不能直接向航空公司索賠。常有規模甚小之此類併裝業者，因無法處理該項索賠事件而一走了之，使貨主索賠無門徒遭損失。

㈡索賠之時限

航空貨運索賠時限，空運提單背面運送條款均有明確之規定。索賠時，貨物損害明顯者，於提貨當時即需提出，貨物損害不明顯，遲延或遺失時，依下列時限處理：

1.損害 (Damage)

貨物有損壞或短少時，應於收貨後七天內提出。

2.延誤 (Delay)

貨物遲延時，提貨後十四天內提出。

3.遺失 (Loss)

貨物遺失或滅失前，應於提單發單日起一百二十天內提出。超過上述時限時，航空公司不予受理。

上述損害之索賠，如二年內未採取必要行動，則其索賠權利滅失。

㈢索賠應備文件

航空貨運索賠，均需以書面通知為之。

1.航空貨運提單 (Airway Bill)

副本乙份。

2.賠償要求函 (Letter of Claim)

此一函件特別重要，應說明損害內容並註明日期，以掛號寄交航空公司，或親自送達航空公司，並要求收件證明或簽章。通常航空公司皆有類似下列之固定覆函格式：

"Receipt of your letter dated...is acknowledged without prejudice or liability. The matter has been referred to our Head Office who will contract you shortly. Be assured of our attention at all times."

此一覆函雖未承擔賠償責任，但千萬不可遺失，否則可能被航空公司拒絕承認已依期限收到索賠要求函而拒絕受理。

3.發票 (Invoice)

即原售貨商業發票，載明貨量及貨價，為航空公司決定賠償款額之主要依據。

4.裝箱單 (Packing List)

記載原銷售貨物重量及材積的裝箱單，以決定索賠負責對象。

5.公證報告 (Surveyor Report)

貨物如有破損短少，應暫緩提貨，並立即請公證行將破損短少情形會同航空公司作成公證報告後再行提貨。

6.貨物異常報告 (Cargo Irregularity Report)

此為航空公司內部作業應備文件，為航空公司在全航程各站對貨物之情況動態報告，有助於鑑定責任所在，如能向航空公司取得此一文件，當有助於索賠。

7.其他有助於索賠之文件

㈣退貨或拒領貨物之處理

貨物抵目的地後，如受貨人拒絕提領貨物或未提領貨物，航空公司得遵照託運人在提單上之指示代為處理，如提單上無有關指示，航空公司得採取下列措施：

⑴將貨物運返起運地機場後通知託運人，並由託運人或貨主負擔因受貨人未提領貨物所發生之倉租或其他費用，以及回程之運費。如託運人或貨主在十五日內未繳清費用領回貨物，航空公司得於通知託運人或貨主十日後將貨物整批或分批出售。

⑵貨物出售後，航空公司得自價款中扣除託運人應繳費用，餘款發還貨主。

⑶上述情形如係易腐物品 (Perishables)，航空公司得視情形自行處理。

第六節　保險索賠

保險索賠 (Insurance Claim) 一般可包括貨物海上保險索賠、內陸運輸保險索賠、航空貨運保險索賠等三大類。

一、貨物海上保險索賠

依英國倫敦保險協會之協會貨物保險條款第十六條約定,被保險人有責任採取各種必要而合理的措施, 以確保向運送人或其他第三人行使損害索賠, 以減低損失。

(一)貨物海上保險索賠要點

一般應注意事項可分為三點說明:

1.損害證明及通知

貨物在漫長的運輸途中常發生滅失或損害。貨主為便於索賠,應作有關的到貨公證或檢驗,取得證明文件,作為索賠依據。要保人或被保險人,於知悉保險之危險發生後,應即通知保險人 (海商法第一百四十九條); 依保險法之規定, 應於知悉後五日內通知保險人 (保險法第五十八、五十九條)。

2.切實控制索賠權時限

任何索賠都有時間的限制,如忽略而逾越時限,雖有充分的理由與證據,也無法獲得賠償,所以索賠時效須特別掌握。

貨物抵埠,自承運船隻卸下後,收貨人應儘速公證提貨,如因其他事故無法迅速提貨時,至遲應於最終卸貨港卸貨完畢之日起六十天內公證提貨,以免逾越保險單時限。因逾期提貨,事後發現損失而要求賠償時,保險公司將根據規定予以拒賠。我國海商法第一百五十一條規定「要保人或被保險人,自接到貨物之日起,一個月不將貨物受損害通知保險人或其代理人時,視為無損害」,所以索賠文件之送出不得耽擱。

3.交涉對象應力求正確

貨物雖已投保保險,但並非因有保險,則任何原因的損失均可向保險公司索賠,所以應注意交涉程序。為保留索賠權計,得先提出保險索賠,例如貨物已投保全損而發生短卸或貨物包裝的破損,應先向承運商 (運送人或其代理人) 辦理公證手續,並取得短卸證明書 (Short-landing Report) 或承運商及港務局會簽的事故證明單 (Damage and Shortage Report),以便由收貨人向承運商索賠,或由保險公司於賠付並取得代位請求權 (Subrogation) 後,轉向承運商索賠。這項索賠期限,依保險法第六十五條及民法第六百六十六條規定以一年為限,海商法第五十六條: 貨物之全部或一部毀損、滅失者,自貨物受領之日或自應受領之日起,一年內未起訴者,運送人或船舶所有人解除其責任。

(二)貨物海上保險有效期間

　　貨物海上保險有效期間 (Duration of Risk)，係指保險人擔保危險責任存續之期間，是決定保險人責任存續之期間，乃為保險人責任之開始及終止期。海商法第一百二十八條規定：「保險期間除契約另有訂定外，關於船舶及其設備屬具，自船舶起錨或解纜之時，以迄目的港投錨或繫纜之時，為其期間，關於貨物自離岸之時，以迄目的港起岸之時，為其期間」。實務上，貨物海上保險契約對於保險期間，多半附加各種情形所需要之特約，普通之貨物海上保險，大部分以貨物之運送全期間為保險期間。

　　依倫敦保險市場修訂「1982 年協會貨物保險條款」(Institute Cargo Clauses)，海上保險有效期間分為：

　1.協會貨物保險條款 (A)

　　本保險自所保貨物離開本保險單所載起運地點的倉庫或儲存處所時開始生效，並於通常的運輸過程中繼續有效，以迄運輸至下述情形之一時為止：

　　⑴至本保險單所載目的地之受貨人或其他最終倉庫或儲存處所。

　　⑵至本保險單所載目的地或中途之任何其他倉庫或儲存處所而為被保險人用作：

　　　①通常運輸過程以外之儲存。

　　　②分配或分送。

　　　③至所保貨物自海輪在最終卸貨港完全卸載後起算屆滿六十天。

　　　上述三種終止情形，以其先發生者為準。

　2.協會貨物保險條款 (B)

　　其保險效力之開始與終止同上述 (A)。

　3.協會貨物保險條款 (C)

　　其保險效力之開始與終止同上述 (A)。

(三)索賠應檢送文件

　　貨物海上保險之索賠採實證主義,故需有確切的證明文件,否則無法獲得圓滿結果。索賠事件發生時,首要工作為檢查有關交涉文件是否齊全,缺一即難免函件往返,不只耽誤時效,而且增加處理上的困難。

　1.貨物發生全險〔ICC (A)〕向保險人索賠時應檢送文件

　　⑴索賠函件。

　　⑵保險單正本。

　　⑶商業發票副本。

⑷提貨單正本全套。

⑸包裝單副本。

⑹信用狀副本。

⑺輸入許可證副本。

⑻貨物買賣契約副本。

⑼貨物積載圖 (Stowage Plan) 副本。

⑽委付通知書 (Notice of Abandonment) 正本。

⑾進口公證報告或事故證明書 (Surveyor Report)：如港務機構簽發之海難證明書 (Marine Protest) 或事故證明書包括破損事故證明書，或由承運船公司所發之短卸證明書。

⑿其他有關文件 (Other Relevant Documents)。

2.貨物發生單獨海損賠償險〔ICC (B)〕向保險人索賠時應檢送文件

⑴索賠函件。

⑵保險單正本。

⑶商業發票副本。

⑷裝箱單及重量單副本。

⑸提貨單副本。

⑹信用狀副本。

⑺輸入許可證副本。

⑻公證報告書及破損或短卸證明書。

⑼向運送人索賠函件副本及其回函。

⑽海難報告書副本。

⑾權利轉移書 (Letter of Subrogation)。

 ## 二、內陸運輸保險索賠

內陸運輸保險之安排應包括自工廠至碼頭，碼頭倉庫之儲存及自碼頭倉庫至上船之全部過程。國際貨櫃貨物保險，亦採「倉庫至倉庫」條件。

內陸運輸保險之承保期限及其效力如次：

1.運送人之責任

運送人對於運送物之喪失、毀損或遲到，應負責任。但運送人能證明其喪失、毀損或遲到，係因不可抗力或因運送物之性質或因託運人或受貨人之過失而致者，不在此限（民法第六百三十四條）。

2.承保期限

自所保產物在起運地裝載於運輸工具起至運抵目的地卸載時為止。

3.保險效力之終止

⑴在保險單內載之任何轉運地等候轉裝時之火險日期，每處以七天為限。

⑵承保產物到達目的地，在等候提取時之火險兼保在內，但至多以三天為限。

4.賠償請求權

關於物品之運送，因喪失、毀損或遲到而生之賠償請求權，自運送終了或應終了之時起，一年間不行使而消滅。

 ## 三、航空貨運保險索賠

航空貨運保險雖屬於航空保險的一種，但其業務一向由保險公司的水險部門承保，其保險單亦採用海上保險單，另予附貼航空險條款，為其承保之依據。我國保險人所使用的條款主要有協會貨物保險航空險條款〔ICC (Air) Excluding Sending by Post 1/1/82〕，承保貨物航空運輸過程中的一切滅失或毀損之危險，可謂貨物航空運輸的全險條款。

㈠航空貨運保險有效期間

本保險自所保標的物離開本保險單所載起運地點的倉庫、處所或儲存處所時開始生效，並於通常的運輸過程中繼續有效，以迄運輸至下列情形之一時為止：

⑴至本保險單所載目的地之受貨人或其他最終倉庫、處所或儲存處所。

⑵至本保險單所載目的地或中途之任何其他倉庫、處所或儲存處所而為被保險人用作：

①通常運輸過程以外之儲存。

②分配或分送。

③至所保標的物自航空器在最終卸載地完全卸載後起算屆滿三十天。

上述三種終止情形，以其先發生者為準。

㈡航空貨運保險索賠之提出

航空公司對承運貨物，如經託運人要求並交付保險費者，則予承保。該承保貨物如

發生損壞或滅失時，將由航空公司負責賠償。保險費率視貨物類別、運送地區及不同的承運公司而有差別，一般約在保額 (Amount of Insurance) 的 0.5% 左右。此僅係航空公司承保之運輸保險，非一般貿易上 CIF 條件中之保險，因後者係向保險公司投保。

第七節　貿易糾紛與索賠之預防

國際貿易糾紛之發生，每有其不正常行為和預兆。例如：信用狀無故遲延開到，信用狀條件指示過分詳細與苛刻，市場發生變動，花樣色彩特殊，過分流行性貨物，歧視價格，競爭激烈，物價上漲拒絕交貨或交貨遲延，報價偏低等。買賣雙方若能於事前加以仔細思考，採取適當之防範措施，事後本著衡平法則 (Principle of Equity) 作妥適之處理，平常多吸收解決糾紛之知識與技巧，則糾紛之減少或預防糾紛之發生，均能預期其目的之達到。

一、就出口商立場而言

就出口商言，貿易糾紛之發生並非三言兩語即可預防，但其理如同人體生病，防患於病之未發，當比治病於已發較為容易。故在貿易進行過程中，如能經常小心預防，則必能減少大部分的糾紛，所謂的預防勝於治療 (Prevention is better than cure)，道理即在其中。

(一)確實做好徵信調查工作

防止索賠的第一鐵則是，遵守信義誠實之原則，其方法則在於選取具有信用的優良交易對象。同時，本身也要經常惕勵自己或自我訓練成為對方的一個優良交易對象。

(二)隨時掌握國外市場之變動情況

《孫子兵法》有句話說：「知己知彼，百戰百勝」，國際貿易市場亦如同戰場，必須對企業本身的生產、行銷、經營等情況有所瞭解，並且對於市場上其他競爭者的情報有正確的估計，以及對國際市場變化保持機動敏感度，方能預防市場索賠之發生，在國際市場上達到百戰百勝之境界。

(三)提高高度的貿易技術

高度的貿易技術涵蓋商業談判，貿易經營層面，交易習慣及國際貿易慣例四方面。優勢的商業談判能於交易前爭取到應有的權利，化解日後糾紛的困擾；具備高層次的貿

易經營理念、能預見未來情況的變化，而作適時預防；熟悉對手的交易習慣，能入境問俗，得心應手；熟知國際貿易慣例，從「知法」中去「防微杜漸」。

㈣正確投保貨物運輸保險

貨物運輸保險有陸上、海上及航空保險三種，其中以貨物海上保險較複雜，其與出口貿易之關係亦較為密切。故就出口商立場而言，投保正確且適宜貨物運輸的海上保險，既可確保貨款之取得與貨物毀損之理賠，亦能防患糾紛於未然，實是一舉兩得之事。

㈤貨物輸出檢查制度之嚴格實施

貨物輸出檢查包括兩部分：一為貨物出廠檢查，二為貨物裝船檢查。貨物出廠檢查目的在於防止生產工廠匆促及虛假裝貨，確保所交貨物符合買賣合約之規定；貨物裝船檢查通常經由獨立公證檢驗人於貨物裝船時就有關貨物之品質及數量等作一公正之檢驗，並出具證明，以資買方向有關係之當事人索賠時防止無謂之糾紛。

㈥謹慎簽訂買賣契約

訂立買賣契約時，有關之基本條件如品質、數量、價格、付款、裝運、包裝、保險等，均應訂明，尤其對於索賠期限的提出，鑑定人或公證人的指定，均宜在契約中清楚載明，以避免日後糾紛發生時徒增困擾。

㈦確實遵守信用狀條款辦事

出口商接獲信用狀後，應該謹慎地核對信用狀規定條款，是否符合買賣契約規定，檢討信用狀的可靠性，並詳細查對信用狀內容及記載之條款，確定沒問題之後，即應如期裝貨，並製妥符合信用狀要求的全套單據，始能順利押匯取款。

 二、就進口商立場而言

進口商向國外購貨，對於到達貨物之品質、規格、數量與交貨日期等是否與國外出口商協議內容相符，至為重要。國外出口商常以偽造單據假出口真押匯，冒裝或短裝貨物，以及由船公司簽發不實提貨單等行為，達到詐騙貿易貨款之目的。因此，就進口商而言，防患貿易糾紛於未然之工作，其分量並不較出口商為輕。茲分述如次。

㈠慎選交易對象

國際貿易之交易方式即如信用狀者，亦無法完全排除不肖出口商對進口商行使詐騙，因此進口商只有從根本上著手，審慎選擇信用良好之出口商進行交易，才是預防貿易糾紛最好的鐵則。

㈡簽訂買賣契約注意事項

國際買賣契約，乃一物之兩面，就進口商而言，如開出之信用狀與買賣契約不符者，出口商有權要求依買賣契約內容開出信用狀。反之，出口商若提出不符買賣契約條件之信用狀修改案，進口商亦可拒絕出口商之要求。因此，謹慎簽訂買賣契約無疑甚為重要，其有關簽約注意事項可比照上述出口商簽約之要點防範之。

㈢正確地開發信用狀

進口貿易，一般以信用狀交易者為多，故從信用狀本身預防國外出口商之詐騙，就顯得特別重要。其要點為：

(1)選擇信用良好的銀行開發信用狀。

(2)謹慎填寫「開發信用狀申請書」及「約定書」。

(3)熟讀信用狀統一慣例對進口商不利之規定。

(4)檢查開出之信用狀副本。

(5)預防出口商以偽造信用狀詐騙貨物之技倆。

㈣進口商防範貿易糾紛要項

進口商防範貿易糾紛之實務作法很多，視其付款方式之不同而有不同之技巧。就信用狀方式而言，下列四項應為其首要：

1.預防國外出口商以假提單真押匯

國外出口商收到買方信用狀後，以偽造船公司提單連同其他出口文件，向當地信用狀通知銀行提取出口貨款，通知銀行核對文件與信用狀所載相符，隨即付款，並將出口文件寄交國外開狀銀行收墊付貨款，此時開狀銀行通知進口商備款洽取提單等項出口文件，進口商自當依照貿易慣例，將未付貨款部分，送往銀行換取文件，以憑向海關報關，辦理進口手續。但進口商持單向船公司及海關提貨時，發現此項提單係國外出口商偽造，始知受騙，此事雖可向賣方交涉或派人前往向渠依法追索貨款（如賣方公司倒閉則增加困難），惟事後追索，不及事前預防為佳。而預防之道，首先在未開信用狀之前，對初次交易的國外出口商，委託徵信機構或往來銀行作徵信調查。其次在開發信用狀上註明下列類似字樣：Upon completion of loading, the shipping company of the carring vessel should despatch a cable to L/C opening bank indicating L/C No, sailing date, B/L No. A verified copy of such cable must be presented for negotiation.

或要求簽發提貨單之輪船公司註明下列條款於 B/L 上，並加簽署註明日期：We

certify that the goods described herein were completely loaded on board the vessel named herein at the port specified in this Bill of Lading on or before the date of the endorsement.

如此可使開狀銀行接到電報，知道信用狀號碼、船方航行日期、提單號碼，以防假提單冒領貨款。至於銀行核對進出口貿易文件，向例以信用狀內容規定相符為準，假文件冒充真文件，一如以劣貨冒充好貨，交船方承運，銀行核對墊付貨款人員無任何責任。

國外出口商偽造船公司假提單押匯取款之有名案例為1979年3月間有香港×貿易公司，專營香港廢紙出口生意，1978年9月間向苗栗縣興×紙業公司招攬紙生意進口至臺灣供其製造，以偽造之永×輪船公司提單進行「假出口、真押匯」，騙取貨款30萬美元。

2.預防國外出口商以不清潔提單保結押匯

國外出口商貨物包裝不良，例如以舊包裝材料為包裝，節省費用，又如同樣貨物，每個包裝單位重量不一，包裝不堅固，部分發生破損，船公司承運此類貨物，多不願簽發「清潔提單」(Clean B/L)，而簽發「不清潔提單」(Unclean B/L)，表示貨物有瑕疵，船公司不負賠償責任。但有些不定期或規模較小的船公司，應出口商請求，不免由出口商提供賠償損害保證書 (Letter of Indemnity, L/I)，改行簽發清潔提單，即可便利出口押匯，又因是「清潔提單」，進口商如忽略進口檢驗或免辦公證手續，遇有包裝破損，向國外出口商索賠，則其可能與船公司相互推卸責任。

進口商原可憑「不清潔提單」，向銀行通知出口商拒收貨物，退回貨款，但「不清潔」改為「清潔」提單，亦無法請求銀行收回貨款。依此情況，進口商為避免損害，可事先通知出口商，列明包裝條款，如因包裝不良，影響貨物損害，應由出口商負責賠償，如出口商洽請船公司以不清潔提單改換為清潔提單詐騙買方，亦應負責。並為安全可靠起見，在開發信用狀時，註明如因出口商出具賠償損害保證書，而簽發清潔提單，當進口商向銀行辦理押匯時，不能提取貨款，或載明要船方提出證明函件，表明不因出口商出具賠償損害保證書而簽發清潔提單,始得押匯提取貨款,如此船公司對不良的出口商，亦可減少不當請求的困擾。進口商開發信用狀時，可註明下列字樣：Signed certificate from shipping company attesting that they have not received from the shipper an L/I in consideration of the assurance of a clean B/L.

3.預防國外出口商將信用狀押匯日期倒填

進口商開發信用狀，無論其為可撤銷或不可撤銷的信用狀，均載明信用狀有效期限

及最後裝船日期，通常最後裝船日期，視買賣雙方所在地的遠近而定，例如由東京或香港來貨，最後裝船日期與信用狀有效日期相隔一星期至十天，以便出口商裝船後趕辦出口文件持往銀行押匯。如係由美、歐來貨，最後裝船日期與信用狀有效期限，相距兩星期並不為多。有些進口商根本不分，信用狀有效期限及最後裝船日期同屬一天，信用狀受益人（即出口商），如不能在此有效期限如期裝船，則信用狀失去效用。按信用狀有效期限，計分押匯時限、承兌時限、付款時限，但多數 Straight L/C 有效期限，以出口地區辦理承兌或押匯的銀行時間為主。常有出口商持已經逾期的信用狀連同出口文件要求銀行作業人倒填 (Back Date) 日期辦理押匯，或是請船公司倒填提單裝船日期等情事（信用狀逾期辦理出口押匯，可能是其他出口文件不齊，未能如期向銀行押匯之故）。進口商為預防發生此類事件，亦可於信用狀註明不得在信用狀失效期限倒填日期押匯，以防止交貨過遲，損害進口商生產程序或轉銷的有利時機。

4.預防國外出口商冒裝或短裝貨物

國外出口商冒裝或短裝貨物之情況經常會發生，為防止其以不相干廢物或劣質物品替代信用狀指定之交易標的物，或以少報多，以矇騙運送人，簽發符合信用狀之提貨單。進口商可在信用狀中規定須由其指定在出口地之代理商簽發檢驗證明書，或者由進口商派員赴出口地現場檢驗貨物，簽署檢驗證明書作為押匯之核對文件。

第八節　貿易糾紛與索賠之解決

國際貿易買賣雙方面對貿易糾紛之索賠除需具備高度的實務知識與技術方能順手應心外，雙方在處理索賠過程中，尚須基於誠實信用原則，相互瞭解對方的處境與立場，以最小的損失，達成最圓滿的效果，俾樹立良好的商譽。

蓋因國際貿易糾紛屬民事或商事範疇，其解決方法，有用強制之方法者，例如判決程序是；有用自治之方法者，例如和解、調解是；有用非強制式非自治方式者，如民事公斷、商務仲裁等程序是。當以自治方法，不能獲滿意解決時，再採用強制手段。如果受委屈之一方在用盡各種自治與強制手段均不能達其要求時，可以透過政府交涉。

國際間交易之法律關係，如上所述，本屬私法範圍，但當事人所屬國家有義務保護當事人對外交易之權益，故在當事人用盡各種方法都不能獲致圓滿解決時，可將當事人地位升格為國家單位由政府向對方國家提出交涉，此時對方國家依國際公法，應該接受

調查當事人發生之糾紛，並參與談判解決。例如，參與 GATT/WTO 之爭端解決架構 (Dispute Settlement Mechanism) 即是。

本節將分別討論如何經由當事人自行妥協、第三者居間調解、提交商務仲裁、法院裁判與貿易主管機關之參與等途徑來解決貿易糾紛。

一、由當事人間自行解決

就是把索賠糾紛經由索賠人與被索賠人雙方當事人間直接磋商，不經手第三者之解決方法，是一種解決糾紛的最好方法。因和解是基於讓步諒解的基礎而完成，在解決的時效上，較為迅速，而雙方感情亦不致破裂，事實上貿易糾紛中有 90% 皆由當事人自行解決的。這種當事人間的直接磋商，英語叫 Talks 或 Negotiation，又叫談判、洽商或商議。

當事人間自行解決，決定關鍵在於負責或代表出面協商之主談人，他可能是公司負責人、業務部門主管、業務助理或專員，無論那一個管理階層，欲使協商談判達到所預設的目標，必須具備下列條件，始克其成。

㈠語言能力

語言能力是指能與國外客戶就交易洽商過程中做順暢的溝通，清楚的表達其意。故必須懂一種或數種外國語文，並且能達到聽、說、讀、寫精熟練達之程度。

㈡專業知識與技能

應具備的專業知識是指對其所負責業務之國外市場及產品的瞭解程度。經由閱讀、旅行及親身體驗，對國外市場有充分認識，產品如屬於機械或高科技等，更須有專門知識與工程技術。

㈢豐富的貿易經驗

貿易經驗是處理業務的實戰體驗，諸如國內銷售經驗、國外代理經銷管理、業務處理、貨款催收、教育訓練等。知識的累積也是經驗的一環，諸如嫻習國內外市場調查、行銷管理、市場開發策略、經濟地理、理則學。

索賠糾紛經過談判、磋商或商議等結果而獲得解決時，其形式將有下列各種：

1.索賠之撤回或取消 (Withdrawn of Claim; Cancellation of Claim)

就是索賠人承認①本身之索賠為不當，②考慮和被索賠人之將來的往來關係，而自行把索賠問題撤回或取消之意思。

2.索賠之承諾 (Acceptance of Claim)

就是被索賠人所提起的索賠，予以承諾全部或一部謂之。又分①全面的承諾 (Total Acceptance of Claim)；②部分的承諾 (Partial Acceptance of Claim)。

 二、依調解之解決

所謂調解 (Reconciliation; Mediation) 就是由第三者的調解人 (Reconciliator; Mediator) 居中協調 (Compromise) 雙方的爭端、糾紛或索賠問題之謂。可分為：

(一)依第三人調解

當貿易糾紛由當事人之一方或雙方委託第三人調解時，調解人員有瞭解糾紛原因，詳聽雙方當事人意見與主張而加以公平判斷的任務。

調解與仲裁都是由第三人參與其間，但是仲裁的判斷 (Award) 將拘束索賠人與被索賠人，雙方對其裁定有服從的義務；而在調解的情形下，調解人所提的建議，並不拘束當事人，當事人對該項是否服從，依其自由意志決定。如對調解之裁定，雙方當事人表示承服，而互相同意者，則這項調解就拘束雙方當事人。

(二)依法院調解

這是由法院勸諭當事人，在未起訴前從中調停排解，以避免訴訟程序。依法院調解的好處是，避免訴訟的一審、再審、三審，到最後確定判決，有時需耗費數年時間，即使最後勝訴，則其間所浪費的人力物力也是很大的損失，而且法院調解由調解推事於法院行之，得不用開庭形式，不對外公開，可省卻許多麻煩。

經由法院調解，調解推事本著和平懇切之態度，對當事人兩邊為適當之勸導，調解並徵詢調解人之意見，就調解事件，酌擬平允辦法，力謀雙方之協和，倘得雙方合意而作成調解程序筆錄記載調解之成立事實者，其記載事項就具有與法院之確定判決同一的效力。這是與前面所述經由普通的第三人居中調解的最大不同。

(三)經由國際商會調解

國際商會設有「調解行政委員會——調解委員會」(Administration Commission for Conciliation—Conciliation Committees)，以更好的方式來解決國際間之商務糾紛。這是國際商會將國際商業糾紛提交仲裁法院，申請仲裁行動之前的一種試行調解。如果糾紛當事人同意提交調解，則國際商會將在一個月內召集成立調解委員會。該委員會由三人組成，其中兩名屬於糾紛當事人國籍，另一名為主席，且不屬於任一當事人國籍。如調

解執行委員會不能順利使當事人同意調解，則糾紛將移交仲裁法院仲裁。

三、依商務仲裁之解決

商務仲裁 (Commercial Arbitration) 可認定為一種私人方式的評判，就是將爭執的案件提交不偏向任何一方而公正的非官方的仲裁人員，對事實的經過加以調查研究，明瞭真相以後，將糾紛案件加以合理與公平的判斷。

近年來受全球化之影響跨國企業對外貿易的標準買賣契約書，已逐漸有事先訂定萬一發生任何貿易、民事及商務糾紛時，將依仲裁解決意旨之條款的慣例。尤其，台商赴中國大陸投資、買賣在契約中簽訂仲裁條款，明白約定雙方遇有紛爭時，交付國際商務仲裁，是極為重要的「護身符」。

目前特殊貿易相當熱門的項目之一授權技術 (Technology Licensing) 契約，其爭議因涉及相當專業性，且為避免授權契約當事人雙方的商業機密因訴訟而被公開來，通常也會採用仲裁的方式來解決契約所生的爭議。

買賣雙方若願意以仲裁來解決彼此間之貿易糾紛，則其形式有在買賣契約中訂立仲裁條款或在貿易索賠條款中加入以仲裁解決彼此間之貿易糾紛兩種方式。

(一)商務仲裁之性質

仲裁性質若是建立在「契約論」的基礎上，則仲裁契約之主要法律效果有三：第一、放棄法律裁判。第二、授權第三者決定當事人之法律關係。第三、第三者之決定為最終且有如同法律判決之效力。仲裁制度比諸自行妥協、調解等方法來得更確定有效，因為仲裁的判斷 (Award) 於法律上賦有拘束力量。而它與司法解決比較，卻又相對地具有妥協效果。因為仲裁是當事人同意將糾紛託付自己選定之仲裁人裁定，其裁定結果往往顧及雙方權益而具妥協性質。至於仲裁制度處理的公平合理、裁決之迅速、手續之簡便與費用的低廉等因素也是促成它對解決商務糾紛的廣被重視。

(二)商務仲裁之功能

解決貿易糾紛當然以當事人自行妥協或由他人調解最為簡便，但是如果糾紛當事人互不讓步，必須採取較為拘束性與確定性步驟時，則仲裁制度亦不失為解決方法之一。商務仲裁制度之功能有下列六點：

1.迅　速

商務仲裁所需之時日，很少超過二個月以上，且一經判斷即告確定。較之訴訟程序

之一至三審所費時間節省甚多。

　　2.經　　濟

　　商務仲裁可以節省雙方當事人精力、金錢，所負擔之仲裁費用比訴訟費用少得多。

　　3.專家判斷

　　即仲裁人是以熟悉有關爭議問題的專家為選任之對象，達成辦案之正確性。

　　4.保　　密

　　商務上的爭議，常牽涉到雙方當事人之業務機密，由商務仲裁程序來解決糾紛，可在祕密情況下進行。

　　5.有　　效

　　商務仲裁經由雙方約定，乃一契約關係，我國仲裁法第三十七條規定，仲裁判斷與法院判決有同一效力。

　　6.和　　諧

　　仲裁案件之認事用法，多採衡平主義，注重其合理性、可容性，達成平息衝突，促進和諧，為其辦案最高之信念。

(三)仲裁協議條款

　　仲裁協議 (Arbitration Agreement)，是指雙方當事人同意將其間所確定不論是契約性或非契約性之法律關係上，有關現在或將來可能發生之爭議交付仲裁解決之一種書面文件。仲裁協議可以採取契約中之仲裁條款形式或單獨之協議形式。

　　買賣契約上有關以仲裁方式解決糾紛的條款，叫做仲裁條款 (Arbitration Clause)。仲裁條款應列入之事項，大約有 1.仲裁之準據法；2.仲裁地及仲裁機關；3.仲裁人之選定方法；4.裁定之效力等。最好訂定在買賣契約書上作為印定條款 (Printed Clause) 較妥。一般而言，常付仲裁處理的情形為：

　　(1)基於契約書上所訂之仲裁條款 (Arbitration Clause in Sales Contract) 聲請仲裁之場合。

　　(2)在契約書上雖無訂定這種條款，惟在糾紛發生後，經雙方當事人同意，願依仲裁解決爭議之約定，只是此種約定須經雙方簽訂「仲裁同意書」始可訴諸仲裁。

(四)仲裁地點之選定

　　國際貿易糾紛因涉及他國商務，提交仲裁的仲裁地與仲裁機關之選定，當然以自己國家的所在地最為有利，但有時亦須考慮下列幾點因素：

1.被告地仲裁

當對方當事人國家不承認第三國之仲裁裁定情況下，為了使仲裁結果容易執行，應提交被告地的仲裁機關實施仲裁。

2.卸貨地仲裁

如果仲裁過程中，對貨物現狀之檢定評量工作居重要地位時，應在卸貨地仲裁。

3.第三國仲裁

如果與當事人所屬國家沒有邦交或基於其他政治理由，仲裁應在第三國舉行。

實際上仲裁機關之選定，往往依照交易是屬於買方市場 (Buyer's Market) 或賣方市場 (Seller's Market) 而定。當出口商居於有利地位時，大都選擇出口地為仲裁機關，反之則在進口地仲裁。

(五)仲裁之效力

仲裁之效力，分為國內效力及國際效力兩種。惟大多數國家均明文規定，仲裁判斷是解決當事人糾紛之最後確定判斷，與法院判決有同一效力，但仍有些國家則不承認仲裁權，其理由是仲裁違反公共秩序。

1.國內效力

我國仲裁法第三十七條規定「仲裁人之判斷，於當事人間，與法院之確定判決，有同一效力。仲裁判斷，須聲請法院為執行裁定後，方得為強制執行」，分析本條文得知仲裁判決之確定力與形成力，雖與法院判決有同等效力，但是其執行力尚須有「相應裁判」為其條件。仲裁人究竟不若法院推事必須具有相當法律學識，因而仲裁判斷，難免發生程序及實體上之法律瑕疵。所以同法第三十八條有不得執行之限制規定：

⑴仲裁判斷與仲裁協議標的之爭議無關，或逾越仲裁協議之範圍者。

⑵仲裁判斷書應附理由而未附者，但經仲裁庭補正後，不在此限。

⑶仲裁判斷，係命當事人為法律上所不許之行為者。

2.國際效力

一國之仲裁判斷與司法判決一樣，他國原無承認與執行義務，但是一國是否承認並執行他國所作之仲裁判決，關係當事人至為重要。一般欲使仲裁權在國際間發生效力，須依下列情況而決定之：

⑴參與國際仲裁公約：國家參與訂定有關仲裁之國際條約，可使仲裁判斷在參與條約國間發生效力，並有執行力。例如 1923 年日內瓦議定書，1927 年日內瓦公約，

1958 年聯合國制定之「承認暨執行外國仲裁判斷公約」(Convention on the Recognition and Exforcement of Foreign Arbitral Awards，簡稱「紐約公約」)，1975 年國際商會制定之「仲裁法院仲裁規則」及 1976 年聯合國貿易法委員會制定之「仲裁規則」等。

⑵訂定雙邊仲裁條約：如一國與他國訂定雙邊仲裁條約或貿易協定，亦可承認執行兩國相互間之仲裁判斷。但，假如一國未參加國際仲裁公約，或未訂定雙邊仲裁條約，則其國際間仲裁判斷之執行，較不確定，必須依照當事人所屬國家之有關法規決定。

⑶法律之規定：若一國之國內法明訂承認外國仲裁判斷之執行效力者，在其規定條件內，當可執行之。例如，我國「仲裁法」之規定。

⑷仲裁協會間之特別協議：兩國間之仲裁協會約定，對他方仲裁判斷可給予承認者，則他方之仲裁判斷亦將與本身之仲裁判斷具有同一效力。

3.我國對他國仲裁之執行效力

我國仲裁法第四十七條第二項：外國仲裁判斷，經聲請法院裁定承認後，得為執行名義。但須符合第四十九條之規定，否則法院可以裁定駁回其聲請。以下就與我國因經貿關係比較密切之國家如美國及中國大陸說明之。

⑴美國仲裁之執行效力：我國與美國商務往來最頻繁，故我國與美國間之仲裁效力比與其他國家更為重要，由於我國與美國訂有「中華民國美利堅合眾國友好通商航海條約」之故，現分以下兩種情形說明：

①如果美國之仲裁經過當地法院判決，則依我國民事訴訟法第四百零二條規定，我國應以強制執行。

②如果美國仲裁沒有經過當地法院判決，則依我國涉外民事法律適用法第二十條規定，我國必須依照當事人意思表示之法律定其在我國是否有執行力。

⑵中國大陸仲裁之執行效力：臺灣與大陸分屬兩種互不承認的法律體系，也無由「專屬管轄」權問題，但是在解決商務糾紛上，卻能相互認可，這是特殊現象。

臺灣在 1998 年之前，就率先認可大陸民事判例有效，甚至在「臺灣地區人民與大陸地區人民關係條例」中加入「互惠平等」原則。大陸 1998 年通過「最高人民法院關於人民法院認可臺灣地區有關法院民事判決的規定」。依此規定，大陸法院可「認可」由臺灣做出的民事裁定，民事判決支付命令以及仲裁。

㈥我國仲裁制度現況

由於我國貿易成長迅速,政府當局早已洞悉仲裁制度之重要,乃於民國 50 年 (1961) 1 月公佈「商務仲裁條例」,民國 62 年 4 月公佈「商務仲裁協會組織及仲裁費用規則」,後經多次修正。民間並且在民國 51 年 (1962) 4 月成立「中華民國商務仲裁協會」,受理有關商務仲裁業務。民國 77 年 6 月又公佈「商務仲裁協會調解涉外貿易糾紛程序及費用規則」,87 年 6 月公佈「仲裁法」,以更替原「商務仲裁條例」,使仲裁之法令依據益臻完備。民國 88 年 3 月將「商務仲裁協會組織及仲裁費用規則」與「商務仲裁協會調解涉外貿易糾紛程序及費用規則」合併為「仲裁機構組織與調解程序及費用規則」。國際仲裁組織聯合會 (International Federation of Commercial Arbitration Institutions) 於 1985 年 6 月在加拿大渥太華 (Ottawa) 成立,中華民國商務仲裁協會亦已於翌年 (1986) 4 月正式加入為該會會員。對加強該會在國際間之活動,提高我國仲裁協會之國際地位及建立更好之仲裁制度諒有助益。

 ## 四、經由訴訟解決貿易糾紛

將貿易糾紛透過司法裁判 (Adjudication) 是最強制的解決方式。但是訴訟由起訴以迄判決確定,其間須經漫長煩雜的過程,諸如起訴書狀之提出、訴訟程序之審查、言詞辯論之準備、人證之詢問、書證物證之調取、鑑定及勘驗以及和解之試行等等瑣細冗繁之手續,尤其貿易糾紛涉及外國法律,更是曠日費時,所以一般貿易糾紛很少經由這個方式來解決。然而有些重大的糾紛案件不僅起因於契約之不履行,而且涉及詐欺行為,受到損失之一方應該以較強制之方式,提交法院以訴訟方式解決。以下分別討論涉外貿易糾紛之適用法律與裁判效力。

㈠適用法律

一般而言,由於法律行為而生之債權債務關係,均與雙方所訂契約引起者為多。而契約乃依當事人之自由意思而訂立,一般國際慣例以下列法律適用之:

1.當事人意思明確時

現代各國法律均准許在不違反國家利益及強制法規之範圍內,得以當事人自由意思定其契約之內容。又所謂當事人之意思,其表示可為明示亦可為默示。

2.當事人意思不明時

⑴適用法庭地位:涉外法律關係之案件,既在法庭地起訴,法官自有適用內國法之

職責。

⑵適用履行地法：債務之履行既為債權債務關係之終極目的，則當事人意思不明時，其成立要件與效力，自以適用履行地法為宜。

⑶適用債務人之住所地法：債之法律，乃為債務人之利益而設，故當事人之意思不明時，其契約是否有效，應依債務人之住所地法以決定之。

⑷適用行為地法：從理論方面而言，契約之有效成立，其條件除當事人之合意行為外，尚須其行為為行為地法所認可，若締約時，締約地法不認其為合法，則該契約即不能成立。從實際方面而言，法律行為地之法律為雙方當事人所熟知，以之決定法律行為之成立及效力，自較合理可行。

⑸適用本國法兼行為地法：此即於當事人同國籍時依其本國法，不同國籍時依行為地法。

我國現行涉外民事法律適用法即採本國法兼行為地主義。該法於第六條第二項規定「當事人意思不明時，同國籍者依其本國法，國籍不同者依行為地法，行為地不同者以發要約通知地為行為地，如相對人於承諾時不知其發要約通知地者，以要約人之住所地視為行為地」。

㈡裁判效力

貿易糾紛訴諸於司法裁判，其目的乃是在於裁判之執行。但是貿易糾紛往往涉及不同國籍之當事人。本國之裁判是否對他國之當事人有執行效力，不無問題。一般而言，欲使外國之裁判在本國有執行效力，首先必須經由本國法院承認外國之裁判，亦即裁判之執行，需以承認為前提。外國裁判若未經承認則無執行可言。

1.外國裁判之承認

外國法院之判決，係外國之審判機關依其國之法律所為之判決，為尊重本國司法權，本不該承認其效力。但是當今國際交易頻繁，若完全不認許外國之裁判，則勢必妨礙國際貿易之安全與發展，故一般國家均有條件地承認外國裁判。通常國際慣例承認外國裁判之條件：

⑴必須為外國法院之終局確定判決：法院判決有兩種，一種是暫時判決，一種是終局確定判決。外國判決要被內國法院承認，必須由外國法院，依通常訴訟程序，經言詞辯論而作成之終局確定判決。

⑵外國法院之判決必須為民事判決：國際貿易糾紛係屬商事問題，當然符合承認

條件。

(3)外國法院必須為有管轄之法院：即外國法院就有關涉外訴訟有管轄權者，其所作成之判決始能獲得內國法院之承認。

(4)外國裁判必須合乎內國之公共秩序及善良風俗：外國判決之效力如被承認，則將改變當事人之原來權利義務，或產生新的權利義務，因此它可能影響內國之公共秩序及善良風俗。故其判決內容合乎內國之公共秩序及善良風俗者，始能獲得內國法院之承認。

至於我國民事訴訟法第四百零二條規定，外國法院之確定判決，有下列各款情形之一者，不認其效力：

①依中華民國之法律，外國法院無管轄權者。

②敗訴之被告未應訴者。但開始訴訟之通知或命令已於相當時期在該國合法送達，或依中華民國法律上之協助送達者，不在此限。

③判決之內容或訴訟程序，有背中華民國之公共秩序或善良風俗者。

④無相互之承認者。

2.外國判決之執行

內國法院對於外國判決之執行，各國判例頗多歧異，例如德國、奧國、日本等國家對外國裁判之執行較為便利，而法國、瑞典、匈牙利等國限制較嚴。

一般對外國判決之執行，只限於內國法院就經其承認之外國判決作准許執行之意思表示時，該外國裁判便能依予執行，並因其作准許執行之意思表示，而應予執行。通常內國法院准許外國判決之執行方式，有下列三種：

(1)經再審後發給「執行認許書」。

(2)基於外國判決而作成新判決。

(3)登記外國判決。

至於我國對外國裁判之執行，依強制執行法第四條之一規定：依外國法院確定判決聲請強制執行者，以該判決無民事訴訟法第四百零二條各款情形之一，並經中華民國法院以判決宣示許可其執行者為限，得為強制執行。

因訴訟有上述複雜性，貿易糾紛宜儘量避免採行，惟若遇交易金額鉅大而對方無理取鬧時，為維護貿易之合理進行，亦只得訴諸於法了。

五、國際貿易主管機構之參與

　　我國主管國際貿易的政府機構，早在外匯貿易審議委員會時代，就參與處理我國貿易廠商對外糾紛與索賠案件的解決。民國 58 年經濟部成立國際貿易局後，國貿局也積極受理國內貿易廠商涉外糾紛之處理工作。現在主管這方面業務機構是國貿局貿易服務組。貿易主管機構參與索賠解決之處理程序如次：

㈠糾紛案件之受理

　　從事國際貿易之廠商或國內外客戶，於交易行為發生之後，如該項交易之貨品品質不佳，或貨不對樣，或未依約履行或其他不正當行為，足以損害對方權益者，當事人可將糾紛事項檢附有關交易文件、合約、信用狀、發票、提貨單、檢驗報告、公證報告及來往信件等，具文向國貿局貿易服務組申訴或經由駐外經參處、投資服務處、使領館等有關單位轉達，請求協助辦理。

㈡處理方式

　　國貿局對於涉外貿易糾紛之處理，原則上採取協助方式，儘速促使雙方謀求合理解決，其處理方式是：

⑴通知申復：國貿局於接到糾紛案件後，如國外當事人在臺無代理商，即以書面通知國內廠商或客戶，限期申復本案經過及擬採取解決方法，以憑核辦。逾期催告不復或不置理者，則依章處理。

⑵協調解決：如國外當事人在臺有代理商，國貿局為求迅速處理起見，除派員查證外，當定期召集雙方當事人代表協調解決。

⑶凡貿易糾紛案件經查明歸責於國外廠商者，即請我國駐外使領館經參處或透過外交關係協助我國廠商盡力交涉，予以合理解決。

⑷對於貿易糾紛責任誰屬未能明確的案件，如雙方始終各持己見，無法達成協議時，則通知雙方，依法追訴，或循商務仲裁的途徑謀求解決。

㈢違反法令對廠商之處罰

　　所謂違反法令對廠商之處罰，係指出進口廠商在從事國際貿易業務時，違反「貿易法」、「出進口廠商登記管理辦法」及其他貿易法規之相關規定，而受到之處罰而言，非針對國內廠商與國外交易對手間，因貿易糾紛所引致之處罰。蓋因政府單位本身並不主動參與涉外民事法律之商務糾紛，其所重視的是對出進口廠商的不正當貿易行為加以規

範與制止耳。對於貿易糾紛之處理,「貿易法」之規定相對於「出進口廠商登記管理辦法」則較為積極,這是兩種法規對處理廠商涉外商務糾紛之不同地方。

1. 依「貿易法」(民國 99 年 1 月 13 日修正)

貿易法對出進口廠商違反該法之貿易行為,視情節輕重予以罰鍰、警告、停止輸出入、取消實績、停止配額申請、撤銷登記,甚至判處徒刑、拘役等處罰。

(1)違反貿易法第十三條管制規定:

輸出入戰略性高科技貨品有下列情形之一者,處五年以下有期徒刑、拘役或科或併科新臺幣一百五十萬元以下罰金:

①未經許可, 輸往管制地區。

②經核發輸入證明文件後,未經許可,於輸入前轉往管制地區。

③輸入後,未經許可,擅自變更原申報用途或最終使用人,供作生產、發展核子、生化、飛彈等軍事武器之用。

有前條第一項各款所定情形之一者,由經濟部國際貿易局停止其一個月以上一年以下輸出、輸入或輸出入貨品或撤銷其出進口廠商登記。有前條第一項各款所定情形之一者,由經濟部國際貿易局停止其一個月以上一年以下輸出、輸入或輸出入貨品或撤銷其出進口廠商登記。

輸出入戰略性高科技貨品有下列情形之一者,經濟部國際貿易局得處新臺幣三萬元以上三十萬元以下罰鍰、停止其一個月以上一年以下輸出、輸入或輸出入貨品或廢止其出進口廠商登記:

①未經許可, 輸往管制地區以外地區。

②經核發輸入證明文件後,未經許可,變更進口人或轉往管制地區以外之第三國家、地區。

③輸入後,未經許可,擅自變更原申報用途或最終使用人,而非供作生產、發展核子、生化、飛彈等軍事武器之用。

違反第十三條第二項規定之特定戰略性高科技貨品,主管機關得予以沒入。

(2)根據貿易法第二十八條:

出進口人有下列情形之一者,經濟部國際貿易局得予以警告、處新臺幣三萬元以上三十萬元以下罰鍰或停止其一個月以上一年以下輸出、輸入或輸出入貨品:

①違反第五條規定, 與禁止或管制國家或地區為貿易行為。

②違反第六條第一項規定之暫停貨品輸出入行為或其他必要措施。

③違反第十一條第二項限制輸出入貨品之規定。

④違反第十三條之一第一項規定,未經許可輸出或未經取得出口國之許可文件輸入。

⑤違反第十五條第一項規定,未依輸出入許可證內容辦理輸出入。

⑥有第十七條各款所定禁止行為之一。

⑦違反第二十四條規定,拒絕提供文件、資料或檢查。

⑧違反第二十五條規定,妨害商業利益。

有前項第一款至第六款規定情形之一,其情節重大者,經濟部國際貿易局除得依前項規定處罰外,並得廢止其出進口廠商登記。

第二十條之二第二項之工業團體、商業團體或農會、漁會、省級以上之農業合作社及省級以上之農產品產銷協會違反同條第三項規定者,經濟部國際貿易局得予以警告或處新臺幣三萬元以上三十萬元以下罰鍰,其情節重大者,並得停止其一個月以上一年以下簽發原產地證明書或加工證明書。

(3)根據貿易法第二十九條:

出進口人有第十六條第四項第一款至第五款規定情形之一者,經濟部國際貿易局得視情節輕重,處新臺幣六萬元以上三十萬元以下罰鍰、收回配額或停止該項貨品三個月以上六個月以下輸出、輸入或輸出入,並得取銷實績、停止三個月以上六個月以下申請配額資格或廢止其出進口廠商登記。

出進口人有第十六條第四項第六款至第八款規定情形之一者,經濟部國際貿易局得予以警告、處新臺幣三萬元以上十五萬元以下罰鍰、收回配額或停止該項貨品一個月以上三個月以下輸出、輸入或輸出入,並得取銷實績或停止一個月以上三個月以下申請配額資格。

為防止涉嫌違規出進口人規避處分,在稽查期間,經濟部國際貿易局得對其所持配額予以全部或部分暫停讓出或凍結使用。

(4)根據貿易法第三十條:

出進口人有下列情形之一者,經濟部國際貿易局得停止其輸出入貨品。但停止原因消失時,應即回復之:

①輸出入貨品侵害我國或他國之智慧財產權,有具體事證。

②未依第二十一條第一項規定繳納推廣貿易服務費。

③自行停業或他遷不明。

因前項第一款情形而停止輸出入貨品之期間，不得超過一年。

(5)根據貿易法第三十一條：

依第二十七條之一、第二十七條之二第一項或第二十八條至第三十條規定受停止輸出入貨品之出進口人，其在受處分前已成立之交易行為，經經濟部國際貿易局查明屬實者，仍得辦理該交易行為貨品之輸出入。

2. 進口救濟案件

(1)進口救濟案件之處理

進口貿易在近幾年來有突飛猛進的成長，其佔國內總生產毛額之比率也與出口貿易同步。故當國內產業受到大量進口貨品的嚴重損害時，自須有救濟措施以資因應。以下僅就進口救濟案件之處理作一簡述，其與貿易糾紛之處理，就政府的立場而言，前者完全是「公權力」的介入，而後者則屬「民事商務」範圍，其間自有橘枳之別也。

進口救濟，係指輸入貨品急遽或大量增加，因而造成國內生產相同或直接競爭產品的產業，遭受嚴重損害或有嚴重損害之虞等情事，為使遭遇上述情事的國內產業能獲得合理的調適期間及適當的防衛空間，經政府調查確定後所採取的防衛或救濟措施。

換言之，當國外之貨品輸入急遽或大量增加，使國內生產相同或直接競爭產品之產業，遭受嚴重損害或有嚴重損害之虞者，有關主管機關，該產業或其所屬公會或相關團體，得向主管機關申請產業受害之調查及進口救濟。

(2)進口救濟案件之申請

受害產業代表提出進口救濟案件之申請程序為：

①瞭解產業受害成立的要件。

②構思產業因應調整的方法。

③準備申請文件及資料。

④向經濟部或經濟部貿易調查委員會送件。

(3)進口救濟措施之施行

依「貨品進口救濟案件處理辦法」第四條規定：經濟部認定產業受害成立之貨品進口救濟案件，得採下列救濟措施：

①調整關稅。

②設定輸入配額。

③提供融資保證、技術研發補助、輔導轉業、職業訓練或其他調整措施或協助。

上述進口救濟案件之主管機關為經濟部貿易調查委員會，所依據之法令為：①貿易法，②貿易法施行細則，③關稅法，④貨品進口救濟案件處理辦法，⑤平衡稅及反傾銷稅課徵實施辦法，⑥農產品受進口損害救助辦法。

第九節　貿易爭端解決架構

國與國之間因貿易往來而產生有關貨品貿易、服務業等貿易、智慧財產權、貿易政策及區域貿易之爭端，是屬於政府組織 (Government Organization, GO) 性質，可循關稅暨貿易總協定 (GATT) 的貿易爭端解決機制 (Disputes Settlement Mechanism, DSM) 規則處理。此處就 WTO 與 GATT 兩者之運作程序作一說明：

一、GATT 爭端解決架構

自 1948 年 GATT 成立迄 1979 年東京回合 (Tokyo Round) 的多次談判，始達成「有關通知、諮商、爭端解決暨監督之協議」(Understanding Regarding Notification, Consultation, Dispute Settlement and Surveillance)，以確立 GATT 爭端解決之整體架構。1986 年烏拉圭回合 (Uruguay Round) 談判中，有關爭端解決再度建立，並經 GATT 盟員大會核准，於 1989 年元月開始實施爭端解決架構。

基本上，GATT 爭端程序的發展，係由最初非正式程序開始，逐漸形成較正式的仲裁程序。

1980 年代，國際貿易爭端事件增加，GATT 受理第二十三條控訴案達一百三十八件，這些案件大部分由工業國提出為多，其中又以工業國彼此間之互控為主，美國與歐盟各國就常「互相控訴」。

二、GATT 爭端解決程序

GATT 爭端解決架構，原條文充滿妥協性，上述東京回合談判所訂架構，實施以來最後也是以妥協來解決問題。

在 GATT 條文中，約有三十餘項條款涉及要求締約國以舉行雙邊或多邊諮商方式

來解決相互間之貿易摩擦問題，其中以第二十二條諮商 (Consultation)：不論損害有無均提供諮商機會，及第二十三條剝奪與損害 (Nullification and Impairment)：對於紛爭解決有較為具體之規定。目前之運作程序大致可劃分為下列五個重要階段：

(一)諮　商

當事國可向他國就爭端事件提出諮商要求，他國要在十日內答覆，三十日起進行諮商，否則可請 GATT 成立仲裁小組。

若諮商未能在六十天內達成協議，則控訴國可要求 GATT 成立仲裁小組。

(二)斡　旋

在當事國雙方同意下，祕書處得主動對爭端協助斡旋，以解決問題，如果斡旋失敗，控訴國可再要求成立仲裁小組，斡旋成功則視為解決爭端。

(三)成立仲裁小組

若斡旋失敗，大會可表決成立由專家三人至五人組成的仲裁小組，對該案件進行調查，成員可以由合資格之政府或非政府人員擔任。

仲裁小組須於賦予授權範圍一週內，提出調查程序時間表，並於六個月內提出仲裁報告 (Panel Report)，若無法於規定時間內完成，則須以書面敘明理由，惟不得超過九個月，緊急事件之仲裁報告則應在三個月內提出（例如易腐性產品）。

仲裁報告先送爭端成員，如果雙方接受，則達成協議，不用再送理事會。

(四)理事會討論與裁決

仲裁報告提交理事會討論，由理事會以共識方式決定是否同意仲裁報告建議，也可再修正，在理事會開會時，爭端當事國可參加理事會審查工作，爭端國提出諮商要求至理事會議決仲裁報告，期間不得超過十五個月。

(五)執行與監督

仲裁報告經理事會議決後，爭端成員即應決定是否遵照執行，並與控訴國尋求執行的方式，理事會應就執行情形予以監督，並於六個月內檢討執行情形，直到爭端解決為止。

 ## 三、WTO 爭端解決機構

世界貿易組織 (WTO) 於 2002 年 2 月 1 日成立爭端解決機構，並由會員國簽署同意「爭端解決規則與程序瞭解書」(Understanding on Rules and Procedures Governing the

Settlement of Disputes)，以適用於 WTO 之會員就其於 WTO 協定所享之權利義務而生爭端之諮商與處理，及本瞭解書單獨或其他包括協定有關之爭端之諮商與處理。

(一)爭端解決機構

　　爭端解決機構 (DSB)，是多國貿易體系的支柱，也是 WTO 對穩定全球經濟的唯一貢獻。蓋因以規則為基礎的多邊貿易體制，如缺乏一有效解決爭端的機制，將變得毫無價值，因為其規則將無法被有效地執行。有鑑於此，WTO 對於有關爭端解決之程序，係以法律規則作為基礎，如此可使貿易體系更加具有安定性及可預測性。此一爭端解決程序，係基於一套明確的規則，對於完成每一個案件的時間均訂有時間表。首先，係由爭端解決小組 (Panel) 作成裁決，並提交 WTO 全體會員予以採認或否決。嗣後，當事方並有機會得對於爭端解決小組之裁決提起上訴，俾以法律觀點再為審查。然而，整個程序之重點並不在於最後裁決之作成，而係在於爭端之當事國應儘可能地透過諮商方式解決爭端。

(二)爭端解決規則與程序

　　爭端解決程序的第一個步驟即是各涉案國間的諮商，同時即使在有關之案件進入整個程序的其他階段時，涉案國仍得隨時以諮商和調解之方式解決爭端。

　　爭端解決程序可分為六個階段，簡述如下：

1.諮商 (Consultation)

　　爭端解決程序的第一步在進行諮商，被告國應在原告國提出諮商要求的十日內予以回應、三十日內展開諮商、以及於六十日內試圖達成協議。否則原告國得要求成立爭端解決小組。

2.斡旋、調解及調停 (Good Offices, Conciliation and Mediation)

　　在爭訟程序之外，爭端當事國亦得隨時透過斡旋、調解及調停等管道解決爭端，或由祕書長出面協助解決。

3.爭端解決小組 (Establishment of Panels)

　　要求成立爭端解決小組的提案，於第二次列入爭端解決機構會議議程時，除非會員全體以共識決一致反對成立爭端解決小組，否則即依法通過成立。爭端解決小組原則上由三名成員組成，該等成員應自爭端解決機構所通過的儲備名單中選任，除非另有合意且不得為爭端當事國的國民。爭端解決小組應在六個月內完成其審查工作，必要時得延長三個月；而在緊急個案中，其審議期間應縮短為三個月。

4.爭端解決小組報告之通過 (Terms of Reference of Panels)

爭端解決小組應將審查結果製作爭端解決小組報告，並送交爭端解決機構通過；除非有「共識決」一致反對（即所謂之負面共識決），否則該機構至少應於收到該報告後六十日內通過之。惟爭端當事國若對該報告之法律認定不服者，得於收到該報告後六十日內向上訴機構提起上訴。

5.上訴程序 (The Appellate Body)

當事方經上訴後，應由上訴機構七位上訴成員中隨機指定三位成員審理該案，並於六十日內完成報告書，必要時得延長三十日。該上訴報告應送交爭端解決機構通過，且爭端當事國應無條件接受之。

6.監督與執行 (Surveillance and Implementation)

爭端解決小組或上訴機構之報告經通過後，敗訴之被告國應表明接受與執行該裁決之意願；若確有困難而無法立即遵守時，則可要求一合理的緩衝期間。爭端解決機構將長期監督其執行情形，直到該案確實執行完畢。若被告國未能如期執行，則爭端解決機構應授權原告國進行合法的報復。報復項目原則上應儘量針對同一或同類產業，但亦可擴及至其他產業。

四、替代性糾紛解決機制

替代性糾紛解決機制 (Alternative Dispute Resolution, ADR) 是指由第三者協助解決糾紛的一種協調機制，廣義定義下的 ADR 尚包括仲裁及訴訟。

ADR 的產生在於發揮類似仲裁的基本精神，都是由第三人參與其間促使雙方在透過誠信溝通、協調下產生共識，達到解決糾紛之目的。通常由雙方各選派一名高階主管（具有決定權的部門主管）加上一名中立的顧問或具專業之第三者，共同開會協商，把糾紛爭議的問題提出，坦誠交換意見，思索出解決問題的良好方式。國際間運用 ADR 制度的基本精神，雖也衍生出許多不太相同的糾紛解決方式，但歸納其法律性質，均屬於調解且著重由決策階層親自參與協商，與一般調解大異其趣，亦非仲裁，蓋因 ADR 須經調解雙方當事人全體同意，否則一方仍得提請仲裁或訴訟。

以 ADR 解決貿易糾紛其形式有：1.和解 (Settlement)；2.調解 (Conciliation)；3.調停 (Mediation)；4.小型審理 (Mini-trial)；5.無拘束力仲裁 (Non-binding Arbitration)；6.爭議審查委員會 (Dispute Review Board)；7.專家意見 (Expert Opinion)；8.圓桌式的解決

會議 (Round Table Settlement Conference)；9.資訊科技解決方案 (IT Solution) 等。

　　2002 年 10 月 31 日行政院交易委員會與臺灣微軟公司因「查緝盜版軟體行動」所進行的行政和解 (Administrative Conciliation) 協商以及與美商 RCA 公司，美商英特爾 (Intel) 公司及法商馬特拉 (Matra) 公司等涉及技術授權，公共利益或公益性高的糾紛，也以行政和解方式協商解決之。這是因相關事實及法律關係不能確定，為有效達成行政管理之目的，並解決爭執所採取之另一種糾紛解決機制。

　　無論是貿易爭端解決架構或貿易糾紛解決途徑，以國際貿易經營管理之立場而言，其垂直整合策略中之仲裁制度，無疑是居於潤滑推動之樞紐地位。而仲裁法律依據、仲裁地、仲裁管轄及仲裁機構之選定等必須在買賣契約或投資合同中約定清楚，以免日後產生糾紛無從處理。

　　訴訟方式具有公權力的制裁效果，契約中也宜明確地約定其適用之準據法，履行地及管轄法院等以利訴訟之進行。尤其兩岸三地貿易、投資益趨頻繁，台商赴中國大陸、香港地區投資所發生之各項經貿糾紛，諸如股東間投資、原料採購、智慧財產權及物權糾紛等，均可能在兩岸三地間進行訴訟或仲裁為然。

　　國際貿易付款條件之改變，以託收 (D/P; D/A)，遠期信用狀 (L/C) 及記帳 (O/A) 交易所進行的賒帳風險，透過 Factoring 或 Forfeiting 作貨款之催收與帳務管理也具有替代性 (Alterability) 解決貿易糾紛之功能。

　　就貿易策略管理而言，處理國際貿易糾紛，必須「站在制高點」，審視自己公司的優劣情勢，分析其間的因果關係 (Cause-and-Effect)，再透過糾紛解決途徑以排除競爭對手的挑戰，此其一。

　　貿易糾紛解決途徑之運作，則應引進「風險管理」(Risk Management) 先判斷各種解決途徑之成功機率，再提出每種途徑對應策略的各種利弊得失，以期能圓滿解決問題，此其二。

第二十一章
網路貿易實務

二十一世紀的全球貿易，將因電子商務及網際網路的興起，而加速傳統產業電子化的腳步。藉著網路技術將進出口廠商及其商業夥伴間的採購、供應、庫存、配送、通路、付款、文書、資源及原物料計畫等管理有效整合，將是進出口廠商維持競爭力的必要趨勢。新一代的貿易管理系統是指運用 Internet 進行 Business to Business 的一種資訊管理，目的在於使資訊的傳遞能在貿易價值鏈上、下游間作快速回應，以便掌握瞬息萬變的商機。另一方面藉 Intranet 建置貿易公司內部的管理架構，有效整合資訊、客戶、生產及跨國貿易，進而藉著網際行銷以達到「全球運籌管理」(Global Logistics Management, GLM) 之目標。

第一節　電子商務系統

電子商務 (Electronic Commerce, EC) 泛指以網際網路為工具，透過資訊網路所進行的商業活動之謂。廣義而言，電子商務包含所有透過電子媒體交易以及電子資料交換 (Electronic Data Interchange, EDI) 在內；而狹義的電子商務則專指利用網際網路 (Internet) 所達成的電子交易。進出口廠商利用網際網路 (Internet) 與國外客戶進行線上傳輸圖說、產品設計、意見交換及訂單作業，可節省開發費用、出差旅費，縮短買賣間之距離，加速貿易之進行，達到「在貨捷銷」(Excess Stocks) 之目的。電子商務依交易對象的不同，大致可區分為：

(1)企業間電子商務 (Business to Business, B2B)。

(2)企業對消費者電子商務 (Business to Consumer, B2C)。

(3)消費者對消費者電子商務 (Consumer to Consumer, C2C)。

(4)消費者對企業電子商務 (Consumer to Business, C2B)。

若就管理層次而言，則有網際網路 (Internet)、企業內部網路 (Intranet) 及企業外部網路 (Extranet) 等三種。

完整的「電子商務」定義，指的是進出口廠商透過網際網路達成的交易行為，包括 B2B（企業對企業）與 B2C（企業對消費者）透過網際網路所進行的詢價、報價、訂購、付款與售後服務等相關項目。相較於傳統商業模式，進出口廠商可以藉由網際科技的運作與協助，改造既有的經營模式與作業流程，進而強化進出口廠商體質，讓整體作業流程更準確且完善。

雖然進出口廠商步入電子化已被視為唯一的生存途徑，然而進出口廠商汲汲於追求成為電子商務公司的同時，經營者必須明確地瞭解電子商務不僅只是未來管理的潮流，其主要效應是用來提昇對客戶的服務品質、控制成本、增強效率、強化生產流程，以及提供電子商務服務。

目前進出口廠商 e 化大致可以分為六個部分。

一、企業資源規劃系統

企業資源規劃系統 (Enterprise Resource Planning, ERP) 是指利用網際網路的發達，連結數位神經系統，將廠商內部組織與資訊等資源，進行整體性的規劃與自動化處理。使其行銷設計、製造流程、產品供應、成本財務、交貨運輸及售後服務等都可由同一解決方案來處理。換言之，企業資源規劃系統是將企業全面資訊化之一種資訊技術 (Information Technology, IT)，其目的在整合廠商內部組織與企業再造，以增強國際市場應變能力，建構跨國事業體的製造鏈與供應鏈，完成國際性連網，提昇全球競爭優勢。

二、供應鏈管理

供應鏈管理 (Supply Chain Management, SCM) 在於強迫廠商組織對其採購及資源策略的重新思考。涵蓋從原料至使用者產品之變動等活動的參與，包含系統管理、製造及裝配搜集與採購、生產計畫、訂單處理、存貨管理、倉儲及通關服務等。成功的供應鏈管理在於協調與整合上述活動以維持其競爭優勢。供應鏈管理之運作模式：

1.個別功能性組織架構 (EDI)

廠商本身先根據其需要建立 EDI 技術核心，整合客戶及供應商上、下游間的資訊，並開始跨入網際網路。

2.廠商內供應鏈整合 (Internet)

建置企業資源規劃，整合內部從生產、接單到出貨成一個完整的自有主機系統。

3.廠商間供應鏈整合 (Intranet/Extranet)

　　藉著網路技術將廠商與其商業夥伴間的企業間採購、供應商、庫存、配送、通路、付款、文書、資源及物料計畫管理等做互通式之作業整合。

三、客戶關係管理

　　客戶關係管理 (Customer Relation Management, CRM)，指公司對客戶關係的管理，諸如客戶資料的搜集、客戶往來資料的建立、成功的業務訪問、採購行為與回應、客戶抱怨處理等資訊，都須有非常詳實的記錄及分析報告，透過軟體技術整合設計、工程與生產規劃之前端資源與開發、銷售及服務等後端連結，架構供應鏈之兩端，以瞭解及改變客戶的行為，增加新客戶及維持原有客戶為目標，再為個別客戶提供量身訂做的客製型服務，進而與顧客共創價值，使廠商能因質優的客戶關係管理而永續經營。

四、資料倉儲

　　資料倉儲 (Data-warehousing) 或資料採礦 (Data Mining)，最主要目的在於以正確的結構資訊將龐大的客戶量儲存成資料，並能將其轉化為有用的資訊，以瞭解顧客的需要，適時支援商業決策。進出口廠商必須從其現存的作業系統或外部資料中，應用資料倉儲和分析技術，獲取正確的資料以實現其成本效益與競爭優勢。

五、網際網路應用服務市場

　　網際網路應用服務市場 (Application Service Provider, ASP) 乃是透過網際網路以服務為形態的軟體租賃方式，也是進出口廠商資訊委外應用的一種。網路提供給各行業的服務相當多元化，包括會計帳、貨源、進銷存貨等各式企業應用。透過進出口廠商資訊委外，降低其經營及管理成本。大型廠商或中小企業藉由 ASP 業者提供的資訊服務，可以免除進出口廠商自行建置資訊部門的成本以及日後的管理維修、資訊軟硬體升級、人員訓練的各項成本。

六、網路協同商務

　　網路協同商務 (Corporation Planning Commerce, CPC) 係指按照國際商業訊息標準，訂定企業供需之間，協同合作的電子化作業模式。例如產品開發協同作業，即與供應商

在電子化運用下，協力開發新產品。進出口廠商的協同商務可分為下列三個系統：㈠是產品管理系統，包括產品發展策略、設計及研發、新產品介紹、品質管制、測試認證及後勤支援等；㈡是企業內部互動管理系統，包括人力資源、工業工程、市場行銷、製造流程、財務金融、法務租稅、特許授權、商業發展模式等；㈢是企業間互動管理系統，包括產品供應商、客戶開發及後續服務等。此三方面系統，都可以運用協同商務的科技及設計，讓廠商內部的其他組織都能協助出貨流程，使其順利運作。

另外，貨品出口過程的運籌管理 (Outbound Logistics)，諸如，在途物況盤點系統、不同貿易夥伴及物流，不同訂單在途貨物動態及數量等均可納入協同商務規劃作業。

第二節　網路貿易辦公室

網路貿易辦公室 (Internet Trading Office, ITO)，是將涉及國際貿易的相關單位如政府機構、海關，相關業者如報關業、航運業及保險金融業，以及全球供應商、國際客戶，以貿易商為中心，利用 Internet 完成貿易無紙化之作業方式。ITO 之運作範圍包括：通關自動化、貿易便捷化及三層式網路貿易管理系統，其中三層式網路貿易管理系統將待第四節再詳細介紹。

一、通關自動化

貨物通關自動化 (Cargo Clearance Automation)，係將海關辦理貨物通關的作業與所有「相關業者」及「相關單位」，利用「電腦連線」，以「電子資料相互傳輸」方式，取代傳統「人工遞送文書」；及以「電腦自動處理」替代「人工作業」達到加速貨物通關之目的。

㈠電腦連線

電腦連線並非由業者直接與海關連線，而是另行設置一個「通關網路」，稱之為「關貿網路」(Trade-van, T/V)。由連線者透過該網路彼此傳輸資料，因此，相關業者、相關單位均須與「關貿網路」連線，成為其用戶，海關也是連線用戶之一。連線之架構圖如下：

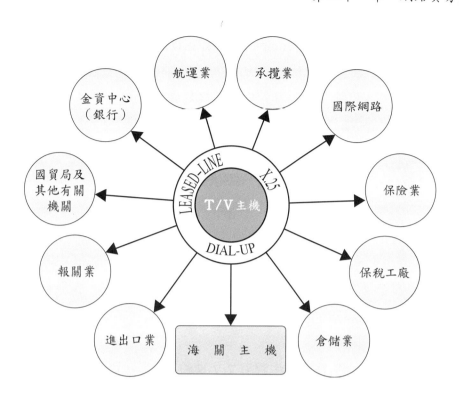

㈡ T/V 基礎網路

T/V 具有傳輸 (Transmission)、轉接 (Switching)、轉換 (Translation)、存證 (Archive) 等四大功能。對於通過之資料，原則上並不進行「處理」(Processing)。關稅法第十條第一項中所規定「電腦記錄有案」，即要靠 T/V 之存證功能來達成。T/V 係利用電子郵箱 (Mail Box) 來進行傳輸與轉接，網路中的每一個使用者都給予一個「電子郵箱」，這個電子郵箱可以接受訊息，並將訊息存放在輔助儲存體裡。訊息的傳送接收方式有下述兩種，用戶端 (User) 應衡量本身業務情況，在兩種方式中選擇一種:

1.主動式存送（Store & Forward, S/F，又稱 Out Dial）

接收端 (Receiver) 與 T/V 約定採用 S/F 者，T/V 會把傳送端 (Sender) 送來之訊息不但置於電子郵箱內，而且會立即或在固定時段傳送到接收端。海關本身係採用 S/F 方式處理業務。

2.被動式存送（Store & Retrieve, S/R，又稱 In Dial）

⑴接收端 T/V 約定採用 S/R 者，T/V 只是把傳送端送來之訊息置於電子郵箱內而已，該訊息靠接收端自行來擷取。

(2)如採用個人電腦 (Personal Computer, PC) 與 T/V 連線者，T/V 僅提供 S/R 方式。

T/V 係一個開放性的「加值網路」(VAN)，開始時以貨物通關為主，之後再逐步擴大至貿易、運輸、保險、金融、查稅、監理、商業等行業。

(三)通關自動化之作業模式

前述關貿網路架構圖連線之單位有進出口業、報關業、國貿局及其他有關機關、金融資訊中心（銀行）、航運業、承攬業、國際網路、保險業、保稅工廠及倉儲業等，其相關電腦化之作業程序列述如下：

1.進出口業

係指向經濟部國際貿易局辦妥出進口廠商登記之公司或行號。進出口業辦理登記之後，國貿局即將其公司之中英文名稱、地址、電話及營利事業統一編號傳輸海關，作為進出口報關之登記資料。

2.國貿局及其他有關機關

這是指通關自動化的簽審主管機關與 T/V 連線，包括科管局、紡拓會、五大簽審機關（農委會、環保署、國貿局、標檢局及加管處）。當廠商出進口貨物涉及須取得簽審等主管機關之許可、核准、同意、證明或合格等書面文件時，可利用電腦連線傳輸訊息取代書面文件，惟各機關可能採行不同方式。

3.金融資訊中心（銀行）

海關為方便納稅義務人或報關業者就近繳納進口貨物之稅費，經由關貿網路（或／及金資網路）與金融機構連線，提供「臨櫃繳納」、「EDI 線上扣繳」等繳納方式。

(1)臨櫃繳納（含與關貿網路直接連線銀行及透過金資網路與關貿網路連線銀行）：
納稅義務人或報關業者（以下稱付款人）持「海關進出口貨物稅費繳納證兼匯款申請書」或「國庫專戶存款收款書兼匯款申請書」，至金融機構辦理臨櫃繳納進口貨物稅費。

(2)EDI 線上扣繳：納稅義務人或報關業者（以下稱付款人）根據稅單資料，於付款人電腦端發出「付款指示明細」訊息，經關貿網路完成安全確認後將該訊息傳送給其指定付款銀行，銀行接到訊息完成安全確認，並檢查指定帳戶餘額足以扣繳稅費金額及手續費後，即於付款人指定帳戶扣款繳納稅費，並發出「進帳通知明細」訊息，透過關貿網路通知海關，同時發出「扣款成功通知」訊息，經關貿網路通知付款人。

4.航運業

運輸業以其運輸工具裝載客貨經營國際運送業務者,於經交通主管機關核准後,應向海關辦理登記。運輸業應設置電腦及相關連線設備,以電腦連線或電子資料傳輸方式處理業務。

　(1)海運進出口運輸工具之通關:海運在新出口通關制度實施以後,船公司已免向海關申報「出口船舶開航預報單」,惟船公司為掌控攬貨截止日,周知出口廠商、報關行及有效處理裝船結關開航等出口作業秩序,仍得傳輸訊息,由關貿網路設置船期資料庫,開放作為船期表功能,以利報關行及出口廠商查詢及作業。進口船舶抵達後應於 24 小時內檢具「船舶入港報告單」。但港務局以電腦連線方式傳輸「船舶進口通知」予海關時,則免送。

　(2)空運進出口運輸工具之通關:航空器起飛出境前或抵達入境後應向海關申報出口貨物艙單,所列貨物如含有併裝貨物時,應在艙單上註明何者為併裝貨物,並須另備「分艙單」。進口則向海關申報「進口及過境貨物艙單」。

5.承攬業

承攬業依業務性質之不同分為「船舶貨物裝卸承攬業」及「航空貨運承攬業」兩種。航空貨運承攬業,指以自己之名義,為他人之計算,使民用航空運輸業運送航空貨物及非具有通信性質之國際貿易商業文件而受報酬之事業。

船舶貨物裝卸承攬業依貨物類別及作業方式不同區分營業項目如下:

　(1)一般散雜貨船作業:

　　①海上作業: 包括船上貨物裝卸搬運、卸駁、起水作業。

　　②陸上作業: 包括船邊裝卸搬運、卸船進倉（場）、出倉（場）裝船、卸車進倉（場）、出倉（場）裝車之裝卸搬運作業。

　(2)貨櫃船作業:包括靠泊港口各貨櫃碼頭及散雜貨碼頭之全貨櫃船裝卸作業,但不包括貨櫃碼頭後線場站作業。

6.保稅工廠

保稅工廠係指依「海關管理保稅工廠辦法」之規定,經海關核准登記,就其原料、半成品、成品及產製之外銷品於進口時保稅,並於出口時核銷保稅原料及半成品之關稅之登記合格工廠。

7.營儲業

所謂倉儲業包括倉庫、貨棧、碼頭及貨櫃場，其通關作業如下：

(1)進口貨物：

①倉儲業對進口貨物之進倉，係依據運輸業者傳輸之進口艙單訊息或書面表格、特別准單、貨櫃（物）運送單、進口貨櫃清單辦理進倉，點收貨物後以進口貨物倉資料訊息傳送海關。

②進口貨物報關後，海關以海關查驗貨物通知訊息或表格通知倉儲業配合（海運貨櫃集散站則需準時「吊櫃」）查驗，如貨櫃集散站無法即時吊櫃，則以無法吊櫃通知訊息及表格通知報關人，由其將表格通知海關，辦理次一班派驗。

③海關放行以進口貨物放行通知訊息或書面通知倉儲業准予放行提貨，倉儲業放行提貨完畢之翌日以進口貨物出倉資料訊息傳送海關。

(2)出口貨物：

①倉儲業對出口貨物之進倉，係依據裝貨單或託運單、海運出口貨物進倉申請書表格點貨進倉，進倉完畢後以出口貨物進倉資料訊息傳送海關。

②出口貨物報關後，海關以海關查驗貨物通知訊息或表格通知倉儲業配合查驗。

③海關放行以出口貨物電腦放行通知訊息或表格通知倉儲業，接收後即憑以打盤、裝櫃、併櫃作業，倉儲業（如經船公司委託）以出口貨櫃清單（訊息傳送海關，憑以製作出口貨櫃運送單），出站裝機或裝船出口。

8.專責報關人員

係指經「專門職業及技術人員考試專責報關人員考試」或「專責報關人員資格測驗」及格，向海關登記作為報關行之「專責報關人員」負責報單內容審核及簽證之人員。納稅義務人自行報關者，免填列。

㈣進口貨物通關流程

下列進出口貨物通關流程，只是通關自動化的基本概念，在於讓一般不熟悉通關作業之讀者，初步瞭解實際運作。至於實際上各單位之作法，並非如此單純，且可能有些許差異。

1.基本步驟

①收單建檔→②分類估價→③查驗貨物→④課徵關稅→⑤放行

（免驗者則跳過第③步驟；部分貨品將第③步驟移到最後辦理）

2.未連線者

　　將進口報關及相關文件遞交海關後，由海關鍵入電腦，其後之流程與連線者相同，惟海關回應或通知事項，僅能用口頭、電話或簡便通知。

3.連線者

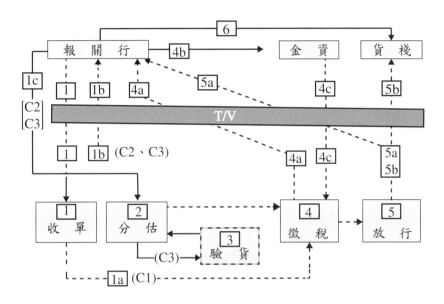

進口貨物通關簡易流程圖

⑴報關行用「電腦傳輸」(圖中用虛線表示)，經 T/V 到達海關。海關經篩選後，抽中 C1 者，送往徵稅 (1a)；核列為 C2 或 C3 者，通知報關行遞送報單及相關文件 (1b)；報關行依通知於「翌日辦公時間終了以前」向海關「遞送」(圖中用實線表示) 報單等文件 (1c)。

⑵海關收受書面文件後，C2 案件審核文件，完成分估作業，送往徵稅；C3 案件審核文件後送往驗貨，退回辦理分估作業。

⑶C3 案件辦理驗貨後，退回辦理分估作業。

⑷海關核發 (或報關行自行列印) 稅款繳納證 (4a)，納稅義務人持向銀行繳納 (或用電子轉帳刷卡) (4b)，透過金資中心及 T/V 傳輸海關 (4c)。

⑸海關將放行訊息傳輸報關行 (5a) 及貨棧 (5b)，實施初期並列印「放行通知」交報關行 (或報關行自行列印)。

⑹報關人持「放行通知」及運送文件 (D/O 或 AWB) 到貨棧提領貨物。

(五)出口貨物通關流程

1.基本步驟

①收單建檔→②查驗貨物→③分類估價→④放行裝船

(免驗者跳過第②步驟；部分貨品將第②步驟移到最後辦理)

2.未連線者

將出口報單及相關文件遞交海關後，由海關鍵入電腦，其後之流程與連線者相同，惟海關回應或通知事項，僅能用口頭、電話或簡便通知。

3.連線者

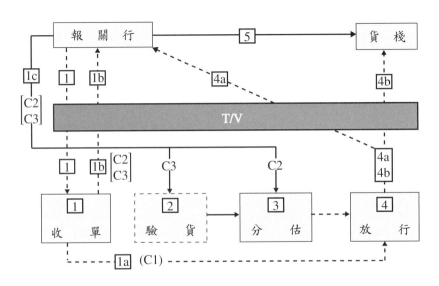

出口貨物通關簡易流程圖

(1)報關行用「電腦傳輸」（圖中用虛線表示），經 "T/V" 到達海關。海關經篩選後，抽中 C1 者，送往放行 (1a)；核列為 C2 或 C3 者，通知報關行遞送報單及相關文件 (1b)；報關行依通知於「翌日辦公時間終了以前」向海關「遞送」（圖中用實線表示）報單等文件 (1c)。

(2) C3 案件由驗貨單位受理書面文件後辦理驗貨，驗畢送往分估單位。

(3)分估單位受理 C2 案件書面文件及由驗貨單位轉來 C3 案件後，審核文件，完成分估作業，送往放行。

(4)海關將放行訊息傳輸報關行 (4a) 及貨棧 (4b)，實施初期並列印「放行通知」交報

關行（或報關行自行列印）。

(5)報關行持「放行通知」到貨棧進行裝運。

 ## 二、貿易便捷化

貿易便捷化是指政府及民間利用電子方式達到無紙化貿易，以大幅縮短貿易流程，降低產品流通成本，提高產品的全球競爭力。其範圍包括進出口程序、運輸形式、付款、保險及其他相關金融付款機制等。

換言之，所謂貿易便捷化，是指貨品在進口、出口和轉口等貿易需求及程序上，朝向簡化、標準化及自動化的實作方向實施。亦即簡化及標準化貨品在國際貿易的交易過程中聯繫及資料傳輸，並透過電子化的方式，達到無紙化貿易的目標。

由政府斥資建置的「便捷貿 e 網」電子化平臺，廠商只要經由「便捷貿 e 網」傳送申辦，即可取得報關、簽審、產證、檢驗及檢疫等相關文件，完成進出口申辦作業。其目的在於協助改善貿易管理、貨物通關、及國際運輸等活動所遭遇的問題，並將計畫完成後為民間貨物通關相關者，提供可進行簽審、通關作業整合服務的「簽審通關服務窗口」，即「便捷貿 e 網」。使業者可經由服務窗口，完成進出口簽審、檢驗、檢疫、通關等作業，而無需直接面對多個不同的政府單位。

(一)便捷貿 e 網

由經濟部國際貿易局、標準檢驗局、農委會、工業局、防疫檢疫局，環保署與漁業署等與海關的通關系統連線作業，再推廣至其他簽審、產證單位，以形成完整的簽審通關申辦網路。

簽審單位以簡化及合理化流程為目標，規劃整合流程與文件，進而與全球貿易體系接軌，便利我國廠商全球佈局，而成為全球運籌中心。便捷貿 e 網有以下四項優點：

(1)簡化現有的貿易程序與文件，縮短簽審通關作業流程，達到加速貨物通關目標。

(2)提供簽審、通關整合服務窗口，貿易資料一處輸入，全程使用，減少資料重複鍵入與錯誤，並可追蹤政府貿易文件的申辦狀況。

(3)達成貿易管理、貨物通關及國際運輸等環節無紙化目標，降低貿易成本、物暢其流、提昇國家競爭力。

(4)便利我國廠商全球佈局與根留臺灣，即時掌握原料、貨品等商、物流動態，以利臺灣成為全球運籌中心。

(二)便捷貿 e 網功能架構

1. 第一階段

提供國貿局、標檢局、防檢局的簽審通關文件電子化申辦服務。

2. 第二階段

啟動「簽審通關整合作業」，直接由「便捷貿 e 網」進行簽審機關及海關之間的單據比對作業。

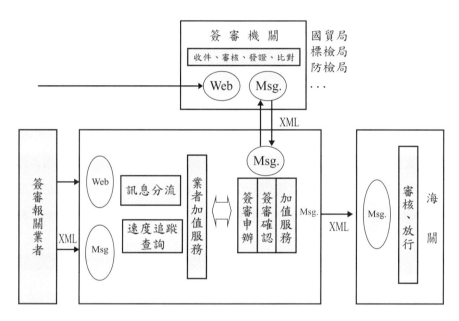

便捷貿 e 網功能架構圖

(三)出口通關流程及進口通關流程

進、出口貨物以自動化連線報關後，海關電腦專家系統按進出口廠商之等級、貨物來源地、貨物性質及報關行為等篩選條件，分別將報單核定為 C1（免審免驗通關）、C2（文件審核通關）及 C3（貨物查驗通關）三種通關方式。茲分別說明如下：

1. C1 通關方式

出口貨物可立即裝船出口；進口貨物則於完成繳納稅費手續，即可持憑電腦列印之放行通知及原提貨單證前往貨棧提貨。其書面報單及其他有關文件正本，出口案件應由報關人列管一年，進口案件列管兩年，海關於必要時得命其補送或前往查核。

2. C2 通關方式

　　報關人於連線報關後，須於翌日海關辦公時間終了前補送書面報單及其他有關文件正本，經審核相符後通關放行。

3. C3 通關方式

　　報關人除於上開時間內檢送書面報單及其他有關文件正本外，進口貨物並應自報關日起十日內申請會同海關驗貨關員查驗貨物，再由業務單位審核及分類估價後通關放行。

　　另目前海關正積極推動簽審機關加入關貿網路連線，如順利完成，則 C2 報單即可線上審核，免再審核書面文件。

第三節　網路貿易行銷

　　網路貿易行銷，係指透過網際網路來達到開發國外客戶之行銷方式。它是傳統行銷的輔助工具。國際貿易行銷可以分為傳統外銷業務拓展方式及網際網路之開發兩種。

 ## 一、傳統外銷業務拓展方式

　　其流程不外乎是透過展覽或外銷媒體，進行「開發客戶名單」、「聯繫及登門拜訪」、「介紹產品與說服客戶」、「議價與接到訂單」四個階段。

 ## 二、網際網路行銷方式

　　網際網路可以分成三個面向說明：企業自行架設網站、使用電子商務平臺、網路多元行銷具體策略。

㈠企業自行架設網站

　　企業自行架設網站，包括網頁 (Home Page)、網域名稱 (Domain Name)、產品本身及服務等。網路行銷產品策略有網頁的設計，網域名稱是否要和家族品牌相互呼應、產品項目的特色、商標問題等均須作適當之規劃與考量。

㈡使用電子商務平臺

　　此種方式可以分為網路貿易資料之取得、貿易業實用網路之運用，及 B2B 電子商務平臺三種。

1.網路貿易資料之取得

　⑴政府經貿單位網站：經濟部國際貿易局等。

　⑵經貿推廣網站：世界貿易中心、中華民國對外貿易發展協會三大商情網站（國際商情 Trade、貿協全球資訊網及 The World Facebook）。

　⑶公會相關網站：臺北市進出口同業公會等。

　⑷世界知名展覽單位網站（Exhibitions Round the World 等）。

　⑸同業或關連網站。

　⑹專業貿易資料提供者網站。

　⑺其他：外銷媒體。

2.貿易業實用網路之運用

　⑴客戶入口網站：

　　①即時線上產品資訊。

　　②客戶即時往來資料庫。

　　③線上即時視訊系統。

　⑵政府機構相關網站：

　　①經濟部國貿局經貿資訊網

　　　http://www.trade.gov.tw/

　　②臺灣經貿網——外貿協會的三大商情資料庫：臺灣進出口廠資料庫、貿易機會資料庫及海關統計資料庫

　　　http://www.taiwantrade.com.tw/

　　③中國商品網——世界買家

　　　http://ccn.mofcom.gov.cn/

　　④香港貿易發展局

　　　http://www.hktdc.com/

　　⑤世界貿易中心連結網站

　　　http://world.wtca.org/portal/site/wtcaonline

　　⑥中經社商貿網站

　　　http://www.cens.com/

　⑶國外貿易業實用網站

①美洲提單資料庫

②全球企業資料庫

③世界黃頁連結

④商業搜尋網站

⑤最大中文搜尋網站

⑥亞洲海運船期及貨物追蹤

⑦ 36 種語言線上翻譯

3. B2B 電子商務平臺

利用電子商務平臺置放 (Post) 公司及產品資訊作被動式等待潛在客戶詢價，或主動搜尋潛在客戶，或利用類似「國內外客戶服務管理系統」(Customer Relationship Management, CRM)，如阿里巴巴國際網站 (Alibaba.com) 及亞馬遜網站 (Amazon.com, Inc.) 等，快速將買方需求串聯起來。出進口廠商必須提昇 Quality Credit 及 Branding 並作 24 小時三百六十五天持續不斷的努力來達到新客戶的開發工作。

㈢網路多元行銷具體策略

透過電子郵件寄發通函 (Circulating Letter)、網路媒體廣告、寄發 eDM、加入臺灣經貿網、阿里巴巴網路及利用國外在臺機構等多元策略來達到開發國外市場之目標。

1.電子郵件行銷

電子郵件 (E-mail) 行銷，要發揮其功能，除了商業書信應具有的內容及技巧外，更須深入研究其中竅門，信函要隨時創新求變及打動人心之訴求，並不定期的發送電子郵件給網路潛在顧客。

2.網路廣告行銷

傳統行銷透過外銷雜誌刊登廣告，網路行銷也係如此，例如供應商利用阿里巴巴、Google 等網站讓客戶看到產品的廣告。進出口廠商將預算移向網路，利用 Web 2.0 網路行銷及關鍵字廣告來達到對目標市場作分眾行銷之目的。

3.寄發 eDM

以目錄或照片報價方式並藉由網際網路寄出公司 DM 給潛在客戶。另外，更重要的是如何善用軟體，提昇廠商的價值及開發潛在市場。例如，臺灣微軟公司特別為中小企業推出可以提高公司行銷力的解決方案——中小企業行銷特助 (Business Contact Manager, BCM) 即是顯例。

4.國外在臺機構

國外在臺機構有外商在臺分公司及各國在臺灣的商務貿易辦事處及其他商業機構。

第四節　網路貿易營運總部

製造業要做到全球化，「全球運籌管理」是第一步，它必須從物流起原點到消費點之間作有效流通，則網路貿易管理系統之建置是急迫的策略。貿易業本身已是全球化，如欲建立營運總部，可利用軟體系統之一「三層式網路貿易管理系統」(WEB Global Trading System, WGTS)，是最便捷的方式。

一、網路貿易管理系統架構

網路貿易 (Trading Network) 藉由改善客戶與供應商之間既存的商業關係來創造價值，配合產品目錄入門網站 (Online Catalog Model)、採購自動化 (E-procurement) 及整套出貨管理系統，達到有效的國際貿易經營創新管理。

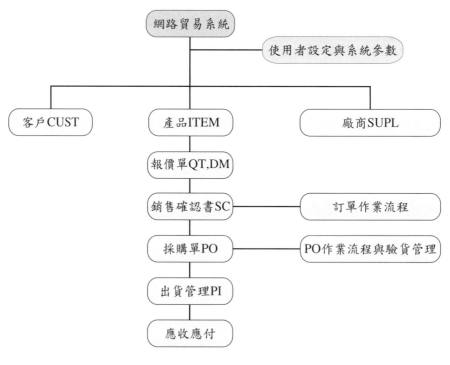

出口貿易系統架構

二、網路貿易管理系統操作流程圖

　　出口貿易系統操作流程，包括客戶管理、廠商管理、產品管理、報價管理、銷售管理、採購管理、信用狀管制、出貨系統、統計圖表及系統參數，並以視訊會議系統加以整合。

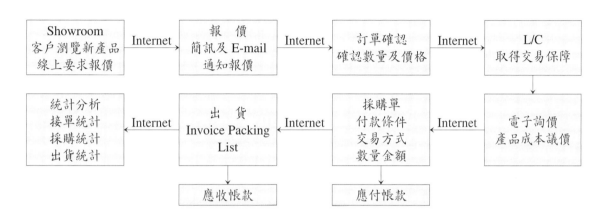

三、網路貿易管理系統關係模式

　　網路貿易辦公室，是以貿易商為主的操作管理，經由 WGTS 系統，可連結國際客戶，Showroom 及世界供應商之電子交易平臺，完成無紙化貿易。

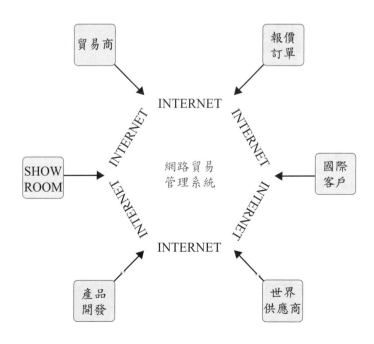

上述網路貿易管理系統檔案可分類為：

(一)貿易管理系統

貿易管理系統之套裝軟體很多，出進口廠商在導入公司管理系統時，可根據產銷狀況及客戶的需求，評估選定適合之系統設計，期使管理系統之運作能順暢有效。一般貿易管理系統之功能如下所述。

(二)貿易管理系統之功能

系統雖然依每個選項之不同而設計，但在操作上均能達到所要之管理目標。

1.客戶管理系統

(1)客戶資料之增添、刪除及更新。

(2)依不同的查詢條件，編製各種客戶報表。包括客戶分類表或客戶採購類別資料表、編製地區別客戶名單、採購項目別客戶名單等報表。

(3)建立客戶與我方產品編號之對照關係，在製作文件時，電腦會透過此關係，將客戶產品編號自動抄錄於欄位中。

(4)列印客戶產品編號對照表。

2.產品管理系統

(1)產品基本資料之增添、刪除及更新。

(2)各供應廠商廠價之增添、刪除及更新。

(3)建立各供應廠商與我方產品編號之對照，在製作採購單時，電腦會透過此關係，將供應廠商的產品編號自動抄錄於欄位中。

(4)建立成品與零件組合之關係。

(5)在下採購單時，可自行決定是否依此關係下零件採購單。

(6)列印產品組合對照關係表。

3.供應廠商管理系統

(1)供應廠商資料之增添、刪除及更新。

(2)依不同的查詢條件，編製各種供應廠商報表。供應廠商分類表或供應廠商生產類別資料表、編製地區別供應廠商名單、生產項目別供應廠商名單等報表。

4.開發信函管理系統

(1)若有新產品之開發，或對現有客戶及各供應商之通知等需要大量的寄發信函時，

此開發信函作業即可挑選您所需之名單，並產生郵寄所需之信函、地址、標籤等。

⑵建立、修改、刪除信函名單。

⑶製作及列印開發信函或郵寄標籤。

5. 報價管理系統

⑴建立、修改、刪除報價單。

⑵原報價單可拷貝成另一份新的報價單。

⑶可作逐項產品報價，亦可查詢相關產品資料整批報價。

⑷可線上查詢各項產品的供應廠商成本資料。

⑸可線上查詢各項產品的報價單歷史資料。

⑹可自行設定報價計算方式。

⑺根據成本、匯率、利潤、佣金、運費、保險費等資料，電腦會自動幫您計算出產品的報價價格。

⑻可列印一般報價單及各式報價單。

⑼列印報價工作底稿 (Work Sheet)，以核對報價資料是否正確。

⑽列印雙欄式報價單，包含 FOB 價格及指定報價條件之價格。

⑾列印產品價目表 (Price List)，簡易式的產品報價單。

6. 銷貨確認書管理系統

⑴建立、修改、刪除銷貨確認書單。

⑵銷貨確認書資料可拷貝成另一份新的銷貨確認書。

⑶單價、總價金額及數量之小數位數可在各銷貨確認書中分別設定。

⑷可針對分批出貨、分港口出貨等情況，預排出貨排程表。

⑸可線上查詢各項產品資料的銷貨歷史資料。

⑹可列印銷貨確認書、銷貨才積重量表 (S/C Cubes & Weights)、銷貨毛利分析表 (S/C Gross Profit Report)、出貨排程表 (Shipping Schedule) 等等報表。

7. 採購訂單管理系統

⑴建立、修改、刪除採購單。

⑵原採購單資料可拷貝成另一份新的採購單。

⑶單價、總價金額及數量之小數位數可在各採購單中分別設定。

(4)可針對分批交貨情況，預排交貨排程表。

(5)可線上查詢各項產品資料的銷貨歷史資料。

(6)銷貨確認書資料可直接轉存至採購單，並可依不同的供應廠商自動產生數份不同的採購單，且可將同一供應廠商的產品匯總成一份採購單。

(7)可查詢那些 S/C 尚未下採購單或已下採購單但尚未下完者。

(8)可列印未下採購單之檢查表 (P/O Not Placed Checking List)、交貨排程表 (Delivery Schedule)、已交貨明細表 (P/O Shipped Data List)、未交貨明細表 (P/O Pending Data List) 及交貨狀況明細表 (P/O Transaction Data List) 等等報表。

8.收貨管理系統

(1)建立、修改、刪除收貨單。

(2)單價、總價金額及數量之小數位數可在各收貨單中分別設定。

(3)收貨單的資料可沖轉至採購單中而形成已交貨排程之資料，如此海關將可在採購單中列印已交貨及未交貨的分析表 (8. Print P/O Shipped Data List、9. Print P/O Pending Data List)，如此將可減少人為的疏忽及重複輸入的工作，而確保資料的完整性及提高工作效率。

9.出貨管理系統

(1)建立、修改、刪除收貨單。

(2)單價、總價金額及數量之小數位數可在各收貨單中分別設定。

(3)一份商業發票可包含多種貨幣。

(4)銷貨確認書資料可自動轉存至出貨系統，亦可多份銷貨確認書合併成一份商業發票或裝箱單。

(5)出貨單的資料可沖轉至銷貨確認書而形成已出貨資料，如此將可在銷貨確認書中，列印已出貨及未出貨的明細表 (8. Print P/O Shipped Data List、9. Print P/O Pending Data List)，如此將可減少人為的疏忽及重複輸入的工作，而確保資料的完整性及提高工作效率。

(6)可列印商業發票及裝箱單。

10.系統參數設定作業

(1)設定系統參數。

⑵設定報價計算公式。

⑶設定貨幣單位代碼及敘述。

⑷設定報價、銷貨匯率資料。

⑸設定文件簽名資料。

⑹設定各業務人員代碼及名稱、密碼。

11.信用狀管理系統

⑴建立、修改、刪除 L/C 資料及掌控各 L/C 之詳細資料。

⑵提供管理者易於掌握 L/C 有效期限、金額等資訊。

⑶可隨時查詢 L/C 的可押匯餘額或已押匯金額等訊息。

⑷可有效的控制 L/C 所需文件，避免押匯文件錯誤。

12.應收應付管理系統

⑴建立、修改、刪除應收及應付帳款資料。

⑵可依據不同的客戶彙總資料產生客戶別應收帳款明細報表。

⑶可依據不同的業務彙總資料產生業務別應收帳款明細報表。

⑷可依據不同的廠商彙總資料產生廠商別應付帳款明細報表。

13.利潤分析管理系統

⑴建立、修改、刪除銷貨及利潤分析資料。

⑵每批出貨 (Shipping) 的成本，除了由採購單 (Local P/O) 所產生的採購成本外，還有許多額外的費用會產生，例如：報關費、押匯銀行手續費、運費、保險費、付出佣金、商港建設費等費用，這些額外的成本費用均可建立在此系統之中，因此可詳細控制每項費用的產生。

⑶可依據不同的客戶彙總資料產生客戶別業績利潤分析表。

⑷可依據不同的業務彙總資料產生業務別業績利潤分析表。

⑸可依據不同的交易方式彙總資料產生交易方式別明細報表。

第五節　貿易管理系統操作實例

弘強貿易股份有限公司 (International Sapato Corp.) 成立於 1979 年，主要業務是進

口及出口各種鞋類、鞋類半成品及鞋五金、鞋模、製鞋機器設備等,是一典型的貿易商。

鞋類主要出口產地為中國大陸、臺灣、香港、越南、泰國、柬埔寨、印尼等地,並銷往世界各地市場,例如:歐洲、美洲、俄羅斯及中東等。

在臺灣、香港、中國用超過一百位熟練的業務人員、設計師及驗貨員,提供國外客戶最佳的產品款式、品質和完整的銷售服務。

弘強貿易股份有限公司總部設於臺北市,並在香港投資一家控股公司,中國大陸則設有產銷管理公司,員工人數總計達一百三十餘人。弘強貿易公司自 1991 年開始推動強調貿易營運總部,其貿易管理系統結構簡單舉例說明如下:

⑴開啟 Internet Explorer,輸入網址:http://www.sapato.com.tw。

⑵進入 International Sapato Corp. 公司首頁主畫面 (Home Page)。

⑶首頁主要內容:①公司基本資料介紹,②公司經營產品介紹。

⑷密碼設定 (Password):

客戶等級	密碼層級	顯示內容
1. 一般訪客	無須密碼	一般廣告產品
2. 往來客戶	LEVEL: 1~4	普通往來客戶產品 (有四個等級區分): ⑴ LEVEL 1: LEVEL 1　　產品＋廣告產品 ⑵ LEVEL 2: LEVEL 1~2　產品＋廣告產品 ⑶ LEVEL 3: LEVEL 1~3　產品＋廣告產品 ⑷ LEVEL 4: LEVEL 1~4　產品＋廣告產品
3. 專屬客戶	LEVEL: 5~30	專屬重要客戶: 提供 LEVEL 1~4 產品＋廣告產品＋專屬產品

⑸輸入密碼:

客戶等級	密碼層級	顯示內容
1. 一般訪客	無須密碼	直接按 Continue 鍵,進入次畫面 (Web Page)
2. 往來客戶	LEVEL: 1~4	輸入密碼 (LEVEL 1~4),按 Continue 鍵,進入次畫面 (Web Page)
3. 專屬客戶	LEVEL: 5~30	輸入專屬密碼,按 Continue 鍵,進入次畫面 (Web Page)

①一般訪客：無密碼→直接按 Continue 鍵。

②專屬客戶：輸入專屬客戶密碼。

③公司管理者：輸入總編輯密碼，可以編輯網頁內容。

Welcome to **SAPATO**

0083830

Product Index
If you want advance function please mail to sales@sapato.com.tw

CONTINUE

INTERNATIONAL SAPATO CORP.
FAX:886-2-27680001,27616555
TEL 886-2-27618060
E-MAIL:sales@sapato.com.tw
FOOTWEAR & SHOES : SLIPPERS,SANDALS,MEN'S SHOES,LADIE'S SHOES,CANVAS SHOES,CASUAL SHOES,SPORT SHOES,BOOTS -----EXPORTER & IMPORTER
(弘強貿易股份有限公司)各種鞋類出口 拖鞋,涼鞋,男鞋,女鞋,帆布鞋,便鞋,運動鞋,馬靴 等

第二十二章
相對貿易概述

第一節　相對貿易之定義

　　相對貿易 (Counter Trade) 係國際貿易中之賣方，以貨品或勞務（例如整廠、機器設備、成品、半成品、科技、專利、商標、管理及行銷技術等）提供買方，並且契約性地同意自買方購入相當於業經同意原始銷售契約一定百分比之貨品，以此抵償部分或全部原始銷售契約價款的一種無現金交易 (Without Money)。與一般貿易（包括三角貿易）相比較，相對貿易的原始銷售契約與其所引發的反方向商業交易有契約性的關聯，而一般貿易則無。另者，相對貿易大都包括政府與政府間所簽訂協議書的單一貿易或大型契約，而一般貿易則由個別企業單獨進行。相對貿易一詞廣泛地被採用乃最近二十幾年間之事，由於期間尚短，目前並未有國際通用的統一名稱。在操作實務上，種類既繁多，亦無標準化用語。而各研究報告或學術討論對於同一相對貿易用語往往會有不同的界定，以致迄今仍然混淆而莫衷一是。

 ## 一、易貨交易之定義

　　易貨交易 (Barter Transaction) 乃指交易雙方（通常為兩個或兩個以上國家），以一份契約規定雙方就約定之同額貨品或勞務，在規定期間內，適用記帳的方式，進行貨品或勞務直接交換的貿易方式，其中沒有現金的移轉或流通，交易僅涉及雙方當事人，沒有第三者（如轉移交易商）參與。實務上，第三者則涉及交易，惟並不能直接參與易貨採購或銷售契約的簽署。例如，英國福特汽車公司將價值六百萬美元的汽車出售予烏拉圭，並承諾接受烏拉圭所提供等值的羊皮充當貨款的支付；嗣後再將羊皮做成汽車座墊，然後再透過歐洲之銷售網銷售；或於法國現貨市場出售以換取貨款。

二、補償交易之定義

補償交易 (Compensation Transaction) 屬連銷購貨交易的一種，在此種交易方式下，由交易雙方簽訂一份「補償契約」(Compensation Contract)，涵蓋兩筆交易，即「原銷貨交易」 (Primary Sales Transaction) 與 「補償購貨交易」 (Compensation Purchase Transaction)。原銷貨之廠商同意接受交易對方以全部或部分產品抵付貨款。但原銷貨廠商也必須在約定的期限內（通常約三年）向交易之對方採購。其清償方式均有相對的貨幣作為支付，或利用具擔保或保證付款性質的特殊信用狀，例如擔保信用狀 (Escrow L/C)、對開信用狀 (Reciprocal L/C)、特殊信用狀 (Specific L/C) 等，完成付款動作。更有設置「清算帳戶」(Clearing Accounts)、「憑證帳戶」(Evidence Accounts) 等以為清算。補償交易依補償金額多寡及補償購買承諾可否轉讓，可再分為完全補償交易、部分補償交易及三角補償交易等型態。

三、對等採購之定義

對等採購 (Counter Purchase) 通常指西方國家賣方出售技術、機器設備給東歐國家買方後，附帶條件買回來的並非這些技術、機器設備的生產品，而是其他不相干的製造品、半成品或原料，東歐國家買主回售的產品，可以是締定合用的「外貿組織」(Foreign Trade Organization, FTO) 提供，也可能由其他單位提供。交易前提是出口貨品之賣方必須將補償貨品轉讓與任何第三人，通常第三人多半為相對貿易公司，因此賣方在簽訂「補償貨品」契約前，需先和同意承購補償貨品的買主談妥條件後，才能與買方進行簽署相對購買契約。例如美國國際商品出口公司對波蘭出口七千萬美元的肥料，然後購回五千萬美元的波蘭產品，再將此產品轉移給其他國家之第三者（相對貿易公司）出售，取得美元貨款。

四、產品購回協定之定義

產品購回協定 (Products Buy-Back Agreement) 是指賣方在銷售整廠設備、生產技術時，同時契約性地承諾一定比例之銷售貨款得以日後買方正式生產之貨品或相關產品抵償之一種交易。此種交易契約與相對購買契約有若干相同之處，諸如兩個分立的契約，以強勢貨幣計價，不同方向交貨之時間落差 (Time Lag)，第三人可介入交易或作財務安

排。產品購回協定與相對採購不同處在於，產品購回協定之產品為關聯性產品 (Link Products)，而相對採購之貨品為非關聯性產品 (Non-link Products)。

 ## 五、轉換交易之定義

轉換交易 (Switch Transaction) 係雙邊清算貨幣之多邊運用 (Multilateral use of bilateral clearing currencies)。所謂雙邊清算貨幣，常係東歐國家相互間，開發中國家相互間，或上述兩種國家相互間簽有協定，原則上彼此貿易不以外匯清償，另設立清算帳戶，相互記載進出口之數量及價值，定期結算抵銷。假定契約到期後，一國之進口數字大於另一國時，可用現金清償，或以「轉換交易」方式將順差一方之金額轉讓給第三人（轉換貿易公司），由其向逆差的一方採購貨品，再以「易貨交易」方式取得可兌換外匯的貨品，所得外匯扣除折扣，付給順差的一方。

 ## 六、對沖交易之定義

上述補償交易中涉及到軍需買賣及某些政府採購，例如商用飛機銷售時，就以對沖交易來進行。對沖交易 (Offset Transaction) 通常係結合國內產業，共同生產及技術轉移之需要及長期性（五年）對等採購協定而成的交易。傳統上運用於軍需貿易，現在則擴大到對等採購及觀光資源的推廣。典型的交易範例，均由飛機製造商之供應者，努力利用其利潤及儲存外匯累積之信用給予顧客，而以對沖交易作為發展工業之手段。此種套裝交易對軍需供應者立即回報之方式，其結果反而影響到出口國家其他工業部門之利益，但對強化其客戶雇用員工及出產水準，並對改進其國內工業之生產力及高級技術大有助益。對沖交易因其出口競爭計畫之不同而有相當程度的差異。一般而言，可分為下面幾種類型：1.相對貿易；2.共同生產；3.半包工程；4.投資合作等。

第二節　相對貿易類型分析

相對貿易方式，可說是廣義的三角貿易或三國間貿易。理論上，相對貿易係以傳統貿易達成契約互換貨品；實務上，則往往涉及第三國之第三者（相對貿易公司）來扮演易貨後之銷售責任。此種牽制第三國之第三者於契約內作為承諾移轉之貿易方式，無疑是三角貿易方式的一種外擴運用。

一、相對貿易的類型

本文總述重點在於強調與三角貿易運作有關的類型，包括：三角補償交易 (Triangular Compensation Transaction)、對等採購交易、產品購回協定、轉換交易及三角易貨交易 (Triangular Barter Transaction)，這些類型之共同特性為：均有第三國之轉銷中介（即三角貿易中間商）參與交易，成為類似三國間貿易之型態。

二、相對貿易類型分析

以下相對貿易類型分析，係以與三角貿易有關聯性之類型為主，其餘型態可參考「各類型相對貿易結構異同比較」表之說明。

㈠三角補償交易

三角補償交易屬補償交易之一種，契約雖僅簽定一份，交易當事人有二個（或以上）的當事人參與，補償購買承諾亦可於契約中規定允許移轉於第三者。例如：A 國甲方與 B 國乙方所洽談的補償交易契約約定，補償品不由甲方承受，而是轉給第三國（C 國）的丙方接受，再由丙方以強勢貨幣償付甲方的貨款。此種交易方式即稱為「三角補償交易」。三角補償交易可能才是真實的與積極的相對貿易交易，也許此種方式複雜了些，但它提供了一種方法去克服存在於東西方間貿易交易清算的許多難題。三角補償交易有強勢貨幣商品三角補償、弱勢貨幣商品三角補償與財務轉換三角補償三種交易方式。

1.強勢貨幣商品三角補償 (Triangular Compensation with Hard Currency Goods)

強勢貨幣商品 (Hard Currency Goods) 係指在現貨市場 (Spot Market) 立即很容易轉銷出去的貨品。例如，東歐國家很希望購買西方赤字國家的工業產品（此種工業產品屬於強勢項目，它會立即被當作強勢貨幣脫手）。東歐國家交予另一西方藍字國家強勢貨幣商品，由後者付與赤字國家現金。此種三角補償適合三個國家需要；對於東歐國家交易夥伴維持一個簡易的商品交換方法，西方國家則有減輕國際收支不平衡之益處。就其他國家而言，如有外匯短絀，多邊補償會趨向更積極地進行。

2.弱勢貨幣商品三角補償 (Triangular Compensation with Weak Currency Goods)

此種補償交易，實際銷售價格常低於報價，貨品亦多半不容易銷售變現。是故，對於此種交易的補償購買承諾，廠商須耗費時間尋找適合的買主，提供相對份量的補貼 (Subsidies)，以求移轉承諾義務，順利轉售補償貨品。

三角補償交易進行成功與否,端視廠商所提供補貼金額是否足以吸引第三者的承購意願而定。例如當東歐國家需要強勢貨幣商品而本身僅能提供弱勢商品予第三國時,此種程序之進行將更困難。第三國付貨款於西方國家之供應商,西方國家交貨價值需提高以支應為銷售東歐國家弱勢貨幣商品增加之成本, 這是因為若使這些商品由中間商處理, 則必須有適當的補貼, 其方願意進行此種交易之故。

3.財務轉換三角補償 (Triangular Compensation with Financial Switch)

補償交易有時也可發展成為「轉換交易」(Switching Transaction),此係運用雙邊清算協定 (Bilateral Clearing Agreement) 所產生的借差(或貸差)金額,透過第三者——轉換交易商 (Switcher) 進行清算的補償交易。在此場合,西方國家 A 交強勢貨幣商品予東歐國家 B,而後者則交予第三國弱勢商品。如在 B 與 C 之間簽訂雙邊清算協定,除非以強勢貨幣商品清償,第三國必須藉清算貨幣之借項對東歐國家之弱勢商品轉變為強勢貨幣以支付西方國家之供應者 A, 這就需以轉換方法來達成交易。1972 年初,德國銀行對轉換交易解釋為:「轉換交易非商品交易,而係運用於國際貿易的一種外匯操作,『轉換』為貨幣交換之同義字」。例如, 清算貨幣可轉換成美元或其他自由可兌換紙幣, 或其他可清算貨幣。

三角補償交易作業流程如次:

基本型式:

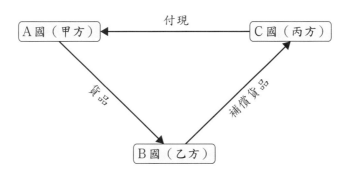

A 國(甲方)與 B 國(乙方)洽談補償交易,補償貨品由第三國(C 國)的丙方接受, 再由丙方以強勢貨幣償付甲方的貨款。

型式一: 且強勢貨幣商品

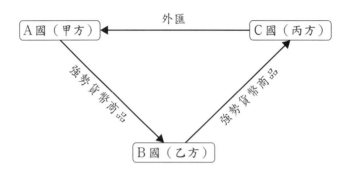

　　A 國（甲方）將具有強勢貨幣之商品售予 B 國（乙方），B 國（乙方）再將此強勢貨幣商品脫售於 C 國（丙方），由 C 國（丙方）付強勢貨幣予 A 國（甲方），完成三角補償交易。

型式二：具弱勢貨幣商品

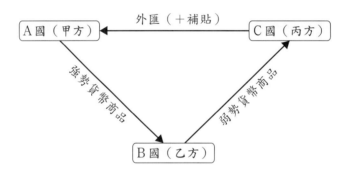

　　A 國（甲方）將強勢貨幣商品售予 B 國（乙方），B 國（乙方）將弱勢貨幣商品轉讓於 C 國（丙方），C 國（丙方）外加補貼出售後將貨款交予 A 國（甲方）。

　　弱勢貨幣商品交易通常適用於消費商品及中間財部門的小筆（或中額）、非計畫性輸出入交易。例如，汽車、食品、紡織品與某些化學品、化妝品、藥品、家庭用清潔劑、光化學品，以及在東歐國家 FTO 所辦理的「非計畫案進口」(Extra-plan Imports)。此種非計畫性貨品主要是供應其國內市場或其他類似國家市場所需，在現貨市場上多半屬於弱勢商品，因此銷售上比較困難。

　　為了順利移轉補償承諾或轉銷補償貨品，西方國家廠商或交易商不得不提供相當金額的補貼或折扣，此種補貼或折扣包括有上市、廣告、配銷等費用或交易商佣金。

型式三： 在雙邊清算協定下具弱勢貨幣商品

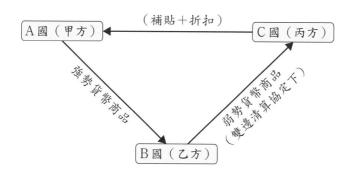

A 國（甲方）將強勢商品交予 B 國（乙方），B 國（乙方）之弱勢商品在雙邊清算協定下，交予 C 國（丙方），C 國（丙方）將弱勢商品轉變為強勢貨幣以支付 A 國（甲方）之貨款。此種型式與資金轉換相關連，分為(1)出口轉換；(2)進口轉換；(3)換回交易。分述如下：

(1)出口轉換：當西方國家必需出口低價商品時，轉換交易商購買此清算貨幣，以便買方在清算貨幣下完成對第三國之支付。

(2)進口轉換：西方國家期望經由第三國之清算貨幣進口更價廉之貨品，轉換商則提供進口商予此種清算貨幣。

(3)往前回轉交易：此種交易方式分為兩方面：往前交易，發生於西方國家商品從 A 國經由 B 國轉銷售予第三國之 C 國（國營貿易國家），清算支付之結果，由 B 國至 C 國之清算貨幣謂之「前往」(Goes)；在退回交易之場合，商品由第三國之 C 國經由 B 國交予 A 國，清算基金則由 B 國「退回」(Returns) C 國，就 B 國而言（東歐互助會國家），屬一種直接方式的轉換操作。

資金轉換實例：在清算貨幣付款條件下，西方國家 A 國將貨品交予開發中國家 B 國，這些清算美元則支付予居住在瑞士的轉換交易商，轉換交易商轉移其所獲得之清算美元在 D 國與其有共同折扣之往來銀行，收回可兌換貨幣並匯付可兌換貨幣予 A 國作為交貨之付款。

轉換商如何克服清算貨幣、強勢貨幣或可兌換紙幣間之不同差價（貼現或折扣）問題？ 第一，交易者可循下列方式簽約：交易者對於弱勢貨品給予貼現融資或補貼，並保

留可兌換外匯直至賺足夠之利息盈餘（包括補貼及折扣）。例如，假若折扣 12%，依年息 8% 基金投資於歐洲貨幣市場，轉換商藉此保留強勢貨幣半年至一年，然後在十八個月期間之後再付與西方供應者。第二，轉換者購買有折扣之清算貨幣，以此折扣出售予相對當事人。在購買折扣與銷售更小折扣之差額間構成利潤，銷售折扣可使其他交易者購買到低成本之商品以支付清算貨幣。

㈡對等採購交易

買賣雙方進行交易時，通常是簽訂三份契約，各自獨立，但卻相互關連。

⑴協議書：概述雙方承諾，賣方銷售項目及同意買方以交換商品作為抵付一部分或全部價款；⑵原始銷售契約：規定一定銷售貨品、機器設備、技術或勞務至另一方；⑶相對採購契約：附帶承諾在約定期限內向他方購買一定比率與銷售合約無關聯的產品，作為抵付部分或全部之價款，此種交易謂之「對等採購」。

在對等採購交易之場合，相對交貨所提供的產品包括製成品、零件、原材料、食品及機械等，此等產品均非原銷售貨品所生產或衍生者，且品質低劣，供大於求，在國際市場上難以直接銷售，交易對方在處理此種產品時，常需打相當的折扣（包括佣金）轉讓給交易商或終端使用者。在技術上亦有管制帳戶 (Evidence Accounts)、清算協定 (Clearing Agreement) 及附條件動支協定 (Escrow Agreement) 等技巧之運用，以確保原銷售進口商珍貴的強勢貨幣供給及提供原銷售廠商較多的保證。對等採購交易與三角貿易本質上具有下列共同關聯性：

1.交易契約

簽訂有二份契約，原始銷售契約及輸入契約各具法定效力。在對等採購之場合，該二份契約分別規定銷售事宜及指定採購承諾，並以協議書 (Protocol) 加以連結。三角貿易的輸出契約與輸入契約係屬分立的交易行為，輸出合約雖以輸入合約為基礎，但與該契約無關，也不受該契約之約束。

2.交易當事人

對等採購交易除雙方當事人外，尚有交易商或其他轉銷中間商之介入，由其履行對等採購義務，也不受該契約之約束。

3.產品關聯性

對等交易之產品屬於非衍生或非相關產品,提供該產品之機構可以為其「外貿組織」或不同產業；三角貿易之交易標的為相同產品，但三國貿易的產品則有相關的及非相關

的產品交互進行。

4.產品價格

指定採購合約除規定產品價格外，還有適用競爭性價格的「價格公式」(Price Formula)；三角貿易之價格則循傳統貿易方式報價，仍然有迎合市場競爭需要的「價格條件」(Price Terms)。

5.貨款結算

兩種交易方式均以約定之可兌換貨幣開製發票，而以一般跟單信用狀作為清償的工具。

6.交貨期限

對等採購契約之交貨期限與原銷售交貨並非同時履行，可在一年到三年之內完成；三角貿易則在相當短期限內同時完成。

7.貨品轉銷限制

履行對等採購產品購買義務者受轉銷至本國市場或第三國市場的限制；三角貿易交易貨品之轉銷決定於中間商之意願並無限制。

8.移轉承諾與條件的解除

在相對採購交易之場合，雙方訂有相對採購承諾是否可移轉第三者之成立條件，及解除該承諾義務之條件；三角貿易場合，除了總經銷方式可將採購承諾明訂於契約外，一般情形為了交易機密性起見，均無規定之必要。

總結上述(1)原始銷售契約、(2)相對採購契約及(3)協議書，來構成整筆相對採購的簽約方式，謂之「相對採購契約三角」(Counter Purchase Contractual Triangles)。至於對等採購與三角貿易業之流程，則分別以圖示如下：

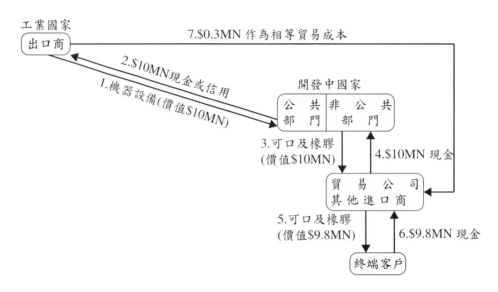

對等採購交易流程

　　依上述流程，西方國家出口商（機器設備）與開發中國家之公共部門（或其他產業）進行交易。相對採購義務指定貿易公司依國際價格購買可口及橡膠而以較低之價格出售予終端客戶，由西方國家出口商付三十萬元予貿易公司，其中二十萬元為折扣，十萬元為其他費。而機器設備實際價值為九百七十萬元，發票之價值為一千萬元（包括三十萬元的相對貿易成本），阿拉伯數字代表貨品移動及付款之路線。三角貿易中間商（相對貿易之轉銷中介）如在第三國，通常為總公司在國外的分公司，其任務在協助總公司完成三角貿易作業；如非相關之分支機構，則性質與對等貿易之轉銷中介相同，整個操作流程兩者即無甚差別。

(三)產品購回協定

　　在國際相對貿易中，「超越意識型企業」(Transideological Corporations) 常使用產品購回制度，由不同國家的買賣兩方（或以上）間簽署一種特別的長期性經濟合約，一方銷售貨品或勞務（通常為機械設備、生產技術、專利權、商標或技術授權及整廠設備）給另一方，並且契約性地在約定期限內購回其所輸出貨品或勞務所衍生的產品或其他機械設備所生產的相關產品，以抵付全部或部分原銷售貨款的交易方式謂之「產品購回協定」。此種交易方式在東歐國家簡稱為「工業合作」或「技術合作」。

　　產品購回協定之特徵與三角貿易、對等採購大致相同，所不同者為：

1.產品關聯性

　　產品購回協定購回之產品為原銷貨機器設備之衍生產品或相關產品。

2.交易期限

　　契約期限較長，普通為五年至十年，甚至長至二十五年者均有，且相對交貨時距 (Time Range) 較大。產品購回協定的作業程序：

第一階段：西方國家之公司承諾買回相關、非相關或兩者型態之商品

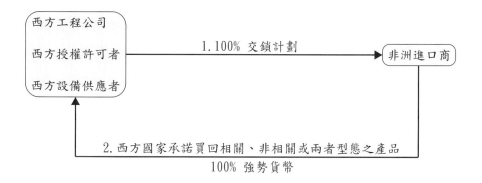

第二階段：與西方公司承諾分開

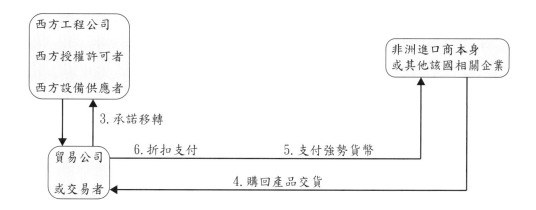

產品購回協定交易流程說明：

⑴西方工業國家與非洲進口商簽訂購買機器設備及（或）技術的「原銷售契約」 (Primary Sales Contracts)。

⑵西方工業國家與非洲進口商簽訂「產品購回契約」(Products Buy-back Contracts)，

規定西方工業國家購回產品承諾事宜。

(3)西方工業國家按折扣方式將產品購回承諾移轉予第三者（如交易商或其他進口商）。

(4)非洲進口商裝運購回協定中之產品給第三者，且就「非補償餘額」部分支付現金予西方工業國家。

(5)貿易公司或交易者支付強勢貨幣予非洲進口商。

(6)第三者支付折扣後貨款給予西方工業國家。

㈣轉換交易與三角易貨交易

　　轉換交易，係以「雙邊清算協定」中清算貨幣的多邊運用為基礎。雙邊清算協定中規定清算盈餘的一方可將代表貨品購買力的清算貨幣全部或部分按某一折扣轉讓給第三者（轉換貿易公司），由第三者用來購買清算赤字國貨品，經過一連串複雜的國際性交易活動（包括三角貿易交易），將此等貨品轉換成強勢貨幣，所得外匯扣除折扣，付給盈餘的一方。此種交易方式可使缺乏強勢貨幣的國家避免其貨幣不能直接兌換成強勢貨幣所產生的資金壓力。

　　轉換交易的特性在於藉雙邊清算債權之多邊運用而進行的交易活動，透過轉換交易商之媒介，替不易於國際現貨市場銷售的貨品及無法購買所需貨品的客戶尋找銷售去路及取得供應來源；而轉換貨品之出售終端客戶可能還涉及包括三角貿易交易及第三國銷售的一連串國際買賣。因此，轉換交易更具三國間貿易的特色。

　　轉換交易在低度開發國家與東歐國家間較為常見；近來，則有少數西方國家廠商利用東歐國家與低度開發國家，或低度開發國家間之雙邊清算協定進行轉換交易。茲以一例來說明轉換交易之內容。波蘭（丙國）是屬於「弱勢通貨」(Soft-currency) 之國家，今與一瑞典（乙國）廠商訂定雙邊協定（以雙方約定之清算貨幣記帳），相互交換一千萬美元之購貨，但是瑞典廠商可能發覺只有五百萬美元之波蘭產品值得轉換，於是對波蘭即擁有五百萬美元之信用。然後由一家轉換經手商按 7% 或 8% 之折扣，以強勢通貨來購買這些信用。經手商再勸說一家印度進口商購買波蘭之牽引機，而握有強勢通貨盧布，剛好一家澳洲廠商希望以強勢通貨購買印度棉花，再通過經手商以若干折扣方式促成交易，如此反覆進行，以迄收取強勢通貨為止。轉換交易與三角貿易之關聯性為：

1.交易當事人

　　雙邊清算協定或三角貿易，均須經由第三者，如轉換交易商、第三國廠商及終端客

戶。

2.清償方式

雙邊清算協定下之轉換銷售可能涉及其他易貨及傳統貿易之清償。

3.交易期限

轉換交易或三角貿易之交易期限均於短期內即可完成。

4.貨品轉讓性

除特別約定外，轉換貨品可作無限的轉讓銷售。

5.雙邊貿易傾向

雙邊清算協定一方擁有之貿易差額即使不被限制為特定用途，但也不能轉向第三國採購，而使其支配範圍以對債務國交易為限，以免導致走向雙邊貿易。轉換交易或三角易貨之作業程序如次：

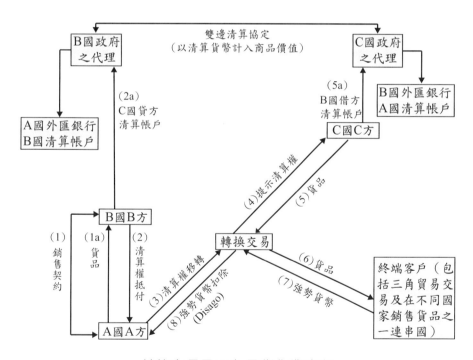

轉換交易及三角易貨作業流程

符號 (1) 表示 A 方與 B 方簽訂銷售契約，(1a) 由 A 方裝運運貨品予 B 方。(2) 及 (2a) 表示為了償付 A 方貨款，B 方獲得許可將 B 國對 C 方清算盈餘轉撥 A 方帳戶以為

抵付貨款。(3) 表示 A 方根據與 B 方銷售契約中規定之適當條款（即轉換條款），將上述許可之清算權按某一折扣轉讓給專業轉換交易商。(4)、(5) 表示轉換交易商以轉讓所得清算貨幣自 C 方輸入貨品。(5a) 為 C 方交貨，向 C 國外匯銀行申請在 B 國清算帳戶內記入借方。符號 (6)、(7) 表示轉換交易商經由一連串之國際交易（包括數種貨品的轉換），將 C 方貨品轉售願意購買的買主，以取得強勢貨幣貸款。符號 (8) 表示轉換交易商將收到之貨款扣除佣金及折扣後，以強勢貨幣償還 A 方。

各類型相對貿易結構異同比較

項次	1	2	3	4	5	6	7
類型	易貨交易	補償交易	對等採購	產品購回協定	轉換交易	抵補交易（同3）	雙邊清算協定
合約數目	一份契約：載明交換標的物之詳細內容	一份契約二筆交易：原銷售交易及補償購買交易	二份契約：原銷契約及指定購買契約	二份契約：原銷契約及產品購回契約	清算協定、原銷契約、購買契約及銷售契約	備忘錄、單一訂購契約、某一期限契約、現行契約之延長、租賃或偏用契約	單一契約
交易性質	短期間一次完成交易	現金與轉讓	不一定同時履行	時間落差較大	一連串複雜的國際性交易活動	與國際有關且交易金額相當高	基於易貨交易精神進行交易
交易當事人	雙方當事人，無第三者參與	二個以上當事人	當事人、交易人、轉銷中介	當事人、交易人、轉銷中介	同上、第三國廠商	二個以上當事人、多個國家組成之共同參與者、協助行銷及轉包生產涉及之當事人	兩國政府約定，私人企業任意參與執行
清償方式	採記帳方式沖銷債權債務	1. 相對應貨幣支付 2. Escrow L/C 3. Reciprocal L/C 4. Specific L/C	一般跟單L/C且各筆交易均以貨幣清償	同上	易貨協定、傳統貿易償付	現金償付貨款	1. 清算帳戶 2. 清算單位
交換比率	等值貨品、勞務	20%～100%	定價公式等值、超額或	同上	清算盈餘		

			低於原銷售金額				
產品關聯性	非關聯性	來自同一產業之非關聯性產品	非衍生性或非關聯性	衍生產品或相關產品	無關聯或來自同一產業產品	相關或非相關(軍事武器、飛機、造船、太空)產品	
承諾移轉	約定不得轉移	補償購買承諾可移轉於第三者	受限轉銷至本國或第三國	可移轉於第三者	無限制轉讓銷售	約定不得轉移	
交易期限	短期內完成(一年內)	三年以內	1~5年	少則3年,5~10年,長則25年	半年之內完成	通常約3~5年,亦有長達15年以上	通常為2~5年
發票幣別	無現金之移轉或流通	可兌換通貨發票	約定之可兌換通貨				約定兩國使用之匯票

第三節　相對三角整合型

　　所謂「相對三角」(Counter-Triangular) 係指運用相對方式進行三角貿易,謀取其利,以三角貿易完成相對貿易承諾,獲得商機,兩種型態交互運用之一種整合型貿易方式。此種方式,就縱的方面言,在於運用相對貿易及三角貿易的理論,提高貿易經營層次;就橫的方面言,則結合健全的組織能力,訓練有素的專業人才,靈活廣密的商業系統,豐富的國際商務經驗,金融調度能力及圓滑談判策略,以擴大貿易活動領域,結合兩者交互運用,使相對貿易與三角貿易之發展關係能產生一種「協調效果」(Synergy Effects)。

一、整合型的基本條件

　　進行相對三角整合型的貿易方式,遠較傳統三角貿易複雜,涉及交易技術層次亦較深入,交易時限長且交易金額一般都相當鉅大。因此,推動此種方式需具備之基本條件 (Preliminary Consideration) 不可或缺。依 Pompiliu Verzariu 在其所著: *Countertrade, Barter, and Offsets—New Strategies for Profit in International Trade* 之見解有五項:

(一)財務條件

　　相對貿易各類型交易中，除易貨交易完成時限較短外，其他交易方式需時頗長，兩次交易間往往需較長時限之資金融通，甚至交易中止期間（糾紛仲裁）或交貨延遲（不可抗力）時，銷售廠另需負擔給予進口商信用的財務成本，故如何充實財務能力，運用財務資源如政府輸出融資、開發銀行資金、特殊信用狀等都是構成財務條件 (Financial Conditions) 的基本要件。

(二)產品優先性

　　產品優先性 (Products Priority)，指輸出（入）貨品與勞務對相對貿易進（出）口廠商的優先順序。其考慮之原則為，進口國迫切需要，可賺取強勢貨幣及容易處理的均為優先等級之貨品。有利的「目標商品」選擇，為計畫積極參與的先決條件。

(三)專業人員

　　推動「相對三角」整合型貿易方式成功與否之另一要件為可資運用之專業人員 (Specialist) 多寡及其專業知識之豐吝；這可從訓練完成之公司內部人員負責擔綱，亦可外聘一組顧問 (Consultant) 以指導公司制定整合型之交易策略及計畫，建立最適合之組織結構，必要時應協助覓妥提供融資服務之金融機構。

(四)處理貨品能力

　　參與「相對三角」整合型交易的廠商，本身是否具備處理交易貨品的能力 (Disposal of Exchange Goods)，亦甚為重要。在進行交易談判前，應對廠商自身吸納或轉銷能力詳加評估，尤其轉銷能力向為三角貿易的特殊技術，缺乏三角貿易的累積經驗，對承諾移轉的貨物將一籌莫展。

(五)營運計畫

　　周詳的長程營運計畫 (Operation Planning)，對進行「相對三角」的廠商而言，是另一必備要件之一。營運計畫應將廠商進入每一個特定市場之行銷通路、市場特性、政治環境、競爭資訊、貿易法規等列入分析，並列舉可能之拓展市場途徑及策略、融資來源、組織配置及後勤支援，以強化完整的經營策略。

 二、整合型的配合架構

　　綜合前述相對貿易與三角貿易關連類型分析，歸結進行此種整合型貿易方式之基本條件，其配合架構為：

㈠貨款之清償方式

在三角易貨交易之場合，委由第三國轉銷中介將承諾移轉貨物出售，獲得貨款扣除應得佣金後，存入進口商所在地之外匯銀行，供其開發信用狀予出口商出貨，並由第三國轉銷中介開出擔保信用狀 (Stand-by Credit) 後交予對方作為交貨保證。如屬三角補償交易，須覓妥一家外國銀行提供貸款，進口商利用此等貸款開信用狀，出口商整廠輸出後，押匯取款；俟進口商把生產出之相關產品回銷時，出口商開出信用狀予第三國轉銷中介，第三國轉銷中介再根據出口商開出之主信用狀 (Master L/C) 轉開副信用狀 (Secondary L/C) 予進口商，以抵付貨款。

㈡交易標的物

相對貿易產品除產品購回協定外，大部分屬於非衍生或非相關產品，且由不同產業或不同外貿機構提供，三國間貿易對產品之移轉本具複雜性，非關連性產品之交易，亦使三角貿易之進行多元化。

㈢交易主體

相對貿易除交易雙方當事人外，尚可能有第三者介入，包括交易所 (Trading House)、貿易商 (Trader)、轉銷中介 (Switcher)、第三國廠商及銀行等。三國間貿易其海外分支機構之當地法人、分公司或代理商均可直接或間接參與，扮演海外貿易的主導者。

㈣契約的數目

在貿易及補償交易型態下，僅簽訂一份契約，涵蓋雙方當事人間貨品之銷售事宜及補償易貨承諾；在對等採購，產品購回協定及轉換交易之場合，則以協議書 (Protocol) 連結原銷貨契約 (Primary Sales Contracts) 與相對交易採購契約 (Counter Trade Contracts) 來構成整筆相對貿易協定。因此，在簽約階段若欲進行三角貿易，則可於相對採購契約內附加「移轉條款」(Transfer Clause) 或第三者條款 (Third-party Clause)，將相對貿易承諾貨物移轉給善意的第三者處理，以三角貿易完成相對貿易的後續 (Follow up) 義務。

㈤經營管理策略

採用縱向組織，集中管理，以三角貿易部門為利潤責任中心，運用各種融資管道，及商情系統掌握貨源，藉國際行銷策略深入市場，從參與簽約開始，提供購、銷過程所需之一切服務，完成一貫經營策略。

三、相對三角整合型貿易方式實例

日本綜合商社憑其長期累積的商務經驗,遍佈全球的商情系統及知曉所有類型產品在全球建立銷售網的豐富知識,使綜合商社在處理其三國間貿易所承作的相對貿易技術遠較世界其他公司有更精練的適應方法。因此,近年來綜合商社在相對貿易所扮演之角色向為世界各國所重視。本節舉出某些特別實例以說明綜合商社處理相對貿易的圓熟經驗。根據日本對外貿易協會於 1983 年五月所作研究計畫分析九大綜合商社在「海外對海外貿易管理」的研究報告中「日本三角貿易之研究」所舉之二個實例說明如次:

(一)產品購回協定實例

日本 A 貿易公司與東歐 E 國簽訂一份外銷價值達八億日圓的汽車零件離合器工廠,買賣合約包括先付 15% 貨款,其餘 85% 分五年延期償付,輔助性條款則規定日本 A 貿易公司在同期必須買回相當於出口價值的 E 國貨品。在簽約前 A 貿易公司與製造工廠即派出銷售部門專家多人進行瞭解,證實有 5% 的補償交易在五年內購買大約價值八億日圓的 E 國貨品。A 貿易公司先將佣金置一旁,引誘製造商先付大約 5% 補償交易購回進口貨品之貨款。經製造商重估其出口價並判斷有足夠競爭能力之後,再經由 A 貿易公司與 E 國談判,在包括 5% 的補償價格條件下簽約。A 貿易公司即運用製造工廠的補償作為基礎,向其相關營業部門及其海外分支機構發出指令購買 E 國貨品,且轉銷售於日本國內外市場。銅產品的海外交易是作為部分購回產品的履行標的物,A 貿易公司倫敦分公司負責簽訂契約並扮演與東歐 E 國與英國客戶兩者間之橋梁,貨款之清算以信用狀為條件,結果很順利的完成交易。

(二)對等採購實例

1980 年初,日本 M 貿易公司與東歐 B 國進行大約價值六十億日圓製造特種車輛輪胎的整廠輸出,東歐 B 國由於外匯短缺且追求工業化與推廣輸出之策略需要,要求相對採購大約與該整廠輸出等值的貨品。相等採購貨品為該國生產的運輸機械、化學肥料及農業產品,並且契約性地承諾可進口東南亞 P 國的其他產品。M 貿易公司必須考慮包括無法將化學肥料及農產品銷回日本的很多因素,以便整廠輸出,使交易能順利完成。

因此,只好透過「海外對海外貿易」方式,經由其海外分支機構設法將貨品銷往第三國。由於 P 國之農業產品屬市場性貨品,價格容易波動且買主不確定,M 貿易公司須設法在西歐現貨市場脫售;東歐 B 國的化學肥料雖同屬市場性商品,但無品質方面之問

題且被視為有廣大消費市場之產品，可經由國際投標由東南亞國家購買，結果交易亦圓滿完成。

　　值得注意的是進行此種複雜交易，談判困難且獲利風險大，東歐 B 國化學肥料交貨經常延期，以致獲利性相對地減低。附帶產生的問題為：整廠輸出交易對象為工業機械進口與輸出合作，化學肥料交易夥伴為化學品合作，農產品交易為食品合作，溝通不同交易對象間之談判並非能很圓滑地進行，增加了最後談判中不可預期的困難，而日本綜合商社卻均能一一克服。

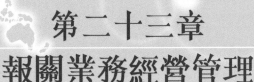

第二十三章
報關業務經營管理

第一節　報關與通關（業務）之概念

　　報關與通關業務是國際貿易流程重要環節之一，只要有貿易行為，就會發生進出口貨物報關與通關手續。在國際商會修訂的 2000 年版「國貿條規」的十三種貿易條件 (Trade Terms) 中，買賣雙義務 (Obligation) A_2 項及 B_2 項均規定在可適用的情況下，需各自完成通關手續，就是明證。以經營國際貿易的角度而言，從報關行切入，學習精熟的進出口貨物通關與報關技能，對處理國際貿易是相當有助益的。本文特闢專章加以縷述，俾對報關業務經營有一簡析之瞭解。

 一、報關業務

　　報關一般泛指進出口貨物之報關而言。進口貨物之報關，應由「納稅義務人」（收貨人、提貨單持有人或貨物持有人）或受委託之「報關行」繕具（或由電腦列印）進口報單遞交或傳輸海關辦理手續；出口貨物之報關，應由「貨物輸出人」或受委託之「報關行」繕具（或由電腦列印）出口報單遞交或傳輸海關辦理手續。

　　由上述可知，辦理報關業務的主體人為海關，對象是納稅義務人、貨物輸出人及報關行等三者。

 二、通關業務

　　通關係指載運客貨之運輸工具（船舶、車輛、牲畜、飛機等海陸空所用者）通過、抵達，或駛離對外開放之港口、機場或陸路關卡，必須向海關申報，並依其規定程序完成通關手續之謂。

(一)進口運輸工具之通關

　　進口運輸工具之通關，包含海運進口船舶及航空進口之飛機兩種。

1.海運進口船舶

進口船舶之船長或由其委託之船舶所屬業者,應於船舶進口二十四小時前向海關提出船舶進港預報單,如因故提早、遲延或中止進口者,應立即向海關報明提早、延期或註銷。

進口船舶抵達後,船長或由其委託之船舶所屬業者應於二十四小時內檢具下列文件向海關申報進口:

(1)進口及過境貨物艙單。但經海關登船查驗並收取者,得免檢附。

(2)船舶入港報告單。但港務局以電腦連線方式傳輸者,得免檢附。

(3)國籍證書。

(4)噸位證書。但國籍證書已載明船舶淨噸位者,得免檢附。

(5)來自中華民國通商口岸之船舶經結關者,其結關證明書。

2.空運進口航空器

飛機抵達本國機場後,機長或由其委託之飛機所屬業者應檢具下列經其簽章之文件向海關申報:

(1)隨機航員名單(綜合報告表)一份。

(2)進口及過境貨物艙單各一式三份,未載貨者亦應檢送「無」貨艙單。

(3)入境及過境旅客名單。

㈡出口運輸工具之通關

出口運輸工具之通關,亦包含海運出口及航空出口之運輸工具兩種。

1.海運出口船舶

海運船舶之出口又稱為「結關」(Customs Clearance),係指船舶要駛離港口時,須持有有關主管機關同意開航之文件,並依海關規定辦理一切手續後,由海關發還國籍證書之手續。出口船舶所屬船公司或其代理人,如已傳輸「出口船舶開航預報單」向海關預報其「截止收貨日」,「結關日期」及「開航日期」則可由關貿網路所設置之船期資料庫,開放作為船期表功能,以利報關行及出口廠商查詢及作業。在「截止收貨日」次一工作日中午十二時起五日內,向海關申報結關之期間謂之「結死關」,船舶四十八小時內就需開航出口,貨物輸出人不得報關裝貨。若在原定截止收貨日前經海關同意展延者,謂之「結活關」,貨物輸出人仍可報關裝貨。

船舶出口前,船長或由其委託之船舶所屬業者應於「預報截止收貨日」次一工作日

中午十二時起五日內檢具下列文件向海關申請結關，經核發結關證明書後船舶始得出港：

(1)結關申請書。

(2)出口貨物艙單。

(3)出境旅客名單。但與進口時所送過境旅客名單相同者免送。

(4)船員名單。但與進口時所送名單相同者免送。

(5)檢疫准單。

(6)助航服務費繳納證明書。

(7)退關貨物清單，無退關貨物時仍應填「無」。

(8)註銷貨物清單，無註銷貨物時仍應填「無」。

(9)出口貨櫃清單。

2.空運出口飛機

飛機起飛出境前，其機長或由其委託之飛機所屬業者應檢具出口貨物艙單一式二份向海關申報。

飛機所載貨物應按規定向海關申報進出口，飛機所屬業者並憑進出口貨物艙單卸裝貨物，海關關員得視需要抽核，監視卸裝，其轉載其他飛機貨物或轉口貨物者亦同。

第二節　報關行之經營管理

報關行是一種提供貿易服務並經營受託辦理進、出口貨物報關納稅等業務的營利事業。貨物進出口通關之所以委由報關行辦理，基於下列三個主要理由：①報關業務具相當的專業性；②海關業務法規及行政規定不易瞭解；③進出口通關流程繁瑣複雜。當然，出進口廠商自行報關，海關仍照樣受理。一般而言，報關行因運輸工具之不同而分為空運報關行及海運報關行，近幾年來也有同具二者性質的報關行。空運報關行又多隸屬航空貨運承攬公司的報關部，依業務種類區分為空運出口報關與空運進口報關。航空貨運承攬公司為航空公司之代理商。海運報關行則純為客戶之海運出、進口報關。

報關行之管理有外部管理及內部管理兩部分。前者著重在海關對於從事進出口報關業務之報關行所作之管理，海關並訂有「報關業設置管理辦法」加以管理，至於報關行之內部管理，則詳見後述。

一、 報關行之委任關係

報關行接受貨主委託辦理報關、納稅等行為，屬委任關係。海關規定需由貨主檢附委任書，始能辦理。此種委任書關係，有下列三種情況。

(一)委任關係

關稅法第二十二條及出口貨物報關驗放辦法第五條均規定：貨物應辦之報關、納稅等手續，得委託報關行辦理。

稱委任者，謂當事人約定，一方委託他方處理事務，他方允為處理之契約（民法第五百二十八條）。

(二)代理關係

民法第一百六十七條規定：「代理權係以法律行為授與者，其授與應向代理人或向代理人對之為代理行為之第三人，以意思表示為之」。因之，海關規定進、出口報單，如係委託報關行辦理，投單時應附一份「委任書」。

為委任事務之處理，須為法律行為，而該法律行為，依法應以文字為之者，其處理權之授與，亦應以文字為之。其授與代理權者，代理權之授與亦同（民法第五百三十一條）。由上述可知「委任書」之必要性。

(三)委任書代理範圍

不論常年或非常年委任之委任書，其列舉之代理範圍包括繕打報單、遞送報單、會同查驗貨物、簽認查驗結果、繳納應完稅捐及規費、提領放行之貨物、收受海關通知與文件、領取貨樣等。

 二、 報關行之設立

報關行雖屬營利事業之一，但與一般公司行號設立登記最大不同是報關行之設立，要先經海關許可，始得辦理公司或商業登記，並應於登記後，檢附相關文件向海關申請核發報關業務證照。且其員工應有一人以上具有「專責報關人員」之資格。由此可知，申請設立報關行之門檻是相當嚴格的。

設立報關行大都依「報關業設置管理辦法」規定依序申請即可。本節特就繁雜規定中，整理出有系統的概念，以便一目了然。其餘詳閱上述管理辦法。

(一)設立報關行應具備之條件

欲設立報關行經營報關業務，首須考量外部環境之市場需求，競爭條件，報關次元人才培訓等因素之滿足程度。另外，報關行之核准設立權掌控在海關，海關視當地實際需要，認為無增設報關行之必要者，得隨時公告停止受理申請，這才是關鍵。其餘只要遵循海關規定辦理，自然水到渠成。以下是設立條件。

1.資本額

申請設置報關業，其資本額應在新臺幣 5 百萬元以上（離島地區新臺幣 1 百萬元以上）。

2.專責報關人員

報關行之員工中應有一人以上具有「專責報關人員」(Accredited Person for Conducting Brokerage Business; Registered Customs Specialist) 之資格。報關行負責人或其授權掌理報關業務之經理人應符合下述之規定。

3.報關實務經驗

報關行負責人應具有三年以上報關實務經驗，如設有授權掌理報關業務之經理人者，不在此限；經授權掌理報關業務之經理人，應具有三年以上報關實務經驗。

4.設置電腦及連線設備

為配合海關通關自動化作業需要，報關行應設置電腦及相關連線設備處理報關業務。但情形特殊之地區，經海關核准者不在此限。

(二)設立程序與手續

報關行之設立程序分為公司行號設立登記之前及申請核發報關業務證照兩部分說明。

1.公司行號設立登記之前

先將擬設立之報關行名稱、地址、組織種類、資本額、負責人姓名及專責報關人員姓名、考試及格證書或資格測驗合格證書字號，報請所在地關稅局或其分支局審查許可。經海關許可函復後再辦理公司設立登記、商業登記。

2.申請核發報關業務證照

在完成公司、商業登記後，檢具下列文件向所在地關稅局或其分支局申請核發「營業執照」，憑以執業。

(1)申請書：應載明報關行之名稱、地址、資本額、組織種類、負責人及其授權掌理報關業務之經理人之姓名、出生年月日、住址、職業、身分證統一編號並檢附其

他相關文件。

⑵報關行之組織為合夥者，應檢附合夥人名冊；為公司者，除股份有限公司檢具董事及監察人名冊外，應檢附公司股東名冊。

⑶專責報關人員名冊、考試及格或資格測驗合格證書。

⑷所在地報關商業同業公會之會員證。報關行所屬之縣（市）如無報關商業同業公會者，得檢具加入所在地關稅局所屬之其他縣（市）報關商業同業公會之贊助會員證。

3.報關行跨區營業

報關行在其他關區營業時應另行申請，但連線報關行得「跨區連線申報」：

⑴經核准設置之報關業，擬在其他關區營業時，仍應分別依規定向所在地關稅局或其分支局申請核發「報關業務證照」。

⑵報關業得檢具申請書向原核發報關業務證照之關稅局或其分支局申請辦理跨區連線，並指定接洽公務之報關業。

4.營業處所限制

報關業在同一關區內之營業，應憑當地關稅局或其分支局所核發之報關業務證照辦理登記並指定接洽公務之報關人員。

經核准設置之報關業，其營業處所，在每一縣市內以一處為限。但得視需要報經海關核准後增設。每一營業處所均應指定接洽公務之報關人員。

 ## 三、報關行之管理

報關行管理，是指依「報關業設置管理辦法」之規定，海關對經其核准設立之報關業依法管理部分。管理內容主要包括營業執照，填報單證書據及配合辦理事項。

㈠營業執照

營業執照管理包括校正、變更、遺失、停止營業等。

1.校正及補發

經核准設置之報關業，由海關發給報關業務證照，並應每兩年向海關辦理校正一次。校正時應有當地報關商業同業公會之校正簽章或文件。上述證照遺失時，應即申請補發。

2.廢止再申請

報關業經海關廢止其報關業務證照者，自廢止後二年內不得以同一名義再行申請設

置。

3.變更換發

經核准設置之報關業申請變更登記者，應事先以書面向海關報備後，再向其他有關機關辦理變更登記，並應自完成變更登記之翌日起三十日內，檢附公司登記之證明書或營利事業登記證及其影本向經管海關辦理變更登記、換發執照。

4.暫停及停止營業

報關業解散、自行停止營業或被海關撤銷營業執照而停業者，應於事實發生之日起五日內繳銷營業執照。

報關業暫停營業，應於停業前以書面向海關報備；復業時亦同。報備停業期間復向海關辦理報關納稅手續者，視為已復業。暫停營業期間，不得逾六個月，但情形特殊者經海關核准得展延一次，以六個月為限。

(二)填報單證書據

報關業受委任辦理報關，應切實遵照關稅法、關稅法施行細則、出口貨物報關驗放辦法及其他關務法規規定，詳填各項單證書據及辦理一切通關事宜。

1.受委任報關應附委任書

報關業受進出口人之委任辦理報關，應檢具委任書；其受固定進出口人長期委任者，得先檢具委任書，由海關登錄，經登錄後，得於報單或轉運申請書等單證上填載海關登錄字號，以替代逐件出具委任書。

2.遞送進、出口報單

(1)應加附副本一份：

①經海關加蓋收單戳記後取還，妥為保管二年。

②海關得隨時查核或調閱，報關行不得拒絕。

(2)報單上應蓋用報關行公司行號印章及負責人或授權掌理報關業務人員印章。

(3)報單應經「專責報關人員」審核簽證。如因臨時事故，得委託所屬報關商業同業公會所雇專責報關人員代行。

3.辦理先放後稅

報關行得依進口貨物先放後稅實施辦法有關規定辦理通關事宜。

(三)配合辦理事項

報關業須配合海關查驗貨物、公佈收費項目、設置報關專簿、繳納稅款等事宜。

應配合海關查驗貨物之事項:

(1)進口貨物應自報關之翌日起十日內申請並會同海關查驗,海關始予派驗。

(2)報關業於海關關員查驗貨物時,應備足員工或臨時性勞工負責辦理應驗貨物之搬移、拆包或開箱及事後恢復原包裝等事項。

(3)員工辦理報關業務應佩帶報關證, 視為代表報關行。

(4)報關業受託辦理報關業務、應收費用項目,由所屬報關商業同業公會核實議訂公告並副知海關。變更時亦同。

(5)報關業應按年設置專簿,逐日將經辦之進出口報單號碼、貨名、件數及貨主等資料, 詳予登記。

(6)發現稅款繳納證內所填稅款數額有誤寫誤算情事, 應立即向海關申請更正。

(7)報關業不得出借其名義,供他人經營受託辦理進出口貨物報關納稅之業務,亦不得借用他人名義辦理進出口貨物報關納稅業務。

第三節　進口報關業務之經營

報關行是如何經營及管理進出口貨物報關與通關業務,常不為從事國際貿易的人所瞭解, 而報關又是國際貿易很重要的一個環節, 本文特就其經營特性加以綜述。

報關行之內部管理,可分為兩部分: 一為進口報關業務,二為出口報關業務,進口報關業務,是指在執行進出口貨物通關業務時,對其內部執行部門之管理。重點流向包括內勤作業方法、外勤現場作業及專責報關人員三方面之經營管理。茲舉一實例說明之。

臺中市進口廠商源泰工業股份有限公司(以下簡稱進口廠商)從美國進口廢電線電纜(Copper Scrap) 一批,貨物於 100 年 2 月 8 日運抵臺中港,同年 2 月 11 日源泰工業股份有限公司委託華平報關股份有限公司(以下簡稱報關行)向臺中關稅局投單報關,其進口通關流程如下。

一、進口廠商應辦理事項

委託報關行報關之進口廠商,在貨物進口前,須完成其貿易處理程序及報關前之必要辦理項目,以使進口貨物之通關手續能順利進行。

㈠貿易實務處理程序

進口廠商貿易實務流程為進口簽證，申請開發信用狀及進口贖單等動作之完成。

1.進口簽證

⑴進口貨品廢電線電纜屬未列入「限制輸入貨品表」內之貨品，免證進口。

⑵進口貨品之輸出入規定為 558M01（經濟部公告准許間接進口之大陸物品項目）。

2.申請開發信用狀

⑴進口廠商向中國國際商業銀行臺中分行（開狀銀行）申請開發信用狀。

⑵預繳貨款或保證金（信用狀金額 10% 以上）辦理第一次結匯。

3.進口贖單

100 年 2 月 10 日開狀銀行寄發領取進口單據通知，由進口廠商辦理第二次結匯償還銀行墊款本息，贖回相關的貨運單據，內有提貨單正本三份，商業發票正本三份，包裝單正本三份，受益人證明書一份及保險單正副本各一份。然後寄予委託之報關行，以便其進行內部作業。

㈡報關前應辦理事項

進口廠商在委託報關行報關之前，須辦理之事項有下列各項。

1.換發小提單

進口廠商持贖回之提貨單正本 (Original B/L) 或交予委任之報關行向國外出口商委託裝運之立榮海運公司換回小提單 (Delivery Order, D/O)，以便辦理報關提貨手續。

2.看貨或抽取貨樣

進口廠商對所進口貨物之品質、規格等，認為與原約定條件是否相符持有疑義，或與承購者洽談生意有必要實地看貨時，可在報關前申報檢視貨物或抽取樣品。但應申請特別准單，貼足規費證後始能辦理。

3.辦理稅捐減免

⑴關稅可減免之情形很多，其法令依據及其主管機關各有不同。海關辦理時，往往要憑主管機關所出具之證明文件，而主管機關核發證明文件，有時需歷時頗久，是以宜及早提出申請。

⑵稅捐減免文件，萬一不及於報關時提出，可申請依關稅法第十八條第三項第一款之規定，按未優待之稅額押放，事後再補繳文件，申請退款。

4.預查進口稅則

進口貨物申請稅則預先歸列，應依海關規定格式填具申請書，檢附原廠型錄或樣品，

向地區關稅局申請，經關稅總局復核。地區關稅局歸列完成後，由地區關稅局函復之。報關時，檢附解答函影本以憑辦理稅則號別之歸列。

本案進口貨品有專屬稅則──7404.00.10.10.4，很明確不用預查進口稅則號別。

5.申請核定整套機器設備稅則分類

進口貨品如屬關稅法第四十條規定之整套機械設備，如因體積過大或其他原因，須拆散、分裝報運進口者，除事前檢同有關文件申報，海關核明屬實，按整套機器設備應列之稅則號別徵稅外，各按其應列之稅則號別徵稅。本例由於非屬機器設備，按既定稅則分類即可。

(三)報關時應辦理事項

進口貨物若已進入通關流程時，廠商須配合辦理之事項有下列三項。

1.廠商自行報關

(1)負責辦理應驗貨物之搬移、拆包或開箱、恢復原狀等事項及費用。

(2)提供參考資料如型錄、說明書、藍圖、圖樣、成分表、仿單等。其中「說明書」不得採用大陸簡體字，否則依法檢扣，不准進口。

(3)在報單背面簽認查驗結果及取樣事實。

2.廠商委託報關

提供參考資料如型錄、說明書、藍圖、圖樣、成分表、仿單等，其中「說明書」不得採用大陸簡體字，否則依法檢扣，不准進口。

(四)碰檔核判

裝載廠商進口貨物之船公司在船到前幾天，會將進口艙單傳輸給海關。報關行辦理通關時，到船公司換取小提單 (Delivery Order, D/O)，依 D/O 上資料作進口報單、傳輸 EDI，此時會馬上和當初船公司傳輸給海關的資料碰檔。碰檔時有三種通關方式：

1.免審免驗通關（C1 報單）

由海關直接列印稅款繳納證或傳輸稅款繳納證訊息，或報關行自行列印稅款繳納證，繳完關稅、放行後即可提領貨物。

2.文件審核通關（C2 報單）

應審核文件，要經海關分估審核。

3.貨物查驗通關（C3 報單）

應驗應審，經海關驗貨人員，驗貨無誤，再經分估審核過，核發稅單，繳關稅、放

行。

㈤報關期限及檢送文件

進口貨物之申報，由納稅義務人自裝載貨物之運輸工具進口日之翌日起十五日之內，向海關辦理。

進口報關時，應填送貨物進口報單，並檢附提貨單、發票、裝箱單及其他進口必須具備之有關文件。

1.報關期限

源泰工業股份有限公司於 100 年 2 月 10 日貨物到埠後，同年 2 月 11 日即將貨運單據掛號郵寄予臺中縣梧棲鎮的報關行委託其向臺中關稅局報關。

2.報關檢送文件

(1)進口廠商應提供文件：

①提貨單：正本三份。

②商業發票：正本兩份。

③裝箱單：正本一份。

④輸入許可證：免附。

⑤委任書：一份。

⑥產地證明書：免附。

⑦型錄，說明書或圖樣：一份。

(2)報關行應準備文件：

①進口報單：正本一份，副本二至四份。

②裝櫃明細表：一份。

③貨價申報書：免附。

④貨櫃集中查驗吊櫃通知單：連線者免附。

二、報關行執行方法

報關行執行業務之方法，分為內勤業務及外勤現場作業兩部分，並以自編「進口報單作業指導書」作為依據，管制審核、複核、EDI、站關作業及現場作業等流程。

㈠報關部內勤業務

內勤業務包括進口報單繕製，部門主管複核，專責報關人簽證，然後再以 EDI 傳輸

關貿網路，由 EDI 核判通關方式（C1、C2、C3），再將進口報單及相關文件正本，移交現場站關作業人員送交關稅局進口課，正式送單審核。

1.客戶委託報關文件

客戶以 B/L、Invoice、Packing List、委任書、型錄或說明書、關稅局規定相關文件等，委託辦理各項進口報關業務。

2.報關部作業

⑴報關部業務承辦人員接到上述文件，先行審核文件是否到齊及內容是否一致；若文件不足或資料內容有疑問時，則要求客戶提供正確之文件，以便進行報關。

⑵報關部業務承辦人員依據「進口報單作業指導書」及客戶文件輸入資料並製作報單初稿，呈送部門主管審核；如符合標準，則由業務承辦人員繕製進口報單，正式向海關申報。

⑶若報單初稿審核不符時，如屬輸入錯誤，則退回業務承辦人員修改輸入，至審核合格後再繕製進口報單；如屬客戶文件不符時，則回復第⑵項辦理。

3.主管複核

進口報單繕製完成之後，連同第⑴項所述文件，呈部門主管複核及 EDI 方式傳輸至通關網路，由 EDI 核判通關方式（C1、C2、C3），再將進口報單及相關文件正本，移交現場站關作業人員送交關稅局進口課，正式送單審核。

4.退件處理

若 EDI 退件，則 EDI 連線之終端機螢幕上會出現「不受理報關原因通知」「5106」訊息；此時，業務承辦人員應依 "Error Code" 訊息處理、修正，送呈部門主管複核合格後，再依第 2 項之⑶辦理。

㈡報關部外勤現場作業

外勤現場作業包括投單報關，查驗貨物，繳納稅款，銷艙作業及提領貨物，並依 EDI 核判之通關方式（C1、C2、C3）進行外勤及現場作業管理。

1. EDI 核判為「C3」（貨物查驗通關）案件

⑴站關作業人員依關稅局規定，將進口報單及客戶進口文件送交關稅局進口課初審，再由進口課移轉驗貨課查驗，驗關作業人員依據「進出口貨物查驗及取樣準則」應全程代表客戶會同查驗；經查驗及複核符合規定，站關作業人員即持進口課核發「海關進出口貨物稅費繳納證兼匯款申請書」，至臺灣銀行駐關稅局辦事

處繳交稅款。

⑵繳稅放行後，關稅局進口課核發「海關進口貨物電腦放行通知」交報關行站關作業人員，站關作業人員應立即移交現場作業人員，至關稅局駐庫辦公室進行銷艙作業，並通知客戶及運輸公司提領貨物。

⑶現場作業人員進行銷艙作業前，應準備下列文件：

　①進口貨櫃追蹤落地檢查申請書。

　②進口貨櫃出站檢查登記表。

　③切結書。

　④提貨單 (D/O)。

2. EDI 核判為「C2」（文件審核通關）案件

⑴站關作業人員依關稅局規定，將進口報單及客戶進口文件送交關稅局進口課審核；若符合規定者，站關作業人員依「稅款繳納書」完成繳稅放行後，再依前述第 1 項 EDI 核判為「C3」（貨物查驗通關）案件之⑵程序辦理。

⑵若關稅局進口課審核有疑慮，經移轉驗貨課查驗時，則回復上述第 1 項程序辦理。

3. EDI 核判為「C1」（免審免驗通關）案件

　站關作業人員依關稅局規定，將進口報單及客戶資料送交關稅局進口課，依先繳稅放行後審核方式，完成繳稅放行，並依前述第 1 項之⑵程序辦理。

4. 如「C2」、「C3」案件經關稅局審核文件不符合規定時

　報關部業務人員應通知客戶進行補證；經判定不得進口係因下列情況者，可通知客戶辦理退運出口程序：

⑴貨主（即客戶）不知情。

⑵貨品誤裝。

⑶其他可申請退運出口者（依海關緝私條例及其他相關規定）。若為政府公告為違禁品或禁止進出口產品者，得由關稅局判處沒入。

5. 屬「C2」、「C3」案件經關稅局審核文件不符合規定時

　經補齊證件後判定為准予進口者，其放行方式可分為：

⑴關稅繳現：即依「進口關稅繳納證」金額繳稅後放行。

⑵關稅押款：因稅則未確定、待補免稅證明文件或其他依關稅局規定辦理者，依進口課核發之「關稅押款繳納證」金額繳稅後放行；日後再依關稅局來函通知辦理

補稅或退稅。

　　6.經關稅局核准辦理退運出口時

　　報關部業務承辦人員依「出口報單作業指導書」程序，繕製「G3」出口報單進行出口流程。

 ## 三、海關內部作業流程

　　海關內部作業流程，於本書第十六章第六節及第十七章第六節已有詳細論述，不再重複，本文僅作簡單補述。

㈠投單收單

　　海關受理報單依貨物存放地點，劃分管轄單位，每一單位各有其代號。投單報關時必須依海關轄區劃分，向貨物存放地主管單位辦理。

　　⑴報關期限：海運，空運，期限認定。

　　⑵檢送文件：依海關規定辦理。

㈡查驗貨物

　　查驗貨物是整個通關作業中很重要的工作項目，重點可歸納為下列三項。

　　⑴查驗方式：免驗、先驗後估、先估後驗。

　　⑵查驗期限：報關日起十天之內申請查驗。

　　⑶驗貨方式：簡易查驗、一般查驗及詳細查驗。

㈢分類估價

　　分類估價之目的，在於核定報關進口貨物適用之稅則稅率及其計徵關稅之完稅價格。

　　⑴核定稅則稅率：稅率從免稅～50%。

　　⑵核定完稅價格：從價、從量或從高課稅。

㈣徵納稅款

　　稅款之繳納，自海關填發稅款繳納證之日起「十四日內」繳納。

　　⑴海關通知繳納：海關以訊息通知應繳納稅款。

　　⑵繳納類別：現金、匯款、EDI 線上扣繳、記帳及先放後稅。

㈤銷證放行

　　進口貨物如屬「限制輸入貨品表」及「委託查核輸入貨品表」內之貨品，經海關查

核結果，與原證之貨物相符時，即予核銷放行。

(1)核銷稅款繳納證。

(2)查核委託代查文件。

(3)銷證放行。

(4)核發貨物稅完稅照。

(5)核發進口報單副本。

(六)提領貨物

進口貨物經海關放行後，即可辦理提貨手續。提貨分為船邊提貨、倉庫提貨、貨櫃場提貨及落地追蹤等四種方式。

(1)報關人持憑電腦放行通知單，連同船公司（代理行）提貨單向倉儲業辦理提貨手續。

(2)電腦放行通知單及貨櫃出站准單（或貨物放行條）由駐庫關員簽章後，放行通知單及提貨單交報關人退還倉儲業者存檔，貨櫃出站准單（或貨物放行條）由報關人轉交卡（拖）車司機經管制站關員（或管制站警衛）驗證放行，收回後鍵入電腦檔供貨櫃追蹤系統銷案。

(3)經海關核定信譽良好廠商，其准船邊免驗提領之進口貨櫃，憑特別准單、電腦放行通知單、提貨單及港務局（或船公司）列印之貨櫃出站准單等文件，由報關人向海關駐站關員辦理提櫃手續。

(4)船邊免驗及驗放之散裝貨物報關人持憑特別准單、電腦放行通知單、提貨單辦理，其中驗放貨物應由驗貨員於驗畢後，在電腦放行通知單簽章；免驗貨物由巡段關員憑電腦放行通知單與船公司之提單抽核無訛後，於電腦放行通知單簽章交報關人持向港務局辦理核發貨物放行條，憑以出站。

(5)應辦落地追蹤之免驗貨櫃於提貨前，報關人應向保三總隊辦理落地追蹤手續。

第四節　出口報關業務之經營

臺北市出口廠商弘強貿易股份有限公司於 2011 年 1 月 18 日接到中東沙烏地阿拉伯進口商 Sunshine Coast Shipper 開來號碼 11SCS-76150 信用狀乙紙，購買女用鞋子一批，貨物於 100 年 3 月 14 日運交立榮貨櫃場，等待出口。同年 3 月 15 日委託天兵船務

報關有限公司（以下簡稱報關行）向基隆關稅局投單報關，其出口通關流程如下所述。

 一、出口廠商應辦理事項

出口廠商在委託報關行辦理出口貨物通關前，須先完成其貿易處理程序及報關前之必要作業，使出口貨物之通關手續能順利完成。

㈠報關前應辦理事項

出口貿易實務處理程序有出口簽證、洽定船位、購買保險及貨物進儲海關聯鎖倉庫或貨櫃集散場。

1.出口簽證

取得輸出許可證。輸出貨品如屬「限制輸出貨品表」內之貨品，須取得「輸出許可證」。

2.接洽裝運

⑴在報關前應先洽船務行，提出申請書（列明擬裝運船名、貨名、件數、嘜頭、件號、裝往何地等），請求發給裝運命令文件。

⑵取得裝貨單 (Shipping Order) 及大副簽回單 （Mate's Receipt)。

3.購買保險

⑴依保險公司印就之投保單 (Insurance Application) 填造，繳納保險費 (Insurance Premium)，取得保險單 (Insurance Policy)。

⑵手續最好在裝運之前辦妥。

4.貨物進儲海關聯鎖倉庫

出口廠商須將貨物進儲海關聯鎖倉庫或貨櫃集散站(務必依規定時間進儲——船隻「截止收貨日」下班以前)，取得「進倉證明文件」(但倉儲業已連線者，改用電腦傳輸，可免書面文件)。

㈡報關時應辦理事項

在出口貨物已進入通關作業時，廠商應同時辦理及配合事項如下。

1.委託查核

其他機關委託查核文件（如檢驗合格證等）者，應向其主管機關辦理，於海關放行前提供。

2.取樣會檢

其他機關應取樣（如檢疫所、標準檢驗局）、會檢（警政署保三總隊）者，應及時向有關單位辦理，務使其儘可能與海關驗貨同時辦理，以節省手續及費用。

3.有關文件

及時配合海關查驗工作，提供有關文件（型錄、說明書……）。

4.負責辦理應驗貨物之搬移，拆包或開箱，恢復原狀等事項及費用

㈢碰檔核判

報關行出口報單以 EDI 傳輸關貿網路到達海關，若報單內容有錯，EDI 會回覆，更正後可再傳輸。若貨物須進儲海關聯鎖倉庫或貨櫃場，則以 EDI 傳輸進倉資料。上述資料經關貿網路到海關後，資料進行碰檔核判通關方式。碰檔時有三種方式：

1.免審免驗通關（C1 報單）

⑴係指免審主管機關許可、核准、同意、證明或合格文件。

⑵書面單據及其他有關文件正本應由報關人自「放行之日」起依報單號碼逐案列管二年，海關於必要時得命其補送或前往查核。

2.文件審核通關（C2 報單）

⑴係指於「核列」為 C2 報單後，限在海關「翌日辦公時間終了以前」補送書面報單，檢附許可等書面文件及發票等基本必備文件，經海關審查（免查驗貨物）相符後始予放行之報單。

⑵上述書面文件，除簽審機關仍核發「限量使用之書面文件者」，報關人應主動在「放行之翌日起三日內」補送，其餘非屬應補送者，則由報關行列管二年。

3.貨物查驗通關（C3 報單）

⑴係指於「核列」為 C3 報單後，限在「翌日辦公時間終了以前」補送書面報單，檢附發票等基本必備文件（及許可等書面文件），於審核文件並查驗貨物相符後始予放行之報單。

⑵C2、C3 經海關審核過後，EDI 會再回覆放行訊息（在結關日隔天都必須全部放行完畢）。

㈣報關期限及檢送文件

通關自動化實施後，海關已取消「截止收單」時限之控管，原則上即無截止收單時間之限制，連線報單均得於二十四小時隨時傳輸，未連線報單於海關上班時間內均可報關，惟如該船已結關，則由電腦列為邏輯檢查項目，不再收單。

除已結關之船隻外，二十四小時不限時間，凡已由倉儲業者傳輸「出口貨物進倉證明書」（簡 5259）或取其書面證明書，經海關電腦邏輯檢查合格後，即可受理報關。

　　1.報關期限

　　弘強貿易股份有限公司於 100 年 3 月 14 日將貨物運抵立榮貨櫃場後，同年 3 月 15 日即將貨運單據掛號郵寄基隆市天兵船務報關有限公司委託其向基隆關稅局報關出口。

　　2.報關檢送文件

　　　⑴出口廠商應提供文件：

　　　　①裝貨單 (Shipping Order, S/O)：以 EDI 傳輸運送人。

　　　　②裝箱單 (Packing List, P/L)：一份。

　　　　③輸出許可證 (Export Permit, E/P)：輸出列入「限制輸出貨品表」之貨品。

　　　　④商業發票 (Commercial Invoice)：一份。

　　　　⑤委任書：一份。

　　　　⑥型錄、說明書或圖樣：配合海關查核需要提供。

　　　　⑦其他委託機關代為查核之文件：例如輸出檢驗合格證書 (Certificate of Export Inspection)、檢疫證明等。

　　　⑵報關行應準備文件：

　　　　①出口報單正本：一份。

　　　　②海運出口貨物進倉證明書：由庫（站）管理員簽章，並註明進倉時間。

　　　　③出口貨物裝入貨櫃申請書：裝櫃貨物使用。

 ## 二、報關行執行方法

　　報關行執行方法，分為內勤業務及外勤現場作業兩部分，並以自編「出口報單作業指導書」作為依據，管制審核、複核、EDI、站關作業及現場作業等流程。

㈠報關部內勤業務

　　內勤業務包括繕製出口報單，初稿審核，部門主管複核，專責報關人員簽證，辦理出口貨物進倉，出口報單以 EDI 方式傳輸關貿網路核判通關方式（C1、C2、C3），再將出口報單及相關文件正本，移交現場站關人員送交關稅局出口課，正式送單審核。

　　1.客戶委託報關文件

　　客戶以 Invoice、Packing List、L/C 或訂單影本、委任書、S/O 及其他關稅局規定相

關文件等，委託公司辦理各項出口報關業務。

2.報關部作業

⑴報關部業務承辦人員接到客戶文件，應先審核文件是否到齊及內容是否一致，貨櫃號碼及裝櫃數量；若文件不足或資料內容有疑問時，應要求客戶提供正確之文件，以便進行報關。

⑵報關業務承辦人員依據「出口報單作業指導書」及客戶文件，輸入資料並製作報單初稿，呈送部門主管審核；如符合標準，則由業務承辦人員繕製出口報單，正式向海關申報。

⑶若報單初稿審核不符時，如屬輸入錯誤，應退回業務承辦人員修改輸入，至審核合格後再繕製出口報單；如屬客戶文件不符時，則回復上述 2 之⑴項辦理。

3.現場人員

現場人員依審核合格文件，填寫進倉單，至倉儲公司辦理進倉手續。

4.主管複核

出口報單繕製完成後，連同上述 1 項所述文件，呈部門主管複核及 EDI 方式傳輸至通關網路，由 EDI 核判通關方式（C1、C2、C3，詳細參考「貨物通關自動化手冊」），再將出口報單及相關文件正本，移交現場作業站關人員送交關稅局出口課，正式送單審核。

5.業務承辦人員

若 EDI 退件，則 EDI 連線之終端機螢幕上會出現「不受理報關原因通知」「5106」訊息；此時，業務承辦人員應依 "Error Code" 訊息處理、修正，送呈部門主管複核合格後，再依上述 2 之⑶項辦理。

㈡報關部外勤現場作業

外勤現場作業包括投單報關，查驗貨物，分類估價，放行裝船，退關處理等，並依 EDI 核判通關方式（C1、C2、C3）進行外勤及現場作業管理。

1. EDI 核判為「C3」（貨物查驗通關）案件時

⑴站關作業人員依關稅局規定，將出口報單及報關用 Invoice 及 Packing List，送交關稅局出口課初審，再由出口課移轉驗貨課查驗，驗關作業人員並應全程代表客戶會同查驗；經查驗及複核符合規定，出口課即依法放行，並核發「出口貨物放行通知書」。

(2)因查驗及複核不符規定，經關稅局判定為「沒入」或「退關」者，依關稅局相關
規定辦理；報關部業務人員並應依「不合格品處理辦法」記錄、處理。

2. EDI 核判為「C2」（文件審核通關）案件時

(1)站關作業人員依關稅局規定，將出口報單及報關用 Invoice 及 Packing List 送交
關稅局出口課審核；若符合規定者，出口課即依法放行，並核發「出口貨物放行
通知書」。

(2)若關稅局出口課審核有疑慮，經移轉驗貨課查驗時，則回復上述第 1 項程序辦理。

3. EDI 核判為「C1」（免審免驗通關）案件時

立即由關稅局出口課依法放行。站關人員依關稅局規定，三天內將出口報單及報關
用 Invoice 及 Packing List，送交關稅局出口課審核。

如「C2」、「C3」案件經關稅局審核文件不符規定，報關部業務人員應立即通知客
戶，補送書面或證明文件，以便補救出口；若因違反政府相關規定，而判定不准出口者，
關稅局得以依權責懲處之。

4.出口押匯

(1)出口貨物放行後，業務承辦人員應依 L/C（Letter of Credit，信用狀）條例規定，
製作 Invoice、Packing List、匯票及其他文件，準備提供客戶向銀行押匯用。

(2)依據 L/C 規定及客戶正確出貨資料，核對船公司出具之提單 (Bill of Lading, B/L)
內容是否符合，並繳交船運費用；如 B/L 內容與其他文件不符時，應要求船公司
更正。

(3)業務承辦人員應詳細核對押匯文件，所有資料是否正確、一致；等 L/C 所規定之
文件到齊、審核後，應於當天以「限時掛號」方式，寄交客戶辦理押匯。

(4)報關業務如屬同業轉來業務，則免製作押匯文件。

(5)商建費繳納證之取得、寄出，應由專人登記於「報單記錄表」備註。

5.結案建檔

(1)出口貨物放行後，業務承辦人員應通知及寄交押匯文件給客戶，並將出口報單客
戶存查聯，移交會計部統計費用，向客戶收費。

(2)各項文件留底聯，由業務承辦人員依客戶別存檔，出口報單第六聯留底聯，由報
關部專人存檔。

三、海關內部作業流程

出口貨物報關之海關內部作業流程方面比進口貨物報關簡化很多，加上碰檔核判之出口報關方式，大多為 C1 報單，直接放行裝船，更顯示其通關之快速與便捷。以下簡略說明海關內部通關流程。

㈠收單建檔

連線報關行用「電腦傳輸」，經 "T/V" 到達海關，「未連線者」由海關根據書面資料輸入。

海關經篩選後，抽中 C1 報單者，送往放行；核列為 C2 報單或 C3 報單者，通知報關行遞送報單及相關文件。

連線報關行依通知於「翌日辦公時間終了前」向海關「遞送」報單等文件。

㈡查驗貨物

抽中 C3 之報單由驗貨單位受理書面文件後辦理驗貨，驗畢送往分類估價單位。

㈢分類估價

分類估價單位受理 C2 案件之報單，其書面文件及 C3 案件之報單由驗貨單位轉來後，審核文件，完成分估作業。

㈣核銷放行

核銷輸出入許可證後，報關行可在電腦按鍵，電腦自動放行，或由海關將放行訊息傳輸報關行及貨棧，並列印書面「放行通知」交報關行或報關行自行列印。

報關行持「放行通知」或「出口報單放行申請表」到船公司、倉儲業辦理裝運。

第五節　專責報關人員制度

報關行辦理進出口貨物通關的從業人員，大略可分為：外務人員，文件處理人員，專責報關人員及會計等組合而成，其組織隨公司或部門大小而有不同。

在上述從業人員中，唯獨專責報關人員有資格限制，高中畢業者，需在報關行服務六年始可參加資格考試，合格者為之；大專畢業者可直接參加考試，及格後即可取得專責報關人員的資格。

專責報關人員制度，係仿日本「報關士」之制度而來，其目的在於提昇報關人員之

素質，減少錯誤報關，以加速進出口通關之流程。

專責報關人員須對國際經濟，本國財經知識，關務及稅務法令規章等具有相關之素養，辦理報關業務時，才能在適當程度內保全貨主的利益，減少關稅業務執行之困難，並可調和海關與廠商間之歧見，作為貿易商與海關間的橋樑。

一、報關行應有專責報關人員

報關行執行報關業務時，須有專責報關人員就其向海關遞送之報單負責審核簽證，這是設立報關行之基本條件之一。

(一)設立登記

設立報關行，如前所述，應於申辦公司設立登記或商業登記前，將擬設之報關行名稱、地址、組織種類、資本額、負責人姓名及專責報關人員姓名、考試及格證書或資格測驗合格證書字號，報請所在地關稅局或其分支局審查許可。且其員工應有一人以上具有專責報關人員之資格（報關業設置管理辦法第三條）。

(二)審核簽證

有關進出口貨物應辦之報關、納稅等手續，得委託報關業者辦理；其向海關遞送之報單，應經專責報關人員審核簽證(關稅法第二十二條、出口貨物報關驗放辦法第五條)。

如因臨時事故，專責報關人員未能審核簽證時，得委託當地報關商業同業公會所雇用專責報關人員代行審核簽證。

(三)資格取得

專責報關人員須經「專門職業及技術人員普通考試專責報關人員考試」及格。但曾經海關所舉辦之專責報關人員資格測驗合格，領有合格證書者，得繼續執業。

(四)申請執業及規定

專責報關人員執行業務，應由其服務之報關行檢具專責報關人員考試「及格證書」或資格測驗「合格證書」向所在地海關申請核發「報關證」，並親自到海關製作印鑑卡存查。其他有關規定如下：

1.執行業務關區

專責報關人員以任職一家報關行且在同一關區執行業務為限。但依規定得跨區連線申報者，專責報關人員始得跨關區執行業務。

2.離職申報

專責報關人員離職時，應由其服務之報關行向所在地海關申報，並繳銷其報關證。

3.變更服務關區或報關行

專責報關人員變更服務關區或報關行，應重新向服務所在地海關申請核發報關證。

二、專責報關人員之職責

專責報關人員在報關行執行業務時之職責分為法定職責、執行業務時不得之行為及應拒絕簽證之情事等三大項，其相關規定如下。

㈠專責報關人員之職責

專責報關人員在執行業務時，職責上應切實審核報單及其有關文件，並於文件上簽章，海關對簽證之報單或文件有疑義時，主動向海關說明，並須參加專責報關人員之進修講習活動。

1.法定職責

⑴審核所屬報關業受委託報運進出口貨物向海關遞送之有關文件。

⑵審核並簽證所屬報關業所填報之進出口報單。

⑶審核所屬報關業向海關所提出之各項申請文件。

⑷負責向海關提供經其簽證之報單與文件之有關資料。

2.辦理簽證業務應注意事項

⑴切實審核報單：專責報關人員辦理上述簽證業務，須遵照關務法規之規定，切實審核報單及其有關文件並連線申報。申報時，其「電腦申報資料」與「報關有關文件」之內容必須一致。

⑵文件上應註明姓名、字號：專責報關人員辦理簽證業務，均應於有關文件上註明本人姓名及報關證字號並簽章。

⑶應到關備詢：海關對專責報關人員簽證之報單或文件有疑義時，得通知專責報關人員到關備詢，專責報關人員不得拒絕。

3.進修講習

專責報關人員經通知參加海關自行舉辦或委託其他機構舉辦之專責報關人員進修講習時，除有正當理由經請假獲准者外，均應參加（報關業設置管理辦法第二十條）。

㈡執行業務時之行為

專責報關人員在執行報關業務時，不得有下列行為（同上述辦法第二十一條）：

⑴容許他人假借其名義執行業務。

⑵利用專責報關人員資格作不實簽證。

⑶要求期約或收受不正當酬金。

⑷以不正當之方法招攬業務。

⑸明知所申報之報單內容不實或錯誤而不予更正。

⑹於空白報單預先簽名、蓋章或類似情事。

⑺洩漏客戶所交付之貿易文件內容或工商祕密。

⑻其他違反關務法規情事。

(三)拒絕簽證之規定

專責報關人員執行業務時，遇有下列情事之一者，應拒絕簽證，並向海關報告（同上述辦法第二十二條）：

⑴委任人或所屬報關業意圖使其作不實或不當之簽證者。

⑵委任人或所屬報關業故意不提供真實或必要之資料者。

⑶其他因委任人或所屬報關業之隱瞞或欺騙，致無法作正確之審核簽證者。

(四)簽審號列

專責報關人員在簽證進出口報單時，其申報 CCC 號列要正確，否則將受處分。

⑴通關自動化實施後，連線 C1（免審免驗通關）報單將採商品分類「先放後核」，即以申報之 CCC 號列來判定應否簽審。如放行後經海關審查，其申報之稅號與海關核定者不同，且涉及簽審規定時，由海關將資料送各簽審機關追蹤清查。

⑵如確實不諳申報者，可主動在報單「（申請）查驗方式」欄填報「8」（申請書面審查），則可免受處分。

主要參考文獻

中文部分

1. 《如何開拓國外市場》，中國生產力中心，民國 54 年 6 月。

2. 《臺灣經濟金融月刊》，臺灣銀行經濟研究室，民國 61 年 10、11 月。

3. 《貿協叢刊：貿易實務類》，中華民國對外貿易發展協會，民國 64 年 1 月。

4. 《貨物通關自動化報關手冊》，財政部關稅總局，民國 89 年 3 月。

5. 《海關業務主要法規》，財政部關稅總局，民國 99 年 3 月。

6. 《信用狀統一慣例 + 電子信用狀統一慣例 UCP 600 + eUCP》，國際商會中華民國總會印行，民國 96 年 1 月。

7. 《2010 年版國貿條規》，國際商會中華民國總會印行，民國 99 年 9 月。

8. 《貿易贏家管理系統操作手冊》，精湛資訊有限公司 Windows 95/98。

9. 羅慶龍著，《三角貿易理論與實務》，巨浪出版社，民國 70 年 7 月。

10. 蔡曉畊著，《貿易實務辭典》，民國 79 年 3 月。

11. 梁滿潮著，《貿易買賣風險與對策》，大嘉出版有限公司，民國 81 年 10 月。

12. 張錦源著，《英文貿易契約撰寫實務》，三民書局股份有限公司，民國 95 年 6 月。

13. 余森林著，《進出口押匯與信用狀實務》，大中國圖書公司，民國 58 年 2 月。

14. 翰款國際管理顧問有限公司，《境外公司 Offshore Secret》，自行出版，民國 90 年 4 月。

15. 張錦源著，《國際貿易實務詳論》，三民書局股份有限公司，民國 99 年 9 月。

16. 羅慶龍著，《國際貿易經營與實務》，國彰出版社，民國 98 年 9 月。

17. 余森林著，《信用狀實務（理論與實例）》，大中國圖書公司，民國 94 年 3 月。

18. 漢邦管理顧問有限公司，《多角貿易的稅務會計與節稅規劃》，自行出版，民國 94 年 5 月。

19. 陳鴻瀛編著，《海關通關實務》，自行出版，民國 94 年 8 月。

20. 吳陳鏷著，《代理商之理論與實際》，五南圖書出版公司，民國 76 年 12 月。

21. 陳吉山著，《相對貿易理論與實務》，華泰圖書文物公司，民國 77 年 2 月。

22. 賴如川著，《如何創新經營貿易公司》，逢甲大學推廣教育處，民國 97 年 4 月。

英文部分

1. UNCTAD/GATT, *Getting Started in Export Trade*, Geneva, Switzerland International Trade Center,

1970.

2. Clive M. Schamitthoff, *The Export Trade*, London: Stevens & Sons Limited, 1972.

3. Andreas F. Lowenfeld, *International Private Trade*, 1975.

4. David M. Sasson, *C.I.F. & F.O.B. Contracts*, London: Stevens & Sons Limited, 1975.

5. E. P. Ellinger, *Documentary Letters of Credit*, G. W. Bartholomen, 1976.

6. Misha G. Knight, *How to Do Business with Russians*, Quorum Books, 1987.

7. Subhash C. Jain, *Export Strategy*, Quorum Books, 1989.

8. Lawrence W. Tuller, *Going Global*, Business One Irwin Homewood, Illinois, 1989.

9. Dr. Carl A. Nelson, *Global Success*, Liberty Hall Press, 1990.

10. *Directory of United States Importers*, The Journal of Commerce, Inc., New York, 1992.

11. John S. Gordon, *Profitable Exporting*, John Wiley & Sons, Inc., New York, 1993.

12. Franklin R. Root, *Entry Strategies for International Markets*, Lexington Books, 1994.

13. Pompiliu Verzariu, *Countertrade, Barter, And Offsets: New Strategics for Profit in International Trade*, Mc Grow-Hill Book Company, New York, 1985.

14. Stephon F. Jones, *North/South Countertrade: Barter and Reciprocal Trade with Developing Countries*, London, 1984.

日文部分

1. 高木外夫著，《輸入の實務，契約から開發輸入，三國間貿易まで》，住友商事業務本部編，東洋經濟新報社，東京，昭和 54 年 6 月。

2. 森井清著，《やさしい貿易實務》，日本實業出版社，東京，昭和 58 年 12 月。

3. 井上宗迪著，葛東來譯，《日商情報戰略》，卓越文化事業股份有限公司出版部，臺北，民國 74 年。

4. 《一九八五綜合商社年鑑》，日本工業新聞社，東京，1985 年。

國際貿易付款方式的選擇與策略
張錦源／著

國際貨物買賣的付款方式有相當多種,哪一種付款方式最適合當事人?當事人選擇付款方式的考慮因素為何?如何規避有關風險?各種付款方式的談判策略為何?針對以上各種問題,本書有深入淺出的分析與探討,讀者如能仔細研讀並靈活運用,相信在詭譎多變的貿易戰場中,獲得最後的勝利!

國際貿易法規
方宗鑫／著

國際貿易業者除了必須遵守國內有關貿易的法規外,尚須遵守國際間有關貿易的公約、協定、慣例、規則,與主要貿易對手國之貿易法規。因此,本書主要針對國際間與貿易有關的公約、協定、慣例、規則以及國內與貿易有關的法律,如貿易法、商品檢驗法、管理外匯條例、關稅法等加以介紹並扼要說明,以供學術界及實務界參考。

國貿業務丙級檢定學術科教戰守策
張　瑋／編著

本書內容主要是依據勞委會最新公告國貿業務丙級技能檢定學術科測試參考資料內容所編撰。學科部分,每單元前增加重點提示,讓讀者不僅能釐清觀念外,更能理解幫助記憶。術科部分涵蓋貿易流程、基礎貿易英文、商業信用狀分析、貿易單據製作及出口價格核算五大部分。書末並附有三回合完整的仿真模擬試題,以及 98 及 99 年國貿業務丙級技能檢定術科試題解析。對讀者而言,是足以取代任何一本考試用書的全方位書籍;對教師而言,更是一本教學上絕佳的輔助用書。

國貿業務乙級檢定學術科教戰守策
國貿檢定教材研究小組／編著

本書內容主要是依據勞委會所公布的國貿業務技術士乙級技能檢定規範編輯而成。於學科部分,本書除涵蓋國貿實務基本相關概念外,尚包含貿易法規、海關實務、貿易融資等專業知識。術科部分,共計有貿易函電、進出口價格核算、貿易單據審改及貿易個案分析 4 大單元。本書在學科方面採詳實解析,祈使透過每一試題作完整概念的延伸,以利相關題型的變化。在術科方面,由於勞委會並未正式公布術科答案,為避免誤導讀者,本書之解析皆為多位專業教師多次討論後編寫而成,以求最正確之解析。

國際貿易原理與政策

黃仁德／著

　　本書主要作為大專商科的教學與參考用書，為使讀者收快速學習之效，全書儘量以淺顯易懂的文字，配合圖形解說，以深入淺出的方式介紹當今重要的國際貿易理論，並以所述之理論為基礎，對國際貿易之採行及其利弊得失進行探討，以期對讀者的研習有所裨益。

國際金融──全球金融市場觀點

何瓊芳／著

　　本書以全球金融市場之觀點，經由金融歷史及文化之起源，穿越金融地理之國際疆界，進入國際化之金融世界作一全面分析。特色著重國際金融理論之史地背景和分析工具的靈活運用。此外，2008 年金融海嘯橫掃全球，本書將金融海嘯興起之始末以及紓困方案之理論納入當代國際金融議題之內，俾能提供大專學生最新的國際金融視野，並對金融現況作全盤瞭解。